제3판

刑事訴訟實務

형 사 법 기 록 형

형사소송실무

■ 양동철 ■

박영사

제3판 머리말

형사소송실무 초판을 출간한 지도 벌써 2년이 지났다. 작년의 제2판에 이어 이제 제3판을 내놓게 되었다.

그동안 중요 형사법이 대폭 개정되고, 새로운 판례도 다수 출현하여 기출 기록이나 해설이 현행 법령하에서 오류가 생기는 사례가 많이 발견되었다. 이에 따라 이 책의 기록과 해설을 전면 개정하여 제3판을 출간하게 된 것이다.

제3판의 기록들은 사건의 날짜를 최근으로 고쳐 현행 법령에 적합하게 새로이 꾸미고 그 내용과 해설을 수정하였다. 중복되는 부분을 과감히 줄이고 변호사시험의 출제 경향을 반영하여 새로운 쟁점을 추가하였다.

특히 변호사시험 준비에 보다 효율적으로 대처할 수 있도록 제2편의 연습기록을 6개로 줄여 주요 법문서인 변론요지서, 보석허가청구서, 구속적부심사청구서, 검토의견서 작성을 연습한 다음, 제3편에서 변호사시험을 앞두고 형사기록에 대한 이해와 법문서 작성능력을 스스로 진단하여 볼 수 있도록 변호사시험 유형과 채점 기준을 적용한 모의시험 기록 2개를 수정·추가하였다. 제4편에는 제3회 변호사시험 해설을 추가하여 제1~3회 변호사시험의 기록과 해설을 보면서 변호사시험의 경향을 파악하고 대비할 수 있도록 하였다.

날로 치열해지는 변호사시험 환경 속에서 독자들에게 많은 도움이 되기를 희망하며, 아울러 법조인으로서의 성공을 진심으로 기원한다.

마지막으로 이 책을 출간하여 주신 박영사의 안종만 회장님, 기획 사무를 맡아 주신 조성호 부장님, 제2판에 이어 꼼꼼한 편집과 교정으로 제3판을 마무리하여 주신 문선미 대리님께 깊은 감사를 드린다.

2014. 7. 25.

저자 양 동 철 씀

제2판 머리말

초판이 나온 지 벌써 1년이 지나고, 독자들의 과분한 격려에 힘입어 이제 제 2판을 내놓게 되었다.

초판은 저자가 법학전문대학원에서의 형사소송실무 강의를 위하여 작성하였 던 모의기록과 해설을 모아 놓은 것이었으며 부족한 설명은 실무경험이 풍부한 분 들의 강의를 통하여 보완한다는 의도 아래 발간된 것이었다.

그런데 독자들 중 많은 분들이 독학으로 이 책을 활용하면서 형사소송실무의 이해와 기록형 문제의 체계적인 해결에 어려움을 겪는다는 소식을 듣게 되었다.

따라서 제2판에서는 비록 충분하지는 못하지만 본격적인 기록연습에 앞서 제1편으로 "형사소송절차에서의 변론과 법문서의 작성"이라는 제목 아래 공판절 차를 개관하고, 기록목록을 포함한 기록을 읽고 이해하는 방법, 변론요지서 등 법 문서의 작성 방법을 소개하여 독자들의 이해를 돕도록 하였다.

아울러 제2편 연습기록에는 새로운 판례의 출현과 법령의 개정, 공판기록의 증거목록 등 여러 서식의 변경을 반영할 수 있도록 초판의 기록을 대폭 수정·추 가하여 다양한 유형의 연습기록 8개와 그 해설을 붙였다.

제3편에는 제2편의 기록들을 충분히 연습한 다음, 최종적으로 독자의 형사 소송실무 기록에 대한 이해와 법문서 작성능력을 진단하여 볼 수 있도록 모의시험 기록을 담았다. 변호사시험과 같이 2시간 동안 풀어 보고 스스로 채점도 해 볼 수 있도록 구체적인 채점기준도 제시하였다. 특히 기록에 제시된 증거들의 증거능력 여부뿐만 아니라 증명력도 함께 판단하여 사실관계를 판단하는 능력을 기를 수 있 도록 내용을 보완하였다.

제4편에는 제1, 2회 변호사시험 해설을 붙였다.

두 번의 변호사시험을 거치면서 기록형 문제의 유형이 다변화하고 있으므로 독자들이 이에 탄력적으로 적응할 수 있도록 책의 편제도 고치고 내용도 보강하였 으나 아직도 부족함이 많으리라 생각한다.

아무쪼록 독자들에게 많은 도움이 되었으면 하고 기대하여 본다.

끝으로 이 책을 출간하여 주신 박영사의 안종만 회장님, 기획 사무를 맡아 주신 김중용 차장님, 수고로운 편집과 교정으로 책을 마무리하여 주신 문선미 대리님께 깊은 감사를 드린다.

2013. 6. 24.

저자 양 동 철 씀

머 리 말

    이 책은 형사법의 깊은 이론을 다룬 책은 아니지만 저자가 검사, 변호사로서 수사와 형사재판에 임하였던 경험과 법학전문대학원 강의 자료를 바탕으로 예비 법조인들이 모의기록을 통하여 형사소송실무를 숙지하고, 아울러 변호사시험 형사법 기록형 문제에 대비하는 용도로 저술되었다.

    2009년 3월 법학전문대학원이 개원한 때가 엊그제 같은데 벌써 제1회 변호사 시험이 치러지고 로스쿨 제1기 변호사들이 배출되고 보니 지나간 3년여의 시간 이 마치 꿈만 같다. 변호사를 그만 두고 법학전문대학원에서 형사법을 가르치게 되었지만 막상 이론과 실무를 겸비한 예비변호사를 길러 낸다는 법학전문대학원 제도의 취지에는 걸맞지 않게 이론이나 실무 교육에 쓸 만한 강의교재는 찾아보기 어려웠다. 더욱이 변호사시험의 구체적인 방향도 확정되지 않은 상황에서 소송실 무를 익히기 위한 기록교재는 전무한 형편이었다.

    대부분의 다른 교수님들과 마찬가지로 스스로 교재를 작성하여 가면서 강의 와 연구를 병행하여야 하는 강행군의 연속이었다. 그런 여건 아래에서 '형사변호 사실무', '형사종합실무'의 강의 자료로 쓰기 위하여 판례의 사실관계를 하나하나 확인하여 시나리오를 구상하고, 필요한 서식은 그려 가면서 작성한 모의기록들이 이 책의 기초가 되었다.

    많은 시간과 노력이 소요되었을 뿐 아니라 나름대로 저자의 오랜 실무경험과 틈틈이 쌓아온 연구의 결과가 녹아 있는 자료이기는 하지만 책의 형태로 세상에 내어 놓기에는 부족한 수준이기에 출간에는 상당한 망설임이 있었다. 작년에 비하 여 사정이 나아졌다고 하지만 예비법조인들이 실무를 연습할 다양한 모의기록은 아직도 부족하다는 판단 아래 보다 많은 예비법조인들에게 도움이 되었으면 하는 기대와 앞으로 보다 수준 높은 모의기록들이 예비법조인들에게 제공되었으면 하 는 간절한 바람이 이 책을 출간하는 중요한 이유이다.

    초고가 작성된 이후에도 기록의 형식과 내용을 다시 손질하고, 해설과 모범 법문서에 대한 수정을 거듭하였지만, 여전히 미흡함을 느끼며 많은 분들의 지도와 편달이 있기를 바란다. 저자 또한 여기에 머물지 않고 법조인으로서의 인생을 시작할 때의 초심을 되새기며 벽돌 한장 한장을 쌓아가는 마음으로 더욱 정진하려 한다.

그동안 공저로 몇 권의 책을 출간하기는 하였지만 저자 혼자의 책임 아래 책을 출간하는 데 이르다 보니 저절로 지나간 삶을 뒤돌아보게 한다. 저자가 지금에 이르기까지 많은 분들의 지도와 격려가 있었다.

저자가 감히 미칠 바는 못 되지만 앞서 검사와 교수의 길을 걸으시면서 인생의 사표가 되어주신 정성진 전 법무부장관님께 깊은 감사를 드린다. 또 저자와 오랜 친구이자 공저자로서 해박한 형사법 지식과 끊임없는 연구정신으로 항상 저자를 깨어 있게 하는 심희기 교수에게도 고맙다는 말을 전하고 싶다. 그 밖에 오늘 저자가 이 자리에 있게 되기에는 검찰 선후배님들을 비롯하여 너무나 많은 분들의 성원이 있었다. 이 기회를 빌어 모두 감사의 말씀을 드리고 싶다.

젊은 나이에 사법시험에 합격하여 검사, 변호사, 교수로서의 은혜로운 삶을 살아 왔으니 감사할 따름이지만 돌이켜 보면 혼자 하기에 힘겨운 때도 적지 않았다. 그 모든 시간을 한결같이 저자 곁을 지키며 삶의 원천이 되어 준 반려자 윤영애와는 그 누구보다도 이 책을 출간하는 기쁨과 설레임을 함께 하고 싶다. 공직생활 중의 잦은 전근과 이사에도 불구하고 바르게 자라나 지금은 어엿한 사회인이 된 창우와 공군에서 씩씩하게 나라를 지키는 성우에게도 고맙다는 말을 꼭 하고 싶다.

아울러 원고를 정리하는 과정에서 세심하게 오류를 잡아주고 교정을 도와 준 경희대학교 법학전문대학원 1기생 정기종 변호사의 노고를 치하한다.

끝으로 어려운 출판 환경에도 불구하고 이 책을 출간하여 주신 박영사의 안종만 회장님과 기획 과정의 사무를 기꺼이 맡아 주신 김중용 차장님, 복잡한 서식으로 구성된 원고를 깔끔한 편집과 교정으로 마무리하여 주신 나경선 차장님께도 감사의 마음을 전한다.

아무쪼록 이 책이 예비법조인들이 형사소송실무를 이해하는 데 조그만 도움이라도 되기를 기대한다.

2012. 6. 20.

저자 양 동 철 씀

Contents

제 1 편 | 형사소송절차에서의 변론과 법문서의 작성

제2편 │ 연습기록

제 3 편 ┊ 모의시험기록

일러두기

Ⅰ. 이 책의 활용방법

◉ 이 책은 법학전문대학원 학생들이 형사모의기록을 읽고 법문서 작성을 연습함으로써 형사변호인으로서의 실무능력을 배양함과 동시에 변호사시험 수험 준비의 목적으로 집필되었다.

◉ 독자들은 이 점을 고려하여 이 책을 선택적으로 활용할 수 있다.

◉ 각 기록들은 독자성을 가지고 있으므로 독자들은 일부 기록만을 활용하거나 또는 각 기록의 순서를 바꾸어 볼 수 있지만, 저자는 가급적 연습기록 1부터 차례로 학습하여 나갈 것을 권장한다.

◉ 왜냐하면, 앞의 기록에서 다루어지거나 해설한 내용은 그 이후의 기록에서는 생략하거나 결론만 제시하기 때문이다.

◉ 기록을 차례로 학습하여 나가기 전에 기본적인 실무를 조감할 수 있도록 [제1편 형사소송절차에서의 변론과 법문서의 작성]을 따로 마련하였으니 이를 정독한 후 기록연습에 들어가면 효율적일 것이다(특히 'Ⅳ. 기록을 읽는 방법' 이하를 반드시 읽어 보기 바람).

◉ 또한 각 기록들은 형사소송실무를 익힘에 있어 저자가 효율적이라고 구상하는 순서에 따라 배열되어 있다.

- 연습기록 1은 간략한 공소사실에 대하여 법률 적용과 증거관계 검토를 통하여 기본적인 변론요지서를 작성하는 연습을 한다. 특히, 공동피고인이 있는 기록에서의 기록목록과 본 기록을 해독하는 방법, 공동피고인 간의 증거관계·증거법 이론을 숙지하여야 한다.

- 연습기록 2의 공소사실은 4개로 여러 유형의 문제를 다루고 있다. 아동·청소년의 성보호에 관한 법률과 특정범죄 가중처벌 등에 관한 법률 등 형사특별법도 아울러 다룬다.

＊기록의 분량으로 볼 때 모의 변호사시험용으로 적합한 문제이다.

- 연습기록 3은 6개의 공소사실로 여러 유형의 문제를 다루고 있다. 폭력행위 등 처벌에 관한 법률, 여신전문금융업법 등의 특별법의 쟁점도 제기된다. 보석허가청구서의 형식과 작성방법을 소개하고 있다.

＊기록의 분량으로 볼 때 모의 변호사시험용으로 적합한 문제이다.

- 연습기록 4는 공소사실이 5개인 기록으로 폭력행위등 처벌에 관한 법률에 대한 쟁점도 다룬다. 보석허가청구서를 작성하는 문제이다.

＊기록의 분량으로 볼 때 모의 변호사시험용으로 적합한 문제이다.

- 연습기록 5는 친고죄에 있어서의 고소 등 보다 다양한 쟁점들이 복합된 문제로 변론요지서를 작성한다.

＊기록의 분량으로 볼 때 모의 변호사시험용으로 적합한 문제이다.

- 연습기록 6은 특정범죄 가중처벌 등에 관한 법률상의 도주차량죄, 위험운전치사상죄, 도로교통법상의 음주운전죄, 무면허운전죄 등 교통관계 특별법의 쟁점을 집중적으로 다루고 있다. 형사실무에 있어서의 형사특별법의 중요성을 환기시키려는 의도가 있다. 변론요지서뿐 아니라 구속적부심사청구서의 형식과 작성방법도 소개하고 있다.

◉ 제3편의 모의시험기록은 제2편 연습기록 1~6에서 출제된 문제들을 변형하여 종합한 모의시험의 형식을 취하고 있으므로 연습기록 1~6을 연습한 후, 이를 복습함과 아울러 최종 실력을 테스트해 본다는 생각으로 실제 변호사시험 형식으로 작성하고, 채점기준에 맞추어 자체 채점하여 보기를 권한다.

◉ 연습기록 전부를 학습할 만한 시간적 여유가 부족한 경우에는 [제1편 형사소송절차에서의 변론과 법문서의 작성]을 읽어 본 후 연습기록 1, 3, 6과 모의시험기록 1, 2만을 연습하여도 소기의 성과는 거둘 수 있으리라 생각한다.

◉ 제4편의 1~3회 변호사시험 해설은 실제 변호사 시험의 유형과 추세를 확인하는 데 유용하리라 생각한다.

＊이 책에 수록된 연습기록, 모의시험기록, 변호사시험 1~3회 기록의 주요 쟁점은 일러두기 말미의 별표와 같으므로 참조하기 바람.

◉ 변호사시험 기록형에서는 변론요지서, 보석허가청구서, 구속적부심사청구서, 사건에 대한 검토의견서, 항소이유서 등 다양한 법문서 작성을 요구할 수 있지만 그 기본 토대는 최종 변론요지서를 작성하는 것이 될 것이다.

◉ 따라서 이 책에서는 변론요지서를 위주로 실무에서 자주 활용되는 보석허

가청구서, 구속적부심사청구서 작성을 연습하지만(해설 부분은 검토의견서로 활용될 수 있을 것이다), 보다 폭넓은 실무능력의 배양을 위하여 각 기록을 활용하여 기타 법문서의 작성요령 등을 함께 학습하는 것을 권장한다.

Ⅱ. 기타 유의사항

◉ 모의기록은 실제 기록과 똑같이 구성되는 것이 가장 좋다.

◉ 그러나 출판여건에 따른 지면의 제한과 수험대비의 효율성을 기하기 위하여 꼭 필요하지 않은 서류 등은 생략되었다(작성요강 참조).

◉ 조서 등 서식은 '사법경찰관리집무규칙'(2012. 1. 1. 이후에는 '검사의 사법경찰관리에 대한 수사지휘 및 사법경찰관리의 수사준칙에 관한 규정'), '검찰사건사무규칙' 등에 맞추려고 노력하였으나, 일부 원래의 서식을 그대로 따르지 못한 부분이 있음을 양해하여 주시기 바란다.

◉ 이 책은 형사법 이론과 판례를 어느 정도 숙지한 사람이 보다 많은 모의기록을 접하여 보면서 실무와 변호사시험에 대비하는 데 목적이 있으며 형사법 이론이나 판례를 집대성해 놓은 것은 아님을 유의하여야 한다.

◉ 10개 이하의 모의기록에서 다룰 수 있는 형사법 판례나 쟁점은 생각보다 많지 않다.

◉ 해설 부분에서 기록과 관련된 주요 쟁점과 판례를 소개하고 있지만 방대한 형사법의 이론과 판례, 형사특별법의 내용을 다 망라할 수는 없다.

◉ 따라서 이 책은 형사법 이론과 판례 전반에 대한 학습용이라기보다는 형사소송기록의 해독과 법문서 작성을 연습하는 용도로 활용하여야 한다.

◉ 이 책 속에 담겨 있는 내용은 제한적일 수밖에 없으므로 이 책을 보아 가면서 관련되는 이론적 쟁점과 판례, 그리고 형사특별법의 주요 내용을 보다 폭넓게 학습하여 나가기를 권장한다.

◉ 기록 속의 등장인물의 인적 사항은 물론이고, 주소 등 모두가 가공임을 밝혀 둔다. 불필요한 오해를 방지하기 위하여 주민등록번호, 전화번호 등을 가급적 '*'로 처리하였다. 2014. 1. 1.부터 도로명주소를 전면 사용하게 되었으므로 이 책에서 주소는 편의상 그 이전의 기록이나 서류를 포함하여 모두 도로명 주소로 일괄 변경하는 것을 원칙으로 하였다.

법학전문대학원에서 학습하여야 하는 형사특별법의 범위

형법계열

도로교통법, 교통사고처리 특례법, 부정수표 단속법, 성폭력범죄의 처벌 등에 관한 특례법, 소년법, 여신전문금융업법, 특정경제범죄 가중처벌 등에 관한 법률, 특정범죄 가중처벌 등에 관한 법률, 폭력행위 등 처벌에 관한 법률, 부동산등기 특별조치법, 변호사법, 정보통신망 이용촉진 및 정보보호 등에 관한 법률, 통신비밀보호법, 아동·청소년의 성보호에 관한 법률

형사소송법계열

형사소송규칙, 법원조직법, 검찰청법, 경찰관직무집행법, 즉결심판에 관한 절차법, 국민의 형사재판 참여에 관한 법률, 소송촉진 등에 관한 특례법

기록별 주요쟁점

기 록	죄 명	형 법	형사소송법	특별형사법	실 무
연 습 1	• 강도상해	• 특수절도죄의 실행의 착수 • 공모관계의 이탈 • 중지미수 • 준강도죄의 성립과 공범관계 • 준강도죄, 강도상해죄의 죄수	• 조서의 증거능력 • 공동피고인의 증인적격(공범관계) • 공소장일본주의		변론요지서
연 습 2	• 아동·청소년의 성보호에관한법률위반(강간) • 특정범죄가중처벌등에관한법률위반(절도) • 무고 • 횡령	• 명의신탁된 부동산과 관련된 형사책임(2자간 명의신탁, 계약명의신탁, 3자간 명의신탁) • 공소시효가 완성된 범죄사실을 허위 신고한 경우의 무고죄의 성립 • 절도의 상습성	• 조서의 증거능력 • 친고죄의 고소 • 고소기간 • 범인식별절차 • 공소시효의 계산 • 자백보강법칙 • 증명력 판단	• 아동·청소년의 성보호에 관한 법률상의 강간죄 등 • 성폭력범죄의 처벌 등에 관한 특례법의 개요 • 특정범죄 가중처벌 등에 관한 법률 상의 상습절도 등	변론요지서

기 록	죄 명	형 법	형사소송법	특별형사법	실 무
연습 3	• 폭력행위등처벌에관한법률위반 (상습집단·흉기등상해) • 폭력행위등처벌에관한법률위반 (상습집단·흉기등재물손괴등) • 컴퓨터등사용사기 • 여신전문금융업법위반 • 절도 • 간통	• 누범 • 정당방위, 긴급피난 • 절취한 신용카드를 사용하는 행위들의 형사책임(컴퓨터등사용사기죄, 절도죄 등) • 간통죄의 성립 • 친족상도례	• 조서의 증거능력 • 간통죄 고소의 유효건인 혼인관계의 부존재 • 자백의 임의성 • 진술서의 증거능력 • 재전문증거(전문진술이 기재된 조서) • 녹음테이프의 증거능력 • 사인이 위법하게 수집한 증거	• 폭력행위등 처벌에 관한 법률 상의 상습집단·흉기등상해죄 등 • 흉기, 위험한 물건의 의미 • 여신전문금융업법 상의 신용카드부정사용죄 • 통신비밀보호법을 위반한 녹음의 증거능력	보석허가청구서
연습 4	• 폭력행위등처벌에관한법률위반 (집단·흉기등공갈) • 폭력행위등처벌에 관한 법률위반(집단·흉기등폭행) • 업무상배임 • 절도 • 강제집행면탈	• 누범 • 상상적 경합 • 계약명의신탁된 부동산과 강제집행면탈죄 • 폭력행위등처벌에관한법률위반(공갈)과 친족상도례 • 현금카드의 갈취와 이에 따른 카드사용행위의 죄책	• 공소사실의 동일성 • 면소판결의 사유 • 확정판결과 일사부재리의 효력 • 반의사불벌죄	• 폭력행위등 처벌에 관한 법률 상의 공동폭행	보석허가청구서
연습 5	• 특수절도 • 출판물에의한명예훼손 • 위계공무집행방해 • 범인도피 • 사자명예훼손 • 모욕	• 특수절도죄의 성립 • 출판물에의한명예훼손죄에 있어서의 출판물의 의미, 공연성 • 위장자수와 위계공무집행방해 • 범인도피(친족간의 특례) • 사자명예훼손죄의 고소권자 • 모욕죄와 공연성	• 반의사불벌죄에 있어서의 법정대리인의 동의, 고소불가분의 원칙의 준용 여부) • 친고죄의 고소기간 • 고소불가분의 원칙 • 법정대리인의 고소권의 성격 • 긴급 압수·수색(216①ii, 217②) • 위법수집증거배제 • 공범에 대한 사경·검사 작성 피의자신문조서의 증거능력 • 다른 사건 공판조서의 증거능력과 증명력		변론요지서

기 록	죄 명	형 법	형사소송법	특별형사법	실 무
연습6	• 특정범죄가중처벌등에관한법률위반(도주차량) • 특정범죄가중처벌등에관한법률위반(위험운전치사상) • 도로교통법위반(음주운전) • 도로교통법위반(무면허운전)	• 상해의 개념 • 교통사고에서의 업무상과실	• 실황조사서의 증거능력 • 현행범인 체포의 적법성 • 임의동행의 적법성 • 위법수집증거배제법칙의 원칙과 예외	• 도주차량죄의 성립 • 위험운전치사상죄의 성립과 교통사고처리특례법위반 • 음주운전과 무면허운전의 죄수 • 음주운전과 위험운전치사상죄의 죄수 • 기타 교통사고 관련 법리	변론요지서 · 구속적부심사청구서
모의1	• 성폭력범죄의처벌등에관한특례법위반(강간등상해) • 특정범죄가중처벌등에관한법률위반(절도) • 강도예비 • 모욕	• 누범 • 형법상 상해의 개념 • 심신장애 • 친족상도례 • 강도예비죄에 있어서의 강도할 목적	• 범인식별절차 • 고소기간 • 자백보강법칙 • 공동피고인의 증인적격 • 공범관계가 아닌 공동피고인의 법정진술, 조서의 증거능력 • 고소 불가분의 원칙 • 긴급 압수·수색	• 아동·청소년의 성보호에 관한 법률상의 아동·청소년 • 성폭력범죄의 처벌 등에 관한 특례법상의 합동강간	변론요지서
모의2	• 특정경제범죄가중처벌등에관한법률위반(횡령) • 특정경제범죄가중처벌등에관한법률위반(횡령)방조 • 상해 • 마약류관리에관한법률위반(대마) • 부정수표단속법위반	• 형법 제10조 제2항에 따른 심신미약 감경 • 방조 • 상해의 개념 • 부동산 명의신탁	• 고소기간 • 고소의 방법(구두고소) • 조사자 증언의 증거능력(316①) • 조사자 증언과 제312조 제2항의 객관적인 증명 • 제312조 2항의 요건인 적법절차와 방식, 특신상태 • 임의제출물의 압수 • 별건 압수 • 증거동의와 위법수집증거배제법칙 • 자백보강법칙 • 공동피고인의 증인적격 • 자유로운 증명의 대상(처벌불원의사) • 전문진술(316②)	• 재산범죄에 대한 특경법 적용 • 특경법과 친족상도례 • 부정수표단속법(발행일 미기재 수표, 공범의 수표회수)	변론요지서

기 록	죄 명	형 법	형사소송법	특별형사법	실 무
변 시 1	• 특수강도교사 • 특수강도 • 성폭력범죄의처 벌등에관한특례 법위반(주거침입 강간등) • 사기 • 횡령 • 교통사고처리특 례법위반	• 교사 • 불법원인급여물에 대한 횡령죄의 성립	• 조서의 증거능력 • 전문진술(316②) • 긴급압수수색(217 ①) • 위법수집증거배제 • 범인식별절차 • 약식명령의 기판력 의 시적범위(발령일)	• 성폭력범죄의 처벌 등에 관한 특례법 상의 주거침입강간 • 교통사고처리특례 법상의 예외(횡단보 도 사고) • 교통사고처벌의 예 외(종합보험 가입 등)	변 론 요 지 서
변 시 2	• 특정경제범죄가 중처벌등에관한 법률위반(사기) • 특정범죄가중처 벌등에관한법률 위반(도주차량) • 사문서위조 • 위조사문서행사 • 도로교통법위반 (음주운전)	• 사문서위조죄의 죄수	• 확정판결의 기판력 (상상적 경합관계) • 피고인의 자백을 들 었다는 조사자증언 의 증거능력(316①) • 위법한 긴급체포와 자백 • 전문진술(316②)	• 특경가법 제3조의 이득액 산정 • 도주차량죄의 도주 • 음주운전에 있어서의 혈중 알콜농도의 추 정(위드마크 공식)	변 론 요 지 서
변 시 3	• 특정경제범죄가 중처벌등에관한 법률위반(횡령) • 배임 • 강도 • 절도 • 여신전문금융업 법위반 • 점유이탈물횡령	• 횡령(1인회사, 불법 영득의사) • 2자간 명의신탁과 횡 령죄 • 배임(부동산 이중 양도) • 강도죄와 공갈죄의 폭행, 협박의 정도 • 갈취한 신용카드(현 금카드)로 혜금을 인출한 행위의 죄책 (공갈의 포괄일죄)	• 공소장변경없이 유 죄판결 할 수 있는 범위 • 전문진술(316②) • 재전문증거(전문진 술이 기재된 조서) • 진술서의 증거능력 (313①) • 상대적 친고죄(공갈) • 공소시효(점유이탈 물횡령죄 5년) • 위법수집증거배제 (216①ii/별건증거/ 사후영장) • 자백보강법칙	• 특경가법 제3조의 이득액 산정 • 여신전문금융업법 제70조 1항의 신용 카드부정사용죄 불 성립(현금카드기능 의 사용)	변 론 요 지서 · 검토 의견서

제 1 편

형사소송절차에서의 변론과
법문서의 작성

공판기일의 절차는 모두절차, 사실심리절차, 최후변론절차 및 판결선고절차로 구분되어 진행된다.

1. 모두절차

모두절차는 진술거부권의 고지, 인정신문, 검사의 모두진술, 피고인의 모두진술, 재판장의 쟁점정리 및 검사·변호인의 증거관계 등에 대한 진술의 순서로 진행된다.

(1) 피고인은 진술거부권을 가지는데, 피고인은 진술하지 아니하거나 개개의 질문에 대하여 진술을 거부할 수 있다(법 제283조의2 제1항). 재판장은 피고인에게 제1항과 같이 진술을 거부할 수 있음을 고지하여야 한다(법 제283조의2 제2항). 진술거부권이 고지되지 아니한 상태에서의 진술은 위법하게 수집된 증거로 증거능력이 배제된다.

(2) 인정신문이란 재판장이 피고인의 동일성을 확인하는 절차를 말한다. 재판장은 피고인의 성명, 연령, 등록기준지, 주거와 직업을 물어서 피고인임에 틀림없음을 확인하여야 한다(법 제284조).

(3) 인정신문 후 검사는 공소장에 의하여 공소사실·죄명 및 적용법조를 낭독하여야 한다. 다만, 재판장은 필요하다고 인정하는 때에는 검사에게 공소의 요지를 진술하게 할 수 있다(법 제285조). 이를 검사의 모두진술이라고 한다.

(4) 피고인은 검사의 모두진술이 끝난 뒤에 공소사실의 인정 여부를 진술하여야 한다. 다만, 피고인이 진술거부권을 행사하는 경우에는 그러하지 아니하다. 피

고인 및 변호인은 이익이 되는 사실 등을 진술할 수 있다(법 제286조). 피고인은 이때 관할이전신청(법 제15조), 기피신청(법 제18조), 국선변호인 선정청구(법 제33조 제2항), 공판기일변경신청(법 제270조) 등을 할 수 있다. 관할위반의 신청(법 제320조), 공소장부본송달의 하자에 대한 이의신청(법 제266조) 및 제1회 공판기일의 유예기간에 대한 이의신청(법 제269조)은 이때까지 하지 않으면 하자가 치유되어 더 이상 다툴 수 없다.

(5) 재판장은 피고인의 모두진술이 끝난 다음에 피고인 또는 변호인에게 쟁점의 정리를 위하여 필요한 질문을 할 수 있다. 재판장은 증거조사를 하기에 앞서 검사 및 변호인으로 하여금 공소사실 등의 증명과 관련된 주장 및 입증계획 등을 진술하게 할 수 있다. 다만, 증거로 할 수 없거나 증거로 신청할 의사가 없는 자료에 기초하여 법원에 사건에 대한 예단 또는 편견을 발생하게 할 염려가 있는 사항은 진술할 수 없다(법 제287조).

2. 사실심리절차

(1) 사실심리절차는 증거조사절차(법 제290조)와 피고인신문절차(법 제296조의 2)로 나누어진다. 형사소송법은 객관적인 증거자료를 통한 심증형성을 도모하기 위해 증거조사를 피고인신문에 앞서 진행하도록 규정하고 있으나, 재판장은 필요하다고 인정하는 때에는 증거조사가 완료되기 전이라도 검사 또는 변호인의 피고인신문을 허가할 수 있고(법 제296조의2 제1항 단서), 재판장은 필요하다고 인정하는 때에는 피고인을 신문할 수 있다. 증거조사절차는 별항으로 살펴본다.

(2) 피고인신문은 공소사실과 정상에 관하여 필요한 사항을 대상으로 하고, 법원이나 법관이 피고인신문을 하는 때에는 그 신문에 참여한 법원사무관 등이 피고인신문조서를 작성해야 한다(법 제48조 제1항). 피고인신문과 관련된 사항은 공판조서에 기재하도록 하고 있다(법 제51조 제2항 제7호).

3. 변론의 종결과 최후 변론

(1) 변론의 종결 절차

증거조사와 피고인신문을 모두 종료하면 검사의 의견진술(법 제302조)과 피고인 및 변호인의 최종의견 진술(법 제303조)을 거쳐 변론을 종결하게 된다. 변론의 종결을 줄여서 결심(結審)이라고 부르기도 한다. 변론이 종결되면 변론의 재개가 없는 한 변론이나 증거조사를 할 수 없다.

(2) 검사의 의견 진술

변론종결절차에서는 먼저 검사가 사실과 법률적용에 관하여 의견을 진술한다. 단 검사의 출석 없이 개정한 경우에는 공소장 기재사항에 의하여 의견의 진술이 있는 것으로 간주한다(법 제302조). 이를 검사의 논고라고 하며, 검사의 양형에 관한 의견을 특히 구형이라고 한다. 구형은 양형에 관한 검사의 의견진술에 불과하므로 법원이 그 의견에 구속되지 않는다.

(3) 피고인과 변호인의 최종의견 진술

검사의 의견을 들은 후 재판장은 피고인과 변호인에게 최종의견을 진술할 기회를 주어야 한다(법 제303조). 법문은 최종의견진술의 순서를 피고인, 변호인으로 나열하고 있으나 실무에서는 변호인, 피고인의 순서로 진행하는 것이 일반적이다.

변호인의 최후의견진술을 가리켜서 특히 '최후변론(최종변론)'이라고 부르기도 한다. 변호사시험에서도 보통 최후변론을 변론요지서로 작성하도록 하는 경우가 많다. 최후변론의 요령과 변론요지서의 작성 방법은 별항으로 보다 자세하게 살펴본다.

4. 판결선고절차

피고사건에 대한 심리가 종료되면 법원은 판결을 위한 심의에 들어가게 된다. 이때 단독사건의 경우에는 단독판사가 별다른 절차 없이 판결의 내용을 정할 수 있지만, 합의사건의 경우에는 판결내용을 결정하기 위해 합의부 내에서 합의가 필요하다. 합의사건에서 합의가 있게 되면 재판이 내부적으로 성립하고, 선고시 외부적으로 성립한다고 한다.

판결의 선고는 반드시 공개하여야 하며, 공개정지사유가 있어 심리를 비공개로 한 경우라도 판결선고기일에는 다시 공개를 하여야 한다(헌법 제109조). 판결의 선고는 변론을 종결한 기일에 하는 것이 원칙이지만 특별한 사정이 있는 때에는 따로 선고기일을 지정할 수 있다(법 제318조의4 제 1 항).

1. 증거조사의 의의

형사소송법은 "사실의 인정은 증거에 의하여야 한다"고 규정하여 증거재판주의를 채택하고 있다(제307조). 형사절차는 형벌법규 적용의 전제가 될 사실관계의 확정이 요구되는데, 이러한 사실관계를 확정하는 데에 사용되는 자료를 증거라고한다. 그리고 법원의 사건에 관한 사실인정을 위한 심증을 얻기 위하여 각종의 증거방법을 조사하여 그 내용을 감지하는 소송행위를 증거조사라 한다. 또한 각종증거방법에 대한 증거조사에 의하여 사실관계가 확인되는 과정을 증명이라고 하고, 증명의 대상이 되는 사실을 요증사실이라고 하며, 증거와 증명하고자 하는 사실과의 관계를 입증취지라고 한다.

2. 증거의 종류

증거의 종류는 이론상 직접증거와 간접증거, 본증과 반증, 진술증거와 비진술증거, 실질증거와 보조증거 등으로 분류되기도 하나, 실무상 중요한 의미를 갖는것은 증거조사의 방법에 따른 분류 즉, 인증, 증거물, 증거서류의 세 가지 종류이다. 그런데 서류는 그 기재내용이 증거로 되는 증거서류 외에, 예컨대 서류를 절취하거나 문서를 은닉한 경우 그 대상이 된 서류나 문서와 같이 그 존재와 상태만이 증거로 되는 통상의 증거물인 경우도 있고, 예컨대 위조죄에 있어서의 위조문서, 무고죄에 있어서의 허위고소장 등과 같이 증거물과 증거서류 양자의 성질을함께 가지고 있어서 그 기재내용뿐만 아니라 그 존재와 상태도 증거로 되는 경우가 있는바, 특히 마지막의 것을 '증거물인 서면'이라고 부른다. 따라서 증거를 증거

조사의 방법에 따라 분류하면 인증, 증거물, 증거물인 서면, 증거서류의 네 가지로
나누어 볼 수 있다.

　＊증거조사방법은 제1편 Ⅱ.의 5. 이하 참조.

　공판기일의 증거조사는 쟁점정리 등(법 제287조) 종료 후에 하여야 한다(법 제
290조). 증거조사는 증거조사 신청, 증거결정, 증거조사의 실시, 증거조사에 대한
이의신청 및 법원의 조치의 순서로 진행된다. 이하에서는 이 순서에 따라 증거조
사의 절차와 방법에 대해서 살펴본다.

3. 증거조사의 신청

　(1) 검사, 피고인 또는 변호인은 서류나 물건을 증거로 제출할 수 있고 증인,
감정인, 통역인 또는 번역인의 신문을 신청할 수 있다(법 제294조). 법원의 직권에
의한 증거조사도 허용되고 있지만(법 제291조 제2항 및 제295조) 그것은 보충적인
것이고, 어디까지나 신청에 의한 증거조사가 원칙이다.

　(2) 증거신청은 서면은 물론 구두로도 가능하다. 다만 신청의 이유나 내용이 단
순치 않은 경우에는 법원의 증거결정의 적정과 편의를 위하여 미리 서면으로 제출
하는 것이 바람직하다. 증거방법에 따라서는 구술로 신청하여 채택된 후에도 후속
절차를 위하여, 필요한 사항을 기재한 서면을 추가로 제출하여야 할 경우가 있다.

　(3) 증거조사를 신청함에 있어서는 신청하는 증거방법을 특정하여야 한다. 예컨
대 증인신문을 신청하는 경우에는 증인의 성명과 주소에 의하여 증인을 특정하여야
하고, 검증이나 감정의 신청의 경우에는 그 대상을 특정하여야 할 것이다. 증거방법
이 특정되지 아니한 증거신청도 부적법한 신청으로 기각될 수 있을 것이다.

4. 증거결정

(1) 증거결정에 관한 의견진술

　당사자의 증거신청이 있으면 법원은 결정을 하여야 하는바(법 제295조), 그 결
정에 앞서 증거결정에 대한 검사와 피고인의 의견진술이 행하여진다. 이는 증거조
사의 실시전 단계에서 행하여지는 것이라는 점에서, 그 증거조사 중 또는 증거조
사 시행완료 후에 하는 이의신청(법 제296조)이나 의견진술(법 제293조)과 구별되는
것이다.

　＊증거별 의견 진술과 증거목록 기재방법은 제1편 Ⅳ. 기록을 읽는 방법 참조.

(2) 증거결정의 내용

당사자의 증거신청이 있으면 법원은 결정을 하여야 하는바(법 제295조), 이 증거결정은 이를 채택하는 결정과 신청을 기각하는 결정으로 구분된다. 그 외에 당사자의 신청이 없이 법원의 직권으로 증거조사를 하기로 하는 결정이 있다.

당사자의 증거신청이 부적법하거나 이유 없는 경우에는 이를 기각하는 결정을 한다.

증거신청을 받아들이는 경우에는 이를 채택하는 결정을 하고 증거조사를 시행하게 된다.

(3) 증거결정에 대한 불복과 취소

㈎ 증거결정에 대한 불복방법은 이의신청이고(법 제296조), 항고는 허용되지 아니한다(법 제403조). 다만 이 이의신청은 법령의 위반이 있음을 이유로 하여서만 이를 할 수 있다(규칙 제135조의2 단서).

㈏ 법원은 증거결정을 취소할 수 있다. 그 사유로는 증거결정에 대한 이의신청이 이유있는 경우, 신청한 당사자가 증거신청을 철회한 경우, 증거결정 후 증거조사의 필요성이 없게 되는 경우를 들 수 있다. 후자의 예로는 공소사실을 부인하던 피고인이 태도를 바꾸어 자백하거나, 증거로 함에 부동의하였다가 증거결정후 증거로 함에 동의를 하는 경우 등을 들 수 있다. 그 외에도 형사소송규칙은 증인신문을 청구한 자가 법원의 신문사항 제출명령에 응하지 아니한 경우에도 그 증거결정을 취소할 수 있다고 규정하고 있다(규칙 제67조, 제66조).

5. 증거조사의 실시

(1) 서류 및 물건의 증거조사

㈎ 원칙적으로 제출 또는 신청한 검사, 피고인 또는 변호인이 주체가 되어 서류나 물건을 '공판정에서 개별적으로 지시설명하여' 조사하게 된다(법 제291조 제 1 항). 여기서 검사, 피고인 또는 변호인이 '개별적으로 지시설명'한다 함은 증거조사 그 자체는 아니며, 단지 증거조사의 대상으로 삼을 서류 또는 물건을 '개별적으로'(수사기록 전부라는 식으로 일괄하여 추상적으로 하여서는 아니 된다는 뜻) '지시설명'하는 과정(서류 또는 물건의 표목을 특정하여야 한다는 뜻)을 의미한다. 따라서 위와 같이 검사, 피고인, 변호인 또는 재판장(법 제291조 제 2 항)이 개별적으로 지시

설명한 서류 또는 물건에 대한 본격적인 증거조사는, 모두 재판장이 주재하여 그 증거방법의 성격에 따라 아래와 같은 방법으로 행하게 된다.

(나) 물건(증거물)은 검사, 피고인 또는 변호인의 신청에 따라 증거물을 조사하는 때에는 신청인이 이를 제시하여야 한다. 법원이 직권으로 증거물을 조사하는 때에는 소지인 또는 재판장이 이를 제시하여야 한다. 재판장은 법원사무관등으로 하여금 제 1 항 및 제 2 항에 따른 제시를 하게 할 수 있다(법 제292조의2).

서류 중 증거서류는 검사, 피고인 또는 변호인의 신청에 따라 증거서류를 조사하는 때에는 신청인이 이를 낭독하여야 한다. 법원이 직권으로 증거서류를 조사하는 때에는 소지인 또는 재판장이 이를 낭독하여야 한다. 재판장은 필요하다고 인정하는 때에는 제 1 항 및 제 2 항에도 불구하고 내용을 고지하는 방법으로 조사할 수 있다. 재판장은 법원사무관등으로 하여금 제 1 항부터 제 3 항까지의 규정에 따른 낭독이나 고지를 하게 할 수 있다. 재판장은 열람이 다른 방법보다 적절하다고 인정하는 때에는 증거서류를 제시하여 열람하게 하는 방법으로 조사할 수 있다(법 제292조).

서류 중 증거물인 서면에 관하여는 그 본질이 증거물이지만 증거 서류의 성질도 겸비하여 양자의 중간적 지위에 있는 것이므로, 위 2가지 방법을 병행하여야 한다 함은 앞서 본 바와 같다. 따라서 제시함과 아울러 낭독하여야 한다.

(다) 도면·사진·녹음테이프·비디오테이프·컴퓨터용디스크, 그 밖에 정보를 담기 위하여 만들어진 물건으로서 문서가 아닌 증거의 조사에 관하여 필요한 사항은 대법원규칙으로 정한다(법 제292조의3, 규칙 제134조의7~9 참조).

우선 사진의 경우 ① 현장사진과 증거물의 사본인 사진, ② 진술증거의 일부를 이루는 사진은 각 제시의 방법으로 증거조사를 할 것이나, ③ 문서의 사본인 사진의 경우, 원본이 증거서류인지 증거물인 서면인지에 따라 낭독만으로 그치거나 제시와 함께 낭독하여야 할 것이다.

(2) 증인신문

(가) 증인이란 법원(또는 법관)에 대하여 자기가 실제 체험한 사실을 진술하는 제 3 자를 말하고, 증인으로부터 그 체험사실의 진술을 듣는 절차 즉 증인에 대한 증거조사절차를 증인신문이라고 한다. 그 체험 사실이 특별한 지식에 의하여 알게 된 것이라 하더라도 대체성이 없는 경우에는 감정인이 아니라 증인이고, 이를 감

정증인이라고 부른다(법 제179조).

(나) 당해 사건의 법관 또는 법원사무관 등은 심리에 관여하는 중에는 증인적격이 없다. 또한 검사와 피고인은 물론, 변호인도 증인적격이 없다고 보는 것이 일반적이다. 다만 공동피고인의 경우는 견해의 대립이 있으나, 공범인 공동피고인은 변론을 분리하지 않는 한 증인으로 신문하지 못하고, 공범 아닌 공동피고인의 경우 피고인의 범죄사실에 관한 한 증인의 지위에 있음에 불과하여 선서 없이 한 공동피고인의 법정 진술은 피고인에 대한 범죄사실을 인정하는 증거로서 사용할 수 없다.

(다) 공판기일의 증인신문절차에서 검사, 피고인, 변호인이 출석하여 참여할 권리가 있음은 일반적인 공판기일에서와 같다. 그 외 공판기일 외에서의 증인신문에도 검사, 피고인, 변호인은 참여할 권리가 있고(법 제163조 제1항), 법원은 위 당사자 등이 미리 참여하지 않겠다는 의사를 명시한 경우가 아닌 한 반드시 증인신문의 시일과 장소를 미리 통지하여야 한다(같은 조 제2항).

(3) 검 증

검증은 사람의 신체, 장소 등을 포함하는 물(物)의 존재 및 상태를 오관의 작용에 의하여 직접 실험, 인식하는 방법으로 행하는 물적 증거에 대한 증거조사 혹은 강제처분을 말한다. 즉 검증은 증거조사의 일종임과 동시에 강제처분에 속한다. 따라서 검증 객체의 소유자, 소지자, 보관자 등은 검증에 응할 의무가 있으나, 법원이 직접 시행하기 때문에 다른 강제처분과 달리 영장주의가 적용되지 않는다.

검사, 피고인 또는 변호인은 검증에 참여할 수 있으므로, 이들에게 미리 검증의 일시와 장소를 통지하여야 하나, 참여권을 포기하였거나 급속을 요하는 때에는 예외이다(법 제145조, 제121조, 제122조). 이러한 피고인과 변호인의 참여권이 침해된 상태에서 시행한 검증조서의 증거능력은 부정되어야 한다. 검증조서는 오관의 작용에 의하여 인식한 결과를 기재한 보고문서임과 동시에 하나의 진술조서로서 전문증거로서의 성격을 가진다고 해석된다. 이러한 법원의 검증조서는 원칙적으로 법 제311조에 의하여 당연히 증거능력이 인정된다.

(4) 감 정

감정이라 함은 특별한 지식·경험에 의하여서만 알 수 있는 법칙 또는 그 법칙을 구체적 사실에 적용하여 얻은 의견·판단을 보고하는 증거방법을 말한다. 법원 또는 법관으로부터 이러한 감정의 명을 받은 자를 감정인이라고 한다. 실무상 감정의 대상이 되는 것을 보면, 신체에 대한 감정으로서 사망의 원인, 상해의 정도와 원인, 치료기간, 정신상태 등이 있고, 문서의 필적, 인영과 무인, 지질과 제지연대 등의 감정, 물건의 시가에 대한 감정 등 종류가 다양하다.

감정은 감정인을 신문하고 감정인에게 감정을 명하는 절차와 감정인이 감정을 현실적으로 시행하는 절차 및 그 감정의 경과와 결과를 법원에 보고하는 절차로 나누어볼 수 있다. 감정에 필요한 물건이나 자료는 감정인에게 교부할 수 있고 (법 제172조 제 2 항, 규칙 제89조의2), 피고인의 신체나 정신 등을 감정하기 위해서는 기간을 정하여 피고인을 병원이나 기타 적당한 장소에 유치하게 하는 소위 감정유치를 할 수 있다(법 제172조 제 3 항 내지 제 8 항, 제172조의2). 감정인은 감정에 필요한 경우에는 법원의 허가를 얻어 필요한 행위를 할 수 있고, 서류와 증거물을 열람, 등사하고 피고인 또는 증인을 신문할 수 있다(법 제173조, 제174조). 그리고 변호인 등은 감정에 참여권이 있다(법 제176조).

감정인은 감정의 경과와 결과를 서면으로 보고하여야 한다(법 제171조, 제179조의2 제 2 항. 이를 보통 감정보고서라 한다). 이 감정보고서는 법원의 판단을 구속하는 것은 아니고 하나의 증거방법일 뿐이다. 또 이 감정보고서는 당사자가 동의하지 않는 한 감정인의 공판정에서의 진술에 의하여 성립의 진정이 인정된 때에 한하여 증거능력이 있게 되고(법 제313조 제 2 항), 별도의 서증으로 증거조사를 거쳐야 한다.

(5) 통역과 번역

통역과 번역은 언어에 대한 일종의 감정으로서, 국어에 통하지 아니한 자의 진술이나 농아자의 진술에는 통역인으로 하여금 통역하게 하여야 하고(법 제180조, 제181조), 국어 아닌 문자 또는 부호에 대하여는 번역하게 하여야 한다(제182조). 통역과 번역에 대하여는 감정에 관한 규정을 준용한다(제183조).

(6) 증거조사 실시 후의 조치

재판장은 피고인에게 각 증거조사의 결과에 대한 의견을 묻고, 권리를 보호함에 필요한 증거신청을 할 수 있음을 알려주어야 한다(법 제293조). 매 공판기일에 그 기일에서의 증거조사(서증이나 물건의 조사, 증인신문, 검증, 감정 등)를 시행한 때마다 그 증거조사결과에 대한 피고인의 의견을 묻는 것이므로, 증거조사 자체의 적부에 관한 의견진술 또는 이의신청과는 구별되는 것이다.

6. 증거조사에 대한 이의신청

(1) 증거조사에 관한 이의신청

㈎ 검사, 피고인 또는 변호인은 증거조사에 관하여 이의신청을 할 수 있다(법 제296조 제1항). 현행법상 증거조사절차에서의 위법 부당에 대하여는 이 이의신청 외에 달리 독립하여 불복할 수 있는 방법은 없다. 여기에서의 변호인의 이의신청 권은 독립대리권이다.

㈏ 증거조사의 신청, 증거결정, 증거조사의 실시 등 증거조사에 관한 모든 사항이 이의신청의 대상이 된다. 사실행위이거나 법률행위이거나 묻지 않고, 작위이 거나 부작위이거나를 묻지 않는다. 또 대상으로 되는 행위의 주체도 법원, 재판장, 검사, 피고인, 변호인, 증인, 감정인 등 모든 소송관계인을 포함한다.

㈐ 이의신청은 법령의 위반이 있음을 이유로 할 수 있을 뿐 아니라, 상당하지 아니함을 이유로 하여서도 이를 할 수 있다(규칙 제135조의2 본문). 다만 증거결정에 대한 이의신청은 법령의 위반이 있음을 이유로 하여서만 이를 할 수 있다(동조 단서).

㈑ 이의신청은 그 대상인 개개의 행위, 처분 또는 결정시마다 그 이유를 간결 하게 명시하여 즉시 이를 하여야 한다(규칙 제137조). 따라서 시기에 늦은 이의신청 은 원칙적으로 기각된다(규칙 제139조 제1항, 제2항). 위와 같은 이의신청은 신속 성이 생명이므로 구술하는 것이 보통이지만, 서면에 의한 이의신청이 허용되지 않 는 것은 아니다.

㈒ 명문의 규정은 없지만, 이의신청은 그에 대한 결정이 있을 때까지는 철회 할 수 있다고 할 것이다. 증거조사에 관한 이의신청권을 포기하는 것이 가능한가 의 문제는, 증거조사에 관하여 당사자가 이의신청권을 행사하지 아니하면 그 대상 이 되는 하자가 치유되는가라는 문제와 해답을 같이 하는 것으로 볼 수 있다. 즉 이의신청의 대상이 주로 당사자의 이익을 위한 것일 때에는 포기할 수 있고, 적절 한 시기에 이를 행사하지 아니하면(그 원인이 포기나 철회로 인한 경우를 포함한다) 절차상의 하자가 치유되나, 그것이 당사자의 이익보다는 재판의 적정을 위한 것일 때에는 포기가 인정되지 아니하고 또 당사자가 이를 행사하지 아니하였다고 하여 하자가 치유되지 아니한다고 할 수 있다.

전자의 예로는 증인신문의 순서에 관한 법률의 규정(법 제161조의2 제 1 항)에 위반되는 방법으로 증인신문이 이루어지거나, 증인신문의 일시와 장소를 변호인에게만 알리고 피고인에게 알리지 않은 채 증인신문이 이루어진 경우 등을 들 수 있고, 후자의 예로는 선서하고 증언하여야 할 증인이 선서를 하지 아니하고 증언한 경우나, 고문에 의한 자백이 기재된 조서처럼 증거능력이 없는 증거에 대한 증거조사가 이루어진 경우 등을 들 수 있다.

(2) 법원의 결정

증거조사에 대한 이의신청에 대하여 법원은 결정을 하여야 하는바(법 제296조 제 2 항), 이 결정은 이의신청이 있은 후 즉시 하도록 되어 있다(규칙 제138조). 이의신청이 ① 부적법하거나, ② 시기에 늦거나, ③ 소송지연만을 목적으로 하는 것임이 명백하거나, ④ 이유없는 때에는 기각 결정을 하여야 하되, 다만 시기에 늦은 이의신청이 중요한 사항을 대상으로 하고 있는 경우에는 시기에 늦었다는 이유만으로 그 이의신청을 기각하여서는 안 된다(규칙 제139조 제 1 항, 제 2 항). 이의신청이 이유 있다고 인정되는 경우에는 결정으로 이의신청의 대상이 된 행위, 처분 또는 결정을 중지, 철회, 취소, 변경하는 등 그 이의신청의 내용에 상응하는 조치를 취한다(동조 제 3 항). 그리고 증거조사를 마친 증거가 증거능력이 없음을 이유로 한 이의신청을 이유 있다고 인정할 경우에는 그 증거의 전부 또는 일부를 배제하는 결정을 하여야 하는바(동조 제 4 항), 이를 증거배제결정이라고 하고, 이 결정이 있게 되면 해당 증거는 증거능력이 부정된다. 이의신청에 대한 결정에 의하여 판단이 된 사항에 대하여는 다시 이의신청을 할 수 없다(규칙 제140조).

1. 최후변론

(1) 최후변론의 목적은 소송의 전 과정을 통하여 행하여진 소송활동의 결과를 집약하여 증거에 의하여 인정되는 사실을 밝히고 이에 대하여 적용되어야 할 법률 판단을 전개하여 법원에 대해 피고인에게 유리한 판결을 구함에 있다. 따라서 최후변론은 피고인의 권리를 옹호하기 위한 최후의 기회라고 할 수 있다.

(2) 최후변론은 법정에서 구두로 한다. 그러나 법정에서의 변론내용을 명확히 하고 또 이를 보충하는 의미에서 변론의 요지를 서면으로 작성하여 제출하는 경우가 많은데, 이를 '(최후)변론요지서'라고 부른다. 이러한 변론요지서는 특히 사실관계가 복잡한 사건, 또 사실인정이나 법률적용에 쟁점이 많은 사건에 있어서는 변호인의 주장을 빠짐없이 정확하게 전달하기 위하여 반드시 필요하다고 할 수 있다.

더욱이 재판장은 필요하다고 인정하는 경우 검사, 피고인 또는 변호인의 본질적인 권리를 해치지 아니하는 범위 내에서 법 제302조 및 법 제303조의 규정에 의한 의견진술의 시간을 제한할 수 있다(규칙 제145조). 따라서 변호인으로서는 변론요지서의 작성·제출은 매우 중요하다.

2. 최후변론에서 진술할 사항이나 내용

이는 변론의 방향과 밀접한 관계가 있다. 즉 공소사실을 자백하는 경우라면 사실상·법률상의 주장보다는 정상이나 양형에 관한 부분에 집중하여야 할 것이고, 무죄를 주장하거나 법률적용 문제를 다투는 경우라면 증거판단이나 법리에 집중되어야 할 것이다. 사건의 특성과 변론의 방향에 맞추어 적절하게 구성되어야 할 것이므로, 변론의 방향을 명백히 하는 것이 무엇보다도 중요하다. 특히 변호사시험과 같이 제한된 시간 안에 변론요지서 등을 작성하는 경우에는 변론방향의 설정이 성패의 관건이 될 수 있다. 일반적으로 최후변론에서 진술되어야 할 사항은 다음과 같다.

(1) 사실에 관한 주장

무죄나 법률적용을 다투는 경우는 물론이고, 정상론이나 양형에 관한 주장을 하는 경우에도 전제가 되는 것은 사실에 관한 주장이다.

사실에 관한 주장을 하는 경우에는 원칙적으로 증거를 요약하고 이에 기한 사실관계 판단을 먼저 하여야 한다. 주장하는 사실관계는 반드시 적법한 증거조사를 거친 증거를 기초로 한다. 증거에 기초하지 아니한 주관적 의견이나 억측을 주장하는 것은 설득력이 없어 무의미하다.

(2) 법률상의 주장

무죄, 정당행위, 정당방위, 긴급피난, 고의, 과실, 심신장애, 미수, 자수, 종범 등에 관한 법률론, 전문법칙이나 자백의 임의성 등 증거법상의 여러 쟁점 등 법률상 주장은 증거에 의하여 인정되는 구체적인 사실을 토대로 엄격한 법논리에 따라 전개해야 한다.

직접 관련되거나 유사한 판례를 적절히 제시하는 것은 필수적이다. 판례는 단순히 나열하는 데 그쳐서는 아니 되고, 사건의 내용과 비교하여 변론의 방향과 일치하도록 하여야 한다.

무죄판결이나 형식재판의 사유와 이를 구하는 주장의 설시방법은 별항으로 살펴보기로 한다.

(3) 정상 및 양형에 관한 주장

정상 변론은 피고인이 사건에 이르게 된 동기, 경위 및 다각적인 원인을 피고인에게 유리하도록 구성하고 설명하는 것이 중요하다. 이를 위해서는 피고인의 성장 배경, 사회적 여건 등과 전력 등에 대한 정확한 사실관계를 조명하여 확정하고 이를 토대로 법원의 공감을 이끌어 내어야 한다. 비록 사실에 관한 주장과 같은 정도의 엄격한 증거는 아니더라도, 어느 정도 객관적 근거를 갖춘 것이 아니면 안 된다. 결코 근거가 빈약한 거짓으로 설득력을 이끌어 내기는 어렵다는 것을 명심하고 변호인 또한 진실된 심정으로 변론하여야 한다. 아직까지 변호사시험에서는 정상관계가 비교적 소홀히 다루어지고 있지만 실무 변론에서는 매우 중요한 부분이므로 예비변호사 단계에서도 항상 염두에 두고 정상론을 설시하는 습관을 익혀야 한다.

일반적으로 정상론의 주요 내용으로서는 ① 범죄의 동기, 범행의 수단·방법과 태양, 결과 발생의 유무와 정도, 공범관계, 피해자에 대한 관계, 사건의 사회적 배경과 사회에 미친 영향, 범행 후의 정황 등과 같은 범죄사실에 관한 것(범죄정상, 약칭하여 犯情)과, ② 피고인의 연령, 성행, 지능과 학력이나 경력, 건강, 직업의 유무와 직위, 수입과 재산, 전과, 가정환경과 성장환경, 생활상태, 가족관계와 보호자의 유무, 개전의 정의 유무와 정도, 피해변상 여부와 그 노력 정도, 합의 여부와 피해자의 의사, 재범가능성의 유무 등과 같은 일반적인 정상에 관한 것으로 구분할 수 있다.

3. 변론요지서의 작성 일반

(1) 변론요지서를 작성하는 방식에는 정형이 있는 것이 아니다. 그 내용은 사건에 따라 천차만별인 까닭에 당연히 변론의 항목이나 방식과 내용이 모두 다를 것이지만 기본적으로는 변호인의 주장 내용을 쉽게 이해할 수 있고, 설득력이 있도록 작성하는 것이 중요하다.

(2) 기본적인 형식으로 문서의 표제, 사건번호와 사건명, 피고인의 성명, 제출하는 법원명, 작성자인 변호인의 기명과 날인이 갖추어져야 할 것이다.

(3) 변론은 공통적인 정상관계 등을 제외하고는 죄명별(공소사실별)로 하는 것이 원칙이다. 공소사실의 요지를 적시하고 시작하는 것이 일반적이지만 무죄판결이나 형식재판을 구할 경우에는 결론을 먼저 제목에서 밝히고 이유를 설시하여 나가는 것도 변론의 방향을 명백하게 하는 데 좋을 수 있다.

(4) 본론은 이를 사실론과 법률론으로 구분할 수 있으면 구분하여 설시하되, 함께 설시하는 것이 좋을 경우도 많다. 가급적 논점별로 항목을 구분하여 서술하고, 각 항목의 머리에는 표제를 기술하는 것이 적절하다. 그렇게 하면 법원이 그 표제만을 보고도 그 항목에서 어떤 주장을 하고 있는지를 이해할 수 있게 되어 효과적일 것이다. 일률적으로 논할 수 없는 문제이므로 가급적 많은 사건기록을 접하

여 직접 작성하여 보고 모범문례와 비교하여 볼 것을 권한다.

(5) 가급적 법원이 기록의 해당 부분을 일일이 찾아가며 확인대조하지 아니하더라도 변론요지서만을 보면 변호인이 무엇을 말하고 있는 것인지 이해할 수 있도록 근거를 제시하면서 구체적으로 기술할 필요가 있다.

(6) 사실관계에 관한 주장을 명백하게 하기 위하여 증거를 인용할 필요가 있다. 이때에는 그 인용하는 부분을 명확하게 적시할 필요가 있다. 예를 들면, 피고인의 법정에서의 진술, 증인 ○○○의 법정에서의 진술, 검사 작성의 피고인에 대한 제○회 피의자신문조서 등과 같은 기재 방식이다. 증거를 인용하는 경우에는 해당 기록의 면수까지 적시할 필요가 있을 경우도 있다.

(7) 주위적 주장이 받아들여지지 않을 경우에 대비하여 예비적 주장을 하는 경우가 많이 발생한다. 예컨대 주위적으로 무죄를 주장하고 유죄로 인정될 경우에 대비하여 정상에 관한 주장을 하는 경우라든가, 주위적으로 공소기각을 주장하고 이것이 받아들여지지 않을 경우에 대비하여 무죄를 주장하는 경우 등과 같다. 설득력이 떨어지는 예비적 주장을 남발하는 것은 변론의 방향성을 잃게 하므로 지양하여야 할 것이다.

예비적 주장을 명시적으로 할 것인지 여부도 개개의 사건에 따라 신중하게 검토하여야 한다. 주위적 주장에 큰 비중을 두어야 할 경우라면 명시적으로 예비적 주장을 할 것이 아니라, 예비적 주장으로 언급하고 싶은 부분을 사실상의 주장이나 법률상의 주장 부분의 적재적소에 부가해 두는 등의 요령도 습득하여야 한다.

(8) 내용의 마지막 부분에는 변론의 결론을 제시하는 것이 보통이다.

(9) 변론요지서는 판결문이나 준비서면과는 다른 성격의 문서이므로 이를 작성함에 있어서는 그것들과 구별되는 변론요지서 고유의 문투를 사용하여야 한다.

1. 형사소송기록의 구성

◉ 공소가 제기된 이후의 형사소송기록은 공소장부터 차례로 [공판기록]이 작성되고, 검사가 제출한 [증거서류 등(검사)]은 따로 별책으로 공판기록의 일부가 되는 것이 보통이다. 피고인이나 변호인이 제출한 증거는 공판기록에 편철되기도 하지만 분량이 많은 경우에는 별책으로 구성되기도 한다.

◉ 이 책에 포함된 모의기록은 모두 [공판기록] 1책, [증거서류 등(검사)] 1책(이하 증거기록이라고 한다) 등 모두 2책으로 분리된 것이다.

◉ 따라서 기록을 읽을 때는 기록의 편제가 반드시 시간순으로 되어 있지는 않다는 점을 유념하고 공판기록과 증거기록을 나누어 검토해야 할 것이다.

◉ 증거기록은 변론종결이 된 사건의 경우, 검사가 증거로 제출한 이후에 변호인이 형사소송법 제35조에 따라 열람·등사한 것으로 보면 되고, 공소제기 후 보석을 청구하는 사건의 경우는 변호인이 제 1 회 공판기일 전에 형사소송법 제266조의3에 따라 미리 기록을 열람하고 등사한 것으로 보면 될 것이다.

* 형사소송법 제266조의3에 따른 기록 등사의 경우는 검사가 증거제출 전이므로 실무상 수사기록이 등사되었을 것이 예상되나 이 책에서는 편의상 검사가 제출할 증거기록을 붙였다.

◉ 실제 실무에서는 공판기록과 증거기록의 쪽수는 따로 매겨지나 이 책에서는 독자의 편의를 위하여 일련된 이 책의 쪽수를 기재하였다.

◉ 증거기록의 쪽수는 실무상 수사기록의 쪽수를 기재하는 것이 일반적이나, 이 책에서는 증거분리제출된 것으로 보고 수사기록의 쪽수는 생략하고 증거기록

의 쪽수를 기재하였다.

2. 증거목록을 보는 방법

(1) 증거결정에 관한 의견진술 절차(증거인부절차)

◉ 당사자의 증거신청이 있으면 법원의 증거결정에 앞서 검사와 피고인의 의견진술이 행하여진다.

◉ 법원은 서류 또는 물건이 증거로 제출된 경우에 이에 관한 증거결정을 함에 있어서는 제출한 자로 하여금 그 서류 또는 물건을 상대방에게 제시하게 하여 상대방으로 하여금 그 서류 또는 물건의 증거능력 유무에 관하여 의견을 진술하게 하여야 한다(규칙 제134조 제 2 항).

◉ 증거서류 등에 대한 의견이나 증거결정, 증거조사내용은 원칙적으로 모두 증거목록에 기재된다. 증거목록도 공판조서의 일부이다.

◉ 증거목록은 '형사공판조서 중 증거조사부분의 목록화에 관한 예규'에 따라 형사소송기록 중 구속에 관한 서류의 목록 다음에 편철하되, 검사 증거서류 등 목록, 검사 증인 등 목록, 피고인(또는 변호인) 증거서류 등 목록, 피고인(또는 변호인) 증인 등 목록, 직권분 증거서류 등 목록, 직권분 증인 등 목록 순으로 편철한다.

(2) 피고인·변호인의 의견진술과 증거목록의 기재

◉ 피고인·변호인이 증거서류 등에 관한 의견을 구두로 진술하거나 증거의견서를 서면으로 제출하게 되면 증거목록의 증거의견란에 기재된다.

＊증인이나 증거물에 대하여는 증거의견을 진술하지 않는다.

◉ 피고인·변호인은 수사서류들의 성격에 따라 증거능력에 관한 의견을, ① 적법성, ② 실질 성립의 진정 여부(법 제312조 제 1 항, 제313조 제 1 항), ③ 내용의 인정 여부(법 제312조 제 3 항), ④ 진술의 임의성 여부(법 제317조), ⑤ 동의와 부동의(법 제318조)로 구분하여 진술하여야 한다.

• 수사서류에 대한 의견은, 피고인의 진술을 기재한 서류나 피고인이 작성한 서류에 대하여는 적법성, 실질 진정성립과 임의성에 관한 의견(법 제312조, 제313조 및 제317조)을 진술해야 하고,

• 아울러 그 서류가 검사 이외의 수사기관이 작성하거나 그 수사과정에서 작성된 것인 경우 그와 함께 내용인정 여부에 관하여도 의견(법 제312조 제 3 항)을

진술하여야 하며,

- 그 외에는 동의 또는 부동의 중의 하나로 의견(법 제318조 제1항)을 진술하면 된다.

  * 서면으로 제출할 때에도 마찬가지이다.

◉ 따라서 증거목록의 의견란에는

- 검사가 작성한 피고인에 대한 피의자신문조서는 적법성, 실질 진정성립, 임의성에 대한 의견이 표시된다.

  * 의견란에는 ○, ×, ○×× 등으로 표시되는데 ○는 적법성, 실질 진정성립, 임의성을 모두 인정, ×는 모두 부인, ○○×는 적법성, 실질 진정성립은 인정, 임의성은 부인하는 것을 의미한다. 특신성에 대한 의견이나 보다 세부적인 의견을 표시하면 비고란에 기재된다.

- 사법경찰관리가 작성한 피고인에 대한 피의자신문조서는 적법성, 실질 진정성립, 임의성, 내용인정에 대한 의견이 표시된다.

  * 의견란에는 ○, ×, ○○×× 등으로 표시되는데 ○는 적법성, 실질 진정성립, 임의성, 내용을 모두 인정, ×는 모두 부인, ○○○×는 적법성, 실질 진정성립, 임의성은 인정, 내용은 부인하는 것을 의미한다. 특신성을 부인하거나 세부적인 의견을 표시하면 비고란에 기재된다.

  ※ 2013. 3. 1. 이전에는 적법성에 대한 의견진술을 필요로 하지 않았고, 증거목록에도 기재되지 않았음을 유의한다(연습기록의 각 증거목록을 참조).

- 기타는 동의 또는 부동의 중의 하나로 의견이 표시된다.

  * ○는 동의, ×는 부동의.

◉ 1개의 서류(증거) 안에 성격을 달리 하는 것이 함께 들어 있는 경우에는 반드시 구분하여 인부하여야 한다.

  * 예를 들어 피의자와 참고인을 대질신문하게 되면 피의자신문조서 안에 피의자의 진술과 참고인의 진술이 각각 기재되게 되므로 구분하여 증거에 대한 의견이 진술된다.

◉ 형사소송법 제315조에 따라 당연히 증거능력이 있는 서류와 피고인이나 변호인의 의견 여하에 불구하고 증거능력이 없는 서류는 원칙적으로는 의견진술의 대상이 아니라고 할 수 있다. 그러나 이 경우 인부를 하지 아니하면 그 취지가 무엇인지 분명치 않아 절차의 지연을 초래할 수 있고, 또 경우에 따라서는 서류의 성격이 명확치 않을 수도 있으므로 절차의 지연 등을 피하기 위하여 그 경우에도 의견진술을 하는 것이 보통이다.

◉ 피고인·변호인이 진정성립을 부인하거나 부동의하더라도 원진술자가 공판기일 등에서 진정성립을 인정하는 등 형사소송법 제312조 내지 제314조의 규정에 의하여 증거능력이 생길 수 있으므로 증거목록상의 증거결정란이나 증거조사란, 공판조서 등을 잘 검토하여 증거능력이 있는지 여부를 살펴야 한다.

(3) 기록형 시험의 경우

◉ 기록형 시험 중 최종 변론요지서 작성의 경우 수험생의 증거법 지식을 평가하기 위해 실무와 달리 증거목록 중 증거결정란이나 증거조사란을 기재 생략하는 경우가 있다.

◉ 이때에는 증거방법과 증거의견만 보고 증거능력 여부를 판단해야 하는바, 특히 전문법칙이 문제되는 경우 작성자·증거의견 등을 잘 살펴볼 필요가 있다.

V. 기록형 문제의 해결

1. 기록형 문제의 유형

변호사시험 형사기록형은 보통 3~5개의 범죄로 공소제기된 공판기록과 증거기록을 주고, 수험자는 기록상의 사실적·법률적 쟁점을 검토하여 결론을 낸 다음 법문서를 작성하는 형식으로 출제되고 있는바, 크게 다음의 세 가지 유형으로 구분된다.

(1) 제1유형

● 증거 판단을 토대로 사건의 실체를 파악하는 능력을 가늠하는 유형이다.

· 각 공소사실과 관련된 증거들의 증거능력이나 증명력을 판단하여 정확한 사실관계를 확정하고, 그 사실관계에 따라 무죄를 주장하거나 다시 제2유형과 같이 형식재판을 구하는 유형의 문제이다.

● 이 유형의 문제는 증거목록을 참조하여 검사가 제출한 각 증거를 면밀하게 검토하되, 우선 증거능력이 없는 증거를 배제하여야 한다.

  * 전문법칙, 위법수집증거배제법칙, 자백배제법칙 등 증거법의 법리와 판례를 숙지하는 것이 매우 중요.

● 그 다음에는 증거능력이 있는 증거, 특히 공소사실에 부합하는 증거들은 증명력에 대한 검토가 필요하다.

  · 변호인의 입장에서 공소사실에 부합하는 증거들의 신빙성을 감쇄하는 방법은 반대신문을 활용하는 방법, 반대증거를 제출하는 방법(예를 들어 피고인의 범행을 보았다는 증인의 증언에 대하여 당시 현장에 있었으나 피고인의 범행은 없었다는 다른 증인의 증언 등), 탄핵증거를 사용하는 방법(즉 자기모순의 증거가

있는지 여부, 예를 들어 증인의 진술이 경찰, 검찰, 공판정에 이르기까지 변경이 되어 서로 모순되는 경우 등)이 주로 사용된다.

· 그 밖에도 범인식별절차에서의 잘못 등 절차적 위법이 있었다든지, 또는 증거의 내용 자체가 상식이나 합리적인 경험칙에 어긋난다는 등의 근거를 열거해 가면서 증명력을 감쇄하는 주장을 설득력 있게 하는 것이 중요하다.

(2) 제2유형

◉ 형사소송법 제319조, 제326조, 제327조, 제328조에 따른 사유가 있다는 이유로 형식재판을 구하여야 하는 유형이다.

◉ 이를테면 공소시효가 완성된 공소사실을 주고, 수험자가 정확한 공소시효를 계산하여 면소의 판결을 구할 수 있는지를 테스트하는 경우이다.

◉ 예를 들어 공소사실과 동일성이 인정되는 사실에 대하여 확정 판결이 있는 때에는 면소의 판결을 구하여야 할 것이다.

◉ 친고죄에서는 고소의 유무, 고소의 적법성, 고소기간의 도과 등을 면밀히 검토하여야 하며 반의사불벌죄나 친족상도례의 적용이 있는 범죄도 마찬가지이다.

◉ 무엇보다도 각 형식재판의 사유를 항상 기억하고, 기록을 읽으면서 유의하여야 한다.

(3) 제3유형

◉ 공소사실이 인정된다 하더라도 범죄가 되지 않는 사안인데, 보통 판례지식과 판례의 사실관계를 숙지하고 있는지를 테스트하는 유형으로 형사법 판례와 이론에 대한 지식이 있으면 쉽게 해결할 수 있는 문제인 경우가 많다.

2. 사안의 해결

◉ 우선 출제자의 의도를 파악하는 것이 중요하다.

· 문제의 형식이나 공소사실, 증거목록을 보면 출제자의 의도가 드러나는 경우가 많다.

· 예를 들어 오래전의 범죄인 경우에는 공소시효 완성 여부를 확인하여야 하며(면소판결을 구하여야 할 사안), 증거목록에 판결문이 첨부되어 있는 경우에는 공소사실과 동일성이 인정되는 사실에 대한 확정판결이 있는 경우이거나(면소판결을 구할 사안) 또는 상습성이나 누범 여부가 쟁점일 소지가 많음을

유의한다.

- 이를 토대로 기록을 읽어 가면서 정확한 문제의 유형을 확인하여야 한다.

◉ 유형에 따라 문제를 풀어 나가야 한다.

- 제1유형은 증거목록상의 관련 증거를 모두 염두에 두고, 기록을 면밀히 읽고 검토한 다음, 법문서를 작성하면서도 모든 관련 증거를 열거하고, 증거능력과 증명력을 설시하여 나가야 한다.
- 제2유형은 고소 및 고소의 취소, 고소기간 등 형식재판의 사유가 되는 사항에 대해 기록을 읽어 가면서 면밀히 체크, 메모하여야 한다.
- 제3유형은 공소장의 기재에서도 드러나는 사례가 많다.

◉ 정확한 메모 습관은 필수적이다.

- 기록을 보면서 중요한 사항은 반드시 메모를 해 놓아야 한다. 메모를 하지 않으면 기록을 여러 번 확인을 하게 되면서 시간이 낭비될 수 있다(이 책 해설 부분 '사건의 경과' 등 참조).

3. 법문서의 작성

(1) 일   반

◉ 법문서의 기본적 형식을 알고 있어야 한다.

◉ 기록을 읽기 전에 문제가 요구하는 사항을 미리 확인하여야 한다.

◉ 법문서 종류에 따른 필수적 기재사항을 누락하지 않도록 한다.

- 보석청구서에서의 보석사유
- 구속적부심에서의 구속사유 등
- 기타 형식적 기재사항

◉ 문제 유형별 설시방법을 숙지하여야 한다.

- 제1유형에서와 같이 증거 판단을 토대로 무죄를 주장하는 경우에는 공소사실의 요지, 피고인의 변명 요지(경우에 따라 생략하여도 된다), 증거의 개관, 증거능력 없는 증거에 대한 판단, 증거능력 있는 증거의 증명력 판단을 순차로 설시하면서 최종적으로 무죄판결을 구하여야 한다.
- 제2유형은 공소사실의 요지, 형식판단의 근거를 설시하고 형식재판을 구하게 된다.

- 제 3 유형은 공소사실의 요지, 판례의 태도를 설시하고 무죄 등을 주장하게 된다.

  * 세부적인 내용은 각 기록의 해설 등을 참조.

◉ 법문서는 다른 사람에게 보여 주는 문서임을 잊지 말아야 한다.

- 항상 보는 사람의 관점에서 읽고 이해한다는 전제로 작성하여야 한다.

- 사실인정에 앞서 관련 증거를 명백히 제시하여야 하며, 증거의 소재(공판기록 ~쪽 등으로 표시)를 밝혀두는 것이 유리하다.

- 법리설시의 경우에도 근거 법조문, 근거 판례를 인용함이 상당하다.

  * 변호사시험의 경우 시간 관계상 정확한 쪽수 및 판례번호의 인용은 생략 가능.

- 자신의 주장을 강변하기보다는 보는 사람을 설득한다는 자세로 작성하면 좋다.

◉ 법문서는 미사여구나 현란한 수사법을 사용할 필요는 없지만, 전체 문장의 체계, 문장력 등은 매우 중요한 평가 요소의 하나이므로 항상 간결·명백하면서도 논리적이어야 한다.

(2) 변론요지서 작성시 증거의 설시방법

◉ 공판절차를 통하여 증거자료가 되는 것은 피고인이나 증인의 법정 진술, 증거서류의 경우는 그 기재내용, 증거물의 경우는 그 현존이다.

  * 이를테면 '피고인의 이 법정에서의 진술', '증인 ○○○의 이 법정에서의 진술,' '검사가 작성한 피고인(○○○)에 대한 피의자신문조서의 진술기재', '사법경찰관이 작성한 피고인(○○○)에 대한 피의자신문조서의 진술기재', '검사가 작성한 ○○○에 대한 진술조서의 진술기재', '사법경찰관이 작성한 ○○○에 대한 진술조서의 진술기재', '의사 ×××가 작성한 ○○○에 대한 진단서의 기재', '압수된 식칼 1자루(증 제1호)의 현존' 등

◉ 따라서 변론요지서에 증거들을 설시할 경우에는 정확한 증거자료의 제목을 기재하여 주는 것이 원칙이다.

◉ 그러나 변론요지서는 형식도 중요하지만 설득력도 매우 중요한 요소이므로 필요에 따라서는 보다 간략하게 표현하기도 한다.

◉ 이를 테면 '검사가 작성한 피고인(○○○)에 대한 피의자신문조서의 진술기재'를 '피고인의 검찰에서의 진술'로 표시하는 식이다.

◉ 그 밖에도 피고인의 수사기관에서의 진술을 [검사가 작성한 피고인에 대한

피의자신문조서의 진술기재에 의하면 피고인은 검찰에서 ' … '라고 진술하였음이 인정되고라고 표현하기보다는 [피고인은 경찰 이래 검찰에 이르기까지 ' … '라고 진술하고 있고라고 표현하는 경우도 있다.

1. 무 죄

제325조(무죄의 판결) 피고사건이 범죄로 되지 아니하거나 범죄사실의 증명이 없는 때에는 판결로써 무죄를 선고하여야 한다.

(1) 개 요

판결문에서 무죄이유를 설시하는 것과 같이 변호인의 입장에서 공소사실에 대하여 무죄를 구하고 그 이유를 설시하여야 한다. 무죄는 법 제325조 전단의 '피고사건이 범죄로 되지 아니하'는 경우의 무죄와 법 제325조 후단의 '범죄사실의 증명이 없는 때'에 선고되므로 무죄변론에서도 이를 구분하는 것이 원칙이다. 다만 이를 구별하기 어려운 경우와 혼재되어 있는 경우에는 '형사소송법 제325조에 따라'로 설시하여도 무방할 것이다. 실무상 법 제325조 전단과 후단의 무죄이유가 혼재된 경우에는 후단 무죄로 설시하는 것이 일반적이다.

무죄의 변론요지서 작성시 편의상 먼저 공소사실의 요지를 기재하고 무죄이유를 설시하여 나가는 것이 보통이지만 공소사실의 요지는 생략하거나 공소장을 원용하기도 한다. 공소사실이 변경된 경우에는 변경된 공소사실에 대하여만 다투면 되지만, 예비적·택일적으로 공소장이 변경된 경우에는 모두 무죄변론을 하여야 한다. 무죄 이유는 사실 및 증거 판단과 법리 해석이 당연히 따르는 것이지만, 쟁점을 부각시켜 논리적으로 설시하여야 한다.

(2) 제325조 전단의 무죄

㈎ 구성요건 해당성이 없는 경우

이러한 유형의 판단은 ㉠ 공소사실의 요지, ㉡ 법리(판례), ㉢ 공소사실에 대한 법리의 적용 결과, ㉣ 결론으로 구성되며, 공소사실이 진실인지 여부는 쟁점이 아니기 때문에 별다른 사실인정을 하지 않아도 된다. 공소사실의 요지는 법리를 바로 적용할 수 있도록 법리의 핵심에 해당하는 사실관계가 잘 드러나도록 요약하는 것이 좋다.

■ 기 재 례

공소사실과 같이 피고인이 절취한 신용카드를 현금자동지급기에 넣고 예금인출을 한 것은 사실이나, 이는 현금카드의 기능을 사용한 것에 불과합니다(피고인 및 증인 김갑수의 법정 진술).
판례는 "하나의 카드에 직불카드 내지 신용카드 기능과 현금카드 기능이 겸용되어 있더라도, 이는 은행의 예금업무에 관한 전자적 정보와 신용카드업자의 업무에 관한 전자적 정보가 회원(예금주)의 편의를 위해 신용카드업자 등에 의해 하나의 자기띠에 입력되어 있을 뿐이지, 양 기능은 전혀 별개의 기능이라 할 것이어서, 이와 같은 겸용 카드를 이용하여 현금지급기에서 예금을 인출하는 행위를 두고 직불카드 내지 신용카드를 그 본래의 용법에 따라 사용하는 것이라 보기도 어렵다"고 판시하고 있습니다(대법원 2003. 11. 14. 선고 2003도3977 판결).
그렇다면 피고인에 대한 여신전문금융업법위반의 점은 형사소송법 제325조 전단에 따라 피고사건이 범죄로 되지 아니하는 경우이므로 무죄 판결을 선고하여 주시기 바랍니다.

㈏ 위법성 또는 책임의 조각(정당방위 등)

이러한 유형의 판단은 ㉠ 공소사실의 요지, ㉡ (정당방위 등의 요건을 충족하기 위한) 증거에 의한 사실인정, ㉢ 정당방위 등의 요건을 충족한다는 판단, ㉣ 결론으로 구성된다. 정당방위등의 요건에 해당하는 구체적 사실을 인정하기에 충분한 증거를 제시하여야 한다.

■ 기 재 례

피고인의 행위는 정당방위의 요건을 갖추고 있어 위법성이 조각됩니다.
(가) 피고인이 공소사실과 같이 피해자 김갑수에게 골프 드라이버 채를 휘둘러 약 4주간의 치료를 요하는 비골골절상 등을 가한 사실은 인정합니다.
(나) 그러나 피고인은 경찰 및 검찰에서 "술에 만취된 남편인 김갑수가 자신의 불륜을 의심하면서 간통사실을 자인하라고 다그쳤고, 자인을 안 하면 같이 죽자면서 식칼(증 제1호)을 들이대고 죽이겠다고 하므로 뒷걸음질을 치다가 자신을 방어하기 위하여 소파 옆에 놓여있던 골프채를 휘두른 것이 남편의

얼굴과 몸에 맞은 것이라고 변명하고 있고(증거기록 ○○쪽, ○○쪽 피의자신문조서), 김갑수도 당시 식칼을 가져다가 피고인과의 사이에 놓아둔 적은 있다고 진술하는 점(증거기록 ○○쪽)에 비추어 당시 연약한 여자인 피고인으로서는 술에 만취되어 식칼로 위협하는 남편의 행위로부터 생명과 신체의 위험을 느낄 수밖에 없는 긴박한 상황이었고, 힘의 강약에서 중과부적인 여자로서는 공포에 빠진 상태에서 우연히 옆에 있는 골프채로 자신을 방어하는 외에는 별다른 대안이 없었음을 능히 추단케 합니다.

(다) 그렇다면, 피고인이 김갑수에게 골프채로 상해를 가한 행위는 형법 제21조 제 1 항의 자기 또는 타인의 법익에 대한 현재의 부당한 침해를 방위하기 위한 행위로서 상당한 이유가 있는 때에 해당하므로 정당방위로 위법성이 조각된다고 하겠습니다.

(라) 가사 방위행위가 그 정도를 초과한 것이라 하더라도 정황에 의하여 그 형을 감경 또는 면제할 수 있으며, 특히 당시 행위는 야간 기타 불안스러운 상태 하에서 공포, 경악, 흥분 또는 당황으로 인한 때에 해당하므로 벌할 수 없습니다(형법 제21조 제 2 항, 제 3 항).

(마) 위와 같은 이유로 이 사건 공소사실에 대하여 형사소송법 제325조 전단에 따라 무죄를 선고하여 주시기 바랍니다.

(3) 제325조의 후단의 무죄

공소사실의 요지를 기재하고 이에 대하여 제출된 증거를 판단한다. 공소사실에 부합하는 증거를 주로 배척하여야 한다. 일반적으로 증거능력이 없는 증거를 배척한 후, 신빙성이 없는 증거를 증명력이 없다는 취지를 밝혀 배척한다. 증거를 언급할 때에는 그 증거의 표목을 유죄판결의 경우와 같이 정확하게 표시하여야 한다. 개별적인 사안에 따라 구체적인 설시방법이 다양하므로 보다 자세한 설시방법은 이 책의 모범문례를 참고하기 바란다.

▌ 기 재 례

1. **강도예비의 점은 무죄입니다.**

가. 이 사건 공소사실은 2014. 2. 3. 12 : 00경 서울 서초구 서래로 4 포동아파트 부근에서 금품을 강취할 목적으로 길이 약 15센티미터가량의 잭나이프 1자루를 점퍼 주머니에 숨긴 채 범행대상을 찾는 등 피고인은 강도를 예비하였다라고 함에 있습니다.

나. 증거관계 및 법리판단

(1) 피고인의 변명 요지와 신빙성

피고인은 경찰 이래 법정에 이르기까지 강도를 하기 위하여 위 잭나이프를 소지한 것이 아니라 절도를 하려는데 혹시 발각되면 상대방을 위협하고 도주하려는 목적으로만 소지하였던 것이라고 변명합니다(증거기록 ○○쪽 검사가 작성한 피의자신문조서의 진술기재, 공판기록 ○○쪽 피고인의 이 법정에서의 진술 등).

피고인이 강도와 관련한 별다른 전과가 없는 점이나 공소사실 1항(강도군과의 공동 범행)에서 보시는 바와 같이 피고인은 강도를 기도한 적은 없었던 점 등에 비추어 피고인의 변명은 신빙성이 높습니다.

(2) 증거관계

압수된 잭나이프(증 제2호)는 경찰관이 피고인을 긴급체포하면서 형사소송법 제216조 제1항 제2호에 따라 압수한 것입니다(증거기록 ○○쪽 압수조서의 기재). 그런데 형사소송법 제217조 제2항에 의하면 "검사 또는 사법경찰관은 제1항 또는 제216조 제1항 제2호에 따라 압수한 물건을 계속 압수할 필요가 있는 경우에는 지체 없이 압수수색영장을 청구하여야 한다. 이 경우 압수수색영장의 청구는 체포한 때부터 48시간 이내에 하여야 한다"라고 규정하고 있습니다. 그런데 기록상 위 잭나이프에 대하여는 사후 압수수색영장이 청구된 사실이 없습니다.

결국, 위 잭나이프는 영장주의에 위반되어 수집된 위법수집증거이고 압수조서 또한 이로부터 파생된 2차적 증거로서 모두 증거능력을 인정받을 수 없으므로 피고인의 범행을 인정할 자료로 쓰일 수 없습니다.

나아가, 검사 작성의 홍경찰에 대한 진술조서의 기재나 증인 홍경찰의 이 법정에서의 진술도 피고인으로부터 위 잭나이프를 압수하였다는 것에 불과하여 피고인의 변명을 뒤집고 피고인이 강도의 목적으로 위 잭나이프를 소지하였다는 사실을 인정할 자료로는 부족합니다.

(3) 강도예비죄의 법리

그러므로 이 사건에서 피고인이 강도할 목적으로 잭나이프를 소지하였다고 인정할 수는 없고, 기껏해야 준강도를 할 목적으로 잭나이프를 소지하였다고 볼 수 있을 것입니다.

한편, 판례는 "강도예비·음모죄가 성립하기 위해서는 예비·음모 행위자에게 미필적으로라도 '강도'를 할 목적이 있음이 인정되어야 하고 그에 이르지 않고 단순히 '준강도' 할 목적이 있음에 그치는 경우에는 강도예비·음모죄로 처벌할 수 없다고 봄이 상당하다"고 판시한 바 있으므로(대법원 2006. 9. 14. 선고 2004도6432 판결) 피고인에게는 강도예비죄의 죄책을 물을 수 없습니다.

다. 그렇다면 결국 피고인의 강도예비의 점은 범죄사실의 증명이 없는 때에 해당하므로 형사소송법 제325조 후단에 따라 무죄가 선고되어야 합니다.

2. 법 제326조의 면소판결

제326조(면소의 판결) 다음 경우에는 판결로써 면소의 선고를 하여야 한다.

1. 확정판결이 있은 때
2. 사면이 있은 때
3. 공소의 시효가 완성되었을 때
4. 범죄후의 법령개폐로 형이 폐지되었을 때

(1) 확정판결이 있은 때

㈎ 확정판결의 의미

판결은 협의의 판결뿐만 아닐 약식명령, 즉결심판도 이에 해당한다. 면소판결
도 포함된다.

그러나 공소기각, 관할위반, 소년법의 보호처분[1]은 면소사유인 확정판결에 해
당하지 않는다. 과태료의 부과처분도 위 확정판결에 속하지 않는다.[2]

㈏ 기판력이 미치는 범위

기판력이 미치는 객관적 범위의 기준은 공소사실의 동일성을 기초로 한다는
데 학설, 판례가 일치하고 있다.

주의하여야 할 점은 기판력의 시적 범위이다. 기판력이 미치는 기준 시점은
사실심리의 가능성이 있는 최후의 시점인 사실심 판결선고시이다. 제 1 심 판결에
대하여 항소가 제기된 경우에는 항소심 판결선고시(항소이유서 미제출로 항소기각결
정된 경우에는 항소기각결정시)이고, 약식명령인 경우에는 송달시가 아닌 발령시가
그 기준이 되는 점을 유의하여야 한다.

포괄일죄나 상상적 경합범의 경우, 수개의 범죄사실 중 확정판결이 있은 범죄
사실과 그 확정판결의 사실심 선고 전에 행하여진 모든 범죄사실에 대하여 기판력
이 미쳐 면소판결의 대상이 된다.

다만, 상습범의 경우는 전의 확정판결에서 상습으로 기소되어 처단되었을 경
우에만 기판력이 미치고, 상습 아닌 기본 구성요건의 범죄로 처단되는 데 그친 경

---

1) 대법원 1964. 5. 5. 선고 64도130 판결은 동일한 사안에 보호처분이 있는 경우 공소기각의 판
결을 하여야 한다고 판시하였다.
2) 최근, 도로교통법이나 경범죄처벌법에 의한 통고처분에 기한 범칙금납부와 관련하여서는 일
사부재리의 효력을 제한하는 판례가 나오고 있으므로 유의하여야 한다(도로교통법과 관련하
여 대법원 2007. 4. 12. 선고 2006도4322 판결, 경범죄처벌법과 관련하여 대법원 2011. 4. 28. 선
고 2009도12249 판결, 대법원 2012. 9. 13. 선고 2012도6612 판결 등 참조).
대법원 2012. 9. 13. 선고 2012도6612 판결.
경범죄처벌법상 범칙금제도는 형사절차에 앞서 경찰서장 등의 통고처분에 의하여 일정액의
범칙금을 납부하는 기회를 부여하여 범칙금을 납부하는 사람에 대하여는 기소를 하지 아니하
고 사건을 간이하고 신속·적정하게 처리하기 위하여 처벌의 특례를 마련해 둔 것이라는 점에
서 법원의 재판절차와는 제도적 취지 및 법적 성질에서 차이가 있다. 그리고 범칙금의 납부에
따라 확정판결에 준하는 효력이 인정되는 범위는 범칙금 통고의 이유에 기재된 당해 범칙행위
자체 및 범칙행위와 동일성이 인정되는 범칙행위에 한정된다. 따라서 범칙행위와 같은 시간과
장소에서 이루어진 행위라 하더라도 범칙행위의 동일성을 벗어난 형사범죄행위에 대하여는
범칙금의 납부에 따라 확정판결에 준하는 일사부재리의 효력이 미치지 아니한다.

우에는 그 기판력이 그 판결 선고 전의 다른 범죄에 미치지는 않는다는 것이 판례 (대법원 2004. 9. 16. 선고 2001도3206 전원합의체 판결)의 입장임을 유의하여야 한다.

▌기 재 례

1. 업무상배임죄는 면소의 판결이 선고될 사안입니다.

피고인에 대한 판결문(증거기록 ○○쪽) 및 수사보고(증거기록 ○○쪽)의 기재에 의하면 "피고인은 2013. 10. 29. 서울 종로구 계동 1길 10에 있는 피해자 삼진물류주식회사 사무실에서 권한 없이, 검은 색 볼펜을 이용하여 대금청구서 용지의 내역란에 '차량 정비', 대금란에 '5,000,000원'이라고 기재한 후, 대금청구인란에 '대진공업사 대표 석호민'이라고 새겨진 고무 명판을 찍어 사문서인 석호민 명의의 대금청구서 1장을 위조하고, 2013. 10. 30. 위 회사의 사무실에서 지출담당직원인 동문숙에게 위조한 위 대금청구서를 마치 진정하게 성립한 것처럼 제출하고, 이에 속은 동문숙으로부터 차량정비 대금 명목의 돈 5,000,000원을 교부받아 편취한 사실로 이미 징역 1년, 집행유예 2년의 확정판결을 받은 사실"이 인정됩니다.

그런데 이 사건과 같이 업무상배임행위에 사기행위가 수반된 때, 즉 1개의 행위에 관하여 사기죄와 업무상배임죄의 각 구성요건이 모두 구비된 때에는 양 죄를 상상적 경합관계로 봄이 상당하다 할 것입니다(대법원 2002. 7. 18. 선고 2002도669 전원합의체 판결).

따라서 위 사기죄와 이 사건 공소사실 중 업무상배임죄와는 공소사실이 동일하므로 위 사기죄에 대한 확정판결의 효력은 이 사건 업무상배임죄의 공소사실에도 미친다 할 것이므로 결국 이 부분 공소사실은 형사소송법 제326조 제1호에 따라 면소의 판결이 선고될 사안입니다.

(2) 사면이 있은 때

면소의 대상은 일반사면에 한한다.

▌기 재 례

이 사건 공소사실의 요지는 "피고인이 … 하였다"라고 함에 있습니다.
그런데, 위 죄는 2013. 3. 1. 대통령령 제○○○호 일반사면령에 의하여 사면되었으므로 형사소송법 제326조 제2호에 따라 면소판결을 선고하여 주시기 바랍니다.

(3) 공소의 시효가 완성되었을 때

공소시효는 형사소송법 제249조의 규정에 따른다. 공소장변경이 된 경우 공소 시효기간은 변경된 공소사실의 법정형을 기준으로 산정하되 그 완성 여부는 공소 변경 시가 아니라 당초의 공소제기 시를 기준으로 판단하여야 한다. 또 범죄 후 법률의 개정에 의하여 법정형이 가벼워진 경우에는 형법 제1조에 의하여 당해 범 죄사실에 적용될 가벼운 법정형(신법의 법정형)이 공소시효기간의 기준으로 되고,

공소제기 후에 법률의 개정으로 공소시효기간이 변경되었다 하더라도 공소시효기간은 공소제기 당시의 법률에 따라야 한다.

한편, 공소시효의 기산점이 되는 제252조 제 1 항 소정의 '범죄행위'에는 당해 범죄의 결과까지 포함되므로, 업무상과실치사상죄의 공소시효는 피해자들의 사상에 이른 결과가 발생함으로써 그 범죄행위가 종료한 때부터 진행한다. 포괄일죄의 공소시효는 최종의 범죄행위가 종료한 때부터 진행된다. 부정수표 단속법 제 2 조 제 2 항 위반의 범죄는 예금부족으로 인하여 제시일에 지급되지 아니할 것이라는 결과 발생을 예견하고 발행인이 수표를 발행한 때부터 진행된다.

■ 기 재 례

1. 폭행의 점은 면소판결이 선고되어야 합니다.

이 사건 공소사실은 피고인이 2008. 5. 7.경 피해자 김철수의 얼굴을 주먹으로 때려 폭행을 가하였다는 것으로 폭행죄는 형법 제260조 제 1 항에 따라 "2년 이하의 징역, 500만원 이하의 벌금, 구류 또는 과료"에 처하도록 되어 있으므로 법정형의 장기는 2년입니다.

형사소송법 제249조 제 5 호는 "장기 5년 미만의 징역 또는 금고, 장기10년 이상의 자격정지 또는 벌금에 해당하는 범죄"에 대하여 공소시효가 5년이라고 규정하고 있으므로 이 부분 공소사실에 대한 공소시효는 공소제기일 2014. 4. 30. 이전인 2013. 5. 6. 완성되었음이 역수상 명백합니다.

따라서 형사소송법 제326조 제 3 호에 따라 면소판결을 선고하여 주시기 바랍니다.

(4) 범죄 후의 법령개폐로 형이 폐지되었을 때

형의 폐지는 벌칙을 폐지하는 경우는 물론 법령의 유효기간의 경과, 구법과 신법의 저촉 등으로 실질상 법칙의 효력이 없게 된 경우를 포함된다. '범죄 후' 형이 폐지된 경우에 한하고, '범죄 전'에 형이 폐지되었으면 무죄(법 제325조 전단)가 된다.

여기서 '법령의 개폐로 형이 폐지되었을 때'라 함은 법령의 제정이유인 법률이념의 변경에 따라 종래의 처벌 자체가 부당하였거나 과형이 과중하였다는 반성적 고려에서 법령을 개폐한 경우를 말하며, 헌법재판소의 위헌결정으로 형벌조항이 소급하여 효력을 상실한 경우에는 면소가 아니라 무죄의 사유가 된다.

■ 기 재 례

이 사건 공소사실의 요지는 "피고인이 … 하였다"라고 하여 ○○법을 위반하였다고 함에 있습니다. 그런데, 위 법률은 2011. 12. 1. 자로 폐지되었으므로 형사소송법 제326조 제 4 호에 따라 면소판결을 선고하여 주시기 바랍니다.

3. 법 제327조의 공소기각판결

제327조(공소기각의 판결) 다음 경우에는 판결로써 공소기각의 선고를 하여야 한다.
  1. 피고인에 대하여 재판권이 없는 때
  2. 공소제기의 절차가 법률의 규정에 위반하여 무효인 때
  3. 공소가 제기된 사건에 대하여 다시 공소가 제기되었을 때
  4. 제329조의 규정에 위반하여 공소가 제기되었을 때
  5. 고소가 있어야 죄를 논할 사건에 대하여 고소의 취소가 있은 때
  6. 피해자의 명시한 의사에 반하여 죄를 논할 수 없는 사건에 대하여 처벌을 희망하지 아니하는 의사표시가 있거나 처벌을 희망하는 의사표시가 철회되었을 때

(1) 피고인에 대하여 재판권이 없는 때

치외법권자, 외국인의 국외범 등을 들 수 있다. 군인에 대하여는 군사법원에 재판권이 있고 일반법원에는 재판권이 없다. 법원은 공소가 제기된 사건에 대하여 군사법원의 재판권을 가지게 되었거나 재판권을 가졌음이 판명된 때에는 관할 군사법원으로 이송한다(법 제16조의2).

(2) 공소제기의 절차가 법률의 규정에 위반되어 무효인 때

형사소송법 제327조 제 2 호 위반이 되는 경우는 매우 다양하다. 실무상 자주 등장하는 사례는 다음과 같다.

㈎ 공소사실의 불특정

■ 기 재 례

1. 마약류관리에관한법률위반(향정)죄는 공소기각의 판결이 선고될 사안

  (1) 이 사건 공소사실은 "피고인은 마약류 취급자가 아님에도 2013. 11. 2.경부터 2014. 5. 1.경 사이에 서울 서초구 서래로 8에 있는 피고인의 집 등지에서 향정신성의약품인 메스암페타민 약 0.03g을, 1회용 주사기를 이용하여 팔의 혈관에 주사하거나 이를 음료수에 타서 음용하는 등의 방법으로 이를 투약하였다"라고 함에 있습니다.

  (2) 그런데 형사소송법 제254조 제 4 항은 "공소사실의 기재는 범죄의 시일, 장소와 방법을 명시하여 사실을 특정할 수 있도록 하여야 한다"라고 규정하고 있으며, 판례는 "이는 심판의 대상을 한정함으로써 심판의 능률과 신속을 꾀함과 동시에 방어의 범위를 특정하여 피고인의 방어권 행사를 쉽게 해주기 위한 것이므로, 검사로서는 위 세 가지 특정요소를 종합하여 다른 사실과 식별할 수 있도록

범죄 구성요건에 해당하는 구체적 사실을 기재하여야 한다"라고 판시하고 있습니다(대법원 2005. 12. 9. 선고 2005도7465 판결 등 참조).

또한, 판례는 이 사건 공소사실과 유사한 공소사실에 대하여 "메스암페타민의 투약시기에 관한 위와 같은 기재만으로는 피고인의 방어권 행사에 지장을 초래할 위험성이 크고, 단기간 내에 반복되는 이 사건 공소 범죄사실의 특성에 비추어 볼 때 위와 같이 투약시기로 기재된 위 기간 내에 복수의 투약 가능성이 농후하여 심판대상이 한정되었다고 보기도 어렵다"고 판시하였습니다(대법원 2010. 4. 29. 선고 2010도2857 판결 등 다수판례).

따라서 이 사건 공소사실의 기재는 형사소송법 제254조 제 4 항에 정해진 요건을 갖추지 못한 것이므로, 이 사건 공소는 공소제기의 절차가 법률의 규정에 위반한 것으로서 무효라고 할 것이어서 형사소송법 제327조 제 2 호에 따라 공소기각의 판결을 선고하여 주시기 바랍니다.

⒩ **공소제기 당시까지 친고죄에 있어서 고소가 없거나 고소가 취소되었을 때 또는 반의사불벌죄에 있어서 처벌불원의 의사표시가 있거나 처벌희망의 의사표시가 철회되었을 때**

■ 기 재 례

이 사건 공소사실은 "피고인이 … 하여 ○○○를 공연히 모욕하였다"라고 함에 있습니다.

그러나 모욕죄는 친고죄로서 이 사건 공소제기 당시까지 고소가 없었음이 기록상 명백합니다. 따라서 이 사건 공소는 공소제기의 절차가 법률의 규정에 위반한 것으로서 무효라고 할 것이므로 형사소송법 제327조 제 2 호에 따라 공소기각의 판결을 선고하여 주시기 바랍니다.

⒟ 기   타

소년법상의 보호처분 등을 받은 사건과 동일한 사건에 대하여 다시 공소가 제기된 경우, 국회의원의 면책특권에 속하는 행위에 대하여는 공소를 제기할 수 없으며 이에 반하여 공소가 제기된 경우는 공소기각 판결 사유에 해당한다. 성명모용의 경우, 검사가 피고인 표시를 정정하여 그 모용관계를 바로잡지 않은 경우에는 외형상 피모용자를 상대로 공소가 제기된 것으로 되어 있으므로 공소기각 판결을 한다. 그리고 본래 범의를 가지지 아니한 자에 대하여 수사기관이 사술이나 계략 등을 써서 범위를 유발케 하여 범죄인을 검거하는 함정수사는 위법하고, 이러한 함정수사에 기한 공소제기도 그 절차가 법률의 규정에 위반하여 무효인 때에 해당한다.

(3) 이중기소

이중기소란 같은 피고인에 대하여 전소와 공소사실의 동일성이 있는 사실로 다시 기소된 것을 말한다.

(4) 제329조의 규정에 위반하여 공소가 제기되었을 때

(5) 친고죄에 있어서 공소제기 후 고소의 취소가 있은 때

친고죄의 경우 고소 불가분의 원칙을 염두에 두어야 한다. 즉 친고죄의 공범 중 그 1인 또는 수인에 대한 고소 또는 그 취소는 다른 공범자에 대하여도 효력이 있다(법 제232조). 한편, 친족상도례의 경우와 같이 상대적 친고죄의 경우 피해자의 고소취소는 친족관계가 없는 공범자에게는 그 효력이 미치지 않는다.

■ 기 재 례

이 사건 공소사실은 피고인이 피해자 피해녀에게 사기죄를 범하였다는 것으로 위에서 본 바와 같이 피고인과 피해녀는 이종 사촌형제 간입니다(피고인 및 피해녀의 진술).

형법 제354조, 제328조의 규정에 의하면, 직계혈족, 배우자, 동거친족, 동거가족 또는 그 배우자 간의 사기죄는 그 형을 면제하여야 하고 그 외의 친족 간에는 고소가 있어야 공소를 제기할 수 있습니다. 따라서 이 사건은 친고죄인바, 고소인 피해녀가 피고인에 대한 고소를 취소하였으므로(공판기록 ○쪽, 고소취소장 참조) 형사소송법 제327조 제5호에 따라 공소기각의 판결을 선고하여 주시기 바랍니다.

(6) 반의사불벌죄에 있어서 공소제기 후 처벌불원의 의사표시가 있거나 처벌희망의 의사표시가 철회되었을 때

공소제기전 이미 처벌 불원의사표시가 있는 경우에는 제327조 제2호에 따라 공소기각 판결이 선고된다.

4. 법 제328조의 공소기각결정

제328조(공소기각의 결정) ① 다음 경우에는 결정으로 공소를 기각하여야 한다.
1. 공소가 취소 되었을 때
2. 피고인이 사망하거나 피고인인 법인이 존속하지 아니하게 되었을 때
3. 제12조 또는 제13조의 규정에 의하여 재판할 수 없는 때
4. 공소장에 기재된 사실이 진실하다 하더라도 범죄가 될만한 사실이 포함되지 아니하는 때

■ 기 재 례

이 사건 공소사실의 요지는 신한은행과 수표계약을 체결한 피고인이 2014. 2. 1. 수표번호 '아가 05101001', 액면금 '300만원', 발행일 '2014. 2. 1.'로 기재된 가계수표 1장을 발행하여 그 수표의

소지인이 2014. 2. 21. 지급제시하였으나 예금부족으로 지급되지 아니하게 하였다.라는 것입니다.

그런데, 수표법(제29조)의 규정에 따라 국내에서 발행하고 지급할 수표는 수표상에 기재된 발행일 로부터 10일 내에 지급을 위한 제시를 하여야 하고 위 제시기일 경과후에 지급제시된 수표는 부정수 표단속법 제 2 조 제 2 항 소정의 부정수표라 볼 수 없습니다.

이 사건 공소사실 기재 수표는 그 제시기일에 제시되지 아니한 사실이 공소사실 자체에 의하여 명백합니다. 결국 이 공소사실에는 공소장에 기재된 사실이 진실하다 하더라도 범죄가 될 만한 사실 이 포함되지 아니하는 때에 해당하므로 형사소송법 제328조 제 1 항 제 4 호에 따라 공소기각의 결정 을 하여 주시기 바랍니다(대법원 1973. 12. 11. 선고 73도2173 판결).

제 2 편
연습기록

1
연습기록

● 강도상해

☐ 사건 설명

1. 피고인 도두한은 2013. 12. 3. 강도상해죄로 긴급체포된 후, 구속영장에 의하여 2013. 12. 5. 구속되었고, 공소장 기재 공소사실로 2013. 12. 14. 구속 구공판되었다.
2. 귀하는 구속전피의자심문절차에서 법원으로부터 피고인 도두한의 국선변호인으로 선정된 변호사 김국선이다.
3. 귀하는 수감 중인 피고인을 접견하고 공판기록과 같이 소송절차에서 변호인으로서의 역할을 하였다. 그 과정에서 변론의 준비를 위하여 증거기록과 공판기록을 열람, 등사하였다.

☐ 문 제

구속된 피고인 도두한의 변호인으로서 법원에 제출할 최종 변론요지서를 작성하시오.

☐ 유의사항

1. 기록상 나타나지 않은 피의자의 신병과 관련된 체포, 구금, 권리고지, 통지 절차와 각종 서류의 접수·송달·결재 절차는 적법하게 이루어진 것으로 본다.
2. 조서에 서명이 있는 경우에는 필요한 날인 또는 무인, 간인, 정정인이 있는 것으로 보고, '수사 과정 확인서'는 편의상 생략하기로 한다.
3. 법률적 쟁점에 대해서는 판례를 따르고 다툼 있는 사실관계에 대해서는 경험칙과 논리칙에 입각하여 주장하되, 판례와 반대되는 주장을 하려면 판례의 입장을 먼저 기재해야 한다.

공 판 기 록

구속만료	2014. 2. 13.	미결구금
최종만료	2014. 6. 13.	
대행갱신 만료		

서울중앙지방법원

구공판 형 사 제 1 심 소 송 기 록

기 일 1회기일 12/30 A10 1/13 P2	사건번호	2013고합1000	담임	제1형사부	주심	다
	사 건 명	강도상해				
	검 사	정의파		2013년 형제100000호		
	피 고 인	구속 1. 구속 2.		강도군 도두한		
	변 호 인	사선 변호사 홍변호 (피고인 강도군) 국선 변호사 김국선 (피고인 도두한)				

확 정	
보존종기	
종결구분	
보 존	

완결 공람	담 임	과 장	국 장	주심 판사	재판장	원 장

접 수 공 람	과　장	국　장	원　장
	㊞	㊞	㊞

공 판 준 비 절 차

회부 수명법관 지정	일자	수명법관 이름	재 판 장	비　　고

법 정 외 에 서 지 정 하 는 기 일

기일의 종류	일　　시				재 판 장	비　　고
1회 공판기일	2013.	12.	30.	10:00	㊞	

서울중앙지방법원

목 록		
문 서 명 칭	장 수	비 고
증거목록(증거서류 등)	49	검 사
증거목록(증인 등)	50	검 사
공소장	51	
변호인선임신고서	생략	피고인 강도군
국선변호인선정결정	생략	피고인 도두한
영수증(공소장부본 등)	생략	
영수증(공판기일통지서)	생략	변호사 홍변호
영수증(공판기일통지서)	생략	변호사 김국선
의견서	생략	피고인 강도군
의견서	생략	피고인 도두한
공판조서(제 1 회)	53	
공판조서(제 2 회)	55	
증인신문조서	58	김 순 남
증인신문조서	60	홍 경 찰

서울중앙지방법원

목 록 (구속관계)		
문 서 명 칭	장 수	비 고
현행범인체포서	생략	피고인 강도군
구속영장	생략	피고인 강도군
긴급체포서	생략	피고인 도두한
구속영장	생략	피고인 도두한
피의자수용증명	생략	피고인 강도군
피의자수용증명	생략	피고인 도두한

증 거 목 록(증거서류 등)

2013고합1000

① 강도군
② 도두한

2013형제100000호

신청인 : 검 사

순번	증거방법					참조사항 등	신청기일	증거의견		증거결정		증거조사기일	비고
	작성	쪽수(수)	쪽수(증)	증거명칭	성명			기일	내용	기일	내용		
1	검사		86	피의자신문조서	강도군	공소사실	1	1	①○ ②×	2	○	2	②는 범행을 자신이 먼저 제의하였다는 부분에 대하여 부동의
2			91	피의자신문조서	도두한	공소사실	1	1	②○ ①×	2	○	2	①은 범행을 자신이 먼저 제의하였다는 부분에 대하여 부동의
3	기재생략		96	진술조서	김순남	공소사실	1	1	①② ×	2	○	2	
4			99	진술조서	홍경찰	공소사실	1	1	②×	2	○	2	
5	사경		66	압수조서		공소사실	1	1	①② ○	1	○		
6			68	진술조서	김순남	공소사실	1	1	①② ×	2	○		
7			71	피의자신문조서	강도군	공소사실	1	1	①② ×	1	×		
8			76	피의자신문조서	도두한	공소사실	1	1	②① ×	1	×		
9			81	진단서	명의사	상해 부위 및 정도	1	1	①② ○	1	○	2	
10			82	범죄경력자료조회	강도군	전과관계	1	1	①○	1	○	2	
11			84	범죄경력자료조회	도두한	전과관계	1	1	②○	1	○	2	

※ 증거의견 표시 – 피의자신문조서 : 인정 ○, 부인 ×
         (여러 개의 부호가 있는 경우, 적법성/실질성립/임의성/내용의 순서임)
        – 기타 증거서류 : 동의 ○, 부동의 ×
        – 진술이 특히 신빙할 수 있는 상태하에서 행하여졌다는 점 부인 : "특신성 부인"(비고란 기재)
※ 증거결정 표시 : 채 ○, 부 ×
※ 증거조사 내용은 제시, 낭독(내용고지, 열람)

증 거 목 록(증인 등)

2013고합1000

2013형제100000호   신청인 : 검사

증거방법	쪽수 (공)	입증취지 등	신청 기일	증거결정		증거조사기일	비 고
				기일	내용		
식칼 (증 제1호)		공소사실	1	1	○	2014. 1. 13. 14 : 00 (실시)	
증인 김순남	58	공소사실	1	1	○	2014. 1. 13. 14 : 00 (실시)	
증인 홍경찰	60	공소사실	1	1	○	2014. 1. 13. 14 : 00 (실시)	

※ 증거결정 표시 : 채 ○, 부 ×

서울중앙지방검찰청

2013. 12. 14.

사건번호   2013년 형제100000호
수 신 자   서울중앙지방법원
제 목   공소장

        검사 정의파는 아래와 같이 공소를 제기합니다.

I. 피고인 관련사항

   1. 피 고 인   강도군 (******-*******), 33세

                직업   무직

                주거   서울 관악구 신림로 1578, **-***-****

                등록기준지   경기 안양시 동안구 갈산로 547

       죄 명   강도상해

       적용법조   형법 제337조, 제335조, 제334조 제 2 항, 제 1 항, 제331조 제 2 항,

                제 1 항, 제342조, 제30조

       구속여부   2013. 12. 3. 구속 (2013. 12. 1. 체포)

       변 호 인   변호사 홍변호

   2. 피 고 인   도두한 (******-*******), 33세

                직업   무직

                주거   서울 금천구 가산로 372, **-***-****

                등록기준지   경기 안양시 동안구 갈산로 8

       죄 명   강도상해

       적용법조   형법 제337조, 제335조, 제334조 제 2 항, 제 1 항, 제331조 제 2 항,

                제 1 항, 제342조, 제30조

       구속여부   2013. 12. 5. 구속 (2013. 12. 3. 체포)

       변 호 인   변호사 김국선(국선)

II. 공소사실

범죄전력

    피고인 강도군은 2002. 5. 14. 서울중앙지방법원에서 강도죄로 징역 2년에 집행유예 3년을 선고받았다.

피고인 도두한은 2000. 9. 15. 수원지방법원에서 상해죄로 벌금 100만 원을 선고받았다.

범죄사실

피고인 강도군, 피고인 도두한은 빈 담배가게에서 금품을 절취할 것을 공모하였다.

2013. 12. 1. 01:00경 서울 서초구 서초대로 1234에 있는 피해자 김순남 경영의 담배가게에 이르러, 피해자가 퇴근을 하는 것을 보고, 합동하여 피고인 도두한은 약 20미터가량 떨어진 골목에서 망을 보고, 피고인 강도군은 잠겨진 가게 문을 철사로 열고 안으로 들어갔다.

피고인 강도군은 담배진열장 및 금고 등을 뒤지며 절취할 금품을 찾고 있던 중 우산을 가지러 돌아온 피해자에게 발각되었다.

피해자가 "누구냐"고 소리치자, 피고인들은 각자 다른 방향으로 도망쳤다.

피해자가 피고인 강도군을 약 200미터가량 추격하다가 어깨를 붙잡자, 피고인 강도군은 체포를 면탈할 목적으로 잡힌 어깨를 뿌리치면서 마침 길옆에 떨어져 있던 길이 약 25센티미터가량의 식칼을 주워 들고 피해자의 얼굴을 찔러 피해자에게 약 3주간의 치료를 요하는 우협부 자상을 가하였다.

이로써 피고인들은 공모 합동하여 강도상해의 범행을 하였다.

Ⅲ. 첨부서류

1. 현행범인체포서 1통
2. 긴급체포서 1통
3. 구속영장 2통
4. 피의자수용증명 2통
5. 변호인선임신고서 1통
6. 국선변호인선정결정 1통

검사 **정의파** ㉑

서울중앙지방법원

공 판 조 서

제 1 회

사　　건　　2013고합1000　　강도상해 등

재판장 판사	신판사	기　일	2013. 12. 30. 10 : 00
판사	김판사	장　소	제100호 법정
판사	양판사	공개여부	공개
법원사무관	김법원	고 지 된 다음기일	2014. 1. 13. 14 : 00

피 고 인	1. 강도군　2. 도두한	각 출석
검　　사	정의파	출석
변 호 인	변호사　홍변호 (피고인 1을 위하여)	출석
	변호사　김국선 (피고인 2를 위하여, 국선)	출석

재판장

　　피고인들은 진술을 하지 아니하거나 각개의 물음에 대하여 진술을 거부할 수 있고
　　이익 되는 사실을 진술할 수 있음을 고지

재판장의 인정신문

　　성　　　　명 : 1. 강도군　2. 도두한

　　주민등록번호 : 각 공소장 기재와 같음

　　직　　　　업 :　　　　〃

　　주　　　거 :　　　　〃

　　등 록 기 준 지 :　　　　〃

재판장

　　피고인들에게

　　주소의 변동이 있을 때에는 이를 법원에 보고할 것을 명하고, 소재가 확인되지 않
　　을 때에는 그 진술 없이 재판할 경우가 있음을 경고

검사

　　공소장에 의하여 공소사실, 죄명, 적용법조 낭독

피고인 강도군

　　공소사실을 대체로 인정합니다만 마지막에 칼로 피해자를 찌른 것이 아니라 위협을 하려던 중에 피해자가 달려들어 얼굴에 스친 것입니다. 그리고 강도상해 범행은 처음에 도두한이 제의한 것입니다.

피고인 도두한

　　강도군과 절도를 하려 한 것은 맞으나 범행은 강도군이 먼저 제의하였을 뿐 아니라 저는 미리 범행을 중지하였는데, 저까지도 강도상해의 죄책을 지는 것은 억울합니다.

재판장

　　피고인 도두한과 그 변호인 변호사 김국선에게

　　공소사실에 관하여 부인하는 내용은 구체적으로 어떤 내용인가요.

피고인 도두한과 그 변호인 변호사 김국선

　　강도군과 절도를 하기로 하고 망을 본 것은 맞으나 강도군이 빈 담배가게에 들어간 다음 멀리서 인기척이 나는 소리에 두려움이 들어 바로 범행을 중지하고 도망을 하였으므로 그 뒤에 일어난 사실은 전혀 모르는 바이므로 강도상해죄의 죄책을 질 수 없다는 취지입니다.

재판장

　　증거조사를 하겠다고 고지

증거관계 별지와 같음(검사)

　　각 증거조사결과에 대한 의견을 묻고 권리를 보호함에 필요한 증거조사를 신청할 수 있음을 고지

소송관계인

　　별 의견 없다고 진술

재판장

　　변론속행(증인 김순남, 홍경찰을 신문하기 위하여)

2013.　12.　30.

법원사무관　　　김법원　㊞

재판장 판사　　　신판사　㊞

서울중앙지방법원

공 판 조 서

제 2 회

사　　건	2013고합1000	강도상해 등		

재판장 판사	신판사	기　　일	2014. 1. 13. 14 : 00
판사	김판사	장　　소	제100호　법정
판사	양판사	공개여부	공개
법원사무관	김법원	고 지 된	
		다음기일	2014. 1. 20. 10 : 00

피 고 인	1. 강도군　　2. 도두한		각 출석
검　　사	정의파		출석
변 호 인	변호사　홍변호 (피고인 1을 위하여)		출석
	변호사　김국선 (피고인 2를 위하여, 국선)		출석

재판장
　　전회 공판심리에 관한 주요사항의 요지를 공판조서에 의하여 고지
소송관계인
　　변경할 점이나 이의할 점이 없다고 진술
재판장
　　출석한 증인 별지조서와 같이 각 신문
증거관계 별지와 같음(검사, 피고인 및 변호인)
　　각 증거조사결과에 대한 의견을 묻고 권리를 보호함에 필요한 증거조사를 신청할
　　수 있음을 고지
소송관계인
　　별 의견 없으며, 달리 신청할 증거도 없다고 진술
재판장
　　증거조사를 마치고, 피고인신문을 실시하겠다고 고지
검사
　　피고인 강도군에게

문 피고인은 강도상해 범행에 관하여 도두한이 범행을 먼저 제의하였다고 주장하는
    데 사실인가요.
답 예, 분명히 도두한이 먼저 범행을 제의한 것은 사실입니다.
문 피고인이 담배가게에 들어간 다음 어느 정도 있다가 주인이 돌아왔나요.
답 약 10분쯤 된 것 같습니다.
문 그동안 훔칠 금품을 찾지도 않았단 말인가요.
답 예, 어두워 잘 보이지 않아 잠시 기다렸습니다.
문 피해자의 증언에 의하면 진열장 등을 뒤진 흔적이 있다고 하는데요.
답 저는 그런 적이 없습니다.
문 피고인은 도두한이 범행을 포기하고 먼저 도주하였다고 생각하나요.
답 그렇지는 않고, 제가 발각되는 순간에 다른 방향으로 도주한 것으로 생각합니다.
문 김순남을 찌른 칼은 미리 준비한 칼은 아닌가요.
답 아닙니다.

    피고인 도두한에게

문 피고인이 강도군에게 범행을 제의하였나요.
답 아닙니다. 그렇지 않습니다. 저는 처음부터 겁이 나서 도망가 버렸는데요.
문 증인 김순남의 진술에 의하면 자신이 오는 것을 보고 웬 남자가 도망간 것 같다고
    하는데, 그 사람이 피고인 아닌가요.
답 아닙니다. 저는 강도군이 담배가게에 들어 가고, 1~2분 정도 있다가 범행을 그만
    둔 것입니다.

피고인 강도군의 변호인 변호사 홍변호

    피고인 강도군에게

문 피고인이 먼저 범행을 제의한 것은 정말 아니지요.
답 예, 그 부분 정말 억울합니다.
문 김순남을 상처 나게 한 칼도 우연히 주운 것이고 또 일부러 찌른 것은 아니고 위
    협하려다가 실수로 스친 것이지요.
답 예, 그렇습니다.

피고인 도두한의 변호인 변호사 김국선

    피고인 도두한에게

문 피고인도 자신이 먼저 범행을 제의한 것은 아니라고 맹세할 수 있지요.
답 예, 그렇습니다.
문 분명히 피고인은 강도군이 담배가게에 들어가자마자 마음을 돌려 범행을 포기한
    것이지요.

답   예, 그렇습니다.

재판장

　　　피고인신문을 마쳤음을 고지

검사 이 사건의 공소사실은 증거가 있으므로 공소장기재 법조를 적용하여 피고인 강도
　　　군을 징역 7년에, 피고인 도두한을 징역 5년에 처함이 상당하다는 의견 진술

재판장

　　　피고인, 변호인에게 최종 의견 진술 기회 부여

변호인들

　　　각 피고인들을 위하여 별지 변론요지서 기재와 같이 변론하다.

피고인 강도군

　　　잘못하였어요. 관대한 처분을 바랍니다.

피고인 도두한

　　　저는 억울해요. 무죄를 선고하여 주세요.

재판장

　　　변론종결

　　　　　　　　　　　2014. 1. 13.

　　　　　　　　　　　　　　법원사무관　　　김법원 ㊞

　　　　　　　　　　　　　　재판장 판사　　　신판사 ㊞

서울중앙지방법원

증인신문조서(제 2 회 공판조서의 일부)

사   건   2013고합1000 강도상해 등
증   인   이 름   김순남
            생년월일   19**.**.**.
            주   거   서울 서초구 방배로 31

재판장

　　증인에게 형사소송법 제148조 또는 동법 제149조에 해당하는가의 여부를 물어 이에 해당하지 아니함을 인정하고 위증의 벌을 경고한 후 별지 선서서와 같이 선서하게 하였다. 다음에 신문할 증인 홍경찰은 재정하지 아니하였다.

검 사

　　증인에게

문   증인은 피고인들을 아는가요.

답   피고인 강도군은 제 담배가게에서 도둑질을 하다가 도주하면서 칼로 저를 찌른 사람이고, 피고인 도두한은 모르겠습니다.

문   진술인이 수사기관에서 사실대로 진술하고 그 내용을 확인한 후 서명·날인하였나요.

이때 검사는 검사 및 사법경찰리 작성의 증인에 대한 각 진술조서를 증인에게 읽어보게 한바

답   예, 사실대로 진술하였으며 진술한 대로 기재되어 있습니다.

문   증인의 담배가게에서 강도를 당한 사실에 대하여 간략히 말씀하여 주세요.

답   2013. 12. 1. 새벽 1시경 서초구 서초대로 1234 사오빌딩 101호인 제 담배가게에서 마무리를 한 다음 출입문을 잠그고 퇴근을 하다가 우산을 가지러 담배가게로 돌아갔는데, 담배가게에 도둑이 들어 있다가 도망가는 것을 뒤쫓아 가니까 그 사람이 칼을 들고 저에게 죽여 버리겠다고 하면서 그 칼을 저에게 휘두르는 바람에 제가 얼굴을 찔렸습니다.

문   그 칼은 피고인이 가지고 있던 것인가요.

답   정확하게는 기억이 나지 않습니다. 그 사람은 자신이 그 길에서 주운 것이라고 하니까요.

문 담배가게에 뒤진 흔적이 뚜렷한가요.

답 예, 없어진 것은 없는 것 같습니다만 담배 진열장과 손금고 서랍 등이 열려져 있었고, 흩뜨려져 있던 것은 분명합니다.

문 피고인 도두한을 본 적은 없나요.

답 당시 제가 돌아오는데 담배가게 옆에 있는 어두운 골목에서 웬 남자 한 사람이 저를 보고 있었다는 기억이 납니다. 그러나 그 사람이 도두한이었는지는 모르겠습니다.

문 피해는 보상받았는가요.

답 보상을 받은 적이 없습니다.

문 피의자들의 처벌을 원하나요.

답 예, 엄중 처벌하여 주세요.

피고인 강도군의 변호인 변호사 홍변호

　　증인에게

문 피고인 강도군이 증인을 일부러 찔렀다고 생각하나요.

답 저에게 휘두른 것은 맞으며 제가 달려들다가 우연히 찔린 것은 아닙니다.

　　　　　　　　2014. 1. 13.

　　　　　　　　　　법원사무관　　　김법원 ㉕

　　　　　　　　　　재판장 판사　　　신판사 ㉕

　　　　　　　　[증인선서서 생략]

서울중앙지방법원

증인신문조서(제 2 회 공판조서의 일부)

사 건 2013고합1000 강도상해 등

증 인 이 름 홍경찰

　　　　생년월일 19**.**.**

　　　　주 거 서울 강남구 압구정로 333

재판장

　　증인에게 형사소송법 제148조 또는 동법 제149조에 해당하는가의 여부를 물어 이에 해당하지 아니함을 인정하고 위증의 벌을 경고한 후 별지 선서서와 같이 선서하게 하였다.

변호인

　　증인에게

문 증인은 피고인들을 아는가요.

답 피고인 강도군은 모르고, 피고인 도두한은 제가 불심검문 중에 강도상해 범인으로 긴급체포한 사실이 있습니다.

문 증인이 검사에게 진술한 내용은 모두 사실대로이고, 그 내용을 확인한 후 서명·날인하였나요.

이때 검사는 검사 작성의 증인에 대한 진술조서를 제시하고 읽어 보게 한바

답 예.

문 피고인 도두한을 어떻게 체포하였나요.

답 저는 서초경찰서 반포지구대에 근무하는 순경입니다. 2013. 12. 3. 낮 12시경 관내인 서울 서초구 반포로 112 포동아파트 단지내에 수상한 사람이 있으니 검문하라는 지령을 받고, 경장 문경찰과 함께 도두한을 불심검문하여 신분을 확인한 결과 긴급수배된 강도상해범임을 알고 긴급체포한 것입니다.

문 형사소송법 제200조의5에 따른 고지를 하였는가요.

답 예, 미란다원칙에 따른 고지를 하고 수갑을 채웠는데 특별히 도망가려는 기색도 없고 반항도 하지 않았습니다.

피고인 도두한의 변호인 변호사 김국선

　　증인에게

문 체포영장이나 구속영장 없이 긴급체포를 한 것인가요.

답 예, 불심검문 중 긴급체포한 것입니다.

2014. 1. 13.

법원사무관 김법원 ㉧

재판장 판사 신판사 ㉧

[증인선서서 생략]

증거서류 등 (검사)

	제	1	책
	제	1	권

서울중앙지방법원

증거서류 등(검사)

사 건 번 호	2013고합1000	담임	단독 합의 부	주심	
	20 노		부		
	20 도		부		

사 건 명	강도상해

검 사	정의파	2013년 형제100000호

피 고 인	1. 강도군 2. 도두한	

공소제기일	2013. 12. 14.

1심 선고	20 . . .	항 소	20 . . .
2심 선고	20 . . .	상 고	20 . . .
확 정	20 . . .	보 존	

	제	1	책
	제	1	권

구공판

서울중앙지방검찰청

증 거 기 록

검　　찰	사건번호	2013년 형제100000호	법원	사건번호	2013년 고합1000호
	검　　사	정 의 파		판　　사	

피 고 인	구속 1. 구속 2.	강도군 도두한

죄　　　　명	강도상해

공소제기일	2013. 12. 14.

구　　　속	1. 2013. 12. 3. 구속(2013. 12. 1. 체포) 2. 2013. 12. 5. 구속(2013. 12. 3. 체포)	석 방	

변 호 인	1. 변호사 홍변호　　2. 변호사 김국선(국선)

증 거 물	있 음

비　　　고	

증 거 목 록(증거서류 등)

2013고합1000

2013형제100000호   신청인 : 검 사 정의파 ㉑

순번	증거방법 작성	쪽수(수)	쪽수(증)	증거명칭	성명	참조사항 등	신청기일	증거의견 기일	증거의견 내용	증거결정 기일	증거결정 내용	증거조사기일	비고
1	검사		86	피의자신문조서	강도군	공소사실							
2			91	피의자신문조서	도두한	공소사실							
3			96	진술조서	김순남	공소사실							
4			99	진술조서	홍경찰	공소사실							
5	사경		66	압수조서		공소사실							
6		기재생략	68	진술조서	김순남	공소사실							
7			71	피의자신문조서	강도군	공소사실							
8			76	피의자신문조서	도두한	공소사실							
9			81	진단서	명의사	상해 부위 및 정도							
10			82	범죄경력자료 조회	강도군	전과관계							
11			84	범죄경력자료 조회	도두한	전과관계							

※ 증거의견 표시 - 피의자신문조서: 인정 ○, 부인 ✕
　　　　　　　　　　(여러 개의 부호가 있는 경우, 적법성/실질성립/임의성/내용의 순서임)
　　　　　　　　- 기타 증거서류: 동의 ○, 부동의 ✕
　　　　　　　　- 진술이 특히 신빙할 수 있는 상태하에서 행하여졌다는 점 부인: "특신성 부인"(비고란 기재)
※ 증거결정 표시 : 채 ○, 부 ✕
※ 증거조사 내용은 제시, 낭독(내용고지, 열람)

압 수 조 서

피의자 강도군에 대한 강도상해 피의사건에 관하여 2013. 12. 1. 서초경찰서 형사과 사무실 내에서 사법경찰리 경장 김경찰은 사법경찰리 순경 황경찰을 참여하게 하고 별지 목록의 물건을 다음과 같이 압수하다.

압 수 경 위

피의자 강도군에 대한 강도상해 등 피의사건의 수사 중 피의자가 자신이 도주하다가 길에서 주워 피해자 김순남을 위협하는 데 사용하였다가 떨어뜨린 식칼이라고 하면서 임의 제출하므로 증거물로 사용하기 위하여 영장 없이 압수함.

	성 명	주민등록번호	주 소	서명 또는 날인
참여인		[기재생략]		

2013. 12. 1.

서 초 경 찰 서

사법경찰리 경장 김경찰 ㊞

사법경찰리 순경 황경찰 ㊞

압 수 목 록

번호	품 명	수량	피압수자 주거 성명				소유자 주거·성명	비고
			1	2	③	4		
			유류자	보관자	소지자	소유자		
1	식칼 (길이 25센티미터)	1개	서울 관악구 신림로 1578 강도군 (******-*******)				불상	

진술조서

성   명 : 김순남

주 민 등 록 번 호 : ******-*******   29세

직   업 : 가게 경영

주   거 : 서울 서초구 방배로 31

등 록 기 준 지 : 서울 영등포구 영신로 189

직 장 주 소 : 서울 서초구 서초대로 1234 사오빌딩 101호

연 락 처 : 자택전화 **-***-****   휴대전화   ***-****-****

　　　　　　직장전화 **-***-****   전자우편   ***@*******.**.**

위의 사람은 피의자 강도군 등에 대한 강도상해 피의사건에 관하여 2013. 12. 2. 서초경찰서 형사과 사무실에 임의 출석하여 다음과 같이 진술하다.

---

1. 피의자와의 관계

저는 피의자 강도군, 도두한과 아무런 친인척관계가 없습니다.

1. 피의사실과의 관계

저는 피의사실에 관하여 피해자 자격으로 출석하였습니다.

이때 진술의 취지를 더욱 명백히 하기 위하여 다음과 같이 임의로 문답하다.

문　　진술인은 진술인이 경영하는 담배가게에서 강도를 당한 사실이 있지요.

답　　예, 그런 사실이 있습니다.

문　　그 구체적인 내용을 진술해 보세요.

답　　예, 저는 서초구 서초대로 1234에 있는 사오빌딩이라는 4층짜리 건물 101호에 세를 들어 조그마한 담배가게를 경영하고 있습니다. 보통 아침 10시부터 저녁 12시까지 영업을 하는데, 2013. 12. 1.에도 밤 12시에 영업을 끝내고, 마무리를 한 다음 새벽 1시경 건물 밖으로 나 있는 출입문을 잠그고 퇴근을 하였다가 강도를 당한 것입니다.

문　　퇴근하였는데, 담배가게에서 강도를 당했다는 말인가요.

답 예, 그날 약 100여 미터 떨어진 버스정거장에 가다가 보니 빗방울이 한두 방울 떨어지길래, 우산을 가지러 담배가게로 돌아갔습니다. 그런데 제가 분명히 가게 문을 열쇠로 잠근 것 같은데, 문이 잠겨 있지 않아 이상하다며 문을 열고 들어가 전등 스위치를 올리는 순간 갑자기 웬 남자가 문 밖으로 뛰쳐나갔습니다.

문 그래서 어떻게 하였나요.

답 저도 "도둑이야" 하면서 그 사람을 쫓아갔습니다. 키가 175 정도로 체격이 좋고 검은 점퍼를 입고 있었는데, 약 200여 미터 쫓아가 결국 그 사람을 잡아 경찰에 넘겼습니다.

문 그 경위를 자세히 진술하여 보세요.

답 사실 밤중에 도둑을 보니 겁은 났지만, 저도 유도 4단이고 특전사 출신으로 힘에는 나름 자신이 있었고, 도둑을 잡아야 하겠다는 생각으로 계속 쫓아가 대로에서 막 골목길로 들어가려는 그 사람의 어깨를 붙잡자 홱 뿌리치면서 칼을 한 자루 주워 들었습니다. 꽤 기다란 식칼 같았는데, 저에게 휘두르는 바람에 제가 얼굴을 베었습니다. 그 순간 칼을 떨어뜨리길래, 제가 팔을 붙잡아 업어치기로 넘어뜨리고 팔로 목을 졸라 제압하였습니다. 마침 행인들의 신고를 받고 출동한 경찰관이 달려와 수갑을 채워 연행하여 간 것입니다.

문 얼굴의 상처는 어떠한가요.

답 그 순간에는 몰랐는데, 경찰관이 얼굴에 피가 많이 흐른다고 하여 병원 응급실에 갔는데, 얼굴 오른쪽 뺨을 3센티 가량 베었습니다. 일단 봉합수술을 받은 상태로 약 3주간 치료를 받아야 아문다고 하였으며, 흉터가 남을 것 같다고 합니다.

문 진단서를 제출하겠는가요.

답 예, 진단서를 발급받아 제출하도록 하겠습니다.

문 담배가게에 도둑맞은 것은 없나요.

답 예, 없는 것 같습니다.

문 당시 진술인이 잡은 도둑이 이 사람인가요.

이때 조사대기 중인 피의자 강도군을 대면하게 한바,

답 예, 이 사람이 맞습니다.

문 당시 진술인을 찌른 칼이 이것 맞나요.

이때 압수된 식칼(증 제1호)을 보여준바

답 예, 그 식칼이 맞는 것 같습니다. 현장에서 경찰관이 칼도 압수하였으니 그 칼일 것입니다.

문 이상의 진술은 사실인가요.

답 **예, 사실대로 진술하였습니다.**

위의 조서를 진술자에게 열람하게 하였던바, 진술한 대로 오기나 증감·변경할 것이 전혀 없다고 말하므로 간인한 후 서명 날인하게 하다.

진술자 김 순 남 [인]

2013. 12. 2.

서 초 경 찰 서

사법경찰리 경장 김 경 찰 [인]

피의자신문조서

피의자 : 강도군

위의 사람에 대한 강도상해 피의사건에 관하여 2013. 12. 2. 서초경찰서 형사과 사무실에서 사법경찰리 경장 김경찰은 사법경찰리 순경 황경찰을 참여하게 하고, 아래와 같이 피의자임에 틀림없음을 확인하다.

문   피의자의 성명, 주민등록번호, 직업, 주거, 등록기준지 등을 말하시오.

답   성명은   강도군(姜道君)
       주민등록번호는   ******-*******   33세
       직업은   무직
       주거는   서울 관악구 신림로 1578
       등록기준지는   경기 안양시 동안구 갈산로 547
       직장 주소는   없음
       연락처는
            자택 전화 : **-***-****   휴대 전화 : ***-***-****
            직장 전화 : 없음   전자우편(e-mail) : ***@*******.**.**

       입니다.

사법경찰리는 피의사실의 요지를 설명하고 사법경찰리의 신문에 대하여 「형사소송법」 제244조의3에 따라 진술을 거부할 수 있는 권리 및 변호인의 참여 등 조력을 받을 권리가 있음을 피의자에게 알려주고 이를 행사할 것인지 그 의사를 확인하다.

진술거부권 및 변호인 조력권 고지 등 확인

1. 귀하는 진술을 하지 아니하거나 개개의 질문에 대하여 진술을 하지 아니할 수 있습니다.
2. 귀하가 진술을 하지 아니하더라도 불이익을 받지 아니합니다.
3. 귀하가 진술을 거부할 권리를 포기하고 행한 진술은 법정에서 유죄의 증거로 사용될 수 있습니다.
4. 귀하가 신문을 받을 때에는 변호인을 참여하게 하는 등 변호인의 조력을 받을 수 있습니다.

문   피의자는 위와 같은 권리들이 있음을 고지받았는가요.
답   예. 고지받았습니다.
문   피의자는 진술거부권을 행사할 것인가요.
답   아닙니다.
문   피의자는 변호인의 조력을 받을 권리를 행사할 것인가요.
답   아닙니다. 혼자서 조사를 받겠습니다.

이에 사법경찰리는 피의사실에 관하여 다음과 같이 피의자를 신문하다.
문   범죄전력은 있나요.
답   2002. 5. 14. 서울중앙지방법원에서 강도죄로 징역 2년에 집행유예 3년을 선고받은 적이 있습니다.
문   군대는 갔다 왔나요.
답   면제를 받았습니다.
문   학력은 어떠한가요.
답   동궁고등학교를 졸업하였습니다.
문   사회경력은 어떠한가요.
답   일용직으로 노동에 종사하고, 특별한 경력은 없습니다.
문   가족관계는 어떠한가요.
답   부 강병구(67세, 농업), 모 하길순(62세, 무직)이 있는데, 현재 저는 서울에서 혼자 살고 있습니다.

문 재산이나 월수입은 어떠한가요.

답 부모님의 부동산으로 안양 쪽에 단독주택 시가 약 1억 원 정도와 농지가 조금 있습니다. 저는 살고 있는 집 월세 보증금 200만 원 외에는 별다른 재산이 없고, 현재 일정한 수입도 없습니다.

문 정당이나 사회단체에 가입한 사실이 있나요.

답 없습니다.

문 건강상태는 어떠한가요.

답 건강한 편입니다.

문 피의자는 도두한을 어떻게 아는가요.

답 같이 일용노동을 하면서 알게 된 사이입니다.

문 도두한과 같이 절도를 하려다가 사람을 다치게 한 사실이 있는가요.

답 예. 그런 사실이 있습니다.

문 절도를 모의한 과정을 자세히 진술하여 보세요.

답 예, 제가 요즘 겨울이라 일도 없고 도두한도 마찬가지라 11월 말경에 둘이 만나 소주를 마시다가 빈 가게들을 털어 보기로 하였습니다. 도두한이 자기가 눈여겨보아 둔 담배가게가 있는데 거의 다 현금으로 담배를 사 밤에는 현금이 있을 것 같고 또 주인이 밤 12시쯤에는 퇴근을 하여 비게 되며, 현금이 없으면 담배라도 가져다 팔면 되는 것이 아닌가 하여 담배가게를 털기로 하였습니다.

문 강도전과도 있는데, 처음부터 강도를 하려 한 것은 아닌가요.

답 그런 것은 아니고 사람이 없는 가게에서 절도를 하려 했을 뿐입니다.

문 누가 먼저 범행을 하자고 하였나요.

답 도두한이 먼저 범행 대상을 물색하고 저에게 범행을 하자고 하였고 저는 시키는 대로 하였을 뿐입니다.

문 범행한 경위를 구체적으로 진술하세요.

답 범행 날을 12. 1.로 정하고 그 전날 밤 11시경에 부근에 있는 다방에서 도두한을 만나 그곳 지리에 밝은 도두한이 망을 보고 제가 안으로 들어가 금품을 훔쳐 오기로 하였습니다. 그래서 12. 1. 새벽 0시 반쯤 서초대로 사오빌딩에 있는 담배가게 앞에 가니까, 아직 불이 켜져 있어 약 20여 분 기다리다가 주인이 문을 잠그고 퇴근하길래, 도두한이 골목에서 망을 보다가 사람이 오면 휘파람을 불어 주기로 하고 저는 가게 문을 열고 안으로 들어갔습니다.

문 문이 잠겨 있지 않았나요.

답 잠겨 있었는데 제가 가지고 간 철사를 이용하여 가게문을 열었습니다.

문 그런 방법은 언제 배웠나요.

답 배운 것은 아니고, 전에 구치소에 있을 때 전문절도범들이 하는 이야기를 듣고 저도 해 본 것뿐입니다.

문 안으로 들어가 금품을 절취하였는가요.

답 아닙니다. 들어가 어두워 10분 정도 지체하던 중 갑자기 인기척이 나 문 옆에 숨어 있다가 문이 열리고 사람이 들어온 틈을 이용하여 달아나다가 잡힌 것입니다.

문 절취할 금품을 찾아보기도 전에 들켰다는 말인가요.

답 예, 그렇습니다.

문 도망가다가 피해자에게 잡히자 식칼로 피해자를 찔렀지요.

답 예, 그렇습니다.

문 어떻게 찔렀나요.

답 예, 제가 죽자하고 도망하는데, 피해자가 계속 쫓아오더군요. 약 200미터가량 도망하다가 제 어깨를 잡기에 뿌리치면서, 마침 길옆에 버려진 헌 식칼이 눈에 띄기에 주어들고 위협을 하고 도망가려다가 피해자가 달려들어 그 얼굴을 한번 찌른 것 같습니다.

문 그래서 어떻게 되었나요.

답 제가 찌르는 순간 칼을 놓쳤는데, 피해자가 얼굴에서 피가 나는데도 저를 붙잡아 유도식으로 저를 집어던지고 목을 졸라 제가 꼼짝 못하고 있는데, 마침 경찰관이 오더니 수갑을 채웠습니다.

문 피해자를 찌른 식칼이 이 칼이 맞는가요.

이때 압수된 식칼(증 제1호)을 보여준바

답 예, 그것이 맞는 것 같습니다.

문 피해자가 얼굴을 칼에 찔려 전치 3주간의 상처를 입었는데 어떻게 생각하나요.

답 얼굴에 피가 많이 나던데 그 정도 상처가 난 것이 제가 찌른 것 때문임을 인정합니다.

문 그 당시 도두한은 어떻게 된 것인가요.

답 글쎄요. 망을 보기로 했는데 저에게 신호를 해 준 바도 없고, 제가 도망칠 때도 본 적이 없고, 그 후에는 어떻게 된 것인지 모르겠습니다.

문 어디로 도망갔는지 모르겠나요.

답 모르겠습니다.

문 이 사건으로 구속이 된다면 누구에게 통지하기를 원하는가요.

답 아버지에게 통지해 주십시오.

문 더 할 말이 있나요.

답   죄송합니다. 한 번만 선처해 주십시오.

문   이상의 진술내용에 대하여 특별한 의견이나 이의가 있는가요.

답   **없습니다.**

　　위의 조서를 진술자에게 열람하게 하였던바, 진술한 대로 오기나 증감·변경할 것이 전혀 없다고 말하므로 간인한 후 서명 무인하게 하다.

　　　　　　　　　　　　진술자　**강 도 균** (무인)

　　　　　　　2013. 12. 2.

　　　　　　　　　서 초 경 찰 서

　　　　　　　　　사법경찰리　경장　**김 경 찰** ㊞

　　　　　　　　　사법경찰리　순경　**황 경 찰** ㊞

피의자신문조서

피의자 : 도두한

  위의 사람에 대한 강도상해 피의사건에 관하여 2013. 12. 3. 서초경찰서 형사과 사무실에서 사법경찰리 경장 김경찰은 사법경찰리 순경 황경찰을 참여하게 하고, 아래와 같이 피의자임에 틀림없음을 확인한다.

문   피의자의 성명, 주민등록번호, 직업, 주거, 등록기준지 등을 말하시오.

답   성명은   도 두 한 (都 頭 韓)

          주민등록번호는   ******-******* 33세

          직업은   무직

          주거는   서울 금천구 가산로 372-46

          등록기준지는   경기도 안양시 동안구 갈산로 8

          직장 주소는   없음

          연락처는

            자택 전화 : **-****-****   휴대 전화 : ***-***-****

            직장 전화 : 없음   전자우편(e-mail) : 없음

          입니다.

  사법경찰리는 피의사실의 요지를 설명하고 사법경찰리의 신문에 대하여 「형사소송법」제244조의3에 따라 진술을 거부할 수 있는 권리 및 변호인의 참여 등 조력을 받을 권리가 있음을 피의자에게 알려주고 이를 행사할 것인지 그 의사를 확인한다.

진술거부권 및 변호인 조력권 고지 등 확인

1. 귀하는 진술을 하지 아니하거나 개개의 질문에 대하여 진술을 하지 아니할 수 있습니다.
2. 귀하가 진술을 하지 아니하더라도 불이익을 받지 아니합니다.
3. 귀하가 진술을 거부할 권리를 포기하고 행한 진술은 법정에서 유죄의 증거로 사용될 수 있습니다.
4. 귀하가 신문을 받을 때에는 변호인을 참여하게 하는 등 변호인의 조력을 받을 수 있습니다.

문 피의자는 위와 같은 권리들이 있음을 고지받았는가요.

답 예. 고지받았습니다.

문 피의자는 진술거부권을 행사할 것인가요.

답 아닙니다.

문 피의자는 변호인의 조력을 받을 권리를 행사할 것인가요.

답 아닙니다. 혼자서 조사를 받겠습니다.

이에 사법경찰리는 피의사실에 관하여 다음과 같이 피의자를 신문하다.

문 범죄전력이 있나요.

답 2000. 9.경에 싸움을 하다가 입건되어 수원지방법원에서 벌금 100만 원을 선고받은 적이 있습니다.

문 군대는 갔다 왔나요.

답 육군에서 보충역으로 병역을 마쳤습니다.

문 학력은 어떠한가요.

답 기동고등학교를 졸업하였습니다.

문 사회경력은 어떠한가요.

답 군복무를 마친 후 직장을 구하지 못하고 있고 특별한 경력은 없습니다.

문 가족관계는 어떠한가요.

답 모 서귀순(65세, 파출부)과 함께 살고 있습니다.

문　재산이나 월수입은 어떠한가요.

답　부동산이나 특별한 재산은 없습니다. 간혹 일용노동을 하는 외에 일정한 수입이 없으며 어머니가 파출부 생활을 하여 살아가고 있습니다.

문　정당이나 사회단체에 가입한 사실이 있나요.

답　없습니다.

문　건강상태는 어떠한가요.

답　건강한 편입니다.

문　피의자는 강도군을 어떻게 아는가요.

답　같이 일용노동을 하면서 알게 된 사이입니다.

문　강도군과 같이 절도를 하려다가 사람을 다치게 한 사실이 있는가요.

답　빈 담배가게를 털기로 한 적은 있는데, 사람을 다치게 한 사실에 대해서는 모릅니다.

문　절도를 모의한 과정을 자세히 진술하여 보세요.

답　11월 말경 강도군을 만나 같이 소주를 마시다가 강도군이 빈 가게들을 털어 보자고 하면서, 자기가 아는 담배가게가 있는데 자신이 알아서 할 테니 망만 보라고 하여 그렇게 하기로 하였던 것입니다.

문　강도군은 피의자가 먼저 범행을 하자고 하였다고 하는데요.

답　강도군이 먼저 범행 대상을 물색하고 저에게 범행을 하자고 한 것이 사실이에요. 저는 시키는 대로 하였을 뿐입니다.

문　범행한 경위를 구체적으로 진술하세요.

답　범행 날을 12. 1.로 정하고 그 전날 밤 11시경에 부근에 있는 다방에서 강도군을 만나 제가 밖에서 망을 보고 강도군이 안으로 들어가 금품을 훔쳐 오기로 하였습니다. 12. 1. 새벽 0시 반쯤 서초대로 사오빌딩에 있는 담배가게 앞에 가니까, 아직 불이 켜져 있어 약 20여 분 기다리다가 주인인 것 같은 사람이 불을 끄고 퇴근하자 강도군이 저에게 저쪽 골목에서 망을 보다가 사람이 오거나 이상한 상황이 벌어지면 휘파람을 불어 달라고 하면서 담배가게 안으로 들어갔습니다.

문　문이 잠겨 있지 않았나요.

답　잠겨 있었는데 강도군이 구치소에서 문 따는 법을 배웠다고 하면서 준비해 간 철사를 가지고 문을 열더라구요.

문　피의자가 망을 본 것은 사실인가요.

답　예, 제가 1~2분 정도 망을 보다가 사람 등이 지나가고 하여 도저히 겁이 나서 그대로 도망가 버렸습니다.

문　주인이 다시 가게로 온 것은 모르나요.

답　예, 제가 도망칠 때에는 주인이 오지는 않았습니다.

문　강도군에게는 알리지 않았단 말인가요.

답　예, 제가 겁도 많이 나고 강도군이 뭐라고 할 것 같아 그냥 저만 도망쳐 버렸습니다.

문　그렇다면, 강도군이 주인에게 발각되어 도망가다가 식칼로 주인을 찔러 상처를 입게 한 내용도 몰랐나요.

답　예. 그때는 몰랐는데, 그 날 아침 방송에서 강도사건을 보도하여 생각보다 일이 커졌구나 하고 생각한 것입니다.

문　미리 절도를 하다가 발각되면 폭행이나 위협을 가하고 도망하자는 모의를 한 적도 없다는 말인가요.

답　강도군과 그런 생각까지는 한 적이 없습니다.

문　피의자는 2013. 12. 3. 낮 12시경에 아파트 주변을 배회하다가 불심검문에 걸려 체포된 사실이 있지요.

답　예, 그러한 사실이 있습니다.

문　그 내용을 구체적으로 진술하여 보세요.

답　12. 1. 아침에 방송을 보고 일이 커졌다 싶어 지방으로 도피하려고 하니 도피자금이 전혀 없었습니다. 그래서 강도군이 전에 말해준 대로 아파트 빈 집을 털어 볼까 생각하고 서울 서초구 반포로 112 포동아파트 단지내에서 범행할 집을 찾다가 수상한 사람이라고 신고가 되었는지 정복 경찰관들이 경비와 함께 다가와서 불심검문 중이라고 하면서 신분증 제시를 요구하여 신분증을 주었더니 조회를 하더니 강도죄로 긴급수배 중인 사람이라고 하며 체포를 하였습니다.

문　순순히 체포에 응하였나요.

답　순간 체념하고 순순히 체포에 응하였습니다.

문　이 사건으로 구속이 된다면 누구에게 통지하기를 원하는가요.

답　어머니에게 통지해 주십시오.

문　더 할 말이 있나요.

답　죄송합니다. 한 번만 선처해 주십시오.

문　이상의 진술내용에 대하여 특별한 의견이나 이의가 있는가요.

답　**없습니다**.

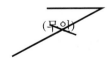

(무인)

위의 조서를 진술자에게 열람하게 하였던바, 진술한 대로 오기나 증감·변경할 것이 전혀 없다고 말하므로 간인한 후 서명 무인하게 하다.

진술자　　도 두 한　(무인)

2013.　12.　3.

서초경찰서

사법경찰리　경장　김 경 찰 ㉑

사법경찰리　순경　황 경 찰 ㉑

진 단 서

환자번호 : 00844482

연 번 호 : 2013 - 13403   주민등록번호 : ******-*******

성 명	김순남	성 별	남	생년월일	19**년 **월 **일	연 령	29세

주 소	서울 서초구 방배로 31	전화 : ***-****-****

병 명		한국질병분류번호
임상적 추정	우협부 자상	

발병일	2013년 12월 01일	진단일	2013년 12월 01일

향 후 치 료 의 견	상병으로 본원에 외래 내원한 환자로 오른쪽 뺨에 3센티미터 가량의 자상을 입어 봉합수술을 하였으며 합병증이 발병치 않는 한 발병일로부터 약 3주간의 가료를 요할 것임. 단 상기 진단은 외과 영역에 국한함. 단 추후 발견되는 소견은 재진에 의할 것임.

비 고	강도의 칼에 찔렸다 함.	용 도	경찰서 제출용

위와 같이 진단함

발 행 일   2013년 12월 03일
의 료 기 관   서울 동작구 흑석동 224-1
주소 및 명칭   중앙대학교병원
전   화   02-6200-1110

면허번호 제   84100 호   의사성명   명의사   ⑩

조 회 회 보 서

제 2013-12567 호   2013. 12. 1.

□ 조회대상자

성 명	강도군	주민등록번호	******-*******	성별	남
지 문 번 호		주민지문번호	76867-74859	일련번호	
주 소	서울 관악구 신림로 1578				
등록기준지	경기 안양시 동안구 갈산로 547				

□ 주민정보

성 명	강도군	생년월일	19**. **. *. 생	성별	남자
주민등록번호	******-*******		주민지문번호	76867-74859	
전 등 록					
등 록 기 준 지	경기 안양시 동안구 갈산로 547				
주 소	서울 관악구 신림로 1578				
세 대 주	강도군				
전 입 일	2007. 3. 1.	통반변경	유		
참 고 사 항					

□ 범죄경력자료

연번	입건	입건관서	작성번호	송치번호	형제번호
	처분일	죄 명		처분관서	처분결과
1	2002. 2. 4.	서울 서초경찰서	0115104	2002-006567	2002-210-85690
	2002. 5. 14.	강도		서울중앙지방법원	징역2년, 집행유예3년
2					

□ 수사경력자료

연번	입건일	입건관서	작성번호	송치번호	형제번호
	처분일	죄 명		처분관서	처분결과

□ 지명수배내역

연번	상 세 내 용					
	수배관서		수배종결	담당자		
	수배번호		사건번호		영장구분	
	수배일자		범죄일자		공소시효만료	
	참고사항				영장유효일자	
	죄 명					
	영장번호		공범1		공범2	
	발견일자		발견관서		발견자	
	주 소					
	범행장소		피해자		피해정도	

위와 같이 조회 결과를 통보합니다.

조 회 용 도 : 접수번호 2013-026914 수사

조회의뢰자 : 형사과   경장 이은경

작 성 자 : 형사과   경장 이은경

서 울 서 초 경 찰 서 장

[서울서초경찰서장인]

조 회 회 보 서

제 2013-12569 호   2013. 12. 3.

□ 조회대상자

성 명	도두한	주민등록번호	******-*******	성별	남
지문번호		주민지문번호	76867-75859	일련번호	
주 소	서울 금천구 가산로 372				
등록기준지	경기 안양시 동안구 갈산로 8				

□ 주민정보

성 명	도두한	생년월일	19**. **. *. 생	성별	남자
주민등록번호	******-*******		주민지문번호	76867-74859	
전 등 록					
등록기준지	경기 안양시 동안구 갈산로 8				
주 소	서울 금천구 가산로 372				
세 대 주	도두한				
전 입 일	2006. 7. 1.		통반변경	유	
참고사항					

□ 범죄경력자료

연번	입건	입건관서	작성번호	송치번호	형제번호
	처분일	죄 명		처분관서	처분결과
1	2000. 5. 5.	수원경찰서	0115104	2000-006567	2000-210-85690
	2000. 9. 15.	상해		수원지방법원	벌금 100만 원
2					

□ 수사경력자료

연번	입건일	입건관서	작성번호	송치번호	형제번호
	처분일	죄 명		처분관서	처분결과

□ 지명수배내역

연번	상 세 내 용						
	수배관서		수배종결		담당자		
	수배번호		사건번호			영장구분	
	수배일자		범죄일자			공소시효만료	
	참고사항					영장유효일자	
	죄 명						
	영장번호		공범1			공범2	
	발견일자		발견관서			발견자	
	주 소						
	범행장소			피해자		피해정도	

위와 같이 조회 결과를 통보합니다.

조 회 용 도 : 접수번호 2013-026914 수사

조회의뢰자 : 형사과   경장 이은경

작 성 자 : 형사과   경장 이은경

서 울 서 초 경 찰 서 장

피의자신문조서

성   명 : 강 도 군
주민등록번호 : ******-*******

   위의 사람에 대한 강도상해 피의사건에 관하여 2013. 12. 9. 서울중앙지방검찰청 제511호 검사실에서 검사 정의파는 검찰주사 임검찰을 참여하게 한 후, 아래와 같이 피의자임에 틀림없음을 확인하다.

문   피의자의 성명, 주민등록번호, 직업, 주거, 등록기준지 등을 말하시오.

답   성명은   강 도 군
        주민등록번호는   ******-******* (33세)
        직업은   무직
        주거는   서울 관악구 신림로 1578
        등록기준지는   경기 안양시 동안구 갈산로 547
        직장 주소는   없음
        연락처는
            자택 전화 : **-***-****   휴대 전화 : ***-***-****
            직장 전화 : 없음   전자우편(e-mail) : ***@*******.**.**

        입니다.

   검사는 피의사실의 요지를 설명하고 검사의 신문에 대하여 「형사소송법」 제244조의3에 따라 진술을 거부할 수 있는 권리 및 변호인의 참여 등 조력을 받을 권리가 있음을 피의자에게 알려주고 이를 행사할 것인지 그 의사를 확인하다.

진술거부권 및 변호인 조력권 고지 등 확인

1. 귀하는 진술을 하지 아니하거나 개개의 질문에 대하여 진술을 하지 아니할 수 있습니다.
2. 귀하가 진술을 하지 아니하더라도 불이익을 받지 아니합니다.
3. 귀하가 진술을 거부할 권리를 포기하고 행한 진술은 법정에서 유죄의 증거로 사용될 수 있습니다.
4. 귀하가 신문을 받을 때에는 변호인을 참여하게 하는 등 변호인의 조력을 받을 수 있습니다.

문   피의자는 위와 같은 권리들이 있음을 고지받았는가요.
답   예. 고지받았습니다.
문   피의자는 진술거부권을 행사할 것인가요.
답   아닙니다.
문   피의자는 변호인의 조력을 받을 권리를 행사할 것인가요.
답   아닙니다. 혼자서 조사를 받겠습니다.

이에 검사는 피의사실에 관하여 다음과 같이 피의자를 신문하다.
문   범죄전력은 있나요.
답   2002. 5. 14. 서울중앙지방법원에서 강도죄로 징역 2년에 집행유예 3년을 선고받은 적이 있습니다.
문   피의자의 학력, 경력, 가족관계, 재산정도, 건강상태 등은 경찰에서 사실대로 진술하였나요.
이때 검사는 사법경찰리 작성의 피의자신문조서 중 해당부분을 읽어준바,
답   예. 그렇습니다.
문   피의사실은 어떤 내용인가요?
답   예, 저와 도두한이 담배가게에서 절도를 하려다가 주인에게 발각되어 도망치다가 칼로 주인을 찔러 상처를 입혔다는 내용으로 강도상해죄로 송치된 것으로 압니다.
문   범행을 전부 인정하나요.

답 제가 도두한과 같이 담배가게에서 절도를 하려 한 것은 맞으나 제가 피해자를 고의로 찌른 것은 아닙니다.

문 피의자는 도두한은 어떻게 아는가요.

답 같이 일용노동을 하면서 알게 된 사이입니다.

문 절도를 하자고 범행을 제의한 것은 피의자라고 하는데 맞는가요.

답 아니에요. 둘이 만나 11월 말 경에 소주를 마시다가 빈 가게들을 털어 보기로 한 것은 맞는데, 도두한이 먼저 자기가 눈여겨보아 둔 담배가게가 있는데 밤에는 현금이 있을 것 같고 현금이 없으면 담배라도 가져다 팔자고 하였습니다.

문 도두한의 진술은 피의자가 먼저 범행을 제의하였고, 잠긴 문을 여는 수법도 피의자가 아는 것을 보아서는 피의자가 먼저 범행을 제의한 것으로 보이는데 그렇지 않나요.

답 그렇지 않습니다. 저는 강도전과는 있지만, 그런 도둑질은 처음입니다. 도두한이 범행을 제의한 것이 맞아요.

문 범행한 경위를 구체적으로 진술하세요.

답 범행 날을 12. 1.로 정하고 그 전날 밤 11시경에 부근에 있는 다방에서 도두한을 만났는데, 도두한이 자기가 지리나 현장에 밝으니 밖에서 망을 보다가 휘파람으로 신호를 해 줄 테니 안에 들어가 금품을 찾아오라고 하여, 12. 1. 새벽 0시 반쯤 서초대로 사오빌딩에 있는 담배가게 앞에 갔더니 아직 주인이 있어 약 20여 분 동태를 살피다가 주인이 문을 잠그고 퇴근하길래, 저는 가게문을 열고 안으로 들어갔습니다.

문 잠긴 문을 어떻게 열었나요.

답 전에 구치소에 있을 때 방친구들이 문 따는 법을 자기들끼리 자랑하기에 저도 한 번 시도하여 본 것인데 쉽사리 문이 열리더군요.

문 안으로 들어가 금품을 절취하였는가요.

답 아닙니다. 들어가니 어두워 10분 정도 지체하던 중 갑자기 인기척이 나 문 옆에 숨어 있다가 문이 열리고 사람이 들어 온 틈을 이용하여 달아나다가 잡힌 것입니다.

문 절취할 금품을 찾아보기도 전에 들켰다는 말인가요.

답 예, 그렇습니다.

문 피해자의 진술에 의하면 나중에 보니 담배 진열장과 손금고 등이 열려 있고 뒤진 흔적이 있었다고 하는데 훔치지는 못하였어도 뒤지기는 한 것이 아닌가요.

답 여하튼 저는 뒤지지도 못한 채로 발각되어 도망친 것이 맞습니다.

문 도망가다가 피해자에게 잡히자 식칼을 주워 들고 피해자를 찔렀지요.

답   찌른 것은 아니나 제가 식칼을 주워 들고 있다가 피해자의 얼굴을 실수로 스친 것
     이 맞습니다.

문   구체적으로 진술하세요.

답   예, 제가 도망하는데, 피해자가 계속 쫓아오더군요. 약 200미터가량 도망하다가
     피해자가 제 어깨를 잡기에 뿌리치면서, 마침 길옆에 버려진 헌 식칼이 눈에 띄
     기에 주워 들고 위협만 하려 하였는데, 피해자가 달려들면서 칼이 얼굴을 스쳤나
     봅니다.

문   그 식칼은 미리 가지고 있던 것이 아닌가요.

답   아닙니다. 그곳에 떨어져 있는 것을 우연히 주운 것입니다.

문   칼이 마침 그곳에 떨어져 있다는 것이 이상하지 않나요.

답   저나 피해자 모두 재수가 없으려니까 마침 칼이 그곳에 떨어져 있었네요.

문   피해자의 진술로는 피의자가 칼을 휘두르다가 피해자의 얼굴을 찌른 것이라고 하
     는데 그렇지 않은가요.

답   아닙니다. 제가 휘두른 적이 없고, 칼을 집어 드는 순간 피해자와 엉키면서 스친
     것입니다. 일부러 찌르거나 할 생각은 전혀 없었습니다.

문   어떻게 잡혔나요.

답   순간 칼을 놓쳤는데, 피해자가 저를 붙잡더니 업어치기로 저를 던지고 유도식으로
     목을 졸라 제가 꼼짝 못하고 있는데, 마침 경찰관이 오더니 수갑을 채웠습니다.

문   피해자를 찌른 식칼이 이 것 맞는가요.

이때 압수된 식칼(증 제1호)을 보여준바,

답   예, 그것이 맞는 것 같습니다.

문   피해자가 얼굴을 전치 3주간의 상처를 입었는데 어떻게 생각하나요.

답   얼굴에 피가 많이 난 것은 사실입니다.

문   그 당시 도두한은 더 이상 범행에 가담하지 않았는가요.

답   제가 도망칠 때도 본 적이 없고, 그 후에는 어떻게 된 것인지 모르겠습니다.

문   더 할 말이 있나요.

답   죄송합니다. 한 번만 선처해 주십시오.

문   조서에 진술한대로 기재되지 아니하였거나 사실과 다른 부분이 있는가요.

답   없습니다.

　위의 조서를 진술자에게 열람하게 하였던바, 진술한 대로 오기나 증감·변경할 것이 전혀 없다고 말하므로 간인한 후 서명 무인하게 하다.

진술자　　**강 도 군** (무인)

2013.　12.　9.

서울중앙지방검찰청

검　　사　**정 의 파**　㊞

검찰주사　**임 검 찰**　㊞

피의자신문조서

성   명 : 도 두 한
주민등록번호 : ******-*******

위의 사람에 대한 강도상해 등 피의사건에 관하여 2013. 12. 9. 서울중앙지방검찰청 제511호 검사실에서 검사 정의파는 검찰주사 임검찰을 참여하게 한 후, 아래와 같이 피의자임에 틀림없음을 확인한다.

문   피의자의 성명, 주민등록번호, 직업, 주거, 등록기준지 등을 말하시오.

답   성명은   도두한
       주민등록번호는   ******-******* (33세)
       직업은   무직
       주거는   서울 금천구 가산로 372-46
       등록기준지는   경기도 안양시 동안구 갈산로 8
       직장 주소는   없음
       연락처는
            자택 전화 : **-****-****   휴대 전화 : ***-***-****
            직장 전화 : 없음   전자우편(e-mail) : 없음

       입니다.

검사는 피의사실의 요지를 설명하고 검사의 신문에 대하여 「형사소송법」 제244조의3에 따라 진술을 거부할 수 있는 권리 및 변호인의 참여 등 조력을 받을 권리가 있음을 피의자에게 알려주고 이를 행사할 것인지 그 의사를 확인하다.

진술거부권 및 변호인 조력권 고지 등 확인

1. 귀하는 진술을 하지 아니하거나 개개의 질문에 대하여 진술을 하지 아니할 수 있습니다.
2. 귀하가 진술을 하지 아니하더라도 불이익을 받지 아니합니다.
3. 귀하가 진술을 거부할 권리를 포기하고 행한 진술은 법정에서 유죄의 증거로 사용될 수 있습니다.
4. 귀하가 신문을 받을 때에는 변호인을 참여하게 하는 등 변호인의 조력을 받을 수 있습니다.

문   피의자는 위와 같은 권리들이 있음을 고지받았는가요.
답   **예. 고지받았습니다.**
문   피의자는 진술거부권을 행사할 것인가요.
답   **아닙니다.**
문   피의자는 변호인의 조력을 받을 권리를 행사할 것인가요.
답   **아닙니다. 혼자서 조사를 받겠습니다.**

이에 검사는 피의사실에 관하여 다음과 같이 피의자를 신문하다.
문   피의자는 형벌을 받은 사실이 있는가요.
답   2000. 9. 15. 수원지방법원에서 상해죄로 벌금 100만 원을 선고받은 적이 있습니다.
문   피의자의 학력, 경력, 가족관계, 재산정도, 건강상태 등은 경찰에서 사실대로 진술하였나요.
이때 검사는 사법경찰리 작성의 피의자신문조서 중 해당부분을 읽어준바,
답   예, 그렇습니다.
문   피의사실은 어떤 내용인가요?
답   예, 저와 강도군이 담배가게에서 절도를 하려다가 주인에게 발각되어 도망치다가 강도군이 칼로 주인을 찔러 상처를 입혔다는 강도상해죄의 혐의를 받고 있는 줄로 압니다만 억울한 점이 있습니다.
문   범행을 전부 인정하나요.

답 제가 강도군과 절도를 하려 한 사실은 있으나, 저는 범행을 하기 전에 포기하고 도망갔고, 후에 강도군이 주인을 칼로 찔렀다는 말을 들었을 뿐입니다. 제가 도망 다니다가 경찰의 불심검문에 걸려 체포되었으나 강도군과 강도를 한 것은 아닙니다. 저는 억울합니다.

문 피의자는 강도군을 어떻게 아는가요.

답 같이 일용노동을 하면서 알게 된 사이입니다.

문 우선, 절도를 모의한 과정을 자세히 진술하여 보세요.

답 금년 11월 말경 강도군을 만나 같이 포장마차에서 같이 술을 마시면서 요즘 일이 없어 죽겠다는 말을 하였는데, 강도군이 빈 가게들을 털어 보자고 하면서, 자기가 찍어둔 담배가게가 있는데 모든 것은 자신이 알아서 할테니 저는 망만 보면 된다고 하여 제가 망설이다가 마지못해 승낙한 적이 있습니다.

문 강도군은 피의자가 먼저 범행을 하자고 하였다고 하는데요.

답 저는 그 쪽 일을 잘 모릅니다. 저는 강도군이 시키는 대로 하였을 뿐입니다.

문 범행 내용을 자세히 진술하세요.

답 강도군이 범행 날을 12. 1. 새벽으로 정하고 그 전날 밤 11시 경에 부근에 있는 서소 다방으로 나오라고 하여 나갔더니 강도군이 저를 범행장소인 담배가게 앞으로 데리고 가 약 20미터 가량 떨어진 골목을 지정하여 주면서 그 골목길에서 가게 주변을 살피다가 주인이 오거나 이상한 상황이 벌어지면 휘파람을 불어 자신에게 알려 주라고 하여 저는 망을 보게 되었습니다. 그게 12. 1. 새벽 0시 반쯤 되었는데, 담배가게에 아직 주인이 있어 약 20여 분 기다리다가 주인이 불을 끄고 퇴근하자, 강도군이 저에게 잘 하라고 하면서 담배가게로 가 문을 따고 안으로 들어 갔습니다.

문 피의자가 망을 본 것은 사실인가요.

답 예, 제가 1~2분 정도 망을 본 것은 사실인데, 막상 밖에서 기다리려니 가슴이 떨리고, 지나가는 사람도 몇 명 보여 겁이 나서 그대로 도망가 버렸습니다.

문 주인이 다시 가게로 온 것은 모르나요.

답 예, 제가 도망칠 때에는 주인이 오지는 않았습니다.

문 강도군에게 알리지도 않고 도망을 갔다는 말인가요.

답 예, 처음에는 강도군에게 그냥 가자고 하려다가 강도군이 뭐라고 할 것 같아 그냥 저만 집으로 도망쳐 버렸습니다.

문 강도군이 주인에게 발각되어 도망가는 현장도 보지 못했나요.

답 예, 못 보았습니다. 그런데, 이후에 강도군에게서 아무런 연락이 없어 불안하게 생각하고 있었는데, 그날 아침 텔레비전에서 담배가게 주인이 강도를 잡았는데 칼로 찔려 중상을 입었다는 방송이 나와 큰일 났다 싶어 지방으로 도피하려고 하다가

　　　　잡힌 것입니다.

문　미리 절도를 하다가 발각되면 폭행이나 위협을 가하고 도망하자는 모의를 한 적은
　　없었나요.

답　예, 강도군과 그런 이야기는 한 적이 없습니다.

문　그럴 수도 있다는 것을 예상할 수는 있었지요.

답　저는 혹시 발각되더라도 도망간다는 생각은 했어도 주인을 칼로 찌른다는 생각을
　　한 적이 없고, 또 강도군이 칼을 가지고 간 줄도 몰랐습니다.

문　피의자는 2013. 12. 3. 낮 12시 경에 아파트 단지 안을 배회하다가 불심검문에 걸려
　　체포된 사실이 있지요.

답　예, 그러한 사실은 있습니다.

문　그 내용을 자세히 진술하여 보세요.

답　12. 1. 아침에 방송을 보고 일이 커졌다 싶어 집에 잠시 있다가 아무래도 안 될 것
　　같아 지방으로 도피하려고 하니 도피자금이 전혀 없었습니다. 그래서 강도군이 전
　　에 경험담을 이야기한 적이 있는 대로 아파트 빈집을 털어 볼까 생각하고 서울 서
　　초구 반포로 112 포동아파트 단지 내에서 범행할 집을 찾아 왔다 갔다 하다가 수
　　상한 사람이라고 신고가 되었는지 정복 경찰관들이 경비 아저씨와 함께 다가와서
　　불심검문 중이라고 하면서 신분증 제시를 요구하여 신분증을 주었더니 조회를 하
　　더니 강도죄로 긴급수배 중인 사람이라고 하며 체포를 하였습니다.

문　순순히 체포를 당하였나요.

답　순간 체념하고 순순히 체포에 응하였습니다.

문　더 할 말이 있나요.

답　잘못하였습니다. 그러나 저는 강도가 아닙니다. 그 점은 잘 살펴 억울하지 않도록
　　해 주세요.

문　조서에 진술한 대로 기재되지 아니하였거나 사실과 다른 부분이 있는가요.

답　**없습니다**.

위의 조서를 진술자에게 열람하게 하였던바, 진술한 대로 오기나 증감·변경할 것이 전혀 없다고 말하므로 간인한 후 서명 무인하게 하다.

진술자 도 두 한 (무인)

2013. 12. 9.

서울중앙지방검찰청

검 사 정 의 파 ㊞

검찰주사 임 검 찰 ㊞

진술조서

성   명 : 김순남
주 민 등 록 번 호 : ******-*******   29세
직   업 : 담배가게 경영
주   거 : 서울 서초구 방배로 31
등 록 기 준 지 : 서울 영등포구 영신로 189
직 장 주 소 : 서울 서초구 서초대로 1234 사오빌딩 101호
연   락   처 : (자택전화) **-***-****   (휴대전화)   ***-****-****
                    (직장전화) **-***-****   (전자우편)   ***@*******.**.**

  위의 사람은 피의자 강도군 등에 대한 강도상해 피의사건에 관하여 2013. 12. 10. 서
울중앙지방검찰청 제511호 검사실에 임의 출석하여 다음과 같이 진술하다.

1. 피의자와의 관계

  저는 피의자 강도군, 피의자 도두한과 아무런 친인척관계가 없습니다.

1. 피의사실과의 관계

  저는 피의사실에 관하여 피해자 자격으로 출석하였습니다.

이때 검사는 진술자 김순남을 상대로 다음과 같이 조사하다.
문   진술인이 경찰에서 진술한 내용은 모두 사실대로인가요.
답   예, 사실대로 진술하였습니다.
문   진술인이 경영하는 담배가게에서 강도를 당한 사실에 대하여 간략히 진술하여 주
      세요.
답   저는 서초구 서초대로 1234에 있는 사오빌딩이라는 4층짜리 건물 101호에 세를 들
      어 조그마한 담배가게를 경영하고 있습니다. 2011. 12. 1. 새벽 1시경 영업을 끝내
      고, 마무리를 한 다음 출입문을 잠그고 퇴근을 하였습니다. 그날 약 100여 미터 떨
      어진 버스정거장에 가다가 보니 비가 조금씩 내리길래 우산을 가지러 담배가게로
      돌아갔습니다. 그런데 제가 분명히 가게문을 열쇠로 잠근 것 같은데, 문이 잠겨 있
      지 않아 이상하다며 문을 열고 들어가 전등 스위치를 올리는 순간 갑자기 웬 남자
      가 문 밖으로 뛰쳐나갔습니다. 그래서 저도 "도둑이야" 하면서 그 사람을 쫓아갔습

니다. 약 200여 미터 쫓아가 결국 그 사람을 잡아 경찰에 넘겼습니다.

문   그 사람으로부터 가해를 당하였지요.

답   예, 제가 막 골목길로 도망가려는 그 사람의 어깨를 붙잡자 홱 뿌리치기에 제가 휘청하였다가 몸을 바로 세우며 보니까 그 사람이 칼을 들고 저에게 죽여 버리겠다고 하였습니다. 그 칼을 저에게 휘두르는 바람에 제가 얼굴을 찔렸습니다. 그 순간 그 사람이 칼을 떨어뜨렸고, 저도 순간 달려들어 제가 팔을 붙잡아 넘어뜨리고 목을 졸라 제압하였습니다. 마침 행인들의 신고를 받고 출동한 경찰관이 달려와 수갑을 채워 연행하여 간 것입니다.

문   그 칼을 피의자가 주운 것인가요.

답   제가 그 상황은 자세히 기억이 안 나는데 품에서 꺼낸 것 같기도 합니다. 길에서 주울 시간적 여유가 없었던 것 같고 또 길에 칼이 떨어져 있었다는 게 이해가 안 가기는 합니다.

문   얼굴의 상처는 어느 정도인가요.

답   피가 많이 나서 병원 응급실에 갔는데, 얼굴 왼쪽 뺨을 3센티가량 베었습니다. 일단 봉합수술을 받은 상태로 약 3주간 치료를 받아야 아문다고 하였으며, 흉터가 남을 것 같다고 합니다. 진단서를 제출하였으니 참고하여 주시기 바랍니다.

문   담배가게에 도둑맞은 것은 없나요.

답   예, 없는 것 같습니다만 담뱃진열장과 손금고 서랍 등을 뒤진 흔적이 있었습니다.

문   담배가게에 돌아올 때 다른 범인을 본 사실은 없나요.

답   경찰에서도 저를 찌른 범인 말고 다른 공범이 있었다고 하면서 그 사람을 본적이 없느냐고 하였는데, 제가 어두워 얼굴은 알 수 없으나 가만 생각하여 보니까 제가 돌아오는데 담배가게 옆에 있는 골목에서 웬 남자 한 사람이 저를 보고 있었다는 기억이 납니다. 그러나 그 사람이 범인이었는지는 모르겠습니다.

문   피해는 보상받았는가요.

답   보상을 받은 적이 없습니다.

문   피의자들의 처벌을 원하나요.

답   예, 엄중 처벌하여 주세요.

문   조서에 진술한 대로 기재되지 아니하였거나 사실과 다른 부분이 있는가요.

답   **예, 사실대로 진술하였습니다.**

위의 조서를 진술자에게 열람하게 하였던바, 진술한 대로 오기나 증감·변경할 것이 전혀 없다고 말하므로 간인한 후 서명 날인하게 하다.

진술자　　**김 순 남**　⑪

2013.　12.　10.

서울중앙지방검찰청

검　　사　**경 의 파**　⑪

검찰주사　**임 검 찰**　⑪

진술조서

성   명 : 홍경찰
주 민 등 록 번 호 : ******-*******   29세
직   업 : 경찰공무원(순경)
주   거 : 서울 강남구 압구정로 333
등 록 기 준 지 : 경남 고성군 개천면 구만로 334
직 장 주 소 : 서울 서초구 서초경찰서 반포지구대
연   락   처 : (자택전화) **-****-****   (휴대전화)   ***-****-****
                        (직장전화) **-****-****   (전자우편)   ***@*******.**.**

　위의 사람은 피의자 도두한에 대한 강도상해 피의사건에 관하여 2013. 12. 11. 서울중앙지방검찰청 제511호 검사실에 임의 출석하여 다음과 같이 진술하다.

1. 피의자와의 관계

　저는 피의자 도두한, 피의자 강도군과 아무런 친인척관계가 없습니다.

1. 피의사실과의 관계

　저는 도두한을 불심검문하여 체포한 사실이 있어 그 사실에 관하여 참고인 자격으로 진술하고자 출석하였습니다.

이때 검사는 진술자 홍경찰을 상대로 다음과 같이 조사하다.

문　　피의자 도두한을 체포하게 된 경위를 진술하여 주세요.

답　　예, 저는 서초경찰서 반포지구대에 순경으로 근무하고 있는데, 12. 3. 낮 12시경 관내인 서울 서초구 반포로 112 포동아파트 관리사무실에서 수상한 사람이 있다는 신고를 받고 저와 같은 지구대 경장 문경찰이 포동아파트에 임하여 신고를 한 경비원과 함께 현장에 갔습니다. 그런데 당시 피의자 도두한이 아파트 현관 앞을 두리번거리고 있길래 제가 다가가 불심검문을 하겠으니 신분증을 제시하여 달라고 하니 순순히 주민등록증을 꺼내 주더군요. 제가 신분을 확인한 후 경찰서에 신원조회를 요청하였더니 경찰서에서 긴급수배된 강도상해의 공범이니 긴급체포하라는 지시가 떨어져 제가 미란다원칙을 고지하고 수갑을 채워 긴급체포하게 된 것입니다. 제가 불심검문을 할 때 자포자기를 하였는지 특별한 반항이나 도망가려는

기색도 보이지는 않았습니다.

문   긴급체포를 하면서 강도상해죄로 체포한다고 할 때 도두한은 어떤 반응을 보이던
가요.

답   아까 말씀드린 대로 별다른 말은 없이 "잘못했어요"라고 말하였습니다.

문   더 할 말이 있나요.

답   없습니다.

문   조서에 사실대로 기재되지 아니하였거나 사실과 다른 부분이 있는가요.

답   예, 사실대로 진술하였습니다. ㉑

　위의 조서를 진술자에게 열람하게 하였던바, 진술한 대로 오기나 증감·변경할 것이 전
혀 없다고 말하므로 간인한 후 서명 날인하게 하다.

진술자   홍 경 찰 ㉑

2013. 12. 11.

서울중앙지방검찰청

검   사   정 의 파   ㉑

검찰주사   임 경 찰   ㉑

I. 개 요

1. 피 고 인

- 강도군(변호인 홍변호)
- 도두한(국선변호인 김국선)

  *피고인 도두한의 국선변호인으로서 변론요지서 작성

2. 공소사실의 요지(죄명)[1]

- 강도상해

[적용법조]

형법 제337조, 제335조, 제334조 제 2 항, 제 1 항, 제331조 제 2 항, 제 1 항, 제342조, 제30조

3. 사건의 경과

가. 수사절차

- 강도군: 강도상해죄로 현행범인체포(2013. 12. 1.)/구속(12. 3.)

  *12. 2. 사선변호인 홍변호 선임

---

1) 죄명의 표시는 대검찰청의 "공소장 및 불기소장에 기재할 죄명에 관한 예규" 참조.

- 도두한: 강도상해죄로 긴급체포(2013. 12. 3.)/구속(12. 5.)

　　　* 12. 4. 국선변호인 김국선 선정

나. 공판절차

◉ 공소의 제기(2013. 12. 14.)

◉ 제1회 공판기일(2013. 12. 30.)

- 공소사실 일부 부인

- 증거신청 및 증거인부

◉ 제2회 공판기일(2014. 1. 13.)

- 증인신문

　　* 피해자 김순남(피해사실), 체포자 홍경찰(체포사실)

- 구형(징역 5년) 및 변론(공소기각 또는 무죄)

◉ 선고(2014. 1. 20.)

4. 주요 증거관계(공동피고인이 있는 경우의 증거관계)

- 공동피고인이 있는 경우라도 모든 증거는 피고인별로 판단하여야 한다. 검사는 증거를 제출하면서 피고인 각자에 대한 증거도 제출하지만 공동피고인에게 공통되는 증거도 제출하게 된다. 공동피고인은 대부분의 경우에 공범이거나 관련 사건일 가능성이 높으므로 증거 중의 다수가 공통증거일 수 있다. 그러나 공통되는 증거라고 하더라도 증거능력이나 증명력은 피고인별로 판단하여야 한다.[2]

- 특히, 공동피고인은 공범관계인 경우와 공범관계가 아닌 경우에 증인적격이나 증거능력 인정의 요건이 다르므로 유의하여야 한다. 판례는 공범관계인 공동피고인은 변론이 분리되지 아니한 이상 서로 증인적격이 없으므로 공동피고인의 법정 진술이 다른 공동피고인에 대한 유죄증거로 사용될 수 있지만, 공범관계가 아닌 공동피고인은 서로 증인적격이 있으므로 선서 없이 한 공동피고인의 법정진술은 다른 공동피고인의 공소사실을 인정할 증거로 할 수 없다는 절충적 견해로 해석된다.[3]

---

[2] 기록의 증거목록을 보게 되면 공통되는 증거에는 피고인들이 각자 증거에 대한 의견을 표시하였음을 알 수 있다(기록의 증거목록 참조).

[3] ① 대법원 1982. 9. 14. 선고 82도1000 판결

　　피고인과 별개의 범죄사실로 기소되어 병합심리중인 공동피고인은 피고인의 범죄사실에 관하여는 증인의 지위에 있다 할 것이므로 선서 없이 한 공동피고인의 법정진술이나 피고인

– 이 사건 기록에서 강도상해죄에 관하여 피고인 도두한은 공동피고인4) 강도
군과 공범관계에 있다.

Ⅱ. 쟁점 해설

1. 법리 검토

가. 강도군과 도두한이 공모하고, 범행현장에서 합동하여 절취를 기도하면서,

이 증거로 함에 동의한 바 없는 공동피고인에 대한 피의자 신문조서는 피고인의 공소 범죄
사실을 인정하는 증거로 할 수 없다.

② 대법원 2006. 1. 12. 선고 2005도7601 판결

　공동피고인인 절도범과 그 장물범은 서로 다른 공동피고인의 범죄사실에 관하여는 증인의
지위에 있다 할 것이므로, 피고인이 증거로 함에 동의한 바 없는 공동피고인에 대한 피의자
신문조서는 공동피고인의 증언에 의하여 그 성립의 진정이 인정되지 아니하는 한 피고인의
공소 범죄사실을 인정하는 증거로 할 수 없다(대법원 1982. 6. 22. 선고 82도898 판결, 1982. 9. 14.
선고 82도1000 판결 등 참조).

③ 대법원 2008. 6. 26. 선고 2008도3300 판결【위증】

　<u>공범인 공동피고인은 당해 소송절차에서는 피고인의 지위에 있으므로 다른 공동피고인에
대한 공소사실에 관하여 증인이 될 수 없으나, 소송절차가 분리되어 피고인의 지위에서 벗어
나게 되면 다른 공동피고인에 대한 공소사실에 관하여 증인이 될 수 있다 할 것이다</u>(대법원
1999. 9. 17. 선고 99도2449 판결, 대법원 2007. 11. 29. 선고 2007도2661 판결 등 참조).
원심이 이와 달리, 공동피고인은 자신에 대한 공소사실과 밀접한 관련이 있는 공범인 다른
공동피고인에 대한 공소사실에 관하여는 변론의 분리 여부와 관계 없이 증인적격이 없음을
전제로, 피고인이 수원지방법원 성남지원 2007고단1674 게임산업진흥에 관한 법률 위반 사건
에서 공범인 공소외 1에 대한 공소사실에 관하여 증인으로 출석하여 선서한 다음 증언함에
있어 기억에 반하는 허위의 진술을 하였다고 하더라도 위증죄가 성립하지 아니한다고 판단
한 것은 잘못이라 할 것이다.

　그러나 원심이 적법하게 채택하여 조사한 증거들에 의하면, 피고인은 위 성남지원 2007고
단1674호 사건에서 "피고인은 게임장 종업원, 공소외 1은 게임장 운영자로서 공모하여 관할
관청의 허가를 받지 않고 게임장 영업행위를 하였다."는 게임산업진흥에 관한 법률 위반의
공소사실로 공소외 1과 공동으로 기소되어 심리가 진행되고 있어 피고인의 지위에 있음에도
불구하고, 공소외 1과 피고인의 변론이 분리되지 아니한 상태에서 공소외 1에 대한 공소사실
에 관하여 증인으로 채택되어 선서하고 증언한 사실을 알 수 있는바, 위 법리에 비추어 보
면, 피고인과 공소외 1의 변론이 분리되지 아니한 이상 피고인은 공범인 공소외 1에 대한 공
소사실에 관하여 증인이 될 수 없고, 따라서 피고인이 공소외 1에 대한 공소사실에 관하여
증인으로 출석하여 선서한 다음 증언함에 있어 기억에 반하는 허위의 진술을 하였다고 하더
라도 위증죄가 성립하지 아니한다 할 것이므로, 원심이 이 사건 위증의 공소사실을 무죄로
인정한 조치는 결과적으로 정당하다 할 것이어서 원심의 위와 같은 잘못은 판결 결과에 영
향이 없다. 이 점을 지적하는 상고이유의 주장은 받아들이지 아니한다.

☞ 공범관계 또는 공동피고인의 조서의 증거능력과 관련하여 제3편 모의시험 1. 해설 참조.

4) 2인 이상의 피고인들이 병합기소되거나 공판절차에서 병합심리되는 경우 그들 모두를 공동
피고인이라고 부르게 된다.

물색행위가 시작되었으므로, 형법 제331조 제 2 항 후단의 특수절도죄 실행의 착수
가 있었음은 다툴 여지가 없다.[5]

나. 우선, 피고인 강도군이 피해자에게 잡히자 길옆에 버려진 식칼을 주워 들
고 찔러 얼굴이 찢어져 피를 흘렸다는 점과 관련하여 살펴보면

• 쫓기던 강도군이 체포를 면탈할 목적으로, 흉기인 식칼로 찔렀으므로 강도
군의 행위는 일단 형법 제334조의 예에 의한 준강도죄(준특수강도죄)의 미수에 해
당한다. 준강도죄의 기수 여부는 절도행위의 기수 여부를 기준으로 하여 판단하여
야 한다.[6] 아울러, 절도범인이 처음에는 흉기를 휴대하지 아니하였으나, 체포를
면탈할 목적으로 폭행 또는 협박을 가할 때에 비로소 흉기를 휴대 사용하게 된 경
우에는 형법 제334조의 예에 의한 준강도(특수강도의 준강도)가 된다.[7]

• 얼굴이 찢어져 피를 흘린 것은 생리적 기능을 훼손한 것이 명백하므로 상
해에 해당하고, 이는 강도군의 고의에 의한 행위이므로 그 행위는 강도상해죄에
귀결된다.

• 강도군은 상해의 고의는 부인하므로 강도치상죄임을 주장할 수는 있다.

다. 도두한이 강도군의 강도상해의 공범이 될 수 있는가 하는 점에 관하여

• 판례는 공모합동하여 절도를 한 경우 범인 중의 하나가 체포를 면탈할 목
적으로 폭행을 하여 상해를 가한 때에는 나머지 범인도 이를 예기하지 못한 것으

---

5) 변호인의 입장에서 물색행위가 없었다고 주장할 여지는 있다. 절도의 실행의 착수가 없다면
  준강도죄나 강도상해죄가 성립할 수 없기 때문이다. 그러나 이 사건에서는 야간에 주거를 침
  입하였으므로 야간주거침입절도죄의 미수가 인정될 소지가 크다.

6) 대법원 2004. 11. 18. 선고 2004도5074 전원합의체 판결.
  [다수의견] 형법 제335조에서 절도가 재물의 탈환을 항거하거나 체포를 면탈하거나 죄적을
  인멸할 목적으로 폭행 또는 협박을 가한 때에 준강도로서 강도죄의 예에 따라 처벌하는 취
  지는, 강도죄와 준강도죄의 구성요건인 재물탈취와 폭행·협박 사이에 시간적 순서상 전후의
  차이가 있을 뿐 실질적으로 위법성이 같다고 보기 때문인바, 이와 같은 준강도죄의 입법 취
  지, 강도죄와의 균형 등을 종합적으로 고려해 보면, 준강도죄의 기수 여부는 절도행위의 기
  수 여부를 기준으로 하여 판단하여야 한다.

7) 대법원 1973. 11. 13. 선고 73도1553 전원합의체 판결.
  [다수의견] 절도범인이 처음에는 흉기를 휴대하지 아니하였으나, 체포를 면탈할 목적으로
  폭행 또는 협박을 가할 때에 비로소 흉기를 휴대 사용하게 된 경우에는 형법 제334조의 예에
  의한 준강도(특수강도의 준강도)가 된다.
  [소수의견] 준강도죄를 규정한 형법 제335조에는 범죄의 주체는 절도범인이요, 목적이 있어
  야 하며 행위는 폭행, 협박으로만 되어 있기 행위의 정도, 방법 따위에 대하여는 언급이 없
  으므로 목적이나 행위로서는 단순강도의 준강도냐 또는 특수강도이냐를 구별 지을 근거가
  없으므로 행위의 주체인 절도의 태양에 따라 구별지어야 한다.

로 볼 수 없다면 강도상해죄의 죄책을 면할 수 없다고 보아[8] 직접 폭행이나 상해
에 가담하지 않은 공범에게도 준강도나 강도상해죄가 성립할 가능성을 넓게 열어
두고 있다.[9]

• 그러나 범행 장소가 빈집인 줄 알고 절도만을 공모하였고, 강도군이 사용한
칼도 미리 준비하지 않아 도두한이 전혀 예상할 수 없었고, 상해 당시는 도두한이
예기치 않은 인기척에 놀라 이미 도주한 상태로 강도군의 폭행행위가 있을 시점에
서는 상당한 거리를 도주하였을 것이라는 점에 비추어[10] 도두한이 강도군의 행위
를 예기하기 어렵다고 판단된다.

• 따라서 도두한에게 강도상해죄의 죄책을 묻기는 어렵다.

라. 공모관계의 이탈 또는 절도의 중지미수 주장 여부

• 이 사건은 강도상해죄로 기소되었지만 도두한에게 강도상해죄는 성립하지
않는다 하더라도 특수절도나 야간주거침입절도죄의 미수죄가 성립할 여지는 충분
하다. 더욱이 강도상해죄의 공소사실과의 관계에서 절도미수는 공소장변경 없
이도 법원이 심판할 수 있는 범위에 있다는 해석이 가능하다.

• 따라서, 도두한의 변호인으로서는 실행의 착수 이전의 공모관계의 이탈이
나 실행의 착수후라면 절도죄의 중지미수를 검토하는 것이 마땅하다.

• 공모공동정범에 있어서 공모자 중의 1인이 다른 공모자가 실행행위에 이르

---

8) 대법원 1984. 2. 28. 선고 83도3321 판결.
　　가. 준강도가 성립하려면 절도가 절도행위의 실행중 또는 실행직후에 체포를 면탈할 목적으
　　　　로 폭행, 협박을 한 때에 성립하고 이로써 상해를 가하였을 때에는 강도상해죄가 성립되
　　　　는 것이고, 공모합동하여 절도를 한 경우 범인 중의 하나가 체포를 면탈할 목적으로 폭
　　　　행을 하여 상해를 가한 때에는 나머지 범인도 이를 예기하지 못한 것으로 볼 수 없다면
　　　　강도상해죄의 죄책을 면할 수 없다.
　　나. 절도를 공모한 피고인이 다른 공모자 (갑)의 폭행행위에 대하여 사전양해나 의사의 연락
　　　　이 전혀 없었고, 범행장소가 빈 가게로 알고 있었고, 위 (갑)이 담배창구를 통하여 가게
　　　　에 들어가 물건을 절취하고 피고인은 밖에서 망을 보던 중 예기치 않았던 인기척 소리가
　　　　나므로 도주해버린 이후에 위 (갑)이 창구에 몸이 걸려 빠져 나오지 못하게 되어 피해자
　　　　에게 붙들리자 체포를 면탈할 목적으로 피해자에게 폭행을 가하여 상해를 입힌 것이고,
　　　　피고인은 그동안 상당한 거리를 도주하였을 것으로 추정되는 상황하에서는 피고인이 위
　　　　(갑)의 폭행행위를 전연 예기할 수 없었다고 보여지므로 피고인에게 준강도상해죄의 공
　　　　동책임을 지울 수 없다.
9) 예기가능성이라는 모호한 개념을 도입한 데에 대하여는 많은 비판이 따른다. 판례는 이를
　　과실에 있어서의 예견가능성과는 다른 의미로 사용하는 듯하다. 예견가능성이라는 의미라면
　　강도치상죄를 인정하는 것은 별론으로 고의범인 강도상해죄를 인정하기는 어렵기 때문이다.
10) 위 대법원 1984. 2. 28. 선고 83도3321 판결 참조.

기 전에 그 공모관계에서 이탈한 때에는 그 이후의 다른 공모자의 행위에 관하여
는 공동정범으로서의 책임은 지지 않는다 할 것이나, 공모관계에서의 이탈은 공모
자가 공모에 의하여 담당한 기능적 행위지배를 해소하는 것이 필요하므로 공모자
가 공모에 주도적으로 참여하여 다른 공모자의 실행에 영향을 미친 때에는 범행을
저지하기 위하여 적극적으로 노력하는 등 실행에 미친 영향력을 제거하지 아니하
는 한 공모관계에서 이탈하였다고 할 수 없다.11)

　• 이 사건에서 피고인 도두한이 공모관계로부터 이탈하여 공모공동정범으로
서의 죄책을 벗어나려면 공모에 주도적으로 참여하지 않았다고 하여야 한다. 따라
서 누가 먼저 범행을 제의하였는가는 중요한 사실관계가 된다.

　• 실행의 착수 이후라고 볼 경우에는 다른 공범의 범행을 중지하게 하지 아
니한 이상 자기만의 범의를 철회, 포기하여도 중지미수로는 인정될 수 없으므로
중지미수 주장이 받아들여질 소지는 적다.12)

마. 죄수관계

　• 이 사건에서는 폭행의 피해자가 1인이지만, 수인이 되는 경우에 준강도죄나
강도상해죄의 죄수관계가 문제될 수 있다.

　• 판례는 절도가 체포를 면탈할 목적으로 추격하여 온 수인에 대하여 같은
기회에 동시 또는 이시에 폭행 또는 협박을 하였다 하더라도 준강도의 포괄일죄가
성립하고, 준강도행위가 진전하여 상해행위를 수반한 경우에도 일괄하여 준강도
상해죄의 일죄가 성립하는 것이지 별도로 준강도죄의 성립이 있는 것은 아니라고
판시한다.13)

---

11) 대법원 2008. 4. 10. 선고 2008도1274 판결, 대법원 1986. 1. 21. 선고 85도2371 판결 등.
12) 대법원 2005. 2. 25. 선고 2004도8259 판결.
　　다른 공범의 범행을 중지하게 하지 아니한 이상 자기만의 범의를 철회, 포기하여도 중지미
　수로는 인정될 수 없는 것인바(대법원 1969. 2. 25. 선고 68도1676 판결 참조), 기록에 의하면,
　피고인은 원심 공동피고인과 합동하여 피해자를 텐트 안으로 끌고 간 후 원심 공동피고인,
　피고인의 순으로 성관계를 하기로 하고 피고인은 위 텐트 밖으로 나와 주변에서 망을 보고
　원심 공동피고인은 피해자의 옷을 모두 벗기고 피해자의 반항을 억압한 후 피해자를 1회 간
　음하여 강간하고, 이어 피고인이 위 텐트 안으로 들어가 피해자를 강간하려 하였으나 피해자
　가 반항을 하며 강간을 하지 말아 달라고 사정을 하여 강간을 하지 않았다는 것이므로, 앞서
　본 법리에 비추어 보면 위 구본선이 피고인과의 공모하에 강간행위에 나아간 이상 비록 피
　고인이 강간행위에 나아가지 않았다 하더라도 중지미수에 해당하지는 않는다고 할 것이다.
13) 대법원 1966. 12. 6. 선고 66도1392 판결, 대법원 2001. 8. 21. 선고 2001도3447 판결.

2. 증거관계 및 변론의 방향

가. 사실관계의 인정

• 검사의 공소사실과는 다른 사실을 전제하는 것이므로 증거관계를 설시하면서 변호인의 입장에서 사실관계를 설정하여야 한다.

• 강도상해의 점에 관하여 피고인 도두한에 대한 증거로는 검사가 작성한 강도군에 대한 피의자신문조서,[14] 검사가 작성한 피고인에 대한 피의자신문조서,[15] 검사가 작성한 김순남에 대한 진술조서,[16] 사법경찰리가 작성한 피고인 도두한에 대한 피의자신문조서,[17] 사법경찰리가 작성한 강도군에 대한 피의자신문조서,[18] 사법경찰리가 작성한 김순남에 대한 진술조서,[19] 명의사 작성의 진단서,[20] 압수된 식칼[21] 및 이에 대한 압수조서,[22] 증인 김순남의 증언, 각 피고인들의 법정에서의 진술 등이 있다.

• 따라서 사법경찰리 작성의 피고인들에 대한 각 피의자신문조서를 제외하고 모든 증거가 증거능력이 인정되고,[23] 피고인 도두한의 입장에서는 범행을 먼저 제의하였다는 강도군의 진술 외에는 특별히 불리한 사실이 없으므로 굳이 증명력을

---

14) 피고인은 증거동의를 하지 않고 있다. 왜냐하면 피고인과 강도군은 절도범행을 공모한 사실은 인정하지만 먼저 범행을 제의한 것은 상대방이라고 주장하고 있기 때문이다. 검사가 작성한 강도군에 대한 피의자신문조서는 형사소송법 제312조 제4항이 적용되므로 공동피고인인 강도군이 진정성립을 인정하여야 한다. 증거목록을 보면 강도군은 피고인으로서 이에 대한 진정성립을 인정하고 있다. 강도군은 공범이므로 증인적격이 없어 증인으로 진정성립을 인정할 필요는 없다.

15) 진정성립과 임의성을 인정하고 있다.

16) 부동의하고 있다. 다만, 김순남이 증인으로 공판정에서 진정성립을 인정하고 있으므로 형사소송법 제312조 제4항에 따라 증거능력이 있다. 따라서 피고인으로서는 증명력이 없거나 부족하다는 주장을 할 수 있을 뿐이다.

17) 피고인이 내용을 부인하는 것이므로 증거능력이 없다.

18) 피고인이 내용을 부인하는 것이므로 증거능력이 없다. 공범인 자에 대한 사법경찰관 작성의 피의자신문조서는 그 공범이 아닌 피고인이 내용을 인정하여야 한다(대법원 2004. 7. 15. 선고 2003도7185 전원합의체 판결).

19) 부동의하고 있다. 다만, 김순남이 증인으로 공판정에서 진정성립을 인정하고 있으므로 형사소송법 제312조 제4항에 따라 증거능력이 있다. 따라서 피고인으로서는 증명력이 없거나 부족하다는 주장을 할 수 있을 뿐이다.

20) 피고인이 동의하고 있다.

21) 증거물이므로 동의 여부와 관계없이 증거능력이 있다.

22) 피고인이 동의하고 있다.

23) 그 밖에 달리 위법수집증거라는 등 증거능력을 부인할 사유가 없다.

부인할 이유도 없다.

• 변호인은 위 증거들에 따라 "피고인과 강도군이 빈 담배가게에서 금품을 절취하기로 공모하고 피해자의 담배가게에 이르러 강도군이 담배가게에 침입한 동안 피고인은 망을 보다가 피해자가 담배가게에 돌아올 즈음에는 이미 범행 현장을 떠난 사실"과 "피해자 김순남은 강도군을 약 200미터가량 따라가다가 강도군이 휘두르는 칼에 얼굴을 베어 상해를 입은 사실 및 당시 피고인 도두한은 전혀 보지도 못했던 사실" 등을 인정한다.

나. 관련 판례의 제시와 결론

[대법원 1984. 2. 28. 선고 83도3321 판결]에 따라 이 사건에서 피고인은 강도상해죄의 죄책을 지지 않는다고 주장하면 된다.

다. 예비적으로, 특수절도미수죄에서의 공모관계의 이탈이나 중지미수를 주장할 수 있으나, 판례의 입장에 반하는 주장이므로 반드시 관련 판례를 제시한 후 자신의 논지를 전개함이 상당하다. 특히, 변호사시험에 있어서는 자신의 논지만을 전개하는 경우, 관련 판례를 모르고 있다는 평가를 받을 수 있으므로 주의를 요한다.

3. 기타(공소장일본주의의 주장 가능성)

가. 공소장에 기재된 전과와 공소장일본주의

◉ 우리 판례가 공소장일본주의를 적용함에 있어 전과의 기재에 관하여 상당히 관대한 입장이다.[24] 그러나 국내의 많은 학자들은 동종·이종전과를 불문하고 예단 배제를 위하여 공소장에의 기재는 금지되어야 한다고 주장하고 있다.[25]

◉ 뿐만 아니라, 대법원 판례는 "증거조사절차가 마무리되어 법관의 심증형성이 이루어진 단계에서는 소송절차의 동적 안정성 및 소송경제의 이념 등에 비추어 볼 때 이제는 더 이상 공소장일본주의 위배를 주장하여 이미 진행된 소송절차의 효력을 다툴 수는 없다고 보아야 한다"고 판시하고 있다.[26]

---

24) 대법원 1990. 10. 16. 선고 90도1813 판결.

25) 백형구/박일환/김희옥, 「(주석) 형사소송법」, 제4판, 한국사법행정학회, 2009, 566면 등.

26) 대법원 2009. 10. 22. 선고 2009도7436 전원합의체 판결.

나. 공소장일본주의 위배로 인한 공소기각판결의 주장

◉ 이 사건은 판례에 따르면 공소기각의 판결을 주장하기는 어렵다.

◉ 그러나 위 전원합의체판결의 소수의견도 광범위한 지지를 받고 있으므로 기록상 변호인이 공소장일본주의 위배를 주장한 사실이 있다면[27] 판례의 입장에는 반함을 전제로 이를 변론할 수도 있을 것이다.

Ⅲ. 변론요지서 작성시의 유의사항

◉ 변론요지 부분은 ① 공소사실의 요지 ② 피고인 변명의 요지 ③ 이 사건의 경위 ④ 증거관계(사실관계) ⑤ 사실관계에 따른 법률상의 주장 ⑥ 정상관계 ⑦ 결론의 순으로 기재하는 것이 보통이나, ①~③은 생략하는 경우도 있으며, 순서도 반드시 이에 따라야 하는 것은 아니고, 사안에 따라 가장 논리적이고 설득력 있게 기재하면 된다.

◉ 이 사안은 기존의 판례 및 증거관계가 검사에게 유리하게 되어 있으므로 무죄를 주장하는 피고인의 변호인으로서 변론요지서를 작성하기에 어려움이 예상된다. 그러나 쟁점 검토에 기초하여 변호인으로서 최선을 다하여 피고인에게 유리한 법리를 전개하는 변론요지서를 작성하여야 한다.

◉ 작성요강에도 표시되어 있으나 판례에 반하는 주장을 하는 경우에는 반드시 판례를 설시하고 이를 다투는 논지를 조리 있게 설시하는 것이 중요하다.

---

27) 이 기록에서는 변호인이 그런 주장을 한 사실이 없기는 하다.

변 론 요 지 서

사 건   2013고합1000   강도상해[28]
피고인   도 두 한[29]

위 사건에 관하여 피고인의 변호인은 다음과 같이 변론합니다.

다   음

1. 검사의 공소제기는 공소장일본주의에 위반하여 무효이므로 공소기각의 판결을 하여 주시기 바랍니다.[30]

가. 우리 형사소송법은 공판중심주의의 전제로서 공소장일본주의를 채택하고 있습니다.

공소를 제기함에는 공소장을 관할 법원에 제출하여야 하며(형사소송법 제254조 제 1 항) 공소장에는 사건에 관하여 법원에 예단이 생기게 할 수 있는 서류 기타 물건을 첨부하거나 그 내용을 인용하여서는 아니 되고(형사소송규칙 제118조 제 2 항) 그 밖에도 '공소장에 법령이 요구하는 사항 이외의 사실로서 법원에 예단이 생기게 할 수 있는 사유를 나열하는 것'도 이른바 '기타 사실의 기재'로서 금지됩니다(대법원 2009. 10. 22. 선고 2009도7436 전원합의체 판결, 대법원 1994. 3. 11. 선고 93도3145 판결). 이 원칙을 보통 공소장일본주의라고 부르며 사건의 심리에 있어 법원의 예단 또는 편견을 방지하여 공정한 재판을 보장하려는 취지에서 비롯된 형사소송법상의 제도적 장치입니다.

---

28) 사건번호와 대표 죄명(수죄일 경우는 '강도상해 등')을 기재한다.
29) 수소법원에 제출하게 되므로 성명만 기재하면 된다.
30) 형식재판 사유를 먼저 주장한다. 법원에서도 형식재판사유가 인정되면 실체재판에 앞서 형식재판을 하게 된다. 판례에 반하는 주장임을 유의하여야 한다.

나. 피고인에 대한 공소장에 기재된 전과사실은 '공소장에 법령이 요구하는
사항 이외의 사실로서 법원에 예단이 생기게 할 수 있는 사유'입니다.

피고인에 대한 공소장에는 "피고인 도두한은 2000. 9. 15. 수원지방법원에서 상
해죄로 벌금 100만 원을 선고받았다"고 기재되어 있습니다.

우리 판례가 전과의 기재에 관하여 상당히 관대한 입장인 것은 사실입니다(대
법원 1990. 10. 16. 선고 90도1813 판결). 그러나 국내의 많은 학자들은 동종·이종전과
를 불문하고 예단 배제를 위하여 공소장에의 기재는 금지되어야 한다고 주장하고
있습니다(백형구/박일환/김희옥, 「(주석) 형사소송법」, 제 4 판, 한국사법행정학회, 2009,
566면 등). 참고로 일본의 통설·판례도 전과의 기재는 원칙적으로 공소장일본주의
에 어긋나 하자가 치유될 수 없어 공소기각의 판결을 하여야 한다고 합니다(일본
최고재판소 1962. 3. 5. 판결).

전과의 기재는 법원에 피고인의 성향에 대한 불필요한 예단을 줄 우려가 농
후한 점을 감안할 때 공소장에 공소사실과 관련 없는 전과를 기재하는 것을 허용
해서는 안 될 것이며, 전과의 기재는 공소장일본주의에 어긋나는 것이라고 해석되
어야 합니다.

다. 형사소송법 제327조 제 2 호에 따라 공소기각의 판결을 선고하여 주시기
바랍니다.

우리나라 대법원 판례는 "증거조사절차가 마무리되어 법관의 심증형성이 이
루어진 단계에서는 소송절차의 동적 안정성 및 소송경제의 이념 등에 비추어 볼
때 이제는 더 이상 공소장일본주의 위배를 주장하여 이미 진행된 소송절차의 효력
을 다툴 수는 없다고 보아야 한다"고 판시하고 있습니다(대법원 2009. 10. 22. 선고
2009도7436 전원합의체 판결).

그러나 법관이 예단을 가진 채로 불공정한 공판절차를 진행하게 된다는 심각
하고도 치유될 수 없는 흠을 초래하게 되는 공소장일본주의 위반은 그 자체로 이
미 중대한 위법상태에 해당하는 것으로서, 그 위반의 정도나 경중을 가릴 것 없이
모두 위법한 공소제기라고 보는 것이 타당합니다. 따라서 공소장일본주의를 위반
하는 것은 소송절차의 생명이라 할 수 있는 공정한 재판의 원칙에 치명적인 손상을

가하는 것이고, 이를 위반한 공소제기는 법률의 규정에 위배된 것으로 치유될 수 없는 것이므로 시기 및 위반의 정도와 무관하게 항상 공소기각의 판결을 하는 것이 타당합니다(대법원 2009. 10. 22. 선고 2009도7436 전원합의체 판결의 반대의견 참조).

따라서 이 사건은 형사소송법 제327조 제2호에 따라 공소기각의 판결을 선고하여 주시기 바랍니다.

2. 강도상해의 점은 무죄입니다.

가. 이 사건 공소사실은 피고인 도두한이 강도군과 공모 합동하여 2013. 12. 1. 01 : 00경 서울 서초구 서초대로 1234에 있는 피해자 김순남 경영의 담배가게에서, 피고인 도두한은 약 20미터가량 떨어진 골목에서 망을 보고, 강도군은 잠겨진 가게 문을 철사로 열고 안으로 들어가 절취할 금품을 찾고 있던 중 피해자에게 발각되자 각자 도주하다가 강도군이 체포를 면탈할 목적으로 길이 약 25센티미터 가량의 식칼을 주어 들고 피해자의 얼굴을 찔러 피해자에게 약 3주간의 치료를 요하는 우협부 자상을 가하였다고 함에 있습니다.

나. 피고인에게 강도상해의 죄책을 물을 수는 없습니다.

(1) 피고인과 강도군의 모의 및 범행 당시의 상황

피고인이 강도군과 절도를 하기로 공모하고, 피해자의 집에 이르러 피고인이 망을 1~2분 정도 보다가 스스로 범행을 중지하고, 도망한 사실은 인정합니다.

그러나 피고인과 강도군의 이 법정 및 수사기관에서의 진술[31]을 모아 보면 "피고인과 강도군이 빈 담배가게에서 금품을 절취하기로 공모하고 피해자의 담배가게에 이르러 강도군이 담배가게에 침입한 동안 피고인은 망을 보다가 피해자가 담배가게에 돌아올 즈음에는 이미 범행 현장을 떠난 사실"이 인정됩니다.

또한, 피해자 김순남의 이 법정에서의 진술(공판기록 58쪽), 사법경찰리가 작성한 김순남에 대한 진술조서의 기재(증거기록 69쪽) 등에 의하면 "피해자 김순남은 강도군을 약 200미터가량 따라가다가 강도군이 휘두르는 칼에 얼굴을 베어 상해를 입은 사실 및 당시 피고인 도두한은 전혀 보지도 못했던 사실" 등이 인정됩니다.

---

31) 수사기관의 진술은 조서의 형태로 법원에 제출된 것이므로 판결문에서는 "검사(또는 사법경찰관리)가 작성한 피고인에 대한 피의자신문조서의 진술기재" 등으로 증거를 설시하는 것이 원칙이나, 변론요지서에서는 약칭하여 이와 같이 설시하기도 한다.

(2) 대법원 판례의 태도

대법원 판례는 "절도를 공모한 피고인이 다른 공모자의 폭행행위에 대하여 사전 양해나 의사의 연락이 전혀 없었고, 범행장소가 빈 가게로 알고 있었고, 피고인은 밖에서 망을 보던 중 예기치 않았던 인기척 소리가 나므로 도주해버린 이후에 위 다른 공모자가 창구에 몸이 걸려 빠져나오지 못하게 되어 피해자에게 붙들리자 체포를 면탈할 목적으로 피해자에게 폭행을 가하여 상해를 입힌 것이고, 피고인은 그동안 상당한 거리를 도주하였을 것으로 추정되는 상황하에서는 피고인이 위 다른 공모자의 폭행행위를 전연 예기할 수 없었다고 보여지므로 피고인에게 준강도상해죄의 공동책임을 지울 수 없다"고 판시한 바 있습니다(대법원 1984. 2. 28. 선고 83도3321 판결).

(3) 소 결 론

위 판례의 취지에 비추어 볼 때, 이 사건에서 피고인은 강도군과 빈 담배가게에서의 절도만을 하기로 모의하였을 뿐 아니라, 피고인은 현장에서도 망만을 보다가 바로 도망하였으며, 강도군이 약 200미터나 도망하다가 피해자를 칼로 찔러 당시 피고인은 이미 상당한 거리를 도주하였을 것이라고 추정되고, 상피고인 강도군이 사용한 칼도 미리 준비한 것이 아니었던 점을 고려하면 피고인은 강도군의 피해자에 대한 상해행위를 전연 예기할 수 없었다고 판단됩니다.

따라서 피고인의 행위를 특수절도미수죄로 의율함은 별론으로 하고 피고인에게 강도상해 공범의 죄책을 물을 수는 없으므로 피고인의 강도상해의 점에 대하여는 형사소송법 제325조에 따라 무죄판결을 선고하여 주시기 바랍니다.

다. 가사 피고인의 행위가 특수절도미수죄에 해당한다 하더라도 자의로 범행을 중지하였으므로 형법 제26조에 따라 형을 감경 또는 면제하여 주시기 바랍니다.

위에서 본 바와 같이 피고인은 1~2분 정도 망을 보다가 자의로 범행을 중지하였습니다.

판례는 대체로 자의성의 기준이 엄격하고, 다른 공범의 범행을 중지하게 하지 아니한 이상 자기만의 범의를 철회, 포기하여도 중지미수로는 인정될 수 없다고는 합니다(대법원 2005. 2. 25. 선고 2004도8259 판결, 대법원 1969. 2. 25. 선고 68도1676 판결 참조).

그러나 피고인이 강도상해의 죄책을 지지 않는 이상, 특수절도죄와 관련하여서는 강도군이 물색행위에도 이르지 아니한 상태에서 객관적으로 실행행위를 중지하였을 뿐 아니라, 주관적으로는 스스로 범행을 포기하여 자의성도 인정된다고 보아야 합니다.

중지미수를 형법상 특별히 취급하는 이유가 범죄의 기수를 방지하여 피해자를 보호하려는 형사정책적 목적이 있음을 부정할 수 없는 점을 고려할 때 중지미수의 범위를 지나치게 엄격한 기준에 의하여 좁게 해석하는 것은 바람직하지 않습니다.

3. 정상관계 등

피고인은 2000. 9. 15. 상해죄로 벌금 100만 원을 선고받은 외에 10여 년간 다른 특별한 전과가 없습니다.

피고인은 현재 파출부를 하는 65세의 어머니를 모시고 사는 실질적 가장입니다.

이번에도 강도군의 제의로 절도 범행을 모의하였고, 실행의 분담에 있어서도 망을 보는 정도로 가담의 정도 또한 경미하며, 스스로 범행을 포기하고 도주한 사실을 적극 참작하여 주시기 바랍니다.

피고인은 당시 강도군의 범행마저도 중지시키지 못한 점 등 그 잘못을 뼈저리게 뉘우치고 있습니다.

4. 결   론

위와 같은 이유로 피고인에게 공소기각의 판결이나 무죄 판결을 선고하여 주시기 바랍니다.

가사 유죄가 인정된다 하더라도 위와 같은 정상을 참작하여 집행유예 등의 관대한 처분을 바랍니다.

2014. 1. 13.

피고인의 변호인
변호사 김 국 선 (인)

서울중앙지방법원 제1형사부 귀중

2
연습기록

- 아동·청소년의성보호에관한법률위반(강간)
- 특정범죄가중처벌등에관한법률위반(절도)
- 무 고
- 횡 령

작 성 요 강

☐ 사건 설명

1. 피고인 경재범은 2013. 12. 1. 절도죄로 현행범인 체포된 후, 구속영장에 의하여 2013. 12. 3. 구속되었고, 공소장 기재 공소사실로 2013. 12. 14. 구속 구공판되었다.

2. 귀하는 구속전피의자심문절차에서 법원으로부터 피고인의 국선변호인으로 선정된 변호사 변호남이다.

3. 귀하는 수감 중인 피고인을 접견하고 공판기록과 같이 소송절차에서 변호인으로서의 역할을 하였다. 그 과정에서 변론의 준비를 위하여 증거기록과 공판기록을 열람, 등사하였다.

☐ 문   제

구속된 피고인의 변호인으로서 법원에 제출할 최종 변론요지서를 작성하시오.

☐ 유의사항

1. 기록상 나타나지 않은 피의자의 신병과 관련된 체포, 구금, 권리고지, 통지 절차와 각종 서류의 접수·송달·결재 절차는 적법하게 이루어진 것으로 본다.

2. 조서에 서명이 있는 경우에는 필요한 날인 또는 무인, 간인, 정정인이 있는 것으로 보고, '수사 과정 확인서'는 편의상 생략하기로 한다.

3. 법률적 쟁점에 대해서는 판례를 따르고 다툼 있는 사실관계에 대해서는 경험칙과 논리칙에 입각하여 주장하되, 판례와 반대되는 주장을 하려면 판례의 입장을 먼저 기재해야 한다.

공 판 기 록

구속만료	2014. 2. 13.	미결구금
최종만료	2014. 6. 13.	
대행갱신 만 료		

서울중앙지방법원

구공판　형사제1심소송기록

기 일	사건번호	2013고합2000	담임	제2형사부	주심	다
1회기일						

기 일		
12/30 A10	사 건 명	가. 아동·청소년의성보호에관한법률위반(강간) 나. 특정범죄가중처벌등에관한법률위반(절도) 다. 무 고 라. 횡 령
1/13 P2		
	검 사	김검사　　　　2013년 형제200000호
	피 고 인	구속　　경 재 범
	변 호 인	국선 변호사 변호남

확　　정	
보존종기	
종결구분	
보　　존	

완결 공람	담 임	과 장	국 장	주심판사	재판장	원 장

접 수 공 람	과 장	국 장	원 장
	[인]	[인]	[인]

공 판 준 비 절 차

회부 수명법관 지정	일자	수명법관 이름	재 판 장	비 고

법 정 외 에 서 지 정 하 는 기 일

기일의 종류	일 시				재 판 장	비 고
1회 공판기일	2013.	12.	30.	10:00	[인]	

서울중앙지방법원

목 록		
문 서 명 칭	장 수	비 고
증거목록	123	검사
공소장	125	
현행범인체포서	생략	피고인
구속영장	생략	피고인
피의자수용증명	생략	피고인
국선변호인선정결정	생략	피고인
영수증(공소장부본 등)	생략	
영수증(공판기일통지서)	생략	변호사 변호남
의견서	생략	피고인
공판조서(제 1 회)	128	
공판조서(제 2 회)	130	
증인신문조서	132	김미자

서울중앙지방법원

목 록 (구속관계)		
문 서 명 칭	장 수	비 고
현행범인체포서	생략	피고인
구속영장	생략	피고인
피의자수용증명	생략	피고인

증 거 목 록(증거서류 등)

2013고합2000

2013형제200000호   신청인 : 검 사

순 번	증거방법					참조사항 등	신청 기일	증거 의견		증거 결정		증거 조사 기일	비 고
	작 성	쪽 수 (수)	쪽 수 (증)	증 거 명 칭	성 명			기 일	내 용	기 일	내 용		
1	검 사	기 재 생 략	162	피의자신문조서	경재범	공소사실	1	1	○	기 재 생 략			
2			167	현장확인보고	최경찰	공소사실4	1	1	○				
3			168	범죄전력 확인보고	박검찰	전과관계	1	1	○				
4			169	판결문	경재범	전과관계	1	1	○				
5			171	판결문	경재범	전과관계	1	1	○				
6	사 경		139	고소장	억울해	공소사실1	1	1	○				
7			141	부동산매매계약 서 사본	억울해	공소사실1	1	1	○				
8			142	입금증 사본	억울해	공소사실1	1	1	○				
9			143	진술조서	억울해	공소사실1	1	1	○				
10			146	진술서	부동자	공소사실1	1	1	○				
11			147	고소장	김미자	공소사실2	1	1	×				
12			148	진술조서	윤석민	공소사실4	1	1	○				
13			150	피의자신문조서	경재범	공소사실	1	1	×				
14			156	고소장사본	경재범	공소사실3	1	1	○				
15			157	진술조서	김미자	공소사실2	1	1	×				
16			160	범죄경력조회	경재범	전과관계	1	1	○				

※ 증거의견 표시 – 피의자신문조서 : 인정 ○, 부인 ×
　　　　　　　　(여러 개의 부호가 있는 경우, 적법성/실질성립/임의성/내용의 순서임)
　　　　　　 – 기타 증거서류 : 동의 ○, 부동의 ×
　　　　　　 – 진술이 특히 신빙할 수 있는 상태하에서 행하여졌다는 점 부인 : "특신성 부인"(비고란 기재)
※ 증거결정 표시 : 채 ○, 부 ×
※ 증거조사 내용은 제시, 낭독(내용고지, 열람)

증 거 목 록(증인 등)

2013고합2000

2013형제200000호   신청인 : 검사

증거방법	쪽수 (공)	입증취지 등	신청 기일	증거결정		증거조사기일	비 고
				기일	내용		
증인 김미자	132	공소사실	1	1	○	2014. 1. 13. 14:00 (실시)	

※ 증거결정의 표시 : 채 ○, 부 ×

서울중앙지방검찰청

2013. 12. 14.

사건번호	2013형제200000호
수 신 자	서울중앙지방법원
제 목	공소장

검사 김검사는 아래와 같이 공소를 제기합니다.

Ⅰ. 피고인 관련사항

피 고 인   경재범(******-*******), 35세

  직업   무직

  주거   서울 서초구 서래로 222, 전화 **-***-****

  등록기준지   서울 용산구 신홍로 2

죄   명   아동·청소년의성보호에관한법률위반(강간), 특정범죄가중처벌등에관한
      법률위반(절도), 무고, 횡령

적용법조   아동·청소년의 성보호에 관한 법률 제7조 제1항, 특정범죄 가중처벌
      등에 관한 법률 제5조의4 제1항, 형법 제329조, 제156조, 제355조 제1항,
      제37조, 제38조

구속여부   2013. 12. 3. 구속(2013. 12. 1. 체포)

변 호 인   변호사 변호남(국선)

접수
No. 45600
2013. 12. 14.
서울중앙지방법원
형사접수실

Ⅱ. 공소사실

범죄전력

피고인은 2003. 2. 24. 수원지방검찰청에서 특수절도죄로 기소유예처분을 받은 사실이 있고, 2003. 5. 1. 수원지방법원에서 강도죄로 징역 1년 6월에 집행유예 3년을 선고받은 사실이 있고, 2006. 7. 2. 춘천지방법원에서 절도죄로 징역 1년을 선고받은 사실이 있다.

범죄사실

1. 횡   령

피고인은 2012. 10. 31. 14:00경 서울 용산구 신홍로 3에 있는 피해자 억울해의 집에서, 피해자로부터 앞으로 크게 시세가 오를 토지를 사 놓으려고 하는데 피해자 자신은 공직

자라 남의 이목이 있으니 피고인이 대신 토지를 매수하여 명의를 이전하여 놓고 있다가 나중에 팔아 달라는 부탁을 받고 이를 승낙하여 이른바 계약명의신탁약정을 하였다. 이후 피고인은 2012. 12. 5. 15 : 00경 서울 서초구 서운로 55에 있는 명당부동산중개사무소에서, 공소외 부동자와 부동자소유의 강원 속초시 중앙로 66 임야 100,500제곱미터를 대금 1억 원에 피고인 명의로 매수하는 계약을 체결하였다. 피고인은 이 계약에 따라 같은 날 계약금 1,000만 원을, 2013. 1. 5. 중도금 4,000만 원을 피해자로부터 송금받아 부동자에게 지급하였다.

그런데 2013. 1. 20. 부동자로부터 위약금을 물테니 계약을 해제하여 달라는 요청을 받자, 계약을 해제하면서 부동자로부터 위약금을 포함하여 금 6,000만 원을 돌려받아 이를 피해자를 위하여 보관 중 2013. 2. 1. 피고인 자신의 은행대출금을 변제하는 데 임의로 사용하였다.

이로써, 피고인은 피고인을 위하여 보관중인 재물을 횡령하였다.

2. 아동·청소년의성보호에관한법률위반(강간)

피고인은 2013. 4. 16. 23 : 00경 서울 서초구 서운로 서초공원에서, 그곳을 걸어가는 청소년인 피해자 김미자(여 18세)를 뒤따라 가다가 갑자기 앞을 가로 막고, "연애나 한 번 하자"고 말을 걸었다. 피해자가 "싫어요"하고 도망가려 하자 갑자기 오른 손으로 피해자의 입을 막고, 바로 옆에 있는 수풀 속으로 끌고 갔다. 그 다음 피해자의 목을 조르며 반항하면 죽인다고 협박하여 피해자를 항거불능케 한 후 피해자의 바지와 속옷을 벗기고 1회 간음하였다.

이로써 피고인은 아동·청소년인 피해자를 강간하였다.

3. 무　　고

피고인은 위 1항의 횡령으로 피해자 억울해로부터 고소를 제기당하자, 2013. 9. 20. 서초경찰서에 "억울해가 2008. 4. 17. 17 : 00경 같이 술을 마시던 중 시비를 걸어 경재범 자신의 얼굴을 2~3회 세게 때려 폭행하였다"는 허위사실을 기재한 고소장을 제출하였다.

이로써 피고인은 피해자로 하여금 형사처분을 받게 할 목적으로 공무소에 대하여 허위의 사실을 신고하였다.

4. 특정범죄가중처벌등에관한법률위반(절도)

피고인은 상습적으로 아래와 같이 3회에 걸쳐 피해자들의 물건을 절취하였다.

1) 피고인은 2013. 11. 25. 16 : 00경 서울 서초구 서운로 22 앞길에서, 그곳에 세워진 피해자 성명불상 소유의 시가 100,000원 상당의 자전거 1대를 끌고 갔다.

2) 피고인은 2013. 11. 27. 10 : 00경 서울 서초구 서운로 33 앞길에서, 그곳에 세워진 피해자 성명불상 소유의 시가 100,000원 상당의 자전거 1대를 끌고 갔다.

3) 피고인은 2013. 12. 1. 14 : 00경 서울 서초구 방배로 11 앞길에서, 그곳에 세워진 피해자 윤석민 소유의 시가 100,000원 상당의 자전거 1대를 끌고 갔다.

Ⅲ. 첨부서류

1. 현행범인체포서 1통
2. 구속영장 1통
3. 피의자수용증명 1통
4. 국선변호인선정결정서 1통

검사 김검사 [인]

서 울 중 앙 지 방 법 원

공 판 조 서

제 1 회

사　　　　건	2013고합2000 아동·청소년의성보호에관한법률위반(강간) 등				
재판장 판사	신판사		기　　　일	2013. 12. 30. 10 : 00	
판사	김판사		장　　　소	제200호　 법정	
판사	양판사		공개여부	공개	
법원사무관	김법원		고 지 된 다음기일	2014. 1. 13. 14 : 00	
피 고 인	경재범				출석
검　　　사	김검사				출석
변 호 인	변호사　 변호남(국선)				출석

재판장

　　　피고인은 진술을 하지 아니하거나 각개의 물음에 대하여 진술을 거부할 수 있고 이익 되는 사실을 진술할 수 있음을 고지

재판장의 인정신문

　　　성　　　　　명 : 경재범

　　　주민등록번호 : 공소장 기재와 같음

　　　직　　　　　업 :　　　　〃

　　　주　　　　　거 :　　　　〃

　　　등 록 기 준 지 :　　　　〃

재판장

　　　피고인에게

　　　주소의 변동이 있을 때에는 이를 법원에 보고할 것을 명하고, 소재가 확인되지 않을 때에는 그 진술 없이 재판할 경우가 있음을 경고

검사

　　　공소장에 의하여 공소사실, 죄명, 적용법조 낭독

피고인

　　　아동·청소년의성보호에관한법률위반(강간)의 공소사실을 부인한다고 진술

변호인 변호사 변호남

　　　아동·청소년의성보호에관한법률위반(강간)의 공소사실은 피고인의 범행이 아니

고, 나머지 공소사실은 **(생략)**와 같은 문제점이 있다고 진술

재판장

　　증거조사를 하겠다고 고지

증거관계 별지와 같음(검사)

　　각 증거조사결과에 대한 의견을 묻고 권리를 보호함에 필요한 증거조사를 신청할

　　수 있음을 고지

소송관계인

　　별 의견 없다고 진술

재판장

　　변론속행(증인을 신문하기 위하여)

　　　　　　　　　　　2013. 12. 30.

　　　　　　　　　　　　법원사무관　　　김법원　㉑

　　　　　　　　　　　　재판장 판사　　　신판사　㉑

서 울 중 앙 지 방 법 원
공 판 조 서

제 2 회

사 건	2013고합2000 아동·청소년의성보호에관한법률위반(강간) 등	

재판장 판사 신판사		기 일	2014. 01. 13. 14 : 00
판사 김판사		장 소	제200호 법정
판사 양판사		공개여부	공개
법원사무관 김법원		고 지 된 다음기일	2014. 01. 20. 10 : 00

피 고 인	경재범		출석
검 사	김검사		출석
변 호 인	변호사 변호남(국선)		출석

재판장

　　전회 공판심리에 관한 주요사항의 요지를 공판조서에 의하여 고지

소송관계인

　　변경할 점이나 이의할 점이 없다고 진술

재판장

　　출석한 증인 별지조서와 같이 각 신문

증거관계 별지와 같음(검사, 피고인 및 변호인)

　　각 증거조사결과에 대한 의견을 묻고 권리를 보호함에 필요한 증거조사를 신청할 수 있음을 고지

소송관계인

　　별 의견 없다고 진술

재판장

　　각 증거조사결과에 대한 의견을 묻고 권리를 보호함에 필요한 증거조사를 신청할 수 있음을 고지

소송관계인

　　별 의견 없으며, 달리 신청할 증거도 없다고 진술

재판장

　　증거조사를 마치고, 피고인신문을 실시하겠다고 고지

검사

　　피고인에게

문　　피고인도 증인 김미자가 증언하는 것을 들었지요.

답　　예, 들었습니다.

문　　증인 김미자의 증언에 따르면 피고인이 김미자를 강간하였다는 공소사실이 맞는데, 끝까지 범행을 부인하는가요.

답　　증인이 잘못 본 것입니다.

문　　증인이 굳이 피고인의 범행에 대하여 거짓말을 할 이유가 있나요.

답　　금전적인 이득을 바라는 것인지도 모르겠습니다.

문　　증인 측에서 무슨 금전적 요구를 하던가요.

답　　그것은 아닙니다.

재판장

　　피고인신문을 마쳤음을 고지

검사

　　이 사건의 공소사실은 증거가 있으므로 공소장기재 법조를 적용하여 피고인을 징역 7년에 처함이 상당하다는 의견 진술 [부수처분 생략]

재판장

　　피고인, 변호인에게 최종 의견 진술 기회 부여

변호인

　　피고인을 위하여 별지 변론요지서 기재와 같이 변론하다.

피고인

　　억울합니다. 죄가 인정된다 하더라도 관대한 처분을 바랍니다.

재판장

　　변론종결

2014. 1. 13.

법원사무관　　김법원 ㊞

재판장 판사　　신판사 ㊞

서울중앙지방법원

증인신문조서(제 2 회 공판조서의 일부)

사   건   2013고합2000   아동·청소년의성보호에관한법률위반(강간) 등
증   인   이 름   김미자
　　　　　　생년월일   1994. 12. 15.
　　　　　　주   거   서울 종로구 종로 142

재판장

　　증인에게 형사소송법 제148조 또는 동법 제149조에 해당하는가의 여부를 물어 이
　　에 해당하지 아니함을 인정하고 위증의 벌을 경고한 후 별지 선서서와 같이 선서
　　하게 하였다.

검 사

　　증인에게

문　　증인은 피고인을 아는가요.

답　　원래는 모르던 사람인데, 2013년 4월 16일 오후 11시경 서초 공원에서 제가 피고
　　인으로부터 성폭력 피해를 당하여 알고 있습니다.

문　　그 구체적인 내용을 진술해 보세요.

답　　예, 저는 2013. 4. 16. 23 : 00경 서울 서초구 서운로 서초공원에서, 피고인으로부터
　　강간을 당한 사실이 있습니다. 그때 그 남자는 저를 약 5분간 뒤따라오다가 갑자
　　기 앞을 가로막고, "연애나 한번 하자"고 말을 걸더니 제가 "싫어요" 하는 순간 갑
　　자기 손으로 저의 입을 막고, 바로 옆에 있는 수풀 속으로 끌고 가 저의 목을 조르
　　며 반항하면 죽인다고 협박하여 저의 바지와 속옷을 벗기고 1회 간음하였습니다.

문　　피고인이 그 범인이 틀림없는가요.

답　　예, 틀림없습니다.

문　　이 고소장과 진술조서는 증인이 작성하거나 진술한 대로 기재되어 있고 증인이 이
　　를 확인한 후 서명날인한 것이 맞는가요.

이때 검사는 증인이 제출한 고소장, 사법경찰리가 작성한 증인에 대한 진술조서를 증인
에게 제시하고 읽어 보게 한바,

답　　예, 고소장은 제가 직접 작성한 것이 맞고, 진술조서도 제가 진술한 대로 기재되어
　　있으며 제가 확인하고 서명날인한 것이 맞습니다.

변호인

　　증인에게

문　피고인이 그 당시 범인이라고 확신할 수 있나요.

답　예. 그렇습니다.

문　어떻게 범인을 기억하는가요.

답　얼굴도 맞고 체격도 피고인과 비슷하며 목소리도 그때 그 범인의 목소리와 동일합니다.

문　당시 범인도 피고인과 같이 안경을 쓰고 있던가요.

답　그것까지는 기억이 나지 않습니다.

문　당시의 옷차림은 어떠하였나요.

답　잘 기억이 나지 않습니다.

문　당시 어둡지 않았나요.

답　공원에 가로등이 있었으나 어두운 편이었고, 제가 끌려간 수풀 속은 더 어두웠습니다.

문　그렇게 어두운 상태에서 범인의 얼굴과 피고인의 얼굴이 같다고 확신할 수 있나요.

답　비록 어두웠지만 얼굴의 윤곽은 충분히 볼 수 있었고, 체격과 목소리도 같은 것 같습니다.

문　처음 경찰에서 피고인을 범인으로 지목한 경위는 어떠한가요.

답　사건이 난 날 경찰이 보여주는 우범자 사진 속에서 피고인을 범인으로 지목하였고, 작년 12월 초에 경찰에서 검거된 피고인의 얼굴을 보고 피고인이 범인이라는 확신이 들었습니다.

문　경찰에서 처음 사진은 몇 장이나 보여 주었나요.

답　3명 정도 본 것 같아요.

문　피고인이 검거된 후에 경찰에서 피고인만 보여주고 범인으로 지목하게 한 것인가요.

답　예, 경찰에서 범인이 검거되었으니 와서 확인하여 달라고 하여 갔더니 피고인을 유리창 사이로 보여 주면서 맞느냐고 하여 맞는다고 하였습니다.

재판장

　　증인에게

문　피고인이 범인이라는 확신이 드나요.

답　예, 그렇습니다.

문　사건 이후에 피고인 측이 사과를 하거나 합의를 요구한 적은 없나요.

답 없습니다.

2014. 1. 13.

법원사무관 김 법 원 ㊞

재판장 판사 신 판 사 ㊞

[증인선서서 생략]

증거서류 등 (검사)

| 제 | 1 | 책 |
| 제 | 1 | 권 |

서울중앙지방법원

증거서류 등(검사)

사 건 번 호	2013고합2000	담임	합의부	주심	
	20 노		부		
	20 도		부		

| 사 건 명 | 가. 아동·청소년의성보호에관한법률위반(강간)
나. 특정범죄가중처벌등에관한법률위반(절도)
다. 무고
라. 횡령 |

검 사	김검사	2013년 형제200000호
피 고 인	경재범	
공소제기일	2013. 12. 14.	

1심 선고	20 . . .	항 소	20 . . .
2심 선고	20 . . .	상 고	20 . . .
확 정	20 . . .	보 존	

| | | | 제 1 책 |
| 제 1 권 |

| 구공판 | | 서울중앙지방검찰청 | | | | |

증 거 기 록

검 찰	사건번호	2013년 형제200000호	법원	사건번호	2013년 고합2000호
	검 사	김 검 사		판 사	

피 고 인	구속 경 재 범

죄 명	가. 아동·청소년의성보호에관한법률위반(강간) 나. 특정범죄가중처벌등에관한법률위반(절도) 다. 무고 라. 횡령

공소제기일	2013. 12. 14.		
구 속	2013. 12. 3. 구속(2013. 12. 1. 체포)	석 방	
변 호 인	변호사 변호남		
증 거 물	없 음		
비 고			

증 거 목 록(증거서류 등)

2013고합2000

2013형제200000호   검 사 김검사 (인)

순번	증거방법					참조사항 등	신청 기일	증거 의견		증거 결정		증거 조사 기일	비고
	작성	쪽수(수)	쪽수(증)	증거명칭	성명			기일	내용	기일	내용		
1	검사	기재생략	162	피의자신문조서	경재범	공소사실							
2			167	현장확인보고	최경찰	공소사실4							
3			168	범죄전력 확인보고	박검찰	전과관계							
4			169	판결문	경재범	전과관계							
5			171	판결문	경재범	전과관계							
6	사경		139	고소장	억울해	공소사실1							
7			141	부동산매매 계약서 사본	억울해	공소사실1							
8			142	입급증 사본	억울해	공소사실1							
9			143	진술조서	억울해	공소사실1							
10			146	진술서	부동자	공소사실1							
11			147	고소장	김미자	공소사실2							
12			148	진술조서	윤석민	공소사실4							
13			150	피의자신문조서	경재범	공소사실							
14			156	고소장사본	경재범	공소사실3							
15			157	진술조서	김미자	공소사실2							
16			160	범죄경력조회	경재범	전과관계							

※ 증거의견 표시 – 피의자신문조서 : 인정 ○, 부인 ✕
　　　　　　　　　　(여러 개의 부호가 있는 경우, 적법성/실질성립/임의성/내용의 순서임)
　　　　　　　– 기타 증거서류 : 동의 ○, 부동의 ✕
　　　　　　　– 진술이 특히 신빙할 수 있는 상태하에서 행하여졌다는 점 부인 : "특신성 부인"(비고란 기재)
※ 증거결정 표시 : 채 ○, 부 ✕
※ 증거조사 내용은 제시, 낭독(내용고지, 열람)

고　소　장

고 소 인　　　억 울 해
　　　　　　서울 용산구 신흥로 3　　전화 010-****-****

피고소인　　　경 재 범
　　　　　　서울 서초구 서래로 222

접수
No. 31600
2013. 9. 15.
서울서초경찰서

고 소 사 실

1. 고소인은 구청 공무원이며, 피고소인은 아무런 직업이 없는 자입니다.

2. 고소인은 피고소인을 횡령죄로 고소하는 바입니다.

3. 자세한 경위를 말씀드리면
 - 고소인은 2012. 10. 31. 14 : 00경 서울 용산구 신흥로 3가 3에 있는 고소인의 집에서, 친구 사이인 피고소인에게 고소인 대신 토지를 매수하여 명의를 이전하여 놓고 있다가 나중에 팔아 달라는 부탁을 한 사실이 있습니다.
 - 이에 피고소인이 이를 승낙하여 고소인과 피고소인은 이른바 명의신탁약정을 하게 되었습니다.
 - 이후 피고소인은 2012. 12. 5. 15 : 00경 서울 서초구 서운로 55에 있는 명당부동산중개사무소에서, 고소인이 부탁한 토지의 소유자인 부동자를 만나 부동자소유의 강원도 속초시 중앙로 66 임야 100,500제곱미터를 대금 1억 원에 피고소인명의로 매수하는 계약을 체결하였습니다.
 - 피고소인은 이 계약에 따라 같은 날 계약금 1,000만 원을, 2013. 1. 5. 중도금 4,000만 원을 저로부터 송금받아 부동자에게 지급하였습니다.
 - 그런 다음에 잔금을 지급하겠다는 이야기가 없어 나중에 사실을 확인하여 보니 피고소인은 2013. 1. 20. 부동자로부터 위약금을 물테니 계약을 해제하여 달라는 요청을 받고 임의로 계약을 해제하면서 부동자로부터 위약금을 포함하여 금 6,000만 원을 돌려받아 보관 중 2013. 2. 1. 피고소인 자신의 은행대출금을 변제하는 데 임의로 사용한 사실을 알게 되었습니다.

- 저는 피고소인에게 이를 따지면서 어차피 그렇게 된 것이니, 제 돈 5,000만 원이라도 돌려 달라고 여러 차례 독촉하였으나 피고소인은 미루기만 하고 있어 피고소인을 횡령죄로 고소하게 된 것입니다.

4. 위와 같은 사실로 고소하오니, 조사하여 엄중 처벌하여 주시기 바랍니다.

별첨: 1. 부동산매매계약서 사본 1부
　　　 2. 입금증 사본 2부

2013년   9월   15일

고소인   억 울 해 (인)

서초경찰서 귀중

부동산매매계약서

<table>
<tr>
<td rowspan="2">1.
부
동
산
의

표
시</td>
<td>강원 속초시 중앙로 66 임야 100,500 ㎡</td>
<td rowspan="2">검인 (인)</td>
</tr>
</table>

2. 계약내용(약정사항)

제 1 조 매수인은 상기 표시 부동산의 매매대금을 다음과 같이 지불하기로 한다.

매매대금	금 1억 원 정(₩ 100,000,000)
계 약 금	금 1천만 원 정은 계약시에 지불한다.
중 도 금	금 4천만 원 정은 2013 년 1 월 5 일에 지불한다.
잔 금	금 5천만 원 정은 2013 년 2 월 25 일에 지불한다.

제 2 조 매도인은 상기 표시 부동산의 소유권 행사를 방해하게 하는 저당권 설정, 공과금의
　　　　미납 등 제반 제한사항을 제거하여 매매대금의 잔금을 수령함과 동시에 소유권 이전
　　　　등기에 필요한 모든 서류와 완전한 소유권을 매수인에게 교부 이전하여야 한다.

제 3 조 상기 표시 부동산의 인도일을 기준으로 하여 당해 부동산에 관하여 발생한 수익과 공
　　　　과금 등의 지출부담은 그 전일까지의 것은 매도인에게 귀속하며 그 이후의 것은 매수
　　　　인에게 귀속한다.

제 4 조 매수인이 매도인에게 중도금(중도금 약정이 없는 경우에는 잔금)을 지불하기 전까지
　　　　는 본 계약을 해제할 수 있는바, 매도인이 해약할 경우에는 계약금의 2배액을 상환하
　　　　며 매수인이 해약할 경우에는 계약금을 포기하는 것으로 한다.

제 5 조 중개수수료는 당해 매매계약의 체결과 동시에 매도인과 매수인 쌍방이 각각 지불하
　　　　여야 한다.

　　　　※ 특약사항 :

본 계약에 대하여 계약당사자가 이의 없음을 확인하고 각자 서명 날인한다. 2012년 12월 5일

3. 계약당사자 및 중개업자의 인적사항

<table>
<tr>
<td rowspan="2">매
수
인</td>
<td>주　　　소</td>
<td colspan="3">서울 서초구 서래로 222</td>
</tr>
<tr>
<td>주민등록번호</td>
<td>******-*******</td>
<td>성　　명</td>
<td>경 재 범 (인)</td>
</tr>
<tr>
<td rowspan="2">매
도
인</td>
<td>주　　　소</td>
<td colspan="3">강원 속초시 중앙로 123 동명아파트 1동109호</td>
</tr>
<tr>
<td>주민등록번호</td>
<td>******-*******</td>
<td>성　　명</td>
<td>부 동 자 (인)</td>
</tr>
<tr>
<td rowspan="3">중개
업자</td>
<td>사무소소재지</td>
<td colspan="3">서울 서초구 서운로 55</td>
</tr>
<tr>
<td>상　　　호</td>
<td>명당 부동산중개사무소</td>
<td>성　　명</td>
<td>장 투 자 (인)</td>
</tr>
<tr>
<td>허 가 번 호</td>
<td colspan="3">(생략)</td>
</tr>
</table>

무통장 입금증

입금하실 때 (무통장, 타행송금)   (주) 법조은행

계좌번호	620-82-4875-226		
금 액	일천만(10,000,000) 원	보내시는분	억 울 해
예 금 주 (받으실분)	경 재 범	주민등록번호 (사업자등록번호)	******-*******
타행입금시	대한 은행	연 락 처 ☎	010-****-****
경조코드		대리인 · 성 명	
집금관리(CMS) 입금인번호		대리인 · 주민등록번호	
		대리인 · 본인과의 관계	

검인 (인)
계인 (인)
실명확인 (인)

거래일 2012. 12. 4.   거래시간 15 : 30

입금하실 때 (무통장, 타행송금)   (주) 법조은행

계좌번호	620-82-4875-226		
금 액	사천만(40,000,000) 원	보내시는분	억 울 해
예 금 주 (받으실분)	경 재 범	주민등록번호 (사업자등록번호)	******-*******
타행입금시	대한 은행	연 락 처 ☎	010-****-****
경조코드		대리인 · 성 명	
집금관리(CMS) 입금인번호		대리인 · 주민등록번호	
		대리인 · 본인과의 관계	

검인 (인)
계인 (인)
실명확인 (인)

거래일 2013. 1. 5.   거래시간 10 : 30

진술조서

성   명 : 억울해

주 민 등 록 번 호 : ******-******* 35세

직   업 : 서초구청 공무원

주   거 : 서울 용산구 신흥로 3

등 록 기 준 지 : 서울 동대문구 회기로 222

직 장 주 소 : 서울 서초구 서초구청

연   락   처 : 자택전화 **-***-****   휴대전화   ***-****-****

                          직장전화 **-****-****   전자우편   ****@*******.**.**

위의 사람은 피의자 경재범에 대한 횡령 피의사건에 관하여 2013. 9. 25. 서초경찰서 조사과 사무실에 임의 출석하여 다음과 같이 진술하다.

1. 피의자와의 관계

저는 피의자와 아무런 친인척관계가 없습니다.

1. 피의사실과의 관계

저는 피의사실에 관하여 피해자 자격으로 출석하였습니다.

이때 진술의 취지를 명백히 하기 위하여 다음과 같이 임의로 문답하다.

문   진술인은 피의자를 어떻게 알게 되었는가요.

답   고등학교 친구 사이입니다.

문   피해당한 그 구체적인 내용을 진술해 보세요.

답   저는 2012. 10. 31. 14 : 00경 서울 용산구 신흥로 3에 있는 저의 집에서, 친구 사이
      인 피의자에게 저 대신 토지를 매수하여 명의를 이전하여 놓고 있다가 나중에 팔
      아 달라는 부탁을 한 사실이 있습니다. 이에 피의자가 승낙을 하여 저와 피의자는
      이른바 명의신탁약정을 하게 되었습니다. 이후 피의자는 2012. 12. 5. 15 : 00경 서울
      서초구 서운로 55에 있는 명당부동산중개사무소에서, 제가 사달라고 부탁한 토지
      의 소유자인 부동자를 만나 부동자 소유의 강원도 속초시 중앙로 66 임야 100,500

제곱미터를 대금 1억 원에 피의자 명의로 매수하는 계약을 체결하였습니다. 피의자가 계약을 체결한다는 말을 듣고 제가 그 전날 계약금 1,000만원을 피의자에게 송금하였고, 피의자는 계약날 계약금 1,000만원을, 2013. 1. 5. 중도금 4,000만원을 역시 저로부터 송금받아 부동자에게 지급하였습니다.

문 그런데 피의자가 어떤 돈을 횡령하였다는 것인가요.

답 예, 그런 다음 잔금을 지급하겠다는 이야기가 없어 잔금은 왜 안주느냐고 물었더니 우물쭈물하여 제가 부동자를 직접 만나 사실을 확인하여 보니 피의자는 2013. 1. 20. 땅값이 오른다는 소문을 들은 부동자가 위약금을 물테니 계약을 해제하여 달라는 요청을 하자, 자기 마음대로 계약을 해제하면서 부동자로부터 위약금을 포함하여 금 6,000만 원을 돌려받아 가지고 있다가 2013. 2. 1. 저에게 말도 없이 피의자 자신의 은행대출금을 변제하는 데 임의로 사용한 사실을 알게 되었습니다.

문 그래서 어떻게 되었나요.

답 제가 피의자에게 이를 따지면서 제 돈 5,000만 원이라도 돌려 달라고 여러 차례 독촉하였으나 피의자는 미루기만 하고 있다가 요즘에는 얼굴도 볼 수 없어 횡령죄로 고소하게 된 것입니다.

문 왜 진술인이 직접 부동자와 계약을 하지 피의자를 내세워 계약을 한 것인가요.

답 실은 제가 공무원이라 제 명의로 부동산을 구입하면 구설수에 오를 수 있어 믿을 만한 친구라고 생각되어 피의자에게 부탁을 한 것입니다.

문 부동자도 그 사실을 알았나요.

답 부동자는 경재범이 직접 토지를 매수하는 것으로 알고 있었을 것입니다.

문 진술인은 피의자 경재범이 진술인을 고소한 사실을 알고 있나요.

답 오늘 경찰에 와서 들었습니다.

문 피의자가 진술인을 "진술인이 2008. 4. 17. 17:00경 같이 술을 마시던 중 시비를 걸어 경재범 자신의 얼굴을 2~3회 세게 때려 폭행하였다"고 고소하였는데 사실이 아닌가요.

답 그런 사실이 전혀 없습니다.

문 그런데 왜 피의자가 진술인을 고소하였을까요.

답 제가 피의자를 횡령죄로 고소하였다니까 허위사실로 고소하여 자신의 사건을 무마하려고 하는 것 같습니다. 이는 무고이니 잘 조사하여 피의자를 무고죄로 처벌하여 주십시오.

문 피의자와 친척관계는 없나요.

답 그냥 친구입니다.

문 피의자의 처벌을 원하나요.

답   예, 돈을 갚지 아니하면 처벌을 원합니다.

문   이 사건과 관련하여 더 할 말이 있나요.

답   **없습니다.**

　위의 조서를 진술자에게 열람하게 하였던바, 진술한 대로 오기나 증감·변경할 것이 전혀 없다고 말하므로 간인한 후 서명 날인하게 하다.

진술자　**여 울 해** ㉑

2013. 9. 25.

서 초 경 찰 서

사법경찰리　경장　**강 경 찰** ㉑

진 술 서

성 명	부 동 자		성 별	여
연 령	45세	주민등록번호	******-*******	
등록기준지	강원 속초시 중앙로 12			
주 거	강원 속초시 중앙로 123 동명아파트 1동 109호			
	(통 반)	자택전화	***-****-****	직장전화
직 업	상업		직장	

　　위의 사람은 피의자 경재범에 대한 횡령 사건의 참고인으로서 다음과 같이 임의로 자
필진술서를 작성 제출함

1. 저는 2012. 12. 5. 15:00경 서울 서초구 서운로 55에 있는 명당부동산중개사무소에서, 제
   소유의 강원 속초시 중앙로 66 임야 100,500제곱미터를 대금 1억 원에 경재범에게 매도하
   는 계약을 체결한 사실이 있습니다.
2. 저는 계약에 따라 같은날 계약금 1,000만 원을, 2013. 1. 5. 중도금 4,000만 원을 받았습
   니다만 땅값이 많이 오르길래 2013. 1. 20. 경재범에게 위약금을 물테니 계약을 해제하여
   달라고 하여, 계약을 해제하면서 경재범에게 위약금을 포함하여 금 6,000만 원을 돌려준 사
   실이 있습니다.
3. 저는 경재범이 부동산을 매수하는 줄 알았지 억울해라는 사람이 실제 매수인인 줄은 몰랐습
   니다.

　　　　　　　　　　　　2013. 9. 30. 부 동 자 (인)

고 소 장

고 소 인   김   미   자(1994. 12. 15. 생)
　　　　　　 서울 종로구 종로 142   전화 010-****-****

피고소인   경   재   범(******-*******)
　　　　　　 서울 서초구 서래로 222

고 소 사 실

1. 저는 아직 미성년자로서 2013. 4. 16. 23:00경 서울 서초구 서운로 서초공원에서, 피고소인 으로부터 강간을 당한 사실이 있어 고소합니다.

2. 그 때 그 피고소인은 저를 뒤따르다가 갑자기 앞을 가로 막고, "연애나 한번 하자"고 말을 걸 더니 제가 도망가려 하자 갑자기 오른손으로 저의 입을 막고, 바로 옆에 있는 수풀 속으로 끌 고 가 저의 목을 조르며 반항하면 죽인다고 협박하여 제가 무서워 반항을 멈추었더니 저의 바 지와 속옷을 벗기고 1회 간음하였습니다.

3. 당시 어두웠고 너무 경황이 없고 무서워 얼굴을 잘 보지는 못했습니다. 30~40대로 키는 175센티 정도이고 몸집도 꽤 있었습니다.

4. 며칠을 고민하다가 주위의 권고로 성폭력상담소에 상담하던 중 일단 고소를 하여 범인을 잡아 야 한다고 하여 경찰서로 안내하여 주었으며, 담당 형사님이 몇 사람의 우범자 사진을 보여 주었는데, 피고소인 경재범이 범인이라는 것을 확인하고 자필로 고소장을 작성 제출합니다.

5. 꼭 잡아서 처벌하여 주시고 범인이 잡히면 제가 다시 나와 확인도 하고 자세한 내용을 진술하 겠습니다.

　　　　　　　　 2013. 5. 1. 김   미   자 (인)

서초경찰서 귀중

진술조서

성   명 : 윤석민

주 민 등 록 번 호 : ******-*******   42세

직   업 : 회사원

주   거 : 서울 서초구 서운로 77

등 록 기 준 지 : 서울 동대문구 회기로 12

직 장 주 소 : 서울 강남구 광평로 25

연   락   처 : 자택전화 **-***-****   휴대전화 ***-****-****

　　　　　　　직장전화 **-****-****   전자우편 *****@*******.**.**

　위의 사람은 피의자 경재범에 대한 절도 등 피의사건에 관하여 2013. 12. 1. 서초경찰
서 형사과 사무실에 임의 출석하여 다음과 같이 진술하다.

---

1. 피의자와의 관계

　저는 피의자와 아무런 친인척관계가 없습니다.

1. 피의사실과의 관계

　저는 피의사실에 관하여 피해자 자격으로 출석하였습니다.

이때 진술의 취지를 더욱 명백히 하기 위하여 다음과 같이 임의로 문답하다.

문　　진술인은 피의자를 어떻게 알게 되었는가요.

답　　원래는 모르던 사람인데, 오늘 낮에 제 자전거를 훔쳐 가다가 잡힌 사람입니다.

문　　그 구체적인 내용을 진술해 보세요.

답　　2013. 12. 1. 14 : 00경 제가 볼일이 있어 방배로에 갔다가 서울 서초구 방배로 11 앞
　　　길에 자전거 1대를 세워 놓고 잠시 앞 가게에 들어 갔는데, 점원이 밖을 보라고 하
　　　여 제가 밖을 보니 피의자가 제 자전거를 끌고 10여 미터가량 도망가는 것을 보고
　　　마침 그곳을 순찰하는 경찰관과 함께 제가 쫓아가 잡은 것입니다.

문　　자전거는 어느 정도의 가치가 있는 물건인가요.

답　　제가 20만 원에 사서 1년쯤 탄 일반 자전거이고 지금 중고시세로는 10만 원 정도

　　　　나갈 것입니다.

문　　자전거는 되찾았나요.

답　　예, 현장에서 되찾았습니다.

문　　피의자와 친척관계는 없지요.

답　　없습니다.

문　　이 사건과 관련하여 더 할 말이 있나요.

답　　**없습니다. 하는 행동이 상습범 같으니 피의자를 엄벌하여 주세요.**

　　위의 조서를 진술자에게 열람하게 하였던바, 진술한 대로 오기나 증감·변경할 것이 전혀 없다고 말하므로 간인한 후 서명 날인하게 하다.

　　　　　　　　　　　　　　진술자　　　윤 석 민　㊞

　　　　　　　　　2013.　12.　1.

　　　　　　　　　　　서 초 경 찰 서

　　　　　　　　　　사법경찰리　경장　**강 경 찰**　㊞

피의자신문조서

피의자 : 경재범

　　위의 사람에 대한 절도 등 피의사건에 관하여 2013. 12. 1. 서초경찰서 형사과 사무실에서 사법경찰리 경장 강경찰은 사법경찰리 순경 황경찰를 참여하게 하고, 아래와 같이 피의자임에 틀림없음을 확인한다.

문　　　피의자의 성명, 주민등록번호, 직업, 주거, 등록기준지 등을 말하시오.

답　　　성명은　　　　　　　경재범 (慶在範)
　　　　주민등록번호는　　　******-*******　　35세
　　　　직업은　　　　　　　무직
　　　　주거는　　　　　　　서울 서초구 서래로 222
　　　　등록기준지는　　　　서울 용산구 신흥로 2
　　　　직장 주소는　　　　　없음
　　　　연락처는
　　　　　　　자택 전화 : **-***-****　　　휴대 전화 : 010-****-****
　　　　　　　직장 전화 : 없음　　　　　　　전자우편(e-mail) : 없음

　　　　입니다.

　　사법경찰리는 피의사실의 요지를 설명하고 사법경찰리의 신문에 대하여 「형사소송법」 제244조의3에 따라 진술을 거부할 수 있는 권리 및 변호인의 참여 등 조력을 받을 권리가 있음을 피의자에게 알려주고 이를 행사할 것인지 그 의사를 확인하다.

진술거부권 및 변호인 조력권 고지 등 확인

1. 귀하는 진술을 하지 아니하거나 개개의 질문에 대하여 진술을 하지 아니할 수 있습니다.
2. 귀하가 진술을 하지 아니하더라도 불이익을 받지 아니합니다.
3. 귀하가 진술을 거부할 권리를 포기하고 행한 진술은 법정에서 유죄의 증거로 사용될 수 있습니다.
4. 귀하가 신문을 받을 때에는 변호인을 참여하게 하는 등 변호인의 조력을 받을 수 있습니다.

문   피의자는 위와 같은 권리들이 있음을 고지받았는가요.

답   예. 고지받았습니다.

문   피의자는 진술거부권을 행사할 것인가요.

답   아닙니다.

문   피의자는 변호인의 조력을 받을 권리를 행사할 것인가요.

답   아닙니다. 혼자서 조사를 받겠습니다.

이에 사법경찰리는 피의사실에 관하여 다음과 같이 피의자를 신문하다.

문   범죄전력은 있나요.

답   예, 2003. 2. 24. 수원지방검찰청에서 특수절도죄로 기소유예처분을 받은 사실이 있고, 2003. 5. 1. 수원지방법원에서 강도죄로 징역 1년 6월에 집행유예 3년을 선고받은 사실이 있고, 마지막으로 2006. 7. 2. 춘천지방법원에서 절도죄로 징역 1년을 선고받고 춘천교도소에서 복역하다가 2007. 3. 1. 만기출소하였습니다.

문   군대는 갔다 왔나요.

답   공익근무를 하였습니다.

문   학력은 어떠한가요.

답   고등학교를 졸업하였습니다.

문   사회경력은 어떠한가요.

답   특별한 경력은 없습니다.

문   가족관계는 어떠한가요.

답   부모님이 일찍 돌아가시고 현재는 가족이 없습니다.

문   재산이나 월수입은 어떠한가요.

답   저의 주거지는 월세로 20만 원 내고 있고, 그 밖에 특별한 재산이 없습니다. 요즘
     에는 제가 노동일 등을 하여 월수입은 200만 원 가량 됩니다.

문   정당이나 사회단체에 가입한 사실이 있나요.

답   없습니다.

문   건강상태는 어떠한가요.

답   건강한 편입니다.

문   피의자는 오늘 낮에 자전거를 훔치다가 잡힌 사실이 있지요.

답   예, 제가 요즘에 용돈이 궁하여 그런 일을 하였습니다.

문   일시, 경위를 자세히 진술하세요.

답   예, 2013. 12. 1. 오늘 오후 2시경 서울 서초구 방배로 11 앞길에서, 그곳에 세워진
     피해자 윤석민 소유의 시가 100,000원 상당의 자전거 1대를 끌고 도망가다가 잡힌
     사실이 있습니다.

문   훔쳐다가 무엇을 하려고 하였나요.

답   그냥 타다가 고물상에 팔면 몇 만 원 정도 주니까 생활비로 쓰려고 하였습니다.

문   최근에 다른 자전거도 훔친 사실이 있나요.

답   예, 이렇게 된 이상 한꺼번에 처벌을 받겠습니다. 2번 정도 자전거를 더 훔친 사실
     이 있습니다.

문   구체적으로 일시, 장소, 경위를 진술하세요.

답   예, 2013. 11. 25. 16 : 00경 서울 서초구 서운로 22 앞길에서, 그곳에 세워진 자전거
     1대를 끌고 갔고, 2013. 11. 27. 10 : 00경에도 서울 서초구 서운로 33 앞길에서, 자전
     거 1대를 끌고 가 훔친 사실이 있습니다.

문   피해자들은 아는가요.

답   누군지는 모릅니다.

문   어떤 자전거이었나요.

답   보통 일반 자전거로 1~2년 정도 탄 자전거 같습니다.

문   그 자전거들은 모두 어떻게 하였나요.

답   제가 며칠씩 타다가 아무래도 주인이 경찰에 신고하였으면 들킬 염려가 있어 아무
     데나 버렸습니다.

문   피의자는 억울해를 알지요.

답   예, 제 친구로 저를 횡령죄로 고소한 사실이 있습니다.

문 그 사실에 대하여 진술하여 보세요.

답 예, 2012. 10. 31. 14 : 00경 서울 용산구 신흥로 3에 있는 피해자 억울해의 집에 놀러 갔더니 억울해가 앞으로 크게 시세가 오를 토지를 사 놓으려고 하는데 자신은 공직자라 남의 이목이 있으니 제가 대신 토지를 매수하여 등기 명의를 제 이름으로 이전하여 놓고 있다가 나중에 팔아 주면 한 몫 주겠다는 부탁을 받고 제가 그러기로 하였습니다. 그 후 제가 억울해가 일러준 대로 부동산사무실을 찾아가 그 토지를 사고 싶다고 하였더니 부동산에서 주인인 부동자에게 연락하여 부동자와 계약을 체결하게 되었습니다.

문 계약 내용과 이행과정을 자세히 진술하세요.

답 예, 2012. 12. 5. 15 : 00경 서울 서초구 서운로 55에 있는 명당부동산중개사무소에서, 부동자와 부동자소유의 강원 속초시 중앙로 66 임야 100,500제곱미터를 대금 1억 원에 제 명의로 매수하는 계약을 체결하였습니다. 그리고 이 계약에 따라 같은 날 계약금 1,000만 원을, 2012. 1. 5 중도금 4,000만 원을 피해자로부터 송금받아 부동자에게 지급하였습니다.

문 그런데 어떻게 그 돈을 부동자로부터 돌려받았나요.

답 2013. 1. 20. 부동자로부터 위약금을 물테니 계약을 해제하여 달라는 요청이 왔습니다. 다른 때 같으면 억울해와 상의를 하였을 터인데 그 당시 제가 대출을 받았던 은행대출금이 연체되어 계속 독촉을 받던 때라서 제가 계약을 해제하면서 부동자로부터 위약금을 포함하여 금 6,000만 원을 돌려받아 2013. 2. 1. 제 은행대출금을 변제하는 데 임의로 사용하였습니다.

문 그 과정에서 억울해의 승낙을 받지는 않았나요.

답 예, 억울해에게는 그 사실을 숨겼습니다. 억울해가 나중에 알고 저를 고소한 것입니다.

문 부동자에 지급한 돈은 모두 억울해의 돈인데 그 돈을 돌려받아 피의자가 함부로 쓴 것은 횡령 아닌가요.

답 잘못하는 줄은 알지만 급하여 그렇게 됐습니다.

문 억울해로부터 고소를 당하자 오히려 억울해를 허위 고소한 사실이 있지요.

답 예, 그러한 사실이 있습니다.

문 구체적인 경위를 진술하세요.

답 억울해가 고소하였다는 말을 듣고 그대로 있다가는 제가 구속될 것 같아 저도 무언가 꾸며 맞고소를 하여야 하겠다는 잘못 생각에 2013. 9. 20. 서초경찰서에 "억울해가 2008. 4. 17. 17 : 00경 같이 술을 마시던 중 시비를 걸어 경재범 자신의 얼굴을 2~3회 세게 때려 폭행하였다"는 허위사실을 기재한 고소장을 제출하였습니다.

문   그런 허위사실을 고소하여 억울해를 형사처분을 받게 할 생각이었나요.

답   억울해가 잘못하면 형사처벌을 받을 수도 있다는 생각은 하였으나 순간적인 판단으로 후회하고 있습니다.

문   이 고소장 사본이 피의자가 제출한 고소장 맞는가요.

이때 피의자가 억울해를 폭행죄로 고소하면서 제출한 고소장의 사본을 보여준바,

답   예, 제가 제출한 고소장이 맞습니다.

이때 고소장 사본을 본 조서 말미에 편철하다.

문   피의자는 김미자라는 여자를 아는가요.

답   전혀 모르는 여자입니다.

문   피의자는 2013. 4. 16. 23 : 00경 서울 서초구 서운로 서초공원에서 김미자라는 여자를 강간한 사실이 없는가요.

답   전혀 그런 사실이 없습니다.

문   김미자의 진술에 의하면 피의자는 그곳을 걸어가는 김미자를 뒤따라 가다가 갑자기 앞을 가로막고, "연애나 한번 하자"고 말을 걸다가 피해자가 "싫어요"하고 도망가려 하자 갑자기 오른 손으로 피해자의 입을 막고, 바로 옆에 있는 수풀 속으로 끌고 가 피해자의 목을 조르며 반항하면 죽인다고 협박하여 피해자를 항거불능케 한 후 피해자의 바지와 속옷을 벗기고 1회 간음하였다는데요.

답   전혀 그러한 사실이 없습니다.

문   그렇다면 김미자가 왜 피의자를 지목하는가요.

답   잘못 본 것 같습니다. 대질하여 확인하여 주십시오.

문   피의자는 2013. 4. 16. 행적을 진술할 수 있는가요.

답   오래 지난 일이라 무엇을 하였는지 잘 모르겠습니다.

문   이 사건으로 구속이 된다면 누구에게 통지하기를 원하는가요.

답   가족이 없어 통지할 사람이 없습니다.

문   더 할 말이 있나요.

답   죄송합니다. 한 번만 선처해 주십시오. 그리고 강간 건은 억울합니다.

문   이상의 진술내용에 대하여 특별한 의견이나 이의가 있는가요.

답   없습니다.

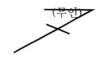

위의 조서를 진술자에게 열람하게 하였던바, 진술한 대로 오기나 증감·변경할 것이 전혀 없다고 말하므로 간인한 후 서명 무인하게 하다.

진술자　**경 재 범** (무인)

2013.　12.　1.

서 초 경 찰 서

사법경찰리　경장　**강경찰** ㊞

사법경찰리　순경　**황경찰** ㊞

고 소 장

고 소 인   경 재 범
　　　　　서울 서초구 서래로 222   전화 010-****-****

피고소인   억 울 해
　　　　　서울 용산구 신흥로 3

위 사본임
경장 강경찰 ㊞

접수
No. 35600
2013. 9. 20.
서울서초경찰서

고 소 사 실

1. 피고소인은 고소인의 친구로 구청공무원인 자입니다.

2. 고소인은 피고소인을 폭행죄로 고소하는 바입니다.

3. 자세한 경위를 말씀드리면
　- 피고소인 억울해는 2008. 4. 17. 17 : 00경 고소인과 같이 술을 마시던 중 이유 없이
　　시비를 걸어 고소인의 얼굴을 2~3회 세게 때려 폭행하였습니다.
　- 고소인은 친구 사이로 우발적으로 발생한 일이므로 그냥 묻어 놓고 지내던 중 최근
　　에 피고소인은 고소인과의 단순한 채무관계를 횡령으로 몰아 고소를 제기하는 등의
　　파렴치한 일을 자행하므로 더 이상 고소인도 참지 못하여 고소에 이른 것입니다.

4. 위와 같은 사실로 고소하오니, 조사하여 엄중 처벌하여 주시기 바랍니다.

2013년 9월 20일
고소인 경 재 범 (인)

서초경찰서 귀중

진술조서

성   명 : 김미자

주 민 등 록 번 호 : 941215-******* 18세

직   업 : 무직

주   거 : 서울 종로구 종로 142

등 록 기 준 지 : 서울 종로구 종로 142

직 장 주 소 : 없 음

연   락   처 : 자택전화 **-***-****   휴대전화 ***-****-****

              직장전화   전자우편 *****@*******.**.**

위의 사람은 피의자 경재범에 대한 강간 등 피의사건에 관하여 2013. 12. 2. 서초경찰서 형사과 사무실에 임의 출석하여 다음과 같이 진술하다.

---

1. 피의자와의 관계

저는 피의자와 아무런 친인척관계가 없습니다.

1. 피의사실과의 관계

저는 피의사실에 관하여 피해자 자격으로 출석하였습니다.

이때 진술의 취지를 더욱 명백히 하기 위하여 다음과 같이 임의로 문답하다.

문   진술인은 약 8개월 전에 공원에서 성폭력을 당한 사실이 있지요.

답   예, 그러한 사실이 있습니다.

문   구체적으로 진술할 수 있나요.

답   예, 저는 2013. 4. 16. 23 : 00경 서울 서초구 서운로 서초공원에서, 성명불상 30대 중반의 남자로부터 강간을 당한 사실이 있습니다. 그때 그 남자는 저를 약 5분간 뒤따라 왔습니다. 제가 아무래도 낌새가 이상하고 공원이 가로등밖에 없어 어두운 편이므로 무서워 막 뛰어가려는 찰나에 그 남자는 갑자기 앞을 가로막고, "연애나 한번 하자"고 말을 걸었습니다. 제가 "싫어요"하는 순간 갑자기 손으로 저의 입을 막고, 바로 옆에 있는 수풀 속으로 끌고 가 저의 목을 조르며 반항하면 죽인다고

협박하여 제가 무서워 반항을 멈추었더니 저의 바지와 속옷을 벗기고 1회 간음하였습니다.

문   범인의 인상착의를 기억할 수 있나요.

답   당시 어두웠고 너무 경황이 없고 무서워 얼굴을 잘 보지는 못했습니다. 30대 중반으로 키는 175센티 정도이고 몸집도 꽤 있었던 것으로만 기억합니다.

문   당시 경찰에서 우범자 사진을 보며 경재범이라는 사람을 지목하였는데, 그 사진의 얼굴이 맞는가요.

답   그 때 경찰관이 2~3 사람의 흑백 얼굴 증명사진 같은 것을 보여 주며 찾아 보라고 하여 경재범이라는 사람 얼굴과 비슷하다고 한 적이 있습니다.

문   다시 보면 알겠는가요.

이때 경재범의 증명사진을 보여준바,

답   예, 이 사람 같아요.

문   실제로 얼굴을 보면 확인할 수 있나요.

답   대면하기 싫습니다.

문   조사실에서 유리창을 통하여 확인할 수는 없나요.

답   그렇게 하겠습니다.

이때, 피의자 경재범을 조사실에 서 있게 한 다음 진술인은 유리창으로 차단된 확인실에서 피의자를 보게 하다.(피의자가 진술인을 볼 수 없도록 시설된 특수유리시설)

문   범인이 저 사람 아닌가요.

답   아까 사진의 사람이 맞는 것 같고 지금 실물을 보니 머리도 길게 길렀고, 얼굴 윤곽이랑 체격으로 보아 범인이 틀림없는 것 같습니다.

문   범행 당시 피의자가 지금같이 안경을 썼던가요.

답   잘 기억이 나지 않습니다.

문   옷은 어떤 옷이었나요.

답   양복은 아닌 게 틀림없는데, 바지는 청바지 같았고, 상의는 붉은색 티셔츠 계통으로 기억합니다.

문   피의자가 범인 맞지요.

답   여러 번 보니 틀림없는 것 같습니다.

문   당시 상처를 입지는 않았나요.

답   약간 몸이 욱씬욱씬 하였으나 병원에 가 보지는 않았습니다.

문   나이가 어린데 혹시 성관계가 처음이 아니었나요. 그런 경우 처녀막 파열상 등을 입을 수 있는데요.

답   처음은 아니었습니다.

문   피의자의 처벌을 원하나요.

답   예, 2013. 5. 1. 고소장을 제출한 바 있습니다. 범인임에도 거짓말을 한다니 괘씸하네요. 엄벌하여 주세요.

문   이 사건과 관련하여 더 할 말이 있나요.

답   없습니다.

　　위의 조서를 진술자에게 열람하게 하였던바, 진술한 대로 오기나 증감·변경할 것이 전혀 없다고 말하므로 간인한 후 서명 날인하게 하다.

진술자   김 미 자 ⑩

2013. 12. 2.

서 초 경 찰 서

사법경찰리 경장 강 경 찰 ⑩

조 회 회 보 서

제 2013-12570 호   2012. 12. 1.

□ 조회대상자

성 명	경재범	주민등록번호	******-*******	성별	남
지 문 번 호		주민지문번호	75867-75859	일련번호	
주 소	서울 서초구 서래로 222				
등록기준지	서울 용산구 신흥로 2				

□ 주민정보

성 명	경재범	생년월일	19**. **. *. 생	성별	남자
주민등록번호	******-*******		주민지문번호	76867-74859	
전 등 록					
등 록 기 준 지	서울 용산구 신흥로 2				
주 소	서울 서초구 서래로 222				
세 대 주	경재범				
전 입 일	2008. 9. 23.	통반변경	유		
참 고 사 항					

□ 범죄경력자료

연번	입건	입건관서	작성번호	송치번호	형제번호
	처분일	죄 명		처분관서	처분결과
1	2003. 3. 9.	수원경찰서	0115104	2003-006567	2003-210-85690
	2003. 5. 1.	강도		수원지방법원	징역1년6월 집행유예3년
2	2006. 5. 20.	춘천경찰서	0115435	2006-006767	2006-120-56789
	2006. 7. 2.	절도		춘천지방법원	징역1년

□ 수사경력자료

연번	입건일	입건관서	작성번호	송치번호	형제번호
	처분일	죄 명		처분관서	처분결과

□ 지명수배내역

연번	상 세 내 용					
	수배관서		수배종결	담당자		
	수배번호		사건번호		영장구분	
	수배일자		범죄일자		공소시효만료	
	참고사항				영장유효일자	
	죄 명					
	영장번호		공범1		공범2	
	발견일자		발견관서		발견자	
	주 소					
	범행장소		피해자		피해정도	

위와 같이 조회 결과를 통보합니다.

조 회 용 도 : 접수번호 2013-026914 형사

조회의뢰자 : 형사과　　　경장 **이은경**

작 성 자 : 형사과　　　경장 **이은경**

서 울 서 초 경 찰 서 장

서울서
초경찰
서장인

피의자신문조서

피의자 : 경재범

　　위의 사람에 대한 아동·청소년의성보호에관한법률위반(강간) 등 피의사건에 관하여 2013. 12. 9. 서울중앙지방검찰청 제511호 검사실에서 검사 김검사는 검찰주사 박검찰을 참여하게 한 후, 아래와 같이 피의자임에 틀림없음을 확인한다.

문　　　피의자의 성명, 주민등록번호, 직업, 주거, 등록기준지 등을 말하시오.

답　　　성명은　　　　　　　　경재범
　　　　주민등록번호는　　　******-*******　　　35세
　　　　직업은　　　　　　　　무직
　　　　주거는　　　　　　　　서울 서초구 서래로 222
　　　　등록기준지는　　　　　서울 용산구 신흥로 2
　　　　직장 주소는　　　　　　없음
　　　　연락처는
　　　　　　자택 전화 : **-***-****　　　　휴대 전화 : 010-****-****
　　　　　　직장 전화 : 없음　　　　　　　　전자우편(e-mail) : 없음

　　　　입니다.

　　검사는 피의사실의 요지를 설명하고 사법경찰리의 신문에 대하여 「형사소송법」 제244조의3에 따라 진술을 거부할 수 있는 권리 및 변호인의 참여 등 조력을 받을 권리가 있음을 피의자에게 알려주고 이를 행사할 것인지 그 의사를 확인하다.

진술거부권 및 변호인 조력권 고지 등 확인

1. 귀하는 진술을 하지 아니하거나 개개의 질문에 대하여 진술을 하지 아니할 수 있습니다.
2. 귀하가 진술을 하지 아니하더라도 불이익을 받지 아니합니다.
3. 귀하가 진술을 거부할 권리를 포기하고 행한 진술은 법정에서 유죄의 증거로 사용될 수 있습니다.
4. 귀하가 신문을 받을 때에는 변호인을 참여하게 하는 등 변호인의 조력을 받을 수 있습니다.

문 피의자는 위와 같은 권리들이 있음을 고지받았는가요.

답 **예. 고지받았습니다.**

문 피의자는 진술거부권을 행사할 것인가요.

답 **아닙니다.**

문 피의자는 변호인의 조력을 받을 권리를 행사할 것인가요.

답 **아닙니다. 혼자서 조사를 받겠습니다.**

이에 검사는 피의사실에 관하여 다음과 같이 피의자를 신문하다.

문 피의자는 형벌을 받은 사실이 있는가요..

답 2003. 2. 24. 수원지방검찰청에서 특수절도죄로 기소유예처분을 받은 사실이 있고, 2003. 5. 1. 수원지방법원에서 강도죄로 징역 1년 6월에 집행유예 3년을 선고받은 사실이 있고, 2006. 7. 2. 춘천지방법원에서 절도죄로 징역 1년을 선고받은 사실이 있습니다.

문 피의자의 학력, 경력, 가족관계, 재산정도, 건강상태 등은 경찰에서 사실대로 진술하였나요.

이때 검사는 사법경찰리 작성의 피의자신문조서 중 해당부분을 읽어준바,

답 예. 그렇습니다.

문 피의사실은 어떤 내용인가요?

답 절도, 횡령, 무고, 강간 등의 사실입니다.

문 피의자는 그 사실을 전부 인정하나요.

답 강간은 한 적이 없습니다만 다른 사실은 모두 인정합니다.

문 인정하는 사실에 관하여 진술하여 보세요.

답 예, 절도부터 말씀드리겠습니다. 2013. 11. 25. 16 : 00경 서울 서초구 서운로 22 앞
길에서, 그곳에 세워진 자전거 1대를 끌고 갔고, 2013. 11. 27. 10 : 00경에도 서울 서
초구 서운로 33 앞길에서, 자전거 1대를 끌고 가 훔친 사실이 있습니다. 그리고
2013. 12. 1. 오후 2시경 서울 서초구 방배로 11 앞길에서, 그곳에 세워진 피해자 윤
석민 소유의 시가 100,000원 상당의 자전거 1대를 끌고 도망가다가 잡힌 사실이 있
습니다.

문 그 피해자들과 친척관계는 아닌가요.

답 아닙니다.

문 다음은 억울해로부터 고소당한 횡령 사실에 대하여 진술하여 보세요.

답 예, 2012. 10. 31. 14 : 00경 서울 용산구 신흥로 3에 있는 피해자 억울해의 집에서
억울해가 앞으로 크게 시세가 오를 토지를 사 놓으려고 하는데 자신은 공직자라
남의 이목이 있으니 제가 대신 토지를 매수하여 등기 명의를 제 이름으로 이전하
여 놓고 있다가 나중에 팔아 주면 한 몫 주겠다는 부탁을 받고 제가 그러기로 하
였습니다. 그 후 제가 억울해가 일러준 대로 부동산사무실을 찾아가 그 토지를 사
고 싶다고 하였더니 부동산에서 주인인 부동자에게 연락하여 부동자와 계약을 체
결하게 되었습니다. 그리고 나서는 2012. 12. 5. 15 : 00경 서울 서초구 서운로 55에
있는 명당부동산중개사무소에서, 부동자와 부동자 소유의 강원 속초시 중앙로 66
임야 100,500제곱미터를 대금 1억 원에 제 명의로 매수하는 계약을 체결하였습니
다. 그리고 이 계약에 따라 같은 날 계약금 1,000만 원을, 2013. 1. 5. 중도금 4,000
만 원을 피해자로부터 송금받아 부동자에게 지급하였습니다. 그런데 2013. 1. 20.
부동자로부터 위약금을 물테니 계약을 해제하여 달라는 요청이 왔습니다. 다른 때
같으면 억울해와 상의를 하였을 터인데 그 당시 제가 대출을 받았던 은행대출금이
연체되어 계속 독촉을 받던 때라서 제가 계약을 해제하면서 부동자로부터 위약금
을 포함하여 금 6,000만 원을 돌려받아 2013. 2. 1. 제 은행대출금을 변제하는 데 임
의로 사용하였습니다.

문 부동자에 지급한 돈은 모두 억울해의 돈인데 그 돈을 돌려받아 피의자가 함부로
쓰면 되나요.

답 잘못하였습니다.

문 억울해와 친척관계는 아니지요.

답 아닙니다.

문 억울해를 무고한 사실도 진술하세요.

답 억울해가 고소하였다는 말을 듣고 저도 허위고소라도 맞고소를 하여야 하겠다는 잘못된 생각에 2013. 9. 20. 서초경찰서에 "억울해가 2008. 4. 17. 17 : 00경 같이 술을 마시던 중 시비를 걸어 경재범의 얼굴을 2~3회 세게 때려 폭행하였다"는 허위사실을 기재한 고소장을 제출하였습니다.

문 억울해에게 폭행을 당한 사실을 없다는 말이지요.

답 그러한 사실은 없습니다.

문 피의자는 2013. 4. 16. 23 : 00경 서울 서초구 서운로 서초공원에서 김미자라는 여자를 강간한 사실이 없는가요.

답 그런 사실이 없습니다.

문 피의자는 그곳을 걸어가는 김미자를 뒤따라 가다가 갑자기 앞을 가로막고, "연애나 한번 하자"고 말을 걸다가 피해자가 "싫어요"하고 도망가려 하자 갑자기 오른손으로 피해자의 입을 막고, 바로 옆에 있는 수풀 속으로 끌고 가 피해자의 목을 조르며 반항하면 죽인다고 협박하여 피해자를 항거불능케 한 후 피해자의 바지와 속옷을 벗기고 1회 간음한 사실이 없나요.

답 전혀 그러한 사실이 없습니다.

문 김미자는 경찰에서 피의자의 얼굴을 확인하고 범인이 틀림없다고 하는데 왜 끝까지 부인하나요.

답 대질하여 확인하여 주십시오.

문 피의자는 2013. 4. 16.의 알리바이가 없나요.

답 오래 지난 일이라 무엇을 하였는지 잘 모르겠습니다.

문 피해자들과 합의는 하였는가요.

답 아직 모두 합의하지 못했습니다.

문 조서에 진술한 대로 기재되지 아니하였거나 사실과 다른 부분이 있는가요.

답 **없습니다.** (무인)

위의 조서를 진술자에게 열람하게 하였던바, 진술한 대로 오기나 증감·변경할 것이 전혀 없다고 말하므로 간인한 후 서명 무인하게 하다.

진술자   **경 재 범** (무인)

2013.   12.   9.

서울중앙지방검찰청

검   사   **김 검 사**   ㉑

검찰주사   **박 검 찰**   ㉑

서 울 서 초 경 찰 서

2013. 12. 12.

제 2013-1500호

수 신 : 서울중앙지방검찰청 검사장

참 조 : 제511호 검사실

제 목 : 현장확인보고

피의자 경재범에 대한 절도 피의사건과 관련하여 자전거의 소유주를 확인하기 위하여 범행 현장에 임하여 탐문하여 보고하라는 검사의 수사지휘에 따라 다음과 같이 수사하였기에 보고합니다.

1. 일시, 장소 및 대상

2013. 12. 11. 09 : 00 ~ 18 : 30

서울 서초구 서운로 33 및 방배로 11 일대

2. 확 인 내 용

일대에서 자전거를 도난당한 피해자나 목격자를 탐문하였으나 발견하지 못하였고, 장물인 자전거도 발견 못함

형사과 강력팀

경사 **최 경 찰** ㊞

서 울 중 앙 지 방 검 찰 청

수 신   검사 김검사

제 목   출소일자 등 범죄전력 확인보고

1. 피의자 경재범에 대한 범죄전력을 확인한바 피의자는

   ① 2003. 2. 24. 수원지방검찰청에서 특수절도죄로 기소유예처분을 받은 사실이 있고,

   ② 2003. 5. 1. 수원지방법원에서 강도죄로 징역 1년 6월에 집행유예 3년을 선고받은 사실이 있고, ③ 2006. 7. 2. 춘천지방법원에서 절도죄로 징역 1년을 선고받은 사실이 있으므로 ②, ③ 전력에 대한 각 판결문을 등본하여 첨부하고,

2. 위 ① 전과의 내용은 2002. 12. 12. 17 : 00경 수원시 소재 금은방에 들어갔다가 혼잡한 틈을 이용하여 공범과 함께 금목걸이 1개 시가 50만 원 상당을 훔치다가 현장에서 검거되어 불구속 입건되었다가 검찰에서 기소유예처분을 받은 것임을 확인하고,

3. 피의자의 위 ③전과의 형집행 종료일 등을 확인한바, 동 판결은 항소기간도과로 2006. 7. 10. 확정되어 춘천교도소에서 복역하다가 2007. 3. 1. 그 형의 집행을 종료한 사실이 확인되었기에 보고합니다.

첨부: 판결문 2통

2013.   12.   12.

검찰주사 **박검찰** (인)

수 원 지 방 법 원

판 결

확정일 2005. 5. 9.
수원지방검찰청
검찰주사 김기수 ㉑

사 건   2005고합3060 강도

피 고 인   경재범(******-*******), 무직

              주거   서울 관악구 신림동 330-9

              등록기준지   서울 용산구 용산동 2

검 사   김강한

변 호 인   변호사 변호길(국선)

판결선고   2005. 5. 1.

주 문

피고인을 징역 1년 6월에 처한다.

이 판결 선고 전의 구금일수 38일을 이 형에 산입한다.

다만, 이 판결 확정일로부터 3년간 위 형의 집행을 유예한다.

이 유

범죄사실

피고인은 2005. 3. 9. 22 : 00경 경기 수원시 팔달구 인계동 567 앞길에서, 그곳을 지나는 피해자 김수동(남, 14세)에게 "가진 돈을 내놓지 않으면 죽는다"고 위협하고 주먹으로 얼굴 등을 때려 항거불능케 한 다음 주머니를 뒤져 돈 20,000원을 꺼내어 가 이를 강취하였다.

증거의 요지

1. 피고인의 법정진술
1. 피고인에 대한 검찰 피의자신문조서
1. 김수동에 대한 경찰 진술조서

법령의 적용

1. 범죄사실에 대한 해당법조

형법 제333조(징역형 선택)

1. 미결구금일수의 산입

   형법 제57조

   이상의 이유로 주문과 같이 판결하다.

1. 집행유예

   형법 제62조 제 1 항, 제51조

위 등본임
검찰주사 김동길 ㊞

판사   강병국   __강병국__ ㊞

춘 천 지 방 법 원

판 결

확정일 2006. 7. 10.
춘천지방검찰청
검찰주사 이동길 ㊞

사 건	2006고단1060 절도
피 고 인	경재범(******-*******), 무직 주거 강원 춘천시 석사동 345 등록기준지 서울 용산구 용산동 2
검 사	김강수
변 호 인	변호사 변호녀(국선)
판결선고	2006. 7. 2.

주 문

피고인을 징역 1년에 처한다.
이 판결 선고 전의 구금일수 47일을 이 형에 산입한다.

이 유

범죄사실

피고인은 2006. 5. 19. 22 : 00경 강원 춘천시 석사동 567 앞길에서, 그곳을 지나가는 피해자 김귀녀의 핸드백을 낚아채 갔다. 이로써 피해자의 핸드백과 그 안에 든 돈 40,000원을 절취하였다.

증거의 요지 (생략)

법령의 적용 (생략)

위 등본임
검찰주사 김수길 ㊞

판사 김호길 김호길 ㊞

해 설

Ⅰ. 사건의 개요

1. 피 고 인

- 경재범(국선변호인 변호남)
- 35세, 무직
- 피고인은 2003. 2. 24. 수원지방검찰청에서 특수절도죄로 기소유예처분을 받은 사실이 있고, 2003. 5. 1. 수원지방법원에서 강도죄로 징역 1년 6월에 집행유예 3년을 선고받은 사실이 있고, 2006. 7. 2. 춘천지방법원에서 절도죄로 징역 1년을 선고받은 사실이 있다.

2. 공소사실의 요지(죄명)

- 아동·청소년의성보호에관한법률위반(강간)
- 특정범죄가중처벌등에관한법률위반(절도)
- 무 고
- 횡 령

[적용법조]
아동·청소년의 성보호에 관한 법률 제 7 조 제 1 항, 특정범죄 가중처벌 등에 관한 법률 제 5 조의4 제 1 항, 형법 제329조, 제156조, 제355조 제 1 항, 제37조, 제38조

3. 사건의 경과

가. 수사절차

◉ 현행범인으로 체포(2013. 12. 1.)

◉ 국선변호인 선정

◉ 구속(2013. 12. 3.)

- 아동·청소년의성보호에관한법률위반(강간)
  - 고　소
  - 범행부인
  - 김미자 고소장, 김미자 진술조서
- 특정범죄가중처벌등에관한법률위반(절도)
  - 사실관계 시인
  - 윤석민 진술조서
  - 전과조회, 판결문 등
- 무　고
  - 사실관계 시인
  - 억울해 진술조서, 고소장 사본
- 횡　령
  - 사실관계 시인
  - 억울해 진술조서, 고소장, 부동자 진술서

◉ 검찰 송치(2013. 12. 9.)
  - 피의자는 경찰에서와 동일 진술

나. 공판절차

◉ 2013. 12. 14. 공소제기

◉ 제1회 공판기일(2013. 12. 30.)
  - 피고인은 경찰에서와 동일 진술

◉ 제2회 공판기일(2014. 1. 13.)
  - 증인 김미자 증언

- 변론종결
- 검사의 구형(징역 7년)[1]
- 변호인의 변론(무죄 주장)

◉ 2014. 1. 20. 선고

4. 주요 형사특별법

아동·청소년의 성보호에 관한 법률 [필자 주: 범죄 당시의 적용 법률]

제 7 조(아동·청소년에 대한 강간·강제추행 등) ① 폭행 또는 협박으로 아동·청소년을 강간한 사람은 5년 이상의 유기징역에 처한다.

제16조(피해자의 의사) 「형법」 제306조 및 「성폭력범죄의 처벌 등에 관한 특례법」 제15조에도 불구하고 아동·청소년을 대상으로 한 다음 각 호의 죄에 대하여는 피해자의 고소가 없어도 공소를 제기할 수 있다. 다만, 아동·청소년을 대상으로 한 「성폭력범죄의 처벌 등에 관한 특례법」 제11조 및 제12조의 죄는 피해자의 명시한 의사에 반하여 공소를 제기할 수 없다.

1. 제 7 조의 죄
2. 「형법」 제297조부터 제300조까지, 제302조, 제303조 및 제305조의 죄
3. 「성폭력범죄의 처벌 등에 관한 특례법」 제10조 제 1 항의 죄

아동·청소년의 성보호에 관한 법률 [필자 주: 개정 법률]

[시행 2013. 6. 19] [법률 제11572호, 2012. 12. 18. 전부개정]

제 7 조(아동·청소년에 대한 강간·강제추행 등) ① 폭행 또는 협박으로 아동·청소년을 강간한 사람은 무기징역 또는 5년 이상의 유기징역에 처한다.

② 아동·청소년에 대하여 폭행이나 협박으로 다음 각 호의 어느 하나에 해당하는 행위를 한 자는 5년 이상의 유기징역에 처한다.

1. 구강·항문 등 신체(성기는 제외한다)의 내부에 성기를 넣는 행위
2. 성기·항문에 손가락 등 신체(성기는 제외한다)의 일부나 도구를 넣는 행위

③ 아동·청소년에 대하여 「형법」 제298조의 죄를 범한 자는 2년 이상의 유기징역 또는 1천만원 이상 3천만원 이하의 벌금에 처한다.

④ 아동·청소년에 대하여 「형법」 제299조의 죄를 범한 자는 제 1 항부터 제 3 항까지의 예에 따른다.

⑤ 위계(僞計) 또는 위력으로써 아동·청소년을 간음하거나 아동·청소년을 추행한 자는 제 1 항부터 제 3 항까지의 예에 따른다.

---

1) 신상등록정보공개, 특정범죄자에 대한 위치추적장치부착등에 관한 법률에 따른 전자장치부착 명령청구등 부수처분은 생략(이하 같음).

⑥ 제 1 항부터 제 5 항까지의 미수범은 처벌한다.

특정범죄 가중처벌 등에 관한 법률

제 5 조의4(상습 강도·절도죄 등의 가중처벌) ① 상습적으로 「형법」 제329조부터 제331조까지의 죄 또는 그 미수죄를 범한 사람은 무기 또는 3년 이상의 징역에 처한다.

② 5명 이상이 공동하여 제 1 항의 죄를 범한 사람은 무기 또는 5년 이상의 징역에 처한다.

③ 상습적으로 「형법」 제333조·제334조·제336조·제340조 제 1 항의 죄 또는 그 미수죄를 범한 사람은 사형, 무기 또는 10년 이상의 징역에 처한다.

④ 「형법」 제363조의 죄를 범한 사람은 무기 또는 3년 이상의 징역에 처한다.

⑤ 「형법」 제329조부터 제331조까지, 제333조부터 제336조까지 및 제340조·제362조의 죄 또는 그 미수죄로 세 번 이상 징역형을 받은 사람이 다시 이들 죄를 범하여 누범(累犯)으로 처벌하는 경우에도 제 1 항부터 제 4 항까지의 형과 같은 형에 처한다.

⑥ 제 1 항 또는 제 2 항의 죄로 두 번 이상 실형을 선고받고 그 집행이 끝나거나 면제된 후 3년 이내에 다시 제 1 항 또는 제 2 항의 죄를 범한 경우에는 그 죄에 대하여 정한 형의 단기(短期)의 2배까지 가중한다.

Ⅱ. 쟁점 해설

1. 횡   령

가. 명의신탁된 부동산과 관련된 형사책임

(1) 2자간 명의신탁(이전형 명의신탁)

부동산을 소유자로부터 명의수탁받은 자가 이를 임의로 처분하였다면 명의신탁자에 대한 횡령죄가 성립하며, 그 명의신탁이 부동산 실권리자 명의 등기에 관한 법률 시행 전에 이루어졌고 같은 법이 정한 유예기간 이내에 실명등기를 하지 아니함으로써 그 명의신탁약정 및 이에 따라 행하여진 등기에 의한 물권변동이 무효로 된 후에 처분행위가 이루어졌다고 하여 달리 볼 것이 아니다.[2]

(2) 3자간 명의신탁(중간생략등기형 명의신탁)

3자간 명의신탁에 있어 수탁자가 부동산을 임의처분한 경우, 신탁자에 대한

---

2) 대법원 2000. 2. 22. 선고 99도5227 판결.

횡령죄설,3) 매도인에 대한 횡령죄설, 신탁자에 대한 배임죄설 등 견해가 다양하다.

(3) 계약명의신탁

① 매도인이 선의인 경우는 배임죄설과 무죄설4)이 대립한다.

② 매도인이 악의인 경우는 횡령죄설과 배임죄설이 대립하나 판례는 무죄설 (대법원 2012. 11. 29. 선고 2011도7361 판결, 대법원 2012. 12. 13. 선고 2010도10515 판결).

나. 사안에의 적용

계약명의신탁에서 매도인이 선의인 경우에 해당한다.

---

3) ① 대법원 2008. 2. 29. 선고 2007도11029 판결.
　　이른바 중간생략등기형 명의신탁에 있어서 수탁자가 부동산을 임의로 처분한 경우 횡령죄가 성립한다.
　② 대법원 2001. 11. 27. 선고 2000도3463 판결.
　[1] 부동산을 그 소유자로부터 매수한 자가 그의 명의로 소유권이전등기를 하지 아니하고 제 3자와 맺은 명의신탁약정에 따라 매도인으로부터 바로 그 제 3 자에게 중간생략의 소유권 이전등기를 경료한 경우, 그 제 3 자가 그와 같은 명의신탁 약정에 따라 그 명의로 신탁된 부동산을 임의로 처분하였다면 신탁자에 대한 횡령죄가 성립하고, 그 명의신탁이 부동산 실권리자명의등기에관한법률 시행 전에 이루어졌고 같은 법이 정한 유예기간 이내에 실 명등기를 하지 아니함으로써 그 명의신탁약정 및 이에 따라 행하여진 등기에 의한 물권 변동이 무효로 된 후에 처분이 이루어졌다고 하여 달리 볼 것은 아니다.
　[2] 명의수탁자가 신탁 받은 부동산의 일부에 대한 토지수용보상금 중 일부를 소비하고, 이어 수용되지 않은 나머지 부동산 전체에 대한 반환을 거부한 경우, 부동산의 일부에 관하여 수 령한 수용보상금 중 일부를 소비하였다고 하여 객관적으로 부동산 전체에 대한 불법영득의 의사를 외부에 발현시키는 행위가 있었다고 볼 수는 없으므로, 그 금원 횡령죄가 성립된 이 후에 수용되지 않은 나머지 부동산 전체에 대한 반환을 거부한 것은 새로운 법익의 침해가 있는 것으로서 별개의 횡령죄가 성립하는 것이지 불가벌적 사후행위라 할 수 없다.
4) 대법원 2007. 3. 29. 선고 2007도766 판결.
　[1] 계약명의신탁에 있어서 수탁자가 신탁 부동산에 관한 등기를 이전받기 전에 소유자와 사 이의 합의로 매매계약을 해제하고 그 매매대금을 반환받은 경우, 수탁자가 그 매매대금에 대하여 '타인의 재물을 보관하는 자'에 해당하는지 여부(소극)
　[2] 신탁자와 수탁자가 명의신탁약정을 맺고 그에 따라 수탁자가 당사자가 되어 명의신탁약 정이 있다는 사실을 알지 못하는 소유자와 사이에서 부동산에 관한 매매계약을 체결한 이른바 계약명의신탁에 있어서, 수탁자는 신탁자에 대한 관계에서도 신탁 부동산의 소유 권을 완전히 취득하고 단지 신탁자에 대하여 명의신탁약정의 무효로 인한 부당이득반환 의무만을 부담할 뿐인바, 그와 같은 부당이득반환의무는 명의신탁약정의 무효로 인하여 수탁자가 신탁자에 대하여 부담하는 통상의 채무에 불과할 뿐 아니라, 신탁자와 수탁자 간의 명의신탁약정이 무효인 이상, 특별한 사정이 없는 한 신탁자와 수탁자 간에 명의신 탁약정과 함께 이루어진 부동산 매입의 위임 약정 역시 무효라고 볼 것이다(대법원 2001. 9. 25. 선고 2001도2722 판결, 2004. 4. 27. 선고 2003도6994 판결 등 참조).
　　또한, 이러한 계약명의신탁의 법리는 수탁자가 신탁 부동산에 관한 등기를 이전받기 전 에 소유자와 사이의 합의로 매매계약을 해제한 후 그 매매대금을 반환받았다고 하더라도 마찬가지로 적용된다고 보아야 할 것이므로, 그 수탁자가 횡령죄에 있어서의 '타인의 재 물을 보관하는 자'의 지위에 있다고 볼 수는 없다.

관련 판례(대법원 2007. 3. 29. 선고 2007도766 판결)에 따라 무죄 주장이 가능하다.

2. 아동·청소년의성보호에관한법률위반(강간)

가. 성범죄 관련사건에서의 유의사항

실무상 성범죄는 형법의 적용대상이 되는 경우보다 특별형사법인 아동·청소년의 성보호에 관한 법률(이하, 아청법이라 한다)이나 성폭력범죄의 처벌 등에 관한 특례법 위반이 되는 경우가 많으므로 우선 어떤 법을 적용할 수 있는가를 먼저 따져보는 것이 중요하다.

또한 법률의 개정이 빈번하므로 적용되는 법조의 개정 여부를 반드시 검토하여야 한다.

성폭력범죄의 처벌 등에 관한 특례법은 다양한 유형의 성폭력범죄에 대한 처벌 규정과 절차상의 특례 규정을 두고 있다.5)

또한 피해자의 연령이 19세 미만일 때6)에는 아동·청소년의 성보호에 관한 법

---

5) 성폭력범죄의 처벌 등에 관한 특례법의 주요 내용(법률 제11556호, 2013. 6. 19. 시행)
  ○ 특수강도강간 등(제 3 조), 특수강간 등(제 4 조), 친족관계에 의한 강간 등(제 5 조), 장애인
에 대한 간음 등(제 6 조), 13세 미만의 미성년자에 대한 강간, 강제추행 등(제 7 조), 강간등
상해·치상(제 8 조), 강간등 살인·치사(제 9 조)를 가중처벌
  ○ 업무상 위력 등에 의한 추행(제10조), 공중밀집장소에서의 추행(제11조), 성적 목적 공공장
소 침입(제12조), 통신매체를 이용한 음란행위(제13조), 카메라 등을 이용한 촬영(제14조 제
1 항) 등을 처벌
  ○ 제 3 조부터 제 9 조까지 및 제14조의 미수범은 처벌(제15조)
  ○ 형사소송법 제224조(고소의 제한) 적용배제(제18조)
  ○ 형법상의 심신장애 및 농아자에 대한 규정의 적용을 배제할 수 있음(제20조)
  ○ 미성년자에 대한 성폭력범죄의 공소시효는 피해자인 미성년자가 성년에 달한 날부터 진행
함(제21조 제 1 항)
  ○ 과학적 증거가 있는 때 공소시효 10년 연장(제21조 제 2 항)
  ○ 13세 미만자 등 강간 등 공소시효 적용배제(제21조 제 3 항, 제 4 항)
  ○ 얼굴 등 피의자의 신상정보 공개제도(제25조)
  ○ 성폭력전담재판부 지정 의무화(제28조)
  ○ 법원 및 수사과정에서의 전문가 의견 조회(제33조)
  ○ 성범죄자 신상공개 및 고지제도(제42조부터 제49조까지)
  ○ 진술조력인제도(이 제도는 2013. 12. 19.부터 시행)
6) '아동·청소년'은 19세 미만의 자를 말한다. 다만, 19세에 도달하는 해의 1월 1일을 맞이한 자
는 제외한다(아청법 제 2 조 제 1 호). 따라서 만 19세가 되는 해에 속한 1월 1일이 되면, 그
이후부터 만 18세 남짓에 불과하더라도, 더 이상 아청법의 보호대상인 아동·청소년에는 해
당되지 않는다.
  다만, 13세 미만자에 대한 강간 등은 아청법 제 7 조가 아닌 성폭력법 제 7 조가 적용됨을

률이 적용될 수 있다.[7] 아청법은 아동·청소년에 대한 강간·준강간죄, 강제추행·준
강제추행죄, 위계·위력에 의한 간음·추행죄를 규정하고 있다.

나. 아청법 위반 여부

이 사건에서 피해자는 94년생으로 범행일시인 2013. 4. 16. 당시 만 18세이나
아청법 제 2 조의 규정에 따라 아청법의 적용대상이 아니다. 따라서 형법상의 강간
죄만 적용할 수 있을 뿐이다.

이 사건에서는 피해자의 적법한 고소가 있으므로[8] 문제가 없지만 친고죄에
해당하는 경우, 적법한 고소 여부, 고소기간의 도과 여부 등 고소의 적법성을 반드
시 검토하여야 한다.[9]

다. 강간죄의 성립 여부

이 사건은 고소의 적법성도 인정되고 그 밖에 형식적 소송조건은 모두 갖춘
것으로 보이나 피고인이 범행을 부인하고 있으므로,[10] 증거의 부족으로 인한 무죄
를 주장할 사안이다.

증거의 부족을 이유로 무죄를 주장하기 위해서는 검사가 제출한 모든 증거에
대한 증거능력 유무를 판단하고 아울러 증거능력이 있는 증거에 대하여는 신빙성
을 탄핵하여야 한다.

유의하여야 한다. 13세 미만자도 당연히 아동·청소년에 해당하나, 13세 미만자에 대한 강간
등의 죄를 규정한 성폭법 제 7 조가 아청법 제 7 조의 특별규정이기 때문이다.

7) 아동·청소년의 성보호에 관한 법률
   ○ 19세 미만의 청소년에 대한 강간, 강제추행, 준강간, 준강제추행, 위계, 위력에 의한 간음,
     추행을 가중처벌함(제 7 조)
   ○ 강간등 상해·치상(제 9 조). 강간등 살인·치사(제10조)
   ○ 청소년의 성을 사는 행위를 한 자를 처벌(제13조)하며 신상정보 등록 및 등록정보의 열람
     등을 규정(제32조 이하)
   ○ 형법상의 심신장애 및 농아자에 대한 규정의 적용을 배제할 수 있음(제19조)
   ○ 공소시효에 관한 특례(제20조)
8) 피해자 김미자는 2013. 5. 1. 고소장을 제출하였고, 2013. 12. 2. 서초경찰서에서 진술조서를 작
   성하면서도 처벌의사를 밝히고 있다.
9) 2013. 6. 19. 이전의 단순 강간죄는 친고죄이나, 2013. 6. 19. 이후의 단순 강간죄는 개정형법(법
   률 제11574호)의 규정에 따라 비친고죄임을 유의하여야 한다.
10) 따라서, 경찰이나 검사 작성의 피의자신문조서는 공소사실을 뒷받침하는 증거가 아니다. 특
    히 경찰 작성 피의자신문조서는 피고인이 내용 부인하므로 증거능력도 없다.

이 사건에서 유죄의 증거가 될 만한 증거로는 피해자의 진술[11]이 있을 뿐이다. 따라서 변호인의 피해자 진술의 비합리성, 진술 간의 모순점 등을 검토하여 증명력을 감쇄시켜야 할 것이다.

우선, 피해자의 진술 중 피고인을 범인으로 지목하는 절차, 범인식별절차에서 판례[12]가 요구하는 절차적 요건을 지키지 못하였음을 지적하여야 한다.[13]

판례는 범인식별절차에서의 절차적 요건을 갖추지 못한 경우에 증거능력을 부인하는 것은 아니지만, 그 신빙성을 낮게 보고 있다.

아울러, 피해자는 고소장에서는 "인상착의가 잘 기억나지 않는다"고 하면서 사진 몇 장을 보고 피고인을 범인으로 지목하고 있었으나, 범행 8개월 후 경찰에서의 진술에서는 "피고인과 대면 확인하니, 범인이 틀림없다. 하의 청바지, 상의

---

11) 피해자의 진술은 피해자의 고소장, 사법경찰관 작성의 진술조서, 법정에서의 증언의 형식으로 존재하며, 모두 증거능력이 있다. 피해자의 고소장, 사법경찰관 작성의 진술조서는 피고인이 부동의하고 있으나, 공판정에서 김미자가 진정성립을 인정하고 있다.

12) 대법원 2008. 1. 17. 선고 2007도5201 판결.

　　[1] 용의자의 인상착의 등에 의한 범인식별 절차에서 용의자 한 사람을 단독으로 목격자와 대질시키거나 용의자의 사진 한 장만을 목격자에게 제시하여 범인 여부를 확인하게 하는 것은 사람의 기억력의 한계 및 부정확성과 구체적인 상황하에서 용의자나 그 사진상의 인물이 범인으로 의심받고 있다는 무의식적 암시를 목격자에게 줄 수 있는 가능성으로 인하여, 그러한 방식에 의한 범인식별 절차에서의 목격자의 진술은, 그 용의자가 종전에 피해자와 안면이 있는 사람이라든가 피해자의 진술 외에도 그 용의자를 범인으로 의심할 만한 다른 정황이 존재한다든가 하는 등의 부가적인 사정이 없는 한 그 신빙성이 낮다고 보아야 하므로, 범인식별 절차에 있어 목격자의 진술의 신빙성을 높게 평가할 수 있게 하려면, 범인의 인상착의 등에 관한 목격자의 진술 내지 묘사를 사전에 상세히 기록화한 다음, 용의자를 포함하여 그와 인상착의가 비슷한 여러 사람을 동시에 목격자와 대면시켜 범인을 지목하도록 하여야 하고, 용의자와 목격자 및 비교대상자들이 상호 사전에 접촉하지 못하도록 하여야 하며, 사후에 증거가치를 평가할 수 있도록 대질 과정과 결과를 문자와 사진 등으로 서면화하는 등의 조치를 취하여야 하고, 사진제시에 의한 범인식별 절차에 있어서도 기본적으로 이러한 원칙에 따라야 한다. 그리고 이러한 원칙은 동영상제시·가두식별 등에 의한 범인식별 절차와 사진제시에 의한 범인식별 절차에서 목격자가 용의자를 범인으로 지목한 후에 이루어지는 동영상제시·가두식별·대면 등에 의한 범인식별 절차에도 적용되어야 한다.

　　[2] 강간 피해자가 수사기관이 제시한 47명의 사진 속에서 피고인을 범인으로 지목하자 이어진 범인식별 절차에서 수사기관이 피해자에게 피고인 한 사람만을 촬영한 동영상을 보여주거나 피고인 한 사람만을 직접 보여주어 피해자로부터 범인이 맞다는 진술을 받고, 다시 피고인을 포함한 3명을 동시에 피해자에게 대면시켜 피고인이 범인이라는 확인을 받은 사안에서, 위 피해자의 진술은 범인식별 절차에서 목격자 진술의 신빙성을 높이기 위하여 준수하여야 할 절차를 지키지 않은 상태에서 얻어진 것으로서 범인의 인상착의에 관한 피해자의 최초 진술과 피고인의 그것이 불일치하는 점이 많아 신빙성이 낮다고 본 사례.

13) 이 사건에서 김미자는 피고인을 포함한 2~3장의 사진만 보고 범인과 비슷하다고 진술한 사실이 있고, 대면절차에서도 피고인 한 사람만을 보고 범인으로 지목하고 있다.

붉은 티셔츠를 입고 있었다"고 진술하였고, 공판정에서의 증언에서는 "범인은 틀림없지만 안경 착용 여부는 기억 안 나고, 옷차림새도 기억 나지 않는다"라고 진술하는 등 진술이 그때그때마다 달라지고 있을 뿐 아니라 오히려 오랜 기간이 지난 후에 기억이 명료해지는 등 합리성을 결여하고 있으므로 이런 점 등을 지적하여 증명력을 배척하여야 한다.

3. 무 고

판례에 따르면 공소시효 완성된 것이 명백한 범죄사실을 고소하여도 무고죄는 성립하지 아니한다.[14]

공소사실은 "2013. 9. 20. 서초경찰서에 '억울해가 2008. 4. 17. 17 : 00경 같이 술을 마시던 중 시비를 걸어 경재범 자신의 얼굴을 2~3회 세게 때려 폭행하였다'는 허위사실을 기재한 고소장을 제출하였다"라는 것인바, 고소사실은 형법 제260조 제1항 소정의 단순 폭행죄로 공소시효는 5년이므로[15] 2013. 4. 16. 공소시효가 완성되었고, 폭행죄에 대한 고소는 2013. 9. 20. 제기되었으므로 공소시효가 완성된 것이 명백한 범죄사실을 고소한 것이다.

---

14) ① 대법원 2008. 3. 27. 선고 2007도11153 판결.
　　범행일시를 특정하지 않은 고소장을 제출한 후, 고소보충진술시에 범죄사실의 공소시효가 아직 완성되지 않은 것으로 진술한 피고인이 그 이후 검찰이나 제1심 법정에서 다시 범죄의 공소시효가 완성된 것으로 정정 진술한 사안에서, 이미 고소보충진술시에 무고죄가 성립하였다.
　② 대법원 1995. 12. 5. 선고 95도1908 판결.
　　객관적으로 고소사실에 대한 공소시효가 완성되었더라도 고소를 제기하면서 마치 공소시효가 완성되지 아니한 것처럼 고소한 경우에는 국가기관의 직무를 그르칠 염려가 있으므로 무고죄를 구성한다.
　③ 대법원 1994. 2. 8. 선고 93도3445 판결.
　　타인으로 하여금 형사처분을 받게 할 목적으로 공무소에 대하여 허위사실을 신고하였다고 하더라도, 신고된 범죄사실에 대한 공소시효가 완성되었음이 신고 내용 자체에 의하여 분명한 경우에는 형사처분의 대상이 되지 않는 것이므로 무고죄가 성립하지 아니한다.
15) 형사소송법 제249조(공소시효의 기간) ① 공소시효는 다음 기간의 경과로 완성한다. 〈개정 1973. 1. 25, 2007. 12. 21〉
　1. 사형에 해당하는 범죄에는 25년
　2. 무기징역 또는 무기금고에 해당하는 범죄에는 15년
　3. 장기 10년 이상의 징역 또는 금고에 해당하는 범죄에는 10년
　4. 장기 10년 미만의 징역 또는 금고에 해당하는 범죄에는 7년
　5. 장기 5년 미만의 징역 또는 금고, 장기10년 이상의 자격정지 또는 벌금에 해당하는 범죄에는 5년
　• 2007. 12. 21. 이전 발생한 범죄에 대하여는 개정전 형사소송법의 공소시효가 적용됨을 유의하여야 한다.

따라서 판례를 적시하며 무죄를 주장하여야 한다.

아울러, 예비적으로 형법 제157조에 따라 자백을 하고 있음을 이유로 형의 필요적 감면을 주장할 수 있다.

4. 특정범죄가중처벌등에관한법률위반(절도)

(1) 자백보강법칙

상습절도와 같은 포괄일죄의 있어서도 이를 구성하는 각 범죄사실들이 독립된 성격을 가지는 경우에는 구성 범죄사실마다 자백보강법칙이 적용된다.

이 사건 상습절도 중 ① 2013. 11. 25. ② 2013. 11. 27. 절도의 점은 피고인이 자백은 하고 있으나, 이를 보강할 만한 증거가 전혀 없다.[16]

피해자가 특정되지 않는다 하더라도 피해품이 압수되어 있다면 자백의 보강증거가 되겠지만, 이 사건에서는 피해자도 피해품도 없는 상황이므로 형사소송법 제310조에 따라 유죄를 선고할 수 없다.

(2) 상습절도의 상습성 부정

위와 같이 두 개의 범죄사실이 보강증거가 없어 무죄라고 하더라도 "2012. 12. 1. 피해자 윤석민 소유의 자전거 1대를 절취한 사실"은 피고인이 자백하고 있고, 또한 보강증거도 있으며, 법원은 공소장변경절차를 거치지 아니 하고도 유죄를 선고할 수 있다.

따라서, 변호인으로서는 피고인의 범죄전력과의 관계에서 상습성을 인정할 수 있는지 여부를 살펴보아야 할 것이다.[17]

피고인의 범죄전력은 ① 2003. 2. 24. 수원지방검찰청에서 특수절도죄로 기소유예처분을 받은 사실이 있고, ② 2003. 5. 1. 수원지방법원에서 강도죄로 징역 1년 6월에 집행유예 3년을 선고받은 사실이 있고, ③ 2006. 7. 2. 춘천지방법원에서 절도죄로 징역 1년을 선고받은 사실이 있다.

---

16) 대법원 2010. 4. 29. 선고 2010도2556 판결.
   자백에 대한 보강증거는 범죄사실의 전부 또는 중요 부분을 인정할 수 있는 정도가 되지 아니하더라도 피고인의 자백이 가공적인 것이 아닌 진실한 것임을 인정할 수 있는 정도만 되면 족할 뿐만 아니라, 직접증거가 아닌 간접증거나 정황증거도 보강증거가 될 수 있다(대법원 2001. 9. 28. 선고 2001도4091 판결 등 참조).
17) 물론 하나의 범죄사실만이 유죄라고 하더라도 다른 자료, 특히 범죄전력과의 관계에서 절도의 습벽이 인정될 수 있다.

먼저, 강도전력은 절도의 상습성 인정의 자료로 사용하기 곤란하다.[18)

다음, 이 사건 절도가 우발적으로 이루어졌고, 피해도 경미한 점에 비추어 10년 전 기소유예 전과, 6년 전에 징역 1년을 선고받은 절도 전과만으로 상습성을 인정하기도 어렵다고 보인다.[19)

따라서 상습성을 전제로 한 특정범죄가중처벌등에관한법률위반(절도)의 점은 무죄 주장이 가능하다.[20)

---

18) ① 대법원 1990. 4. 10. 선고 90감도8 판결.
    상습범은 같은 유형의 범행을 반복누행하는 습벽을 말하는 것인바, 절도와 강도는 유형을 달리하는 범행이므로 각 별로 상습성의 유무를 가려야 하며, 사회보호법 제 6 조 제 2 항 제 2호에서 절도와 강도를 형법 각칙의 같은 장에 규정된 죄로서 동종 또는 유사한 죄로 규정하고 있다고 하여 상습성 인정의 기초가 되는 같은 유형의 범죄라고 말할 수 없다.
    ② 대법원 1990. 11. 13. 선고 90도1943, 90감도163 판결.
    피고인에게 절도나 상습절도의 전력이 있을 뿐 강도의 전력이 1회밖에 없고 다시 범한 특수강도미수범행이 강도습벽의 발현으로 한 것이라고 인정할 만한 증거가 없다면 이에 관하여 특정범죄가중처벌등에관한법률 제55조의4 제 3 항을 적용할 수 없다.
    ③ 서울고법 1988. 6. 24. 선고 88노666 제3형사부판결 : 확정.
    상습성이란 동종형태의 행위를 반복누행하는 습벽을 말하는 것으로서, 절도와 강도는 동종의 행위유형이라고 보기 어려워 각 그 상습성은 별개의 것이라 하겠으므로 상습특수절도죄와 상습특수강도죄는 실체적 경합관계에 있다.
19) 대법원 2005. 10. 28. 선고 2005도5774 판결.
    상습사기에 있어서의 상습성이라 함은 반복하여 사기행위를 하는 습벽으로서 행위자의 속성을 말하고, 이러한 습벽의 유무를 판단함에 있어서는 사기의 전과가 중요한 판단자료가 되나 사기의 전과가 없다고 하더라도 범행의 회수, 수단과 방법, 동기 등 제반 사정을 참작하여 사기의 습벽이 인정되는 경우에는 상습성을 인정하여야 할 것이다(대법원 1986. 6. 10. 선고 86도778 판결, 1995. 7. 11. 선고 95도955 판결 등 참조).
20) 그러나, 절도죄는 상습절도죄에 포함된 축소사실이므로 법원은 공소장 변경 절차 없이도 절도죄의 유죄를 인정할 것이다.

변 론 요 지 서

사 건   2013고합2000 아동 · 청소년의성보호에관한법률위반(강간) 등
피고인   경 재 범

위 사건에 관하여 피고인의 변호인은 다음과 같이 변론합니다.

다   음

1. 횡령의 점은 무죄입니다.

가. 이 사건 공소사실은 "피고인이 피해자 억울해로부터 피고인이 대신 토지를 매수하여 명의를 이전하여 놓고 있다가 나중에 팔아 달라는 부탁을 받고 이를 승낙하여 이른바 계약명의신탁약정을 한 후, 공소외 부동자와 부동자 소유의 강원도 속초시 중앙로 66 임야 100,500제곱미터를 대금 1억 원에 피고인 명의로 매수하는 계약을 체결하고, 피해자의 돈을 받아 계약금과 중도금을 지급한 다음, 계약을 해제하면서 부동자로부터 위약금을 포함하여 금 6,000만 원을 돌려받아 이를 피해자를 위하여 보관 중 2013. 2. 1. 피고인 자신의 은행대출금을 변제하는 데 임의로 사용하여 피고인을 위하여 보관중인 재물을 횡령하였다"는 것입니다.

나. 그런데, 판례는 "위탁자와 수탁자가 명의신탁약정을 맺고 그에 따라 수탁자가 당사자가 되어 명의신탁약정이 있다는 사실을 알지 못하는 소유자와 사이에서 부동산에 관한 매매계약을 체결한 이른바 계약명의신탁에 있어서, 수탁자는 신탁자에 대한 관계에서도 신탁 부동산의 소유권을 완전히 취득하고 단지 신탁자에 대하여 명의신탁약정의 무효로 인한 부당이득반환의무만을 부담할 뿐인바, 그와 같은 부당이득반환의무는 명의신탁약정의 무효로 인하여 수탁자가 신탁자에 대하

여 부담하는 통상의 채무에 불과할 뿐 아니라, 신탁자와 수탁자 간의 명의신탁약정이 무효인 이상, 특별한 사정이 없는 한 신탁자와 수탁자 간에 명의신탁약정과 함께 이루어진 부동산 매입의 위임 약정 역시 무효라고 볼 것이다(대법원 2001. 9. 25. 선고 2001도2722 판결, 2004. 4. 27. 선고 2003도6994 판결 등 참조). 또한, 이러한 계약명의신탁의 법리는 수탁자가 신탁 부동산에 관한 등기를 이전받기 전에 소유자와 사이의 합의로 매매계약을 해제한 후 그 매매대금을 반환받았다고 하더라도 마찬가지로 적용된다고 보아야 할 것이므로, 그 수탁자가 횡령죄에 있어서의 '타인의 재물을 보관하는 자'의 지위에 있다고 볼 수는 없다"고 판시하여(대법원 2007. 3. 29. 선고 2007도766 판결) 공소사실과 같은 경우에 피고인에 대한 횡령죄의 성립을 부정하고 있습니다.

다. 따라서 피고인에 대한 횡령의 점에 대하여는 범죄가 되지 아니하므로 형사소송법 제325조 전단에 따라 무죄를 선고하여 주시기 바랍니다.

2. 아동ㆍ청소년의성보호에관한법률위반(강간)의 점도 무죄입니다.

가. 피해자 김미자는 아동ㆍ청소년의 성보호에 관한 법률(이하 '아청법'이라고 약칭합니다)상 청소년에 해당하지 않아 아청법위반(강간)으로 의율할 수 없습니다.

김미자는 1994. 12. 15.생으로 이 사건 당시 약 18세 5개월의 나이에 해당하여 19세 미만의 자임은 사실입니다. 다만 아청법 제2조 제1호 단서에 의하면 19세에 도달하는 해의 1월 1일을 맞이한 자는 아동ㆍ청소년에서 제외하도록 되어 있으므로, 2013. 12. 15.로 19세에 도달하게 되는 김미자의 경우는 위 단서규정에 해당하여 동법에서 의미하는 '아동ㆍ청소년'으로 볼 수 없을 것입니다.

따라서 김미자에 대한 강간행위는 아청법 제7조 제1항이 아닌 형법 제297조의 적용 대상일 뿐입니다.

나. 피고인의 행위를 형법상의 강간죄로 의율할 수 있다 하더라도 무죄입니다.

(1) 피고인 변명의 요지

피고인은 경찰에서부터 법정에 이르기까지 "피해자 김미자를 강간하려 한 사실이 없으며, 자신은 범인이 아니다"라고 변명하고 있습니다(증거기록 165쪽 검사가 작성한 피의자신문조서, 공판기록 128쪽 피고인의 법정 진술).

(2) 증거관계

㈎ **공소사실을 증명할 증거로는 피해자의 진술이 있을 뿐이나, 증명력이 부족합니다.**

1) 범인식별 절차에서의 절차적 요건이 갖추어지지 않았습니다.

공소사실에 부합하는 증거로는 고소장, 사법경찰리 작성의 피해자에 대한 진술조서, 피해자의 법정 진술 등이 있는바, 피해자는 피고인이 범인이라고 진술하고 있습니다.

먼저, 피해자가 피고인을 범인으로 지목하게 된 경위를 살펴보면, 피해자가 피해사실을 경찰에 신고한 2013. 5. 1. 경찰에서 제시한 두, 세 사람의 사진만을 보고 범인이 피고인과 비슷하다고 지목하였고(증거기록 147쪽 고소장의 기재), 피고인이 절도죄로 현행범인 체포된 후인 2013. 12. 2. 경찰에서 피고인의 증명사진만을 보고 다시 피고인을 범인으로 지목하였으며, 이어 특수 유리창 너머로 피고인을 본 후 범인이 틀림없다고 지목하였습니다(증거기록 158쪽, 사법경찰리가 작성한 김미자에 대한 진술조서의 기재).

그러나, 이는 용의자의 인상착의 등에 의한 범인식별 절차에서 범인 여부를 확인하는 목격자 진술의 신빙성을 높이기 위한 절차적 요건을 갖추지 못하였습니다.

판례는 "용의자의 인상착의 등에 의한 범인식별 절차에서 용의자 한 사람을 단독으로 목격자와 대질시키거나 용의자의 사진 한 장만을 목격자에게 제시하여 범인 여부를 확인하게 하는 것은 사람의 기억력의 한계 및 부정확성과 구체적인 상황하에서 용의자나 그 사진상의 인물이 범인으로 의심받고 있다는 무의식적 암시를 목격자에게 줄 수 있는 가능성으로 인하여, 그러한 방식에 의한 범인식별 절차에서의 목격자의 진술은, 그 용의자가 종전에 피해자와 안면이 있는 사람이라든가 피해자의 진술 외에도 그 용의자를 범인으로 의심할 만한 다른 정황이 존재한다든가 하는 등의 부가적인 사정이 없는 한 그 신빙성이 낮다고 보아야 하므로, 범인식별 절차에 있어 목격자의 진술의 신빙성을 높게 평가할 수 있게 하려면, 범인의 인상착의 등에 관한 목격자의 진술 내지 묘사를 사전에 상세히 기록화한 다음, 용의자를 포함하여 그와 인상착의가 비슷한 여러 사람을 동시에 목격자와 대면시켜 범인을 지목하도록 하여야 하고, 용의자와 목격자 및 비교대상자들이 상호 사전에 접촉하지 못하도록 하여야 하며, 사후에 증거가치를 평가할 수 있도록 대질 과정과 결과를 문자와 사진 등으로 서면화하는 등의 조치를 취하여야 하고, 사진제시에 의한 범인식별 절차에 있어서도 기본적으로 이러한 원칙에 따라야 한다"고 판시하여(대법원 2008. 1. 17. 선고 2007도5201 판결) 범인 식별절차에서 목격자의 신빙성을 높이기 위한 엄격한 절차적 요건을 제시하고 있습니다.

그렇다면 이 사건에서 피해자가 피고인을 용의자로 지목한 절차는 위 절차적 요건을 갖추지 못하여 피해자의 진술은 신빙성이 낮다고 하겠습니다.

2) 피해자의 진술은 일관되지 않습니다.

피해자는 강간을 당한 지 약 15일 후인 2013. 5. 1.에는 범인의 얼굴을 잘 못 보았다고 하였음에도(증거기록 147쪽 고소장), 약 8개월이 지난 2013. 12. 2. 경찰에서는 "아까 사진의 사람이 맞고 범인이 틀림없는 것 같다. 그러나 피고인이 당시 안경을 썼는지 기억나지 않는다. 하의는 청바지, 상의는 붉은 티셔츠이었던 것으로 기억한다"라고 진술하고 있고(증거기록 158쪽, 사법경찰리가 작성한 김미자에 대한 진술조서의 기재), 법정에서는 "옷차림새는 기억이 나지 않지만 얼굴과 체격이 범인 맞다(공판기록 133쪽)"라고 진술하고 있는 등 인상착의, 안경 착용여부, 옷차림새 등에 대한 진술이 일관되지 아니하여 더욱 신빙성이 없습니다.

피해자의 법정 증언과도 같이 범행 장소는 공원에 가로등이 있었으나 어두운 편이었고, 끌려 간 수풀 속은 더 어두운 곳이므로 피해자는 경찰에서 진술한 바와 같이 범인의 인상착의를 기억하지 못하는 것이 상식적인데, 오히려 오랜 기간이 지난 후에는 피고인이 범인이었다고 확신하는 듯한 진술을 하고 있어 이는 위에서 본 바와 같이 적법절차에 위배된 범인 식별절차에서 잘못된 기억이 피해자에게 심어진 것이 아닌가 하는 강한 의심이 들게 합니다.

(나) **따라서 신빙성이 낮은 피해자의 진술만으로 피고인의 범행을 증명하기에 부족하고, 그 밖에 다른 증거가 없습니다.**

다. 그러므로 피고인에 대한 이 사건 공소사실은 죄가 되지 아니하거나 범죄의 증명이 없으므로 형사소송법 제325조에 따라 무죄가 선고되어야 합니다.

3. 무고의 점도 무죄입니다.

피고인이 2013. 9. 20. 서초경찰서에 "억울해가 2008. 4. 17. 17 : 00경 같이 술을 마시던 중 시비를 걸어 피고인인 경재범 자신의 얼굴을 2~3회 세게 때려 폭행하였다"는 허위사실을 기재한 고소장을 제출한 사실은 피고인이 시인하고 있습니다.

그런데 판례는 "타인으로 하여금 형사처분을 받게 할 목적으로 공무소에 대하여 허위사실을 신고하였다고 하더라도, 신고된 범죄사실에 대한 공소시효가 완성되었음이 신고 내용 자체에 의하여 분명한 경우에는 형사처분의 대상이 되지 않는 것이므로 무고죄가 성립하지 아니한다"고 판시하고 있습니다(대법원 1994. 2. 8. 선고 93도3445 판결).

한편, 피고인이 허위 고소한 고소사실인 폭행죄는 공소시효가 5년인바(형법 제260조 제 1 항에 따라 폭행죄는 "2년 이하의 징역, 500만 원 이하의 벌금, 구류 또는 과료"에 처하도록 되어 있고, 형사소송법 제249조 제 1 항 제 5 호에 따르면 "장기 5년 미만의 징역 또는 금고, 장기10년 이상의 자격정지 또는 벌금에 해당하는 범죄"는 공소시효가 5년입니다), 고소사실상의 폭행죄는 이미 고소일인 2013. 9. 20. 이전인 2013. 4. 16. 에 공소시효가 완성된 사실을 알 수 있습니다.

그렇다면 피고인에 대한 무고의 점은 범죄로 되지 아니하므로 형사소송법 제325조 전단에 따라 무죄를 선고하여 주시기 바랍니다.

4. 특정범죄가중처벌등에관한법률위반(절도)의 점도 무죄입니다.

가. 이 사건 공소사실 중 1) 2013. 11. 25. 16 : 00경 서울 서초구 서운로 22 앞 길에서, 피해자 성명불상 소유의 시가 100,000원 상당의 자전거 1대를 끌고 가 절취하였다는 점 2) 2013. 11. 27. 서울 서초구 서운로 33 앞 길에서, 피해자 성명불상 소유의 시가 100,000원 상당의 자전거 1대를 끌고 가 절취하였다는 점은 피고인이 자백은 하고 있으나, 이를 보강할 만한 증거가 전혀 없으므로(증거기록 167쪽 현장확인보고 등) 형사소송법 제310조에 따라 이를 유죄의 증거로 할 수 없습니다.

따라서 이 부분 공소사실은 무죄입니다.

나. 피고인에게는 절도의 상습성을 인정할 수 없습니다.

(1) 피고인에게 절도의 습벽이 있음을 증명할 만한 자료로는 피고인에 대한 범죄경력자료(증거기록 160쪽), 검찰주사 작성의 범죄전력확인보고(증거기록 168쪽)와 판결문(증거기록 169, 171쪽)의 기재 등에 의하여 인정되는 바와 같이 피고인이 ① 2003. 2. 24. 수원지방검찰청에서 특수절도죄로 기소유예처분을 받은 사실이 있고, ② 2003. 5. 1. 수원지방법원에서 강도죄로 징역 1년 6월에 집행유예 3년을 선고받은 사실이 있고, ③ 2006. 7. 2. 춘천지방법원에서 절도죄로 징역 1년을 선고받은 사실이 있습니다.

(2) 그러나 판례가 "상습범은 같은 유형의 범행을 반복 누행하는 습벽을 말하는 것인바, 절도와 강도는 유형을 달리하는 범행이므로 각 별로 상습성의 유무를 가려야 한다"라고 판시하고 있는 바와 같이(대법원 1990. 4. 10. 선고 90감도8 판결) 강도전력은 피고인에 대한 절도의 습벽을 인정할 자료가 되지 못합니다.

(3) 아울러 10년 전의 기소유예처분된 절도전력과 6년 전의 징역 1년을 복역한 절도전력은 마지막 절도죄로 복역 후 출소한 지 5년이 지난 후에야(증거기록 168쪽 검찰주사 작성의 범죄전력확인보고 참조) 이 사건과 같이 우발적으로 자전거 1대를 절취한 사실에 비추어 피고인의 습벽을 인정할 자료로는 부족하며, 달리 이를 인정할 만한 자료가 없습니다.

다. 결국, 피고인을 "2013. 12. 1. 피해자 윤석민 소유의 시가 100,000원 상당의 자전거 1대를 끌고 가 절취하였다"는 단순절도의 범죄사실로 처벌할 수 있음은 별론으로 하고, 특정범죄가중처벌등에관한법률위반(절도)의 점은 범죄사실의 증명이 없으므로 형사소송법 제325조 후단에 따라 무죄를 선고하여 주시기 바랍니다.

5. 정상관계 등

피고인은 절도와 강도죄로 2회 처벌된 전력이 있으나, 마지막 범행 후 약 6년 동안 아무런 잘못 없이 살아 왔습니다.

피고인은 일찍이 부모님을 여의고 가족 없이 살아 왔으며 현재는 노동으로 생계를 유지하고 있는 불우한 사람입니다.

피고인은 위에서 보신 바와 같이 대부분 억울한 누명을 쓰고 구속되어 있습니다.

피고인이 시인하는 절도의 점도 생활비가 궁하여 우발적으로 범한 잘못으로 피고인 또한 깊이 뉘우치고 있습니다.

6. 결   론

위와 같은 이유로 피고인에게 무죄를 선고하여 주시기 바랍니다.

가사 유죄가 인정된다 하더라도 위 정상을 참작하시어 피고인에게 최대한의 관대한 처분을 바랍니다.

2014. 1. 13.

피고인의 변호인

변호사 변 호 남 (인)

서울중앙지방법원 제2형사부 귀중

3
연습기록

작 성 요 강

☐ 사건 설명

1. 피고인 간초선은 2014. 1. 2. 20 : 00경 남편인 김갑수를 골프채로 때려 전치 4주간의 비골 골절상을 가한 혐의로 현행범인 체포되어 수사를 받는 도중에 다시 김갑수로부터 간통, 절도죄 등으로 고소가 제기되어 구속되고 2014. 1. 10. 검찰에 송치되었다. 간통의 공범인 상대한은 현재 소재불명으로 지명수배 중이다. 정의파 검사는 피고인에 대한 위 사건을 모두 병합하여 2014. 1. 18. [폭력행위등처벌에관한법률위반(상습집단·흉기등상해), 폭력행위등처벌에관한법률위반(상습집단·흉기등재물손괴등), 컴퓨터등사용사기, 여신전문금융업법위반, 절도, 간통]죄로 구속 구공판하였다.

2. 귀하는 서울 서초구 서초대로 150에 사무실을 두고 있는 변호사 변호숙으로 피고인의 아버지 간부정(450909-1066901 서울 성북구 화랑로 123)의 선임에 의하여 변호인이 되었다.

3. 귀하는 위 사건의 ① 관계 법령, ② 공소장 사본, ③ 증거기록 사본을 입수하여 검토하였으며, ④ 공치자의 합의서를 받았고, 그 밖의 특별한 자료는 구하지 못하였다.

☐ 문   제

구속된 피고인의 변호인으로서 법원에 제출할 보석허가청구서를 2014. 1. 20. 기준으로 작성하시오.

☐ 유의사항

1. 피의자의 신병과 관련된 체포, 구금, 권리고지, 통지 절차와 각종 서류의 접수·송달·결재 절차는 적법하게 이루어진 것으로 본다.

2. 조서에 서명이 있는 경우에는 필요한 날인 또는 무인, 간인, 정정인이 있는 것으로 보고, '수사 과정 확인서'는 편의상 생략하기로 한다.

3. 법률적 쟁점에 대해서는 판례를 따르고 다툼 있는 사실관계에 대해서는 경험칙과 논리칙에 입각하여 주장하되, 판례와 반대되는 주장을 하려면 판례의 입장을 먼저 기재해야 한다.

합 의 서

사   건 : 2014년 형제300호
피 의 자 : 간 초 선

    위 사건 중 피의자가 피해자 공치자의 골프 드라이버 채를 손괴한 부분에 대하여 공치자는 금 100만 원을 받고 원만히 합의가 되어 피의자의 처벌을 원하지 아니하며 앞으로 이 사건에 대하여 일체의 민형사상의 이의를 제기하지 않겠습니다.

2014. 1. 18.

피해자 **공 치 자** (인)

※ 첨 부 : 공치자의 인감증명서 1통 **(생략)**

서울중앙지방검찰청

2014. 1. 18.

사건번호   2014년 형제300호
수 신 자   서울중앙지방법원
제 목   공소장
          검사 정의파는 아래와 같이 공소를 제기합니다.

Ⅰ. 피고인 관련사항

    피 고 인   간 초 선(******-*******), 38세
               직   업   가정주부
               주   거   서울특별시 서울 서초구 서래로 118, 02-579-2356
               등록기준지   경기도 안양시 만안구 태평로 88
    죄   명   폭력행위등처벌에관한법률위반(상습집단·흉기등상해), 폭력행위등처벌
               에관한법률위반(상습집단·흉기등재물손괴등), 컴퓨터등사용사기, 여신
               전문금융업법위반, 절도, 간통
    적용법조   폭력행위 등 처벌에 관한 법률 제3조 제4항, 제1항, 제3항, 제2조
               제1항 제1호, 제3호, 형법 제257조 제1항, 제366조, 제347조의2, 여
               신전문금융업법 제70조 제1항 제3호, 형법 제329조, 제241조, 제40조,
               제35조, 제37조, 제38조
    구속여부   2014. 1. 4. 구속(2014. 1. 2. 체포)
    변 호 인   변호사 변호숙

Ⅱ. 공소사실

범죄전력

  피고인은 2008. 5. 1. 수원지방법원에서 폭력행위등처벌에관한법률위반죄로 징역 1년을 선고받고, 2010. 6. 2. 수원지방법원에서 상해죄로 징역 8월을 선고받고, 2012. 12. 2. 서울중앙지방법원에서 폭력행위등처벌에관한법률위반죄로 징역 1년 6월을 선고받고 청주구치소에서 복역하다가 2013. 9. 22. 가석방으로 출소한 사실이 있다.

범죄사실

1. 간   통

피고인은 2002. 12. 1. 피해자 깁갑수와 혼인하여 법률상 배우자 있는 여자이다.

2013. 10. 3. 22 : 00경 서울 송파구 중대로 123에 있는 가락시장아파트 1동 104호 공소외 상대한(지명수배중)의 집에서, 위 상대한과 1회 성교하여 간통하였다.

2. 절도(신용카드 절도)

피고인은 2013. 12. 2. 11 : 00경 서울 서초구 서래로 118에 있는 피고인의 집에서, 피해자 김갑수의 양복 안주머니에 들어있는 지갑에서 피해자 소유의 자유은행 신용카드 1장을 꺼내어 절취하였다.

3. 컴퓨터등사용사기 및 여신금융전문업법위반

피고인은 2013. 12. 2. 13 : 00경 서울 서초구 서래로 234에 있는 자유은행에서, 현금자동지급기에 제 2 항과 같이 절취한 신용카드를 넣은 다음, 이미 알고 있던 비밀번호를 입력하는 등 단말기를 조작하여 위 김갑수의 계좌에서 금 500만 원을 피고인의 평화은행 계좌로 계좌이체하였다.

이로써 피고인은 도난된 신용카드를 사용함과 동시에 컴퓨터 등 정보처리장치에 권한없이 정보를 입력하여 정보처리를 하게 함으로써 금 500만 원 상당의 재산상의 이득을 취득하였다.

4. 절도(금 100만 원 절도)

피고인은 2013. 12. 2. 13 : 30경 서울 서초구 서래로 235에 있는 평화은행에서, 현금자동지급기에 피고인의 현금카드를 넣고 단말기를 조작하여 제 3 항과 같이 부정하게 이체된 돈 중 금 100만 원을 현금으로 인출하여 절취하였다.

5. 폭력행위등처벌에관한법률위반(상습집단·흉기등상해), 폭력행위등처벌에관한법률위반(상습집단·흉기등재물손괴등)

피고인은 2014. 1. 2. 20 : 00경 서울 서초구 서래로 118에 있는 피고인의 집에서, 남편인 피해자 김갑수(남, 40세)가 피고인이 간통한 것을 추궁한다는 이유로 위험한 물건인 골프 드라이버 채를 휘둘러 위 김갑수의 얼굴과 몸을 2회 세게 때렸다.

이로써 피고인은 피해자 김갑수에게 약 4주간의 치료를 요하는 비골 골절상 등을 가함과 동시에 피해자 공치자 소유의 골프 드라이버 채 시가 100만 원 상당을 부러뜨려 손괴하여 그 효용을 해하였다.

Ⅲ. 첨부서류

1. 현행범인체포서 1통
2. 구속영장(체포된 피의자용) 1통
3. 피의자수용증명 1통
4. 변호인 선임서 1통

검사 정 의 파 [인]

		제 1 책
		제 1 권

구공판	서 울 중 앙 지 방 검 찰 청 증 거 기 록				
검 찰	사건번호	2014년 형제300호	법원	사건번호	2014년 고합300호
	검 사	정 의 파		판 사	제3형사부
피 고 인	구속 간 초 선				
죄 명	가. 폭력행위등처벌에관한법률위반(상습집단·흉기등상해) 나. 폭력행위등처벌에관한법률위반(상습집단·흉기등재물손괴등) 다. 컴퓨터등사용사기 라. 여신전문금융업법위반 마. 절도 바. 간통				
공소제기일	2014. 1. 18.				
구 속	2014. 1. 4. 구속(2013. 1. 2. 체포)		석 방		
변 호 인	변호사 변호숙				
증 거 물	있음				
비 고					

증 거 목 록(증거서류 등)

2014고합300

2014형제300호　　　　신청인 : 검사 정의파 ㊞

순번	증거방법					참조사항 등	신청기일	증거의견		증거결정		증거조사기일	비고
	작성	쪽수(수)	쪽수(증)	증거명칭	성명			기일	내용	기일	내용		
1	검사		219	피의자신문조서	간초선								
2			226	압수조서	김갑수								
3			227	압수목록	김갑수								
4			228	녹취서	김갑수								
5			230	진술서	공치자								
6			231	수사보고 (출소관계 확인보고)	간초선								
7	사경		200	고소장	김갑수								
8			203	접수증명	김갑수								
9			204	자인서	간초선								
10			205	진단서	윤명의								
11		기재생략	206	진술조서	김갑수	기재생략							
12			210	피의자신문조서	간초선								
13			215	압수조서	김갑수								
14			216	압수목록	김갑수								
15			217	범죄경력자료 조회회보서	간초선								

※ 증거의견 표시 – 피의자신문조서 : 인정 ○, 부인 ×
(여러 개의 부호가 있는 경우, 적법성/실질성립/임의성/내용의 순서임)
– 기타 증거서류 : 동의 ○, 부동의 ×
– 진술이 특히 신빙할 수 있는 상태하에서 행하여졌다는 점 부인 : "특신성 부인"(비고란 기재)
※ 증거결정 표시 : 채 ○, 부 ×
※ 증거조사 내용은 제시, 낭독(내용고지, 열람)

```
┌─────────────────────────────────┐
│ 공소시효 :      .    .    .     │
└─────────────────────────────────┘
```

고   소   장

즉일·우편·인터넷 임시접수		문자메시지 통지여부	
임시접수일자	2014. 01. 03.	희 망	
임시접수번호	제 7621 호	불 원	
CIMS 정식접수	10-14555	휴대전화	
범죄사건부 사건접수		민 원 서 류	
접수일자	2014. 01. 03.	접수번호	제 호
		접수일시	. . .
사건번호	제9000호	처리기한	. . .
압수번호	제 호	처리과	기록물 등록번호
담당수사팀	폭력1팀	담당수사관	경 경 찰

결 재	팀 장	과 장	서 장
	박경일	전결	(인)

서 초 경 찰 서

고 소 장

고 소 인 : 김갑수 (******-*******), 010-****-****
피고소인 : 간초선 (******-*******), 010-****-****
죄   명 : 폭력, 절도, 사기, 간통 등

  피고소인은 2002. 12. 1. 고소인 김갑수와 혼인하여 혼인신고를 필한 유부녀입니다. 피고소인은 고소인 몰래 간통을 하였을 뿐 아니라 고소인의 신용카드와 예금 등을 절취, 사취하고 고소인에게 폭력을 행사하였으므로 다음과 같이 고소를 제기하니 엄중 조사하여 처벌하여 주시기 바랍니다.

다   음

1. 간   통

  피고소인은 2013. 10. 3. 22 : 00경 서울 송파구 중대로 123에 있는 가락시장아파트 1동 104호 자신의 초등학교 동창인 상대한의 집에서, 상대한과 1회 성교하여 간통하였습니다.

2. 절도 및 사기

  피고소인은 2013. 12. 2. 서울 서초구 서래로 118에 있는 고소인의 집에서, 고소인의 양복 안주머니에 들어있는 지갑에서 자유은행 신용카드 1장을 꺼내어 가, 자유은행 현금자동지급기에서 금 500만 원을 피고소인의 평화은행 계좌로 계좌이체한 후 이를 찾아 사용하여 버렸습니다.

3. 폭력 등

  피고소인은 2014. 1. 2. 서울 서초구 서래로 118에 있는 고소인의 집에서, 고소인이 피고소인이 간통을 하고 낙태한 것을 추궁한다는 이유로 위험한 물건인 골프 드라이버 채를 마구 휘둘러 고소인에게 4주간의 치료를 요하는 비골 골절상 등을 가하였고, 고소인의 친구인 공치자가 맡겨 놓은 드라이버 채 시가 100만 원 상당을 부러뜨린 사실도 있습니다.

4. 기타 자세한 내용은 고소인 조사시 진술하겠습니다.

 첨부서류 1. 소제기증명 1부
        2. 자인서 1부
        3. 진단서 1부

2014.   1.   3.

고소인   김 갑 수 (인)

서울 서초경찰서   귀중

접 수 증 명 원

원   고   김갑수
피   고   간초선

  위 당사자 간의 이혼 등 사건에 관한 소장이 2014. 1. 3. 귀원에 2014드합14호로 접수
(소송계속)되었음을 증명하여 주시기 바랍니다.

2014. 1. 3.

위 원고 김갑수 (인)

서울중앙지방법원 귀중

위 증명합니다.
2014년 1월 3일
서울중앙지방법원
법원주사 김태종(인)

자　인　서

　저는 김갑수의 처인 간초선입니다.

　저는 2013. 10. 3. 22 : 00에 동창회 일로 서울 송파구 중대로 123 가락시장아파트 1동 104호에 있는 초등학교 동창인 상대한의 집에 갔다가, 위 상대한과 1회 성교한 사실이 있음을 자인합니다.

2014년　1월　2일

간 초 선　　(무인)

상 해 진 단 서

	㉙

병록번호 0470403
연번호 25   주민등록번호 ******-*******   동반자

환 자 의 성 명	김갑수	성별	(남)·여	생년월일	**년*월**일	연령	만 40세
환 자 의 주 소	서울 서초구 서래로 118						
병 명	☑임 상 적 □최종진단명	비골 골절상 상완부타박상			국제질병분류번호		
상 해 년 월 일	2014년 1월 2일			초진년월일	2014년 1월 2일		
상 해 의 원 인	골프채로 폭행당했다함 (환자진술)						
증 상	상 해 부 위	비골, 상완부					
	상 해 정 도	중등도					
상해에 대 한 의 견	진 료 경 과 의 견						
	외과적수술여부	필요(비골정합술)					
	입 원 여 부	불필요					
	통상활동가능여부	상당 기간 통상 활동에 지장이 있음.					
	식 사 가 능 여 부						
향 후 치료에 대 한 의 견	치료를 요하는 기간	2014년 1월 2일(수상일)부터 약 4주간					
	향 후 치 료 기 간						
	병발증발생가능여부						
기 타							

위와 같이 진단함.

발 행 일   2014년 1월 2일
병·의원주소   서울 서초구 서초3동 1589-1
병·의 원 명   윤명의 외과·이비인후과의원
면 허 번 호   13480   의사 성명 **윤 명 의** ㉙

진술조서

성   명 : 김 갑 수

주민등록번호 : ******-*******   40세

직   업 : 무직

주   거 : 서울 서초구 서래로 118

등 록 기 준 지 : 경기도 안양시 만안구 태평로 88

직 장 주 소 :

연   락   처 : 자택전화 02-***-****   휴대전화 010-****-****

　　　　　　직장전화　　　　　　　　전자우편 생략

위의 사람은 피의자 간초선에 대한 간통 등 피의사건에 관하여 2014. 1. 3. 서울 서초경찰서 폭력팀에 임의 출석하여 다음과 같이 진술하다.

---

1. 피의자와의 관계

저는 피의자 간초선과 2002. 12. 1. 결혼하고 혼인신고를 필한 법률상의 남편입니다.

1. 피의사실과의 관계

저는 피의사실과 관련하여 피해자에 해당합니다.

이때 진술의 취지를 더욱 명백히 하기 위하여 다음과 같이 임의로 문답하다.

문   진술인이 피의자 간초선을 고소한 김갑수인가요.

답   예, 맞습니다.

문   고소 내용에 대하여 진술하시오.

답   예, 저와 피의자는 혼인한 이래 피의자가 외박을 자주 하고, 부부싸움 중에도 과격하게 폭력을 행사하는 경우가 많았습니다. 제 처는 밖에 나가서도 술에 취하면 폭력을 휘두르는 성향이 있어 과거에도 2번 정도 형을 받은 적이 있는데, 작년에 가석방으로 나와 있으면서 전에부터 의심스러운 관계에 있던 초등학교 동창인 상대 한이라는 남자를 만나는 것 같았습니다. 그리고 얼마 전에는 제 신용카드를 훔쳐 돈 500만 원이라는 거액을 빼내 쓴 일도 있었고, 또 싸움하기 며칠 전에는 제 처

가 갑자기 하혈을 하여 종합병원 응급실에 같이 갔는데, 병원에서 최근 낙태수술을 한 것이 잘못 되었다고 하더군요. 그래서 임신이나 낙태수술 문제는 제가 전혀 모르는 일이고, 또 저와는 피임을 하여 애기가 생길 수가 없는데, 수상하여 추궁을 하였더니 상대한과 간통을 하였다는 사실을 털어놓아 제가 너무나 어이가 없어 자인서를 쓰게 하였습니다. 그 과정에서 술에 취한 피의자가 골프채로 저를 때리는 일이 발생하여 제가 중상을 입었고, 이웃의 신고로 경찰이 집에 와 피의자를 현행범인으로 체포해 놓은 상태에서 제가 피의자를 간통 등으로 처벌받게 하기 위하여 고소를 제기한 것입니다.

문　그 내용을 차례로 자세히 진술하여 보세요.

답　예, 먼저 간통에 관하여 진술하겠습니다.

　　피의자가 저에게 자백을 하고 자인서를 썼는데, 그 내용에 의하면 피의자는 2013. 10. 3. 22 : 00경 서울 송파구 중대로 123에 있는 가락시장아파트 1동 104호 자신의 초등학교 동창인 상대한의 집에서, 상대한과 1회 성교하여 간통하였습니다.

문　상대한은 만나 보았나요.

답　어제 그 일을 알고 아직 만나 보지 못했고, 보기도 싫습니다. 경찰에서 잡아 제 처와 함께 간통죄로 처벌하여 주세요.

문　이혼심판을 청구하였나요.

답　예, 이혼심판청구 접수증명을 법원으로부터 받아 고소장에 첨부하였습니다.

문　낙태는 어떻게 하였다고 하던가요.

답　제 처가 상대한과 관계를 가지고 난 후 임신 기미가 있어 저 몰래 낙태를 시키려고 이곳저곳을 알아보다가 2013. 12. 4.경 무면허 낙태시술소에서, 낙태를 하였다고 합니다. 그때 약 임신 8주였다고 합니다. 자세한 내용은 모릅니다.

문　절도 및 사기를 하였다는 고소내용은 무엇인가요.

답　예, 제 자유은행계좌에서 갑자기 500만 원이 제 처 계좌로 빠져나간 것을 나중에 알고 제 처에게 물어보니 제 처가 급하게 친구가 빌려달라고 하여 제 신용카드를 몰래 가지고 가 돈을 빼 썼다고 자인한 바 있습니다. 당시는 그런 줄로만 알았는데, 나중에 보니 제 처가 상대한을 사귀면서 많은 돈을 낭비한 것 같습니다.

문　피의자가 쓴 고소인의 신용카드나 돈을 인출한 계좌는 가사에 공동으로 사용하는 계좌가 아닌가요.

답　그렇지 않습니다. 가사용은 제 처 이름으로 된 통장이 있어 거기에 생활비 등을 제가 넣어 주고 있고, 피의자가 훔쳐 쓴 그 신용카드나 자유은행계좌는 제가 따로 사업용으로만 사용하는 카드와 계좌입니다.

문　그 신용카드는 은행 현금카드 기능도 겸한 것인가요.

답   그렇습니다.

문   그런데, 비밀번호는 어떻게 알았을까요.

답   아마 제가 일반적으로 제 생일을 비밀번호로 쓰기 때문에 알고 있었던 것 같습니다.

문   피의자가 진술인에게 폭력을 행사한 내용을 진술하여 보세요.

답   예. 2014. 1. 2. 20 : 00경 제 집에서, 제가 피의자의 낙태사실을 추궁하면서 화가 나서 소주를 마시게 되었는데, 제 처가 자기도 달라고 하여 서로 소주를 몇 잔 마시게 되었습니다. 둘이 4병을 마셨으니까 각 2병 정도 마신 것 같네요. 제 처가 술이 좀 오르면서 울다가 용서하여 달라고 하면서 실은 상대한의 집에 놀러가 술을 한 잔 마시다가 상대한과 관계를 맺게 되었고, 나중에 임신한 사실을 알고 몰래 낙태를 하였다고 자인하였습니다. 그 말을 들으니 제가 몹시 화가 나서 자인서를 쓰라고 하였고, 제 처가 자인서를 썼습니다. 그러던 중 제가 이혼이라고 소리치자 제 처가 "너는 잘한게 뭐냐. 내 인생도 보상해라"면서 거실에 있던 골프 드라이버를 들고 휘두르다가 제 몸과 얼굴을 때렸고 제 몸을 때린 드라이버는 제가 오른팔로 막았는데, 얼굴은 못 막아 제 코에 맞았으며, 제 코뼈가 부러지면서 골프채도 부러졌습니다. 제가 피를 흘리고 난장판이 되니까 이웃에서 경찰에 신고를 하였는지 경찰차가 오고 경찰이 집으로 들어 와 싸움을 말리고 저는 병원으로 옮기고, 제 처는 연행하여 갔습니다.

문   진술인의 상처는 어느 정도인가요.

답   그 날 병원에 가서 응급수술을 받았는데, 코뼈가 부러져 4주간의 치료를 요한다고 합니다.

문   골프채는 진술인 소유인가요.

답   아닙니다. 제가 아는 골프친구인 공치자 여사가 맡겨 놓은 골프채입니다.

문   얼마 정도 되는 골프채인가요.

답   공치자가 구입한 신품인데, 구매가는 100만 원으로 알고 있습니다.

문   피의자의 처벌을 원하나요.

답   예, 처벌을 원합니다. 상대한도 잡아 처벌하여 주세요.

      이제는 저도 처와 이혼하려고 합니다.

문   이상 사실대로 진술한 것으로 이의가 없는가요.

답   **예, 사실대로 진술하였습니다.** (인)

　위의 조서를 진술자에게 열람하게 하였던바, 진술한 대로 오기나 증감·변경할 것이 전혀 없다고 말하므로 간인한 후 서명 무인케 하다.

진 술 자　김 갑 수 (인)

2014.　1.　3.

서 울 서 초 경 찰 서

사법경찰관　경위　경 경 찰 (인)

피의자신문조서

피의자 : 간 초 선

　위의 사람에 대한 간통 등 피의사건에 관하여 2014. 1. 3. 서울서초경찰서에서 사법경찰관 경위 정경찰은 사법경찰리 경장 하본성을 참여하게 하고, 아래와 같이 피의자임에 틀림없음을 확인하다.

문　　피의자의 성명, 주민등록번호, 직업, 주거, 등록기준지 등을 말하십시오.

답　　성명은　　　　　　간 초 선 (簡 草 姍)

　　　주민등록번호는　　******-*******　　　직업은 가정주부

　　　주거는　　　　　　서울특별시 서초구 서래로 118

　　　등록기준지는　　　경기도 안양시 만안구 태평로 88

　　　직장 주소는

　　　연락처는　　　자택전화 02-***-****　　　휴대전화　010-****-****

　　　　　　　　　직장전화　　　　　　　　　　전자우편(e-mail)

　　　입니다.

　　사법경찰관은 피의사건의 요지를 설명하고 사법경찰관의 신문에 대하여 「형사소송법」 제244조의3에 따라 진술을 거부할 수 있는 권리 및 변호인의 참여 등 조력을 받을 권리가 있음을 피의자에게 알려주고 이를 행사할 것인지 그 의사를 확인하다.

(진술거부권 및 변호인 조력권 고지 등 확인) (첨부 생략)

이에 사법경찰관은 피의사실에 관하여 다음과 같이 피의자를 신문하다.

문   피의자는 범죄전력이 있는가요.

답   예, 2008. 5. 1. 수원지방법원에서 폭력행위등처벌에관한법률위반죄로 징역 1년을 선고받고, 2010. 6. 2. 수원지방법원에서 상해죄로 징역 8월을 선고받고, 2012. 12. 2. 서울중앙지방법원에서 폭력행위등처벌에관한법률위반죄로 징역 1년 6월을 선고받고 청주교도소에서 복역하다가 2013. 9. 22. 가석방으로 출소한 사실이 있어요. 형기만료가 된 것으로 알아요.

문   정부로부터 훈장이나 포장 등을 받은 적이 있는가요.

답   없습니다.

문   군대는 갔다 왔는가요.

답   여자라 해당 없습니다.

문   학력은 어떠한가요.

답   수원에 있는 화성여자고등학교를 졸업하였습니다.

문   사회경력은 어떠한가요.

답   특별히 없습니다.

문   가족관계는 어떠한가요.

답   김갑수와 결혼했고, 아이는 없어요.

문   재산 및 월수입은 어떠한가요.

답   현재는 남편 명의로 된 집에서 살고 있고, 남편 월수입은 500만 원 정도 됩니다.

문   정당이나 사회단체에 가입한 사실이 있는가요.

답   없습니다.

문   건강은 어떠한가요.

답   위궤양이 있고 잠을 잘 못 잡니다. 수면제나 술을 마셔야 잡니다.

문   피의자는 남편인 김갑수로부터 고소를 당한 사실이 있지요.

답   예, 남편이 저를 간통죄 등으로 고소하였다는 사실을 조금 전에 들었어요.

문   피의자는 간통을 한 사실이 있나요.

답   그런 사실이 없어요.

문   상대한과 간통을 한 사실이 없나요.

답   상대한은 저와 초등학교 동창일 뿐이에요. 그와 간통을 한 사실이 없어요.

문   그렇다면 남편이 어떻게 간통으로 고소한 것인가요.

답   제 남편인 김갑수는 결혼 초기부터 의처증이 있어요. 제가 조금만 밖에 나가 있으면 쉴 새 없이 전화를 하고 저의 남자관계를 캐물어요. 저와 신혼 첫날 밤을 치르자마자 처녀가 아니었다느니 하면서 없는 과거를 캐고 그 이후로도 계속 저를 의심하며 괴롭혀 왔어요. 그래서 결혼 이후 부부 싸움이 그치질 않았어요. 상대한은 저와 초등학교 동창일 뿐이고, 동창회 일로 몇 번 만나기는 했어요. 그랬더니 남편은 그 사실을 알고 저와 상대한의 관계를 자인하라고 괴롭혔어요.

문   피의자는 남편에게 상대한과의 관계를 자인하고 자인서까지 쓰지 않았나요.

답   그 경위를 말씀드리면 길어요. 제가 폭력으로 구치소에 있다가 가석방으로 나온 지 얼마 안 돼서 남편과 관계를 가졌는데 그때 피임이 잘못되었는지 임신이 되었 어요. 그런데 임신이 되었다고 하면 남편의 의심이 심해질까 봐 낙태를 하려고 했어요. 정식 병원에는 남편 동의 없이 낙태를 잘 안 해 주려고 하여 할 수 없이 무면허에게 가서 낙태수술을 하였어요.

문   낙태수술의 경위를 자세히 진술하세요.

답   2013. 12. 4. 12 : 00경 서울 서초구 서초역 부근에 있는 사이비라는 사람이 하는 무면허 업소에 친구 소개로 가서 했어요. 돈 50만 원을 냈고, 그 사람이 자궁속에 진공흡입기를 삽입한 후 태아를 낙태시켰어요.

문   사이비는 지금도 그곳에서 시술을 하는가요.

답   아니요. 제가 수술이 잘못되었는지 조금씩 하혈을 하여 다시 찾아가니 그동안 사고가 나서 도망갔다고 해요. 나이는 50대인데 이름도 가짜인 것 같아요.

문   그래서 어떻게 하였나요.

답   제가 병원에 못 가보고 있던 중 작년 12월 20일경 크게 하혈이 있어 강남종합병원 응급실에 가게 되었어요. 남편도 같이 갔다가 의사에게 제가 낙태를 시켰다는 말을 듣게 되어 이번 사달이 난 것이에요.

문   그렇다면, 그 이후 이번 사건이 난 경위를 진술하여 보세요.

답   그 이후로 남편을 완전히 제가 불륜을 저지른 것으로 믿고 상대한과의 관계를 자인하라고 매일 저를 괴롭혔어요. 그러다가 2014. 1. 2. 저녁에 남편이 술에 취하여 들어와 저에게 이제 자인하면 없던 것으로 하겠다고 하면서 제 뺨을 수 회 때리고 발로 차면서 부엌에서 식칼을 들고 와 앞에 놓고 자인을 하지 않으면 같이 죽는다고 위협을 하여 제가 할 수 없이 거짓으로 자인을 하였어요.

문   당시 같이 술을 마셔 많이 취하였던가요.

답   예, 남편은 전작이 있어 집에 왔고 집에 와서도 소주를 4병 정도 마셨어요. 저도 속이 상하여 같이 마셨으니까 서로 2병 정도씩 마신 것 같아요. 그래서 남편의 폭력에 겁도 많이 났고 술도 취하여 될 대로 되라는 심정으로 거짓 자인을 하였어요.

문   그렇다면 이 자인서는 거짓으로 작성하였다는 것인가요.

이때 사법경찰관은 고소인 김갑수가 제출한 피의자가 작성한 자인서를 보여준바,

답   예, 제가 직접 자필로 작성하고 무인을 찍은 것은 맞으나 내용은 사실이 아니고

위협에 못 이겨 작성한 것입니다.

문 피의자는 김갑수의 신용카드를 훔쳐 김갑수의 계좌에서 돈을 인출한 사실이 있나요.

답 예, 그러한 사실이 있습니다.

문 자세히 진술하세요.

답 작년 12월 2일이었어요. 아침 11시경 남편이 출근한 후에 갈아입은 양복 주머니에 지갑을 놓고 간 것을 알았어요. 마침 낙태비용 등이 필요한 차에 남편에게서는 돈이 나올 것 같지 않고 하여 지갑에서 남편 자유은행 신용카드를 꺼내 집 근처에 있는 자유은행으로 갔어요. 점심 직후니까 오후 1시경인가 봐요. 현금자동지급기에 신용카드를 넣고 비밀번호를 입력하였어요. 비밀번호는 제가 미리 알고 있었어요. 전에도 남편 심부름을 한 적이 있었거든요. 그리고 우선 500만 원을 제 평화은행 계좌로 이체시켰어요. 그리고 바로 근처에 있는 평화은행에 가서 제 계좌에서 현금카드로 돈 100만 원을 인출하였어요. 그리고 신용카드는 남편 지갑에 도로 넣어 두었어요.

문 이체한 돈은 모두 어떻게 하였나요.

답 아까 말한 대로 100만 원은 찾아 낙태비용 등으로 사용했고, 나머지는 제 계좌에 그대로 있어요.

문 신용카드는 바로 남편의 지갑에 넣어 둔 것이 맞나요.

답 예, 계좌이체를 한 후 바로 지갑에 넣었어요. 남편이 알면 안 되니까요.

문 그런데, 남편이 어떻게 그 사실을 알았나요,

답 남편이 그 계좌를 사업용으로 쓰다 보니 돈이 인출된 것을 알고 저에게 물어 제가 모른다고 하였더니, 컴퓨터해킹을 당한 것 같다고 경찰에 신고한다고 하길래 제가 아무래도 일이 커질 것 같아 남편에게 제가 친구에게 급전을 빌려 주느라고 그랬다고 하였어요. 그 일로 남편의 의심이 더욱 커진 것 같아요.

문 남편을 골프채로 때린 적이 있지요.

답 때리려고 하였다기보다는 제 자신을 방어하려고 하다가 사고가 난 것입니다.

문 자세한 경위를 진술하세요.

답 그게 2014. 1. 2. 오후 8시경 집 거실에서인데, 아까 말한 대로 남편이 약간 술에 취하여 집에 와서는 또 저를 의심하면서 자인하면 없던 것으로 하겠다고 하면서 제 뺨을 4~5회 때리고 발로 옆구리 등을 2~3회 차면서 부엌에서 식칼을 들고 와 앞에 놓고 자인을 하지 않으면 같이 죽는다고 위협을 하여 제가 할 수 없이 거짓으로 자인서를 썼어요. 그랬더니 더욱 흥분하여 칼을 저에게 들이대면서 죽이겠다고 하므로 제가 뒷걸음질을 치다가 거실 소파 옆에 놓여 있던 골프 드라이버 채를 들어 남편에게 휘둘렀는데 그게 남편 얼굴과 팔에 맞았어요. 특히 코 부분에 맞아 남편이 고꾸라지며 코피가 많이 났어요.

문 그래서 어떻게 되었나요.

답 경황이 없어 119에 신고를 하였는데, 조금 있다가 119도 오고 경찰도 와서는 남편은 119에서 병원으로 데려갔고, 저는 경찰관이 폭력의 현행범인으로 체포한다면서 변호인을 선임할 수 있다는 등 미란다고지라는 것을 하고는 수갑을 채워 경찰서로 연행하였어요.

문 김갑수의 진술로는 피의자가 결혼 초기부터 술을 먹고 폭력을 휘두르는 일이 많았다고 하는데 그렇지 않은가요.

답 남편이 의처증이 있다 보니 제가 술을 마시는 일이 많았고 하여 술에 만취되면 사고가 몇 번 있었지만 남편을 때린 적은 없어요.

문 남편은 피의자가 때려 4주간의 비골 골절상을 입었고, 공치자가 맡겨 놓은 드라이버 채도 부러졌다고 하는데 맞나요.

답 맞을 거예요.

문 이상의 진술이 사실인가요.

답 예.

문 이상의 진술내용에 대하여 이의나 의견이 있는가요.

답 **없습니다.** (무인)

위의 조서를 진술자에게 열람하게 하였던바, 진술한 대로 오기나 증감·변경할 것이 전혀 없다고 말하므로 간인한 후 서명 무인케 하다.

진술자 **간 초 선** (무인)

2014. 1. 3.

서 울 서 초 경 찰 서

사법경찰관 경 위 **경 경 찰** (인)

사법경찰리 경 장 **하 본 성** (인)

압 수 조 서

피의자 간초선에 대한 폭력행위등처벌에관한법률위반 피의사건에 관하여 2014. 1. 3. 서울 서초경찰서에서 사법경찰리 경위 정경찰은 사법경찰리 순경 홍경찰을 참여하게 하고 별지 목록의 물건을 다음과 같이 압수하다.

압 수 경 위

소지인 김갑수가 피의자가 자신을 때린 드라이버 채와 [피의자가 김갑수가 자신을 위협하였는 데 사용하였다고 주장하는] 식칼을 경찰서로 가져와 임의 제출하겠다고 하므로 증거물로 사용하기 위하여 영장 없이 압수함.

참여인	성 명	주민등록번호	주 소	서명 또는 날인
		(기재생략)		

2014. 1. 3.

서 초 경 찰 서

사법경찰리 경위 정경찰 ㉑
사법경찰리 순경 홍경찰 ㉑

압 수 목 록

번 호	품 명	수량	피압수자 주거 성명				소유자 주거·성명	비 고
			1	2	③	4		
			유류자	보관자	소지자	소유자		
1	식칼(전체 길이 30센티 가량, 칼날 길이 20센티 미터 가량)	1개	서울 서초구 서래로 118 김갑수(******-*******)				좌동	
2	부러진 드라이버 채 (일본 마루망 2013년 제품)	1개	서울 서초구 서래로 118 김갑수(******-*******)				공치자	

조 회 회 보 서

제 2014-12567 호   2014. 1. 3.

□ 조회대상자

성 명	간초선	주민등록번호	******-*******	성별	여
지 문 번 호		주민지문번호	76867-74859	일련번호	
주 소	서울 서초구 서래로 118				
등록기준지	경기 안양시 만안구 태평로 88				

□ 주민정보

성 명	간초선	생년월일	1975. 4. 23. 생	성별	여자
주민등록번호	******-*******		주민지문번호	76867-74859	
전 등 록					
등 록 기 준 지	경기안양시 만안구 태평로 88				
주 소	서울 서초구 서래로 118				
세 대 주	간초선 (******-*******)				
전 입 일	2002. 12. 20.		통반변경	유	
참 고 사 항					

□ 범죄경력자료

연번	입건일	입건관서	작성번호	송치번호	형제번호
	처분일	죄 명		처분관서	처분결과
1	2008. 3. 20.	수원경찰서	0115104	2008-006567	2008-210-8569
	2008. 5. 1.	폭력행위등처벌에관한법률위반		수원지방법원	징역 1년
2	2010. 1. 31.	수원경찰서	0113457	2010-006587	2010-190-3462
	2010. 6. 2.	상해		수원지방법원	징역 8월
3	2012. 9. 20.	서울 강남경찰서	0113457	2012-003452	2012-110-3452
	2012. 12. 2.	폭력행위등처벌에관한법률위반		서울중앙지방법원	징역 1년6월

□ 수사경력자료

연번	입건일	입건관서	작성번호	송치번호	형제번호
	처분일	죄 명		처분관서	처분결과

□ 지명수배내역

연번	상 세 내 용					
	수배관서		수배종결		담당자	
	수배번호		사건번호		영장구분	
	수배일자		범죄일자		공소시효만료	
	참고사항				영장유효일자	
	죄 명					
	영장번호		공범1		공범2	
	발견일자		발견관서		발견자	
	주 소					
	범행장소		피해자		피해정도	

위와 같이 조회 결과를 통보합니다.

조 회 용 도 : 접수번호 2014-026914 수사
조회의뢰자 : 조사과   경장 **이은경**
작 성 자 : 조사과   경장 **이은경**

서 울 서 초 경 찰 서 장   [서울서초경찰서장인]

피의자신문조서

성   명 : 간 초 선
주민등록번호 : ******-*******

위의 사람에 대한 간통 등 피의사건에 관하여 2014. 1. 10. 서울중앙지방검찰청 408호 영상녹화조사실에서 검사 정의파는 검찰주사 김계장을 참여하게 한 후, 아래와 같이 피의자임에 틀림없음을 확인한다.

문   피의자의 성명, 주민등록번호, 직업, 주거, 등록기준지 등을 말하시오
답   성명은   간 초 선
          주민등록번호는   ******-*******   (38세)
          직업은   가정주부
          주거는   서울특별시 서초구 서래로 118
          등록기준지는   경기도 안양시 만안구 태평로 88
          직장 주소는
          연락처는   자택전화 02-***-****   휴대전화 010-****-****
                        직장전화   전자우편(e-mail)

          입니다.

검사는 피의사실의 요지를 설명하고 검사의 신문에 대하여 「형사소송법」 제244조의3에 따라 진술을 거부할 수 있는 권리 및 변호인의 참여 등 조력을 받을 권리가 있음을 피의자에게 알려주고 이를 행사할 것인지 그 의사를 확인하다.

(진술거부권 및 변호인 조력권 고지 등 확인) (첨부 생략)

이에 검사는 피의사실에 관하여 다음과 같이 피의자를 신문하다.
문   피의자는 형벌을 받은 사실이 있는가요.
답   2008. 5. 1. 수원지방법원에서 폭력행위등처벌에관한법률위반죄로 징역 1년을 선고받고, 2010. 6. 2. 수원지방법원에서 상해죄로 징역 8월을 선고받고, 2012. 12. 2. 서

       울중앙지방법원에서 폭력행위등처벌에관한법률위반죄로 징역 1년 6월을 선고받고 청주교도소에서 복역하다가 2013. 9. 22. 가석방으로 출소한 사실이 있어요.

문   피의자의 학력, 경력, 가족관계, 재산정도 등은 경찰에서 진술한 바와 같은가요.

이때 검사는 사법경찰관이 작성한 피의자에 대한 피의자신문조서 중 해당부분을 읽어 주다.

답   예, 모두 맞습니다.

문   피의자는 피의사실을 인정하는가요.

답   인정하는 부분도 있고, 인정할 수 없는 부분도 있어요.

문   그렇다면, 차례로 묻겠습니다. 먼저 상대한과 간통을 한 사실이 있나요.

답   없어요. 그 부분은 너무 억울합니다. 상대한은 저와 초등학교 동창일 뿐이에요. 그와 간통을 한 사실이 없어요.

문   피의자는 남편 김갑수에게 상대한과의 관계를 자인하고 자인서까지 쓰지 않았나요.

이때 기록에 편철된 피의자 명의의 자인서를 보여준바,

답   그 자인서를 제가 자필로 작성한 것은 맞습니다. 그렇지만 그것은 남편의 폭력과 강요에 의하여 거짓으로 작성한 것입니다.

문   왜 거짓으로 자인서를 작성하였나요.

답   제 남편은 결혼 초기부터 의처증이 있어요. 저와 신혼 초부터 처녀가 아니었다고 하면서 폭언을 하였고, 그 뒤로도 저의 과거를 캐고 계속 저를 의심하며 괴롭혀 왔습니다. 그 때문에 부부 싸움이 그치질 않았고, 저는 술을 자주 마시게 되었습니다. 그러면서 술에 만취되어 폭력을 행사하여 감옥까지 갔다 올 정도로 제 심신이 피폐하여져 왔습니다. 작년에도 제가 폭력으로 교도소에 있다가 가석방으로 나온 후 남편과 관계를 가졌는데 그때 피임이 잘못되었는지 임신이 되었습니다. 그런데 임신이 되었다고 하면 남편의 의심이 심해질까봐 낙태를 하였습니다. 그런데 무면허업자에게 한 수술이 잘못되어 상태가 좋지 않았습니다. 그러고 있던 중 작년 12월 20일 갑자기 하혈이 심하여 병원 응급실에 가게 되었는데, 그때 의사에게 남편에게 낙태수술이 잘못되어 그런다는 말을 하는 바람에 남편의 의심이 심하여 지면서 사건이 발생한 것입니다.

문   자인서를 거짓으로 작성할 이유가 있나요.

답   병원에 다녀온 이후로 남편은 제가 불륜을 저지른 것으로 확신하고, 상대한과의 관계를 자인하라고 매일 저를 윽박질렀습니다. 2014. 1. 2. 저녁에도 남편이 술에 취하여 들어와 저에게 이제 자인하면 없던 것으로 하겠다고 하면서 제 뺨을 수 회 때리고 발로 차면서 부엌에서 식칼을 들고 와 제 앞에 놓고 자인을 하지 않으면 같이 죽겠다고 위협을 하여 제가 할 수 없이 거짓으로 자인을 하였더니 자인서를 쓰라고 하여 제가 거짓으로 작성한 것입니다. 결국 남편의 폭력에 겁도 많이 났고 술도 취하여 될 대로 되라는 심정으로 거짓 자인을 한 것입니다.

문   당시 피의자도 많이 취하였던가요.

답   예, 남편과 같이 소주를 4병 정도 마셨으니까 각자 2병 정도씩 마신 것 같습니다. 제 주량인 소주 한 병을 많이 초과한 상태예요.

문   그렇다면, 남편이 왜 상대한과의 관계를 의심한단 말인가요.

답   상대한은 저와 초등학교 동창일 뿐이고, 동창회 회장입니다. 제가 여자총무를 맡고 있어 동창회 일로 몇 번 만나기는 했어요. 그러면서 전화통화도 가끔 하였는데, 남편은 그 사실을 알고 저와 상대한의 관계를 의심하게 된 것입니다.

문   자인서에 기재된 작년 10월 3일 저녁 10시경에 상대한의 집에 간 것은 사실인가요.

답   예, 그날 송파 가락시장 옆에 있는 음식점에서 동창회가 끝나고 동창회 일로 몇 가지 의논할 일이 있어 근처에 있는 상대한의 집에 가서 같이 동창회 명부를 정리한 사실은 있습니다.

문   당시 두 사람만 상대한의 집에 갔는가요.

답   예, 다른 사람들은 바쁘다고 가고 두 사람만 상대한의 집에 갔습니다.

문   남편에게 자인하는 말도 하였고, 자인서를 쓴 것을 보면 상대한과 관계를 맺은 것이 사실이 아닌가요.

답   그렇지 않아요.

문   상대한은 지금 어디 있나요.

답   남편이 간통으로 고소한 사실을 어떻게 알았는지 집에 들어오지 않고 역시 행방불명인 상태라고 합니다.

문   간통을 한 것이 아니라면 도망갈 이유가 없지 않나요.

답   글쎄요.

문   낙태를 한 것은 사실이군요.

답   예, 그것은 사실입니다. 다만 저로서는 남편의 의심을 받게 되는 최악의 상황이 예상되어 그렇게 할 수밖에 없었던 점을 참작하여 주세요.

문   피의자는 남편 김갑수의 신용카드를 훔쳐 김갑수의 계좌에서 돈을 이체한 사실이 있나요.

답   예, 그러한 사실이 있습니다.

문   그 경위를 자세히 진술하세요.

답   작년 12월 2일입니다. 아침 11시경 남편의 양복 주머니에 있는 지갑에서 남편의

자유은행 신용카드를 꺼내 오후 1시경 집 근처에 있는 자유은행으로 가 현금자동
지급기에 신용카드를 넣고 조작하여 남편계좌에서 돈 500만 원을 제 평화은행 계
좌로 이체시켰습니다. 그 후 근처에 있는 평화은행에 가서 제 계좌에서 현금카드
로 돈 100만 원을 인출하였습니다. 그리고 신용카드는 남편 지갑에 도로 넣어 두
었습니다.

문　이체한 돈은 모두 어떻게 하였나요.

답　100만 원을 찾아 낙태비용 등으로 사용했고, 나머지는 그대로 있어요.

문　신용카드는 바로 남편의 지갑에 넣어 둔 것이 맞나요.

답　예, 그렇습니다.

문　전에도 남편 몰래 그런 일을 한 적이 있나요.

답　처음입니다.

문　남편을 골프채로 때린 사실은 인정하나요.

답　때린 것은 맞으나 고의적으로 때린 것은 아니고, 남편이 저를 칼로 찌르려고 하
여 저도 제 자신을 방어하려고 골프채를 들어 휘두르다가 남편이 맞았을 뿐 입
니다.

문　자세한 경위를 진술하세요.

답　자인서를 쓴 날인데, 아까 말씀드린 대로 2014년 1월 2일 오후 8시경 집 거실에서
남편이 저를 때리고 식칼을 들고 와 앞에 놓고 자인을 하지 않으면 같이 죽는다고
위협을 하여 제가 할 수 없이 거짓으로 자인서를 썼더니 남편은 없던 것으로 하는
것이 아니라 더욱 과격하여지면서 저에게 나쁜 년이라고 욕설을 하며 흥분을 못
이겨 칼을 저에게 들이대며 찌르려고 하길래 제가 뒤로 피하다가 마침 거실 소파
옆에 놓여 있던 골프 드라이버 채를 들어 남편에게 휘둘렀는데 그게 남편 얼굴과
팔에 맞았습니다.

문　그래서 어떻게 되었나요.

답　골프채가 남편 코 부분에 맞아 남편이 쓰러지고 코피가 많이 났었고 제가 급하
여 119에 신고를 하였는데, 조금 있다가 119도 오고 경찰도 왔습니다. 남편은 바로
병원으로 데려갔고, 저는 경찰관이 폭력의 현행범인으로 체포한다면서 변호인을
선임할 수 있다는 등 미란다고지라는 것을 하고는 수갑을 채워 경찰서로 연행한
것입니다.

문　남편은 4주간의 비골 골절상을 입었고, 공치자가 맡겨 놓은 드라이버 채도 부러졌
다고 하는데 맞나요.

답　그렇습니다.

문　전에도 남편에게 폭력을 행사한 적이 있나요.

답 남편이 의처증이 있다 보니 제가 술을 마시는 일이 많았고 하여 술에 만취되면 사고가 몇 번 있었지만 남편을 때린 적은 없어요.

문 피의자의 진술과 김갑수의 진술이 다른 점이 있어 대질신문을 하고자 하는데 이의가 없나요.

답 제 억울함을 밝히기 위하여 대질신문을 받겠습니다.

이때 검사는 신문장소 밖에서 대기 중이던 김갑수를 불러 피의자의 옆자리에 앉게 한 후

문 진술인이 피의자의 남편이자 고소인인 김갑수 맞는가요.

답 예, 그렇습니다.

문 피의자의 주장에 대하여 어떻게 생각하나요.

이때 검사는 피의자 신문요지를 간략히 설명하여 준바,

답 피의자는 거짓말을 하고 있습니다.

문 어떤 부분이 거짓말인가요.

답 우선 제가 의처증이 있었다는 말, 간통 자인서를 제 위협에 의하여 작성하였다는 말, 제가 칼로 찌르려고 하여 골프채를 휘둘렀다는 말 등은 거짓말입니다.

문 그렇다면 사실을 진술하여 보세요.

답 우선 제가 의처증이 있어 피의자를 의심하였다는 것은 거짓말입니다. 피의자와 결혼한 후 피의자의 처녀 때 행실이 좋지 못하였다는 소문을 듣고 제가 속이 상하여 술을 먹고 투정조로 그런 이야기를 한 적이 몇 번 있었던 것은 사실입니다만 제가 의처증을 가지고 계속적으로 피의자를 괴롭힌 적은 없습니다.

오히려 피의자는 주벽이 심하여 술을 자주 마시고 밤늦게 귀가하는 일이 많아 부부싸움이 자주 있었고, 피의자는 술을 먹고 싸움을 하여 감옥까지 갔다 온 것을 보아도 제가 잔소리를 좀 하였다 하여 의처증으로 모는 것은 납득할 수 없습니다.

문 상대한과 피의자가 불륜관계를 맺었다는 확증이 있었나요.

답 예, 제가 현장을 잡은 것은 아니나, 피의자가 제 앞에서 자인을 하였고, 또 실은 제가 피의자가 상대한과 통화하는 것을 녹음한 것이 있는데, 그 통화내용을 보면 두 사람은 보통관계가 아니라는 것을 알 수 있습니다. 제가 그 녹음테이프와 녹음 내용을 녹취한 녹취서를 제출하겠으니 참조하여 주시기 바랍니다.

문 녹음한 경위는 어떠한가요.

답 예, 제가 피의자가 낙태하였다는 알고 난 후 증거를 찾기 위하여 제 집 전화에 인터넷을 통하여 구입한 녹음장치를 몰래 하여 놓았습니다. 그런데 2013년 12월 25일 아침에 제가 없는 사이에 피의자가 상대한과 집 전화로 통화를 한 것이 녹음이 되어 있었던 것입니다. 녹음내용을 보면 피의자가 상대한과 작년 10월 3일 간

통한 것이 틀림없습니다.

이때 진술인이 제출한 녹음테이프를 재생하여 피의자에게 들려주면서 녹취서와 동일하게 녹음되어 있는 것을 확인하다.

이때 피의자에게 묻다.

문 지금 들은 녹음이 피의자와 상대한의 목소리이고 그러한 통화를 한 것은 맞나요.

답 그런 통화를 작년 12월 25일경 상대한과 같이 한 것은 맞는 것 같습니다.

문 통화내용을 보면 피의자와 상대한이 사랑하는 사이인 것 같은데 아닌가요.

답 제가 남편의 의처증에 시달리다 보니 독신으로 살고 있는 상대한에게 정이 끌려 다정하게 대하고 있는 것은 맞으나 절대 성관계를 하진 않았습니다.

문 김갑수는 의처증 때문에 피의자를 괴롭힌 적은 없다고 하는데 누구의 말이 진실인가요.

답 제가 한 말이 진실입니다.

이때 다시 김갑수에게 묻다.

문 진술인이 자인서를 받을 때 피의자를 때리고 차고 칼로 위협하였다는데 그렇지 않은가요.

답 제가 술이 취하여 자인을 하면 용서하겠다고 한 적은 있으나, 때리면서 위협을 한 사실은 없습니다. 칼은 피의자가 자인을 하기 전에 가져온 것이 아니라 간통사실을 자인하고 자인서를 쓴 다음에 제가 하도 속이 상하여 같이 죽자며 부엌에서 식칼을 가져다 놓은 적은 있습니다.

문 진술인은 피의자가 간통사실을 스스로 자인하고 자인서도 썼다는 것인가요.

답 피의자가 제가 자인서를 쓰라고 하여 거짓 자인서를 쓸 사람도 아닙니다.

문 진술인이 식칼로 피의자를 찌르려고 한 적은 없나요.

답 지금 말씀드린 대로 칼을 갖다가 피의자와 제 사이에 놓은 적은 있지만 피의자를 찌르려고 한 적은 없습니다.

문 그렇다면 피의자가 골프채로 진술인을 때린 이유가 무엇인가요.

답 피의자도 술에 취하여 있다 보니 제가 같이 죽자, 이혼하자고 하는 말을 듣고는 그래 죽어 봐라 하면서 옆에 있는 골프채를 들어 저를 때렸습니다.

문 진술인이 칼을 들고 있었던 것은 아닌가요.

답 피의자가 골프채로 저를 때린 당시에는 제가 칼을 잡고 있었던 것이 아닙니다. 칼은 그냥 앞에 놓여져 있었습니다.

이때 다시 피의자에게 묻다.

문 김갑수의 말을 들었는가요.

답 예, 들었습니다만 거짓말이고 김갑수가 저를 이미 수회 때리고 차고, 칼까지 들고

와 위협을 하므로 제가 자인서를 쓴 것이 맞으며, 자인서를 받자마자 다시 칼을 들어 저를 찌르려고 하므로 순간 피하면서 골프채를 휘둘렀을 뿐입니다.

이때 다시 김갑수에게 묻다.

문   피의자의 진술을 들었는가요.

답   피의자는 거짓말을 하고 있습니다.

문   피의자의 처벌을 원하는가요.

답   예, 엄벌하여 주세요. 뉘우치지도 않는 여자입니다.

이때 다시 피의자에게 묻다.

문   사실대로 진술하였나요.

답   예, 저는 사실대로 진술하였어요.

문   조서에 진술한 대로 기재되지 아니하였거나 사실과 다른 부분이 있는가요.

답   **없습니다**. (무인)

위의 조서를 진술자에게 열람하게 하였던바, 진술한 대로 오기나 증감·변경할 것이 전혀 없다고 말하므로 간인한 후 서명 무(날)인하게 하다.

진 술 자   **갇 초 선** (무인)

진 술 자   **김 갑 수** (인)

2014. 1. 10.

서울중앙지방검찰청

검   사   **정 의 파** (인)

검찰주사   **김 계 장** (인)

압 수 조 서

피의자 간초선에 대한 간통 등 피의사건에 관하여 2014. 1. 10. 서울중앙지방검찰청에서 검사 정의파는 검찰주사 김계장을 참여하게 하고 별지 목록의 물건을 다음과 같이 압수하다.

압 수 경 위

소지인 김갑수가 피의자의 간통사실을 입증할 자료로 피의자와 상대한이 통화하는 내용을 녹음한 테이프라고 하면서 임의제출하겠다고 하므로 증거물로 사용하기 위하여 영장 없이 압수함.

	성 명	주민등록번호	주 소	서명 또는 날인
참여인		(기재생략)		

2014. 1. 10.

서 울 지 방 검 찰 청

검 사 정의파 ㊞

검찰주사 김계장 ㊞

압 수 목 록

번호	품 명	수량	피압수자 주거 성명				소유자 주거·성명	비고
			1	2	③	4		
			유류자	보관자	소지자	소유자		
3	녹음테이프	1개	서울 서초구 서래로 118 김갑수(******-*******)				좌동	

녹 취 서

주임검사
(인)

　　이 녹취서는 의뢰인 김갑수님이 제출한 전화통화녹음테이프의 통화내용을 그대로 녹취한 것입니다.

통화일시 : 미상

통화시간 : 2분 11초

녹취일시 : 2013. 12. 30. 11 : 00〜12 : 00

녹취장소 : 서울 강남구 신사동 133 서울 속기사무소

녹 취 자 : 속기사 김정숙

녹취내용 : 별첨

　　　　　　　　　　2013. 12. 30.

　　　　　　　서울 속기사무소 속기사   김 경 숙 (인)

별 첨

전화 수신음 : 10초가량
통화자 A(여자) : 여보세요.
통화자 B(남자) : 나야 나
통화자 A(여자) : 대한이?
통화자 B(남자) : 그래, 요즘 왜 소식이 없어
통화자 A(여자) : 당분간 전화 못 해 우리 집 난리가 났어
통화자 B(남자) : 왜?
통화자 A(여자) : 남편이 나 낙태한 것 알고 의심하고 난리야
통화자 B(남자) : 낙태한 것 알았어?
통화자 A(여자) : 그래
통화자 B(남자) : 어떻게 알았지?
통화자 A(여자) : 전번에 병원 가서 알았대
통화자 B(남자) : 그래서 어떻게 됐어?
통화자 A(여자) : 아직은 의심만 하고 매일 자인하라고 윽박질러.
통화자 B(남자) : 뭘 자인해?
통화자 A(여자) : 우리 관계
통화자 B(남자) : 뭐라고 했어?
통화자 A(여자) : 말했다가는 나 죽어
통화자 B(남자) : 그래 말하면 안 돼
통화자 A(여자) : 전화도 하지 마
통화자 B(남자) : 그래 조심할게 그런데 보고 싶다.
통화자 A(여자) : 당분간 못 봐
통화자 B(남자) : 알았어 연락 줘
통화자 A(여자) : 알았어 사랑해
통화자 B(남자) : 나도 사랑한다. 바이

통화끝

진 술 서

성 명 공치자 (******-*******), 010-****-****

주 소 서울 용산구 후암로 345

1. 저는 피의자 간초선이 부러뜨린 골프 드라이버 채의 소유자입니다.
1. 위 골프채는 일본 마루망 2013년 신제품 드라이버로 시가는 100만 원 상당입니다.
1. 위 골프채는 제가 2013. 12. 20.경 구입한 신품으로 김갑수가 잠시 구경하겠다고 하여 김갑수에게 맡겨 놓았던 것으로 현재 부러져 수리가 불가능하다고 합니다.
1. 피의자 간초선으로부터 피해변제를 받은 바는 없으나 처벌은 원하지 않습니다.

2014. 1. 12.

진술자 **공 치 자** [인]

서 울 중 앙 지 방 검 찰 청

주임검사
(인)

수　신　　검사 정의파　　　　　　　　　　　　　　　2014. 1. 15.

제　목　　수사보고(출소관계 확인보고)

　　　　　피의자 간초선에 대한 출소관계를 아래와 같이 확인하였기에 보고합니다.

아　　　래

　청주교도소 명적계 교위 이도관에게 문의한바, 피의자는 2010. 6. 2. 수원지방법원에서 상해죄로 징역 8월을 선고받고 청주교도소에서 복역하다가 2010. 9. 30. 만기출소하였고, 2012. 12. 2. 서울중앙지방법원에서 폭력행위등처벌에관한법률위반으로 징역 1년 6월을 선고받고 청주교도소에서 그 형의 집행 중 2013. 9. 22. 가석방되었고, 형기 만료기간은 2014. 3. 19.임을 확인하였기에 보고합니다.

　　　　　　　　　　　　　　　　보고자　검찰주사　　김 계 장 (인)

Ⅰ. 사건의 개요

1. 피 고 인

- 간초선(변호인 변호숙)
- 여 38세, 가정주부
- 2008. 5. 1. 수원지방법원에서 폭력행위등처벌에관한법률위반죄로 징역 1년
  을 선고받고, 2010. 6. 2. 수원지방법원에서 상해죄로 징역 8월을 선고받
  고, 2012. 12. 2. 서울중앙지방법원에서 폭력행위등처벌에관한법률위반죄
  로 징역 1년 6월을 선고받고 청주구치소에서 복역하다가 2013. 9. 22. 가석
  방으로 출소한 사실이 있음.

2. 공소사실의 요지(죄명)

- 폭력행위등처벌에관한법률위반(상습집단·흉기등상해)
- 폭력행위등처벌에관한법률위반(상습집단·흉기등재물손괴등)
- 컴퓨터등사용사기
- 여신전문금융업법위반
- 절   도
- 간   통

[적용법조]

폭력행위 등 처벌에 관한 법률 제3조 제4항, 제1항, 제3항, 제2조 제1항 제1호, 제3호, 형법 제257조 제1항, 제366조, 제347조의 2, 여신전문금융업법 제70조 제1항 제3호, 형법 제329조, 제241조, 제40조, 제35조, 제37조, 제38조

3. 사건의 경과

가. 수사절차

- 2014. 1. 2. 피의자 현행범인체포(폭력)
- 2014. 1. 3. 고소인 간통 등 고소
- 2014. 1. 4. 구속(범행 일부 부인)
- 2014. 1. 10. 검찰 송치(범행일부 부인)

나. 공판절차

- 2014. 1. 18. 공소제기
  * 2014. 1. 20.자 보석허가청구서 작성
  * 기타 구속전 피의자심문 의견서, 구속적부심사청구서, 변론의 요지 등 작성연습 권장

4. 주요 형사특별법

폭력행위 등 처벌에 관한 법률 제2조(폭행등) ① 상습적으로 다음 각 호의 죄를 범한 자는 다음의 구분에 따라 처벌한다.
  1. 「형법」제260조 제1항(폭행), 제283조 제1항(협박), 제319조(주거침입, 퇴거불응) 또는 제366조(재물손괴등)의 죄를 범한 자는 1년 이상의 유기징역
  2. 「형법」제260조 제2항(존속폭행), 제276조 제1항(체포, 감금), 제283조 제2항(존속협박) 또는 제324조(강요)의 죄를 범한 자는 2년 이상의 유기징역
  3. 「형법」제257조 제1항(상해)·제2항(존속상해), 제276조 제2항(존속체포, 존속감금) 또는 제350조(공갈)의 죄를 범한 자는 3년 이상의 유기징역
  ② 2인 이상이 공동하여 제1항 각 호에 열거된 죄를 범한 때에는 각 형법 본조에 정한 형의 2분의 1까지 가중한다.
  ③ 이 법 위반(「형법」각본조를 포함한다)으로 2회 이상 징역형을 받은 자로서 다시 제1항에 열거된 죄를 범하여 누범으로 처벌할 경우에도 제1항과 같다.

④ 제 2 항 및 제 3 항의 경우에는 「형법」 제260조 제 3 항 및 제283조 제 3 항을 적용하지 아니한다.

제 3 조(집단적 폭행등) ① 단체나 다중의 위력으로써 또는 단체나 집단을 가장하여 위력을 보임으로써 제 2 조 제 1 항에 열거된 죄를 범한 자 또는 흉기 기타 위험한 물건을 휴대하여 그 죄를 범한 자는 제 2 조 제 1 항 각 호의 예에 따라 처벌한다.

② 삭제 〈2006. 3. 24〉

③ 상습적으로 제 1 항의 죄를 범한 자는 다음 각 호의 구분에 따라 처벌한다. 〈개정 2006. 3. 24〉

1. 제 2 조 제 1 항 제1호에 열거된 죄를 범한 자는 2년 이상의 유기징역

2. 제 2 조 제 1 항 제2호에 열거된 죄를 범한 자는 3년 이상의 유기징역

3. 제 2 조 제 1 항 제3호에 열거된 죄를 범한 자는 5년 이상의 유기징역

④ 이 법 위반(「형법」 각본조를 포함한다)으로 2회 이상 징역형을 받은 자로서 다시 제 1 항의 죄를 범하여 누범으로 처벌할 경우도 제 3 항과 같다.

[2006. 3. 24 법률 제7891호에 의하여 2004. 12. 16 헌법재판소에서 위헌결정된 이 조 제 2 항을 삭제함.]

여신전문금융업법 제70조(벌칙) ① 다음 각 호의 어느 하나에 해당하는 자는 7년 이하의 징역 또는 5천만원 이하의 벌금에 처한다.

1. 신용카드등을 위조 또는 변조한 자

2. 위조되거나 변조된 신용카드등을 판매하거나 사용한 자

3. 분실하거나 도난당한 신용카드나 직불카드를 판매하거나 사용한 자

4. 강취(强取) · 횡령하거나, 사람을 기망(欺罔)하거나 공갈(恐喝)하여 취득한 신용카드나 직불카드를 판매하거나 사용한 자

5. 행사할 목적으로 위조되거나 변조된 신용카드등을 취득한 자

6. 거짓이나 그 밖의 부정한 방법으로 알아낸 타인의 신용카드 정보를 보유하거나 이를 이용하여 신용카드로 거래한 자[이하 생략]

II. 쟁점 해설

1. 간통의 점

가. 쟁   점

간통의 점에 대하여 피고인은 일관되게 부인하고 있으므로 범죄사실의 증명이 없다(증거부족)는 이유로 무죄주장을 하여야 할 것이다. 보통 간통과 같은 친고

죄에 있어서는 고소의 적법성, 특히 고소기간의 도과 여부, 간통죄 고소의 전제사실인 이혼심판청구 여부 등을 먼저 검토하여야 할 것이나 이 사건에서는 고소는 적법한 것으로 인정된다.

나. 증거관계 검토

(1) 간통죄의 공소사실에 부합하는 증거로는 피고인이 작성한 자인서, 피고인이 남편인 고소인 김갑수에게 한 자백진술(김갑수에 대한 진술조서), 피고인의 자백이 녹음된 녹음 테이프 및 이를 녹취한 녹취서 등이 주요증거이므로 이에 대한 증거능력, 증명력을 차례로 검토한다.

(2) 피고인이 작성한 자인서(진술서)는

• 김갑수의 폭행에 못 이겨 작성한 자인서이므로 기재된 자백내용은 임의성을 인정하기 어렵다.

• 아울러, 피고인이 수사과정 외에서 작성한 진술서이므로[1] 형사소송법 제313조 제1항이 적용된다. 따라서 "공판준비 또는 공판기일에서의 그 작성자의 진술에 의하여 그 성립의 진정함이 증명되고 그 진술이 특히 신빙할 수 있는 상태하에서 행하여진 때에 한하여" 증거로 할 수 있는데,[2] 위에서 본 바와 같은 사정 아래서는 특신상태에 있었다고 보기도 어렵다.[3]

• 결국 증거능력을 인정하기 어렵다.

(3) 피고인의 자백진술이 기재된 사법경찰관 작성의 김갑수에 대한 진술조서

• 진술조서에 기재된 피고인의 자백 내용(김갑수가 들은 내용)은 재전문증거에 해당한다. 대법원은 상대방의 증거동의가 없는 한 재전문증거 중 전문진술을 기재한 조서에 대하여만 증거능력 인정이 가능하다는 입장이므로[4] 이 진술조서는 이

---

1) 단, 피고인이 수사과정에서 작성한 진술서는 형사소송법 제312조 제5항에 따라 법 제312조 제1항이나(검사 수사과정에서의 진술서) 법 제312조 제3항(사법경찰관 수사과정에서의 진술서)의 적용을 받게 된다.

2) 대법원 2001. 9. 4. 선고 2000도1743 판결. "피고인의 자필로 작성된 진술서의 경우에는 서류의 작성자가 동시에 진술자이므로 진정하게 성립된 것으로 인정되어 형사소송법 제313조 단서에 의하여 그 진술이 특히 신빙할 수 있는 상태하에서 행하여진 때에는 증거능력이 있다."

3) 대법원 2011. 7. 14. 선고 2011도3809 판결 등 참조("증거능력이 인정되기 위해서는 진술이 특별히 신빙할 수 있는 상태에서 이루어져야 하고, 이는 진술의 내용이나 조서 또는 서류의 작성에 허위개입의 여지가 거의 없고 진술 내용의 신빙성이나 임의성을 담보할 구체적이고 외부적인 정황이 있는 경우를 가리킨다").

4) 대법원 2004. 3. 11. 선고 2003도171 판결. "전문진술이나 재전문진술을 기재한 조서는 형사소

에 해당되기는 하나, 피고인이 이에 동의할 리가 없는 상황에서 김갑수가 공판절
차에서 진술조서 자체의 진정성립을 인정하더라도 그 조서에 기재된 피고인의 자
백진술은 형사소송법 제316조 제 1 항에 따라 특신상태가 인정되어야 증거능력이
생기는데, 위에서 본 바와 같이 특신상태가 인정되기 어렵다.

• 결국, 이 또한 증거능력이 없다.

(4) 피고인의 진술이 녹음된 녹음테이프 및 녹취서

• 통신비밀보호법위반으로 증거능력이 부정된다. 법 제 4 조(불법검열에 의한
우편물의 내용과 불법감청에 의한 전기통신내용의 증거사용 금지)는 "제 3 조의 규정에
위반하여, 불법검열에 의하여 취득한 우편물이나 그 내용 및 불법감청에 의하여
지득 또는 채록된 전기통신의 내용은 재판 또는 징계절차에서 증거로 사용할 수
없다"고 규정하고 있으므로 피고인 몰래 피고인과 타인과의 통화를 녹음한 녹음테
이프 및 녹취서는 증거능력이 없다.

• 통신비밀보호법의 특별규정이 없다 하더라도 사인이 위법하게 수집한 증거
에 해당할 수 있다. 이 경우 판례는 공익과 사익을 형량하는 입장에 있다.5)

송법 제310조의2의 규정에 의하여 원칙적으로 증거능력이 없는 것인데, 다만 전문진술은 형
사소송법 제316조 제 2 항의 규정에 따라 원진술자가 사망, 질병, 외국거주 기타 사유로 인하
여 진술할 수 없고 그 진술이 특히 신빙할 수 있는 상태하에서 행하여진 때에 한하여 예외적
으로 증거능력이 있다고 할 것이고, 전문진술이 기재된 조서는 형사소송법 제312조 또는 제
314조의 규정에 의하여 각 그 증거능력이 인정될 수 있는 경우에 해당하여야 함은 물론 나아
가 형사소송법 제316조 제 2 항의 규정에 따른 위와 같은 요건을 갖추어야 예외적으로 증거능
력이 있다고 할 것이며, 형사소송법은 전문진술에 대하여 제316조에서 실질상 단순한 전문의
형태를 취하는 경우에 한하여 예외적으로 그 증거능력을 인정하는 규정을 두고 있을 뿐, 재전
문진술이나 재전문진술을 기재한 조서에 대하여는 달리 그 증거능력을 인정하는 규정을 두고
있지 아니하고 있으므로, 피고인이 증거로 하는 데 동의하지 아니하는 한 형사소송법 제310조
의2의 규정에 의하여 이를 증거로 할 수 없다(대법원 2000. 3. 10. 선고 2000도159 판결 참조)."

5) 대법원 2008. 6. 26. 선고 2008도1584 판결은 '소송사기의 피해자가 제 3 자로부터 대가를 지급
하고 취득한, 절취된 업무일지를 사기죄에 대한 증거로 사용할 수 있는지 여부'에 대하여 긍
정하면서 "이 사건 업무일지 그 자체는 피고인 경영의 주식회사 수복건설이 그날그날 현장
및 사무실에서 수행한 업무내용 등을 담당직원이 기재한 것이고, 그 뒷면은 1996. 2. 25.자 태
전사 신축 공사계약서(이하 '신축계약서'라 한다), 1998. 2. 25.자 태전사 신축추가 공사계약서
(이하 '추가계약서'라 한다) 및 1999. 11. 27.자 약정서 등 이 사건 각 문서의 위조를 위해 미리
연습한 흔적이 남아 있는 것에 불과하여, 이를 피고인의 사생활 영역과 관계된 자유로운 인
격권의 발현물이라고 볼 수는 없고, 사문서위조·위조사문서행사 및 소송사기로 이어지는 일
련의 범행에 대하여 피고인을 형사소추하기 위해서는 이 사건 업무일지가 반드시 필요한 증
거로 보이므로, 설령 그것이 제 3 자에 의하여 절취된 것으로서 위 소송사기 등의 피해자측이
이를 수사기관에 증거자료로 제출하기 위하여 대가를 지급하였다 하더라도, 공익의 실현을
위하여는 이 사건 업무일지를 범죄의 증거로 제출하는 것이 허용되어야 하고, 이로 말미암아
피고인의 사생활 영역을 침해하는 결과가 초래된다 하더라도 이는 피고인이 수인하여야 할

다. 소　결

검사가 제출한 증거는 모두 증거능력이 없고, 그 밖에 달리 공소사실을 인정할만한 증거가 없으므로 무죄판결이 선고될 사안이다.

2. 절도(신용카드 절도)

이 사건에서는 "피고인이 남편인 김갑수의 지갑에서 신용카드를 몰래 꺼내 간 것은 사실이나, 계좌이체 후 다시 김갑수의 지갑에 도로 넣어 둔 사실"이 인정되고 이는 사용절도로서 피고인에게는 불법영득의사가 없으므로 무죄주장이 가능하다(형사소송법 제325조).

피고인과 피해자 김갑수는 법률상의 배우자 관계이므로 형법 제344조, 제328조 제1항의 규정에 따라 형의 면제를 주장할 수도 있다.

3. 컴퓨터등사용사기

판례[6]에 따르면 형법 제347조의 2에 따른 컴퓨터사용사기죄의 성립에 의문이 없다.

따라서 실질적인 피해자가 김갑수인 점과 범행경위 등에 비추어 정상참작의 여지가 있음을 변론하는 것이 상당하다.

다만, 판례가 피해자를 금융기관으로 보는 것을 전제로 하고, 이를 비판하면서 피해자를 김갑수라고 보아야 한다는 법리를 논리적으로 설시하면 형 면제를 주장할 여지는 있다.

기본권의 제한에 해당된다. 따라서 원심이 이 사건 업무일지가 증거능력이 있는 것이라는 전제에서 이를 사실인정의 자료로 삼은 조치는 옳고, 거기에 상고이유의 주장과 같은 형사소송법상 증거능력에 관한 법리오해 등의 위법이 있다고 할 수 없다"고 판시한다. 기타 대법원 2010. 9. 9. 선고 2008도3990 판결 등 참조.

6) 대법원 2007. 3. 15. 선고 2006도2704 판결은 "절취한 친족 소유의 예금통장을 현금자동지급기에 넣고 조작하여 예금 잔고를 다른 금융기관의 자기 계좌로 이체하는 방법으로 저지른 컴퓨터등사용사기죄에 있어서의 피해자는 친족 명의 계좌의 금융기관"이므로 "손자가 할아버지 소유 농업협동조합 예금통장을 절취하여 이를 현금자동지급기에 넣고 조작하는 방법으로 예금 잔고를 자신의 거래 은행 계좌로 이체한 사안에서, 위 농업협동조합이 컴퓨터 등 사용사기 범행 부분의 피해자라는 이유로 친족상도례를 적용할 수 없다"고 판시한다.

4. 여신전문금융업법위반

가. 신용카드부정사용죄

신용카드범죄는 그 유형과 죄책이 다양하다. 특히 신용카드의 부정사용 행위는 여신전문금융업법이라는 특별법에서 범죄로 규정하고 있다.[7]

특히, 분실·도난 등의 신용카드나 직불카드를 사용하는 행위는[8] 실무에서도 자주 발생하는 범죄이다. 신용카드의 사용이라 함은 신용카드의 소지인이 신용카드의 본래 용도인 대금결제를 위하여 가맹점에 신용카드를 제시하고 매출표에 서명하여 이를 교부하는 일련의 행위를 가리키므로 단순히 신용카드를 제시하는 행위만으로는 신용카드부정사용죄의 실행에 착수한 것이라고 할 수는 있을지언정 그 사용행위를 완성한 것으로 볼 수 없다 할 것이다.[9]

부정사용죄의 기수시기는 매출전표에 서명하여 이를 교부한 때로 보는 것이 상당하다.[10]

아울러, 신용카드를 여러 번에 걸쳐 부정사용하였을 경우에는 포괄일죄로 보게 된다.[11]

신용카드를 부정사용하는 과정에서 별도의 범죄가 성립하는 경우가 많다. 판례는 강취한 타인의 직불카드를 부정사용하여 현금자동지급기에서 현금서비스(현금대출)를 받는 경우는 절도죄,[12] 금품이나 용역을 제공받게 되면 사기죄가 성립한다고 한다.[13]

---

7) 여신전문금융업법 제70조.

8) 따라서 현금카드나 선불카드는 그 객체가 아님을 유의하여야 한다.

9) 대법원 1993. 11. 23. 선고 93도604 판결.

10) 미수죄는 따로 처벌하지 아니한다.

11) 대법원 1996. 7. 12. 선고 96도1181 판결. "피고인은 절취한 카드로 가맹점들로부터 물품을 구입하겠다는 단일한 범의를 가지고 그 범의가 계속된 가운데 동종의 범행인 신용카드 부정사용행위를 동일한 방법으로 반복하여 행하였다고 할 것이고, 또 위 신용카드의 각 부정사용의 피해법익도 모두 위 신용카드를 사용한 거래의 안전 및 이에 대한 공중의 신뢰인 것으로 동일하다고 할 것이므로, 피고인이 동일한 신용카드를 위와 같이 부정사용한 행위는 포괄하여 일죄에 해당한다고 할 것이고, 신용카드를 부정사용한 결과가 사기죄의 구성요건에 해당하고 그 각 사기죄가 실체적 경합관계에 해당한다고 하여도 신용카드부정사용죄와 사기죄는 그 보호법익이나 행위의 태양이 전혀 달라 실체적 경합관계에 있다고 보아야 할 것이므로 신용카드 부정사용행위를 포괄일죄로 취급하는 데 아무런 지장이 없다고 하겠다."

12) 대법원 2007. 4. 13. 선고 2007도1377 판결.

13) 대법원 1996. 7. 12. 선고 96도1181 판결. "피고인은 절취한 카드로 가맹점들로부터 물품을 구입하겠다는 단일한 범의를 가지고 그 범의가 계속된 가운데 동종의 범행인 신용카드 부정사

다만, 매출전표를 작성하는 과정에서 타인의 서명을 위조하게 되므로 별도의 사문서위조죄나 위조사문서행사죄의 구성요건은 충족하나, 이는 신용카드부정사용죄(여신전문금융업법위반)에 흡수되는 법조경합의 관계에 있다는 것이 판례의 입장이다.[14]

나. 사안에의 적용

그런데, 이 사안은 절취한 신용카드를 그 용법에 따라 사용한 것이 아니라, 현금카드의 기능을 이용하여 예금을 이체한 것이므로 신용카드 부정사용죄는 성립하지 아니한다.[15]

따라서 여신전문금융업법위반의 점에 대하여는 무죄를 주장하여야 한다.

5. 절도(금 100만 원 절도)

위에서 본 바와 같이 절취한 타인의 신용카드를 이용하여 현금지급기에서 계좌이체를 한 행위는 컴퓨터등사용사기죄에서 컴퓨터 등 정보처리장치에 권한 없이 정보를 입력하여 정보처리를 하게 한 행위에 해당함은 별론으로 하고 이를 절취행위라고 볼 수는 없다. 한편 위 계좌이체 후 현금지급기에서 현금을 인출한 행위는 자신의 신용카드나 현금카드를 이용한 것이어서 이러한 현금인출이 현금지급기 관리자의 의사에 반한다고 볼 수 없어 절취행위에 해당하지 않으므로 절도죄를 구성하지 않는다.[16]

이는 구성요건해당성을 충족하는 것을 전제로 하여 불가벌적 사후행위가 되

용행위를 동일한 방법으로 반복하여 행하였다고 할 것이고, 또 위 신용카드의 각 부정사용의 피해법익도 모두 위 신용카드를 사용한 거래의 안전 및 이에 대한 공중의 신뢰인 것으로 동일하다고 할 것이므로, 피고인이 동일한 신용카드를 위와 같이 부정사용한 행위는 포괄하여 일죄에 해당한다고 할 것이고, 신용카드를 부정사용한 결과가 사기죄의 구성요건에 해당하고 그 각 사기죄가 실체적 경합관계에 해당한다고 하여도 신용카드부정사용죄와 사기죄는 그 보호법익이나 행위의 태양이 전혀 달라 실체적 경합관계에 있다고 보아야 할 것이므로 신용카드 부정사용행위를 포괄일죄로 취급하는 데 아무런 지장이 없다고 하겠다."

14) 대법원 1992. 6. 9. 선고 92도77 판결.
15) 대법원 2003. 11. 14. 선고 2003도3977 판결. "여신전문금융업법 제70조 제1항 소정의 부정사용이라 함은 위조·변조 또는 도난·분실된 신용카드나 직불카드를 진정한 카드로서 신용카드나 직불카드의 본래의 용법에 따라 사용하는 경우를 말하는 것이므로, 절취한 직불카드를 온라인 현금자동지급기에 넣고 비밀번호 등을 입력하여 피해자의 예금을 인출한 행위는 여신전문금융업법 제70조 제1항 소정의 부정사용의 개념에 포함될 수 없다."
16) 대법원 2008. 6. 12. 선고 2008도2440 판결.

는 것이 아니라 구성요건해당성이 없다는 이유로 무죄를 주장하는 것이 상당하다.

6. 폭력행위등처벌에관한법률위반

가. 문제의 제기

폭력행위 등 처벌에 관한 법률은 매우 중요한 특별형사법의 하나이고, 실무상 적용되는 예가 매우 많으므로 숙지하여야 할 법률 중의 하나이다. 공소사실은 피고인의 폭력전과가 누범 전과가 된다는 것과 골프채가 위험한 물건임을 전제로 폭력행위 등 처벌에 관한 법률 제 3 조 제 4 항(제 1 항, 제 3 항, 제 2 조 제 1 항 제 1 호, 제 3 호, 형법 제257조 제 1 항, 제366조)을 적용하고 있다. 따라서 변호인으로서 다투어야 할 점은 누범에 해당하는지 여부와 위험한 물건인지 여부, 나아가 피고인은 김갑수의 폭력에 대항하여 범행하였다는 취지로 변명하므로 정당방위 등의 위법성 조각사유가 없는지 등을 검토하여 주장하여야 할 것이다.

나. 폭력행위 등 처벌에 관한 법률 제 3 조 제 4 항 위반 여부

(1) 누범 해당 여부

폭력행위 등 처벌에 관한 법률 제 3 조 제 4 항은 이 법 위반(「형법」 각본조를 포함한다)으로 2회 이상 징역형을 받은 자로서 다시 제 1 항에 열거된 죄를 범하여 누범으로 처벌할 경우에도 제 3 항의 상습범과 같은 형으로 처벌한다.[17]

따라서 누범에 해당하여야 하는데,[18] 피고인의 전과는 ① 2010. 6. 2. 수원지방법원에서 상해죄로 징역 8월을 선고받고 청주교도소에서 복역하다가 2010. 9. 30. 만기 출소하였고, ② 2012. 12. 2. 서울중앙지방법원에서 폭력행위등처벌에관한법률위반으로 징역 1년 6월을 선고받고 청주교도소에서 그 형의 집행 중 2013. 9. 22.

---

17) 대법원 1993. 1. 19. 선고 92도2690, 92감도138 판결은 "폭력행위 등 처벌에 관한 법률 제 3 조 제 3 항은 같은 조 제 1 항의 죄(단체나 다중의 위력으로써 또는 단체나 집단을 가장하여 위력을 보임으로써 또는 흉기 기타 위험한 물건을 휴대하여 같은 법 제 2 조 제 1 항에 열거된 죄를 범하는 것)의 상습성이 있는 사람이 위 제 3 조 제 1 항의 죄를 범한 경우에만 적용되고, 그와 같은 상습성은 없는 채로 단순한 폭력행위(같은 법 제 2 조 제 1 항에 열거된 죄)의 상습성이 있는 사람이 위 제 3 조 제 1 항의 죄를 범한 경우에까지 적용되는 것은 아니다"라고 판시한다. 따라서 폭력행위 등 처벌에 관한 법률 제 3 조 제 4 항에서의 해석도 제 3 조 제 1 항에 해당하는 범죄로 징역형을 받은 자에 한한다고 해석함이 상당하다(반대설 있음).

18) 누범에 해당하기 위해서는 금고 이상의 형을 받아 그 집행을 종료하거나 면제를 받은 후 3년 내에 금고 이상에 해당하는 죄를 범해야 한다(형법 제35조 제 1 항).

가석방되었고, 형기 만료기간은 2014. 3. 19.이다.

피고인은 폭력범죄로 2회 징역형을 받은 사실은 있으나, 2010. 6. 2.자 전과는 단순상해죄의 전과일 뿐 아니라 2010. 9. 30. 그 형의 집행을 종료한 때로부터 이미 3년이 경과한 후인 2014. 1. 2. 이 사건 범행이 발생하였으므로 누범에 해당하지 않고, 2012. 12. 2.자 전과와 관련하여서는 아직 가석방 중일 때에는 형집행 종료라고 볼 수 없기 때문에 가석방 기간 중의 재범에 대하여는 그 가석방된 전과사실로는 누범가중 처벌되지 않는다.[19]

따라서, 이 사안은 폭력행위 등 처벌에 관한 법률 제 3 조 제 4 항에 위반하였다고는 볼 수 없다. 다만 폭력행위 등 처벌에 관한 법률 제 3 조 제 1 항 또는 단순상해죄의 구성요건에는 해당할 수 있으므로 이에 대하여 차례로 검토하여 변론하여야 할 것이다.[20]

(2) 골프 드라이버 채가 흉기 기타 위험한 물건인지 여부

폭력행위등처벌에관한법률 제 3 조 제 1 항 소정의 "흉기 기타 위험한 물건"이라 함은 사람을 살상할 특성을 갖춘 총, 칼과 같은 물건[21]은 물론 그 밖의 물건이라도 사회 통념상 이를 이용하면 상대방이나 제3자가 살상의 위험을 느낄 수 있는 것을 포함한다.[22]

판례는 자동차나 실탄이 장전되지 않은 공기총부터 깨어지지 아니한 상태의 맥주병, 각목, 당구큐대에 이르기까지 폭넓게 위험한 물건을 인정하지만 구체적인 사안에서 사용방법 등을 감안하여 폭력행위 등 처벌에 관한 법률 제 3 조 제 1 항의 적용 여부를 판단하는 입장이다.[23] 즉, 어떠한 물건이 '위험한 물건'에 해당하는지

---

19) 대법원 1976. 9. 14. 선고 76도2071 판결.

20) 특히, 폭력행위 등 처벌에 관한 법률 제 3 조 제 4 항의 공소사실과의 관계에서 폭력행위 등 처벌에 관한 법률 제 3 조 제 1 항이나 단순상해의 범죄사실은 축소사실로 보아 공소장의 변경 없이 법원이 유죄판단할 수 있고, 또한 공소장변경이 필요한 경우라 하더라도 유죄의 가능성이 있다면 변호인으로서는 이 점에 대하여 변론하는 것이 적절한 것으로 보인다.

21) 흉기에 해당한다.

22) 대법원 1991. 12. 27. 선고 91도2527 판결.

23) ① 대법원 1981. 7. 28. 선고 81도1046 판결. "용법에 따라서는 사람을 살상할 수 있는 물건이 폭력행위등 처벌에 관한 법률 제 3 조 제 1 항 소정의 위험한 물건인지의 여부는 구체적인 사안에 따라서 사회통념에 비추어 그 물건을 사용하면 그 상대방이나 제 3 자가 곧 위험성을 느낄 수 있는가의 여부에 따라 이를 판단하여야 할 것이므로 쇠파이프(길이 2미터, 직경 5센티미터)로 머리를 구타당하면서 이에 대항하여 그곳에 있던 각목(길이 1미터, 직경 5센티미터)으로 상대방의 허리를 구타한 경우에는 위 각목은 위 법조 소정의 위험한 물건이라고 할 수 없다." ② 대법원 2008. 1. 17. 선고 2007도9624 판결. "당구장에서 피해자가 시끄럽게 떠든다는

여부는 구체적인 사안에서 사회통념에 비추어 그 물건을 사용하면 상대방이나 제 3 자가 생명 또는 신체에 위험을 느낄 수 있는지 여부에 따라 판단하여야 한다.[24]

그런데 이 사안에서는 골프 드라이버 채를 휘둘러 얼굴을 때려 약 4주간의 치료를 요하는 비골 골절상 등을 가하였으므로 위험한 물건이라고 보아야 할 것이다.

다. 정당방위·긴급피난의 주장

사안에서 피고인은 "술에 만취된 남편인 김갑수가 자신의 불륜을 의심하면서 간통사실을 자인하라고 다그쳤고, 자인을 안 하면 같이 죽자면서 식칼을 들이대면서 죽이겠다고 하므로 뒷걸음질을 치다가 자신을 방어하기 위하여 소파 옆에 놓여 있던 골프채를 휘두른 것이라"고 변명하고 있으므로 피고인의 행위는 정당방위에 해당할 수 있다.

따라서 김갑수에게 골프채로 상해를 가한 행위는 형법 제21조 제 1 항의 자기 또는 타인의 법익에 대한 현재의 부당한 침해를 방위하기 위한 행위로서 상당한 이유가 있는 때에 해당하고, 공치자의 골프채를 손괴한 행위도 역시 형법 제22조 제 2 항의 자기 또는 타인의 법익에 대한 현재의 위난을 피하기 위한 행위로서 상당한 이유가 있는 때에 각 해당하므로 정당방위나 긴급피난행위로 위법성이 조각될 소지가 크다.[25]

가사 방위행위나 피난행위가 그 정도를 그 정도를 초과한 것이라 하더라도 정황에 의하여 그 형을 감경 또는 면제할 수 있으며, 특히 당시 행위는 야간 기타 불안스러운 상태하에서 공포, 경악, 흥분 또는 당황으로 인한 때에 해당하므로 벌

이유로, 주먹으로 피해자의 얼굴 부위를 1회 때리고 그곳 당구대 위에 놓여있던 당구공으로 피해자의 머리 부위를 수회 때려, 피해자에게 치료일수 불상의 입술 부위가 터지고 머리부위가 부어오르는 상해를 가하였다는 이 사건 공소사실에 대하여, 피고인이 피해자의 얼굴을 주먹으로 가격하여 생긴 상처가 주된 상처로 보이고, 당구공으로는 피해자의 머리를 툭툭 건드린 정도에 불과한 것으로 보이는 사실을 인정한 다음, 위와 같은 사정 아래에서는 피고인이 당구공으로 피해자의 머리를 때린 행위로 인하여 사회통념상 피해자나 제 3 자에게 생명 또는 신체에 위험을 느끼게 하였으리라고 보여지지 아니하므로 위 당구공은 폭력행위 등 처벌에 관한 법률 제 3 조 제 1 항의 '위험한 물건'에는 해당하지 아니한다고 판단한 제 1 심판결을 그대로 유지하였다. 앞서 본 법리에 비추어 보면, 위와 같은 원심의 판단은 정당하고, 거기에 상고이유로 주장하는 바와 같이 폭력행위 등 처벌에 관한 법률 제 3 조 제 1 항의 '위험한 물건을 휴대하여'의 해석에 관한 법리오해 등의 위법이 없다."

24) 대법원 2003. 11. 11. 선고 2010도10256 판결 등.

25) 폭력행위등 처벌에 관한 법률 제 8 조에 따른 정당방위 주장도 가능하다.

할 수 없다는 주장도 가능하다.

Ⅲ. 보석허가청구서의 작성 시의 유의사항

1. 보석허가청구서의 일반적 형식[26]

보석허가청구서의 내용은 ① 보석사유의 존재, ② 법률관계, ③ 정상관계, ④ 보석조건에 관한 의견,[27] ⑤ 결어로 구성되는 것이 일반적이다. 법률관계나 정상관계는 위에서 살펴본 쟁점 부분을 설득력 있게 기술하는 것이 중요하다. 그런데 보석절차는 사실 유무죄를 다투기에 앞서 보석사유에 해당하는지 여부가 중요하므로 [① 보석사유의 존재] 부분에 대한 기술요령을 숙지하여야 한다. 일반적으로 형사소송법 제95조의 필요적 보석사유에 해당함을 주장하고[28] 필요적 보석에 해당하지 않는 경우에는 제96조의 임의적 보석의 '상당한 이유'가 있음을 주장하는 것이[29] 필

---

26) 형사소송규칙 제53조(보석 등의 청구) ① 보석청구서 또는 구속취소청구서에는 다음 사항을 기재하여야 한다.
  1. 사건번호
  2. 구속된 피고인의 성명, 주민등록번호 등, 주거
  3. 청구의 취지 및 청구의 이유
  4. 청구인의 성명 및 구속된 피고인과의 관계
  ② 보석의 청구를 하거나 검사 아닌 자가 구속취소의 청구를 할 때에는 그 청구서의 부본을 첨부하여야 한다.
  ③ 법원은 제1항의 보석 또는 구속취소에 관하여 검사의 의견을 물을 때에는 제2항의 부본을 첨부하여야 한다.
27) 형사소송규칙 제53조의2(진술서 등의 제출) ① 보석의 청구인은 적합한 보석조건에 관한 의견을 밝히고 이에 관한 소명자료를 낼 수 있다.
  ② 보석의 청구인은 보석조건을 결정함에 있어 법 제99조 제2항에 따른 이행가능한 조건인지 여부를 판단하기 위하여 필요한 범위 내에서 피고인(피고인이 미성년자인 경우에는 그 법정대리인 등)의 자력 또는 자산 정도에 관한 서면을 제출하여야 한다.
28) 제95조(필요적 보석) 보석의 청구가 있는 때에는 다음 이외의 경우에는 보석을 허가하여야 한다. 〈개정 1973. 12. 20, 1995. 12. 29〉
  1. 피고인이 사형, 무기 또는 장기 10년이 넘는 징역이나 금고에 해당하는 죄를 범한 때
  2. 피고인이 누범에 해당하거나 상습범인 죄를 범한 때
  3. 피고인이 죄증을 인멸하거나 인멸할 염려가 있다고 믿을 만한 충분한 이유가 있는 때
  4. 피고인이 도망하거나 도망할 염려가 있다고 믿을 만한 충분한 이유가 있는 때
  5. 피고인의 주거가 분명하지 아니한 때
  6. 피고인이 피해자, 당해 사건의 재판에 필요한 사실을 알고 있다고 인정되는 자 또는 그 친족의 생명·신체나 재산에 해를 가하거나 가할 염려가 있다고 믿을 만한 충분한 이유가 있는 때
29) 제96조(임의적 보석) 법원은 제95조의 규정에 불구하고 상당한 이유가 있는 때에는 직권 또는 제94조에 규정한 자의 청구에 의하여 결정으로 보석을 허가할 수 있다. 〈개정 1995. 12. 29〉

요하다.[30]

2. 보석허가청구서의 주요 제목

1. 공소사실의 요지

2. 보석사유의 존재

　　－ 필요적 보석허가사유의 구비 여부

　　－ 임의적 보석청구의 취지

　3. 이 사건의 경위(피고인의 변명)

　4. 법률적 주장

　5. 사실관계에 대한 주장

　6. 정상관계

　7. 보석 조건에 관한 의견

　8. 결　　론

---

30) 필요적 보석에 해당하기 위하여는 법 제95조의 각호를 모두 충족하여야 하므로 하나라도 결
격되는 경우에는 임의적 보석을 주장하는 것이 원칙이나, 법 제95조 각호의 사유들은 임의적
보석에 있어서의 '상당한 이유'를 충족하는 근거사실이 되므로 임의적 보석을 주장하는 경우
에도 최대한 기술하여야 한다. 문제가 되는 것은 제95조 제 1 호의 '피고인이 사형, 무기 또는
장기 10년이 넘는 징역이나 금고에 해당하는 죄를 범한 때'가 공소사실을 기준으로 하는가
또는 실제 인정사실을 기준으로 하는가 여부이다. 공소사실 자체가 제 1 호에 해당하지 아니
하는 경우에는 별 문제가 없지만, 공소사실 자체는 제 1 호에 해당하지만 실제로는 무죄 등이
선고될 사안이 명백한 경우에는 변호인으로서는 무죄 등이 선고될 사안임을 이유에서 설명
하면서 필요적 보석에 해당함을 주장할 수 있을 것이다(이에 대하여는 실무상 반대견해가 있
을 수 있다).

보석허가청구서

사　건 : 2014고합 300호　　　간통 등
피고인 : 간초선(******-*******)

　　　　주거 서울 서초구 서래로 118

　　　　등록기준지 경기도 안양시 만안구 태평로 88
청구인 : 변호인 변호사 변호숙

　　　　서울 서초구 서초대로 150　 (02-567-1234)

　　위 사건에 관하여 피고인은 현재 서울구치소에 수감 중인바, 피고인의 변호인
은 아래와 같이 피고인에 대한 보석을 청구합니다.

청 구 취 지

'피고인의 보석을 허가한다'라는 결정을 구합니다.

청 구 이 유

1. 보석사유의 존재

피고인에게는 보석이 허가될 상당한 이유가 있습니다.

가. 누범 및 상습범 불해당

　　피고인은 2010. 6. 2. 수원지방법원에서 상해죄로 징역 8월을 선고받고 청주교
도소에서 복역하다가 2010. 9. 30. 만기 출소하였고, 2012. 12. 2. 서울중앙지방법원
에서 폭력행위등처벌에관한법률위반으로 징역 1년 6월을 선고받고 청주교도소에
서 그 형의 집행 중 2013. 9. 22. 가석방되었고, 형기 만료기간은 2014. 3. 19.입니다
(공소사실, 범죄경력조회 및 출소관계 확인보고 참조).

누범에 해당하기 위해서는 금고 이상의 형을 받아 그 집행을 종료하거나 면제를 받은 후 3년 내에 금고 이상에 해당하는 죄를 범해야 합니다(형법 제35조 제 1 항 참조). 또한 아직 가석방 중일 때에는 형집행 종료라고 볼 수 없기 때문에 가석방 기간 중의 재범에 대하여는 그 가석방된 전과사실 때문에 누범가중 처벌되지 않습니다(대법원 1976. 9. 14. 선고 76도2071 판결 참조).

이 사건 범죄일시는 상해죄의 형 집행종료일로부터 3년 내에 범한 죄도 아니고, 폭력행위등처벌에관한법률위반죄의 가석방기간 경과시점 이전입니다. 따라서 피고인은 누범에 해당하는 죄를 범하지 아니하였습니다.

아울러, 상습범도 아닙니다.

나. 죄증인멸 또는 인멸의 염려 없음

피고인은 죄증을 인멸하지 아니하였고 또한 이를 인멸할 염려가 있다고 믿을 만한 충분한 이유도 없습니다. 그동안의 수사과정에서 피해자에 대하여 충분한 조사가 이루어지고 피고인도 대부분의 사실관계에 대하여 인정하고 있어 모든 증거가 확보된 상태에 있으므로, 피고인으로서는 죄증을 인멸할 여지가 전혀 없습니다.

다. 도망할 염려 없음 및 주거 분명

피고인은 주거가 일정한 가정주부로 도망할 염려도 없습니다. 또한 뒤에서 살펴보는 바와 같이 이 사건 공소사실에 대하여 대부분 무죄판결을 받을 가능성이 높기 때문에 도주의 이유가 없습니다.

라. 피해자 등에 대한 위해 또는 위해 염려 없음

수사과정에서 피고인 측은 피해자 측에 대하여 위해를 가한 사실이 없으며, 향후에도 위해를 가할 염려가 없습니다. 피해자 공치자와는 원만히 합의하기도 하였습니다(별첨 합의서 참조).

마. 사형·무기 또는 장기 10년이 넘는 징역이나 금고에 해당하는 죄를 범하지 않음

공소사실 중 컴퓨터등사용사기, 여신전문금융업법위반, 절도, 간통죄는 모두 사형·무기 또는 장기 10년이 넘는 징역이나 금고에 해당하는 죄가 아니며, 폭력행위등처벌에관한법률위반(상습집단·흉기등 공갈), 폭력행위등처벌에관한법률위반 (상습집단·흉기등 폭행)죄는 다음에서 보는 바와 같이 무죄의 판결이 선고될 사안임을 고려하면 피고인은 실제로는 형사소송법 제95조 제 1 호의 사형·무기 또는 장기 10년이 넘는 징역이나 금고에 해당하는 죄를 범한 때에 해당하지 아니합니다.

　바. 따라서 피고인에게는 보석을 허가하여야 할 필요적 보석 사유가 있으며, 가사 그 예외가 있다 하더라도 다음과 같은 법률관계 및 정상관계를 고려할 때 보석이 허가될 상당한 이유가 있습니다.

2. 법률관계

아래와 같이 본건 공소사실은 대부분 무죄 판결 등이 선고될 사안이고, 가사 유죄에 해당하는 부분이 있다 하더라도 경미한 범죄이므로 피고인을 조속히 석방하심이 상당합니다.

가. 간통죄는 무죄의 판결이 선고될 사안

(1) 피고인은 간통을 한 사실이 없다고 변명하고 있습니다.

(2) 피고인이 남편 김갑수 앞에서 간통사실을 자백하였다는 김갑수의 진술(사법경찰관이 작성한 진술조서의 기재)이나 피고인이 작성한 자인서(증거기록 204쪽)는 증거능력이 없습니다.

　자인서의 작성경위에 대하여 피고인은 "2014년 1월 2일 오후 8시경 집 거실에서 남편이 저를 때리고 식칼을 들고 와 앞에 놓고 자인을 하지 않으면 같이 죽는다고 위협을 하여 제가 할 수 없이 거짓으로 자인서를 썼다"고 주장합니다(증거기록 220쪽). 남편인 김갑수도 "같이 죽자며 부엌에서 식칼을 가져다 놓은 적은 있다"고 진술하고 있는 점(증거기록 224쪽) 등에 비추어 위 자인서는 김갑수의 폭행, 협박으로 인하여 피고인이 임의성이 없는 상태에서 진술하고 작성한 것이 분명하므로 증거로 할 수 없습니다.

　뿐만 아니라 위 자인서는 형사소송법 제313조 제 1 항 소정의 피고인이 작성한 진술서로서 "공판준비 또는 공판기일에서의 그 작성자의 진술에 의하여 그 성립의 진정함이 증명되고 그 진술이 특히 신빙할 수 있는 상태하에서 행하여진 때에 한하여" 증거로 할 수 있는데, 위에서 본 바와 같은 사정 아래서는 특신상태에 있었다고 보기도 어렵습니다(대법원 2011. 7. 14. 선고 2011도3809 판결 등 참조. "증거능력이 인정되기 위해서는 진술이 특별히 신빙할 수 있는 상태에서 이루어져야 하고, 이는 진술의 내용이나 조서 또는 서류의 작성에 허위개입의 여지가 거의 없고 진술 내용의 신빙성이나 임의성을 담보할 구체적이고 외부적인 정황이 있는 경우를 가리킨다").

아울러, 김갑수의 "피고인이 간통사실을 자인하였다"는 진술 또한 형사소송법 제316조 제 1 항에 따라 피고인의 진술이 특히 신빙할 수 있는 상태하에서 행하여진 때에 한하여" 증거로 할 수 있는데 같은 이유로 특신상태에 있었다고 보기 어렵습니다.

(3) 압수된 녹음테이프(증 제 3 호)나 녹취서(증거기록 228쪽)도 증거능력이 없습니다.

위 녹음은 김갑수가 피고인과 공소외 상대한 사이의 공개되지 아니한 대화를 녹음한 것으로(김갑수의 진술, 증거기록 223쪽) 이는 통신비밀보호법 제14조, 제 4 조에 따라 그 내용을 재판의 증거로 사용할 수 없습니다.

(4) 그 밖에 "피고인이 간통을 하였다"는 고소장의 기재나 김갑수의 진술은 모두 추측에 불과하고, 공소사실을 인정할 만한 다른 증거도 없으므로 결국, 간통의 공소사실은 범죄사실의 증명이 없어 형사소송법 제325조 후단에 따라 무죄가 선고될 사안입니다.

나. 신용카드 절도죄는 무죄판결이나 형 면제 판결이 선고될 사안

(1) 피고인과 김갑수의 진술을 모아 보면, "피고인이 남편인 김갑수의 지갑에서 신용카드를 몰래 꺼내 간 것은 사실이나, 계좌이체 후 다시 김갑수의 지갑에 도로 넣어 둔 사실"이 인정됩니다. 그렇다면 이 사건은 이른바 사용절도로서 피고인은 위 신용카드에 대한 불법영득의사가 없었다고 판단됩니다. 따라서 형사소송법 제325조에 따라 무죄가 선고될 사안입니다.

(2) 가사 무죄 사안이 아니라고 하더라도 피고인과 피해자인 김갑수는 법률상 배우자 관계이므로(증거기록 203쪽 이혼심판청구 접수증명원 참조) 형법 제344조, 제328조에 따라 그 형을 면제할 사안입니다.

다. 컴퓨터사용사기의 점은 자인하나, 법률상 견해에 따라서는 형 면제의 판결이 선고될 수도 있는 사안

(1) 피고인의 행위는 컴퓨터사용사기죄가 성립하고, 그 피해자는 은행이라는 것이 판례의 입장이기는 합니다(대법원 2007. 3. 15. 선고 2006도2704 판결).

(2) 그러나 이와 같은 사안에서 실질적인 피해는 김갑수에게 돌아가기 쉬우므로 법률상의 피해자를 남편인 김갑수로 해석할 여지가 있습니다. 그렇다면 피고인은 역시 형 면제의 판결을 받을 사안입니다.

(3) 가사, 유죄라 하더라도 위와 같은 사정은 정상에 크게 참작되어야 할 것입니다.

라. 여신전문금융업법위반의 점도 무죄가 선고될 사안

(1) 피고인이 절취한 신용카드를 현금자동지급기에 넣고 계좌이체를 한 것은 사실이나, 이는 현금카드의 기능을 사용한 것입니다(피고인 및 김갑수의 진술).

판례는 "하나의 카드에 직불카드 내지 신용카드 기능과 현금카드 기능이 겸용되어 있더라도, 이는 은행의 예금업무에 관한 전자적 정보와 신용카드업자의 업무에 관한 전자적 정보가 회원(예금주)의 편의를 위해 신용카드업자 등에 의해 하나의 자기띠에 입력되어 있을 뿐이지, 양 기능은 전혀 별개의 기능이라 할 것이어서, 이와 같은 겸용 카드를 이용하여 현금지급기에서 예금을 인출하는 행위를 두고 직불카드 내지 신용카드를 그 본래의 용법에 따라 사용하는 것이라 보기도 어렵다"고 판시하고 있습니다(대법원 2003. 11. 14. 선고 2003도3977 판결).

(2) 그렇다면 피고인에 대한 여신전문금융업법위반의 점은 형사소송법 제325조에 따라 무죄가 선고될 사안임이 분명합니다.

마. 금 100만 원 절도죄는 무죄의 판결이 선고될 사안

(1) 이 사건 공소사실은 피고인이 공소사실 3항과 같이 자신의 계좌에 이체된 돈 중 100만 원을 현금자동지급기에서 다시 인출하여 절취하였다는 것입니다.

그런데 판례는 "절취한 타인의 신용카드를 이용하여 현금지급기에서 자신의 계좌로 계좌이체를 한 다음, 현금지급기에서 현금을 인출한 행위는 자신의 신용카드나 현금카드를 이용한 것이어서 이러한 현금인출이 현금지급기 관리자의 의사에 반한다고 볼 수 없어 절취행위에 해당하지 않으므로 절도죄를 구성하지 않는다"라고 판시하고 있습니다(대법원 2008. 6. 12. 선고 2008도2440 판결).

(2) 그렇다면 위 절도의 점은 형사소송법 제325조에 따라 무죄가 선고될 사안입니다.

바. 폭력행위등처벌에관한법률위반(상습집단 · 흉기등 상해), 폭력행위등처벌에관한법률위반(상습집단 흉기등 재물손괴등)의 점은 무죄의 판결이 선고될 사안

(1) 폭력행위등처벌에관한법률 제 3 조 제 4 항이 적용될 사안이 아닙니다.

폭력행위등 처벌에 관한 법률 제 3 조 제 4 항은 "이 법 위반(「형법」 각본조를 포함한다)으로 2회 이상 징역형을 받은 자로서 다시 제 1 항의 죄를 범하여 누범으로 처벌할 경우"에 적용됩니다.

위에서 본 바와 같이 피고인은 누범으로 처벌할 수 없으므로 이 사안은 폭력행위등 처벌에 관한 법률 제 3 조 제 4 항으로 의율할 수 없습니다.

(2) 골프채는 '위험한 물건'이 아닙니다.

어떠한 물건이 '위험한 물건'에 해당하는지 여부는 구체적인 사안에서 사회통념에 비추어 그 물건을 사용하면 상대방이나 제 3 자가 생명 또는 신체에 위험을 느낄 수 있는지 여부에 따라 판단하여야 합니다(대법원 2013. 11. 11. 선고 2013도10256 판결 등). 일반적으로 골프채를 '위험한 물건'으로 볼 수는 없습니다.

(3) 피고인의 행위는 정당방위나 긴급피난의 요건을 갖추고 있어 위법성이 조각됩니다.

㈎ 피고인이 피해자 김갑수에게 골프 드라이버 채를 휘둘러 약 4주간의 치료를 요하는 비골골절상 등을 가함과 동시에 피해자 공치자 소유의 골프 드라이버 채 시가 100만원 상당을 부러뜨린 사실은 인정합니다.

㈏ 그러나 피고인은 경찰 및 검찰에서 "술에 만취된 남편인 김갑수가 자신의 불륜을 의심하면서 간통사실을 자인하라고 다그쳤고, 자인을 안 하면 같이 죽자면서 식칼(증 제1호)을 들이대면서 죽이겠다고 하므로 뒷걸음질을 치다가 자신을 방어하기 위하여 소파 옆에 놓여있던 골프채를 휘두른 것이 남편의 얼굴과 몸에 맞은 것이라고 변명하고 있고(증거기록 213쪽, 222쪽 피의자신문조서), 김갑수도 당시

식칼을 가져다가 피고인과의 사이에 놓아둔 적은 있다고 진술하는 점(증거기록 224 쪽)에 비추어 당시의 상황이 연약한 여자인 피고인으로서는 술에 취한 채 식칼로 위협하는 남편의 행위로부터 생명과 신체의 위험을 느낄 수밖에 없는 긴박한 상황이었고, 힘의 강약에서 중과부적인 여자로서는 공포에 빠진 상태에서 우연히 옆에 있는 골프채로 자신을 방어하는 외에는 별다른 대안이 없었음을 능히 추단케 합니다.

그렇다면, 피고인이 김갑수에게 골프채로 상해를 가한 행위는 형법 제21조 제 1 항의 자기 또는 타인의 법익에 대한 현재의 부당한 침해를 방위하기 위한 행위로서 상당한 이유가 있는 때에 해당하고, 공치자의 골프채를 손괴한 행위도 역시 형법 제22조 제 2 항의 자기 또는 타인의 법익에 대한 현재의 위난을 피하기 위한 행위로서 상당한 이유가 있는 때에 각 해당하므로 정당방위나 긴급피난행위로 위법성이 조각된다고 하겠습니다.

가사 방위행위나 피난행위가 그 정도를 그 정도를 초과한 것이라 하더라도 정황에 의하여 그 형을 감경 또는 면제할 수 있으며, 특히 당시 행위는 야간 기타 불안스러운 상태 하에서 공포, 경악, 흥분 또는 당황으로 인한 때에 해당하므로 벌할 수 없습니다(형법 제21조 제 2 항, 제 3 항, 제22조 제 3 항).

(4) 위와 같은 이유로 이 사건 공소사실은 형사소송법 제325조에 따라 무죄가 선고될 사안이며, 가사 그렇지 않다 하더라도 피고인이 술에 만취되어(증거기록 212쪽 참조) 심신미약의 상태에서 범한 범행이므로 형법 제10조 제 2 항에 따라 형이 감경되어야 합니다.

3. 정상관계

피고인은 이 사건 범행은 남편인 김갑수가 과도하게 피고인을 의심함으로 인하여 발생된 것으로서 범행의 동기에 참작할 만한 사유가 있습니다.

피고인은 비록 폭력 등의 전과는 있으나 38세의 가정주부로서 깊이 반성하고 있으며, 수사기관의 수사에 순순히 협조하였습니다.

특히, 폭력 범행은 술에 만취되어 우발적으로 저질러진 것임을 참작하여 주시기 바랍니다.

피해자 공치자와는 합의하였습니다.

4. 보석조건에 관한 의견

피고인은 가정주부로서 특별한 재산도 없습니다.

따라서 피고인의 보석을 허가할 경우 피고인에게 도망 및 증거인멸의 염려가 없는 이상 피고인의 출석서약서나 제 3 자의 출석보증서의 제출만으로 보석을 허가하여 주시기를 바라며, 만약 보증금의 납입을 명하시더라도 그 보증금은 피고인의 아버지 간부정(******-******** 서울 성북구 화랑로 123 (석관동))이 제출하는 보석보험증권을 첨부한 보증서로 갈음할 수 있도록 허가하여 주시기 바랍니다.

5. 결   어

이상의 여러 사정을 살피시어 피고인으로 하여금 불구속 상태에서 재판을 받을 수 있도록 보석허가 결정을 하여 주시기 바랍니다.

첨 부 서 류

1. 청구서 부본   1부
1. 변호인선임신고서   1부
1. 가족관계증명서   1부
1. 재산관계진술서   1부
1. 합의서   1부

2014. 1. 20.

피고인의 변호인

변호사 변 호 숙 (인)

서울중앙지방법원 제3형사부   귀중

4

연습기록

작 성 요 강

☐ 사건 설명

1. 피고인 배임수는 폭력행위등처벌에관한법률위반(집단·흉기등 공갈), 폭력행위등처벌에관한법률위반(집단·흉기등 폭행), 업무상배임, 절도, 강제집행면탈죄의 혐의로 수사를 받아 구속 송치되었고, 정의파 검사는 피고인에 대한 위 사건을 모두 병합하여 2014. 6. 16. 구속 구공판하였다.

2. 귀하는 서울 서초구 서초대로 150에 사무실을 두고 있는 변호사 변호숙으로 피고인의 선임에 의하여 변호인이 되었다. 제1회 공판기일은 2014. 7. 11.인데, 피고인 측에서는 그 전에 석방되어 불구속 상태에서 재판받기를 원하고 있다.

3. 귀하는 위 사건의 ① 관계 법령, ② 공소장 사본, ③ 증거기록 사본을 입수하여 검토하였으며, ④ 피해자 김진수, 피해자 배달수의 합의서, 고소취소장을 받았고, 그 밖의 특별한 자료는 구하지 못하였다.

☐ 문   제

구속된 피고인의 변호인으로서 법원에 제출할 보석허가청구서를 2014. 7. 5. 기준으로 작성하시오. <u>청구이유 부분만 기재하시오.</u>

☐ 유의사항

1. 피의자의 신병과 관련된 체포, 구금, 권리고지, 통지 절차와 각종 서류의 접수·송달·결재 절차는 적법하게 이루어진 것으로 본다.

2. 조서에 서명이 있는 경우에는 필요한 날인 또는 무인, 간인, 정정인이 있는 것으로 보고, '수사 과정 확인서'는 편의상 생략하기로 한다.

3. 법률적 쟁점에 대해서는 판례를 따르고 다툼 있는 사실관계에 대해서는 경험칙과 논리칙에 입각하여 주장하되, <u>판례와 반대되는 주장을 하려면 판례의 입장을 먼저 기재해야 한다.</u>

합 의 서

사   건 : 2014년 형제40000호
피 고 인 : 배 임 수

    피고인이 피해자 김진수를 2014. 4. 20. 폭행한 사건에 대하여 피해자는 금 100만 원을 받고 원만히 합의가 되어 피고인의 처벌을 원하지 아니하며 앞으로 이 사건에 대하여 일체의 민형사상의 이의를 제기하지 않겠습니다.

2014.   7.   1.

피해자 김 진 수 (인)

※ 첨 부 : 김진수의 인감증명서 1통 (생략)

고소취소장

사 　건 : 2014년 형제40000호
피 고 인 : 배 임 수

　　피고인의 피해자 배달수에 대한 2014. 5. 21.자 공갈 사건에 관하여 피해자는 원만히 합의하여 고소를 취소하며 피고인의 처벌을 원하지 아니하며 앞으로 이 사건에 대하여 일체의 민형사상의 이의를 제기하지 않겠습니다.

2014.　7.　3.

피해자 **배 달 수** (인)

※ 첨 부 1. 배달수의 인감증명서 1통 (생략)
　　　　 2. 배달수와 배임수가 사촌 형제간이라는 가족관계증명서 1통 (생략)

서울중앙지방검찰청

2014. 6. 16.

사건번호   2014년 형제40000호
수 신 자   서울중앙지방법원
제   목   공소장
           검사 정의파는 아래와 같이 공소를 제기합니다.

Ⅰ. 피고인 관련사항

피 고 인   배   임   수(******-*******), 35세

직   업   무직

주   거   서울 서초구 방배로 676, 02-****-****

등록기준지   서울 서초구 방배로 676

죄   명   폭력행위등처벌에관한법률위반(집단·흉기등 공갈), 폭력행위등처벌에
             관한법률위반(집단·흉기등 폭행), 업무상배임, 절도, 강제집행면탈

적용법조   폭력행위 등 처벌에 관한 법률 제 3 조 제 1 항, 제 2 조 제 1 항 제 3 호, 형
             법 제350조 제 1 항, 폭력행위 등 처벌에 관한 법률 제 3 조 제 1 항, 제 2
             조 제 1 항 제 1 호, 형법 제260조 제 1 항, 제356조, 제355조 제 1 항, 제329
             조, 제327조, 제37조, 제38조

구속여부   2014. 6. 3. 구속(2014. 6. 1. 체포)

변 호 인   변호사 변호숙

Ⅱ. 공소사실

범죄전력

피고인은 2013. 5. 1. 서울중앙지방법원에서 사문서위조죄 등으로 징역 1년에 집행유예 2년을 선고받은 사실이 있다.

범죄사실

1. 업무상배임

피고인은 2012. 1. 1.부터 2013. 12. 31.까지 서울 종로구 계동길 113에 있는 피해자 삼

진물류주식회사에서 차량관리팀장으로 근무하며 차량의 수리 및 그 대금지급업무를 담당하였다. 피고인은 피해자 회사를 위하여 성실하게 업무를 처리하여야 할 임무가 있음에도 이에 위배하여, 대진공업사에서 피해자 회사의 차량을 정비한 사실이 없음에도 피고인은 2012. 10. 30. 피해자 회사의 사무실에서 지출담당직원인 동문숙에게 대진공업사로부터 차량정비를 받았다고 하면서 차량정비대금 명목의 돈 5,000,000원을 교부받았다.

이로써 피고인은 5,000,000원 상당의 재산상 이익을 취득하고 피해자 회사에 같은 금액 상당의 재산상 손해를 가하였다.

2. 강제집행면탈

피고인은 2013. 2. 22. 피해자 강재면으로부터 돈 50,000,000원을 변제기한을 6개월로 하여 빌린 후 주식투자로 탕진하였다. 그런데 피해자가 2014. 1. 22. 대여금청구소송을 제기하자 강제집행을 면탈할 목적으로 부동국과 피고인을 위하여 부동국 명의로 동산을 매수하기로 하는 약정을 하고, 부동국으로 하여금 2014. 2. 14. 공소외 공부자로부터 강원도 속초시 중앙로 33 대지 1,000제곱미터를 매수하여 부동국 명의로 등기하게 하였다.

이로써 피고인은 강제집행을 면탈할 목적으로 재산을 은닉하였다.

3. 폭력행위등처벌에관한법률위반(집단·흉기등 폭행)

피고인은 2014. 4. 20. 20 : 00경 서울 서초구 서초대로 345에 있는 당진당구장에서, 친구인 공소외 진갑용(기소유예)과 함께 당구를 치던 중, 옆 당구대에서 당구를 치고 있던 피해자 김진수(남 25세)와 몸이 부딪쳤다는 이유로 진갑용은 옆에서 위세를 보이고, 피고인은 오른 주먹으로 피해자의 얼굴 부위를 1회 때리고 그곳 당구대 위에 놓여 있던 당구공으로 피해자의 머리 부위를 2~3회 때렸다.

이로써 피고인은 진갑용과 공동하여 위험한 물건을 휴대하여 피해자를 폭행하였다.

4. 폭력행위등 처벌에 관한 법률 위반(집단·흉기등 공갈)

피고인은 2014. 5. 20. 21 : 00경 서울 서초구 서래로 445에 있는 피해자 배달수(38세)의 집에서, 소주병을 깨어 들고 피해자에게 "사촌 동생인 내가 실직 후 생활비가 없는데, 좀 못 도와주느냐, 이놈의 집 때려 부수고 자식들 밤거리에 조심시켜라. 내가 어차피 전과자인데 못할 일이 있느냐"등의 협박을 하고, 이에 겁을 먹은 피해자로부터 우리은행 현금카드 1장을 교부받았다.

이로써 피고인은 위험한 물건을 휴대하고 피해자를 공갈하여 재물의 교부를 받았다.

5. 절   도

피고인은 2014. 5. 21. 10 : 00경 서울 서초구 방배로 222에 있는 우리은행 방배지점에서, 4항과 같이 갈취한 현금카드를 현금자동인출기에 넣고 금 2,000,000원을 인출하였다.

이로써, 피고인은 피해자 우리은행 소유의 재물을 절취하였다.

Ⅲ. 첨부서류

1. 체포영장 1통
2. 구속영장 1통
3. 피의자수용증명 1통
4. 변호인 선임서 1통

검사 정 의 파 [인]

	제 1 책
	제 1 권

구공판	서울중앙지방검찰청 증 거 기 록				
검 찰	사건번호	2014년 형제40000호	법원	사건번호	2014년 고단4000호
	검 사	정 의 파		판 사	형사 4단독
피 고 인	구속 배 임 수				
죄 명	가. 폭력행위등처벌에관한법률위반(집단·흉기등 공갈) 나. 폭력행위등처벌에관한법률위반(집단·흉기등 폭행) 다. 업무상배임 라. 절도 마. 강제집행면탈				
공소제기일	2014. 6. 15.				
구 속	2014. 6. 3. 구속(2014. 6. 1. 체포)		석 방		
변 호 인	변호사 변호숙				
증 거 물	있음				
비 고					

증 거 목 록(증거서류 등)

2014고단4000

2014형제40000호 신청인 : 검사 정의파 ㊞

순번	증거방법					참조사항등	신청기일	증거의견		증거결정		증거조사기일	비고
	작성	쪽수(수)	쪽수(증)	증 거 명 칭	성 명			기일	내용	기일	내용		
1	검사		289	피의자신문조서	배임수								
2			294	판결문등본									
3			297	부동산등기부등본									
4	사경		263	고소장	삼진물류(주)								
5			264	진술조서	동문숙								
6			266	고소장	강재면								
7			267	차용증	배임수								
8			268	진술조서	강재면								
9			270	진술서	부동국								
10		기재생략	271	진술서	공부자	기재생략							
11			272	진술조서	김진수								
12			275	피의자신문조서	진갑용								
13			278	압수조서									
14			279	압수목록									
15			280	진술조서	배달수								
16			282	피의자신문조서	배임수								
17			287	범죄경력조회서	배임수								

※ 증거의견 표시 – 피의자신문조서 : 인정 ○, 부인 ×

(여러 개의 부호가 있는 경우, 적법성/실질성립/임의성/내용의 순서임)

– 기타 증거서류 : 동의 ○, 부동의 ×

– 진술이 특히 신빙할 수 있는 상태하에서 행하여졌다는 점 부인 : "특신성 부인"(비고란 기재)

※ 증거결정 표시 : 채 ○, 부 ×

※ 증거조사 내용은 제시, 낭독(내용고지, 열람)

고 소 장

고 소 인 : 삼진물류 주식회사(대표이사 김삼진) 02-****-****
피고소인 : 배임수 (******-*******), 010-****-****
　　　　　서울 서초구 방배로 676
죄　　　명 : 업무상배임

　피고소인은 고소인 회사에서 차량관리팀장으로 근무하던 중 업무상배임죄를 범하여 고소인 회사에 피해를 입혔기에 다음과 같이 고소를 제기하니 엄중 조사하여 처벌하여 주시기 바랍니다.

다　　음

1. 피고소인은 2012. 1. 1.부터 2013. 12. 31.까지 서울 종로구 계동길 113에 있는 고소인 삼진물류주식회사에서 차량관리팀장으로 근무하였습니다.
2. 피고소인은 차량의 수리 및 그 대금지급업무를 담당하면서 고소인 회사와 차량 정비 계약을 체결한 대진공업사에서 고소인 회사의 차량을 정비한 사실이 없음에도 2012. 10. 30. 고소인 회사의 사무실에서 지출담당직원인 동문숙에게는 대진공업사로부터 차량정비를 받아 그 대금을 지출하여야 한다고 속이고 차량정비대금 명목의 돈 5,000,000원을 교부받아 이를 착복하였습니다.
3. 결국, 피고소인은 5,000,000원 상당의 재산상 이익을 취득하고 고소인 회사에 같은 금액 상당의 재산상 손해를 가하는 업무상배임죄를 저질렀습니다.
4. 기타 자세한 내용은 고소인 조사시 상세히 진술하겠습니다.

2014.　1.　3.

고소인　삼 진 물 류 주 식 회 사 [직인]

서울 서초경찰서　귀중

진술조서

성   명 : 동 문 숙

주민등록번호 : ******-*******   31세

직   업 : 삼진물류(주) 경리

주   거 : 서울 서초구 서래로 118

등 록 기 준 지 : 경기도 안양시 만안구 태평로 88

직 장 주 소 : 서울 종로구 계동길 113

연   락   처 : 자택전화 02-***-****   휴대전화 010-****-****

                 직장전화 02-***-****   전자우편

위의 사람은 피의자 배임수에 대한 업무상배임 피의사건에 관하여 2014. 1. 10. 서울 서초경찰서 수사과에 임의출석하여 다음과 같이 진술하다.

---

1. 피의자와의 관계

피의자는 2012. 1. 1.부터 2013. 12. 31.까지 서울 종로구 계동길 113에 있는 피해자 삼진 물류주식회사에서 차량관리팀장으로 근무하였고, 저는 회사 경리로 근무한 직장동료였던 관계입니다.

1. 피의사실과의 관계

저는 피의사실과 관련하여 피해자인 삼진물류(주)의 대리인에 해당합니다.

이때 진술의 취지를 더욱 명백히 하기 위하여 다음과 같이 임의로 문답하다.

문   진술인은 고소인 삼진물류와는 어떤 관계인가요.

답   저는 삼진물류(주)의 경리로 고소사건에 대하여 잘 알고 있으므로 고소인을 대리하여 고소보충조사를 받으러 출석하였습니다.

문   고소 내용에 대하여 진술하시오.

답   피고소인 배임수는 2012. 1. 1.부터 2013. 12. 31.까지 서울 종로구 계동길 113에 있는 고소인 회사에서 차량관리팀장으로 근무하였습니다. 그런데 피고소인은 차량의 수리 및 그 대금지급업무를 담당하면서 고소인 회사와 차량 정비계약을 체결한

대진공업사에서 고소인 회사의 차량을 정비한 사실이 없음에도 2012. 10. 30. 피해자 회사의 사무실에서 지출담당직원인 저에게는 대진공업사로부터 차량정비를 받아 그 대금을 지출하여야 한다고 속이고 제가 지급한 차량정비대금 명목의 돈 5,000,000원을 교부받아 이를 착복하였습니다. 따라서 결국 피고소인은 5,000,000원 상당의 재산상 이익을 취득하고 고소인 회사에 같은 금액 상당의 재산상 손해를 가하는 업무상배임죄를 저지른 것이므로 이를 처벌하고 아울러 피해금을 회수하여 주십사 하고 고소를 제기한 것입니다.

문 왜 즉시 고소하지 않았나요.

답 회사에서 이 사실을 안 것은 2013. 11.경으로 자체감사를 하던 중 알게 되었고, 그 일로 피고소인은 2013. 12. 31.자로 퇴직을 하게 된 것입니다. 당시 상대회사인 대진공업사의 대금 청구서를 위조하여 고소인 회사에 제출하는 바람에 대진공업사에서 고소하여 사문서위조죄로 처벌받은 것으로 알고 있습니다. 그리고 피고소인은 착복한 삼진물류의 돈 5,000,000원은 퇴직금이 정산되는 대로 바로 변제하겠다고 약속하여 삼진물류에서는 따로 고소하지 않고 있었는데, 피고소인이 퇴직금을 정산받고도 아직까지 변제를 하지 않고 있어 이제야 고소를 하게 된 것입니다.

문 피의자의 처벌을 원하나요.

답 회사 입장에서는 엄중 처벌을 원합니다.

문 이상 사실대로 진술하였나요.

답 **예, 사실대로 진술하였습니다.** (인)

위의 조서를 진술자에게 열람하게 하였던바, 진술한 대로 오기나 증감·변경할 것이 전혀 없다고 말하므로 간인한 후 서명 날인케 하다.

진 술 자 **동 문 숙** (인)

2014. 1. 10.

서 울 서 초 경 찰 서

사법경찰관 경위 **정 경 찰** (인)

고 소 장

고 소 인 : 강재면 010-****-****
피고소인 : 배임수 (******-*******), 010-****-****
죄　　명 : 강제집행면탈

　　피고소인은 강제집행면탈죄를 범하여 고소인에게 피해를 입혔기에 다음과 같이 고소를 제기하니 엄중 조사하여 처벌하여 주시기 바랍니다.

다　　음

1. 피고소인은 고소인과 친구 사이입니다.
2. 피고소인은 2013. 2. 22. 고소인으로부터 돈 50,000,000원을 변제기한을 6개월로 하여 빌려간 사실이 있습니다. 그런데 고소인은 위 돈을 갚지 않고 차일피일하여 알아보니 주식으로 모두 탕진하였다고 하므로 고소인은 2014. 1. 22. 서울중앙지방법원에 피고소인을 상대로 대여금청구소송을 제기하였습니다.
3. 그런데 피고소인은 자신의 땅을 사면서 부동국에게 명의를 신탁하기로 하고, 부동국은 2014. 2. 14. 공부자로부터 강원도 속초시 중앙로 33 대지 1,000제곱미터를 100,000,000원에 매수하여 부동국 명의로 등기하게 한 사실을 알게 되었습니다.
4. 결국 피고소인은 고소인의 강제집행을 면탈할 목적으로 자신의 재산을 허위양도하여 은닉한 것이므로 조사하여 엄벌에 처하여 주시기를 바랍니다.

첨부: 차용증 1부

2014. 3. 3.

고소인 강 재 면 (인)

서울 서초경찰서　귀중

차 용 증

채권자: 강재면(******-*******), 010-****-****
채무자: 배임수(******-*******) 010-****-****
차용금: 50,000,000원(오천만 원)
약정이자: 월 2%
변제기일: 2013. 8. 22.

　차용인 배임수는 채권자 강재면으로부터 위 금원을 차용함을 확인하고, 변제기일까지 원리금을 상환할 것을 약속하며 이를 위반할 시는 민형사상의 모든 책임을 지겠습니다.

2013. 2. 22.

채무자 배 임 수 (인)

첨부: 배임수의 인감증명서 1부(생략)

진술조서

성   명 : 강 재 면

주민등록번호 : ******-*******   35세

직   업 : 무역업

주   거 : 서울 용산구 신흥로 3가 45

등 록 기 준 지 : 서울 용산구 후암동 132

직 장 주 소 : 서울 종로구 명륜동 889

연   락   처 : 자택전화 02-***-****   휴대전화 010-****-****

                직장전화 02-***-****   전자우편 (생략)

위의 사람은 피의자 배임수에 대한 강제집행면탈 피의사건에 관하여 2014. 3. 10. 서울 서초경찰서 수사과에 임의출석하여 다음과 같이 진술하다.

1. 피의자와의 관계

피의자와 저와는 친구사이입니다.

1. 피의사실과의 관계

저는 피의사실과 관련하여 피해자에 해당합니다.

이때 진술의 취지를 더욱 명백히 하기 위하여 다음과 같이 임의로 문답하다.

문   고소 내용에 대하여 진술하시오.

답   피고소인은 2013. 2. 22. 고소인으로부터 돈 50,000,000원을 변제기한을 6개월로 하여 빌려간 사실이 있습니다. 그런데, 피고소인은 위 돈을 갚지 않고 차일피일하여 알아보니 주식으로 모두 탕진하였다고 하므로 고소인은 2014. 1. 22. 서울중앙지방법원에 피고소인을 상대로 대여금청구소송을 제기하였고, 피고소인이 퇴직금을 탔다는 말을 전하여 듣고, 가압류 등을 신청할 준비를 하고 있었습니다. 그런데 피고소인은 자신의 집을 사면서 부동국이란 자에게 명의를 빌려줄 것을 부탁하고, 부동국은 2014. 2. 14. 공부자로부터 강원도 속초시 중앙로 33 대지 1,000제곱미터를 100,000,000원에 매수하여 부동국 명의로 등기하게 한 사실을 알게 되었습니다. 결

국 피고소인은 고소인의 강제집행을 면탈할 목적으로 자신의 재산을 허위양도하여 은닉한 것이라고 생각합니다.

문   피의자의 처벌을 원하나요.

답   돈을 갚지 아니하면 처벌을 원합니다.

문   더 할 말이 없나요.

답   에, 사실대로 진술하였습니다. (인)

위의 조서를 진술자에게 열람하게 하였던바, 진술한 대로 오기나 증감·변경할 것이 전혀 없다고 말하므로 간인한 후 서명 무인케 하다.

진 술 자   강 재 면 (인)

2014. 3. 10.

서 울 서 초 경 찰 서

사법경찰관 경위   정 경 찰 (인)

<table>
<tr><td colspan="4" align="center">진 술 서</td></tr>
</table>

성 명	부 동 국		성 별	남
연 령	35세	주민등록번호	******-*******	
등록기준지	강원 속초시 중앙로 123			
주 거	서울 동작구 상도로 145			
	(통 반)	자택전화	010-****-****	직장전화
직 업	상업	직장		

　　위의 사람은 피의자 배임수에 대한 **강제집행면탈** 피의사건의 **참고인**으로서 다음과 같이 임의로 자필진술서를 작성 제출함

1. 저는 배임수의 부탁을 받고 배임수의 부동산을 사서 제 이름으로 등기이전하여 놓기로 한 사실이 있습니다. 배임수는 자신이 특별한 사정이 있어 명의를 가질 수 없다고 하여 그런 줄만 알았습니다. 돈은 배임수가 보증을 서고 제 명의로 은행에서 대출을 받았습니다.

2. 급히 매수할 부동산을 알아보던 중 부동산의 소개로 공부자의 토지를 사 제 명의로 이전하였다가 나중에 다시 배임수에게 이전하여 주기로 하였습니다.

3. 2014. 2. 1. 14:00경 서울 서초구 서초대로 55에 있는 금강 부동산중개사무소에서, 공부자에게는 제가 토지를 사는 것이라고 하면서 공부자 소유의 강원도 속초시 중앙로 33 대지 1,000 제곱미터를 매수하는 계약을 체결하고, 즉시 계약금 1,000만 원을 지급하고 2014. 2. 14. 잔금 9,000만 원을 지급함과 동시에 본인 부동국 명의로 등기이전을 하여 놓았습니다.

4. 저는 배임수가 강제집행 면탈 목적으로 그런 일을 하는 줄은 몰랐습니다.

　　　　　　　　　　　　　　　　　　　　2014. 3. 20. 부 동 국 (인)

진 술 서

성 명	공부자		성 별	여
연 령	49세	주민등록번호	******-*******	
등록기준지	강원도 속초시 설악산로 987			
주 거	강원도 속초시 설악산로 987			
	(통 반)	자택전화	***-****-****	직장전화	
직 업	가정주부	직장		

위의 사람은 피의자 배임수에 대한 강제집행면탈 피의사건의 참고인으로서 다음과 같이 임의로 자필진술서를 작성 제출함

1. 저는 2014. 2. 1. 14:00경 서울 서초구 서초대로 55에 있는 금강 부동산중개사무소에서, 제 소유의 강원도 속초시 중앙로 33 대지 1,000 제곱미터를 부동국에게 매도하는 계약을 체결하고, 즉시 계약금 1,000만 원을 지급받고 2014.2.14. 잔금 9,000만 원을 지급받음과 동시에 부동국 명의로 토지소유권 등기이전을 하여 주었습니다.

2. 저는 부동국이 토지를 매수하는 것으로만 알았습니다.

2014. 3. 22. 공 부 자 (인)

진술조서

성   명 : 김진수
주 민 등 록 번 호 : ******-*******   25세
직   업 : 대학원생
주   거 : 서울 동대문구 이문로 33
등 록 기 준 지 : 서울 동대문구 회기로 999
직 장 주 소 :
연   락   처 : 자택전화   **-***-****   휴대전화   ***-****-****
             직장전화   전자우편   ****@*******.**.**

위의 사람은 피의자 배임수 등에 대한 폭력행위등처벌에관한법률위반(집단 · 흉기등 폭행) 피의사건에 관하여 2014. 4. 20. 서초경찰서 형사과 사무실에 임의 출석하여 다음과 같이 진술하다.

---

1. 피의자와의 관계

저는 피의자 배임수나 피의자 진갑용과는 아무런 친인척관계가 없습니다. 그냥 아는 형들입니다.

1. 피의사실과의 관계

저는 피의사실에 관하여 피해자 자격으로 출석하였습니다.

이때 진술의 취지를 더욱 명백히 하기 위하여 다음과 같이 임의로 문답하다.

문   진술인은 피의자들을 어떻게 아는가요.

답   피의자들은 제가 자주 가는 당진당구장에서 알게 된 사이로 저보다 나이가 많아 그냥 형이라고 부르는 사이입니다.

문   피해 내용을 진술해 보세요.

답   예, 오늘입니다. 2014. 4. 20. 오후 8시경 서울 서초구 서초대로 345에 있는 당진당구장에서, 제가 친구들과 당구를 치고 있었고, 제 옆의 당구대에서는 피의자들인 배임수와 진갑용이 당구를 치고 있었습니다. 그런데, 당구를 치던 중, 피의자 배임

수와 제가 약간 몸이 부딪쳤는데, 평소 같으면 그냥 지나칠 일인데도 그날따라 피의자들이 기분이 나빴는지 배임수가 저에게 사과도 안하냐고 하면서 시비를 걸어왔습니다. 제가 황당하여 쳐다보니까 어딜 보냐고 하면서 배임수가 주먹으로 제 얼굴 부위를 1회 때리고 당구대 위에 놓여 있던 당구공으로 제 머리 부위를 2~3회 때렸습니다.

문 당구공으로 어떻게 때리던가요.

답 당구공을 들고 제 머리를 톡톡 2~3회 쳤습니다만 세게 때린 것은 아닙니다.

문 그래도 당구공같은 물건으로 머리를 때리면 위험하지 않은가요.

답 저와 아는 사이이고 머리를 다치게 할 생각은 없는 것으로 보였습니다만 경우에 따라서는 머리를 당구공으로 때리면 생명에 위험할 수도 있고, 저도 매우 기분이 나빴습니다.

문 피의자 진갑용은 진술인을 때리지 않았나요.

답 진갑용은 저를 직접 때리지는 않았고, 배임수가 저를 때리는데 옆에서 "요즘 녀석들 건방져"라는 말을 하면서 배임수 편을 들었습니다.

문 진갑용도 결국 배임수의 범행에 동조하며 위세를 보이거나 진술인에게 겁을 주었다는 말인가요.

답 글쎄요. 여하튼 저는 진갑용이 옆에서 그런 말을 할 때 배임수가 때렸으니까 같은 편이라고 생각합니다. 그런데 배임수가 당구공을 들면서 저를 때리니까 진갑용이 그만 하라고 한 것은 맞습니다.

문 진술인은 상처를 입지는 않았나요.

답 얼굴이 약간 부은 것은 같으나 특별한 상처는 없습니다.

문 진술인이 신고하였나요.

답 제가 화가나 112 신고를 하였습니다.

문 피의자들의 처벌을 원하나요.

답 예, 저를 때리고 사과도 없으니 처벌하여 주십시오.

문 이 사건과 관련하여 더 할 말이 있나요.

답 **없습니다.**

위의 조서를 진술자에게 열람하게 하였던바, 진술한 대로 오기나 증감·변경할 것이 전혀 없다고 말하므로 간인한 후 서명 날인하게 하다.

진술자   김 진 수 ㉑

2014. 4. 20.

서 초 경 찰 서

사법경찰리 경장   강 경 찰 ㉑

피의자신문조서

피의자 : 진 갑 용

위의 사람에 대한 폭력행위등처벌에관한법률위반(집단·흉기등 폭행) 피의사건에 관하여 2014. 4. 20. 서울 서초경찰서에서 사법경찰관 경위 정경찰은 사법경찰리 순경 엄경찰을 참여하게 하고, 아래와 같이 피의자임에 틀림없음을 확인하다.

문   피의자의 성명, 주민등록번호, 직업, 주거, 등록기준지 등을 말하십시오.

답   성명은   진 갑 용 (陳 甲 蓉)

        주민등록번호는   ******-*******   직업은 회사원

        주거는   서울특별시 노원구 덕릉로 119

        등록기준지는   경북 울진군 후포면 후포6길 45

        직장 주소는   서울 영등포구 영신로 231

        연락처는   자택전화 02-***-****   휴대전화   010-****-****

                    직장전화 02-****-****   전자우편   ****@*******.**.**

        입니다.

사법경찰관은 피의사건의 요지를 설명하고 사법경찰관의 신문에 대하여 「형사소송법」 제244조의3에 따라 진술을 거부할 수 있는 권리 및 변호인의 참여 등 조력을 받을 권리가 있음을 피의자에게 알려주고 이를 행사할 것인지 그 의사를 확인하다.

(진술거부권 및 변호인 조력권 고지 등 확인) (첨부 생략)

이에 사법경찰관은 피의사실에 관하여 다음과 같이 피의자를 신문하다.

문 피의자는 범죄전력이 있는가요.

답 없습니다.

문 정부로부터 훈장이나 포장 등을 받은 적이 있는가요.

답 없습니다.

문 군대는 갔다 왔는가요.

답 공군 병장으로 만기 제대하였습니다.

문 학력은 어떠한가요.

답 동궁대학교를 졸업하였습니다.

문 사회경력은 어떠한가요.

답 회사 다닌 외에 특별히 없습니다.

문 가족관계는 어떠한가요.

답 김숙자와 결혼했고, 아이는 없습니다.

문 재산 및 월수입은 어떠한가요.

답 전세 아파트에 살며 제 월수입은 300만 원 정도 됩니다.

문 정당이나 사회단체에 가입한 사실이 있는가요.

답 없습니다.

문 건강은 어떠한가요.

답 건강합니다.

문 피의자는 상피의자 배임수나 피해자 김진수를 아는가요.

답 배임수는 친구이고 김진수는 당구장에서 알게 된 동생입니다.

문 피의자는 배임수와 함께 김진수를 폭행한 사실이 있지요.

답 배임수가 김진수를 때린 적은 있으나, 저는 김진수를 폭행한 것이 아닙니다.

문 2014. 4. 20. 20 : 00경 서울 서초구 서초대로 345에 있는 당진당구장에서, 배임수와 함께 당구를 치던 중, 옆 당구대에서 당구를 치고 있던 피해자 김진수와 몸이 부딪쳤다는 이유로 피의자는 옆에서 위세를 보이고, 상피의자 배임수는 주먹으로 피해자의 얼굴 부위를 1회 때리고 그곳 당구대 위에 놓여있던 당구공으로 피해자의 머리 부위를 수회 때렸다는데 그렇지 않은가요.

답 예, 그때 그곳에서 배임수가 피해자의 얼굴 부위를 주먹으로 1회 때리고 그곳 당구대 위에 놓여 있던 당구공으로 피해자의 머리 부위를 수회 때린 것은 맞습니다. 그런데 제가 옆에서 배임수 편을 든 것은 아니고 저는 오히려 배임수가 당구공으로 피해자의 머리를 때리려고 하여 말린 사실이 있을 뿐입니다.

문 김진수의 진술은 피의자가 옆에서 "요즘 녀석들 건방져"라는 말을 하면서 배임수

편을 들었다고 하는데요.

답　제가 그런 말은 한 것은 사실이나, 그냥 그 정도 말로 하고 넘어가려고 한 것인데, 갑자기 배임수가 주먹으로 피해자를 때린 것이고, 이어 당구공을 들길래 위험하여 제가 말린 적이 있습니다. 결코 저는 범행에 가담한 것이 아닙니다.

문　당구공으로 머리를 때리면 위험하지 않나요.

답　저는 배임수가 당구공을 들어 김진수의 머리를 2~3회 툭툭 치길래 말린 적만 있습니다. 그리고 당시 배임수가 당구공을 들기는 하였으나 세게 때린 것이 아니고 훈계하듯이 툭툭 머리를 밀었을 뿐입니다.

문　배임수는 왜 경찰에 오지 않았나요.

답　피해자가 112신고를 하였는데, 저는 죄가 없다고 생각하여 현장에 있었고, 배임수는 겁이 났는지 그곳을 떠나 버렸습니다.

문　김진수와 합의는 하였나요.

답　바로 경찰서로 와 아직 합의를 못 하였습니다.

문　이상의 진술에 대하여 특별한 이의나 의견이 있나요.

답　**없습니다.** (무인)

　위의 조서를 진술자에게 열람하게 하였던바, 진술한 대로 오기나 증감·변경할 것이 전혀 없다고 말하므로 간인한 후 서명 무인케 하다.

진술자　　**진 갑 용**　(무인)

2014.　4.　20.

서 울 서 초 경 찰 서

사법경찰관　경 위　　**정 경 찰** (인)

사법경찰리　경 장　　**엄 경 찰** (인)

압 수 조 서

피의자 배임수 등에 대한 폭력행위등처벌에관한법률위반 피의사건에 관하여 2014. 4. 20. 서울 서초경찰서에서 사법경찰관 경위 정경찰은 사법경찰리 순경 홍경찰을 참여하게 하고 별지 목록의 물건을 다음과 같이 압수하다.

압 수 경 위

소지인 김진수가 피의자들이 자신을 때린 당구공을 경찰서로 가져와 임의 제출하겠다고 하므로 증거물로 사용하기 위하여 영장 없이 압수함.

	성 명	주민등록번호	주 소	서명 또는 날인
참여인		(기재생략)		

2014. 4. 20.

서 초 경 찰 서

사법경찰관 경위 정경찰 ㊞

사법경찰리 순경 홍경찰 ㊞

압 수 목 록

번호	품　　명	수량	피압수자 주거 성명				소유자 주거·성명	비고
			1	2	③	4		
			유류자	보관자	소지자	소유자		
1	당구공(빨간색)	1개	서울 서초구 서래로 118 김진수(******-*******)				서울 서초구 서초대로 345 당진당구장 김용철 (******-*******)	

진술조서

성   명 : 배달수

주 민 등 록 번 호 : ******-******* 38세

직   업 : 상업

주   거 : 서울 서초구 서래로 445

등 록 기 준 지 : 서울 양천구 등촌로 876

직 장 주 소 :

연   락   처 : 자택전화 **-***-****   휴대전화   ***-****-****

            직장전화   전자우편   ****@*******.**.**

위의 사람은 피의자 배임수 등에 대한 폭력행위등처벌에관한법률위반(집단·흉기등 공
갈) 피의사건에 관하여 2014. 5. 22. 서초경찰서 형사과 사무실에 임의 출석하여 다음과
같이 진술하다.

---

1. 피의자와의 관계

저는 피의자 배임수와는 사촌 형제간입니다.

1. 피의사실과의 관계

저는 피의사실에 관하여 피해자 자격으로 출석하였습니다.

이때 진술의 취지를 더욱 명백히 하기 위하여 다음과 같이 임의로 문답하다.

문   피해 내용을 진술해 보세요.

답   예, 저는 피의자 배임수의 사촌 형입니다. 그런데 피의자는 최근에 실직을 하고 나
      서는 술을 자주 마시고 친척들에게 행패를 부리는 일이 많았는데, 지난 5. 20.에도
      저의 집에 찾아와 행패를 부리고 제 현금카드까지 뺏어가는 일이 발생하여 제가
      참지 못하고 112신고를 하였더니 도망을 가버렸고, 저는 오늘 자세한 피해경위를
      진술하러 출석한 것입니다.

문   현금카드를 빼앗긴 상황을 구체적으로 진술하세요.

답   2014. 5. 20. 21 : 00경 서울 서초구 서래로 445에 있는 저의 집에 술에 취한 채 소주

병을 들고 찾아와, 거실에서 소주를 마시더니 갑자기 소주병을 깨어 들고 저에게 겨누면서 저에게 "사촌 동생인 내가 실직 후 생활비가 없는데, 좀 못 도와주냐, 이 놈의 집 때려 부순다. 자식놈들 밤거리에 조심시켜라. 내가 어차피 전과자인데 못 할 일이 있느냐" 등의 협박을 하였습니다. 피의자가 깨진 소주병을 들었는데다가 요즘 하는 행동을 보니 겁도 좀 나 "왜 그러느냐 나도 돈이 없다"고 달래니까 진짜 돈 없어 뒤져 본다 하더니 제 지갑을 뒤져 돈이 없으니까 우리은행 현금카드 1장 을 꺼내 갔습니다.

문 왜 도로 빼앗지 않았나요. 그냥 돈을 찾아 사용하라는 취지인가요.

답 겁도 나고 하여 그대로 두었습니다만 마음대로 돈을 찾아 쓰라고 한 것은 아닙니다.

문 그리고 나서 진술인이 신고를 한 것인가요.

답 예, 그냥 두면 안 되겠다 싶고 빼앗긴 현금카드도 찾으려고 신고를 한 것입니다.

문 현금카드를 찾았나요.

답 아직 찾지 못했습니다. 혹시 하여 오늘 확인하여 보니 피의자가 어제인 5. 21. 오 전 10시경 서울 서초구 방배로 222에 있는 우리은행 방배지점에서, 제 현금카드를 현금자동인출기에 넣고 금 2,000,000원을 인출하여 간 사실을 확인하였습니다.

문 깨진 소주병은 어떻게 하였나요.

답 거실에 깨진 채 있어 치워 버렸습니다.

문 피의자의 처벌을 원하나요.

답 예, 처벌하여 주십시오.

문 이 사건과 관련하여 더 할 말이 있나요.

답 **없습니다.** (인)

위의 조서를 진술자에게 열람하게 하였던바, 진술한 대로 오기나 증감·변경할 것이 전혀 없다고 말하므로 간인한 후 서명 날인하게 하다.

진술자 **배 달 수** ㉚

2014. 5. 22.

서 초 경 찰 서

사법경찰리 경장 **강 경 찰** ㉚

피의자신문조서

피의자 : 배임수

　위의 사람에 대한 업무상배임 등 피의사건에 관하여 2014. 6. 1. 서초경찰서 형사과 사무실에서 사법경찰관 경위 정경찰은 사법경찰리 순경 황경찰을 참여하게 하고, 아래와 같이 피의자임에 틀림없음을 확인하다.

문　　피의자의 성명, 주민등록번호, 직업, 주거, 등록기준지 등을 말하시오.

답　　성명은　　　　　　배임수 (裵任洙)

　　　주민등록번호는　　******-*******　　35세

　　　직업은　　　　　　무직

　　　주거는　　　　　　서울 서초구 방배로 676

　　　등록기준지는　　　서울 서초구 방배로 676

　　　직장 주소는　　　없음

　　　연락처는　　자택 전화 : **-***-****　　　휴대 전화 : 010-****-****

　　　　　　　　직장 전화 : 없음　　　　　　전자우편(e-mail) : 없음

　　　입니다.

　　사법경찰관은 피의사실의 요지를 설명하고 사법경찰관의 신문에 대하여 「형사소송법」 제244조의3에 따라 진술을 거부할 수 있는 권리 및 변호인의 참여 등 조력을 받을 권리가 있음을 피의자에게 알려주고 이를 행사할 것인지 그 의사를 확인하다.

(진술거부권 및 변호인 조력권 고지 등 확인) (첨부 생략)

이에 사법경찰관은 피의사실에 관하여 다음과 같이 피의자를 신문하다.

문　범죄전력은 있나요.

답　피고인은 2013. 5. 1. 서울중앙지방법원에서 사문서위조죄 등으로 징역 1년에 집행
　　유예 2년을 선고받은 사실이 있습니다.

문　군대는 갔다 왔나요.

답　공익근무를 하였습니다.

문　학력은 어떠한가요.

답　대학교를 졸업하였습니다.

문　사회경력은 어떠한가요.

답　특별한 경력은 없습니다.

문　가족관계는 어떠한가요.

답　부모님이 일찍 돌아가시고 현재는 가족이 없습니다.

문　재산이나 월수입은 어떠한가요.

답　실직 후 특별한 수입이 없고 특별한 재산도 없습니다. 제 주거지는 월세로 30만
　　원 주고 있습니다.

문　정당이나 사회단체에 가입한 사실이 있나요.

답　없습니다.

문　건강상태는 어떠한가요.

답　건강한 편입니다.

문　피의자는 업무상배임, 강제집행면탈, 폭력행위등처벌에관한법률위반(집단·흉기등
　　폭행), 폭력행위등처벌에관한법률위반(집단·흉기등 공갈), 절도 등의 혐의를 받고
　　있는데 그 사실을 알고 있나요.

답　예, 제가 체포될 때 경찰관이 고지하여 주어 알고 있습니다.

문　모두 혐의를 인정하나요.

답　인정하는 부분도 있고, 인정하지 못하는 부분도 있습니다.

문　그렇다면 차례로 묻도록 하겠습니다. 먼저 삼진물류(주)에서 근무하면서 거짓
　　차량정비대금명목으로 500만 원을 착복한 사실에 대하여 진술하여 보세요.

답　예, 그 사실은 제가 인정합니다. 제가 2012. 1. 1.부터 2013. 12. 31.까지 서울 종로구
　　계동길 113에 있는 피해자 삼진물류주식회사에서 차량관리팀장으로 근무하며 차
　　량의 수리 및 그 대금지급업무를 담당하였는데, 생활비가 궁하여 회사와 차량 정
　　비계약을 체결한 대진공업사에서 회사의 차량를 정비한 사실이 없음에도 제가
　　2012. 10. 30. 회사의 사무실에서 지출담당직원인 동문숙에게 대진공업사로부터 차
　　량정비를 받았다고 하면서 대진공업사의 대금청구서를 위조하여 제출하였더니 대
　　금을 지급하라고 돈 5,000,000원을 주길래 이를 제가 개인용도에 써 버렸습니다.

　　그 사건은 당시 대진공업사의 청구서를 위조한 것이 문제가 되어 사문서위조죄로 처벌을 받아 집행유예를 받은 상태입니다. 그리고 저는 그 일로 삼진물류를 그만 두게 된 것입니다.

문　그 돈 500만 원은 아직도 회사에 변제하지 않았나요.

답　예, 제가 퇴직금을 받으면 즉시 변제하겠다고 하였는데, 퇴직금을 받은 후 아직 변제하지 않고 있다가 고소를 당한 것입니다.

문　피의자는 강재면이란 사람에게 돈을 빌리고 갚지 않다가 소송을 제기당하자 강제집행을 면하려고 부동국 명의로 토지를 사 부동국 명의로 등기하여 재산을 은닉시킨 일이 있나요.

답　그 사실도 인정합니다. 제가 친구인 강재면으로부터 2013. 2. 22. 돈 50,000,000원을 변제기한을 6개월로 하여 빌렸는데, 주식투자에 실패하여 갚지 못하였습니다. 또 직장도 그만두어 갚을 길이 막연하였는데, 강재면도 2014. 1. 22. 저를 상대로 대여금청구소송을 제기하면서 가압류도 신청하려는 한다는 이야기를 듣게 되었습니다. 그때 제가 다시 재기하기 위하여 사업 목적으로 토지가 꼭 필요하였는데, 그냥 토지를 사면 가압류를 당할 것으로 생각하고, 제가 친구인 부동국에게 부탁하여 부동국 명의로 부동산을 매수하여 놓기로 하는 약속을 하였고, 돈은 제 친구인 은행 직원에게 부탁하여 제가 보증을 서고 부동국명의로 대출받아 충당하였습니다. 부동국이 2014. 2. 14. 공부자로부터 강원도 속초시 중앙로 33 대지 1,000제곱미터를 1억 원에 매수하여 부동국 명의로 등기하게 된 것입니다.

문　결국 피의자는 강제집행을 면탈할 목적으로 자신의 재산을 허위양도, 은닉한 것이네요.

답　잘못하였습니다.

문　피의자는 진갑용과 함께 김진수를 폭행한 사실이 있나요.

답　예, 제가 김진수를 폭행한 사실은 있습니다.

문　자세한 경위를 진술하세요.

답　예, 2014. 4. 20. 20 : 00경 서울 서초구 서초대로 345에 있는 당진당구장에서, 제가 친구인 진갑용과 함께 당구를 치고 있었는데, 마침 옆 당구대에서 당구장에서 알고 지내며 형, 동생 하던 김진수가 당구를 치고 있었습니다. 그러던 중 제가 당구를 막 치려는 순간 김진수의 엉덩이가 제 옆구리에 닿으면서 제 당구공이 빗나가 버렸습니다. 평소 같으면 실수려니 하고 지나칠 텐데, 요즘 제가 여러 사건으로 짜증도 나는 판에 김진수가 미안하다는 말도 없길래 제가 화를 내니까 김진수가 빤히 쳐다보아 제가 더욱 화가 나 오른 주먹으로 피해자의 얼굴 부위를 1회 때리고 그곳 당구대 위에 놓여있던 당구공을 들고 피해자의 머리 부위를 2~3회 툭툭 치게 된 것입니다.

문 당구공같이 딱딱한 물건으로 머리를 치면 큰 상처가 나거나 경우에 따라서는 위험할 수도 있지 않나요.

답 당구공을 들기는 하였지만 세게 때리려는 생각은 없었고 그냥 훈계하듯이 머리 부분을 민 데 불과합니다.

문 진갑용도 옆에서 위세를 보였지요.

답 진갑용도 처음에 시비가 날 때에는 김진수 들으라는 듯 요즘 애들은 어쩌고저쩌고 하였으나 같이 폭행을 하거나 저에게 가세한 것은 아니고 제가 당구공을 잡으니까 오히려 저를 말린 사실이 있습니다.

문 피의자는 사촌 형인 배달수를 깨진 소주병으로 겁주고 현금카드를 빼앗아 현금 200만 원을 인출하여 쓴 사실이 있지요.

답 예, 제가 술에 취하여 생활비를 얻으러 갔다가 형이 현금카드를 주길래 받아다가 2014. 5. 21. 10 : 00경 서울 서초구 방배로 222에 있는 우리은행 방배지점에서, 현금카드를 현금자동인출기에 넣고 200만 원을 인출하여 쓴 사실은 있으나, 소주병을 깬 사실은 없고, 형을 겁준 바도 없습니다.

문 배달수의 진술로는 2014. 5. 20. 21 : 00경 서울 서초구 서래로 445에 있는 배달수(38세)의 집에서, 피의자가 소주병을 깨어 들고 피해자에게 "사촌 동생인 내가 실직 후 생활비가 없는데, 좀 못 도와주냐, 이 놈의 집 때려 부수고 자식놈들 밤거리에 조심시켜라. 내가 어차피 전과자인데 못할 일이 있느냐" 등의 협박을 하고, 이에 겁을 먹은 피해자의 지갑을 뒤져 우리은행 현금카드 1장을 빼앗아 간 것이라고 하는데요.

답 제가 소주 한 병을 들고 가서 형의 집 거실에서 먹으면서 신세타령을 한 것은 사실인데, 형을 그런 식으로 위협한 사실도 없고, 소주병을 깬 적도 없으며, 현금카드도 분명히 형이 꺼내 주면서 비밀번호도 알려 주어 제가 다음날 200만 원을 인출하여 쓴 것입니다.

문 배달수가 굳이 사촌동생인 피의자의 범행을 과장할 이유가 없지 않나요.

답 제가 괘씸하여 그런 것 같습니다만 정말 그 점은 억울합니다.

문 당시 술은 어느 정도 마셨나요.

답 소주 한 병을 저 혼자 다 마셔 약간 알딸딸한 상태였습니다.

문 피의자의 평소 주량은 어느 정도인데요.

답 소주 한 병 먹으면 기분이 좋고 두 병 정도는 마십니다.

문 혹시 술에 취하여 피의자의 범행을 기억 못 하는 것이 아닌가요.

답 그렇지 않습니다. 그 정도 취한 것은 아닙니다. 저는 절대 소주병을 깬 적이 없어요.

문   피해자들과 합의는 하였는가요.

답   아직 못하였습니다.

문   이 사건으로 구속이 된다면 누구에게 통지하기를 원하는가요.

답   가족이 없어 통지할 사람이 없습니다.

문   더 할 말이 있나요.

답   죄송합니다. 한 번만 선처해 주십시오.

문   이상의 진술내용에 대하여 특별한 의견이나 이의가 있는가요.

답   **없습니다.**

위의 조서를 진술자에게 열람하게 하였던바, 진술한 대로 오기나 증감·변경할 것이 전혀 없다고 말하므로 간인한 후 서명 무인하게 하다.

진술자   배 임 수 (무인)

2014. 6. 1.

서 초 경 찰 서

사법경찰관 경위 **정 경 찰** ㉑
사법경찰리 순경 **황 경 찰** ㉑

조 회 회 보 서

제 2014-12567 호   2014. 6. 1.

□ 조회대상자

성 명	배임수	주민등록번호	******-*******	성별	남
지 문 번 호		주민지문번호	76867-74859	일련번호	
주 소	서울 서초구 방배로 676				
등록기준지	서울 서초구 방배로 676				

□ 주민정보

성 명	배임수	생년월일	****. **. *. 생	성별	남자
주민등록번호	******-*******		주민지문번호	76867-74859	
전 등 록					
등 록 기 준 지	서울 서초구 방배로 676				
주 소	서울 서초구 방배로 676				
세 대 주	배임수				
전 입 일	2001. 12. 20.		통반변경	유	
참 고 사 항					

□ 범죄경력자료

연번	입건일	입건관서	작성번호	송치번호	형제번호
	처분일	죄 명		처분관서	처분결과
1	2012. 12. 20.	서초경찰서	0115104	2012-006567	2012-210-85690
	2013. 5. 1.	사문서위조 등		서울중앙지방법원	징역 1년, 집행유예 2년
2					

□ 수사경력자료

연번	입건일	입건관서	작성번호	송치번호	형제번호
	처분일	죄 명		처분관서	처분결과

□ 지명수배내역

연번	상 세 내 용					
	수배관서		수배종결		담당자	
	수배번호		사건번호		영장구분	
	수배일자		범죄일자		공소시효만료	
	참고사항				영장유효일자	
	죄 명					
	영장번호		공범1		공범2	
	발견일자		발견관서		발견자	
	주 소					
	범행장소		피해자		피해정도	

위와 같이 조회 결과를 통보합니다.

조 회 용 도 : 접수번호 2014-026914 수사

조회의뢰자 : 조사과　　　경장　**이은경**

작 성 자 : 조사과　　　경장　**이은경**

서 울 서 초 경 찰 서 장

피의자신문조서

성   명 : 배 임 수
주민등록번호 : ******-*******

위의 사람에 대한 업무상배임 등 피의사건에 관하여 2014. 6. 9. 서울중앙지방검찰청 908호 영상녹화조사실에서 검사 정의파는 검찰주사 김계장을 참여하게 한 후, 아래와 같이 피의자임에 틀림없음을 확인하다.

문   피의자의 성명, 주민등록번호, 직업, 주거, 등록기준지 등을 말하시오.
답   성명은   배 임 수
        주민등록번호는   ******-*******   (35세)
        직업은   무직
        주거는   서울 서초구 방배로 676
        등록기준지는   서울 서초구 방배로 676
        직장 주소는
        연락처는   자택전화 02-****-****   휴대전화 010-****-****
                            직장전화   전자우편(e-mail) (생략)
        입니다.

검사는 피의사실의 요지를 설명하고 검사의 신문에 대하여 「형사소송법」 제244조의3 에 따라 진술을 거부할 수 있는 권리 및 변호인의 참여 등 조력을 받을 권리가 있음을 피의자에게 알려주고 이를 행사할 것인지 그 의사를 확인하다.

(진술거부권 및 변호인 조력권 고지 등 확인) (첨부 생략)

이에 검사는 피의사실에 관하여 다음과 같이 피의자를 신문하다.
문   피의자는 형벌을 받은 사실이 있는가요.
답   2013. 5. 1. 서울중앙지방법원에서 사문서위조죄 등으로 징역 1년에 집행유예 2년을 선고받은 사실이 있습니다.

문   피의자의 학력, 경력, 가족관계, 재산정도 등은 경찰에서 진술한 바와 같은가요.
이때 검사는 사법경찰관이 작성한 피의자에 대한 피의자신문조서 중 해당 부분을 읽어주다.
답   예, 모두 맞습니다.
문   피의자는 피의사실을 인정하는가요.
답   인정하는 부분도 있고, 인정할 수 없는 부분도 있습니다.
문   그렇다면 피해자 삼진물류(주)에 대한 500만 원의 업무상배임의 점은 어떤가요.
답   그 점은 제가 인정합니다. 저는 2012. 1. 1.부터 2013. 12. 31.까지 서울 종로구 계동
     길 113에 있는 삼진물류주식회사에서 차량관리팀장으로 근무하며 차량의 수리 및
     그 대금지급업무를 담당하였습니다. 그러던 중 생활비가 궁하여 회사와 차량 정비
     계약을 체결한 대진공업사에서 회사의 차량을 정비한 사실이 없음에도 제가 2012.
     10. 30. 지출담당직원인 동문숙에게 대진공업사로부터 차량정비를 받았다고 하면
     서 대진공업사의 대금청구서를 위조, 제출하여 받은 돈 5,000,000원을 제가 함부로
     개인용도에 써 버렸습니다. 그 일로 삼진물류를 그만두게 된 것입니다.
문   강재면의 강제집행을 면탈한 점은 어떤가요.
답   그 사실도 인정합니다. 강재면은 제 친구인데, 2013. 2. 22. 돈 50,000,000원을 빌렸
     으나 약정 변제기한인 2013. 8. 22.까지 갚지 못하였습니다. 그런데 강재면이 2014.
     1. 22. 저를 상대로 대여금청구소송을 제기하였고, 곧 가압류도 하려 한다는 소문
     을 듣고 제가 나쁜 마음을 먹었습니다. 그때 제가 다시 재기하기 위하여 사업 목
     적으로 토지가 꼭 필요하였는데, 그냥 토지를 사면 가압류를 당할 것으로 생각하
     고, 제가 친구인 부동국에게 부탁하여 부동국 명의로 부동산을 매수하여 놓기로
     하는 약속을 하였고, 돈은 제 친구인 은행직원에게 부탁하여 제가 보증을 서고 부
     동국 명의로 대출받아 충당하였습니다. 그 후 부동국이 2014. 2. 14. 공부자로부터
     강원도 속초시 중앙로 33 대지 1,000제곱미터를 1억 원에 매수하여 부동국 명의로
     등기하여 놓은 상태인데, 그 땅을 팔아 강재면의 돈을 꼭 갚도록 하겠습니다.
문   피의자는 진갑용과 함께 김진수를 폭행한 사실이 있지요.
답   예, 제가 혼자 김진수를 폭행한 사실은 있습니다.
문   자세한 경위를 진술하세요.
답   2014. 4. 20. 20 : 00경 서울 서초구 서초대로 345에 있는 당진당구장에서, 제가 친구
     인 진갑용과 함께 당구를 치고 있다가 옆에서 당구를 치던 당구장 후배인 김진수
     와 살짝 부딪치면서 제 당구공이 빗나가 버렸습니다. 그런데 김진수가 별다른 사
     과가 없더군요. 당시 제가 여러 사건으로 기분도 좋지 않은 김에 후배가 저를 무
     시한다는 자격지심에 화를 냈는데도 김진수가 쳐다보기만 하여 순간적인 감정을
     이기지 못하고 오른 주먹으로 김진수의 얼굴 부위를 1회 때리고 그곳 당구대 위에

놓여 있던 당구공을 들고 피해자의 머리 부위를 2~3회 툭툭 치게 되었습니다.

문 당구공 같은 물건을 사용하여 머리를 치면 위험하지 않나요.

답 세게 때린 것은 아니고, 그냥 머리 부분을 민 정도입니다.

문 진갑용도 옆에서 가세한 것이지요.

답 진갑용도 처음에 시비가 날 때에는 김진수에게 몇 마디 훈계를 하였으나, 저에게 가세를 하였다기보다는 시비를 말리려고 한 것입니다. 특히 제가 당구공을 잡으니까 제 팔을 잡고 말려 제가 2~3회만 때리고 당구공을 내려놓았습니다.

문 피의자는 사촌 형인 배달수를 깨진 소주병으로 위협하고 현금카드를 빼앗아 현금 200만 원을 인출하여 쓴 사실이 있지요.

답 그 점은 제가 좀 억울합니다. 제가 현금카드를 빼앗아 쓴 것이 아니고, 생활비를 얻으러 갔다가 사촌 형이 현금카드를 주길래 받아 2014. 5. 21. 10 : 00경 방배로에 있는 우리은행 방배지점에서, 현금카드를 현금자동인출기에 넣고 200만 원을 인출하여 쓴 것입니다. 저는 소주병을 깬 사실도 없고, 형을 겁준 바도 없습니다.

문 배달수는 피의자가 2014. 5. 20. 21 : 00경 서울 서초구 서래로 445에 있는 배달수(38세)의 집에서, 술을 한 병 들고 와서 마시다가 소주병을 깨어 들고 배달수에게 "사촌 동생인 내가 실직 후 생활비가 없는데, 못 도와주느냐, 이놈의 집 때려 부수겠다. 자식들 밤거리에 조심시켜라. 내가 어차피 전과자인데 못할 일이 있느냐" 등의 협박을 하고, 이에 겁을 먹고 있는 배달수의 지갑을 뒤져 우리은행 현금카드 1장을 빼앗아 간 것이라고 진술하는데요.

답 제가 소주 한병을 들고 가서 사촌 형의 집 거실에서 먹은 것은 사실입니다만, 형을 그런 식으로 위협한 사실도 없고, 소주병은 제가 술에 취하여 손에서 놓쳐 깨진 것이고, 제가 그 깨진 소주병을 든 사실은 없습니다. 현금카드도 형이 직접 꺼내 주면서 비밀번호도 알려 주어 제가 다음날 200만 원을 인출하여 쓴 것입니다.

문 배달수가 거짓말을 하였다는 것인가요.

답 거짓말을 하였다기보다는 제가 괘씸하여 그러는 것 같습니다.

문 당시 술은 어느 정도 마셨나요.

답 소주 한 병을 저 혼자 다 마셔 꽤 취한 상태였습니다.

문 피의자의 평소 주량은 어느 정도인데요.

답 소주 두 병 정도는 마십니다.

문 피해자들과 합의는 하였는가요.

답 아직 못하였습니다.

답 죄송합니다. 한 번만 선처해 주십시오.

문 조서에 진술한 대로 기재되지 아니하였거나 사실과 다른 부분이 있는가요.

답   없습니다.

　　　　　　　(무인)

위의 조서를 진술자에게 열람하게 하였던바, 진술한 대로 오기나 증감·변경할 것이 전혀 없다고 말하므로 간인한 후 서명 무(날)인하게 하다.

　　　　　　　　　　　　진 술 자　　배 임 수 (무인)

　　　　　2014. 6. 9.

　　　　　　　서울중앙지방검찰청

　　　　　　　검　　사　　정 의 파 (인)
　　　　　　　검찰주사　　김 계 장 (인)

서 울 중 앙 지 방 검 찰 청

주임검사
(인)

수 신   검사 정의파   2014. 6. 12.

제 목   수사보고(전과관계 확인보고)

피의자 배임수에 대한 전과관계를 아래와 같이 확인하였기에 보고합니다.

아   래

피고인은 2013. 5. 1. 서울중앙지방법원에서 사문서위조, 위조사문서행사, 사기죄로 징역 1년에 집행유예 2년을 선고받아 항소기간도과로 확정된 사실이 있고, 판결내용은 별첨 판결문과 같음.

첨부: 판결문 등본 1부

보고자 검찰주사   김 계 장 (인)

서 울 중 앙 지 방 법 원

판   결

사 건   2013 고단 6700 사문서위조 등

피 고 인   배임수(******-*******), 무직

주거   서울 서초구 방배로 676

등록기준지 서울 서초구 방배로 676

검 사   서길수

변 호 인   변호사 강한수(국선)

판결선고   2013. 5. 1.

주   문

피고인을 징역 1년에 처한다.

다만, 이 판결 확정일로부터 2년간 위 형의 집행을 유예한다.

이   유

범죄사실

1. 피고인은 2012. 10. 29. 서울 종로구 계동길 113에 있는 피해자 삼진물류주식회사 사무실에서 권한 없이, 검은 색 볼펜을 이용하여 대금청구서 용지의 내역란에 '차량 정비', 대금란에 '5,000,000원'이라고 기재한 후, 대금청구인 란에 '대진공업사 대표 석호민'이라고 새겨진 고무명판을 찍었다.

   이로써, 피고인은 행사할 목적으로 권리의무에 관한 사문서인 석호민 명의의 대금청구서 1장을 위조하였다.

2. 피고인은 2012. 10. 30. 위 회사의 사무실에서 지출담당직원인 동문숙에게 위조한 위 대금청구서를 마치 진정하게 성립한 것처럼 제출하고, 이에 속은 동문숙으로부터 차량정비대금 명목의 돈 5,000,000원을 교부받았다.

   이로써 피고인은 위조한 위 대금청구서 1장을 행사하고, 피해자 삼진물류(주)를 기망하여 재물을 교부받았다.

증거의 요지   (생략)
법령의 적용   (생략)

                        판사   명판사   **명 판 사**   ㊞

                              ┌─────────────────────┐
                              │ 위 등본임   │
                              │ 검찰주사 김동길 ㊞   │
                              └─────────────────────┘

서 울 중 앙 지 방 검 찰 청

<table>
<tr><td>주임검사</td></tr>
<tr><td>(인)</td></tr>
</table>

수 신   검사 정의파

2014. 6. 13.

제 목   수사보고(등기부등본 첨부)

    피의자 배임수에 대한 강제집행면탈피의사실과 관련하여 부동국이 공부자로부터 매수한 토지의 등기부등본을 부동국으로부터 제출받았기에 보고합니다.

첨부: 부동산등기부 등본 1부

보고자 검찰주사 김 계 장 (인)

등기부 등본 (말소사항 포함) - 토지

[토지] 강원도 속초시 중앙로 33 대지 1,000㎡

【 표 제 부 】 (표시)

표시번호	접 수	소재지번	토 지 내 역	등기원인 및 기타사항
1	1998년1월30일	강원도 속초시 중앙로 33	대지 1,000㎡	도면편철장 1책 6장
				부동산등기법 제177조의6 제1항의 규정에 의하여 2000년 07월 04일 전산이기

1/2

[토지] 강원도 속초시 동명동 33 대지 1,000㎡

【 갑   구 】   (소유권에 관한 사항)

표시번호	등 기 목 적	접 수	등 기 원 인	권리자 및 기타사항
1 (전 2)	소유권이전	1998년3월6일 제8764호	1995년7월27일 매매	소유자 공부자 ******-******* 강원도 속초시 대포동 987 부동산등기법 제177조의6 제 1 항의 규정에 의하여 2000년 07월 04일 전산이기
2	소유권이전	2014년2월14일 제8945호	2014년2월14일 매매	소유자 부동구 *******-******* 서울 동작구 상도로 145
3				
4				
5				

2/2

Ⅰ. 사건의 개요

1. 피 고 인

- 배임수(변호인 변호숙)
- 35세, 무직
- 2013. 5. 1. 서울중앙지방법원에서 사문서위조죄 등으로 징역 1년에 집행
  유예 2년을 선고받은 사실이 있다.

2. 공소사실의 요지

- 업무상배임
- 강제집행면탈
- 폭력행위등처벌에관한법률위반(집단·흉기등 폭행)
- 폭력행위등처벌에관한법률위반(집단·흉기등 공갈)
- 절   도

[적용법조]
폭력행위 등 처벌에 관한 법률 제 3 조 제 1 항, 제 2 조 제 1 항 제 3 호, 형법 제350조
제 1 항, 폭력행위 등 처벌에 관한 법률 제 3 조 제 1 항, 제 2 조 제 1 항 제 1 호, 형법
제260조 제 1 항, 제355조 제 1 항, 제329조, 제327조, 제37조, 제38조

3. 사건의 경과

- 2014. 6. 1. 체포영장
- 2014. 6. 3. 구속영장
- 2014. 6. 9. 송치
- 2014. 6. 16. 구속기소
- 2014. 7. 5.자 보석청구서 작성

4. 주요 형사특별법

폭력행위 등 처벌에 관한 법률

제 1 조(목적) 이 법은 집단적 또는 상습적으로 폭력행위 등을 범하거나 흉기 그 밖의 위험한 물건을 휴대하여 폭력행위 등을 범한 자 등을 처벌함을 목적으로 한다.

제 2 조(폭행등) ① 상습적으로 다음 각 호의 죄를 범한 자는 다음의 구분에 따라 처벌 한다.

　1. 「형법」 제260조 제 1 항(폭행), 제283조 제 1 항(협박), 제319조(주거침입, 퇴거불응) 또는 제366조(재물손괴등)의 죄를 범한 자는 1년 이상의 유기징역

　2. 「형법」 제260조 제 2 항(존속폭행), 제276조 제 1 항(체포, 감금), 제283조 제 2 항(존 속협박) 또는 제324조(강요)의 죄를 범한 자는 2년 이상의 유기징역

　3. 「형법」 제257조 제 1 항(상해)·제 2 항(존속상해), 제276조 제 2 항(존속체포, 존속 감금) 또는 제350조(공갈)의 죄를 범한 자는 3년 이상의 유기징역

② 2인 이상이 공동하여 제 1 항 각 호에 열거된 죄를 범한 때에는 각 형법 본조에 정한 형의 2분의 1까지 가중한다.

③ 이 법 위반(「형법」 각본조를 포함한다)으로 2회 이상 징역형을 받은 자로서 다시 제 1 항에 열거된 죄를 범하여 누범으로 처벌할 경우에도 제 1 항과 같다.

④ 제 2 항 및 제 3 항의 경우에는 「형법」 제260조 제 3 항 및 제283조 제 3 항을 적용 하지 아니한다.

제 3 조 (집단적 폭행등) ① 단체나 다중의 위력으로써 또는 단체나 집단을 가장하여 위력을 보임으로써 제 2 조 제 1 항에 열거된 죄를 범한 자 또는 흉기 기타 위험한 물건을 휴대하여 그 죄를 범한 자는 제 2 조 제 1 항 각 호의 예에 따라 처벌한다.

② 삭제 〈2006. 3. 24〉

③ 상습적으로 제 1 항의 죄를 범한 자는 다음 각 호의 구분에 따라 처벌한다. 〈개 정 2006. 3. 24.〉

　1. 제 2 조 제 1 항 제 1 호에 열거된 죄를 범한 자는 2년 이상의 유기징역

2. 제 2 조 제 1 항 제 2 호에 열거된 죄를 범한 자는 3년 이상의 유기징역

3. 제 2 조 제 1 항 제 3 호에 열거된 죄를 범한 자는 5년 이상의 유기징역

④ 이 법 위반(「형법」 각본조를 포함한다)으로 2회 이상 징역형을 받은 자로서 다시 제 1 항의 죄를 범하여 누범으로 처벌할 경우도 제 3 항과 같다.

[2006. 3. 24. 법률 제7891호에 의하여 2004. 12. 16. 헌법재판소에서 위헌결정된 이 조 제 2 항을 삭제함.]

Ⅱ. 쟁점 해설

1. 업무상배임

가. 면소판결의 사유[1]

형사소송법 제326조 제 1 호는 면소판결의 사유로서 "확정판결이 있은 때"를 들고 있다. 따라서 기록상 판결문이 첨부되어 있는 경우에는 공소사실과 동일성이 있는 범죄사실로 판결을 받은 사실이 있는지 여부를 검토하여 보아야 한다.

나. 공소사실의 동일성

형사소송절차에서 이중기소나 확정판결의 일사부재리의 효력이 미치는 범위를 판단하는 기준은 공소사실의 동일성이다. 공소사실의 동일성에 관하여 다수 학설은 기본적 사실관계 동일설의 입장에 있다. 공소사실을 그 기초가 되는 사회적 사실로 환원하여 양자 사이에 기본적 사실관계에서 동일성이 인정되면, 공소사실의 동일성이 인정된다고 본다. 종래의 판례도 이와 견해를 같이 하고 있었으나,[2] 대법원 [대법원 1994. 3. 22. 선고 93도2080 전원합의체 판결]은, "… 장물취득죄의 확정판결의 기판력이 이 사건 강도상해죄에 미치는 것인지 여부는 그 기본적 사실관계가 동일한 것인가의 여부에 따라 판단하여야 할 것이다. 그러나 공소사실이나

---

1) 형사소송법 제326조(면소의 판결) 다음 경우에는 판결로써 면소의 선고를 하여야 한다.
   1. 확정판결이 있은 때
   2. 사면이 있은 때
   3. 공소의 시효가 완성되었을 때
   4. 범죄후의 법령개폐로 형이 폐지되었을 때
2) 대법원 1982. 12. 28. 선고 82도2156 판결, 대법원 1991. 6. 11. 선고 91도723 판결.

범죄사실의 동일성은 형사소송법상의 개념이므로 이것이 형사소송절차에서 가지는 의의나 소송법적 기능을 고려하여야 할 것이고, 따라서 두 죄의 기본적 사실관계가 동일한가의 여부는 그 규범적 요소를 전적으로 배제한 채 순수하게 사회적, 전법률적인 관점에서만 파악할 수는 없고, 그 자연적, 사회적 사실관계나 피고인의 행위가 동일한 것인가 외에 그 규범적 요소도 기본적 사실관계 동일성의 실질적 내용의 일부를 이루는 것이라고 보는 것이 상당하다"고 판시하였다.

따라서 비록 죄명이 다르다 하더라도 공소사실이 동일성이 인정되는 범위가 넓으므로 규범적 요소를 고려하는 판례의 수정된 기본적 사실동일설의 입장에 기초하여 확정판결의 유무를 검토하여야 한다.

다. 사안에의 적용

이 사건 기록에 첨부된 판결문(증거기록 294쪽)은 사기죄로 처벌받은 내용이지만, 공소제기된 배임죄와 공소사실의 동일성이 인정된다. 왜냐하면 양 죄는 상상적 경합관계에 있기 때문이다.[3]

---

3) 대법원 2002. 7. 18. 선고 2002도669 전원합의체 판결.

　　원심은 각 업무상배임의 점에 대하여, 타인의 사무를 처리하는 자가 그 사무처리상 임무에 위배하여 본인을 기망하고 착오에 빠진 본인으로부터 재물을 교부받은 경우에는 사기죄가 성립될 뿐, 설사 배임죄의 구성요건이 충족되어도 별도로 배임죄를 구성하는 것이 아니라 할 것이므로, 신용협동조합의 전무인 피고인이 조합의 담당직원을 기망하여 예금인출금 또는 대출금 명목으로 금원을 교부받은 위 각 행위는 각 사기죄만이 성립된다고 판단하여 제1심판결을 파기·자판하면서, 위 각 사기의 점에 대하여만 유죄를 선고하고, 위 각 업무상배임의 점에 대하여는 무죄로 인정하되 위 각 사기죄와 일죄의 관계에 있는 것으로 보아 주문에서 따로 무죄의 선고를 하지 아니하였다.

　　그러나 상상적 경합은 1개의 행위가 실질적으로 수개의 구성요건을 충족하는 경우를 말하고 법조경합은 1개의 행위가 외관상 수개의 죄의 구성요건에 해당하는 것처럼 보이나 실질적으로 1죄만을 구성하는 경우를 말하며, 실질적으로 1죄인가 또는 수죄인가는 구성요건적 평가와 보호법익의 측면에서 고찰하여 판단하여야 한다고 할 것인바(대법원 2000. 7. 7. 선고 2000도1899 판결, 2001. 3. 27. 선고 2000도5318 판결 등 참조), 이 사건과 같이 업무상배임행위에 사기행위가 수반된 때의 죄수 관계에 관하여 보면, 사기죄는 사람을 기망하여 재물의 교부를 받거나 재산상의 이익을 취득하는 것을 구성요건으로 하는 범죄로서 임무위배를 그 구성요소로 하지 아니하고 사기죄의 관념에 임무위배 행위가 당연히 포함된다고 할 수도 없으며, 업무상배임죄는 업무상 타인의 사무를 처리하는 자가 그 업무상의 임무에 위배하는 행위로써 재산상의 이익을 취득하거나 제3자로 하여금 이를 취득하게 하여 본인에게 손해를 가하는 것을 구성요건으로 하는 범죄로서 기망적 요소를 구성요건의 일부로 하는 것이 아니어서 양 죄는 그 구성요건을 달리하는 별개의 범죄이고 형법상으로도 각각 별개의 장에 규정되어 있어, 1개의 행위에 관하여 사기죄와 업무상배임죄의 각 구성요건이 모두 구비된 때에는 양 죄를 법조경합 관계로 볼 것이 아니라 상상적 경합관계로 봄이 상당하다 할 것이고, 나아가 업무상배임죄가 아닌 단순배임죄라고 하여 양 죄의 관계를 달리 보아야 할 이유도 없다.

따라서 이 사건 공소사실은 면소판결이 선고되어야 한다.

2. 강제집행면탈

가. 계약명의신탁

피고인은 피해자가 2014. 1. 22. 대여금청구소송을 제기하자 부동국과 피고인을 위하여 부동국 명의로 부동산을 매수하기로 하는 약정을 하고, 부동국은 2014. 2. 14. 공소외 공부자로부터 강원도 속초시 중앙로 33 대지 1,000제곱미터를 매수하여 부동국 명의로 등기하게 하였다는바, 이른바 계약명의신탁관계가 성립한다.

계약명의신탁관계에 있어서는 부동산 실권리자명의 등기에 관한 법률 제 4 조 제 2 항 단서에 의하여 그 명의수탁자는 당해 부동산의 완전한 소유권을 취득하게 되고[4] 이 사건 부동산은 명의신탁자에 대한 강제집행이나 보전처분의 대상이 될 수 없다는 것이 판례의 입장이다.[5]

이와 달리 위와 같은 경우 사기죄와 배임죄의 관계에서 사기죄만이 성립하고 별도로 배임죄를 구성하지 아니한다는 견해를 표명한 대법원 1983. 7. 12. 선고 82도1910 판결은 이와 저촉되는 한도 내에서 이를 변경하기로 한다.

그렇다면 위 각 사기죄와 각 업무상배임죄를 법조경합 관계로 보아 사기죄에 대하여만 유죄를 선고하고 업무상배임죄에 대하여는 무죄로 판단한 원심판결에는 상상적 경합범에 관한 법리를 오해함으로써 판결에 영향을 미친 위법이 있다고 할 것이므로, 이 점을 지적하는 상고이유의 주장은 그 이유 있다.

4) 대법원 2005. 1. 28. 선고 2002다66922 판결 참조.

5) 대법원 2009. 5. 14. 선고 2007도2168 판결

형법 제327조는 "강제집행을 면할 목적으로 재산을 은닉, 손괴, 허위양도 또는 허위의 채무를 부담하여 채권자를 해한 자"를 처벌함으로써 강제집행이 임박한 채권자의 권리를 보호하기 위한 것이므로, 강제집행면탈죄의 객체는 채무자의 재산 중에서 채권자가 민사집행법상 강제집행 또는 보전처분의 대상으로 삼을 수 있는 것이어야 한다.

한편, 명의신탁자와 명의수탁자가 이른바 계약명의신탁 약정을 맺고 명의수탁자가 당사자가 되어 명의신탁 약정이 있다는 사실을 알지 못하는 소유자와 부동산에 관한 매매계약을 체결한 후 그 매매계약에 따라 당해 부동산의 소유권이전등기를 명의수탁자 명의로 마친 경우에는, 명의신탁자와 명의수탁자 사이의 명의신탁 약정의 무효에도 불구하고 부동산 실권리자명의 등기에 관한 법률 제 4 조 제 2 항 단서에 의하여 그 명의수탁자는 당해 부동산의 완전한 소유권을 취득하게 되고(대법원 2005. 1. 28. 선고 2002다66922 판결 참조), 이와 달리 소유자가 계약명의신탁약정이 있다는 사실을 안 경우에는 수탁자 명의의 소유권이전등기는 무효로 되어 당해 부동산의 소유권은 매도인이 그대로 보유하게 되는데, 어느 경우든지 명의신탁자는 그 매매계약에 의해서는 당해 부동산의 소유권을 취득하지 못하게 되어, 결국 그 부동산은 명의신탁자에 대한 강제집행이나 보전처분의 대상이 될 수 없는 것이다.

같은 취지에서, 피고인이 공소외 1로부터 이 사건 아파트를 명의수탁자인 공소외 2 명의로 직접 그 대금 일부를 대출받아 매수하였다면, 이 사건 아파트는 강제집행면탈죄의 객체가 될 수 없고, 따라서 이 사건 강제집행면탈의 공소사실을 유죄로 인정할 증거가 없다고 판단한 원심은 정당하다. 거기에 상고이유에서 주장하는 바와 같은 강제집행면탈죄의 객체에 대한

나. 따라서 공소사실은 형사소송법 제325조 전단에 따라 무죄판결이 선고
될 사안이다.[6]

3. 폭력행위등처벌에관한법률위반(집단·흉기등 폭행)

가. 문제의 제기

공소사실은 폭력행위 등 처벌에 관한 법률 제 3 조 제 1 항, 제 2 조 제 1 항 제 1
호, 형법 제260조 제 1 항 위반에 해당한다. 즉 위험한 물건을 휴대하여 (공동으로)
폭행을 가하였다는 사실이 주요 구성요건적 사실이므로 ① 당구공이 위험한 물건
인가, ② 상피고인 진갑용과의 공동 폭행인가 여부가 주요 쟁점으로 떠오른다.

또한 형법 제260조 제 1 항의 단순 폭행죄가 인정된다 하더라도 폭행죄는 반
의사불벌죄이고 피해자와 합의하였으므로 공소기각의 판결사유에 해당한다.

나. 폭력행위등 처벌에 관한 법률상의 '흉기 기타 위험한 물건'의 의미

어떤 물건이 폭력행위 등 처벌에 관한 법률 제 3 조 제 1 항의 '흉기 기타 위험
한 물건'에 해당하는지 여부는 구체적인 사안에서 사회 통념에 비추어 그 물건을
사용하면 상대방이나 제 3 자가 생명 또는 신체에 위험을 느낄 수 있는지 여부에
따라 판단하여야 한다는 것이 판례의 입장이다.[7]

폭력행위등 처벌에 관한 법률 제 3 조 제 1 항 소정의 "흉기 기타 위험한 물건"
이라 함은 사람을 살상할 특성을 갖춘 총, 칼과 같은 물건[8]은 물론 그 밖의 물건
이라도 사회 통념상 이를 이용하면 상대방이나 제 3 자가 살상의 위험을 느낄 수
있는 것을 포함한다.[9]

판례는 자동차나 실탄이 장전되지 않은 공기총부터 깨어지지 아니한 상태의
맥주병, 각목, 당구큐대에 이르기까지 폭넓은 범위에서 위험한 물건으로 보지만

   법리오해 등의 위법이 있다고 할 수 없다.
   그러므로 상고를 기각하기로 하여 관여 대법관의 일치된 의견으로 주문과 같이 판결한다
6) 부동산실권리자명의등기에관한법률위반의 점이 인정될 수 있으나 공소제기된 바 없으므로
   따로 변론할 필요가 없다.
7) 대법원 2003. 1. 24. 선고 2002도5783 판결 등 참조.
8) 흉기에 해당한다.
9) 대법원 1991. 12. 27. 선고 91도2527 판결.

구체적인 사안에서 사용방법 등을 감안하여 폭력행위등 처벌에 관한 법률 제 3 조 제 1 항의 적용 여부를 판단하는 입장이다.[10]

이 사건 공소사실은 "피고인이 당구장에서 주먹으로 피해자의 얼굴 부위를 1회 때리고 위험한 물건인 당구공으로 피해자의 머리 부위를 2~3회 때렸다는 것인데, 기록상 피고인의 검찰에서의 진술(증거기록 중 피의자신문조서 290쪽)이나, 진갑용의 진술(증거기록 중 피의자신문조서 277쪽), 피해자 김진수의 진술(증거기록 중 진술조서 273쪽)에 의하면 훈계하듯이 살짝 밀거나 톡톡 머리를 친 사실이 인정된다.[11]

위 대법원 2008. 1. 17. 선고 2007도9624 판결의 사안에 비추어 이 사건에서 당구공은 위험한 물건에 해당한다고는 보기 어렵다.

다. 진갑용과의 공동폭행이었는지 여부

피고인이나 진갑용의 진술은 피고인이 피해자를 폭행한 것은 사실이나, 진갑용은 이를 말리는 데 그쳤다는 진술을 하고 있다(증거기록 중 피의자신문조서 290쪽, 피의자신문조서 277쪽). 다만, 피해자 김진수는 "진갑용도 피고인의 편을 들었다"(증거기록 273쪽)고 하면서도 한편으로는 진갑용은 피고인이 당구공을 들고 폭행하자 옆에서 말렸다"라는 진술도 하고 있으므로 위 진술들을 종합하여 보면 이 사건 폭

---

10) ① 대법원 1981. 7. 28. 선고 81도1046 판결 "용법에 따라서는 사람을 살상할 수 있는 물건이 폭력행위 등 처벌에 관한 법률 제 3 조 제 1 항 소정의 위험한 물건인지의 여부는 구체적인 사안에 따라서 사회통념에 비추어 그 물건을 사용하면 그 상대방이나 제 3 자가 곧 위험성을 느낄 수 있는가의 여부에 따라 이를 판단하여야 할 것이므로 쇠파이프(길이 2미터, 직경 5센티미터)로 머리를 구타당하면서 이에 대항하여 그곳에 있던 각목(길이 1미터, 직경 5센티미터)으로 상대방의 허리를 구타한 경우에는 위 각목은 위 법조 소정의 위험한 물건이라고 할 수 없다." ② 대법원 2008. 1. 17. 선고 2007도9624 판결 "당구장에서 피해자가 시끄럽게 떠든다는 이유로, 주먹으로 피해자의 얼굴 부위를 1회 때리고 그곳 당구대 위에 놓여 있던 당구공으로 피해자의 머리 부위를 수회 때려, 피해자에게 치료일수 불상의 입술 부위가 터지고 머리부위가 부어오르는 상해를 가하였다는 이 사건 공소사실에 대하여, 피고인이 피해자의 얼굴을 주먹으로 가격하여 생긴 상처가 주된 상처로 보이고, 당구공으로는 피해자의 머리를 툭툭 건드린 정도에 불과한 것으로 보이는 사실을 인정한 다음, 위와 같은 사정 아래에서는 피고인이 당구공으로 피해자의 머리를 때린 행위로 인하여 사회통념상 피해자나 제 3 자에게 생명 또는 신체에 위험을 느끼게 하였으리라고 보여지지 아니하므로 위 당구공은 폭력행위 등 처벌에 관한 법률 제 3 조 제 1 항의 '위험한 물건'에는 해당하지 아니한다고 판단한 제 1 심판결을 그대로 유지하였다. 앞서 본 법리에 비추어 보면, 위와 같은 원심의 판단은 정당하고, 거기에 상고이유로 주장하는 바와 같이 폭력행위 등 처벌에 관한 법률 제 3 조 제 1 항의 '위험한 물건을 휴대하여'의 해석에 관한 법리오해 등의 위법이 없다."

11) 단순히 법리판단으로 몰고 가기 전에 반드시 사실관계를 증거에 의하여 확정하여야 한다.

행은 피고인의 단독범행으로 주장하여도 큰 무리가 없다.

라. 결국, 피고인의 행위는 기껏 해도 형법 제260조 제 1 항의 폭행죄에만
해당할 사안이고, 폭행죄는 반의사불벌죄이므로 결국 형사소송법 제
327조 제 6 호에 따라 공소기각의 판결이 선고될 사안이다.[12]

4. 폭력행위등처벌에관한법률위반(집단 · 흉기등 공갈)

공소사실은 폭력행위 등 처벌에 관한 법률 제 3 조 제 1 항, 제 2 조 제 1 항 제 3
호, 형법 제350조 제 1 항에 해당한다.

그런데 판례[13]는 '폭력행위 등 처벌에 관한 법률 제 3 조 제 1 항 위반죄'에도
형법 제354조, 제328조의 규정(친족상도례)이 적용된다고 판시한다.

따라서 이 사건은 친고죄인바 피고인과 사촌 형제간인 고소인 배달수가 피고
인에 대한 고소를 취소하였으므로(보석청구서 첨부 고소취소장 참조) 공소기각의 판
결이 선고될 사안이다.[14]

5. 절　　도

공소사실은 타인의 현금카드를 갈취 후 현금 인출한 사안으로 판례[15]는 포괄

---

12) 보석 청구 시 합의서가 제출될 예정이므로 공소제기 후 피해자처벌불원의사가 표시되어 형사
　　소송법 제327조 제 6 호에 따라 공소기각의 판결이 선고된다.
13) 대법원 2011. 7. 29. 선고 2011도5795 판결.
　　형법 제354조, 제328조의 규정에 의하면, 직계혈족, 배우자, 동거친족, 동거가족 또는 그 배
　　우자 간의 공갈죄는 그 형을 면제하여야 하고 그 외의 친족 간에는 고소가 있어야 공소를 제
　　기할 수 있는바, 흉기 기타 위험한 물건을 휴대하고 공갈죄를 범하여 '폭력행위 등 처벌에 관
　　한 법률' 제 3 조 제 1 항, 제 2 조 제 1 항 제 3 호에 의하여 가중처벌되는 경우에도 형법상 공갈
　　죄의 성질은 그대로 유지되는 것이고, 특별법인 위 법률에 친족상도례에 관한 형법 제354조,
　　제328조의 적용을 배제한다는 명시적인 규정이 없으므로, 형법 제354조는 '폭력행위 등 처벌
　　에 관한 법률 제 3 조 제 1 항 위반죄'에도 그대로 적용된다.
14) 형사소송법 제327조 제 5 호.
15) 대법원 1996. 9. 20. 선고 95도1728 판결.
　　예금주인 현금카드 소유자를 협박하여 그 카드를 갈취하였고, 하자 있는 의사표시이기는
　　하지만 피해자의 승낙에 의하여 현금카드를 사용할 권한을 부여받아 이를 이용하여 현금을
　　인출한 이상, 피해자가 그 승낙의 의사표시를 취소하기까지는 현금카드를 적법, 유효하게 사
　　용할 수 있고, 은행의 경우에도 피해자의 지급정지 신청이 없는 한 피해자의 의사에 따라 그
　　의 계산으로 적법하게 예금을 지급할 수밖에 없는 것이므로, 피고인이 피해자로부터 현금카
　　드를 사용한 예금인출의 승낙을 받고 현금카드를 교부받은 행위와 이를 사용하여 현금자동지
　　급기에서 예금을 여러 번 인출한 행위들은 모두 피해자의 예금을 갈취하고자 하는 피고인의

하여 공갈죄만 성립할 뿐 별도의 절도죄는 성립하지 않는다고 한다.

따라서 형사소송법 제325조 전단에 의하여 무죄가 선고될 사안이다.[16]

단일하고 계속된 범의 아래에서 이루어진 일련의 행위로서 포괄하여 하나의 공갈죄를 구성한
다고 볼 것이지, 현금지급기에서 피해자의 예금을 취득한 행위를 현금지급기 관리자의 의사
에 반하여 그가 점유하고 있는 현금을 절취한 것이라 하여 이를 현금카드 갈취행위와 분리하
여 따로 절도죄로 처단할 수는 없다.

16) 검사의 공소제기에 대하여 법원이 보다 명백한 판단을 한다는 의미에서 위와 같은 사안에서
절도죄에 대하여는 따로 무죄를 선고하는 것이 타당하고, 변론에서도 따로 무죄를 구하는 것
이 옳다고 생각된다[보다 자세한 내용은 제4편 제3회 변호사시험 해설 참조].

보석허가청구서

청 구 이 유

1. 보석사유의 존재

피고인에게는 보석이 허가될 상당한 이유가 있습니다.

가. 누범 및 상습범 불해당

피고인은 2013. 5. 1. 서울중앙지방법원에서 사문서위조죄 등으로 징역 1년에 집행유예 2년을 선고받은 사실이 있는 것은 사실입니다만 그 밖의 다른 전과는 없습니다(공소사실, 범죄경력조회 참조).

누범에 해당하기 위해서는 금고 이상의 실형을 받아 그 집행을 종료하거나 면제를 받은 후 3년 내에 금고 이상에 해당하는 죄를 범해야 합니다(형법 제35조 제1항 참조). 따라서 피고인은 누범에 해당하는 죄를 범하지 아니하였습니다.

아울러, 상습범도 아닙니다.

참고로 피고인의 이 사건 범행은 사기죄의 형이 확정된 때로부터 그 집행을 종료하거나 면제된 후 3년까지의 기간 중에 범한 것이므로 집행유예의 결격자라고 할 수 있습니다(형법 제62조 제1항 참조). 그러나 피고인이 집행유예 결격자라고 하더라도 보석이 불가능한 것은 아닙니다(대법원 1990. 4. 18. 90모22 결정 참조).

나. 증거인멸 또는 인멸의 염려 없음

피고인은 죄증을 인멸하지 아니하였고 또한 이를 인멸할 염려가 있다고 믿을 만한 충분한 이유도 없습니다. 그동안의 수사과정에서 피해자들에 대하여 충분한 조사가 이루어지고 피고인도 대부분의 사실관계에 대하여 인정하고 있어 모든 증거가 확보된 상태에 있으므로, 피고인으로서는 죄증을 인멸할 여지가 전혀 없습니다.

다. 도망할 염려 없음 및 주거 분명

한 때 경찰 단계에서 겁이 나서 소환에 불응하여 체포영장에 의해 체포된 바 있으나, 피해자 김진수, 피해자 배달수와 합의하여 현재 더 이상 도망할 염려도 없습니다. 또한 뒤에서 살펴보는 바와 같이 이 사건 공소사실에 대하여 무죄, 공소기각, 면소 판결을 받을 가능성이 높기 때문에 도망갈 이유가 없습니다. 한편, 피고인은 비록 무직이나 주거지가 분명합니다.

라. 피해자 등에 대한 위해 또는 위해 염려 없음

수사과정에서 피고인 측은 피해자 측에 대하여 위해를 가한 사실이 없으며, 향후에도 위해를 가할 염려가 없습니다. 피해자 김진수, 피해자 배달수와는 원만히 합의하기도 하였습니다.

마. 사형·무기 또는 장기 10년이 넘는 징역이나 금고에 해당하는 죄를 범하지 않음

공소사실 중 업무상배임, 절도, 강제집행면탈죄는 모두 사형·무기 또는 장기 10년이 넘는 징역이나 금고에 해당하는 죄가 아니며, 폭력행위등처벌에관한법률위반(집단·흉기등 공갈), 폭력행위등처벌에관한법률위반(집단·흉기등 폭행)죄는 다음에서 보는 바와 같이 공소기각의 판결이 선고될 사안임을 고려하면 피고인은 실제로는 형사소송법 제95조 제1호의 사형·무기 또는 장기 10년이 넘는 징역이나 금고에 해당하는 죄를 범한 때에 해당하지 아니합니다.

바. 따라서 피고인에게는 보석을 허가하여야 할 필요적 보석 사유가 있으며, 가사 그 예외가 있다 하더라도 다음과 같은 법률관계 및 정상관계를 고려할 때 보석이 허가될 상당한 이유가 있습니다.

2. 법률관계

아래와 같이 본건 공소사실은 무죄, 면소 또는 공소기각 판결을 선고하심이 상당하고, 유죄에 해당하는 부분은 없으므로 피고인을 조속히 석방하심이 상당합니다.

가. 업무상배임죄는 면소의 판결이 선고될 사안

피고인에 대한 판결문(증거기록 294쪽) 및 수사보고(증거기록 293쪽)의 기재에 의하면 "피고인은 2012. 10. 29. 서울 종로구 계동길 113에 있는 피해자 삼진물류주식회사 사무실에서 권한 없이, 검은 색 볼펜을 이용하여 대금청구서 용지의 내역란에 '차량 정비', 대금란에 '5,000,000원'이라고 기재한 후, 대금청구인란에 '대진공업사 대표 석호민'이라고 새겨진 고무 명판을 찍어 사문서인 석호민 명의의 대금청구서 1장을 위조하고, 2012. 10. 30. 위 회사의 사무실에서 지출담당직원인 동문숙에게 위조한 위 대금청구서를 마치 진정하게 성립한 것처럼 제출하고, 이에 속은 동문숙으로부터 차량정비대금 명목의 돈 5,000,000원을 교부받아 편취한 사실로 이미 징역 1년, 집행유예 2년의 확정판결을 받은 사실"이 인정됩니다.

그런데 이 사건과 같이 업무상배임행위에 사기행위가 수반된 때, 즉 1개의 행위에 관하여 사기죄와 업무상배임죄의 각 구성요건이 모두 구비된 때에는 양 죄를 상상적 경합관계로 봄이 상당하다 할 것입니다(대법원 2002. 7. 18. 선고 2002도669 전원합의체 판결).

따라서 위 사기죄와 이 사건 공소사실 중 업무상배임죄와는 공소사실이 동일하므로 위 사기죄에 대한 확정판결의 효력은 이 사건 업무상배임죄의 공소사실에도 미친다 할 것이므로 결국 이 부분 공소사실은 면소의 판결이 선고될 사안입니다(형사소송법 제326조 제 1 호).

나. 강제집행면탈죄는 무죄판결이 선고될 사안

이 사건 공소사실은 피고인이 부동국과 부동산의 명의신탁 약정을 하고 부동국이 피고인을 위하여 공부자로부터 부동산을 매수하여 부동국 명의로 등기이전한 사안입니다.

그런데 형법 제327조는 "강제집행을 면할 목적으로 재산을 은닉, 손괴, 허위양도 또는 허위의 채무를 부담하여 채권자를 해한 자"를 처벌함으로써 강제집행이 임박한 채권자의 권리를 보호하기 위한 것이므로, 강제집행면탈죄의 객체는 채무자의 재산 중에서 채권자가 민사집행법상 강제집행 또는 보전처분의 대상으로 삼을 수 있는 것이어야 합니다.

한편, 명의신탁자와 명의수탁자가 이른바 계약명의신탁 약정을 맺고 명의수

탁자가 당사자가 되어 명의신탁 약정이 있다는 사실을 알지 못하는 소유자와 부동
산에 관한 매매계약을 체결한 후 그 매매계약에 따라 당해 부동산의 소유권이전등
기를 명의수탁자 명의로 마친 경우에는, 명의신탁자와 명의수탁자 사이의 명의신
탁 약정의 무효에도 불구하고 부동산 실권리자명의 등기에 관한 법률 제 4 조 제 2
항 단서에 의하여 그 명의수탁자는 당해 부동산의 완전한 소유권을 취득하게 되
고(대법원 2005. 1. 28. 선고 2002다66922 판결 참조), 이와 달리 소유자가 계약명의신
탁약정이 있다는 사실을 안 경우에는 수탁자 명의의 소유권이전등기는 무효로 되
어 당해 부동산의 소유권은 매도인이 그대로 보유하게 되는데, 어느 경우든지 명
의신탁자는 그 매매계약에 의해서는 당해 부동산의 소유권을 취득하지 못하게 되
어, 결국 그 부동산은 명의신탁자에 대한 강제집행이나 보전처분의 대상이 될 수
없는 것입니다(대법원 2009. 5. 14. 선고 2007도2168 판결).

그렇다면 이 사건 토지는 강제집행면탈죄의 객체가 될 수 없어 이 부분 공
소사실은 범죄로 되지 아니하므로 무죄 판결이 선고될 사안입니다(형사소송법
제325조).

다. 폭력행위등처벌에관한법률위반(집단·흉기등 폭행)은 공소기각의 판결이 선고될 사안

(1) 이 사건 당구공은 위험한 물건이 아님

어떤 물건이 폭력행위 등 처벌에 관한 법률 제 3 조 제 1 항의 '위험한 물건'에
해당하는지 여부는 구체적인 사안에서 사회통념에 비추어 그 물건을 사용하면 상
대방이나 제 3 자가 생명 또는 신체에 위험을 느낄 수 있는지 여부에 따라 판단하
여야 하는 것입니다(대법원 2003. 1. 24. 선고 2002도5783 판결 등 참조).

이 사건은 피고인이 당구장에서 주먹으로 피해자의 얼굴 부위를 1회 때리고
위험한 물건인 당구공으로 피해자의 머리 부위를 2~3회 때렸다는 것인데, 피고인
의 검찰에서의 진술(증거기록 중 피의자신문조서 291쪽)이나, 진갑용의 진술(증거기록
중 피의자신문조서 277쪽), 피해자 김진수의 진술(증거기록 중 진술조서 273쪽)에 의하
면 훈계하듯이 살짝 밀거나 톡톡 머리를 친 사실이 인정됩니다.

위와 같은 사정 아래에서는 피고인이 당구공으로 피해자의 머리를 때린 행위
로 인하여 사회통념상 피해자나 제 3 자에게 생명 또는 신체에 위험을 느끼게 하였

으리라고 보여지지 아니하므로 위 당구공은 폭력행위 등 처벌에 관한 법률 제 3 조 제 1 항의 '위험한 물건'에는 해당하지 아니한다고 사료됩니다(대법원 2008. 1. 17. 선고 2007도9624 판결).

(2) 이 사건은 피고인의 단독범행임

이 사건 공소사실은 피고인이 진갑용과 공동하여 피해자를 폭행하였다는 것인바, 공소사실에 부합되는 듯한 "진갑용도 피고인의 편을 들었다"는 피해자 김진수의 진술(증거기록 중 진술조서 273쪽)은 같은 피해자의 "진갑용은 피고인이 당구공을 들고 폭행하자 옆에서 말렸다"라는 진술에 비추어 추측 진술에 불과하고, 그 밖에 진갑용이 피고인의 범행에 공동하였다고 단정할 증거가 없을 뿐 아니라, 오히려 피고인의 진술(증거기록 중 피의자신문조서 291쪽)이나, 진갑용의 진술(증거기록 중 피의자신문조서 277쪽)에 의하면 피고인이 폭행을 할 당시 진갑용은 옆에서 말리기만 한 사실이 인정되므로 이 사건은 피고인의 단독범행으로 사료됩니다.

(3) 피해자 김진수가 피고인의 처벌을 원하지 않고 있음

따라서 이 사건 피고인의 행위는 형법 제260조 제 1 항의 폭행죄로만 의율할 수 있는데, 피해자 김진수가 현재 처벌을 원하지 아니하므로(보석청구서 첨부 합의서 참조) 공소기각의 판결이 선고될 사안입니다(형사소송법 제327조 제 6 호).

라. 폭력행위등처벌에관한법률위반(집단·흉기등 공갈)은 공소기각의 판결이 선고될 사안

이 사건 공소사실은 피고인이 피해자 배달수를 위험한 물건인 깨어진 소주병으로 위협하여 현금카드 1장을 갈취한 사안으로 피고인과 배달수는 사촌 형제 간입니다(보석청구서 첨부 가족관계증명서 참조).

형법 제354조, 제328조의 규정에 의하면, 직계혈족, 배우자, 동거친족, 동거가족 또는 그 배우자 간의 공갈죄는 그 형을 면제하여야 하고 그 외의 친족 간에는 고소가 있어야 공소를 제기할 수 있는바, 흉기 기타 위험한 물건을 휴대하고 공갈죄를 범하여 '폭력행위 등 처벌에 관한 법률' 제 3 조 제 1 항, 제 2 조 제 1 항 제 3 호에 의하여 가중처벌되는 경우에도 형법상 공갈죄의 성질은 그대로 유지되는 것이고, 특별법인 위 법률에 친족상도례에 관한 형법 제354조, 제328조의 적용을 배제한다는 명시적인 규정이 없으므로, 형법 제354조는 '폭력행위 등 처벌에 관한

법률 제 3 조 제 1 항 위반죄'에도 그대로 적용됩니다(대법원 2011. 7. 29. 선고 2011도 5795 판결).

따라서 이 사건은 친고죄인바 고소인 배달수가 피고인에 대한 고소를 취소하였으므로(보석청구서 첨부 고소취소장 참조) 공소기각의 판결이 선고될 사안입니다 (형사소송법 제327조 제 5 호).

마. 절도죄는 무죄의 판결이 선고될 사안

이 사건 공소사실은 피고인이 라.항과 같이 갈취한 현금카드를 현금자동인출기에 넣고 금 2,000,000원을 인출하여 피해자 우리은행 소유의 재물을 절취하였다는 것입니다.

그런데 예금주인 현금카드 소유자를 협박하여 그 카드를 갈취하였고, 하자 있는 의사표시이기는 하지만 피해자의 승낙에 의하여 현금카드를 사용할 권한을 부여받아 이를 이용하여 현금을 인출한 이상, 피해자가 그 승낙의 의사표시를 취소하기까지는 현금카드를 적법, 유효하게 사용할 수 있고, 은행의 경우에도 피해자의 지급정지 신청이 없는 한 피해자의 의사에 따라 그의 계산으로 적법하게 예금을 지급할 수밖에 없는 것이므로, 피고인이 피해자로부터 현금카드를 사용한 예금인출의 승낙을 받고 현금카드를 교부받은 행위와 이를 사용하여 현금자동지급기에서 예금을 여러 번 인출한 행위들은 모두 피해자의 예금을 갈취하고자 하는 피고인의 단일하고 계속된 범의 아래에서 이루어진 일련의 행위로서 포괄하여 하나의 공갈죄를 구성한다고 볼 것이지, 현금지급기에서 피해자의 예금을 취득한 행위를 현금지급기 관리자의 의사에 반하여 그가 점유하고 있는 현금을 절취한 것이라하여 이를 현금카드 갈취행위와 분리하여 따로 절도죄로 처단할 수는 없습니다(대법원 1996. 9. 20. 선고 95도1728 판결).

따라서 이 부분 공소사실은 범죄로 되지 아니하므로 무죄 판결이 선고될 사안입니다(형사소송법 제325조).

3. 정상관계

피고인은 피해자 김진수, 피해자 배달수와 합의를 하였고, 그 밖의 피해자들과도 합의를 위하여 노력하고 있습니다.

　　피고인은 사기 등 집행유예 전과가 1회 있으나 이 사건과 동종 전과는 없습니다. 무엇보다 피고인은 깊이 반성하고 있으며, 수사기관의 수사에 순순히 협조하였습니다.

　　특히, 공갈 범행은 술에 만취되어 우발적으로 저질러진 것임을 참작하여 주시기 바랍니다.

4. 보석조건에 관한 의견

　　피고인은 무직으로서 특별한 재산도 없습니다.

　　따라서 피고인의 보석을 허가할 경우 피고인에게 도망 및 증거인멸의 염려가 없는 이상 피고인의 출석서약서나 제 3 자의 출석보증서의 제출만으로 보석을 허가하여 주시기를 바라며, 만약 보증금의 납입을 명하시더라도 그 보증금은 피고인의 사촌형제인 배달수(******-*******, 서울 서초구 서래로 445)가 제출하는 보석보험증권을 첨부한 보증서로 갈음할 수 있도록 허가하여 주시기 바랍니다.

5. 결　　어

　　이상의 여러 사정을 살피시어 피고인으로 하여금 불구속 상태에서 재판을 받을 수 있도록 보석허가 결정을 하여 주시기 바랍니다.

5
연습기록

작 성 요 강

☐ 사건 설명

1. 피고인 명예남은 2014. 4. 19. 체포된 후, 구속영장에 의하여 2014. 4. 21. 구속되었고, 공소장 기재 공소사실로 2014. 5. 2. 구속 구공판되었다.

2. 귀하는 구속전 피의자심문절차에서 법원으로부터 피고인의 국선변호인으로 선정된 변호사 변호남이다.

3. 귀하는 수감 중인 피고인을 접견하고 공판기록과 같이 소송절차에서 변호인으로서의 역할을 하였다. 그 과정에서 변론의 준비를 위하여 증거기록과 공판기록을 열람, 등사하였다.

☐ 문　제

　피고인의 변호인으로서 법원에 제출할 최종 변론요지서를 작성하시오. 변론의 요지만을 작성하되, 공소사실의 요지나 피고인의 변소요지는 생략하여도 됩니다.

☐ 유의사항

1. 기록상 나타나지 않은 피의자의 신병과 관련된 체포, 구금, 권리고지, 통지 절차와 각종 서류의 접수·송달·결재 절차는 적법하게 이루어진 것으로 본다.

2. 조서에 서명이 있는 경우에는 필요한 날인 또는 무인, 간인, 정정인이 있는 것으로 보고, '수사 과정 확인서'는 편의상 생략하기로 한다.

3. 법률적 쟁점에 대해서는 판례를 따르고 다툼있는 사실관계에 대해서는 경험칙과 논리칙에 입각하여 주장하되, 판례와 반대되는 주장을 하려면 판례의 입장을 먼저 기재해야 한다.

공 판 기 록

구속만료	2014. 7. 1.		미결구금	
최종만료	2014. 11. 1.			
대행갱신 만료				

서울중앙지방법원

구공판　형사제1심소송기록

기 일	사건번호	2014고단5000	담 임	형사제5단독	주 심	
1회기일						
5/26 A10	사 건 명	가. 특수절도 나. 출판물에의한명예훼손 다. 위계공무집행방해 라. 범인도피 마. 사자명예훼손 바. 모욕				
6/9 P2						
6/16 A10						
	검　　사	김검사		2014년 형제500000호		
	피 고 인	구속　　명예남				
	변 호 인	변호사 변호남 〈국선, 2014. 4. 21. 선정〉				

확　　정				담 임	과 장	국 장	주심판사	판 사	원 장
보존종기			완결 공람						
종결구분									
보　　존									

접 수 공 람	과 장	국 장	원 장
	[인]	[인]	[인]

공 판 준 비 절 차

회부 수명법관 지정 일자	수명법관 이름	재 판 장	비 고

법 정 외 에 서 지 정 하 는 기 일

기일의 종류	일 시				재 판 장	비 고
1회 공판기일	2014.	5.	26.	10 : 00	[인]	

서울중앙지방법원

목 록		
문 서 명 칭	장 수	비 고
증거목록	323	검사
공소장	326	
체포영장	생략	피고인
구속영장	생략	피고인
피의자수용증명	생략	피고인
국선변호인선정결정	생략	피고인
영수증(공소장부본 등)	생략	
영수증(공판기일통지서)	생략	변호사 변호남
의견서	생략	피고인
공판조서(제 1 회)	329	
증거서류 조사 신청	331	변호사 변호남
공판조서 사본	333	
고소취소장	335	고운숙
공판조서(제 2 회)	336	
증인신문조서	338	고운숙
증인신문조서	340	고남길
증인신문조서	342	공범수

목 록 (구속관계)		
문 서 명 칭	장 수	비 고
체포영장	생략	피고인
구속영장	생략	피고인
피의자수용증명	생략	피고인

증 거 목 록(증거서류 등)

2014고단5000

2014형제500000호 신청인 : 검사

순번	증거방법					참조사항등	신청기일	증거의견		증거결정		증거조사기일	비고
	작성	쪽수(수)	쪽수(증)	증거명칭	성명			기일	내용	기일	내용		
1	검사		390	피의자신문조서	명예남		1	1	○				
2	사경		348	압수조서			1	1	○				
3			350	진술조서	이민우		1	1	○				
4			353	주취운전자적발보고서사본			1	1	○				
5			354	진술서	김미숙		1	1	○				
6			355	가족관계증명서			1	1	○				
7			356	고소장	고운숙 고남길		1	1	×				
8			359	가족관계증명서			1	1	○				
9			360	진술조서	고운숙		1	1	×				
10			363	고소장	장미남		1	1	○				
11		기재생략	365	가족관계증명서		기재생략	1	1	○	기재생략			
12			366	진술조서	장미남		1	1	○				
13			368	피의자신문조서	방조남		1	1	○				
14			372	압수조서			1	1	○				
15			375	진술서사본	이미자		1	1	○				
16			376	피의자신문조서사본(경찰)	공범수		1	1	×				
17			379	피의자신문조서사본(검사)	공범수		1	1	×				
18			381	피의자신문조서	명예남		1	1	○○ ○×				
19			386	조회회보서	명예남		1	1	○				
20			388	고소취소장	고운숙 고남길		1	1	○				
21			389	고소취소장	장미남		1	1	○				

※ 증거의견 표시 – 피의자신문조서: 인정 ○, 부인 ×
    (여러 개의 부호가 있는 경우, 적법성/실질성립/임의성/내용의 순서임)
   – 기타 증거서류: 동의 ○, 부동의 ×
   – 진술이 특신상태에서 행하여졌다는 점 부인: "특신성 부인"(비고란 기재)
※ 증거결정의 표시 : 채 ○, 부 × ※ 증거조사의 내용은 제시, 낭독(내용고지, 열람)

증 거 목 록(증인 등)

2014고단5000

2014형제500000호   신청인 : 검사

증거방법	쪽수 (공)	입증취지 등	신청 기일	증거결정		증거조사기일	비 고
				기일	내용		
비디오테이프 (증 제1호)		공소사실 제3항	1	1	○	2014. 6. 9. 14 : 00 (실시)	
세이코손목시계 (증 제2호)		공소사실 제2항	1	1	○	2014. 6. 9. 14 : 00 (실시)	
증인 고운숙	338	공소사실 제1, 4항	1	1	○	2014. 6. 9. 14 : 00 (실시)	
증인 고낢길	340	공소사실 제1, 4항	1	1	○	2014. 6. 9. 14 : 00 (실시)	
증인 공범수	342	공소사실 제2항	1	1	○	2014. 6. 9. 14 : 00 (실시)	

※ 증거결정의 표시 : 채 ○, 부 ✕

증 거 목 록(증거서류 등)

2014고합5000

2014형제500000호

신청인 : 변호인

순번	증거방법					참조사항 등	신청기일	증거의견		증거결정		증거조사기일	비고
	작성	쪽수(수)	쪽수(증)	증거명칭	성명			기일	내용	기일	내용		
1		공333		공판조서사본	공벙수		1	1	○	기재생략			
2		공335		고소취소장	고운숙		1	1	○	기재생략			
3													
4													
5													
6													
7													
8													
9													
10													
11													
12													
13													
14													
15													
16													
17													

※ 증거의견 표시 – 피의자신문조서: 인정 ○, 부인 ✕
       (여러 개의 부호가 있는 경우, 적법성/실질성립/임의성/내용의 순서임)
     – 기타 증거서류: 동의 ○, 부동의 ✕
     – 진술이 특히 신빙할 수 있는 상태하에서 행하여졌다는 점 부인: "특신성 부인"(비고란 기재)
※ 증거결정 표시: 채 ○, 부 ✕
※ 증거조사 내용은 제시, 낭독(내용고지, 열람)

서울중앙지방검찰청

2014. 5. 2.

사건번호   2014년 형제500000호
수 신 자   서울중앙지방법원
제 목   공소장
        검사 김검사는 아래와 같이 공소를 제기합니다.

I. 피고인 관련사항

피 고 인   명예남 (******-*******), 35세
        직업   무직
        주거   서울 서초구 방배로 146, **-***-****
        등록기준지   서울 서초구 방배로 146
죄 명   특수절도, 출판물에의한명예훼손, 위계공무집행방해, 범인도피, 사자명
        예훼손, 모욕
적용법조   형법 제331조 제2항, 제1항, 제309조 제2항, 제1항, 제307조 제2항,
        제137조, 제151조 제1항, 제308조, 제311조, 제40조, 제35조, 제37조,
        제38조
구속여부   2014. 4. 21. 구속(2014. 4. 19. 체포)
변 호 인   변호사 변호남

접수
No. 45600
2014. 5. 2.
서울중앙지방법원
형사접수실

II. 공소사실

범죄전력

피고인은 2011. 12. 21. 서울중앙지방법원에서 특수절도죄로 징역 1년을 선고받고, 서울구치소에서 복역하다가 2012. 10. 1. 그 형의 집행을 종료한 사실이 있다.

범죄사실

1. 모 욕

피고인은 2013. 9. 16. 20:00경 서울 서초구 방배로 521에 있는 피해자 고운숙의 집 앞에서, 피해자가 만나 주지 않는다는 이유로 공소외 방조남과 함께 피해자에게 "나쁜 년"

이라고 소리쳐 피해자의 아버지 고남길과 이웃사람들이 듣게 함으로써 공연히 피해자를 모욕하였다.

2. 특수절도

피고인은 2014. 1. 4. 14 : 00경 서울 서초구 서래로 119에 있는 반포아케이드 안에서, 바겐세일로 인하여 매우 혼잡한 틈을 이용하여 공소외 공범수(이미 특수절도죄로 형 확정)와 함께 피해자 이미자의 뒤를 따라가면서 피고인은 피해자의 뒤에서 다른 사람의 시선을 가리는 등 이른바 바람을 잡고, 공범수는 피해자가 메고 있는 가방을 소지한 면도날로 찢고 그 속에 손을 넣어 시가 150,000원 상당의 세이코 시계 1개를 꺼냈다.

이로써 피고인은 공범수와 합동하여 피해자의 재물을 절취하였다.

3. 위계공무집행방해, 범인도피

피고인은 2014. 2. 1. 21 : 00경 공소외 김미숙이 술에 취한 상태(혈중알코올농도 1.025%)에서 운전하는 06무9872 소나타 자동차를 피고인이 조수석에 함께 타고 가던 중, 서울 서초구 서초대로 114 앞 도로에 이르렀다. 그때 그곳에서 서초경찰서 교통과 소속 경장 이민우 등이 음주운전 단속을 하는 것을 발견하고 김미숙이 음주운전으로 단속되지 않도록 하기 위하여 김미숙과 피고인이 자리를 바꾸어 앉은 다음 이민우에게 피고인이 운전자인 것처럼 가장하여 음주측정을 하였다.

이로써 피고인은 음주운전으로 벌금 이상의 형에 해당하는 죄를 범한 김미숙을 도피하게 함과 동시에 위계로써 음주단속 공무집행을 방해하였다.

4. 출판물에의한명예훼손, 사자명예훼손

피고인은 2014. 3. 4. 12 : 00경 서울 서초구 방배로 146에 있는 피고인의 집에서, 자신을 피하며 만나주지 않는 피해자 고운숙에게 보복할 생각으로, 컴퓨터를 이용하여 '고운숙은 처녀인 척 하지만 실은 2014. 1. 7. 교통사고로 사망한 유부남 장사고와 정을 통하고 지내다가 임신까지 하고, 낙태를 시키는 등 행실이 나쁜 여자이니 동네 총각들은 조심하여야 한다'는 요지로 에이(A)4 용지 1장 분량의 워드를 작성하였다. 그런 다음 이를 에이(A)4 용지로 약 10장을 인쇄하여 친구인 공소외 방조남을 시켜 그날 13 : 00경부터 14 : 00경 사이에 서울 서초구 방배로 일대의 건물 벽에 붙이게 하였다.

이로써, 피고인은 공연히 허위의 사실을 적시하여 비방할 목적으로 출판물에 의하여 고운숙의 명예를 훼손함과 동시에 사자인 장사고의 명예를 훼손하였다.

Ⅲ. 첨부서류

1. 체포영장 1통
2. 구속영장 1통
3. 피의자수용증명 1통
4. 국선변호인선정결정서 1통

검사 김 검 사 ㉘

서 울 중 앙 지 방 법 원

공 판 조 서

제 1 회

사　　건　　2014고단5000 특수절도 등

판　　사　　신판사

법원주사　김법원

기　　일　　2014. 5. 26. 10 : 00

장　　소　　제500호　법정

공개여부　공개

고 지 된

다음기일　2014. 6. 9. 14 : 00

피 고 인　　명예남　　　　　　　　　　　　　　　　　　　출석

검　　사　　김검사　　　　　　　　　　　　　　　　　　　출석

변 호 인　　변호사　변호남(국선)　　　　　　　　　　　출석

판사

　　　피고인은 진술을 하지 아니하거나 각개의 물음에 대하여 진술을 거부할 수 있고
　　　이익 되는 사실을 진술할 수 있음을 고지

판사의 인정신문

　　　성　　　　　명 : 명예남

　　　주민등록번호 : 공소장 기재와 같음

　　　직　　　　　업 :　　　　　〃

　　　주　　　　　거 :　　　　　〃

　　　등 록 기 준 지 :　　　　　〃

판사

　　　피고인에게

　　　주소의 변동이 있을 때에는 이를 법원에 보고할 것을 명하고, 소재가 확인되지 않
　　　을 때에는 그 진술 없이 재판할 경우가 있음을 경고

검사

　　　공소장에 의하여 공소사실, 죄명, 적용법조 낭독

피고인

　　　특수절도죄의 공소사실을 부인한다고 진술

변호인 변호사 변호남

　　　공소사실은 (생략)와 같은 문제점이 있다고 진술

판사

　　증거조사를 하겠다고 고지

증거관계 별지와 같음(검사)

　　각 증거조사결과에 대한 의견을 묻고 권리를 보호함에 필요한 증거조사를 신청할
　　수 있음을 고지

소송관계인

　　별 의견 없다고 진술

판사

　　변론속행(증인 등을 신문하기 위하여)

　　　　　　　　　　　　2014.　5.　26.

　　　　　　　　　　　　　법원주사　　　김법원　㊞

　　　　　　　　　　　　　판　　　사　　신판사　㊞

증거서류 조사신청

사　　건　　2014고단5000 특수절도 등
피 고 인　　명 예 남

　위 사건에 관하여 위 피고인의 변호인은 별첨 목록과 같이 증거서류를 제출하고, 그 조사를 신청합니다.

첨부 : 서증목록 1부
입증취지 : 별첨 목록 기재와 같음

2014. 5. 27.

위 피고인의 변호인
변호사　변 호 남　　(印)

서울중앙지방법원　형사제5단독　귀중

서 증 목 록

번 호	서 증 제 목	입 증 취 지
1.	공판조서사본	피고인이 공범수와 특수절도를 범하지 않았다는 사실을 공범수가 특수절도죄로 기소된 서울중앙지방법원 2014고단500호 피고사건의 공판조서 중 공범수의 진술기재로 입증하기 위함
2.	고소취소장	고운숙의 피고인에 대한 고소취소 사실

서 울 중 앙 지 방 법 원

공 판 조 서

위 사본임
법원주사 김수동 ㊞

제 2 회

사 건	2014고단500 특수절도		
판 사	신판사	기 일	2014. 2. 7. 14 : 00
법 원 주 사	김법원	공개여부	공개
		고 지 된 다음기일	2014. 2. 14. 10 : 00
피 고 인	공범수		출석
검 사	홍검사		출석
변 호 인	변호사 김변호(국선)		출석

판사

전회 공판심리에 관한 주요사항의 요지를 공판조서에 의하여 고지

소송관계인

변경할 점이나 이의할 점이 없다고 진술

판사

출석한 증인 별지조서와 같이 각 신문

증거관계 별지와 같음(검사, 피고인 및 변호인)

각 증거조사결과에 대한 의견을 묻고 권리를 보호함에 필요한 증거조사를 신청할 수 있음을 고지

소송관계인

별 의견 없다고 진술

판사

각 증거조사결과에 대한 의견을 묻고 권리를 보호함에 필요한 증거조사를 신청할 수 있음을 고지

소송관계인

별 의견 없으며, 달리 신청할 증거도 없다고 진술

판사

증거조사를 마치고, 피고인신문을 실시하겠다고 고지

검사

　　　피고인에게

문　　피고인은 2014. 1. 4. 14 : 00경 서울 서초구 서래로 119에 있는 반포아케이드 안에
　　　서, 소매치기를 한 사실은 인정하지만 명예남과 같이 한 것은 아니고 일명 깜짱과
　　　함께 한 것이라는 취지로 주장하는 것인가요.

답　　예, 그렇습니다.

문　　경찰과 검찰에서는 명예남과 함께 범행한 것이라고 진술하지 않았는가요.

답　　그것은 깜짱을 숨겨 주기 위하여 거짓말을 한 것입니다.

판사

　　　피고인신문을 마쳤음을 고지

검사　이 사건의 공소사실은 증거가 있으므로 공소장기재 법조를 적용하여 피고인을 징
　　　역 2년에 처함이 상당하다는 의견 진술

판사

　　　피고인, 변호인에게 최종 의견 진술 기회 부여

변호인

　　　피고인을 위하여 별지 변론요지서 기재와 같이 변론하다.

피고인

　　　관대한 처분을 바랍니다.

판사

　　　변론종결

　　　　　　　　　　　　　　　2014.   2.   7.

　　　　　　　　　　　　법원주사　　김법원 ㉑
　　　　　　　　　　　　판　　사　　신판사 ㉑

고 소 취 소 장

고 소 인   고 운 숙

피고소인   명 예 남(2014고단5000 피고사건으로 재판 중)
             서울 서초구 방배로 146   전화 010-****-****

  고소인은 피고소인을 모욕 및 출판물에 의한 명예훼손죄로 고소하였는바, 피고소인에 대한 고소를 취소하며 동인에 대한 처벌을 원하지 않습니다.

2014년 5월 27일

고소인 고 운 숙 (인)

첨부 : 고운숙 인감증명서 1부 [생략]

서울중앙지방법원 귀중

서 울 중 앙 지 방 법 원
공 판 조 서

제 2 회

사　　　건	2014고단5000 특수절도 등				
판　　　사	신판사	기　　　일	2014. 6. 9. 14 : 00		
법원주사	김법원	장　　　소	제500호　법정		
		공개여부	공개		
		고 지 된 다음기일	2014. 6. 16. 10 : 00		

피 고 인	명예남	출석
검　　사	김검사	출석
변 호 인	변호사　변호남(국선)	출석

판사

　　　전회 공판심리에 관한 주요사항의 요지를 공판조서에 의하여 고지

소송관계인

　　　변경할 점이나 이의할 점이 없다고 진술

판사

　　　출석한 증인 별지조서와 같이 각 신문

증거관계 별지와 같음(검사, 피고인 및 변호인)

　　　각 증거조사결과에 대한 의견을 묻고 권리를 보호함에 필요한 증거조사를 신청할
　　　수 있음을 고지

소송관계인

　　　별 의견 없다고 진술

판사

　　　각 증거조사결과에 대한 의견을 묻고 권리를 보호함에 필요한 증거조사를 신청할
　　　수 있음을 고지

소송관계인

　　　별 의견 없으며, 달리 신청할 증거도 없다고 진술

판사

　　　증거조사를 마치고, 피고인신문을 실시하겠다고 고지

검사

　　피고인에게

문　　피고인은 아직도 특수절도죄의 공소사실은 부인하는 것인가요.

답　　예, 그 부분은 억울합니다.

판사

　　피고인신문을 마쳤음을 고지

검사　이 사건의 공소사실은 증거가 있으므로 공소장기재 법조를 적용하여 피고인을 징
　　　역 2년에 처함이 상당하다는 의견 진술

판사

　　피고인, 변호인에게 최종 의견 진술 기회 부여

변호인

　　피고인을 위하여 별지 변론요지서 기재와 같이 변론하다.

피고인

　　억울합니다. 죄가 인정된다 하더라도 관대한 처분을 바랍니다.

판사

　　변론종결

2014.　6.　9.

법원주사　　김법원 ㉑
판　　사　　신판사 ㉑

서울중앙지방법원

증인신문조서(제 2 회 공판조서의 일부)

사   건   2014고단5000 특수절도 등
증   인   이 름   고운숙
                생년월일   1995. 12. 3.
                주   거   서울 서초구 방배로 521

판사

증인에게 형사소송법 제148조 또는 동법 제149조에 해당하는가의 여부를 물어 이에 해당하지 아니함을 인정하고 위증의 벌을 경고한 후 별지 선서서와 같이 선서하게 하였다.

다음에 증언할 증인은 재정하지 아니하였다.

검 사

증인에게

문   증인은 피고인으로부터 모욕과 명예훼손을 당하였다는 내용으로 고소한 사실이 있지요.

답   예, 그러한 사실이 있습니다.

문   그 내용에 관하여 진술하여 보세요.

답   예, 피고인 명예남은 방조남과 함께 2013. 9. 16. 20 : 00경 서울 서초구 방배로 521에 있는 저의 집에 찾아와 다투던 중 방조남과 함께 저에게 "나쁜 년"이라고 소리쳐 저를 모욕하였습니다. 피고인은 그 후에도 계속 전화를 하거나 집까지 찾아오면서 치근거렸고, 제가 도저히 견딜 수가 없어 2014. 2.경 계속 괴롭히면 경찰에 신고하겠다고 하자 피고인도 알겠다고 하여 연락이 없길래 다행이라고 생각하고 있던 중 피고인과 방조남이 2014. 3. 초에 '고운숙은 처녀인 척 하지만 실은 2014. 1. 7. 교통사고로 사망한 유부남 장사고와 정을 통하고 지내다가 임신까지 하고, 낙태를 시키는 등 행실이 나쁜 여자이니 동네 총각들은 조심하여야 한다'라는 내용의 에이4 용지로 인쇄한 유인물을 서울 서초구 방배로 일대의 건물 벽에 붙인 사실을 알게 되어 고소한 적이 있습니다.

문   다음 고소장, 진술조서 등이 진실대로이고 또한 증인이 진술한 대로 작성되어 있는 것을 확인하고 서명날인한 사실이 있는가요.

이때 검사는 증인이 경찰서에 제출한 고소장, 사법경찰리가 작성한 증인에 대한

진술조서를 증인에게 제시하고 읽어 보게 한바,

답   예, 고소장은 제가 작성하여 제출한 바 있고, 진술조서는 제가 진술한 대로 기재되어 있습니다.

변호인

    증인에게

문   피고인과 증인은 애인 사이가 아니었나요.

답   애인 사이는 아닙니다. 저는 어려운 가정형편으로 인하여 잠시 가출하여 미성년자임을 속이고, 2013. 3.경부터 서울 용산구 신흥로 242에 있는 서울다방에서 근무한 적이 있습니다. 그때 다방에 놀러 오는 동네 건달인 피고인과 그 동생뻘이라는 방조남을 알게 되었습니다. 그런데 2013. 4. 16. 22 : 00경 서울 용산구 신흥로 245에 있는 용산모텔로 커피를 배달하게 되었습니다. 그곳에서 명예남이 자꾸 말을 걸면서 유혹을 하므로 당시 의지할 곳이 없었던 저는 달콤한 유혹에 넘어가 합의하에 1회 성관계를 가진 사실이 있습니다. 그러나 그뿐 피고인과 사귀거나 한 사이는 아닙니다.

문   증인은 이 번에 피고인에 대한 고소를 취소하였지요.

답   예. 그렇습니다. 고소취소장을 제출하였으며 피고인에 대한 처벌도 원하지 않습니다.

2014. 6. 9.

법원주사   김 법 원 ㉑
판   사   신 판 사 ㉑

[증인선서서 생략]

서울중앙지방법원

증인신문조서(제 2 회 공판조서의 일부)

사　　건　　　2014고단5000 특수절도 등
증　　인　　　이　름　　　고남길
　　　　　　　생년월일　　1961. 3. 11.
　　　　　　　주　　거　　서울 서초구 방배로 521

판사

증인에게 형사소송법 제148조 또는 동법 제149조에 해당하는가의 여부를 물어 이에 해당하지 아니함을 인정하고 위증의 벌을 경고한 후 별지 선서서와 같이 선서하게 하였다.

다음에 증언할 증인은 재정하지 아니하였다.

검사

증인에게

문　증인은 고운숙과 어떤 관계인가요.

답　고운숙은 제 딸이며 아직 미성년자이므로 제가 아버지로서 법정대리인입니다.

문　증인은 고운숙의 법정대리인으로서 고운숙이 피고인으로부터 당한 모욕과 명예훼손 사실을 고소한 사실이 있지요.

답　예, 그러한 사실이 있습니다.

문　고운숙은 피고인에 대한 고소를 취소하고 피고인의 처벌을 원하지 않고 있는데 증인은 어떤가요.

답　저는 고운숙의 법정대리인으로서 고소를 제기하였고, 고소를 취소하지 않겠습니다. 아울러 고운숙의 고소취소나 처벌불원 의사에 대하여 동의할 수 없습니다. 고운숙은 미성년자로 아마 피고인이 불쌍하다는 생각에 고소를 취소한 것 같은데 저는 동의할 수 없습니다.

변호인

증인에게

문　피고인과 증인은 애인 사이가 아니었나요.

답　제가 알기로는 아닙니다.

문　고운숙이 당한 모욕과 명예훼손 사실을 증인은 언제 처음 알았나요.

답　2014. 3.경에 고운숙을 비방하는 에이4 용지를 보고 범인을 확인하는 과정에서 피고인과 방조남이 그 일을 벌인 사실을 알게 되었고, 그 시점에 고운숙이 2013년 9

월경에도 두 사람이 집으로 찾아와 욕을 하였다는 사실을 알게 되어 고운숙과 연명으로 고소하게 된 것입니다.

문 2013년 9월 피고인이 고운숙에게 욕설을 할 당시 증인도 그 자리에 있었나요.
답 저는 집 안에 있어 욕하는 것을 듣지는 못하였습니다.

2014. 6. 9.

법원주사 김 법 원 ㉑

판   사 신 판 사 ㉑

[증인선서서 생략]

서울중앙지방법원

증인신문조서(제2회 공판조서의 일부)

사　　건　　2014고단5000 특수절도 등
증　　인　　이　름　　공범수
　　　　　　생년월일　1980. 5. 9.
　　　　　　주　거　　부정(현재 서울구치소 수감중)

판사

　　증인에게 형사소송법 제148조 또는 동법 제149조에 해당하는가의 여부를 물어 제
　　148조에 해당함을 인정하고 증언거부권이 있음을 고지하였으나 사실대로 증언하
　　겠다고 하므로 위증의 벌을 경고한 후 별지 선서서와 같이 선서하게 하였다.

검사

　　증인에게

문　　증인은 피고인과 어떤 관계인가요.

답　　피고인과는 친구로 전에 같이 절도범행을 하다가 붙잡혀 형을 복역한 바 있습니다

문　　증인은 2014. 1. 4. 14 : 00경 서울 서초구 서래로 119에 있는 반포아케이드 안에서,
　　소매치기를 하다가 검거되어 현재 재판 중이지요.

답　　예, 2014. 2. 14. 서울중앙지방법원에서 특수절도죄로 징역 1년 6월을 선고받고 현
　　재 항소 중에 있습니다.

문　　그 소매치기를 피고인 명예남과 같이 한 것이 아닌가요.

답　　아닙니다. 일명 깜짱이란 친구와 같이 했습니다.

문　　증인은 처음 검거되었을 때 경찰에서 그 후 검찰에서 모두 피고인과 같이 소매치
　　기를 한 것이라고 진술하지 않았나요.

답　　그렇게 진술한 것은 사실인데, 실제로는 깜짱을 보호하기 위하여 거짓진술을 한
　　것입니다.

문　　증인은 오히려 현재의 피고인 명예남의 범행을 감춰 주기 위하여 거짓 증언하는
　　것이 아닌가요.

답　　그렇지 않습니다. 지금 진술이 사실입니다.

문　　증인이 피의자로서 경찰과 검사 앞에서 진술한 피의자신문조서인데 그때 증인이
　　진술한 대로 기재되어 있고 이를 확인한 다음 서명 무인한 것이 맞는가요.

이때 검사는 증인이 피의자로서 신문받으면서 작성된 사법경찰관 작성의 피의자신문조

서와 검사 작성의 피의자신문조서 사본(검사제출 증거서류에 편철되어 있음)을 제시하고 증인에게 읽어 보게 한바,

답　　예, 제가 당시 진술한 대로 기재되어 있는 것은 맞습니다. 그러나 진실은 아닙니다.

2014. 6. 9.

법원사무관　　김 법 원 ㊞

판　　　사　　신 판 사 ㊞

[증인선서서 생략]

증거서류 등 (검사)

제	1	책
제	1	권

서울중앙지방법원
증거서류 등(검사)

사 건 번 호	2014고단5000	담임	단독 합의부	주심	
	20 노		부		
	20 도		부		

사 건 명	가. 특수절도
	나. 출판물에의한명예훼손
	다. 위계공무집행방해
	라. 범인도피
	마. 사자명예훼손
	바. 모욕

검 사	김검사	2014년 형제500000호
피 고 인	명예남	
공소제기일	2014. 5. 2.	

1심 선고	20 . . .	항 소	20 . . .
2심 선고	20 . . .	상 고	20 . . .
확 정	20 . . .	보 존	

	제	1	책
	제	1	권

구공판		서울중앙지방검찰청 증 거 기 록			
검 찰	사건번호	2014년 형제500000호	**법원**	사건번호	2014년 고단5000호
	검 사	김 검 사		판 사	
피 고 인	구속 명 예 남				
죄 명	가. 특수절도 나. 출판물에의한명예훼손 다. 위계공무집행방해 라. 범인도피 마. 사자명예훼손 바. 모욕				
공소제기일	2014. 5. 2.				
구 속	2014. 4. 21. 구속(2013. 4. 19. 체포)		석 방		
변 호 인	변호사 변호남				
증 거 물	없 음				
비 고					

증 거 목 록(증거서류 등)

2014고합5000

2014형제500000호 신청인 : 검사 김검사 ㊞

순번	증거방법: 작성	쪽수(수)	쪽수(증)	증거명칭	성명	참조사항 등	신청기일	증거의견 기일	증거의견 내용	증거결정 기일	증거결정 내용	증거조사기일	비고
1	검사	기재생략	390	피의자신문조서	명예남	기재생략							
2	사경		348	압수조서									
3			350	진술조서	이민우								
4			353	주취운전자적발보고서사본	김미숙								
5			354	진술서	김미숙								
6			355	가족관계증명서									
7			356	고소장	고운숙 고남길								
8			359	가족관계증명서									
9			360	진술조서	고운숙								
10			363	고소장	장미남								
11			365	가족관계증명서									
12			366	진술조서	장미남								
13			368	피의자신문조서	방조남								
14			372	압수조서									
15			375	진술서사본	이미자								
16			376	피의자신문조서사본(경찰)	공범수								
17			379	피의자신문조서사본(검사)	공범수								
18			381	피의자신문조서	명예남								
19			386	조회회보서	명예남								
20			388	고소취소장	고운숙 고남길								
21			389	고소취소장	장미남								

※ 증거의견 표시 – 피의자신문조서 : 인정 ○, 부인 ×
(여러 개의 부호가 있는 경우, 적법성/실질성립/임의성/내용의 순서임)
– 기타 증거서류 : 동의 ○, 부동의 ×
– 진술이 특신상태에서 행하여졌다는 점 부인: "특신성 부인"(비고란 기재)
※ 증거결정의 표시 : 채 ○, 부 ×
※ 증거조사의 내용은 제시, 낭독(내용고지, 열람)

압 수 조 서

피의자 명예남에 대한 범인도피 등 피의사건에 관하여 2014. 2. 2. 서울 서초경찰서에서 사법경찰관 경위 김태풍은 사법경찰리 순경 정태남을 참여하게 하고 별지 목록의 물건을 다음과 같이 압수하다.

압 수 경 위

소지인 이민우(서초경찰서 교통과 경장)가 2014. 2. 1. 21 : 00경 서울 서초구 서초대로 114 앞 도로에서 음주단속을 하면서 채증을 위하여 현장을 촬영하였는바, 06무9872 소나타 자동차를 음주운전 중이던 김미숙과 조수석에 앉아 있던 피의자가 자리를 바꿔 앉은 다음 이민우 경장에게 피의자가 운전자인 양 음주측정을 하는 장면이 촬영되어 있는 녹화테이프라고 하면서 피의자의 범인도피 등 사실을 입증할 자료로 임의제출하겠다고 하므로 증거물로 사용하기 위하여 영장 없이 압수함.

참여인	성 명	주민등록번호	주 소	서명 또는 날인
		[기재생략]		

2014. 2. 2.

서 울 서 초 경 찰 서

사법경찰관 경위 김태풍 (인)

사법경찰리 순경 정태남 (인)

압 수 목 록

번호	품　　명	수량	피압수자 주거 성명				소유자 주거·성명	비고
			1	2	③	4		
			유류자	보관자	소지자	소유자		
1	녹화테이프	1개	서울 서초경찰서 경장 이민우(******-*******)				서울 서초경찰서	

진술조서

성   명 : 이민우
주 민 등 록 번 호 : ******-******* 41세
직   업 : 경찰관(서울 서초경찰서 교통과 경장)
주   거 : 서울 용산구 신흥로 45
등 록 기 준 지 : 서울 동대문구 회기로 333
직 장 주 소 : 서울 서초구 반포대로 179 서초경찰서
연   락   처 : 자택전화 **-***-****   휴대전화   ***-****-****
            직장전화 **-****-****   전자우편   ****@*******.**.**

위의 사람은 피의자 명예남에 대한 범인도피 등 피의사건에 관하여 2014. 2. 2. 서초경찰서 형사과 사무실에 임의 출석하여 다음과 같이 진술하다.

---

1. 피의자와의 관계

저는 피의자와 아무런 친인척관계가 없습니다.

1. 피의사실과의 관계

저는 피의사실에 관하여 피해자 자격으로 출석하였습니다.

1. 진술의 요지

2014. 2. 1. 제가 음주운전 단속을 하던 중, 06무9872 소나타 자동차를 정지시키고 운전자에 대한 음주측정을 하였는데, 당시 실제 운전자는 김미숙이었음에도 피의자가 제가 못 본 사이에 김미숙과 자리를 바꾸어 앉은 후 자신이 운전자라고 속이고 음주측정하였으므로 피의자는 음주운전을 한 범인인 김미숙을 도피시키고 아울러 저의 음주단속의 공무집행을 방해한 사실이 있으므로 이에 대하여 진술하고자 합니다.

이때 진술의 취지를 더욱 명백히 하기 위하여 다음과 같이 임의로 문답하다.

문   구체적인 내용을 진술해 보세요.
답   2014. 2. 1. 21 : 00경 서울 서초구 서초대로 114 앞 도로에서, 저와 동료 경찰관 등이 함께 음주운전 단속을 하고 있었습니다. 당시 음주운전 차량이 많아 약간 혼잡

하였으며 차량이 7~8대 가량 줄지어 음주측정을 기다리는 상태였습니다. 그러던
중, 06무9872 소나타 자동차의 차례가 되었는데, 운전석에 앉은 피의자에 대하여
음주측정을 한 결과 아무런 문제가 없어 그냥 보내려는 순간 단속현장을 비디오로
촬영하던 김강무 순경이 운전자가 바뀐 것 같다고 하길래, 위 자동차를 정차시키
고, 비디오를 다시 재생시켜 보니 다른 차량의 음주측정을 하면서 위 소나타 차량
이 대기하는 사이에 운전자와 조수석에 앉아 있던 피의자가 자리를 바꾸어 앉았던
사실을 확인하고, 피의자와 김미숙에게 비디오를 보여주면서 추궁한바, 김미숙이
운전하다가 음주측정 바로 전에 피의자와 자리를 바꾼 다음 피의자가 운전자인 양
저의 음주측정에 응한 사실을 인정하므로, 즉시 김미숙에 대한 음주측정을 다시
하여 음주운전 사실을 확인하여 현행범으로 체포하고 경찰서로 연행하여 교통조
사계에서 입건하였고, 피의자는 범인도피와 위계공무집행방해죄로 입건하기 위하
여 경찰서로 2014. 2. 2. 출석할 것을 요구한 바 있습니다.

문 김미숙은 어느 정도 술을 마시고 운전한 것으로 확인되었나요.

답 본인의 진술로는 바로 전에 소주 2병 정도를 마시고 운전하였다고 하고 음주측정
기로 혈중알코올농도 0.105%로 확인되었습니다. 따라서 김미숙은 도로교통법 제44
조 제1항의 술에 취한 상태에서의 운전금지규정 위반으로 같은 법 제148조의2 제
2항 제2호에 따라 6개월 이상 1년 이하의 징역이나 500만원 이하의 벌금에 처하
게 됩니다. 김미숙은 별건으로 입건되었는바, 당시 주취운전자 적발보고서를 사본
하여 제출하고자 합니다.

이때 사법경찰관은 진술인이 제출하는 김미숙에 대한 주취운전 적발보고서 사본을 제출
받아 본 조서 말미에 편철하다.

문 결국 피의자는 김미숙의 음주운전 사실을 감추기 위하여 스스로 운전자라고 가장
하고 진술인에게 음주측정을 받음으로써, 음주운전의 범인을 도피시키고 아울러
진술인의 정당한 음주단속의 공무집행을 방해한 것이군요.

답 예, 그렇습니다.

문 이 사건과 관련하여 더 할 말이 있나요

답 없습니다.

　위의 조서를 진술자에게 열람하게 하였던바, 진술한 대로 오기나 증감·변경할 것이 전혀 없다고 말하므로 간인한 후 서명 날인하게 하다.

진술자　　이　민　우　㊞

2014.　2.　2.

서 초 경 찰 서

사법경찰리 순경　경　태　남㊞

주취운전자 적발보고서		결재	계장	과장	서장
No. 2014-6-1119-00003					

주취 운전 특정	일시	2014. 2. 1. 21 : 00	위반유형		
	장소	서울 서초구 서초대로 114	☑ 단순음주		☐ 음주사고
	방법	☑ 음주측정기(기기번호 12432)		☐ 채혈검사	
	결과	혈중알코올농도 : **영 점 일 영 오** (0.105%)			

최종음주 일시장소	일시	2014. 2. 1. 20 : 40	음주후 20분 경과여부	경과
	장소	서울 서초구 서초대로 포장마차		

구강청정제사용 여부	미사용	입헹굼 여부	헹굼

주취 운전자	주소	서울 서초구 방배로 146		전화	010-****-****
	성명	김미숙	주민등록번호	******-*******	
	차량 번호	06무 9872	면허번호	서울04-667838-4-2	차종	승용, 승합, 특수 건설기계, 이륜

참고인	주소			
	성명		전화	

단속자	소속	서울 서초경찰서 교통사고계		
	계급	경장	성명	이민우

인수자	소속		계급		성명	

본인은 위 기재내용이 사실과 틀림없음을 확인하고 서명날인함.

운전자　　　성명　　　**김 미 숙** (인)

확인결재	위와 같이 주취운전자를 적발하였기에 보고합니다.
일시	2014. 2. 1.
확인자	보고자　성명 **이 민 우**(인)
결재	**서울　서초경찰서장**

진 술 서

성 명	김미숙		성 별	여
연 령	32세	주민등록번호		******-*******
등록기준지	서울 서초구 방배로 146			
주 거	서울 서초구 방배로 146			
	(통 반)	자택전화	***-****-**** 직장전화	
직 업	상업	직장		

　　위의 사람은 피의자 명예남에 대한 범인도피 등 사건의 참고인으로서 다음과 같이 임의로 자필진술서를 작성 제출함

1. 저는 2014. 2. 1. 21 : 00경 소주 2병 정도를 마시고 술에 취한 상태에서 06무9872 소나타 자동차를 운전한 사실이 있습니다.

2. 당시 저의 남편인 명예남이 조수석에 함께 타고 가던 중, 음주운전 단속을 하는 것을 발견하고 제가 음주운전으로 단속되지 않도록 하기 위하여 자리를 바꾸어 앉은 다음 경찰관에게 명예남이 운전자인 것처럼 음주측정을 하였습니다.

3. 저는 그 사실이 밝혀진 후 음주측정을 한 결과 0.105%가 나와 현재 입건되어 불구속 상태로 수사중에 있습니다.

4. 명예남은 오늘 경찰서에 출석하기로 하였으나 급한 일로 지방에 가 출석하지 못하였습니다.

　　첨부 : 가족관계증명서 1부

　　　　　　　　　　　　2014. 2. 2. 김미숙 (인)

가	족

가 족 관 계 증 명 서

공용

등록기준지	서울 서초구 방배로 146

구분	성 명	출생연월일	주민등록번호	성별	본
본인	김미숙(金美淑)	1982년 6월 13일	******-*******	여	慶州

가족사항

구분	성 명	출생연월일	주민등록번호	성별	본
부	김기수			남	
모	강승미			여	
배우자	명예남(明禮男)	1979년 03월 11일	******-*******	남	全州
자녀					

위 가족관계증명서는 가족관계등록부의 기록사항과 틀림없음을 증명합니다.

2014년   2월   2일

서울특별시 서초구청장 박강남 〔직인〕

발급시각 : 14시 03분
발급담당자 : 김주민
☎ : 02-900-6220
신청인 :

고 소 장

고 소 인   1. **고 운 숙**

          서울 서초구 방배로 521   전화 010-****-****

    2. **고 남 길**

          서울 서초구 방배로 521   전화 010-****-****

피고소인   1. **명 예 남**

          서울 서초구 방배로 146   전화 010-****-****

    2. **방 조 남**

          서울 서초구 방배로 222   전화 010-****-****

접수
No. 31600
2014. 4. 19.
서울서초경찰서

고 소 취 지

고소인들은 피고소인 명예남, 피고소인 방조남을 출판물에 의한 명예훼손죄와 모욕죄로 각 고소하오니 엄중조사하여 처벌하여 주시기 바랍니다.

고 소 이 유

1. **고소인 고운숙(1995. 12. 3. 생)은 피해자로서, 고소인 고남길은 김미숙의 법정대리인 으로서 피고소인들에 대한 고소를 제기합니다.**

2. **고소 내용**

  가. 고운숙이 명예남을 만나게 된 경위

    – 고소인 고운숙은 어려운 가정형편으로 인하여 잠시 가출하여 미성년자임을 속이고, 2013. 3.경부터 서울 용산구 신흥로 242에 있는 서울다방에서 근무한 적이 있습니다.

    – 그때 다방 손님으로 자주 오는 피고소인 명예남과 방조남을 알게 되었습니다. 평소 에도 명예남은 고운숙과 밖에서 만나자는 등 귀찮게 하였으나 고운숙은 그냥 다방에 찾아오는 손님 정도로 생각하였습니다.

    – 그러던 중 2013. 4. 16. 22 : 00경 서울 용산구 신흥로 245에 있는 용산모텔로 커피를

배달하게 되었는데, 그 곳에는 명예남이 혼자 있었습니다. 그 곳에서 명예남이 자꾸 말을 걸면서 유혹을 하므로 당시 의지할 곳이 없었던 고운숙은 유혹에 넘어가 합의 하에 1회 성관계를 가진 사실이 있습니다.

- 그러나 그 후에는 고운숙도 집으로 돌아와 명예남을 만나 주지 않았습니다.

나. 피고소인들의 고운숙에 대한 모욕 행위

- 고운숙이 명예남의 연락도 받지 않자, 명예남은 동네 동생이라는 방조남과 함께 2013. 9. 16. 20 : 00경 서울 서초구 방배로 521에 있는 피해자 고운숙의 집에 찾아와 고 운숙을 불러 내더니 고운숙이 이제는 끝내자고 하였다는 이유로 방조남과 함께 피해 자에게 "나쁜 년"이라고 소리쳐 피해자의 아버지 고남길과 이웃사람들이 듣게 함으 로써 공연히 피해자를 모욕하였습니다.

다. 피고소인들의 출판물에 의한 명예훼손죄

- 그 이후에도 명예남은 고운숙에게 계속 전화를 하거나 집까지 찾아오면서 치근거렸 고, 2014. 2. 말경 고운숙이 계속 괴롭히면 경찰에 신고하겠다고 하자 명예남도 알겠 다고 하여 잘 마무리가 된 것으로 생각하였으나, 명예남은 2014. 3. 초순경 고운숙에 게 보복할 생각으로, '고운숙은 처녀인 척 하지만 실은 2014. 1. 7. 교통사고로 사망한 유부남 장사고와 정을 통하고 지내다가 임신까지 하고, 낙태를 시키는 등 행실이 나 쁜 여자이니 동네 총각들은 조심하여야 한다'는 내용을 에이4 용지로 인쇄하여 약 10여 장을 방조남을 시켜 서울 서초구 방배로 일대의 건물 벽에 붙이게 하였습니다. 그 인쇄물을 동네 여러 사람들이 보고 고남길에게 알려 주었습니다.

3. 위와 같이 피고소인들은 공연히 피해자 고운숙을 모욕하고, 허위의 사실을 적시하여 비방할 목적으로 출판물에 의하여 고운숙의 명예를 훼손하였기에 도저히 참을 수 없어 피해자 고운숙과 법정대리인 고남길은 연명으로 피고소인들에 대하여 고소를 제기하 는 것입니다. 고소에 대한 보충진술시 보다 자세한 진술을 하고자 합니다. 고소보충진 술은 고소내용에 대하여 잘 알고 있는 고운숙이 할 수 있도록 하여 주시기 바랍니다.

첨부 : 가족관계증명서 1부

2014년 4월 19일

고소인   고 운 숙 (인)

고소인   고 남 길 (인)

서초경찰서 귀중

가 족

가 족 관 계 증 명 서

공용

등록기준지	서울 서초구 방배로 521

구분	성 명	출생연월일	주민등록번호	성별	본
본인	고운숙(高雲淑)	1995년 12월 3일	951203-*******	여	慶州

가족사항

구분	성 명	출생연월일	주민등록번호	성별	본
부	고남길	1961년 3월 11일	610311-*******	남	慶州
모	이승미	1964년 4월 7일	640407-*******	여	全州

배우자					

자녀					

위 가족관계증명서는 가족관계등록부의 기록사항과 틀림없음을 증명합니다.

2014년 4월 19일

서울특별시 용산구청장 김용산 〔직인〕

발급시각 : 14시 03분
발급담당자 : 김주민
☎ : 02-900-6220
신청인 :

진술조서

성   명 : 고 운 숙
주 민 등 록 번 호 : 951203-******* 18세
직   업 : 회사원
주   거 : 서울 서초구 방배로 521
등 록 기 준 지 : 서울 서초구 방배로 521
직 장 주 소 : 서울 강남구 광평로 2
연   락   처 : 자택전화 **-***-****   휴대전화 ***-****-****
                직장전화 **-***-****   전자우편 *****@*******.**.**

위의 사람은 피의자 명예남 등에 대한 출판물에의한명예훼손 등 피의사건에 관하여 2014. 4. 19. 서초경찰서 형사과 사무실에 임의 출석하여 다음과 같이 진술하다.

---

1. 피의자와의 관계

저는 피의자등과 아무런 친인척관계가 없습니다.

1. 피의사실과의 관계

저는 피의사실에 관하여 고소인(피해자) 자격으로 출석하였습니다.

이때 진술의 취지를 더욱 명백히 하기 위하여 다음과 같이 임의로 문답하다.

문   피의자들을 고소한 내용은 무엇인가요.

답   제가 피의자들로부터 모욕과 명예훼손을 당한 사실이 있어 저는 피해자로서, 또 아버지 고남길은 미성년자인 저의 법정대리인으로서 피고소인들을 처벌하여 달라고 고소를 제기한 것입니다.

문   그 구체적인 내용을 진술해 보세요.

답   예, 저는 어려운 가정형편으로 인하여 잠시 가출하여 미성년자임을 속이고, 2013. 3.경부터 서울 용산구 신흥로 242에 있는 서울다방에서 근무한 적이 있습니다. 그때 다방 손님으로 자주 오는 피고소인 명예남과 알게 되었습니다. 평소에도 명예남은 저와 밖에서 만나자는 등 귀찮게 하였으나 저는 그냥 다방에 찾아오는 손님

정도로 생각하였습니다. 그러던 중 2013. 4. 16. 22 : 00경 서울 용산구 신흥로 245에 있는 용산모텔로 커피를 배달하게 되었는데, 그 곳에는 명예남이 혼자 있었습니다. 그 곳에서 명예남이 자꾸 말을 걸면서 유혹을 하므로 당시 의지할 곳이 없었던 저는 달콤한 유혹에 넘어가 합의하에 1회 성관계를 가진 사실이 있습니다. 그러나 그 직후에 아버지가 저를 찾아내어 집으로 돌아오면서 자연히 명예남과는 만나지 아니하였습니다. 그래서 사달이 발생하게 된 것입니다.

문 피의자들에 대한 피해사실을 차례로 진술하여 주세요.

답 예, 제가 그 후로 명예남의 연락도 받지 않자, 명예남은 동네 동생이라는 방조남과 함께 2013. 9. 16. 20 : 00경 서울 용산구 신흥로 38에 있는 저의 집에 찾아와 저를 불러내더니 계속 사귀어 보자고 하길래 저는 그때 한번 실수한 것이고 유부남인 명예남을 만날 수 없다고 하였더니 명예남은 방조남과 함께 저에게 "나쁜 년"이라고 소리쳐 저를 모욕하였습니다. 그 자리에 다른 사람들은 없었습니다.

문 그러면 왜 이제야 고소를 하나요.

답 실은 이번에 당한 명예훼손 건으로 참을 수 없어 같이 고소를 하게 된 것입니다.

문 명예훼손 건에 대하여 자세히 진술하세요.

답 예, 명예남은 그 후에도 저에게 계속 전화를 하거나 집까지 찾아오면서 치근거렸고, 제가 도저히 견딜 수가 없어 2014. 2. 말경 계속 괴롭히면 아버지에게 말씀드리고 경찰에 신고하겠다고 하자 명예남도 포기하였는지 연락이 없길래 다행이라고 생각하고 있던 중 2014. 3. 초에 '고운숙은 처녀인 척 하지만 실은 2014. 1. 7. 교통사고로 사망한 유부남 장사고와 정을 통하고 지내다가 임신까지 하고, 낙태를 시키는 등 행실이 나쁜 여자이니 동네 총각들은 조심하여야 한다'는 내용의 에이4 용지로 인쇄한 유인물이 서울 서초구 방배로 일대의 건물 벽에 붙은 사실을 알게 되었습니다. 그 인쇄물을 본 이웃 사람들이 아버지 고남길에게 그 인쇄물을 가져다 주어 저나 아버지가 모두 알게 되었고, 그때 아버지의 추궁에 제가 명예남이 그런 것 같고, 2013. 9월경에도 명예남이 저에게 욕설을 한 적이 있다고 말씀드렸습니다.

문 피의자들의 범행이라는 어떻게 확신하게 되었나요.

답 예, 2014. 3월 말경 제 친구가 방조남이 그 유인물을 붙이는 것을 보았다는 말을 해 주어 제 아버지가 방조남을 잡아 경찰에 데려갔더니 방조남이 자신은 명예남이 시켜 유인물을 붙여만 준 것이라고 하여 명예남이 그 유인물을 만들어 방조남을 시켜 방배로 일대에 10장 정도 붙였다는 사실을 확인하였습니다.

문 피의자들이 만든 유인물을 가지고 있나요.

답 제가 한 장 보기는 하였으나 너무나 화가 나 불태워 버렸고 이제는 모두 비에 떨어졌는지 청소가 되었는지 현재 남아 있지는 않아요.
문 피의자들의 처벌을 원하나요.
답 예, 저를 모욕하고 저의 명예를 훼손한 점에 대하여 엄중한 처벌을 바랍니다.
문 이 사건과 관련하여 더 할 말이 있나요.
답 없습니다.

위의 조서를 진술자에게 열람하게 하였던바, 진술한 대로 오기나 증감·변경할 것이 전혀 없다고 말하므로 간인한 후 서명 날인하게 하다.

진술자 고 운 숙 [인]

2014. 4. 19.

서 초 경 찰 서

사법경찰리 순경 정태남 [인]

고 소 장

고 소 인   **장 미 남**
　　　　　서울 서초구 방배로 556   전화 010-****-****

피고소인   1. **명 예 남**
　　　　　　서울 서초구 방배로 146   전화 010-****-****

　　　　　2. **방 조 남**
　　　　　　서울 서초구 방배로 222   전화 010-****-****

고 소 취 지

　고소인은 피고소인들을 사자명예훼손죄로 고소하오니 엄중조사하여 처벌하여 주시기
바랍니다.

고 소 이 유

1. 고소인 장미남은 망 장사고의 아들로서 피고소인들과는 동네 사람 정도로만 알고 있
   는 사이입니다.

2. **고소 내용을 자세히 말씀드리면**

   - 피고소인 명예남은 2014. 3. 초순경 '고운숙은 처녀인 척 하지만 실은 2014. 1. 7. 교
     통사고로 사망한 유부남 장사고와 정을 통하고 지내다가 임신까지 하고, 낙태를 시
     키는 등 행실이 나쁜 여자이니 동네 총각들은 조심하여야 한다'는 내용을 에이4 용
     지로 인쇄하여 약 10여 장을 피고소인 방조남을 시켜 서울 서초구 방배로 일대의 건
     물 벽에 붙이게 하였습니다.
   - 이렇게 하여 피고소인들은 공연히 허위의 사실을 적시하여 사자인 고소인의 아버지
     망 장사고의 명예를 훼손하였기에 고소를 제기하는 것입니다.

3. 고소에 대한 보충진술시 보다 자세한 진술을 하고자 합니다.

첨부 : 가족관계증명서 1부

2014년   4월   19일

고소인 **장 미 낭** (인)

서초경찰서 귀중

가	족

가 족 관 계 증 명 서

공용

등록기준지	서울 서초구 방배로 556

구분	성 명	출생연월일	주민등록번호	성별	본
본인	장미남(張美男)	1993년 1월 3일	930103-*******	남	麗州

가족사항

구분	성 명	출생연월일	주민등록번호	성별	본
부	장사고 사망	1963년 3월 11일	630311-*******	남	麗州
모	이진숙	1965년 4월 7일	650407-*******	여	全州

배우자					

자녀					

위 가족관계증명서는 가족관계등록부의 기록사항과 틀림없음을 증명합니다.

2014년   4월   19일

서울특별시 서초구청장 박강남 〔직인〕

발급시각 : 11시 03분
발급담당자 : 김주일
☎ : 02-500-6220
신청인 :

진술조서

성   명 : 장 미 남
주 민 등 록 번 호 : 930103-******* 21세
직   업 : 대학생
주   거 : 서울 서초구 방배로 556
등 록 기 준 지 : 서울 서초구 방배로 556
직 장 주 소 :
연   락   처 : 자택전화 **-***-****   휴대전화 ***-****-****
                  직장전화   전자우편 *****@*******.**.**

위의 사람은 피의자 명예남 등에 대한 사자명예훼손 피의사건에 관하여 2014. 4. 19. 서초경찰서 형사과 사무실에 임의 출석하여 다음과 같이 진술하다.

---

1. 피의자와의 관계

저는 피의자들과 아무런 친인척관계가 없습니다.

1. 피의사실과의 관계

저는 피의사실에 관하여 고소인(피해자) 자격으로 출석하였습니다.

이때 진술의 취지를 더욱 명백히 하기 위하여 다음과 같이 임의로 문답하다.

문   피의자들을 고소한 내용은 무엇인가요.

답   저의 아버지 장사고는 2014. 1. 7. 교통사고로 사망하셨고, 저는 큰아들입니다. 그런데 피의자들이 저의 돌아가신 아버님이 생전에 다른 여자와 불륜관계에 있었다는 허위사실로 명예훼손을 한 사실이 있어 저는 망자의 자손으로서 피고소인들을 처벌하여 달라고 고소를 제기한 것입니다.

문   그 구체적인 내용을 진술해 보세요.

답   예, 저나 우리 어머니는 그러한 사실을 몰랐었는데, 2014. 3월 하순경인가 고남길이라는 같은 동네 아저씨가 유인물 한 장을 들고 와 이런 유인물이 나 붙었는데 알고 있느냐고 하면서 에이4 용지 한 장으로 된 유인물을 보여 주었습니다. 그 유

인물에는 '고운숙은 처녀인 척 하지만 실은 2014. 1. 7. 교통사고로 사망한 유부남 장사고와 정을 통하고 지내다가 임신까지 하고, 낙태를 시키는 등 행실이 나쁜 여자이니 동네 총각들은 조심하여야 한다'라는 내용이 인쇄되어 있었는데, 고남길 씨는 이런 유인물이 서울 서초구 방배로 일대의 건물 벽에 붙어 있다고 하여 제가 어떻게 된 것이냐고 하니 고남길씨는 방조남이 그 유인물을 붙이는 것을 누가 보았다고 하여 방조남을 잡았는데 방조남이 자신은 친구인 명예남이 시켜 유인물을 붙여만 준 것이라고 한다면서 고남길과 고운숙이 두 사람을 고소하려고 하는데 함께 고소를 하자고 하여 저도 고소를 하게 되었습니다.

문   피의자들이 만든 유인물을 가지고 있나요.

답   제가 한 장 보기는 하였으나 고남길씨가 가져가 저는 가진 것이 없습니다.

문   진술인의 아버지와 고운숙과는 어떤 관계인가요.

답   가까운 이웃일 뿐입니다. 저의 아버지와 고남길 씨가 친분이 있을 뿐 제 아버지와 고운숙이 불륜관계라는 것은 말도 되지 않습니다.

문   피의자들의 처벌을 원하나요.

답   예, 항상 가정적이던 제 아버지의 사후에 패륜남이라는 허위사실을 동네에 퍼뜨려 놓은 점에 대하여 엄중한 처벌을 바랍니다.

문   이 사건과 관련하여 더 할 말이 있나요

답   **없습니다.**

위의 조서를 진술자에게 열람하게 하였던바, 진술한 대로 오기나 증감·변경할 것이 전혀 없다고 말하므로 간인한 후 서명 날인하게 하다.

진술자   **장 미 남** ㊞

2014. 4. 19.

서 초 경 찰 서

사법경찰리 순경 **경 태 남** ㊞

피의자신문조서

피의자 : 방조남

    위의 사람에 대한 출판물에의한명예훼손방조 등 피의사건에 관하여 2014. 4. 19. 서초경찰서 형사과 사무실에서 사법경찰관 경위 김태풍은 사법경찰리 순경 정태남을 참여하게 하고, 아래와 같이 피의자임에 틀림없음을 확인하다.

문   피의자의 성명, 주민등록번호, 직업, 주거, 등록기준지 등을 말하시오.

답   성명은   방조남

           주민등록번호는   ******-*******   31세

           직업은   무직

           주거는   서울 서초구 방배로 222

           등록기준지는   서울 용산구 신흥로 2

           직장 주소는   없음

           연락처는

               자택 전화 : **-***-****   휴대 전화 : 010-****-****

               직장 전화 : 없음   전자우편(e-mail) : 없음

           입니다.

    사법경찰관은 피의사실의 요지를 설명하고 사법경찰관의 신문에 대하여 「형사소송법」 제244조의3에 따라 진술을 거부할 수 있는 권리 및 변호인의 참여 등 조력을 받을 권리가 있음을 피의자에게 알려주고 이를 행사할 것인지 그 의사를 확인하다.

(진술거부권 및 변호인 조력권 고지 등 확인) (첨부 생략)

이에 사법경찰관은 피의사실에 관하여 다음과 같이 피의자를 신문하다.

문 범죄전력은 있나요.

답 없습니다.

문 군대는 갔다 왔나요.

답 공익근무를 하였습니다.

문 학력은 어떠한가요.

답 고등학교를 졸업하였습니다.

문 사회경력은 어떠한가요.

답 특별한 경력은 없습니다.

문 가족관계는 어떠한가요.

답 부모님과 생활하고 있습니다.

문 재산이나 월수입은 어떠한가요.

답 제가 노동일 등을 하여 월수입은 200만원 가량 됩니다.

문 정당이나 사회단체에 가입한 사실이 있나요.

답 없습니다.

문 건강상태는 어떠한가요.

답 건강한 편입니다.

문 피의자는 명예남을 아는가요.

답 예, 동네 선배입니다. 친구 같이 지냅니다.

문 피의자는 고운숙이나 장사고를 아는가요.

답 고운숙은 명예남이 자기 애인이라고 소개를 한 적이 있고, 장사고는 그냥 동네에 서 안면만 있는 분으로 돌아가신 것으로 압니다.

문 피의자는 명예남과 함께 고운숙과 망 장사고의 명예를 훼손한 사실이 있지요.

답 예, 저는 명예남의 부탁을 받고 도와준 사실밖에 없습니다만 결과적으로는 명예남 과 함께 고운숙과 망 장사고의 명예를 훼손한 점에 대하여 잘못을 뉘우치고 있습 니다.

문 그 내용을 상세히 말하여 보세요.

답 예, 명예남이 2014. 3. 4. 오후 1시경 집으로 와 보라고 하여 제가 서울 서초구 방배 로 146에 있는 명예남의 집으로 가니 저에게 에이4 용지 한 장으로 된 유인물 10 장을 주면서 이것들을 동네 벽에 돌아가면서 붙여 달라고 하였습니다. 그래서 제 가 내용을 보니 '고운숙은 처녀인 척 하지만 실은 2014. 1. 7. 교통사고로 사망한 유부남 장사고와 정을 통하고 지내다가 임신까지 하고, 낙태를 시키는 등 행실이 나쁜 여자이니 동네 총각들은 조심하여야 한다'는 내용이길래 이 내용이 사실이냐고 하니 명예남은 웃으며 고운숙이 요즘에 맘이 변하여 만나주지 않으니 골탕을 먹어야 한다고 하였습니다. 그래서 제가 고운숙은 그렇다 치고 장사고 씨에게는 어떻게 그러느냐고 하자 명예남이 죽은 사람인데 별 탈이 있겠느냐고 하면서 붙여 줄 거야 말 거야 하고 인상을 써 제가 알겠다고 하며 유인물을 받아 가지고 나와 그 날 13 : 00경부터 14 : 00경 사이에 서울 서초구 방배로 일대의 건물 벽에 붙였습니다.

문   그렇다면 피의자도 그 유인물의 내용이 허위라는 사실과 그런 유인물을 동네 벽에 붙이면 여러 사람이 보게 되어 고운숙이나 망 장사고의 명예가 훼손될 것을 알면서도 명예남의 범행을 도와준 것인가요.

답   그런 점을 인정합니다.

문   그 행위 전에도 명예남과 같이 고운숙을 찾아가 함께 욕을 한 사실이 있지요.

답   예, 명예남이 전에 사귀던 고운숙이 배신을 하였다고 하면서 고운숙 집에 가는데 같이 가자고 하여 2013. 9. 16. 20 : 00경 서울 용산구 신흥로 38에 있는 피해자 고운숙의 집에 찾아간 적이 있습니다. 그때 명예남이 고운숙을 불러내었는데 고운숙이 이제는 끝내자고 하자 먼저 명예남이 고운숙에게 "나쁜 년"이라고 소리치길래 저도 같이 "나쁜 년"이라고 소리친 사실이 있습니다.

문   당시 그 장소에 다른 사람들이 있었나요.

답   다른 사람은 보지 못했고, 고운숙의 아버지가 안에 있다는 말을 듣고 저희는 도망쳐 왔습니다.

문   이웃사람들이 들었을 것 아닌가요.

답   그것은 잘 모르겠습니다.

문   이 사건으로 구속이 된다면 누구에게 통지하기를 원하는가요.

답   부모님에게 통지하여 주십시오.

문   더 할 말이 있나요.

답   죄송합니다. 한 번만 선처해 주십시오.

문   이상의 진술내용에 대하여 특별한 의견이나 이의가 있는가요.

답   없습니다. 잘못하였습니다. 곧 피해자들을 찾아가 합의하겠습니다.

위의 조서를 진술자에게 열람하게 하였던바, 진술한 대로 오기나 증감·변경할 것이 전혀 없다고 말하므로 간인한 후 서명 무인하게 하다.

진술자 **방 조 남** (무인)

2014. 4. 19.

서 초 경 찰 서

사법경찰관 경위 **김 태 풍** ㊞

사법경찰리 순경 **정 태 남** ㊞

압 수 조 서

피의자 명예남에 대한 특수절도 피의사건에 관하여 2014. 4. 19. 서울 서초경찰서에서 사법경찰관 경위 김태풍은 사법경찰리 순경 정태남을 참여하게 하고 별지 목록의 물건을 다음과 같이 압수하다.

압 수 경 위

피의자 명예남을 특수절도죄 등으로 검거하기 위하여 잠복 수사하던 중 2014. 4. 19. 20 : 00 서울 서초구 방배로 146 소재 피의자의 집에서 약 100미터 가량 떨어진 편의점에서 피의자를 발견하고 체포영장(죄명: 특수절도 등)에 의하여 체포하고, 피의자의 집으로 가 형사소송법 제216조 제 1 항 제 2 호에 따라 피의자의 집을 수색한바, 집 안방 책상 서랍에서 특수절도의 장물인 세이코 손목시계가 발견되므로 증거물로 사용하기 위하여 영장 없이 압수함.

참여인	성 명	주민등록번호	주 소	서명 또는 날인
	명예남	******-*******	서울 서초구 방배로 146	명예남

2014. 4. 19.

서 울 서 초 경 찰 서

사법경찰관 경위 김태풍 (인)
사법경찰리 순경 정태남 (인)

압 수 목 록

번호	품 명	수량	피압수자 주거 성명				소유자 주거·성명	비고
			1	2	③	4		
			유류자	보관자	소지자	소유자		
2	여자용 세이코 손목시계	1개	명예남				이미자	

서 울 서 초 경 찰 서

2014. 4. 19.

제201호

수　　신 : 경 찰 서 장
참　　조 : 형 사 과 장
제　　목 : 수 사 보 고

　피의자 명예남에 대한 특수절도 등 사건에 관하여 아래와 같이 수사하였기에 보고합니다.

1. 수사사항

　피의자 명예남을 특수절도죄로 체포영장에 의하여 체포하였는바, 피의자에 대한 증거로 사용하기 위하여 공범인 공범수(이미 구속기소)의 사건기록에서 피해자 이미자의 진술서와 공범수에 대한 검사 및 사법경찰관 작성의 각 피의자신문조서를 사본하였습니다.

첨부 1. 피해자 이미자 진술서 사본 1부
　　 2. 공범수에 대한 경찰 피의자신문조서 사본 1부
　　 3. 공범수에 대한 검찰 피의자신문조서 사본 1부

결 재	팀 장	과 장	서 장
	서명	서명	서명

형사과　형사1팀
순경　　**경태남** (인)

진 술 서

위 사본임
순경 정태남 ㉕

성 명	이 미 자			성 별	여
연 령	42세		주민등록번호		******-*******
등록기준지	부산 해운대구 해운대로 33				
주 거	서울 강동구 암사로 135				
	(통 반)	자택전화	***-****-****	직장전화	
직 업	상업		직장		

　위의 사람은 피의자 **공범수에 대한 특수절도** 사건의 **참고인**으로서 다음과 같이 임의로 자필진술서를 작성 제출함

1. 저는 2014. 1. 4. 14 : 00경 서울 서초구 서래로 119에 있는 반포아케이드 안에서, 소매치기를 당하여 시가 150,000원 상당의 세이코시계 1개를 도난당한 사실이 있습니다.

2. 당시 바겐세일로 인하여 매우 혼잡하였는데, 이상한 기분이 들어 뒤를 보니 공범수가 서 있어 그를 잡으며 제가 메고 있는 가방을 보니 가방 뒤가 면도날로 찢겨 있고 제가 가방에 넣어 두었던 시계가 없어진 것을 알았습니다.

3. 저는 공범수를 잡고 있었고, 경비원과 함께 범인을 경찰관에게 인도하였으며 다른 공범이 있는 줄은 모르겠습니다. 시계는 아직 찾지 못하였습니다.

2014. 1. 4.　이 미 자　(인)

피의자신문조서

위 사본임
순경 정태남 ㉑

피의자 : 공범수

위의 사람에 대한 특수절도 피의사건에 관하여 2014. 1. 4. 서초경찰서 형사과 사무실에서 사법경찰관 경위 김태풍은 사법경찰리 순경 정태남을 참여하게 하고, 아래와 같이 피의자임에 틀림없음을 확인하다.

문   피의자의 성명, 주민등록번호, 직업, 주거, 등록기준지 등을 말하시오.

답   성명은   공범수
      주민등록번호는   ******-*******   35세
      직업은   무직
      주거는   부정
      등록기준지는   서울 송파구 중대로 55
      직장 주소는   없음
      연락처는

            자택 전화 : **-***-****   휴대 전화 : 010-****-****
            직장 전화 : 없음   전자우편(e-mail) : 없음

      입니다.

사법경찰관은 피의사실의 요지를 설명하고 사법경찰관의 신문에 대하여 「형사소송법」 제244조의3에 따라 진술을 거부할 수 있는 권리 및 변호인의 참여 등 조력을 받을 권리가 있음을 피의자에게 알려주고 이를 행사할 것인지 그 의사를 확인하다.

(진술거부권 및 변호인 조력권 고지 등 확인) (첨부 생략)

이에 사법경찰관은 피의사실에 관하여 다음과 같이 피의자를 신문하다.

문 범죄전력은 있나요.

답 절도죄 등으로 처벌받은 전력이 있습니다.

문 군대는 갔다 왔나요.

답 면제입니다.

문 학력은 어떠한가요.

답 고등학교를 졸업하였습니다.

문 사회경력은 어떠한가요.

답 특별한 경력은 없습니다.

문 가족관계는 어떠한가요.

답 고아입니다.

문 재산이나 월수입은 어떠한가요.

답 특별한 수입이 없습니다.

문 정당이나 사회단체에 가입한 사실이 있나요.

답 없습니다.

문 건강상태는 어떠한가요.

답 건강한 편입니다.

문 피의자는 소매치기를 하다가 검거되었지요.

답 예, 그렇습니다.

문 자세한 경위를 진술하세요.

답 예, 제가 2014. 1. 4. 14 : 00경 서울 서초구 서래로 119에 있는 반포아케이드 안에서, 공범인 명예남과 함께 피해자 이미자의 뒤를 따라가면서 명예남은 피해자의 뒤에서 다른 사람의 시선을 가리는 사이에 저는 피해자가 메고 있는 가방을 소지한 면도날로 찢고 그 속에 손을 넣어 세이코 시계 1개를 꺼냈습니다.

문 명예남과는 어떻게 같이 범행을 하게 되었나요.

답 명예남과는 전에도 같이 소매치기를 하다가 구속되어 형을 산 사실이 있는데, 얼마 전에 다시 만나 소매치기를 같이 하기로 하고 그날 아침에 만나 바겐세일로 혼잡할 것으로 예상되는 반포아케이드에 간 것입니다.

문 어떻게 검거되었나요.

답 제가 손목시계를 절취하면서 명예남에게 넘겨주어 명예남이 먼저 자리를 피하였고, 저는 순간 피해자가 뒤돌아보며 붙잡는 바람에 검거되었습니다.

문   피해자와 친척관계는 없지요.

답   없습니다.

문   이 사건으로 구속이 된다면 누구에게 통지하기를 원하는가요.

답   통지할 사람이 없습니다.

문   더 할 말이 있나요.

답   죄송합니다. 한 번만 선처해 주십시오.

문   이상의 진술내용에 대하여 특별한 의견이나 이의가 있는가요.

답   **없습니다.**

    위의 조서를 진술자에게 열람하게 하였던바, 진술한 대로 오기나 증감·변경할 것이 전혀 없다고 말하므로 간인한 후 서명 무인하게 하다.

                      진술자   **공 범 수** (무인)

                   2014. 1. 4.

                   서 초 경 찰 서

                   사법경찰관 경위 **김 태 풍** ㉑

                   사법경찰리 순경 **정 태 남** ㉑

피의자신문조서

위 사본임 순경 정태남 ㊞

피의자 : 공범수

위의 사람에 대한 특수절도 피의사건에 관하여 2014. 1. 11. 서울중앙지방검찰청 제811호 검사실에서 검사 정의국은 검찰주사 박검찰을 참여하게 한 후, 아래와 같이 피의자임에 틀림없음을 확인하다.

문 피의자의 성명, 주민등록번호, 직업, 주거, 등록기준지 등을 말하시오.

답 성명은 공범수

주민등록번호는 ******-******* 36세

직업은 무직

주거는 부정

등록기준지는 서울 송파구 중대로 55

직장 주소는 없음

연락처는

자택 전화 : **-***-**** 휴대 전화 : 010-****-****

직장 전화 : 없음 전자우편(e-mail) : 없음

입니다.

검사는 피의사실의 요지를 설명하고 사법경찰리의 신문에 대하여 「형사소송법」 제244조의3에 따라 진술을 거부할 수 있는 권리 및 변호인의 참여 등 조력을 받을 권리가 있음을 피의자에게 알려주고 이를 행사할 것인지 그 의사를 확인하다.

(진술거부권 및 변호인 조력권 고지 등 확인) (첨부 생략)

이에 검사는 피의사실에 관하여 다음과 같이 피의자를 신문하다.

문 피의자는 형벌을 받은 사실이 있는가요.

답 2011. 12. 21. 서울중앙지방법원에서 특수절도죄로 징역 1년을 선고받고, 서울구치소에서 복역하다가 2012. 10. 1. 그 형의 집행을 종료한 사실이 있습니다.

문 피의자의 학력, 경력, 가족관계, 재산정도, 건강상태 등은 경찰에서 사실대로 진술하였나요.

이때 검사는 사법경찰관 작성의 피의자신문조서 중 해당부분을 읽어준바,

답　예. 그렇습니다.

문　피의자는 소매치기를 한 사실이 있지요.

답　예, 2014. 1. 4. 14 : 00경 서울 서초구 서래로 119에 있는 반포아케이드 안에서, 공범인 명예남과 함께 피해자 이미자의 뒤를 따라가면서 명예남은 피해자의 뒤에서 다른 사람의 시선을 가리는 사이에 저는 피해자가 메고 있는 가방을 소지한 면도날로 찢고 그 속에 손을 넣어 세이코 시계 1개를 꺼냈습니다.

문　명예남과는 어떻게 아나요.

답　명예남은 전에 같이 소매치기를 하다가 구속되어 함께 형을 산 사실이 있습니다.

문　명예남은 어디로 갔나요.

답　제가 손목시계를 절취하면서 명예남에게 넘겨주어 명예남이 먼저 자리를 피하였고, 저는 순간 피해자가 뒤돌아보며 붙잡는 바람에 검거되었는데 명예남은 먼저 도망간 것 같습니다.

문　피해자와 친척관계는 없지요.

답　없습니다.

문　조서에 진술한 대로 기재되지 아니하였거나 사실과 다른 부분이 있는가요.

답　**없습니다.** (무인)

위의 조서를 진술자에게 열람하게 하였던바, 진술한 대로 오기나 증감·변경할 것이 전혀 없다고 말하므로 간인한 후 서명 무인하게 하다.

진술자　**공 범 수** (무인)

2014.　1.　11.

서울중앙지방검찰청

검　사　**정 의 국**　㊞

검찰주사　**박 검 찰**　㊞

피의자신문조서

피의자 : 명예남

위의 사람에 대한 특수절도 등 피의사건에 관하여 2014. 4. 19. 서초경찰서 형사과 사무실에서 사법경찰관 경위 김태풍은 사법경찰리 순경 정태남을 참여하게 하고, 아래와 같이 피의자임에 틀림없음을 확인하다.

문   피의자의 성명, 주민등록번호, 직업, 주거, 등록기준지 등을 말하시오.

답   성명은   명예남
        주민등록번호는   ******-*******   35세
        직업은   무직
        주거는   서울 서초구 방배로 146
        등록기준지는   서울 서초구 방배로 146
        직장 주소는   없음
        연락처는
                자택 전화 : **-***-****   휴대 전화 : 010-****-****
                직장 전화 : 없음   전자우편(e-mail) : 없음

입니다.

___

사법경찰관은 피의사실의 요지를 설명하고 사법경찰관의 신문에 대하여 「형사소송법」 제244조의3에 따라 진술을 거부할 수 있는 권리 및 변호인의 참여 등 조력을 받을 권리가 있음을 피의자에게 알려주고 이를 행사할 것인지 그 의사를 확인하다.

(진술거부권 및 변호인 조력권 고지 등 확인) (첨부 생략)

이에 사법경찰관은 피의사실에 관하여 다음과 같이 피의자를 신문하다.

문 범죄전력은 있나요.

답 2011. 12. 21. 서울중앙지방법원에서 특수절도죄로 징역 1년을 선고받고, 서울구치
　　소에서 복역하다가 2012. 10. 1. 그 형의 집행을 종료한 사실이 있습니다.

문 군대는 갔다 왔나요.

답 공익근무하였습니다.

문 학력은 어떠한가요.

답 고등학교를 졸업하였습니다.

문 사회경력은 어떠한가요.

답 특별한 경력은 없습니다.

문 가족관계는 어떠한가요.

답 처 김미숙이 있습니다.

문 재산이나 월수입은 어떠한가요.

답 전세보증금 3,000만원이 있고, 제 처가 보험회사 영업직으로 일하여 월 300만원 정
　　도를 벌어 생활합니다.

문 정당이나 사회단체에 가입한 사실이 있나요.

답 없습니다.

문 건강상태는 어떠한가요.

답 건강한 편입니다.

문 피의자는 현재 특수절도, 위계공무집행방해, 출판물에의한명예훼손, 범인도피, 사
　　자명예훼손, 모욕죄의 혐의를 받고 있는데, 그 사실을 인정하나요.

답 조사 전에 고지를 받아 알고는 있으며 사실관계는 모두 인정합니다.

문 그렇다면 날짜 순서대로 차례로 묻겠습니다. 먼저 고소인 고운숙을 아는가요.

답 예, 제가 고운숙이 전에 일하던 다방에 놀러 다니면서 알게 되었고, 애인관계로 지
　　내던 사이입니다. 그런데 저를 배신하고 만나주지 않으므로 욱하는 마음에 그런
　　짓을 한 것 인정합니다.

문 그 내용을 자세히 진술하세요.

답 예, 고운숙이 다방에 다닐 때는 서로 좋아 지내면서 애인사이로 지내 왔는데 다방
　　을 그만둔 후에는 제 연락을 받지 않아 제가 2013. 9. 16. 동네 동생인 방조남에게
　　고운숙을 만나러 가는데 혹시 모르니 같이 가자고 하여 방조남과 함께 20 : 00경 서
　　울 서초구 방배로 521에 있는 고운숙의 집에 찾아 가 집 앞에서 고운숙을 만났는

데 고운숙이 이제는 끝내자고 하길래 화가 나서 방조남과 함께 "나쁜 년"이라고 소리쳐 욕을 한 사실이 있습니다.

문 욕하는 것을 이웃사람들이 듣지 않았나요.

답 그때 주위에는 아무도 없었습니다.

문 다음 특수절도 사실에 대하여 묻겠습니다. 피의자는 공범수와 함께 소매치기를 한 사실을 인정하나요.

답 예, 2014. 1. 4. 14 : 00경 서울 서초구 서래로 119에 있는 반포아케이드 안에서, 바겐세일로 인하여 매우 혼잡한 틈을 이용하여 어떤 아주머니의 뒤를 따라가면서 저는 피해자의 뒤에서 다른 사람의 시선을 가리는 사이에 공범수는 피해자가 메고 있는 가방을 소지한 면도날로 찢고 그 속에 손을 넣어 세이코 시계 1개를 꺼내 절취한 것이 맞습니다.

문 어떻게 범행에 이르게 된 것인가요.

답 전에도 공범수와 함께 소매치기를 하다가 징역을 산 사실이 있습니다. 공범수는 이른바 소매치기 기술이 있는 기술자입니다. 소매치기는 옆에서 망을 봐 주는 바람잡이가 있어야 하는데 그날도 공범수가 바람 좀 잡아 달라고 하여 그렇게 된 것입니다.

문 피의자가 체포될 때 피의자의 집을 압수수색한 결과 위 소매치기의 장물인 세이코 시계가 발견되었는데 그때 소매치기한 시계 맞나요.

답 예, 그 범행 때 피해자가 눈치를 채면서 공범수가 잡히길래 저는 얼른 공범수가 넘겨주는 시계를 받아 그 자리를 피하였습니다. 일단 장물을 숨겨야하니까요. 그 시계를 버리려다가 아까워 집사람에게 주었는데 이번에 압수되었습니다.

문 다음, 김미숙 대신 음주측정을 받아 범인을 도피시키고 경찰관의 공무집행을 방해한 사실에 대하여 진술하세요.

답 예, 그 점도 제가 인정합니다. 2014. 2. 1. 21 : 00인데, 제가 그날 집에 있는데 제 처인 김미숙의 친구에게서 전화가 와 김미숙이 포장마차에서 술을 많이 마시고 정신을 잘 못 차리니 데려 가라고 하여 서초대로에 있는 포장마차에 갔더니 김미숙이 술을 마시고 있어 집에 가자고 하여 데리고 오는데, 제가 운전을 하려고 하였으나 김미숙이 저를 뿌리치고 운전을 한다고 처 소유의 06무9872 소나타 자동차를 운전한 사실이 있습니다. 제가 옆 조수석에 타고 가던 중, 서울 서초구 서초대로 114 앞 도로에서 음주운전 단속을 하는 것을 발견하였는데, 마침 대기하는 차가 많은 것을 보고 제가 얼른 처와 자리를 바꾸어 앉은 다음 경찰관에게 제가 운전자인 것처럼 음주측정을 하였습니다.

문 그런데 어떻게 발각이 되었나요.

답   단속현장을 비디오로 촬영하였는지 다른 경찰관이 운전자가 바뀐 것 같다고 하면
     서 잠시 기다리라고 하더니 저에게 비디오를 확인시켰는데, 소나타 차량이 대기하
     는 사이에 운전자와 조수석에 앉아 있던 제가 자리를 바꾸어 앉았던 장면이 나와
     할 수 없이 제가 운전자인 양 음주측정에 응한 사실을 인정하였습니다.

문   어떻게 처리되었나요.

답   경찰관이 즉시 김미숙에 대한 음주측정을 다시 하여 0.105%의 음주운전 사실을 확
     인하더니 김미숙을 현행범으로 체포하고 경찰서로 연행하여 교통조사계에서 입건
     하였고, 저는 범인도피와 위계공무집행방해죄로 입건할 예정이니 경찰서로 2013.
     2. 2. 출석할 것을 요구하였습니다.

문   경찰서에 출석하였나요.

답   제가 다른 일이 있어 출석하지 않았습니다. 그 이후로는 제가 경찰을 피하여 다니
     다가 이번에 체포된 것입니다.

문   결국 피의자는 범인을 도피시키고 경찰관의 음주단속의 공무를 방해한 것을 인정
     하나요.

답   그렇습니다.

문   피의자는 그 밖에도 고운숙과 망 장사고가 불륜관계라는 유인물을 만들어 그들의
     명예를 훼손한 사실이 있지요.

답   예, 그 부분도 제가 인정합니다.

문   자세히 진술하여 보세요.

답   예, 고운숙이 계속 저를 만나 주지 않고 경찰에 신고한다고 하길래 화가 나서 2014.
     3. 4. 12 : 00경 서울 서초구 방배로 146에 있는 저의 집에서 컴퓨터를 이용하여 '고
     운숙은 처녀인 척 하지만 실은 2014. 1. 7. 교통사고로 사망한 유부남 장사고와 정
     을 통하고 지내다가 임신까지 하고, 낙태를 시키는 등 행실이 나쁜 여자이니 동네
     총각들은 조심하여야 한다'는 요지로 에이4 용지 1장 분량의 워드를 작성하였습니
     다. 그런 다음 이를 에이4 용지로 약 10장을 인쇄하여 방조남을 시켜 그 날 13 : 00
     경부터 14 : 00경 사이에 서울 서초구 방배로 일대의 건물 벽에 붙이게 하였습니다.

문   결국, 피의자는 방조남과 공모하여 공연히 허위의 사실을 적시하여 비방할 목적으
     로 출판물에 의하여 고운숙의 명예를 훼손함과 동시에 사자인 장사고의 명예를
     훼손한 것이네요.

답   순간적인 잘못 생각에 그런 짓을 하였습니다.

문   방조남과 처음부터 그 일을 꾸민 것인가요.

답   방조남은 제가 유인물을 만든 다음 불러서 동네 벽에 붙이게만 하였을 뿐입니다.

문   방조남과 그 유인물의 내용을 알고는 있었나요.

답 예, 유인물을 읽어 보더니 진짜냐고 하여 제가 웃으며 고운숙을 골려 주려는 것이
   라고 하였습니다.

문 피해자들과 친척관계는 없지요.

답 없습니다.

문 이 사건으로 구속이 된다면 누구에게 통지하기를 원하는가요.

답 제 처 김미숙에게 통지 바랍니다.

문 더 할 말이 있나요.

답 죄송합니다. 한 번만 선처해 주십시오.

문 이상의 진술내용에 대하여 특별한 의견이나 이의가 있는가요.

답 **없습니다.**

위의 조서를 진술자에게 열람하게 하였던바, 진술한 대로 오기나 증감·변경할 것이 전
혀 없다고 말하므로 간인한 후 서명 무인하게 하다.

진술자   **명 예 남** (무인)

2014. 4. 19.

서 초 경 찰 서

사법경찰관 경위 **김 태 풍** ㊞

사법경찰리 순경 **경 태 남** ㊞

조 회 회 보 서

제 2014-1257 호   2014. 4. 19.

□ 조회대상자

성 명	명예남	주민등록번호	******-*******	성별	남
지 문 번 호		주민지문번호	78869-75859	일련번호	
주 소	서울 서초구 방배로 146				
등록기준지	서울 서초구 방배로 146				

□ 주민정보

성 명	명예남	생년월일	19**. **. *. 생	성별	남자
주민등록번호	******-*******		주민지문번호	75867-75859	
전 등 록					
등 록 기 준 지	서울 서초구 방배로 146				
주 소	서울 서초구 방배로 146				
세 대 주	명예남				
전 입 일	2005. 9. 23.		통반변경	유	
참 고 사 항					

□ 범죄경력자료

연번	입건	입건관서	작성번호	송치번호	형제번호
	처분일	죄 명		처분관서	처분결과
1	2011. 9. 9.	강남경찰서	0115104	2011-006567	2011-210-85690
	2011. 12. 21.	특수절도		서울중앙지방법원	징역 1년
2					

□ 수사경력자료

연번	입건일	입건관서	작성번호	송치번호	형제번호
	처분일	죄 명		처분관서	처분결과

□ 지명수배내역

연번	상 세 내 용						
	수배관서		수배종결		담당자		
	수배번호		사건번호			영장구분	
	수배일자		범죄일자			공소시효만료	
	참고사항					영장유효일자	
	죄 명						
	영장번호		공범1			공범2	
	발견일자		발견관서			발견자	
	주 소						
	범행장소		피해자			피해정도	

위와 같이 조회 결과를 통보합니다.

조 회 용 도 : 접수번호 2014-026914 형사

조회의뢰자 : 형사과   경장 이은경

작 성 자 : 형사과   경장 이은경

서 울 서 초 경 찰 서 장

고 소 취 소 장

고 소 인   1. 고 운 숙

                2. 고 남 길

피고소인   방조남

               서울 서초구 방배로 146   전화 010-****-****

(접수 No. 31600 2014. 4. 23. 서울서초경찰서)

고소인들은 피고소인을 모욕 및 출판물에 의한 명예훼손죄로 고소하였는바, 피고소인에 대한 고소를 취소하며 동인에 대한 처벌을 원하지 않습니다.
(피고소인 명예남에 대한 고소는 취소하지 않고 처벌을 원합니다.)

첨부 : 고소인들의 각 인감증명서 2부 **(생략)**

2014년   4월   23일

고소인   고 운 숙 (인)

고소인   고 남 길 (인)

서초경찰서 귀중

고 소 취 소 장

고 소 인   장미남

피고소인   방조남
서울 서초구 방배로 146   전화 010-****-****

고소인들은 피고소인을 사자명예훼손죄로 고소하였는바, 피고소인에 대한 고소를 취소하
며 동인에 대한 처벌을 원하지 않습니다.
(피고소인 명예남에 대한 고소는 취소하지 않고 처벌을 원합니다.)

첨부 : 고소인의 인감증명서 1부 (생략)

2014년   4월   23일

고소인   **장 미 남** (인)

서초경찰서 귀중

피의자신문조서

피의자 : 명예남

위의 사람에 대한 특수절도 등 피의사건에 관하여 2014. 4. 25. 서울중앙지방검찰청 제611호 검사실에서 검사 김검사는 검찰주사 박검찰을 참여하게 한 후, 아래와 같이 피의자임에 틀림없음을 확인하다.

문   피의자의 성명, 주민등록번호, 직업, 주거, 등록기준지 등을 말하시오.
답   성명은   명예남
      주민등록번호는   ******-*******   35세
      직업은   무직
      주거는   서울 서초구 방배로 146
      등록기준지는   서울 서초구 방배로 146
      직장 주소는   없음
      연락처는
            자택 전화 : **-***-****   휴대 전화 : 010-****-****
            직장 전화 : 없음   전자우편(e-mail) : 없음
      입니다.

검사는 피의사실의 요지를 설명하고 사법경찰리의 신문에 대하여 「형사소송법」 제244조의3에 따라 진술을 거부할 수 있는 권리 및 변호인의 참여 등 조력을 받을 권리가 있음을 피의자에게 알려주고 이를 행사할 것인지 그 의사를 확인하다.

(진술거부권 및 변호인 조력권 고지 등 확인) (첨부 생략)

이에 검사는 피의사실에 관하여 다음과 같이 피의자를 신문하다.

문   피의자는 형벌을 받은 사실이 있는가요.
답   2011. 12. 21. 서울중앙지방법원에서 특수절도죄로 징역 1년을 선고받고, 서울구치소에서 복역하다가 2012. 10. 1. 그 형의 집행을 종료한 사실이 있습니다.
문   피의자의 학력, 경력, 가족관계, 재산정도, 건강상태 등은 경찰에서 사실대로 진술

하였나요.

이때 검사는 사법경찰관 작성의 피의자신문조서 중 해당 부분을 읽어준바,

답   예. 그렇습니다.

문   피의사실은 어떤 내용인가요?

답   특수절도, 위계공무집행방해, 출판물에의한명예훼손, 범인도피, 사자명예훼손죄로 조사를 받고 있습니다. 위계공무집행방해, 출판물에의한명예훼손, 범인도피, 사자 명예훼손, 모욕죄는 제가 인정합니다. 다만, 특수절도죄는 억울하니 다시 조사하여 주시기 바랍니다.

문   먼저 인정하는 사실에 대하여 진술하세요.

답   첫째, 제가 제 처인 김미숙 대신 경찰관에게 음주측정을 받아 범인을 도피시키고 공무집행을 방해하였다는 피의사실에 대하여 진술하겠습니다. 2013. 2. 1. 21 : 00 경입니다. 김미숙의 친구에게서 김미숙이 술을 많이 마시고 정신을 잘 못 차리니 집으로 데려가라는 전화를 받고 서초대로에 있는 포장마차술집에 가서 술에 취한 김미숙을 데리고 오려는데, 김미숙이 자기가 운전을 하겠다고 고집을 부리며 처 소유의 06무9872 소나타 자동차를 운전한 사실이 있습니다. 제가 옆 조수석에 타 고 가던 중, 서울 서초구 서초대로 114 앞 도로에서 음주운전 단속을 당하게 되었 습니다. 마침 대기하는 차가 많아 음주측정 차례를 기다리는 사이에 제가 얼른 처 와 자리를 바꾸어 앉은 후, 경찰관에게 제가 운전자인 것처럼 음주측정을 하였습 니다. 그런데 그 장면이 경찰 비디오에 촬영되는 바람에 경찰관의 추궁에 제가 모 든 사실을 자백하였고, 제 처가 다시 음주측정을 하여 도로교통법 위반으로 입건 되었고, 저는 위계공무집행방해죄와 범인도피죄로 입건되었습니다.

문   김미숙은 어느 정도 술에 취한 상태에서 운전한 것인가요.

답   음주측정결과 0.105%가 나왔습니다.

문   피의자는 고운숙을 모욕한 사실도 인정하는가요.

답   예, 그렇습니다. 제가 전에 사귀던 고운숙이 제 연락을 받지 않아 2013. 9. 16. 방 조남에게 고운숙을 만나러 같이 가자고 하여 방조남과 함께 20 : 00경 서울 용산구 신흥로 38에 있는 고운숙의 집에 찾아 가 집 앞에서 고운숙을 만났는데 고운숙이 이제는 끝내자고 하길래 화가 나서 방조남과 함께 "나쁜 년"이라고 소리쳐 욕을 한 사실이 있습니다.

문   고운숙과 망 장사고가 불륜관계라는 유인물을 만들어 그들의 명예를 훼손한 사실 도 인정하는가요.

답   예, 고운숙이 계속 저를 만나 주지 않고 경찰에 신고한다고 하길래 화가 나서 2014. 3. 4. 12 : 00경 서울 서초구 방배로 146에 있는 저의 집에서 고운숙에게 보복할 생

각으로, 컴퓨터를 이용하여 '고운숙은 처녀인 척 하지만 실은 2014. 1. 7. 교통사고로 사망한 유부남 장사고와 정을 통하고 지내다가 임신까지 하고, 낙태를 시키는 등 행실이 나쁜 여자이니 동네 총각들은 조심하여야 한다'는 요지로 에이4 용지 1장 분량의 워드를 작성하였습니다. 그런 다음 이를 에이4 용지로 약 10장을 인쇄하여 친구인 방조남을 시켜 그 날 13 : 00경부터 14 : 00경 사이에 서울 서초구 방배로 일대의 건물 벽에 붙이게 하였습니다.

문　방조남이 그 유인물의 내용을 알고도 피의자를 도와준 것인가요.

답　예, 방조남도 유인물을 읽어 보았고 제가 고운숙을 골탕먹이려고 하는 짓이라고 말하여 주었습니다.

문　다음, 공범수와 함께 소매치기를 한 사실은 부인하는가요.

답　저는 공범수와 소매치기를 한 사실이 없습니다.

문　공범수는 2014. 1. 4. 14 : 00경 서울 서초구 서래로 119에 있는 반포아케이드 안에서, 피해자 이미자의 뒤를 따라가면서 피의자는 피해자의 뒤에서 다른 사람의 시선을 가리는 사이에 공범수는 피해자가 메고 있는 가방을 소지한 면도날로 찢고 그 속에 손을 넣어 시가 150,000원 상당의 세이코 시계 1개를 꺼내 절취하였다고 진술한 바 있는데, 거짓말인가요.

답　예, 거짓말입니다. 공범수가 다른 공범 대신 저를 끌어들이고 있는 것입니다.

문　피의자도 경찰에서는 소매치기 사실을 시인하지 아니하였는가요.

답　제가 경찰에서 시인한 것은 맞습니다. 그냥 자포자기 심정으로 시인한 것입니다.

문　경찰에서 자백을 강요하였나요.

답　그런 것은 아니지만 제가 여러 가지 죄로 도피 중에 체포가 되다 보니 그냥 다 거짓 자백한 것입니다.

문　피의자가 체포될 당시 피의자의 집에서 위 소매치기의 장물인 세이코 시계가 발견되어 압수한 바 있는데 그럼 어떻게 그 시계를 가지게 되었나요.

답　그 시계는 제가 당구장에서 알고 지내는 깜짱이라는 친구에게서 받은 것입니다.

문　어떻게 깜짱으로부터 시계를 받았나요.

답　그 사람은 당구장에서 우연히 만나 가끔 같이 당구를 치는 30세쯤 된 사람으로 이름은 모릅니다. 2014. 1월 말경에 당구장에서 깜짱과 내기 당구를 쳐 제가 5만원 정도 땄는데, 깜짱이 돈이 없다고 손목에 찬 시계를 가지라고 하여 제가 받아다가 집에 두었던 것입니다.

문　절취된 장물인지도 몰랐다는 말인가요.

답　자기가 차는 시계를 풀어 주니까 그 사람 것인 줄 알았지요.

문　위 사건의 피해자들과 친척관계는 없나요.

답 없습니다.
문 조서에 진술한 대로 기재되지 아니하였거나 사실과 다른 부분이 있는가요.
답 **없습니다.** (무인)

　위의 조서를 진술자에게 열람하게 하였던바, 진술한 대로 오기나 증감·변경할 것이 전혀 없다고 말하므로 간인한 후 서명 무인하게 하다.

진술자　　**명 예 낭** (무인)

2014.　4.　25.

서울중앙지방검찰청

검　　사　**김 검 사**　⑩

검찰주사　**박 경 찰**　⑩

Ⅰ. 사건의 개요

1. 피 고 인

- 명예남(국선 변호인 변호남)
- 35세, 무직
- 2011. 12. 21. 서울중앙지방법원에서 특수절도죄로 징역 1년을 선고받고, 서울구치소에서 복역하다가 2012. 10. 1. 그 형의 집행을 종료한 사실이 있다.

2. 공소사실의 요지(죄명)

- 특수절도
- 위계공무집행방해
- 출판물에의한명예훼손
- 범인도피
- 사자명예훼손
- 모욕

[적용법조]

형법 제331조 제 2 항, 제 1 항, 제309조 제 2 항, 제 1 항, 제307조 제 2 항, 제137조, 제151조 제1항, 제308조, 제311조, 제40조, 제35조, 제37조, 제38조

3. 사건의 경과

가. 수사절차

- 2013. 9. 16.   모욕 범행(명예남, 방조남 공범)

- 2014. 1. 4.   특수절도 범행(명예남, 공범수 공범)

- 2014. 2. 1.   범인도피, 위계공무집행방해

- 2014. 3. 4.   출판물에의한명예훼손, 사자명예훼손(명예남, 방조남 공범)

- 2014. 4. 19.   모욕 및 출판물에의한명예훼손 고소(고운숙 및 법정대리인 고
　　　　　　　　 남길)

  * 모욕은 친고죄(고운숙의 고소기간도과, 고남길은 2014. 3. 초 범인을 알았으므
  　로 고소기간도과 안 함)

  * 명예훼손은 반의사불벌죄

- 2014. 4. 19.   사자명예훼손 고소(장미남/ 망 장사고의 아들)

  * 사자명예훼손은 친고죄

- 2014. 4. 19.   명예남 체포(영장)

  · 시계압수(형사소송법 제216조 제 1 항 제 2 호 체포현장에서의 압수)

- 2014. 4. 21.   명예남 구속

- 2014. 4. 23.   고소인 3인, 방조남만 고소취소(처벌불원)

  ① 방조남 공소권 없음

  　　- 모욕(고운숙의 고소는 기간도과 및 취소/ 고남길의 고소는 취소)

  　　- 사자명예훼손(장미남의 고소취소)

  　　- 명예훼손(피해자 고운숙 처벌불원)

  ② 명예남

  　　- 모욕(공범 방조남에 대한 고소취소, 고소불가분의 원칙에 따라 공소권 없음)

  　　- 사자명예훼손(방조남에 대한 고소취소, 고소불가분의 원칙에 따라 공소권 없음)

  　　- 명예훼손(반의사불벌죄로 고소불가분의 원칙 준용되지 않음)

- 2014. 4. 25.   송치

나. 공판절차

- 2014. 5. 2.   공소제기

- 2014. 5. 26.   1회 공판기일
  ·고운숙의 피고인 명예남에 대한 명예훼손 부분 고소취소(처벌불원)
  ·변호인(공범수의 공판조서 증거제출)
- 2014. 6. 9.   2회 공판기일
  ·고운숙 증언(처벌불원) → 명예훼손 공소기각판결(법 제327조 제6호)
  ·고운숙의 부 고남길 증언(고소취소하지 않는다. 고운숙의 고소취소 등에 동의
   안 한다)
  ·공범수 증언(피고인과 공범이 아니다, 피의자신문조서의 진정성립은 인정한다)
- 2014. 6. 16.   선고

4. 주요 형사특별법

아동·청소년의 성보호에 관한 법률(연습기록2 해설 참조)

II. 쟁점 해설[1]

1. 모   욕

가. 공소기각의 판결 주장

(1) 고소의 적법성

모욕죄는 형법 제312조에 따라 고소가 있어야 공소를 제기할 수 있는 친고죄
이다. 따라서 친고죄에 있어서는 적법한 고소가 있었는지 여부가 쟁점이 되는 경
우가 많다.

형사소송법 제223조에 따라 피해자인 고운숙은 고소권자이다. 한편 고운숙은
미성년자[2]이므로 형사소송법 제225조 제1항[3]에 따라 법정대리인인 아버지 고남
길도 역시 고소권자이다. 특히 판례는 법정대리인의 고소권을 고유권이라고 보고

---

1) 이 연습기록에서는 친고죄에 있어서의 고소의 제 문제, 반의사불벌죄와의 관계에 대한 쟁점
   을 집중적으로 다루어 본다.
2) 민법의 개정으로 2013. 7. 1 부터는 만 19세가 되면 성년자이나 고운숙은 1995. 12. 3.생으로
   2014. 12. 3이 되어야 성년자가 된다.
3) 형사소송법 제225조(비피해자인 고소권자) ① 피해자의 법정대리인은 독립하여 고소할 수
   있다.

있음을 유의하여야 한다.[4] 따라서 고운숙과 고남길의 고소의 적법성은 따로 따져 보아야 한다.

범죄일시는 2013. 9. 16.이고 고운숙은 당시 범인이 누구인지 알고 있었으므로 고소한 날인 2014. 4. 19.에는 이미 고소기간 6월이 경과하였음이 명백하다.[5]

다만, 고남길은 2014. 3.에 이르러서야 고운숙으로부터 듣고 범인을 알게 되었으므로 고소기간을 경과한 것이 아니므로 고소가 적법하다.

(2) 고소의 취소와 고소의 불가분

그런데, 고소인 고운숙과 고소인 고남길은 2014. 4. 23. 방조남에 대한 고소를

---

4) ① 대법원 1999. 12. 24. 선고 99도3784 판결.

형사소송법 제225조 제1항이 규정한 법정대리인의 고소권은 무능력자의 보호를 위하여 법정대리인에게 주어진 고유권이므로, 법정대리인은 피해자의 고소권 소멸 여부에 관계없이 고소할 수 있고(대법원 1984. 9. 11. 선고 84도1579 판결, 1987. 6. 9. 선고 87도857 판결 등 참조), 이러한 고소권은 피해자의 명시한 의사에 반하여도 행사할 수 있는 것인바, 이러한 취지에서 이 사건 강간 피해자는 미성년자로서 이 사건 공소제기 이전인 1995. 7. 26. 피고인에 대한 고소를 취소하였지만 피해자의 법정대리인인 아버지 공소외 1이 이 사건 공소제기 이전인 같은 해 8. 3. 피고인을 독립하여 고소한 이상 이 사건 강간 부분의 공소는 그 제기의 절차가 법률의 규정에 위반된 것으로 볼 수 없다고 판단한 원심판결에는 상고이유의 주장과 같은 법리오해의 위법이 있다고 할 수 없다.

② 대법원 1984. 9. 11. 선고 84도1579 판결.

형사소송법 제225조 제1항이 규정한 법정대리인의 고소권은 무능력자의 보호를 위하여 법정대리인에게 주어진 고유권이어서 피해자의 고소권 소멸여부에 관계없이 고소할 수 있는 것이며, 그 고소기간은 법정대리인 자신이 범인을 알게 된 날로부터 진행한다.

✤ 반의사불벌죄에 대한 다음 판례와 함께 기억하세요!

③ 대법원 2009. 11. 19. 선고 2009도6058 전원합의체 판결.

형사소송법상 소송능력이라 함은 소송당사자가 유효하게 소송행위를 할 수 있는 능력, 즉 피고인 또는 피의자가 자기의 소송상의 지위와 이해관계를 이해하고 이에 따라 방어행위를 할 수 있는 의사능력을 의미한다. 의사능력이 있으면 소송능력이 있다는 원칙은 피해자 등 제3자가 소송행위를 하는 경우에도 마찬가지라고 보아야 한다. 따라서 반의사불벌죄에 있어서 피해자의 피고인 또는 피의자에 대한 처벌을 희망하지 않는다는 의사표시 또는 처벌을 희망하는 의사표시의 철회는, 위와 같은 형사소송절차에 있어서의 소송능력에 관한 일반원칙에 따라, 의사능력이 있는 피해자가 단독으로 이를 할 수 있고, 거기에 법정대리인의 동의가 있어야 한다거나 법정대리인에 의해 대리되어야만 한다고 볼 것은 아니다. 나아가 청소년의 성보호에 관한 법률이 형사소송법과 다른 특별한 규정을 두고 있지 않는 한, 위와 같은 반의사불벌죄에 관한 해석론은 청소년의 성보호에 관한 법률의 경우에도 그대로 적용되어야 한다. 그러므로 청소년의 성보호에 관한 법률 제16조에 규정된 반의사불벌죄라고 하더라도, 피해자인 청소년에게 의사능력이 있는 이상, 단독으로 피고인 또는 피의자의 처벌을 희망하지 않는다는 의사표시 또는 처벌희망 의사표시의 철회를 할 수 있고, 거기에 법정대리인의 동의가 있어야 하는 것으로 볼 것은 아니다.

5) 형사소송법 제230조(고소기간) ① 친고죄에 대하여는 범인을 알게 된 날로부터 6월을 경과하면 고소하지 못한다. 단, 고소할 수 없는 불가항력의 사유가 있는 때에는 그 사유가 없어진 날로부터 기산한다.

취소한 바 있다. 그렇다면 고소의 주관적 불가분 원칙[6]에 의하여 방조남과 공범관계인 피고인에 대한 모욕 부분에 대한 고소도 같이 취소되었다고 보는 것이 타당하다.

(3) 소　결

결국 적법한 고소가 없거나 공소제기 전에 이미 고소취소의 효력이 발생하였으므로 피고인에 대한 모욕의 점은 형사소송법 제327조 제 2 호에 의해 공소기각의 판결이 선고되어야 한다.

나. 예비적 무죄 주장(모욕죄에 있어서의 공연성)

변호인의 공소기각 판결 주장이 받아들여진다면 법원은 실체판단을 하지 아니하고 형식재판인 공소기각의 판결을 선고할 것으로 예상된다. 그런데 모욕죄는 공연히 사람을 모욕하여야 성립되는 범죄인데, 기록상 공연성을 인정할 만한 증거가 없다.[7] 예비적으로 공연성이 없다는 이유로 무죄주장을 할 수도 있을 것이다.

2. 특수절도

가. 문제의 제기

특수절도의 점에 대하여는 형식재판의 사유가 있다고 볼 만한 자료가 없고, 피고인은 범행 자체를 부인하고 있으므로 증거판단에 기한 무죄 주장을 하는 것이 타당하다.

공소사실의 요지는 "공범수와 함께 소매치기를 하였다"는 것으로 공범수는 이미 피고인과는 별개로 제 1 심 판결을 선고받고 항소심 계속 중이므로 공범관계이지만 공동피고인은 아니다. 증거를 검토함에 있어 이 점을 유의하여야 한다.

---

6) 법 제233조(고소의 불가분) 친고죄의 공범 중 그 1인 또는 수인에 대한 고소 또는 그 취소는 다른 공범자에 대하여도 효력이 있다.

7) 피고인등이 고운숙에게 욕설을 하는 자리에 범인과 피해자 외에는 아무도 없었다는 점에 대하여는 진술이 일치하고, 그 밖에 공연성을 인정할 자료가 없다. 가사 고운숙의 아버지 고남길이 들었다 하더라도 전파가능성을 인정하기 어려울 것이다.
　대법원 1985. 11. 26. 선고 85도2037 판결.
　명예훼손죄에 있어서의 공연성이라 함은 불특정 또는 다수인이 인식할 수 있는 상태를 가리키는 것인바, 피고인이 자기 집에서 피해자와 서로 다투다가 피해자에게 한 욕설을 피고인의 남편 외에 들은 사람이 없다고 한다면 그 욕설을 불특정 또는 다수인이 인식할 수 있는 상태였다고 할 수는 없으므로 공연성을 인정하기 어렵다.

나. 증거관계 검토[8]

(1) 피고인에 대한 사법경찰관 작성의 피의자신문조서

위 조서에는 "자신이 공범수와 같이 소매치기 범행을 하였다"라고 자백 진술한 내용이 기재되어 있다.

위 조서에 대하여 피고인이 증거인부절차에서 그 내용을 부인하고 있으므로 판례에 따라 형사소송법 제312조 제3항이 적용되어 증거능력이 없다.

(2) 장물인 시계(증 제2호)의 증거능력

시계는 피고인을 체포영장에 의하여 주거지에서 약 100미터 가량 떨어진 곳에서 체포하면서 피의자의 집으로 가 형사소송법 제216조 제1항 제2호에 따라 피의자의 집을 수색하여(증거기록 372쪽 압수조서 참조) 압수된 증거물이다.

체포현장에서의 압수나 판례[9]에 의하면 체포현장에서 약 100미터 가량 떨어진 피고인의 집에 가서 시계를 압수한 것은 형사소송법 제216조 제1항 제2호의 요건을 갖추지 못하였을 뿐 아니라, 적법한 시간 내에 압수수색영장을 청구하여 발부받지도 않았음을 알 수 있으므로 위 시계는 영장 없이 위법하게 압수된 것으로서 증거능력이 없고, 따라서 이를 기초로 한 2차 증거인 압수조서 및 목록 역시 증거능력이 없다고 할 것이다.

(3) 공범인 공범수에 대한 사법경찰관 작성의 피의자신문조서

위 조서에는 공범수가 "소매치기 범행을 피고인과 같이 하였다"라고 진술한

---

8) 유죄의 근거가 될 수 있는 모든 증거를 빠트리지 말고 검토하여 변론요지서에 설시하여야 한다.
9) 대법원 2010. 7. 22. 선고 2009도14376 판결.

　　형사소송법 제215조 제2항은 "사법경찰관이 범죄수사에 필요한 때에는 검사에게 신청하여 검사의 청구로 지방법원 판사가 발부한 영장에 의하여 압수, 수색 또는 검증을 할 수 있다"고 규정하고 있는바, 사법경찰관이 위 규정을 위반하여 영장없이 물건을 압수한 경우 그 압수물은 물론 이를 기초로 하여 획득한 2차적 증거 역시 유죄 인정의 증거로 사용할 수 없는 것이고, 이와 같은 법리는 헌법과 형사소송법이 선언한 영장주의의 중요성에 비추어 볼 때 위법한 압수가 있은 직후에 피고인으로부터 작성받은 그 압수물에 대한 임의제출동의서도 특별한 사정이 없는 한 마찬가지라고 할 것이다.

　　기록에 의하면, 경찰이 피고인의 집에서 20m 떨어진 곳에서 피고인을 체포하여 수갑을 채운 후 피고인의 집으로 가서 집안을 수색하여 칼과 합의서를 압수하였을 뿐만 아니라 적법한 시간 내에 압수수색영장을 청구하여 발부받지도 않았음을 알 수 있는바, 이를 위 법리에 비추어 보면 위 칼과 합의서는 임의제출물이 아니라 영장없이 위법하게 압수된 것으로서 증거능력이 없고, 따라서 이를 기초로 한 2차 증거인 임의제출동의서, 압수조서 및 목록, 압수품 사진 역시 증거능력이 없다고 할 것이다.

내용이 기재되어 있다.

위 조서에 대하여 공범수가 공판정에서 진정 성립을 인정하고 있으나(공판기록 343쪽) 피고인이 증거인부절차에서 그 내용을 부인하고 있으므로 판례에 따라 형사소송법 제312조 제 3 항이 적용되어 증거능력이 없다.10)

(4) 공범수에 대한 검사 작성의 피의자신문조서

공범수가 공판정에서 진정성립을 인정하였다. 피고인은 부동의하였으나 사법경찰관 작성의 피의자신문조서와는 달리 형사소송법 제312조 제 4 항에 따라 증거능력이 있다고 보아야 한다.11)

따라서 증명력이 없다고 주장하여야 한다. 특히 공범수는 이 사건 공판정에서 "피고인은 공범이 아니고 진짜 공범은 깜짱이다"라고 증언하고 있고, 자신의 공판절차에서도 같은 취지로 진술한 바 있으므로(공범수가 피고인인 공판조서사본 참조) 이러한 점을 근거로 설득력 있게 위 조서의 기재 내용에 대하여 신빙성이 부족하다고 주장하면 될 것이다.

(5) 이미자의 진술서

이미자는 직접 피고인을 본 것이 아니므로 직접 증거는 될 수 없다. 즉 증명력이 부족하다.

다. 그 밖에는 달리 피고인의 유죄를 단정할 만한 증거가 없으므로 형사소송법 제325조 후단에 따른 무죄의 판결이 선고되어야 한다고 주장한다.

3. 위계공무집행방해

공소사실은 "피고인의 아내 김미숙이 음주운전 중 적발되자 피고인이 자리를 바꾸어 앉아 경찰관에게 자신이 운전하였다고 하여 음주측정하였다"는 것으로 판례12)에 따르면 수사기관의 충실한 수사로도 허위임을 발견할 수 없는 정도에 이

---

10) 당해 피고인 명예남이 내용을 인정하여야 증거능력이 있다.

11) 공범이지만 공동피고인이 아니므로 공범수는 증인적격이 있고, 증인으로 진술하여야 피고인에 대한 관계에서 그 진술이 증거능력이 있다. 물론, 형사소송법 제312조 제 4 항의 다른 요건들도 고려하여야 한다. 그러나 이 사건에서는 반대신문권도 보장된 것으로 보이고 특신성도 부정하기 어려운 듯하다.

12) ① 대법원 1977. 2. 8. 선고 76도3685 판결.
   원래 수사기관이 범죄사건을 수사함에 있어서는 피의자나 피의자로 자처하는 자 또는 참고

르렀다고 볼 수 없어 위계에 해당하지 않는다.

따라서 형사소송법 제325조 전단에 따라 무죄판결을 구하여야 한다.

4. 범인도피

형법 제151조에 의하면 친족 또는 동거의 가족이 본인을 위하여 범인도피죄를 범한 때에는 처벌하지 아니하도록 규정하고 있으므로, 법률상 처인 김미숙을 위하여 범인도피를 범한 피고인의 경우 책임이 조각되어 무죄가 선고되어야 한다.

따라서 형사소송법 제325조 전단에 따라 무죄판결을 구하여야 한다.

인의 진술여하에 불구하고 피의자를 확정하고 그 피의사실을 인정할 만한 객관적인 제반증거를 수집조사하여야 할 권리와 의무가 있는 것이라고 할 것이므로 이러한 자들이 수사기관에 대하여 허위사실을 진술하였다 하여 바로 이를 위계에 의한 공무집행방해죄가 성립된다고 할 수는 없다고 봄이 상당할 것이다(본원 1971. 3. 9. 선고 71도186호 판결 참조). 위와 같이 보지 않는다면 형사피의자나 그 밖의 모든 사람은 항상 수사기관에 대하여 진실만을 진술하여야 할 법률상의 의무가 있는 결과가 되어 이는 형사피의자와 수사기관에 대립적 위치에서 서로 공격방어를 할 수 있는 취지의 형사소송법의 규정과 법률에 의한 선서를 한 증인이 허위로 진술을 한 경우에 한하여 위증죄가 성립된다는 형법의 규정취지에 어긋나기 때문이다.

이 사건에서 피고인이 공동피고인과 공모하고 피고인이 당시의 청구권자금의 운용 및 관리에 관한 법률위반사건의 형사 피의자인 공동피고인을 가장하여 검사앞에 출석한 다음 공소적시와 같은 허위진술을 하였다는 사실에 관하여 원심의 위와 같은 취지에서 피고인에 대하여 위 형사피의자인 공동피고인에 대한 범인은닉죄만을 적용하여 처벌을 하고 위계에 의한 공무집행죄에 관하여 무죄를 선고한 제1심판결을 유지하였음은 정당하다 할 것이며 피고인이 위와 같은 허위진술을 하게 된 경위가 소론과 같이 자발적이고 계획적이었다고 하여 위 결론을 달리할 바는 되지 못한다 할 것이므로 원심판결에 위계에 의한 공무집행방해죄의 법리오해가 있다고 할 수 없다.

② 대법원 2003. 2. 11. 선고 2002도4293 판결.

위계에 의한 공무집행방해죄에 있어서 위계라 함은 행위자의 행위목적을 이루기 위하여 상대방에게 오인, 착각, 부지를 일으키게 하여 그 오인, 착각, 부지를 이용하는 것을 말하는 것으로 상대방이 이에 따라 그릇된 행위나 처분을 하여야만 이 죄가 성립하는 것이고, 만약 범죄행위가 구체적인 공무집행을 저지하거나 현실적으로 곤란하게 하는 데까지는 이르지 아니하고 미수에 그친 경우에는 위계에 의한 공무집행방해죄로 처벌할 수 없다 할 것이다(대법원 2000. 3. 24. 선고 2000도102 판결 등 참조).

기록에 비추어 살펴보면, 피고인 2가 이 사건 통보서를 입찰서류에 첨부하여 제출하여 전주시청의 폐기물이전매립공사 입찰업체심사업무를 위계로써 방해할 가능성이 있기는 하였으나, 그 제출 이전에 피고인 1이 이 사건 통보서가 무효임을 전주시청에 통보함으로써 전주시청 담당공무원으로서는 오인, 착각, 부지상태가 될 가능성이 전혀 없었음을 알 수 있는바, 그렇다면 이 사건 통보서를 제출하였다고 하여도 전주시의 구체적인 공무집행을 저지하거나 현실적으로 곤란하게 하는 데까지 이른 적이 없다 할 것이어서, 위 행위를 위계에 의한 공무집행방해죄로 처벌할 수 없음이 명백하다 할 것이므로, 피고인들의 위계에 의한 공무집행방해죄에 대하여 무죄를 선고한 원심판결은, 비록 그 이유 설시에 잘못은 있다 할지라도, 결론에 있어서는 정당하다 할 것이다. 이 부분에 대한 상고는 받아들일 수 없음에 돌아간다.

5. 사자명예훼손

사자명예훼손죄는 형법 제312조 제1항에 의해 고소가 있어야만 공소를 제기할 수 있는 범죄, 즉 친고죄이다.

고소인 장미남은 이미 공소제기 전 피고인과 공범 관계에 있던 방조남에 대해서 고소를 취소하였다(증거기록 389쪽). 그렇다면 형사소송법 제233조의 고소의 주관적 불가분 원칙에 의하여 피고인에 대하여도 고소 취소의 효력이 있다.

따라서 이 사건 사자명예훼손의 점은 형사소송법 제327조 제2호에 의하여[13] 공소기각의 판결이 선고되어야 한다.

6. 출판물에 의한 명예훼손

가. A4 용지가 출판물인지 여부

형법 제309조에서 의미하는 '출판물'은 등록·출판된 제본 인쇄물이나 제작물과 같은 정도의 효용과 기능을 가지고 사실상 출판물로 유통될 수 있는 외관을 가진 인쇄물을 뜻하는 것이다.[14]

단순히 A4 용지를 한 장 분량의 워드를 작성하여 10여 장을 인쇄한 것은 출판물에 해당할 여지가 없다.[15]

그렇다면 이 사건 피고인의 행위는 형법 제307조의 명예훼손죄가 성립될 수 있음은 별론으로 하고 적어도 제309조의 출판물에 의한 명예훼손죄가 성립할 수는 없다.[16]

나. 반의사불벌죄로서 피해자의 처벌불원의사

형법 제312조 제2항에 의하면 동법 제307조나 제309조의 명예훼손죄는 반의사불벌죄에 해당하는데, 피해자인 고운숙은 2014. 5. 27. 출판물에 의한 명예훼손에

---

13) 이미 공소 제기 전에 고소취소의 효력이 발생하였다.
14) 대법원 1998. 10. 9. 선고 97도158 판결.
15) 대법원도 A4용지 7쪽 분량의 인쇄물은 출판물로 볼 수 없다고 판시한 경우가 있다(대법원 2000. 2. 11. 선고 99도3048 판결).
16) 출판물에 의한 명예훼손죄나 명예훼손죄는 모두 반의사불벌죄인바 다음에서 보는 바와 같이 처벌을 원하지 아니하는 의사표시가 있는 것으로 인정되는 사안에서는 오히려 예비적인 고려 대상이 될 것이다.

대해 적법하게 고소를 취소하여 처벌불원의사를 밝혔다(2014. 6. 9. 제 2 회 공판기일에서도 증인으로서 처벌을 원하지 아니한다고 진술).

비록 고운숙의 법정대리인 고남길은 처벌불원의사에 대해 동의할 수 없다고 진술하고 있으나(공판기록 340쪽), 대법원 2009. 11. 19. 선고 2009도6058 전원합의체 판결에 따르면 반의사불벌죄에 있어서 피해자의 피고인에 대한 처벌을 희망하지 않는다는 의사표시는 의사능력이 있는 피해자가 단독으로 이를 할 수 있고 법정대리인의 동의가 있어야 한다거나 법정대리인에 의해 대리 되어야만 한다고 볼 것은 아니라고 하고 있어, 이미 18세가 넘어 의사능력이 있는 고운숙의 의사표시는 유효하다고 할 것이다.

　다. 이 사건 명예훼손의 점은 형사소송법 제327조 제 6 호에 해당하여 공소기각 판결이 선고되어야 한다.

변 론 요 지 서

1. 모욕의 점에 대하여는 공소기각의 판결을 선고하여 주시기 바랍니다.

가. 고소의 적법성

모욕죄는 형법 제312조에 따라 고소가 있어야 공소를 제기할 수 있는 친고죄입니다. 그런데 형사소송법 제230조 제 1 항에 따라 친고죄에 대하여는 범인을 알게 된 날로부터 6월을 경과하면 고소하지 못하는데, 고소인 고운숙은 이미 모욕의 범죄일시인 2013. 9. 16. 범인을 알고 있었음에도 불구하고 6월이 경과한 2014. 4. 19.에야 고소를 제기하였으므로 고운숙의 고소는 적법하지 않습니다(다만, 고운숙의 법정대리인 고남길은 2014. 3.에야 모욕 범행을 알게 되었으므로 법정대리인의 고소권을 고유권으로 보는 판례의 입장에 따르는 경우 고남길의 고소는 적법하다고 볼 수도 있겠습니다).

나. 고소인 고운숙, 고남길의 방조남에 대한 고소 취소와 고소의 불가분

고소인 고운숙과 고소인 고남길은 2014. 4. 23. 피고인과 공범관계에 있는 방조남에 대한 고소를 취소한 바 있습니다. 그렇다면 형사소송법 제233조에 따라 친고죄의 공범 중 그 1인 또는 수인에 대한 고소 또는 그 취소는 다른 공범자에 대하여도 효력이 있으므로 방조남과 공범관계인 피고인에게도 고소취소의 효력이 있다고 보아야 합니다.

다. 공소기각의 판결 주장

결국 적법한 고소가 없거나 공소제기 전에 이미 고소취소의 효력이 발생하였으므로 피고인에 대한 모욕의 점은 형사소송법 제327조 제 2 호에 의해 공소기각의 판결이 선고되어야 한다.

라. 예비적 무죄 주장

적법한 고소가 있다고 가정하더라도 모욕죄는 공연히 사람을 모욕하여야 성립되는 범죄인데, 이 사건에서는 공연성을 인정할 만한 증거가 없습니다. 피고인 등이 고운숙에게 욕설을 하는 자리에 범인과 피해자 외에는 아무도 없었다는 점에 대하여는 피고인, 방조남, 고운숙의 진술이 일치하고, 공소사실 기재와 같이 이웃 사람들이 들었다는 증거도 없을 뿐 아니라 만일 고운숙의 아버지 고남길이 들었다 하더라도 공연성을 인정하기 어렵다는 것이 판례의 입장입니다(대법원 1985. 11. 26. 선고 85도2037 판결 등). 따라서 공소기각의 판결 사유가 없다고 하더라도 범죄사실 의 증명이 없는 때에 해당하므로 형사소송법 제325조 후단에 따라 무죄가 선고되 어야 합니다.

2. 특수절도의 점에 대하여

가. 피고인은 절도를 한 사실이 없습니다.

피고인은 공소사실과 달리 사건 당시 공소외 공범수와 어울린 적도 없으며, 범죄 장소로 지목된 반포아케이드에 간 사실도 없습니다. 피고인이 범죄 물건과 동일한 세이코 시계를 소지하고 있었던 것은 사실이나, 그것은 단지 당구장에서 내기 당구를 쳐 공소외 일명 깜짱이 차고 있던 것을 받은 것에 불과합니다(증거기 록 392쪽).

아래에서 보는 바와 같이 피고인의 절도 사실을 증명할 증거가 부족합니다.

나. 피고인에 대한 사법경찰관 작성의 피의자신문조서는 증거능력이 없습니다.

위 조서에는 "자신이 공범수와 같이 소매치기 범행을 하였다"라고 자백 진술한 내용이 기재되어 있습니다만 조서에 대하여는 피고인이 그 내용을 부인하고 있으 므로 판례에 따라 형사소송법 제312조 제3항이 적용되어 증거능력이 없습니다.

다. 세이코 시계는 위법하게 압수되어 시계나 압수조서는 증거능력이 없습니다.

경찰은 2014. 4. 19. 20:00 서울 서초구 방배로 146 소재 편의점에서 피고인을 발견하고 체포영장에 의하여 체포한 후, 약 100미터 가량 떨어진 피고인의 집으로 가 형사소송법 제216조 제1항 제2호(체포현장에서의 압수·수색)를 근거로 안방 책 상 서랍에서 세이코 손목시계를 영장 없이 압수하였습니다(증거기록 372쪽).

그런데 경찰의 이와 같은 압수는 체포현장에서의 압수라고 볼 수 없어 부적법합니다. 즉, 체포 현장은 편의점이었는데 압수·수색 현장은 약 100미터 떨어진 피고인의 집이었는바, 이 두 곳은 상당한 거리에 있어 장소적 동일성을 인정할 수 없는 것입니다.

이와 관련하여 "경찰이 피고인의 집에서 20m 떨어진 곳에서 피고인을 체포한 후 피고인의 집안을 수색하여 칼과 합의서를 압수하였을 뿐만 아니라 적법한 시간 내에 압수수색영장을 청구하여 발부받지도 않은 사안에서, 위 칼과 합의서는 위법하게 압수된 것으로서 증거능력이 없고, 이를 기초로 한 2차 증거인 '임의제출동의서', '압수조서 및 목록', '압수품 사진' 역시 증거능력이 없다"고 한 판례도 있음을 참고하여 주시기 바랍니다(대법원 2010. 7. 22. 선고 2009도14376 판결).

그렇다면 경찰은 피고인을 체포한 뒤 압수·수색영장을 받아 피고인의 집을 수색했어야 함에도 영장 없이 세이코 시계를 압수하여 영장주의를 위반한 위법이 있습니다. 가사 압수절차에서의 적법성이 인정될 수 있다고 하더라도 사후영장을 받지 않아 형사소송법 제217조 제2항에 위배되므로 이 사건 세이코 시계나 그 압수절차를 기재한 압수조서는 동법 제308조의2의 위법수집증거에 해당함이 명백하여 증거로 사용할 수 없다고 할 것입니다.

라. 공범수에 대한 사법경찰관 작성의 피의자신문조서는 증거능력이 없고, 검사 작성의 피의자신문조서는 신빙성이 낮습니다.

공소외 공범수는 검사가 작성한 피의자신문조서에서 피고인과 함께 소매치기를 했다고 진술하고 있으나 그러한 진술은 사실이 아닙니다. 즉, 공범수는 다른 공범인 일명 깜짱을 숨겨 주기 위해 그렇게 주장했을 뿐 실제로 피고인과 공범수는 예전에 알던 사이일 뿐 현재는 친분관계도 전혀 없는 상황입니다.

이러한 사실은 공범수의 공판기록에서도 알 수 있는바, 서울중앙지방법원 2014고단500 특수절도 사건의 법정에서 공범수는 피고인과 범행을 한 것이 아니라고 진술하고 있습니다(공판기록 333쪽). 특히 공범수가 이미 범죄 혐의가 거의 확정된 변론종결 직전 피고인 신문에서 이와 같은 번복을 했다는 점, 그러한 발언으로 공범수의 친구인 일명 깜짱이 수사를 받을 위험성이 충분하다는 점을 고려한다면, 공범수가 공판정에서 한 증언은 진실로 볼 수 있는 여지가 충분합니다.

본인의 말 한마디로 인해 무고한 사람에게 누명을 씌울 수도 있다는 양심의

가책에서 우러나온 것일 가능성이 높기 때문입니다. 따라서 이와 배치되는 내용의 검사가 작성한 피의자신문조서의 진술기재는 비록 증거능력이 인정된다 할지라도 그 신빙성에 심각한 의문이 있습니다.

또한 사법경찰관이 작성한 공범수에 대한 피의자신문조서는 피고인이 그 내용을 부인하고 있으므로 증거능력이 없고, 피해자 이미자가 작성한 진술서의 기재(증거기록 375쪽)는 '소매치기를 당한 사실이 있다'라는 데 불과하여 피고인이 범인이라는 사실을 증명할 수 없으며, 그 밖에 공소사실을 입증할 다른 증거가 전무한 상황입니다.

> 마. 그렇다면 이 사건 특수절도의 점은 범죄의 증명이 없는 경우에 해당하여 형사소송법 제325조 후단에 따라 무죄가 선고되어야 할 것입니다.

3. 위계공무집행방해의 점은 무죄입니다.

가. 위계에 해당한다고 볼 수 없습니다.

대법원은 진범임을 가장하여 수사기관에 허위진술을 한 정도로는 수사기관의 권리와 의무를 고려했을 때 위계라고 볼 수 없어 공무집행방해죄가 성립하지 않는다고 판시하고 있습니다(대법원 1977. 2. 8. 선고 76도3685 판결). 따라서 타인의 혈액을 제출하는 등의 증거조작 행위가 없는 이 사건의 경우 단순히 운전석 자리를 바꿔 앉아 대신 음주측정을 한 것만으로는, 수사기관의 충실한 수사로도 허위임을 발견할 수 없는 정도에 이르렀다고 볼 수 없어 위계에 해당하지 않는다고 할 것입니다.

나. 공무집행방해의 결과가 발생하지 않았습니다.

또한 위계에 의한 공무집행방해죄는 상대방이 그릇된 행위나 처분을 하여야만 죄가 성립하고 아직 공무집행을 저지하거나 현실적으로 곤란하게 하는 데까지 이르지 못하고 미수에 그친 경우에는 처벌할 수 없는 것인바(대법원 2003. 2. 11. 선고 2002도4293 판결), 피고인이 대신하여 음주측정을 하기는 하였지만 아직 검사를 통과하기 이전에 경찰관이 비디오를 확인하여 즉시 공소외 김미숙에 대하여 다시 음주측정을 하고 현행범으로 체포한 이 사건에서는 아직 위계의 결과도 발생하지 않았다고 생각합니다.

다. 따라서 위계공무집행방해의 점에 대해서는 죄가 되지 아니하므로 형사
소송법 제325조 전단에 따라 무죄가 선고되어야 합니다.

4. 범인도피의 점도 무죄입니다.

형법 제151조에 의하면 친족 또는 동거의 가족이 본인을 위하여 범인도피죄
를 범한 때에는 처벌하지 아니하도록 규정하고 있으므로, 법률상 처인 김미숙을
위하여 범인도피를 범한 피고인의 경우 책임이 조각되어 무죄가 선고되어야 합니
다(증거기록 355쪽).

5. 출판물에의한명예훼손의 점에 대하여

가. 이 사건 A4 용지는 출판물에 해당하지 않습니다.

형법 제309조에서 의미하는 '출판물'은 등록·출판된 제본 인쇄물이나 제작물
과 같은 정도의 효용과 기능을 가지고 사실상 출판물로 유통될 수 있는 외관을 가
진 인쇄물을 뜻하는 것인바(대법원 1998. 10. 9. 선고 97도158 판결), 이 사건과 같이
단순히 A4 용지를 한 장 분량의 워드를 작성하여 10여 장을 인쇄한 것은 출판물에
해당할 여지가 없다고 할 것입니다. 대법원도 A4용지 7쪽 분량의 인쇄물은 출판물
로 볼 수 없다고 판시한 경우가 있습니다(대법원 2000. 2. 11. 선고 99도3048 판결).

그렇다면 이 사건 피고인의 행위는 형법 제307조의 명예훼손죄가 성립될 수
있음은 별론으로 하고 적어도 제309조의 출판물에의한명예훼손죄가 성립할 수는
없습니다.

나. 반의사불벌죄로서 피해자의 처벌불원의사가 있었습니다.

형법 제312조 제 2 항에 의하면 동법 제307조나 제309조의 명예훼손죄는 반
의사불벌죄에 해당하는데, 피해자인 고운숙은 2014. 5. 27. 출판물에의한명예훼손
에 대해 적법하게 고소를 취소하여 처벌불원의사를 밝혔습니다.

비록 고운숙의 법정대리인 고남길은 처벌불원의사에 대해 동의할 수 없다고
진술하고 있으나(공판기록 340쪽), 대법원 2009. 11. 19. 선고 2009도6058 전원합의체

판결에 따르면 반의사불벌죄에 있어서 피해자의 피고인에 대한 처벌을 희망하지 않는다는 의사표시는 의사능력이 있는 피해자가 단독으로 이를 할 수 있고 법정대리인의 동의가 있어야 한다거나 법정대리인에 의해 대리되어야만 한다고 볼 것은 아니라고 하고 있어, 이미 18세가 넘어 의사능력이 있는 고운숙의 의사표시는 유효하다고 할 것입니다.

> 다. 그렇다면 이 사건 명예훼손의 점은 형사소송법 제327조 제 6 호에 해당하여 공소기각 판결이 선고되어야 합니다.

6. 사자명예훼손의 점에 대하여

가. 친고죄로서 고소가 취소되었습니다.

사자명예훼손죄는 형법 제312조 제 1 항에 의해 고소가 있어야만 공소를 제기할 수 있는 범죄인데, 고소인 장미남은 피고인과 공범 관계에 있던 방조남에 대해서 고소를 취소하였습니다(증거기록 389쪽). 그렇다면 형사소송법 제233조 고소의 주관적 불가분 원칙에 의하여 피고인에 대한 고소도 같이 취소되었다고 보는 것이 타당합니다.

> 나. 따라서 이 사건 사자명예훼손의 점은 형사소송법 제327조 제 2 호에 의해 공소기각의 판결이 선고되어야 합니다.

7. 정상관계

가사 피고인의 범죄가 인정된다고 하더라도 다음과 같은 정상을 고려하여 주시기 바랍니다.

출판물에의한명예훼손의 점에 대해서는 피해자인 고운숙이 명시적으로 피고인에 대하여 고소취소 또는 처벌불원의 의사를 밝혔습니다.

피고인은 누범 기간 중이기 때문에 실형을 살 가능성이 높음에도 불구하고 범행 직후부터 대부분의 범죄 사실을 시인하고 경찰 수사에 협조했습니다. 비록 피고인이 범인 도피를 시도하는 등 죄질이 좋다고는 할 수 없지만 빠르게 죄를 뉘우치고 처음부터 모든 사실에 대해 자백하였습니다.

피고인의 재정적 상태가 좋지 못합니다. 피고인의 가정은 처가 보험회사 영업직으로 월 300만 원 정도를 벌어 생활하고 있었는데, 이 사건과 관련된 음주운전으로 인해 최근 처의 면허가 취소되어 영업도 더 이상 할 수 없어 사실상 퇴사하게 되었습니다. 피고인이 구속 상태에서 재판을 받았기에 이미 재정은 거의 파탄 상태에 이르게 되었습니다.

8. 결   어

위와 같은 이유로 이 사건 공소사실 중 모욕 및 **출판물에의한명예훼손**, **사자명예훼손의 점에 대해서는 공소기각 판결을**, **특수절도**, **위계공무집행방해**, **범인도피의 점에 대해서는 무죄를 각 선고**해 주시고, 가사 견해를 달리하시어 피고인의 유죄가 인정된다 하여도 정상을 참작하시어 법이 허용하는 한, 최대한의 관대한 처분을 하여 주시기를 바랍니다.

작 성 요 강

○ 사건 설명

1. 피고인 고주태는 2013. 12. 9. 음주운전으로 현행범인 체포된 후, 구속영장에 의하여 2013. 12. 11. 구속되었고, 공소장 기재 공소사실로 2013. 12. 14. 구속 구공판되었다.

2. 귀하는 2013. 12. 10. 피고인의 처 김순희(******-*******, 주소 서울 용산구 신흥로 177)로부터 변호인으로 선임된 변호사 홍변호이다.

3. 귀하는 수감 중인 피고인을 접견하고 공판기록과 같이 소송절차에서 변호인으로서의 역할을 하였다. 그 과정에서 변론의 준비를 위하여 증거기록과 공판기록을 열람, 등사하였다.

○ 문   제

1. 변호인으로서 피고인을 위한 최종 변론요지서를 작성하시오. 변론요지만을 작성하되, 공소사실의 요지나 피고인의 변소요지는 생략하여도 됩니다.

2. 2013. 12. 13.자로 구속된 피의자를 위한 구속적부심사청구서를 작성하시오. [공소제기 전이지만 검사의 허가를 받아 수사기록(증거기록과 동일하되 증거기록 쪽수를 수사기록 쪽수로 본다)을 열람 등사하였고, 공판절차에서 증거로 제출한 자동차운전면허대장사본을 입수한 것으로 본다.]

○ 유의사항

1. 기록상 나타나지 않은 피의자의 신병과 관련된 체포, 구금, 권리고지, 통지 절차와 각종 서류의 접수·송달·결재 절차는 적법하게 이루어진 것으로 본다.

2. 조서에 서명이 있는 경우에는 필요한 날인 또는 무인, 간인, 정정인이 있는 것으로 보고, '수사 과정 확인서'는 편의상 생략하기로 한다.

3. 법률적 쟁점에 대해서는 판례를 따르고 다툼있는 사실관계에 대해서는 경험칙과 논리칙에 입각하여 주장하되, 판례와 반대되는 주장을 하려면 판례의 입장을 먼저 기재해야 한다.

공 판 기 록

							구속만료	2014. 2. 13.	미결구금

<table>
<tr><td rowspan="3">서울중앙지방법원
구공판   형사제1심소송기록</td><td>구속만료</td><td>2014. 2. 13.</td><td rowspan="2">미결구금</td></tr>
<tr><td rowspan="2">최종만료</td><td rowspan="2">2014. 6. 13.</td></tr>
<tr><td></td></tr>
<tr><td>대행갱신
만　　료</td><td></td><td></td></tr>
</table>

기　일	사건번호	2013고단6000	담임	형사6단독	주심	
1회기일						
12/27 A10						
1/10 P2						
1/17 A10	사건명	가. 특정범죄가중처벌등에관한법률위반(도주차량) 나. 특정범죄가중처벌등에관한법률위반(위험운전치사상) 다. 도로교통법위반(음주운전) 라. 도로교통법위반(무면허운전)				
	검　사	박검사		2013년 형제600000호		
	피고인	구속　　고 주 태				
	변호인	사선 변호사 홍변호				

확　　정	
보존종기	
종결구분	
보　　존	

	담　임	과　장	국　장	주심판사	재판장	원　장
완결 공람						

접 수 공 람	과 장	국 장	원 장
	㊞	㊞	㊞

공 판 준 비 절 차

회부 수명법관 지정 일자	수명법관 이름	재 판 장	비 고

법 정 외 에 서 지 정 하 는 기 일

기일의 종류	일 시				재 판 장	비 고
1회 공판기일	2013.	12.	27.	10 : 00	㊞	

서울중앙지방법원

목 록		
문 서 명 칭	장 수	비 고
증거목록	419	검사
증거목록	421	피고인 및 변호인
공소장	423	
현행범인체포서	425	피고인
구속영장	427	피고인
피의자수용증명	생략	피고인
변호인선임신고서	생략	피고인
영수증(공소장부본 등)	생략	
영수증(공판기일통지서)	생략	변호사 홍변호
의견서	생략	피고인
공판조서(제 1 회)	429	
증인신청서	431	검사
증거신청서	432	피고인의 변호인
공판조서(제 2 회)	435	
증인신문조서	438	박목격
증인신문조서	441	윤명의
증인신문조서	443	박경찰

서울중앙지방법원

목 록 (구속관계)		
문 서 명 칭	장 수	비 고
현행범인체포서	425	피고인
구속영장	427	피고인
피의자수용증명	생략	피고인

증 거 목 록(증거서류 등)

2013고단6000

2013형제600000호   신청인 : 검 사

순 번	증거방법					참조사항 등	신청 기일	증거 의견		증거 결정		증거 조사 기일	비 고
	작 성	쪽 수 (수)	쪽 수 (증)	증 거 명 칭	성 명			기 일	내 용	기 일	내 용		
1	검사		465	합의서	오미정	합의사실	1	1	○				
2			466	피의자신문조서	고주태	공소사실	1	1	○				
3			470	진술조서	오미정	피해사실	1	1	○				
4			472	진술조서	박목격	목격사실	1	1	×				
5	사경		450	교통사고보고(1)	박경찰	공소사실의 사고경위	1	1	×				
6			452	교통사고보고(2)	〃	공소사실의 사고경위	1	1	×				
7			453	전화청취보고	박목격	공소사실의 목격사실	1	1	×				
8	기재 생략		455	피의자신문조서	고주태	공소사실	1	1	○○ ○×	기재생략			
9			459	상해진단서	윤명의	상해부위 및 정도	1	1	○				
10			460	공제조합가입 사실증명서		공제조합 가입	1	1	○				
11			461	감정의뢰회보		고주태 혈중알코올 농도	1	1	○				
12			463	범죄경력 자료조회	고주태	전과관계	1	1	○				

※ 증거의견 표시 – 피의자신문조서 : 인정 ○, 부인 ×
　　　　　　　　(여러 개의 부호가 있는 경우, 적법성/실질성립/임의성/내용의 순서임)
　　　　　　 – 기타 증거서류 : 동의 ○, 부동의 ×
　　　　　　 – 진술이 특히 신빙할 수 있는 상태하에서 행하여졌다는 점 부인 : "특신성 부인"(비고란 기재)
※ 증거결정 표시 : 채 ○, 부 ×
※ 증거조사 내용은 제시, 낭독(내용고지, 열람)

증 거 목 록(증인 등)

2013고단6000

2013형제600000호   신청인 : 검 사

증거방법	쪽수 (공)	입증취지등	신청 기일	증거결정		증거조사기일	비 고
				기일	내용		
증인 박목격	438	공소사실	1	1	○	2014. 1. 10. 14 : 00 (실시)	
증인 박경찰	443	체포의 상황 등	1	1	○	2014. 1. 10. 14 : 00 (실시)	

※ 증거결정의 표시 : 채 ○, 부 ✕

증 거 목 록(증거서류 등)

2013고단6000

2013형제600000   신청인 : 피고인 및 변호인

순번	증거방법					참조사항등	신청기일	증거의견		증거결정		증거조사기일	비고
	작성	쪽수(수)	쪽수(증)	증거명칭	성 명			기일	내용	기일	내용		
1		공 433		자동차운전면허대장사본	고주태		2	2	○	2	○	2	

※ 증거의견 표시 – 피의자신문조서 : 인정 ○, 부인 ✕
               (여러 개의 부호가 있는 경우, 적법성/실질성립/임의성/내용의 순서임)
        – 기타 증거서류 : 동의 ○, 부동의 ✕
        – 진술이 특히 신빙할 수 있는 상태하에서 행하였다는 점 부인 : "특신성 부인"
           (비고란 기재)
※ 증거결정의 표시 : 채 ○, 부 ✕
※ 증거조사의 내용은 제시, 낭독(내용고지, 열람)

증 거 목 록(증인 등)

2013고단6000

2013형제600000호   신청인 : 피고인 및 변호인

증거방법	쪽수 (공)	입증취지 등	신청 기일	증거결정		증거조사기일	비 고
				기일	내용		
증인 윤명의	441	피해자 오미정의 상해부분	1	1	○	2014. 1. 10. 14 : 00 (실시)	

※ 증거결정의 표시 : 채 ○, 부 ✕

서울중앙지방검찰청

2013. 12. 14.

사 건 번 호	2013형제600000호
수 신 자	서울중앙지방법원
제　　목	공소장

검사 박검사는 아래와 같이 공소를 제기합니다.

Ⅰ. 피고인 관련사항

피 고 인　　　고주태(******-*******), 60세

　　　　　　　직업　　택시운전사

　　　　　　　주거　　서울 용산구 신흥로 177, **-***-****

　　　　　　　등록기준지　　서울 용산구 신흥로 177

죄　　　명　　　특정범죄가중처벌등에관한법률위반(도주차량), 특정범죄가중처벌등에
　　　　　　　관한법률위반(위험운전치사상), 도로교통법위반(음주운전), 도로교통
　　　　　　　법위반(무면허운전)

적용법조　　　특정범죄 가중처벌 등에 관한 법률 제5조의3 제1항 제2호, 형법 제
　　　　　　　268조, 도로교통법 제54조 제1항, 특정범죄 가중처벌 등에 관한 법률
　　　　　　　제5조의11, 도로교통법 제148조의2 제1호, 제44조 제1항, 제152조
　　　　　　　제1호, 제43조, 형법 제40조, 제37조, 제38조

구속여부　　　2013. 12. 11. 구속(2013. 12. 9. 체포)

변 호 인　　　변호사 홍변호

접수
No. 35700
2013. 12. 14.
서울중앙지방법원
형사접수실

Ⅱ. 공소사실

1. 도로교통법위반(음주운전), 도로교통법위반(무면허운전)

피고인은 대학운수(주) 소속 서울 60바0000호 소나타 택시를 운전하는 사람이다.

피고인은 2013. 12. 9. 03:15경 서울 동작구 동작대로 44-1에 있는 맘모스호텔 앞 이면
도로를 에스케이텔레콤 쪽에서 남양초등학교 쪽으로 자동차운전면허를 받지 아니하고,
혈중알코올농도 0.152%의 술에 취한 상태로 피고인 소유의 서울 60바0000호 소나타 택시
를 운전하였다.

2. 특정범죄가중처벌등에관한법률위반(위험운전치사상), 특정범죄가중처벌등에관한법률위반(도주차량)

피고인은 제 1 항 기재와 같은 일시, 장소에서 위와 같이 위 택시를 시속 약 50~60킬로미터로 운행하였다.

그때는 야간이고, 그곳은 도폭이 약 6미터인 차량통행이 많지 않은 이면도로이었으므로 운전업무에 종사하는 사람으로서는 앞을 잘 살펴 보행자가 있는지 여부와 그 동태를 확인하며 운전할 업무상의 주의의무가 있었다.

그럼에도 불구하고 피고인은 이를 게을리한 채 그대로 진행하면서 마침 위 택시 오른쪽에서 같은 방향으로 차도상을 걸어가다가 반대편으로 위 도로를 횡단하려는 피해자 오미정(여, 51세)을 미처 발견하지 못한 과실로, 위 택시 우측 앞범퍼로 피해자의 옆구리 부분을 들이받아 피해자에게 약 1주간의 치료를 요하는 경추골 및 요추부 염좌상을 입게 하고 그대로 도주하였다.

이로써, 피고인은 음주로 정상적인 운전이 곤란한 상태로 위 택시를 운전하다가 피해자를 상해에 이르게 하고 사고운전자로서 피해자를 구호하는 등의 필요한 조치를 취하지 아니한 채 도주하였다.

Ⅲ. 첨부서류

1. 현행범인체포서 1통
2. 구속영장 1통
3. 피의자수용증명 1통
4. 변호인선임신고서 1통

검사 박검사 ㊞

현 행 범 인 체 포 서

제 0000-00000 호

피의자	성 명	고주태 (高周泰)
	주 민 등 록 번 호	******-*******(60 세)
	직 업	택시운전사
	주 거	서울
변 호 인		없음

위 피의자에 대한 특정범죄가중처벌등에관한법률위반(도주차량) 등 피의사건에 관하여 「형사소송법」 제212조에 따라 동인을 아래와 같이 현행범인으로 체포함

2013. 12. 9.

동작경찰서

사법경찰관 **서경위** (인)

체 포 한 일 시	2013. 12. 9. 04 : 30
체 포 한 장 소	서울 동작구 동작대로 44 맘모스호텔 부근 도로
범 죄 사 실 및 체 포 의 사 유	"별지 참조"
체 포 자 의 관 직 및 성 명	서울동작경찰서 교통과 경장 임경찰, 순경 박경찰
인 치 한 일 시	2013. 12. 9. 04 : 45
인 치 한 장 소	동작경찰서 교통과
구 금 한 일 시	2013. 12. 9. 05 : 00
구 금 한 장 소	경찰서 유치장내
구 금 을 집 행 한 자 의 관 직 및 성 명	경찰서 유치장 근무 순경 유경찰

210mm×297mm 일반용지 60g/㎡(재활용품)

"별   지"

범죄사실

피의자는 2013. 12. 9. 03 : 15경 서울 동작구 동작대로 44-1에 있는 맘모스호텔 앞 이면 도로를 SK텔레콤 쪽에서 남양초등학교 쪽으로 자동차운전면허를 받지 아니하고, 혈중알 코올농도 0.142%의 술에 취한 상태로 서울 60바0000호 소나타 택시를 운전하다가 앞을 잘 살펴 보행자가 있는지 여부와 그 동태를 확인하지 아니한 업무상의 과실로 피해자 오 미정(여, 51세)을 미처 발견하지 못하고 우측 앞범퍼로 피해자의 옆구리 부분을 들이받아 피해자에게 치료기간 미상의 목뼈 등 염좌상을 입게 하고 그대로 도주하였다.

체포의 사유

서울동작경찰서 교통과 경장 임경찰, 순경 박경찰이 순찰 중 112지령을 받고 현장에 임하여 범행을 하고 도주하다가 체포장소 부근에 앉아 있는 피의자를 발견하고, 음주확 인한바, 음주감지되고 음주운전사실 시인하여 측정한바 혈중알코올농도 0.142%(영점일사 이)확인되어 미란다원칙 고지 후 현행범인으로 체포한 것이다.

구 속 영 장

[체포된 피의자용]   서울중앙지방법원

영 장 번 호	2013-14000	죄 명	특정범죄가중처벌등에관한 법률위반(도주차량) 등

피 의 자	성 명	고 주 태	직 업	택시운전사
	주민등록 번 호	******-*******		
	주 거	서울 용산구 신흥로 177		

청구한 검사	박 검사	변 호 인	홍 변 호

체포된 형식	☐체포영장에 의한 체포 ☐긴급체포 ■현행범인	체 포 일 시	2013. 12. 9. 04 : 30

청구서접수일시	2013. 12. 10. 18 : 00 ㊞	기록반환일시	2013. 12. 11. 11 : 00 ㊞

심 문 여 부	■ 심문(2013. 12. 11. 09 : 00) ☐ 심문하지 아니함		

범죄사실의요지	별지 기재와 같다	유 효 기 간	2013. 12. 12.까지

구금할 장소	■[서초]경찰서 유치장 ☐[서울]구치소 ☐[ ]교도소		

☐ 피의자는 일정한 주거가 없다 ☐ 피의자는 증거를 인멸할 염려가 있다. [ ] ☐ 피의자는 도망하였다. ■ 피의자는 도망할 염려가 있다 [ ] ☐ 피의자는 소년으로서 구속하여야 할 부득 이한 사유가 있다.	피의자가 별지 기재와 같은 죄를 범하였다고 의심할 만한 상당한 이유가 있고, 구속의 사유 가 있으므로, 피의자를 구금한다. 유효기간이 경과하면 집행에 착수하지 못하여 영장을 반환하여야 한다. 　　　　2013. 12. 11. 　　　　　판사 공 경 한 (인)

집 행 일 시	2013. 12. 11. 12 : 30	집 행 장 소	동작경찰서
구 금 일 시	2013. 12. 11. 14 : 00	구 금 장 소	동작경찰서
집행불능사유			
처리자의 소속 관 서, 관 직	동작경찰서 유치장관리팀	처 리 자 서 명 날 인	경위 유경위 (인)

범 죄 사 실

피의자는 2013. 12. 9. 03 : 15경 서울 동작구 동작대로 44-1에 있는 맘모스호텔 앞 이면도로를 SK텔레콤 쪽에서 남양초등학교 쪽으로 자동차운전면허를 받지 아니하고, 혈중알코올농도 0.152%의 술에 취한 상태로 서울 60바0000호 소나타 택시를 운전하다가 앞을 잘 살펴 보행자가 있는지 여부와 그 동태를 확인하지 아니한 업무상의 과실로 피해자 오미정(여, 51세)을 미처 발견하지 못하고 우측 앞 범퍼로 피해자의 옆구리 부분을 들이받아 피해자에게 전치 1주간의 경추골 및 요추부 염좌상을 입게 하고 그대로 도주하였다.

서울중앙지방법원

공 판 조 서

제 1 회

사 건	2013고단6000	특정범죄가중처벌등에관한법률위반(도주차량) 등	
판 사	신판사	기 일	2013. 12. 27. 10 : 00
법원주사	김법원	장 소	제600호 법정
		공개여부	공개
		고 지 된 다음기일	2014. 01. 10. 14 : 00

피 고 인	고주태	출석
검 사	김검사	출석
변 호 인	변호사 홍변호	출석

판사

　　피고인은 진술을 하지 아니하거나 각개의 물음에 대하여 진술을 거부할 수 있고 이익되는 사실을 진술할 수 있음을 고지

판사의 인정신문

　　　성　　　명 : 고주태

　　　주민등록번호 : 공소장 기재와 같음

　　　직　　　업 : 　　　〃

　　　주　　　거 : 　　　〃

　　　등 록 기 준 지 : 　　　〃

판사

　　피고인에게

　　주소의 변동이 있을 때에는 이를 법원에 보고할 것을 명하고, 소재가 확인되지 않을 때에는 그 진술 없이 재판할 경우가 있음을 경고

검사

　　공소장에 의하여 공소사실, 죄명, 적용법조 낭독

피고인

　　공소사실을 부인한다고 진술

변호인

　　공소사실을 인정할 수 없습니다. (생략) ~라는 이유로 무죄라고 진술

판사
    증거조사를 하겠다고 고지
증거관계 별지와 같음(검사)
    각 증거조사결과에 대한 의견을 묻고 권리를 보호함에 필요한 증거조사를 신청할
    수 있음을 고지
소송관계인
    별 의견 없다고 진술
판사
    변론속행(증인을 신문하기 위하여)

                        2013. 12. 27.

                    법원주사   김법원 ㉨

                    판   사   신판사 ㉨

서 울 중 앙 지 방 검 찰 청

2013. 12. 29

수　신	서울중앙지방법원장		발　신	서울중앙지방검찰청
참　조	형사6단독		검　사	김 검 사　(인)
제　목	증인신청			

　귀원 2013고단6000호 피고인 고주태에 대한 특정범죄가중처벌등에관한법률위반(도주차량) 등 피고사건에 대하여 다음과 같이 증인을 신청합니다.

- 다　　음 -

◉ 증인의 표시

　1. 박목격

　　서울 서울 종로구 종로 143, 010-****-****

　2. 박경찰

　　서울 동작구 사당로 123, 010-****-****

접 수
No. 21980
2013. 12. 29.
서울중앙지방법원

증거신청서

수　신　　서울중앙지방법원장

참　조　　형사6단독

제　목　　증거신청(증인 및 증거서류)

　귀원 2013고단6000호 피고인 고주태에 대한 특정범죄가중처벌등에관한법률위반(도주차량) 등 피고사건에 대하여 다음과 같이 증인을 신청합니다.

- 다　　음-

0. 증인의 표시
   1. 윤명의
      서울 강남구 봉은사로 145, 010-****-****

0. 증거의 표시(증거서류)
   1. 자동차운전면허대장 사본 1부(별첨)

접　수
No. 21990
2013. 12. 29.
서울중앙지방법원

　　　　　2013. 12. 29.

　　　　　　　　　　　　피고인 고주태의 변호인 **홍변호** (인)

자 동 차 운 전 면 허 대 장

면허번호 :   서울72-667838-4-2

사 진 생 략

| ① 성 명 | 고주태 | ② 주민등록번호 | ******-******* |
| | | ③ 자료구분 | 유효 |

| ④ 주 소 | 서울 용산구 신흥로 177 | | |
| ⑤ 국 적 | 대한민국 | ⑥ 적검(갱신)기간 | 2015. 05. 29. - 2015. 11. 28. |

⑦ 1 종	⑧ 교 부 일 자	⑨ 교 부 지 역	⑩ 교 부 번 호	⑪ 1 종	⑫ 교 부 일 자	⑬ 교 부 지 역	⑭ 교 부 번 호
대 형				보 통			
보 통	1972.05.29	서울	022968	소 형			
				원 자			
특 수							
면허조건	없음						

⑮ 변 동 내 역 기 록 사 항			
번 호	연 월 일	내 용	비 고
1	2013. 06. 15.	면허취소	도주차량
2	2013. 12. 20.	위 면허취소처분 취소	대법원 무죄확정
3			
4			
5			
6			
7			
8			
9			
10			

번 호	연 월 일	내 용	비 고
⑮ 변 동 내 역 기 록 사 항			
11			
12			
13			
14			
15			
16			
17			
18			

교통법규위반 · 교통사고야기이력

발생일자	구 분	단속지 경찰서	위반법조	피해금액	인 적 피 해 사 항			
					사망	중상	경상	부상
2002.03.10.	위반	경 산	제48조의2 제 3 항					
2013.04.10.	위반	수 원	특가법(도주차량)				1	

운전면허 행정처분 사항

구 분	처분일자	처분관서	처분기간	처분일수	비 고
면허취소	2013.06.15.	경찰청			면허취소처분을 취소

서울중앙지방법원

공 판 조 서

제 2 회

사 건	2013고단6000	특정범죄가중처벌등에관한법률위반(도주차량) 등			
판 사	신판사		기 일	2014. 01. 10. 14 : 00	
법원주사	김법원		장 소	제600호 법정	
			공개여부	공개	
			고 지 된 다음기일	2014. 01. 17. 10 : 00	

피 고 인	고주태	출석
검 사	김검사	출석
변 호 인	변호사 홍변호	출석

판사

전회 공판심리에 관한 주요사항의 요지를 공판조서에 의하여 고지

소송관계인

변경할 점이나 이의할 점이 없다고 진술

판사

출석한 증인 별지 조서와 같이 각 신문

증거관계 별지와 같음

각 증거조사결과에 대한 의견을 묻고 권리를 보호함에 필요한 증거조사를 신청할

수 있음을 고지

소송관계인

별 의견 없으며, 달리 신청할 증거도 없다고 진술

판사

증거조사를 마치고, 피고인신문을 실시하겠다고 고지

검사

피고인에게

문 피고인은 사고 전에 술을 마신 것이 아닌가요.

답 아닙니다. 사고 후에 화가 나서 술을 마셨습니다.

문 그런데, 사고 현장이나 경찰에서는 그런 주장을 한 적이 없지 않은 가요.

답 당시는 도주차량으로 몰리는 것이 두려워 경황이 없어 그런 주장을 할 틈이 없었
습니다.

문   사고 후에 술을 마셨다는 증거가 있나요.

답   그런 것은 없습니다.

문   피고인이 사고현장에서 경찰서에 올 때 강제로 의사에 반하여 끌려온 것은 아니지요.

답   저에게 다짜고짜 수갑을 채워 끌려온 것입니다.

문   반항을 하였나요.

답   굳이 반항을 한 것은 아닙니다.

문   음주측정기에 의한 측정도 동의한 것이고 채혈도 피고인이 요구한 것은 맞지요.

답   예, 그것은 사실입니다.

문   교통사고에 대하여도 피고인의 잘못이 없다고 생각하나요.

답   예, 저는 잘못이 없다고 생각합니다.

문   좁은 이면도로에서 피해자를 발견하였으면 속도를 줄이고, 피해자와 거리를 두고 진행하였더라면 이건 사고가 나지 않을 수도 있었지 않을까요.

답   저도 속도를 시속 30킬로미터로 줄이고 피해자를 보면서 진행하였는데, 피해자가 순간적으로 제 차 앞으로 뛰어드는 바람에 어쩔 수가 없었습니다.

문   증인 박목격의 증언에 따르면 피고인의 택시는 시속 50킬로미터가 넘은 것 같은데 그렇지 않다는 말인가요.

답   뒤에서 따라오는 오토바이가 제 택시 속도를 어떻게 알겠습니까. 그 사람이 잘못 생각하고 있습니다.

문   증인 박목격은 피해자가 그냥 걸어가고 있는 것을 피고인의 택시가 너무 가까이 붙어 진행하다가 사고가 났다고 하지 않나요.

답   그 사람이 잘못 본 것 같습니다.

문   증인 박목격이 피고인에게 일부러 불리한 증언을 할 이유가 있나요.

답   그렇지는 않습니다.

문   혹시 피고인은 음주와 새벽 운전으로 잠시 졸았던 것은 아닌가요.

답   아닙니다.

문   피고인은 피해자와 합의는 하였나요.

답   예, 하였습니다.

변호인

    피고인에게

문   피고인이 검사 신문에 대답한 내용은 사실대로지요.

답   예, 사실대로입니다.

문   피고인은 오토바이가 뒤따라오는 것을 알았나요.

답   저는 솔직히 오토바이가 뒤따라오는 것을 느끼지 못했습니다.

문   오토바이가 가까이 뒤따라 왔다면 당시는 새벽으로 전조등을 켰을 것이므로 피고
     인이 알 수 있었겠지요.

답   예, 저와는 상당한 거리를 떨어져 있었던 것입니다.

문   당시 그 주변이 밝았나요.

답   가로등이 있었으나 그렇게 밝은 편은 아니었다고 생각합니다.

문   피고인의 진술대로라면 상당한 거리에 있던 오토바이 운전자가 사고 상황을 정확
     하게 목격하지 못할 수도 있겠네요.

답   예, 저도 그 점이 이상합니다. 증인 박목격이 사고 상황을 그렇게 명확히 진술할
     만한 위치에 있었다고 보지 않습니다.

재판장

     피고인신문을 마쳤음을 고지

검사

     이 사건 공소사실은 증거가 있으므로 공소장 기재 법조를 적용하여 피고인을 징역
     2년에 처함이 상당하다는 의견진술

재판장

     피고인, 변호인에게 최종 의견 진술 기회 부여

변호인

     피고인을 위하여 별지 변론요지서 기재와 같이 변론한다.

피고인

     관대한 처벌을 바랍니다.

판사

     변론종결

                    2014. 1. 10.

                         법원주사   김법원 ㉑

                         판   사   신판사 ㉑

서울중앙지방법원

증인신문조서(제 2 회 공판조서의 일부)

사 건   2013고단6000   특정범죄가중처벌등에관한법률위반(도주차량) 등
증 인   이 름   박 목 격
          생년월일   1970. 10. 6.
          주 거   서울 종로구 종로 143

판사

증인에게 형사소송법 제148조 또는 동법 제149조에 해당하는가의 여부를 물어 이에 해당하지 아니함을 인정하고 위증의 벌을 경고한 후 별지 선서서와 같이 선서하게 하였다.

다음에 증언할 증인들은 재정하지 아니하였다.

검사

증인에게

문   증인은 피고인을 아는가요.

답   예, 2013. 12. 9. 03 : 15분 경에 배달일이 있어서 오토바이를 타고 가다가 피고인의 택시가 사람을 치는 것을 본 적이 있고, 그때 제가 사고 수습을 했기 때문에 얼굴을 기억합니다.

문   2013. 12. 9. 교통사고를 목격하게 된 경위를 자세히 말하여 보세요.

답   새벽에 배달일이 있어서 사고 낸 차량의 뒤에서 같은 방향으로 오토바이를 운전하여 진행하다가 사고를 목격하게 되었습니다.

문   목격내용은 무엇인가요.

답   그곳은 골목이면도로인데 앞의 택시가 상당히 빠른 속력으로 달리다가 앞서 가던 여자분 1명을 차량 우측 범퍼 부분으로 치었습니다. 피해자 분이 땅에 쓰러져 움직이지 못하였습니다.

문   빠른 속도였다면 어느 정도인가요.

답   정확하지는 않지만 시속 약 60킬로미터 이상은 되었을 것입니다.

문   피고인은 시속 약 30킬로미터로 천천히 진행하였다고 하는데 어떤가요.

답   비교적 좁은 이면도로였으나 한가한 새벽길이라 제가 약 50킬로 속력으로 달렸는데 저보다 빨랐던 것으로 기억합니다.

문   사고지점이 차도인 것은 분명한가요.

답   예, 맞습니다. 보도에는 물건들이 많이 적치되어 있었습니다. 피해자가 차도로 간

것은 맞습니다.

문 피해자가 차량 진행방향을 막고 걸어갔다는 말인가요.

답 그렇지는 않았고, 차도에서 보도로 내려서는 부근으로 걸어간 것이므로 차량이 약간 옆으로 피해가면 되는 정도였습니다.

문 피해자가 갑자기 무단횡단하지는 않았나요.

답 피해자는 그냥 그 길을 따라서 가고 있었고, 택시가 좌회전을 하면서 피해자와 너무 가까이 운전하다가 부딪친 것입니다. 피해자가 갑자기 무단횡단한 것은 아닙니다.

문 사고 후에 어떻게 하였는가요.

답 사고택시는 그대로 도망갔고, 제가 오토바이를 멈추고 피해자에게 가 보니 앉아서 허리가 아프다고 하였고, 제가 경찰에 신고한 후 약 10분 정도가 지나 앰뷸런스와 경찰이 거의 동시에 도착해서 경찰관에게 제 인적사항을 불러 주었고, 앰뷸런스에 피해자를 싣는 것을 보았습니다.

문 피고인이 범인 맞는가요.

답 예, 그런 것 같습니다. 경찰이 범인을 잡는 데 협조하여 달라고 하여 사고수습 후 20분 정도 그 부근을 경찰과 같이 뒤졌는데, 약 100미터가량 떨어진 곳에서 사고택시가 정차하여 있고 그 부근에 피고인이 앉아 있어 제가 저 택시라고 하자 경찰관이 피고인에게 다가가 몇 마디 물어 보더니 수갑을 채워 경찰차에 태우고 갔습니다.

문 모두 사실대로 진술하였는가요.

답 예, 목격한 내용대로 진술하였습니다.

문 이 서류들은 증인이 경찰과 통화한 내용을 기재한 전화청취보고서와 증인이 검찰에서 진술한 진술조서인데 진술한 내용과 동일하게 기재되어 있고, 이를 확인한 다음 서명날인 하였나요.

이때 검사는 사법경찰관 작성의 증인에 대한 전화진술 청취보고서와 검사가 작성한 진술조서를 읽어 보게 한바,

답 예. 그렇습니다.

변호인

증인에게

문 증인은 당시 사고 상황을 명백히 본 것인가요.

답 예. 그렇습니다.

문 증인도 오토바이를 타고 가는 상태인데, 피해자의 동태까지 정확히 볼 수 있었는가요.

답 예. 택시와도 가까운 거리에 있었고, 저도 오토바이 앞을 주시하며 운전하는 상황이라서 잘 볼 수 있었습니다.

문 피해자가 가던 길을 그대로 따라 가다가 사고가 난 것이 아니고 갑자기 차도 쪽으

로 무단횡단한 것은 아닌가요.

답 그렇게 생각하지는 않습니다. 제가 보기에는 택시가 너무 빠른 속력으로 진행하면서 피해자와 너무 가까이 근접한 상태에서 좌회전을 하려다가 아슬아슬하게 부딪친 것 같습니다.

문 당시 새벽이라 어둡지는 않았나요.

답 새벽이었으나 가로등이 있는 도로로 어두워서 못 볼 정도는 아니었습니다.

문 사고 당시 증인의 오토바이와 사고지점의 거리는 어느 정도였나요.

답 사고 나는 것을 보고 저도 급정차를 하여 겨우 서게 되었는데, 그런 점을 감안하면 약 10여 미터 떨어진 곳 같습니다.

문 가로등 불빛 아래에서 그 정도 거리의 피해자의 동태를 확실히 볼 수 있었다는 말인가요.

답 예. 저는 그냥 본 대로만 증언하고 있습니다. 제가 피해자나 피고인과 아는 사이도 아닌데 어느 편에 나쁘게 이야기할 리가 있나요.

문 피고인이 체포될 때의 상황을 기억나는 대로 진술하여 주세요.

답 아까 말씀드린 대로 제가 저 사람 같다고 경찰에게 말하니까 경찰이 다가가 사고 낸 것 맞느냐고 물어 본 다음, 피고인이 사고 낸 것은 맞다고 하자 수갑을 채워 연행한 것입니다.

문 당시 피고인이 항의를 하지는 않던가요.

답 자신은 억울하다고 했던 것 같고 술에 약간 취한 것 같았습니다.

문 혹시 술을 사고 후에 마신 것이라고 하지는 않던가요.

답 그럼 말은 없었던 것 같습니다.

문 경찰관이 체포한다고 하거나 변호인선임권 등을 고지하여 주는 말을 들었나요.

답 그것까지는 잘 모르겠습니다.

문 경찰관이 임의동행한 것은 아닌가요.

답 수갑을 채워 갔습니다.

2014. 1. 10.

법원주사 김법원 ㊞

판 사 신판사 ㊞

[증인선서서 생략]

서울중앙지방법원

증인신문조서(제 2 회 공판조서의 일부)

사 건   2013고단6000   특정범죄가중처벌등에관한법률위반(도주차량) 등
증 인   이 름   윤 명 의
          생년월일   1959. 1. 6.
          주   거   서울 강남구 봉은사로 145

판사

증인에게 형사소송법 제148조 또는 동법 제149조에 해당하는가의 여부를 물어 이에 해당하지 아니함을 인정하고 위증의 벌을 경고한 후 별지 선서서와 같이 선서하게 하였다.

다음에 증언할 증인은 재정하지 아니하였다.

변호인

증인에게

문   증인은 피고인을 아는가요.

답   피고인은 모릅니다.

문   증인은 오미정이라는 환자를 진찰하고 진단서를 발부한 사실이 있지요.

답   예, 그렇습니다.

문   진단경위를 진술하여 주세요.

답   예. 2013. 12. 9. 새벽에 교통사고 응급환자로 저희 병원에 와서 진찰을 하였는데, 환자는 허리와 목에 통증을 호소하여 방사선촬영을 하여 보니 특이소견은 없어 '목뼈의 염좌 및 긴장, 허리뼈의 염좌 및 긴장'이라고 진단결과를 냈습니다.

문   염좌 및 긴장이라는 의미는 무엇인가요.

답   쉽게 말하면 약간 삐었다는 뜻이고, 긴장은 약간 경직되어 있는 증상을 말합니다.

문   객관적인 진단인가요.

답   특별한 외상도 없고, 방사선촬영에도 이상이 없어 더 이상의 정밀진료를 하지는 않았으나, 환자가 통증을 호소하므로 약간의 염좌가 있는 것으로 판단하였습니다.

문   어떤 치료를 하였고 완치기간은 어느 정도인가요.

답   진통제와 근육이완제를 주사하였으며, 그런 증상은 특별한 이상이 없으면 약 1주 정도면 없어지기 때문에 진단기간은 1주로 하였습니다.

문   입원을 하였나요.

답   증상이 경미하여 입원을 권유하지는 않았으나 환자와 보호자가 입원을 원하여 안정

가료차 입원시켜, 물리치료를 받게 했고, 2일 정도 수액을 투여하였으며, 환자가 통증을 호소하여 그때마다 진통제와 소염제를 투여하다가, 1주 후에 퇴원하였습니다.

문 환자의 상태를 좀 더 구체적으로 진술할 수는 없나요.

답 경추 및 요추부 동통을 호소하는 외에 특이 소견 없는 환자이었으며, 상태는 불편함을 줄 수는 있으나 일상생활에 지장을 줄 정도는 아니었습니다. 치료는 근육 이완제 성분의 주사를 맞고 물리치료를 받는 정도였고, 입원 기간 동안 집에 가서 스스로 옷을 갈아입고 샤워를 하고 온 적도 있다고 들었습니다. 객관적으로는 통원치료도 가능하였던 것으로 생각합니다.

문 환자가 기왕증이 없었나요.

답 그 환자는 전에도 가끔 통원치료를 하던 환자인데, 어깨의 통증 및 근육파열의 기왕증이 있었고, 7~8개월 전에 요추 4, 5번 허리 수술을 한 병력이 있습니다.

문 그렇다면 환자의 상태가 기왕증에 기한 것은 아닌가요.

답 그럴 수도 있고, 새로운 충격에 의하여 발생한 것일 수도 있습니다.

검사

증인에게

문 피고인이 상해를 입은 것은 분명하지요.

답 저로서는 환자의 진술에 의하여 교통사고로 염좌상을 입은 것으로 판단할 수밖에 없습니다.

문 반드시 기왕증에 의한 것이라고 말할 수는 없다는 뜻이지요.

답 예, 기왕증에 의한 것이라고 단정하기도 어렵습니다. 기왕증이 있다 하더라도 새로운 충격에 의하여 악화될 수도 있는 것이니까요.

2014. 1. 10.

법원주사   김법원 ㊞

판   사   신판사 ㊞

[증인선서서 생략]

서울중앙지방법원

증인신문조서(제 2 회 공판조서의 일부)

사   건   2013고단6000   특정범죄가중처벌등에관한법률위반(도주차량) 등
증   인   이   름   박 경 찰
          생년월일   1972. 10. 5.
          주   거   서울 동작구 사당로 123

판사

증인에게 형사소송법 제148조 또는 동법 제149조에 해당하는가의 여부를 물어 이에 해당하지 아니함을 인정하고 위증의 벌을 경고한 후 별지 선서서와 같이 선서하게 하였다.

검사

증인에게

문   증인은 경찰관이지요.

답   예, 동작경찰서 교통과 소속 순경입니다.

문   증인은 피고인을 아는가요.

답   예, 제가 2013. 12. 9. 112지령에 따라 교통사고지점인 서울 동작구 동작대로 44-1 소재 맘모스호텔 앞 이면도로에 출동하여 검거한 도주차량 운전자입니다.

문   그 경위를 간략히 진술하여 주세요.

답   예, 제가 그날 새벽 3시 30분경 관내를 순찰하던 중, 사고 장소에 도주차량이 있으니 가서 사고를 수습하고 운전자를 검거하라는 지령을 받고 바로 현장에 이르러, 길에 앉아 고통을 호소하는 피해자를 구급차에 실어 보내고, 저는 그곳에 있던 목격자인 오토바이 운전사 박목격의 협조를 받아 그 주변을 탐문하였습니다. 약 20분쯤 지났나, 사고 현장에서 약 100미터 떨어진 장소에서 피고인의 차량과 피고인을 발견하고, 박목격이 저 사람 같다고 하므로 다가가 사고낸 운전자 아니냐 했더니 맞다고 하므로 운전면허증을 제시 받아 인적 사항 등을 확인한 후 경찰서로 데리고 간 것입니다.

문   사고 현장에서 피고인에게 수갑을 채우고 온 것은 술에 취한 피고인을 보호하기 위한 것이고, 피고인도 임의동행 자체에는 동의한 것이지요.

답   예, 그렇습니다.

문   현행범인체포서에 체포 장소가 맘모스호텔 부근으로 기재된 것은 착오일 뿐이지요.

답   예, 그렇습니다. 제가 착각을 한 것이고, 체포는 교통과 사무실에서 한 것으로 보

아야 합니다.

문　당시도 미란다 원칙을 고지하였나요.

답　예, 그렇습니다.

문　피고인이 음주측정기에 의한 음주측정에 동의하였지요.

답　예, 동의하였습니다.

문　혈액측정은 오히려 피고인의 요청에 의하여 한 것이지요.

답　예, 피고인이 음주측정기는 오차가 많다며 혈액채취를 강력히 요구한 것입니다.

문　이 교통사고보고(1), (2)실황조사서는 모두 증인이 사실대로 작성한 것이지요.

이때 검사는 증거로 제출된 교통사고보고(1), (2)실황조사서를 보여준바,

답　예, 제가 현장에서 조사하고 들은 대로 사실대로 작성하였습니다.

변호인

　　증인에게

문　피고인이 술에 취하여 있던가요.

답　술이 상당히 취한 듯 말이 꼬이고 술 냄새도 났습니다.

문　술을 언제 마셨다고 하던가요.

답　그 말은 듣지 못했습니다.

문　음주측정은 하였나요.

답　음주측정기는 소지하지 않고 갔기 때문에 음주감지기만 사용하였는데, 빨간불이 들어왔습니다. 즉 음주상태라는 의미입니다.

문　그렇다면 음주측정은 언제 하였나요.

답　동작경찰서 교통과에 데리고 온 후에 음주측정을 하였습니다. 0.142%가 나왔는데, 피고인이 강하게 혈액 측정을 요구하여 인근 병원에서 혈액을 채취하여 국과수에 보낸 감정결과는 혈중알코올농도가 0.152%가 나왔습니다.

문　음주측정을 한 시간은 언제인가요.

답　새벽 4시 30분 정도 되었습니다.

문　피고인을 연행한 시간은 언제인가요.

답　새벽 4시경 된 것으로 기억합니다.

문　증인이 작성한 교통사고보고(2) 실황조사서 말미에 보면 피고인을 임의동행하였다고 기재되어 있는데, 피고인을 임의동행한 것인가요.

답　예, 그렇습니다.

문　그런데, 수갑을 채우고 연행한 이유는 무엇인가요.

답　피고인이 술에 취하여 있었고, 갑작스러운 사고를 방지하기 위함이었습니다.

문　피고인을 임의동행한 것이라면 미란다원칙을 고지하지는 않았겠네요.

답 현장에서 고지한 것으로 기억합니다.

문 수갑까지 채워 데리고 간 것은 강제연행 아닌가요.

답 그것까지 생각하여 보지 못했습니다.

문 피고인에 대한 현행범인 체포서를 보면 04:30에 체포한 것으로 되어 있고, 이 시간은 교통과에서 음주측정을 한 시간이 아닌가요.

문 예, 그것은 맞는 것 같습니다.

문 그렇다면, 피고인이 현행범인 체포된 것은 교통과 사무실이어야 할 텐데, 왜 현행범인체포서에는 동작구 동작대로 맘모스호텔 부근으로 되어 있나요.

답 약간의 착오가 있었던 것 같습니다.

문 결국 피고인은 맘모스호텔 부근에서 근거 없이 강제연행된 것이 아닌가요.

답 그렇지는 않다고 생각합니다.

2014. 1. 10.

법원주사 김법원 ㊞

판 사 신판사 ㊞

[증인선서서 생략]

증거서류 등 (검사)

제	1	책
제	1	권

서울중앙지방법원
증거서류 등(검사)

사 건 번 호	2013고단6000	담임	단독 부	주심	
	20 노		부		
	20 도		부		

사 건 명	가. 특정범죄가중처벌등에관한법률위반(도주차량) 나. 특정범죄가중처벌등에관한법률위반(위험운전치사상) 다. 도로교통법위반(음주운전) 라. 도로교통법위반(무면허운전)

검 사	김 검 사	2013년 형제600000호

피 고 인	고 주 태	

공소제기일	2013. 12. 14.	

1심 선고	20 . . .	항 소	20 . . .
2심 선고	20 . . .	상 고	20 . . .
확 정	20 . . .	보 존	

		제 1 책
		제 1 권

구공판

서울중앙지방검찰청

증 거 기 록

검　　찰	사건번호	2013년 형제600000호	법원	사건번호	2013년 고단6000호
	검　　사	김 검 사		판　　사	형사6단독

피 고 인	고 주 태
죄　　　명	가. 특정범죄가중처벌등에관한법률위반(도주차량) 나. 특정범죄가중처벌등에관한법률위반(위험운전치사상) 다. 도로교통법위반(음주운전) 라. 도로교통법위반(무면허운전)
공소제기일	2013. 12. 14.

구　　속	구속	석 방	
변 호 인	홍 변 호		
증 거 물	없 음		
비　　고			

증 거 목 록(증거서류 등)

2013고단6000

2013형제600000호 신청인 : 검사 박검사 [인]

순번	증거방법					참조사항 등	신청기일	증거의견		증거결정		증거조사기일	비고
	작성	쪽수(수)	쪽수(증)	증 거 명 칭	성 명			기일	내용	기일	내용		
1	검사		465	합의서	오미정	합의사실							
2			466	피의자신문조서	고주태	공소사실							
3			470	진술조서	오미정	피해사실							
4			472	진술조서	박목격	목격사실							
5	사경		450	교통사고보고(1)	박경찰	공소사실의 사고경위							
6			452	교통사고보고(2)	박경찰	공소사실의 사고경위							
7			453	전화청취보고	박목격	공소사실의 목격사실							
8		기재생략	455	피의자신문조서	고주태	공소사실							
9			459	상해진단서	윤명의	오미정 피해상황							
10			460	공제조합가입 사실증명서		공제조합 가입							
11			461	감정의뢰회보		고주태 혈중알코올 농도							
12			463	범죄경력 자료조회	고주태	전과관계							

※ 증거의견 표시 – 피의자신문조서 : 인정 ○, 부인 ×
(여러 개의 부호가 있는 경우, 적법성/실질성립/임의성/내용의 순서임)
– 기타 증거서류 : 동의 ○, 부동의 ×
– 진술이 특히 신빙할 수 있는 상태하에서 행하여졌다는 점 부인: "특신성 부인"(비고란 기재)
※ 증거결정 표시 : 채 ○, 부 ×
※ 증거조사 내용은 제시, 낭독(내용고지, 열람)

교 통 사 고 보 고 (1)

(실 황 조 사 서)

수사접수번호 : 제 0 0 2 5 5 2 호

교통 63320-

(2013. 12. 9)

수신 :　　　　　　　　　동작경찰서장　　　　　　　　　　발신 : 박경찰

위치	일　시	2013년 12월 9일 03시15분		접수대장 번호 : 제 0 0 0 4 1 호		
	장소	서울 동작구 동작대로 44-1				
	특징	6미터 노폭의 이면도로로서 차량진행방향 좌측으로 굴곡지점				
사고유형		■차대사람　□차대차　□차량단독　□건널목　□차 : 기타				
피해상황		□물적피해 ■인적피해 □물적피해+인적피해 □피해없음 □본인피해			사고차량대수	
		인적피해 : 사망 0 명, 중상 0 명, 경상 1 명, 부상신고 0 명　피해총액　천원				
		차량이외 피해소유자	성명 :　　주민등록번호 : 주소 :		차량이외피해총액 :　천원 전화 :	

	차량등록번호	서울60바0000	차　종	소나타	제작회사/차명		연식	
사고관련차량1	최근 검사일		최초충돌부분	우전반부	주요파손 부위			
	소 유 자	대학운수(주) 주소 : 서울 송파구 마천로 34-1　　전화 :						
	운 전 자	고주태 주소 : 서울 용산구 신흥로 177　전화 : 010-****-****　□대리운전자						
	운전면허번호	제1종 보통			주민등록번호	******-*******		
	직　업	택시기사	보호장구착용	안전벨트착용	차량 피해액			천원
	승 차 정 원	5명	승차인원	1명	보험가입상황	택시공제		
	사상자	성 명	주　소	주민등록번호	성별	연령	직업	상해정도　입원병원
		오미정						경상

	차량등록번호		차　종		제작회사/차명		연식	
사고관련차량2	최근 검사일		최초충돌부분		주요파손 부위			
	소 유 자		주소				전화	
	운 전 자		주소				전화	
	운전면허번호	기타불명			주민등록번호			
	직　업		보호장구착용		차량 피해액			천원
	승 차 정 원		승 차 인 원		보험가입상황			
	사상자	성 명	주　소	주민등록번호	성별	연령	직업	상해정도　입원병원

기상상태	노면상태	신호기운영	도로종류	도로형태
■ 맑음 □ 흐림 □ 비 □ 안개 □ 눈 □ 기타/불명	포장: ■건조 □습기 □결빙 □적설 □기타 비포장: □건조 □습기 □결빙 □적설 □기타	신호기있음: □점등 □점멸 □소등 □고장 ■신호기없음	□일반국도 ■지방도 □특별광역시도 □시도 □군도 □고속국도 □기타	단일로: □횡단보도상 □횡단보도부근 □터널안 □교량위 ■기타 교차로: □교차로내 ■교차로부근 □건널목 □기타/불명

현장상황

도로선형	특정도로	사고차로	차도폭	현장자료
커브/곡각 좌: □오르막 □내리막 ■평지 커브/곡각 우: □오르막 □내리막 □평지 직선: □오르막 □내리막 □평지 □기타구역	□자동차전용도로 □버스전용차로 □자전거전용도로 □가변차로 □일방통행도로 어린이보호구역: □보육시설 □유치원 □초등학교 ■기타일반구역 □기타	□1차로 □2차로 □3차로 □4차로 □5차로이상 ■기타/불명	□3m미만 ■6m미만 □9m미만 □13m미만 □20m미만 □20m이상 □기타	혈흔 활주흔적등 # 1차량 : # 2차량 : 유류품 내용 : 사진촬영　　0매

중앙분리시설	보차도분리시설	제한속도	사고직전속도	교통장애
□노면표시 □방지책등 □도로표지병 □화단처리 □기타분리시설 ■분리시설없음	분리시설있음: □노면표시 ■연석 □가드레일/휀스 □기타분리시설 □분리시설없음	30km 이하 km/h	1.21km-30km km/h ■기타/불명km	□선행교통사고 □도로공사 □고장차량 □주/정차차량 □기타장애요인 ■장애없음 □불명

음주운전 1 □　2 □	특수사고(※2개입력)
■음주운전　□측정불능 □정상운전　□기타불명	■뺑소니 □역주행 □긴급자동차 □개문발차 □급발진 □연쇄사고 □군용차 □차량화재 □신체장애차 □급성질환 □해당없음 □해당없음

당해사고와 직결된 당사자의 행동유형 1 □　2 □	자동차등		보행자			
	□직진중 □좌우회전중 □U턴중 □출발중 □후진중	□앞지르기중 □진로변경중 □주/정차중 □기타	□마주보고 통행중(차도) ■등지고통행중(차도) □횡단보도 횡단중 □횡단보도부근횡단중	□육교부근횡단중 □기타횡단중 □놀이기구사용중 □기타노상유희중	□노상작업중 □길가장자리구역통행중 □보도통행중 □기타	기타

인적유발요인	차량적유발요인	도로환경적 유발요인
■전방주시태만 □환경요인에 의한 발견지연 □심리적요인에 의한 판단잘못 □고의적운전형태 □차량조작잘못 □심신건강생태불량 □보행자 부주의 □기타인적원인있음 □인적원인없음 □기타/불명	□제동장치불량 □조향장치불량 □엔진장치불량 □타이어불량 □등화장치불량 □불법개조 □과도한선팅 □적재물안전조치불량 □기타차량적원인 있음 □기타/불량	□선형불량(급커브,급경사) ■야간시계불량 □도로구조에 의한 시계불량(선형,형태)등 □장애물에 의한 시계불량 □이상기후에 의한 시계불량 □노상장애물(공사사고,정체주정차차량방치물등) □노면미끄러움(비,결빙,절설등) □기타 도로환경적원인 있음 □도로환경적원인없음 □기타/불명

신고상황	
신고자 성명：박목격	신고자전화 : 010-****-****
접 수 일 시 : 2013. 12. 09. 03 : 20 신고접수자 : 박경찰	신고방법 : 전화 112

교 통 사 고 보 고 (2)

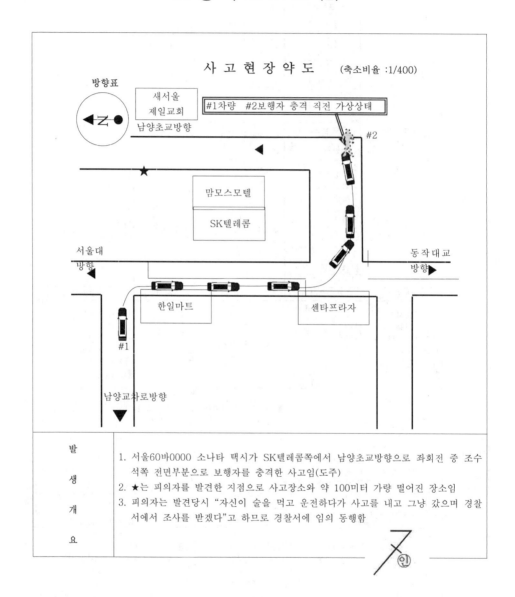

사 고 현 장 약 도 　(축소비율 : 1/400)

방향표

새서울
제일교회

남양초교방향

#1차량　#2보행자 충격 직전 가상상태

#2

맘모스모텔

SK텔레콤

서울대
방향

동작대교
방향

한일마트

센타프라자

#1

남양교차로방향

발 생 개 요	1. 서울60바0000 소나타 택시가 SK텔레콤쪽에서 남양초교방향으로 좌회전 중 조수석쪽 전면부분으로 보행자를 충격한 사고임(도주) 2. ★는 피의자를 발견한 지점으로 사고장소와 약 100미터 가량 떨어진 장소임 3. 피의자는 발견당시 "자신이 술을 먹고 운전하다가 사고를 내고 그냥 갔으며 경찰서에서 조사를 받겠다"고 하므로 경찰서에 임의 동행함

서 울 동 작 경 찰 서

2013. 12. 9.

제 2013-1500호

수   신 : 경 찰 서 장
참   조 : 교 통 과 장
제   목 : 수사보고(전화청취보고)

　다음 사람에 대하여 금일 10 : 20경부터 10 : 52경까지 전화통화내용을 다음과 같이 보고합니다.

1. 진술자 인적사항

성　　　　명　　　　박목격　　　퀵서비스 배달원

주민등록번호　　　******-******* (43세) 전화번호 : 010-****-****

주　　　　거　　　　서울 종로구 종로 143

등록기준지　　　　생략

2. 문 답 내 용

문　2013. 12. 9. 03 : 15경 본건 교통사고를 목격하게 된 경위를 진술하세요.

답　사고당일인 새벽에 배달일이 있어서 사고낸 차량의 뒤에서 같은 방향으로 오토바이를 운전하고 진행하다가 사고를 목격하게 되었습니다.

문　목격내용은 무엇인가요.

답　골목이면도로인데 택시가 제가 못따라갈 정도로 빠른 속도로 달리다가 갑자기 브레이크를 잡았는데 앞서 가던 여자분 1명을 차량 우측 앞 범퍼 부분으로 치었습니다.

문　빠른 속도였다면 어느 정도인가요.

답　정확하지는 않지만 시속 약 60킬로미터 이상은 되었을 것입니다.

문　현장스키드마크는 그 정도가 아닌 것으로 보이는데 어떤가요.

답　그 길에서 저는 보통 50킬로 속력을 달리는데 저보다 훨씬 빨랐던 것으로 기억합니다.

문　사고지점은 차도인 것은 분명한가요.

답   예 맞습니다. 보도에는 물건들이 많이 적치되어 있었습니다.

문   112에는 진술인이 신고하였는가요.

답   제가 신고했습니다.

문   사고 후에 피해자의 구호는 어떻게 하였는가요.

답   사고운전자는 그대로 도망을 하였는데, 제가 신고를 하고 5분 정도가 지나 앰뷸런 스와 경찰이 거의 동시에 도착해서 경찰관에게 제 인적사항을 불러주었고, 앰뷸런 스에 피해자를 싣는 것을 보았습니다. 나중에 경찰과 같이 주변을 찾다가 범인을 제가 발견하여 경찰에 알려 주었고, 경찰에 연행되는 것도 보았습니다.

문   경찰서에 출석해서 진술해 줄 수는 없는가요.

답   매일매일 배달 일을 하는 사람이라서 당장 갈 수가 없습니다.

문   모두 사실대로 진술하였는가요.

답   예, 목격한 내용대로 진술하였습니다.

교통과 교통조사계

경사   **최 경 찰** ㉑

피의자신문조서

> **피 의 자 : 고주태**
>
> 위의 사람에 대한 특정범죄가중처벌등에관한법률위반(도주차량) 등 피의사건에 관하여 2013. 12. 9. 서울동작경찰서 교통조사계 사무실에서 사법경찰리 경사 최경찰은 사법경찰리 경장 박경찰을 참여하게 하고, 아래와 같이 피의자임에 틀림없음을 확인하다.

문   피의자의 성명, 주민등록번호, 직업, 주거, 등록기준지 등을 말하십시오.

답   성명은   고 주 태 (高 周 泰)
　　　주민등록번호는   ******-*******
　　　직업은   택시운전 기사입니다.
　　　주소는   서울 용산구 신흥로 177
　　　주거는   위와 같습니다.
　　　등록기준지는   서울 용산구 신흥로 177
　　　직장주소는   서울 송파구 마천로 소재 (주)대학운수입니다.
　　　연락처는
　　　　　자택전화 **-***-****　　　휴대전화 010-****-****
　　　　　직장전화 02-***-****　　　전자우편

　　　입니다.

사법경찰리는 피의사건의 요지를 설명하고 사법경찰리의 신문에 대하여 형사소송법 제244조의3의 규정에 의하여 진술을 거부할 수 있는 권리 및 변호인의 참여 등 조력을 받을 권리가 있음을 피의자에게 알려주고 이를 행사할 것인지 그 의사를 확인하다.

(진술거부권 및 변호인 조력권 고지 등 확인) (첨부 생략)

이에 사법경찰리는 피의사실에 관하여 다음과 같이 피의자를 신문하다.

문 피의자는 형사처벌을 받은 사실이 있거나 현재 수사중인 사건이 있나요.

답 예, 수원에서 도주차량으로 입건된 적은 있으나 얼마 전에 대법원에서 무죄를 선고받았습니다.

문 피의자의 학력을 진술하세요

답 예, 고등학교를 졸업하였습니다.

문 가족관계를 진술하세요.

답 처와 대학과 고등학교에 다니는 자식들이 있습니다.

문 재산과 생활 정도는 어떠한가요.

답 제 명의로 현재 살고 있는 단독주택 1채 시가 1억 5,000만 원 상당이 있고, 동산은 1,000만 원 정도이고, 월수입은 200만 원 정도입니다.

문 종교는 무엇인가요.

답 무교입니다.

문 피의자는 운전면허가 없는가요.

답 예, 72년도에 서울에서 1종 보통 운전면허를 취득하였습니다만 2013. 4월경 사고가 나서 도주차량이라는 이유로 운전면허가 취소되었습니다.

문 이번 사고 때 술을 마시고 운전하였나요.

답 예, 그날 새벽 0시쯤 손님도 없고 하여 제가 가지고 다니던 소주 1병을 마신 적이 있습니다.

문 피의자가 체포된 후 05 : 00경 교통조사계에 와서 호흡에 의한 음주측정기에 의한 측정치가 0.142%가 나왔는데, 이를 인정하는가요.

답 예, 맞습니다만, 제가 호흡감정치가 이상하여 혈액감정을 요구하여 혈액을 채취한 바 있습니다.

문 어떻게 사고가 났나요.

답 예, 오늘 새벽 3시경 서울 동작구 동작대로 44-1에 있는 맘모스호텔 앞 이면도로를 Sk텔레콤 쪽에서 남양초등학교 쪽으로 서울 60바0000호 소나타 택시를 운전하다가 사고가 났습니다.

문 사고경위를 구체적으로 진술하여 보세요.

답 예, 제가 진행하던 길 왼 쪽으로 피해자 오미정(여, 51세)이 같은 방향으로 가는 것을 지나치게 근접하여 운행하다가 우측 앞 범퍼로 피해자의 옆구리 부분을 들이받아 사고가 났습니다.

문   왜 사고가 났다고 생각하나요.

답   사고지점은 노폭이 6미터 정도로서 이면도로이고, 당시는 새벽으로 야간이었으므로 차량의 통행이 많은 것은 아니었는데, 제가 잘 못 보고 택시를 운전하다가 사고가 났으므로 제 잘못입니다.

문   왜 도망을 하였나요.

답   술도 먹고 무면허이므로 겁이 나 도망을 하였습니다.

문   뒤따라오던 오토바이 운전자 박목격을 아는가요.

답   그 사람이 경찰에 신고한 것으로 압니다.

문   박목격의 전화청취진술에 의하면 피의자는 당시 상당한 속도로 과속하였다는데 사실인가요.

답   그것은 아닙니다. 저는 제한속도인 30킬로를 지켜 운전하였습니다.

문   피의자는 어떻게 검거되었나요.

답   제가 그냥 가려다가 약 20~30미터를 지나 백미러로 뒤를 보니까 피해자가 소리를 치는 것 같아 아무래도 이번에도 억울하게 뺑소니로 몰리겠다 싶고 아무도 본 사람이 없는 것 같아 그냥 약 100미터 가량 가다가 차를 세워 놓고 앉아 있다가 사고장소로 다가가보니 피해자는 병원으로 이송하였는지 보이지 않고 경찰차만 보였습니다. 그래서 조금 겁이 나 다시 제 택시 부근으로 와 취기가 올라 잠시 앉아 있는데, 경찰관이 주변을 검문하다가 저를 경찰서로 데리고 간 것입니다.

문   피해자의 상처는 어떤가요.

답   피해자가 허리와 목이 아프다고 하면서 병원에 갔다고 합니다.

문   종합보험에는 가입되어 있는가요.

답   택시 공제조합에 가입되어 있습니다.

문   피해자 측과는 별도 합의하였는가요.

답   아닙니다.

문   이상의 진술은 사실대로인가요.

답   사실대로 진술하였습니다.

문   피의자에게 유리한 증거나 더 할 말이 있는가요.

답   잘못하였습니다. 합의하도록 하겠습니다.

　위 조서를 진술자에게 열람하게 하였던바, 진술한 대로 오기나 증감 변경할 것이 전혀 없다고 말하므로 간인한 후 서명날(무)인케 하다.

진 술 자　고 주 태 (무인)

2013. 12.   9.

서울 동작경찰서

사법경찰리 경사　최경찰 (인)

사법경찰리 경장　박경찰 (인)

상 해 진 단 서

병록번호 0470403

연번호 325

주민등록번호 ******-*******   동반자

환 자 의 성 명	오미정	성별	여	생년월일	**년*월*일	연령	51세
환 자 의 주 소	서울 동작구 동작대로 20						
병 명	☑임 상 적 □최종진단명	목뼈의 염좌 및 긴장 허리뼈의 염좌 및 긴장			국제질병분류번호		
상 해 년 월 일	2013년 12월 09일			초진년월일	2013년 12월 9일		
상 해 의 원 인	교통사고를 당함 (환자진술)						
증 상	상 해 부 위	목 및 허리					
	상 해 정 도	경증					
상해에 대 한 의 견	진 료 경 과 의 견	환자는 어깨통증 및 근육파열증의 기왕증 있음 7개월 전 요추 4~5번 허리수술을 받음					
	외과적수술여부	불필요					
	입 원 여 부	불필요					
	통상활동가능여부	환자가 통증을 호소하므로 통상활동은 자제함이 상당함.					
	식 사 가 능 여 부	가능					
향 후 치료에 대 한 의 견	치료를 요하는 기간	2013년 12월 9일(수상일)부터 약 1주간					
	향 후 치 료 기 간						
	병발증발생가능여부						
기 타	방사선촬영결과는 특이소견 없으므로 정밀검사는 불요함						

위와 같이 진단함.

발 행 일   2013년   12월   9일

병·의원주소   서울 서초구 서초대로 1589

병·의원명   윤명의 외과의원

면 허 번 호   13480   의사 성명 **윤 명 의** ㉔

<계약서식 제 5 호>

전국택시운송 사 업 조 합 연합회 공제조합가입사실증명서

제 201309797**호** **사고접수번호** 201329769

공제조합원 (일반택시)	성 명	대학운수(주)	자 동 차 등록번호	서울 60바0000호
	주소	서울 송파구 마천로 34-1		
사 고 내 용	사고일시	2013년12월09일 03 : 15경	피 해 자	오미정
	사고장소	서울 동작구 동작대로 44 소재 맘모스 모텔 앞 이면도로	피 해 물	
	운전자	고 주 태 주민등록번호 : ******-*******		

계약종류	대인공제 I	대인공제 II	대물공제
계약번호	3100200800810014	3100200800810015	3100200800810015
계약기간	2013년01월01일00시부터 2013년12월31일24시까지	2013년01월01일00시부터 2013년12월31일24시까지	2013년01월01일00시부터 2013년12월31일24시까지
공제유효 기 간	2013년01월01일00시부터 2013년12월31일24시까지	2013년01월01일00시부터 2013년12월31일24시까지	2013년01월01일00시부터 2013년12월31일24시까지

* 1사고당 대물공제가입금액 3천만원임

위 자동차는 교통사고처리특례법 제 4 조 제 2 항에서 정한 취지의 공제에 가입하였음을 증명하여 주시기 바랍니다.

신청인 주소 : 서울 용산구 신흥로 177

성명 : 고주태 주민등록/사업자번호 :

위 사실을 증명합니다.

단, 이 증명서 발급일 이후에 확인된 사실에 의하여 공제약관에 명시된 보상하지 아니하는 손해에 해당될 경우에는 이 증명서는 무효임.

2013년 12월 9일

전국택시운송사업조합 연합회 공제조합 서울지부

(취급자 차 하 연 [인]) 지부장 심 재 현 [인]

국립과학수사연구원

수신자   서울동작경찰서장
(경유)

제 목   감정의뢰 회보(2013-M-46804) 서울동작경찰서 교통과

---

1. 교통과-8342호(1122-165)(2013-M-46804 경사 최경찰)와 관련입니다.
2. 위 건에 대한 감정결과를 붙임과 같이 회보합니다.
3. 문서처리자는 각 담당자에게 열람을 요청합니다.
4. 비밀번호 조회는 http://pwd.nisi.go.kr 에서 로그인 후 확인바랍니다.

붙임 : 1. 감정서 1부. 끝.

국립과학수사연구원장

수신자

전결 12/10

공업연구관   정영호   화학분석과장   홍성욱
협조자
시행 화학분석과-5229(2013.12.10)   접수   (2013.12.09)
우 158707   서울 양천구 신월7동 국립과학수사연구원 / http://www.mopas.go.kr
전화 0226004961   전송 0226004792   /tkfkd@misi.go.kr   /비공개

혈중알코올 감정서

국 과 수 화학분석과 - 호 접수 2013-46804 호 (2013년 12월 09일)
의뢰관서 서울동작경찰서 교통과-8342호 (2013년 12월 09일)

1. **감 정 물** 증1호 : 무색 플라스틱병에 든 혈액 약 4g (1122-165).
2. **감정사항** 혈중알코올농도.
3. **시험방법**
4. **분석결과**

구 분	증1호
혈중알코올농도	0.152%

5. **감정결과** 증1호(1122-165)에서 혈중알코올농도는 0.152%임.

※ **참고사항**
가. 도로교통법 제44조의 규정에 의하면 '술에 취한 상태의 기준은 혈중알코올농도가 0.05% 이상으로 한다'라고 함
나. 혈중알코올농도는 각 개인의 체질, 섭취한 음식의 양, 술의 종류 등에 따라 크게 차이가 있으나, 음주 후 혈중 최고농도에 이른 후 시간당 0.008%-0.030%(평균 약 0.015%)씩 감소한다고 함.
다. 혈중알코올농도가 0.010% 미만이거나, 채혈대상자 현장에서 사망한 경우 시간 경과에 따른 환산을 하여서는 안 됨.

6. **비 고** 감정물 잔량은 감정서 발송일로부터 20일 이내에 반환 요구가 없을 경우 전량 폐기 처분하겠음.

2013년 12월 10일

국 립 과 학 수 사 연 구 원

법과학부 화학분석과

감정인 : **정영호** [인] 승인 : 과장 **홍성욱** [인]

조 회 회 보 서

제 2013-12567 호   2013. 12. 09.

□ 조회대상자

성 명	고주태	주민등록번호	******-*******	성별	남
지 문 번 호		주민지문번호	76867-74859	일련번호	
주 소	서울 용산구 신흥로 177				
등록기준지	서울 용산구 신흥로 177				

□ 주민정보

성 명	고주태	생년월일	19**. **. **. 생	성별	남자
주민등록번호	******-*******		주민지문번호	76867-74859	
전 등 록					
등 록 기 준 지	서울 용산구 신흥로 177				
주 소	서울 용산구 신흥로 177				
세 대 주	고주태 (******-*******)				
전 입 일	2008. 10. 2.	통반변경		유	
참 고 사 항					

□ 범죄경력자료

연번	입건일	입건관서	작성번호	송치번호	형제번호
	처분일	죄 명		처분관서	처분결과
1	2013. 04. 10.	수원경찰서	0115104	2013-006567	2013-210-85690
	2013. 11. 25.	특정범죄가중처벌등에관한 법률(도주차량)		대법원	무죄

□ 수사경력자료

연번	입건일	입건관서	작성번호	송치번호	형제번호
	처분일	죄 명		처분관서	처분결과

□ 지명수배내역

연번	상 세 내 용							
	수배관서		수배종결		담당자			
	수배번호		사건번호			영장구분		
	수배일자		범죄일자			공소시효만료		
	참고사항					영장유효일자		
	죄 명							
	영장번호			공범1		공범2		
	발견일자			발견관서		발견자		
	주 소							
	범행장소			피해자		피해정도		

위와 같이 조회 결과를 통보합니다.

조 회 용 도 : 접수번호 2013-026914 수사

조 회 의 뢰 자 : 교통조사3팀   경장 **이은숙**

작 성 자 : 교통조사3팀   경장 **이은숙**

서 울 동 작 경 찰 서 장 [인: 서울강남경찰 서장인]

합의서 및 선처요망서

성　　　명 : 오미정
주민등록번호 : ******-*******
주　　　거 : 서울 동작구 동작대로 20

상기 본인은 피해자로서 피의자로부터 현금 200만 원을 일시불로 받았고, 향후 민사상 의의를 제기하지 않기로 하였으므로 합의서를 제출하면서 피의자의 선처를 요망합니다.

2013. 12. 12.

위 진술인 오 미 정 ㉧

접수
No. 1566
2013. 12. 12.
서울중앙지방검찰청
사건과

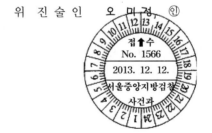

서울중앙지방검찰청 검사장 귀하

피의자신문조서

성   명 : 고주태
주민등록번호 : ******-*******(60세)

위의 사람에 대한 교통사고처리특례법위반 피의사건에 관하여 2013. 12. 12. 서울중앙지 방검찰청 제907호 검사실에서 검사 박검사는 검찰주사보 김검찰을 참여하게 하고, 아래 와 같이 피의자임에 틀림없음을 확인하다.

문   피의자의 성명, 주민등록번호, 직업, 주거, 등록기준지 등을 말하시오.
답   성명은   고주태
        주민등록번호는   ******-*******
        직업은   운전
        주거는   서울 용산구 신흥로 177
        등록기준지는   서울 용산구 신흥로 177
        직장 주소는   서울 송파구 마천로 소재 (주)대학운수
        연락처는
            자택 전화 : **-***-****   휴대 전화 : 010-****-****
            직장 전화 : **-***-****   전자우편(e-mail) :
        입니다.

    검사는 피의사실의 요지를 설명하고 검사의 신문에 대하여 「형사소송법」 제244조의3 의 규정에 의하여 진술을 거부할 수 있는 권리 및 변호인의 참여 등 조력을 받을 권리가 있음을 피의자에게 알려주고 이를 행사할 것인지 그 의사를 확인하다.

(진술거부권 및 변호인 조력권 고지 등 확인) (첨부 생략)

이에 검사는 피의사실에 관하여 다음과 같이 피의자를 신문하다.
문   피의자가 경찰에서 진술한 학력, 경력, 가족관계 등은 모두 사실대로인가요.
이때 검사는 사법경찰관 작성의 피의자신문조서 해당부분을 읽어 보게 한바,
답   예, 사실대로 진술하였습니다.

문　피의자는 운전면허가 없는가요.

답　예, 72년도에 서울에서 1종보통 운전면허를 취득하였습니다만 2013. 4월 사고가 나서 도주차량이라는 이유로 운전면허가 취소되었습니다. 제1심에서는 징역형을 받았으나, 항소심에서 무죄를 선고받았고, 얼마 전에 대법원에서 무죄확정된 것으로 압니다. 운전면허도 곧 살아난다고 하였습니다.

문　아직 운전면허가 살아난 것은 아니지요.

답　예, 아직까지는 무면허가 맞습니다.

문　이번 사고 때 술을 마시고 운전하였나요.

답　아닙니다. 사고 전에 술을 마신 적은 없고, 사고 후 속이 상하여 택시 트렁크에 있던 소주를 한 병 병째 들이킨 사실이 있습니다.

문　사고 전에는 술을 마시지 않았단 말인가요.

답　예, 택시운전사가 어떻게 술을 마시겠습니까. 제 말을 믿어 주세요.

문　택시에 소주를 가지고 다닌다는 말인가요.

답　예, 제가 술을 좋아하여 근무가 끝나면 한 잔씩 하기 위하여 한 병 정도는 택시 트렁크에 보관하고 다닙니다.

문　사고난 상태에서 술을 마셨다는 것은 납득이 가지 않는데, 사고 전에 술을 먹고 도주를 하고 나니 처벌이 두려워 거짓말을 하는 것이 아닌가요.

답　아닙니다. 저는 분명히 사고 전에는 술을 먹은 적이 없습니다.

문　그 사실을 증언해 줄 사람이 있는가요.

답　당시 혼자 술을 마셨으니 아무도 증언을 해 줄 사람은 없네요.

문　피의자가 체포된 후 04 : 30경 교통조사계에 와서 혈액을 채취하여 감정한 결과가 0.152%가 나왔는데, 이를 인정하는가요.

답　그 부분은 인정합니다.

문　사고지점은 노폭이 6미터 정도로서 이면도로이고, 당시는 새벽으로 야간이었으므로 차량의 통행이 많은 것은 아니었지요.

답　예, 그렇습니다.

문　조명상태는 어떠하던가요.

답　약간 어두운 곳이었으나 앞이 안 보이는 정도는 아니었습니다.

문　그렇다면 사고 전 약간 앞에서 같은 방향으로 가던 피해자를 볼 수 없었는가요.

답　예, 제가 보고 좌회전하려는데 피해자가 갑자기 반대편 쪽으로 횡단을 하려는지 도로로 뛰어드는 바람에 부득이하게 부딪히려는 순간 브레이크를 밟았는데 살짝 스치고 말았습니다.

문　피해자는 그냥 가던 길을 가는데, 피의자 택시가 너무 근접하여 지나가면서 피해자의 옆구리를 부딪치면서 그대로 도망갔다고 하는데 아닌가요.

답　피해자가 갑자기 뛰어들어 제가 급히 피하면서 살짝 건드린 것 같기는 한데, 당시
　　는 충격사실도 모르고 그냥 간 것입니다.

문　피해자의 진술로는 피해자가 쓰러지면서 소리를 치는데도 쏜살같이 도망갔다고
　　하는데 그렇지 않은가요.

답　그렇지 않습니다.

문　뒤따라오던 오토바이 운전자 박목격을 아는가요.

답　그 사람이 경찰에 신고한 것으로 압니다.

문　박목격의 진술에 의하면 피의자는 당시 상당한 속도로 과속하였다는데 사실인가요.

답　아닙니다. 저는 제한속도인 30킬로를 지켜 운전하였습니다.

문　피해자의 충격부위는 어디인가요.

답　제 택시 우측 범퍼 부분으로 피해자의 몸을 부딪친 것 같은데, 구체적으로 어디를
　　부딪쳤는지는 잘 기억이 안 납니다.

문　피의자는 어떻게 검거되었나요.

답　제가 그냥 가려다가 약 20~30미터를 지나 백미러로 뒤를 보니까 피해자가 소리를
　　치는 것 같아 아무래도 이번에도 억울하게 뺑소니로 몰리겠다 싶고 아무도 본 사
　　람이 없는 것 같아 그냥 약 100미터 가량 가다가 차를 세워 놓고 앉아서 소주를
　　한 병 마시고 사고현장 쪽이 보이는 쪽으로 오니까 피해자는 병원으로 이송하였
　　는지 보이지 않고 경찰차만 보였습니다. 그래서 조금 겁이 나 다시 제 택시 부근
　　으로 와 취기가 올라 잠시 앉아 있는데, 경찰관이 주변을 검문하다가 저에게 사고
　　택시 운전사 아니냐고 하여 제가 아니라고 하였더니 목격자가 있다면서 저에게
　　수갑을 채워 경찰차로 경찰서로 데리고 갔습니다.

문　피해자가 허리와 목뼈 등에 염좌상을 입은 사실을 아는가요.

답　피해자가 허리와 목이 아프다고 하면서 병원에 갔다고 들었고, 1주 정도 입원을
　　한다고는 하였습니다.

문　사고 장소의 위치와 현장의 모습이 다음과 같은가요.

이때 검사는 사법경찰리가 작성하여 기록에 편철된 실황조사서를 보여준바,

답　예, 사고 장소의 위치와 현장의 모습은 맞습니다만, 제가 술을 마시고 운전하였다
　　거나 도주하였다는 점에 대한 것은 사실이 아닙니다.

문　종합보험에는 가입되어 있는가요.

답　택시 공제조합에 가입되어 있습니다.

문　피해자 측과는 별도 합의하였는가요.

답　예, 합의하였습니다.

문   이상의 진술은 사실대로인가요.

답   **사실대로 진술하였습니다.**

문   조서에 진술한 대로 기재되지 아니하였거나 사실과 다른 부분이 있는가요.

답   **없습니다.**

위 조서를 진술자에게 열람하게 하였던바, 진술한 대로 오기나 증감 변경할 것이 전혀 없다고 말하므로 간인한 후 서명날(무)인케 하다.

진술자   고 주 태 (무인)

2013. 12.   12

서울중앙지방검찰청

검   사   **박검사** ㉑

검찰주사보   **김검찰** ㉑

진술조서

성   명 : 오미정
주 민 등 록 번 호 : ******-*******
직   업 : 가정주부
주   거 : 서울 동작구 동작대로 20
등 록 기 준 지 : 전남 화순군 이양면 이양로 580
직 장 주 소 : 없음
연   락   처 : (자택 전화) 02-***-****   (휴대 전화) 010-****-****
                      (직장 전화)   (전자우편)

위의 사람은 피의자 장사고에 대한 교통사고처리특례법위반 피의사건에 관하여 2013.
12. 13. 서울중앙지방검찰청 907호 검사실에 임의 출석하여 다음과 같이 진술하다.

1. 피의자와의 관계

저는 피의자 고주태와 아무런 관계가 없습니다.

1. 피의사실과의 관계

저는 피의사실과 관련하여 피해자의 자격으로서 출석하였습니다.

이때 검사는 진술자 오미정을 상대로 다음과 같이 조사하다.

문   진술인은 사고를 당한 일시와 장소를 기억하는가요.

답   2013. 12. 9. 03 : 15경으로 기억하고 있고, 서울 동작구 동작대로에 있는 제가 다니
       는 교회 부근에서입니다.

문   당시 사고 경위를 간단히 진술하시오.

답   당일 새벽교회를 가기 위해서 길을 걸어 가는데 뒤에 누가 받아서 넘어졌습니다.
       허리와 목이 너무 아파 그날부터 병원에 입원해 있습니다.

문   사고지점은 찻길인가요 보도인가요.

답   구분이 없는 길인데 차량이나 사람이나 막 건너다니는 골목길입니다.

문   경찰관이 작성한 실황조사서 기재에 의하면 사고지점은 보도가 아닌 차도인 것으
       로 보이는데 어떤가요.

답   보도는 가게들이 물건을 쌓아 두어서 차도로 걸어가던 중이었나 봅니다.

문 피의자는 피해자가 도로를 막 횡단하려고 했다고 하는데 아닌가요.

답 앞에 있는 교회를 가려고 가던 중이었고, 교회는 차도 오른쪽에 있으니까 길을 건널 필요도 없는데 운전자가 거짓말하고 있습니다.

문 사고나기 전에 뒤에서 차량이 오는 것을 몰랐는가요.

답 자동차가 뒤에서 오면서 저를 보고 빵 소리를 내면 제가 피했을 것인데 아무런 소리가 없었고, 저는 그냥 앞만 보고 걸어가다가 사고 난 것입니다. 아무래도 졸았거나 속도가 엄청났던 것이지요.

문 피의자가 차를 정차시키고, 구호조치를 하였나요.

답 아닙니다. 그대로 도망갔고, 뒤따라 오던 오토바이 운전자가 신고를 하여 경찰과 앰뷸런스가 왔습니다.

문 진술인의 상태는 어떤가요.

답 현재도 입원 중인데, 아직 아픕니다.

문 피의자와는 합의가 되었는가요.

답 예, 합의하였습니다.

문 피의자의 처벌을 원하는가요.

답 아닙니다.

문 조서에 진술한 대로 기재되지 아니하였거나 사실과 다른 부분이 있는가요.

답 **없습니다.**

   위 조서를 진술자에게 열람하게 하였던바, 진술한 대로 오기나 증감 변경할 것이 전혀 없다고 말하므로 간인한 후 서명날(무)인케 하다.

진술자 오 미 경 ㉑

2013. 12. 13.

서울중앙지방검찰청

검   사 박 검 사 ㉑
검찰주사보 김 검 찰 ㉑

진술조서

성   명 : 박 목 격

주 민 등 록 번 호 : ******-******* (43세)

직   업 : 퀵서비스배달

주   거 : 서울 종로구 종로 143

등 록 기 준 지 : 서울 종로구 종로 111

직 장 주 소 : 서울 종로구 종로 144 **빠른 퀵서비스**

연   락   처 : (자택전화) 02-****-****   (휴대 전화)   ***-***-****

                         (직장전화) 02-****-****   (전자우편)

위의 사람은 피의자 장사고에 대한 교통사고처리특례법위반 피의사건에 관하여 2013. 12. 13. 서울중앙지방검찰청 907호 검사실에 임의 출석하여 다음과 같이 진술하다.

1. 피의자와의 관계

저는 피의자 고주태와 아무런 관계가 없습니다.

1. 피의사실과의 관계

저는 피의사실과 관련하여 목격자의 자격으로서 출석하였습니다.

이때 검사는 진술자 박목격을 상대로 다음과 같이 조사하다.

문   2013. 12. 9. 03 : 15경 본건 교통사고를 목격하게 된 경위를 진술하세요.

답   사고당일인 새벽에 배달일이 있어서 사고낸 차량의 뒤에서 같은 방향으로 오토바이를 운전하고 진행하다가 사고를 목격하게 되었습니다.

이때 검사는 수사기록 중 사법경찰관 작성의 실황조사서의 약도를 보여주면서

문   이 도면에 나와 있는 지점에서 사고가 난 것인가요.

답   예. 맞습니다.

문   진술인은 피의자나 피해자를 전에부터 아는가요.

답   오토바이를 타고 가다가 피의자의 택시가 사람을 치는 것을 본 적이 있을 뿐 모두 전부터 아는 사람은 아닙니다.

문   사고를 목격하게 된 경위를 자세히 말하여 보세요.

답   새벽에 배달일이 있어서 그곳에 오토바이를 타고 가다가 택시 뒤에서 사고를 목격

하게 되었습니다.

문 목격내용을 자세히 진술하세요.

답 그 곳은 동작대로 맘모스 모텔 앞 이면도로인데, SK텔레콤 쪽에서 남양초등학교 쪽으로 앞의 택시가 상당히 빠른 속력으로 달리다가 갑자기 브레이크를 잡았는데 그때 앞서 가던 여자분 한 명을 차량 우측 범퍼 부분으로 치었습니다.

문 택시가 빠른 속도였다면 어느 정도인가요.

답 정확하지는 않지만 시속 약 60킬로미터 이상은 되었을 것입니다.

문 피고인은 시속 약 30킬로미터로 천천히 진행하였다고 하는데 어떤가요.

답 노폭이 6미터 가량되는 좁은 이면도로였지만 한가한 새벽길이라 저도 약 50킬로 속력으로 달렸던데 저보다 빨랐던 것으로 기억합니다.

문 사고지점이 차도인 것은 분명한가요.

답 예, 맞습니다. 보도에는 물건들이 많이 적치되어 있었습니다. 피해자가 차도로 간 것은 맞습니다.

문 피해자가 차량 진행방향을 막고 걸어갔다는 말인가요.

답 그렇지는 않았고, 차도에서 보도로 내려서는 부근으로 걸어간 것입니다.

문 피해자가 갑자기 무단횡단하지는 않았나요.

답 피해자는 그냥 그 길을 따라서 가고 있었고, 택시가 좌회전을 하면서 피해자와 너무 가까이 운전하다가 부딪친 것입니다.

문 사고 후에 어떻게 하였는가요.

답 제가 피해자를 살펴보는 상황에서, 약 5분 정도가 지나 앰뷸런스와 경찰이 거의 동시에 도착해서 경찰관에게 제 인적사항을 불러 주었고, 앰뷸런스에 피해자를 싣는 것을 보고 저는 일하러 갔습니다.

문 신고는 누가 하였는가요.

답 제가 신고했습니다.

문 사고 후에 피해자의 구호는 어떻게 하였는가요.

답 제가 하였고, 조금 이따가 경찰이 와서 수습을 하였습니다.

문 진술인도 오토바이를 타고 가면서 사고 상황을 정확히 볼 수 있었는가요.

답 저도 오토바이 앞을 주시하며 운전하는 상황이라서 잘 볼 수 있었습니다.

문 피의자는 피해자가 가던 길을 그대로 따라가다가 사고가 난 것이 아니고 갑자기 차도 쪽으로 무단 횡단하였다고 하는데 그렇지 않나요.

답 그렇지는 않아요. 당시 사람이 앞에 있는데도 택시가 너무 빠른 속력으로 달리며 피해자 가까이 붙어 사고가 났어요.

문 당시 어둡지는 않았나요.

답 가로등이 있는 도로로 사물을 다 식별할 수 있는 곳입니다.

문 목격 당시 오토바이와 사고지점의 거리는 어느 정도였나요.

답 사고 나는 것을 보고 저도 급히 브레이크를 잡아 겨우 섰는데, 약 15~16미터 될 것 같습니다.

문 이상의 진술은 모두 사실인가요.

답 예, 사실대로 진술하였습니다.

위 조서를 진술자에게 열람하게 하였던바, 진술한 대로 오기나 증감변경할 것이 전혀 없다고 말하므로 간인한 후 서명날인케 하다.

진술자 박 목 격 [인]

2013. 12. 13.

서울중앙지방검찰청

검 사 박 검 사 [인]

검찰주사보 김 검 찰 [인]

해 설

Ⅰ. 사건의 개요

1. 피 고 인

- 고주태(변호인 홍변호)
- 60세, 택시운전

2. 공소사실의 요지(죄명)

- 특정범죄가중처벌등에관한법률위반(도주차량)
- 특정범죄가중처벌등에관한법률위반(위험운전치사상)
- 도로교통법위반(음주운전)
- 도로교통법위반(무면허운전)

[적용법조]

특정범죄 가중처벌 등에 관한 법률 제 5 조의3 제 1 항 제 2 호, 형법 제268조, 도로교통법 제54조 제 1 항, 특정범죄 가중처벌 등에 관한 법률 제 5 조의11, 도로교통법 제148조의2 제 1 호, 제44조 제 1 항, 제152조 제 1 호, 제43조, 형법 제40조, 제37조, 제38조

3. 사건의 경과

가. 수사절차

- 음주운전 등으로 현행범인체포(2013. 12. 9.)
- 변호인선임(2013. 12. 10.)
- 구속(2013. 12. 11.)

나. 공판절차

◉ 2013. 12. 14. 공소제기
◉ 2013. 12. 27. 제 1 회 공판기일
  · 피고인 무죄 주장
  · 증거신청(증거서류)
  · 증거의 인부
  · 검사 증인신청(증인 박목격, 박경찰)
  · 피고인 증거신청(자동차운전면허대장사본, 증인 윤명의)
◉ 2014. 1. 10. 제 2 회 공판기일
  · 증인신문
  · 피고인신문
  · 변론종결(징역 2년구형, 무죄변론)
◉ 2014. 1. 17. 선고

4. 주요 형사특별법

특정범죄 가중처벌 등에 관한 법률 제 5 조의3(도주차량 운전자의 가중처벌) ① 「도로교통법」 제 2 조에 규정된 자동차·원동기장치자전거의 교통으로 인하여 「형법」 제268조의 죄를 범한 해당 차량의 운전자(이하 "사고운전자"라 한다)가 피해자를 구호(救護)하는 등 「도로교통법」 제54조 제 1 항에 따른 조치를 하지 아니하고 도주한 경우에는 다음 각 호의 구분에 따라 가중처벌한다.

  1. 피해자를 사망에 이르게 하고 도주하거나, 도주 후에 피해자가 사망한 경우에는 무기 또는 5년 이상의 징역에 처한다.
  2. 피해자를 상해에 이르게 한 경우에는 1년 이상의 유기징역 또는 500만원 이상

3천만원 이하의 벌금에 처한다.

② 사고운전자가 피해자를 사고 장소로부터 옮겨 유기하고 도주한 경우에는 다음 각 호의 구분에 따라 가중처벌한다.

1. 피해자를 사망에 이르게 하고 도주하거나, 도주 후에 피해자가 사망한 경우에는 사형, 무기 또는 5년 이상의 징역에 처한다.

2. 피해자를 상해에 이르게 한 경우에는 3년 이상의 유기징역에 처한다. [전문개정 2010. 3. 31.]

제 5 조의11(위험운전 치사상) 음주 또는 약물의 영향으로 정상적인 운전이 곤란한 상태에서 자동차(원동기장치자전거를 포함한다)를 운전하여 사람을 상해에 이르게 한 사람은 10년 이하의 징역 또는 500만원 이상 3천만원 이하의 벌금에 처하고, 사망에 이르게 한 사람은 1년 이상의 유기징역에 처한다. [전문개정 2010. 3. 31.]

도로교통법 제54조(사고발생 시의 조치) ① 차의 운전 등 교통으로 인하여 사람을 사상(死傷)하거나 물건을 손괴(이하 "교통사고"라 한다)한 경우에는 그 차의 운전자나 그 밖의 승무원(이하 "운전자등"이라 한다)은 즉시 정차하여 사상자를 구호하는 등 필요한 조치를 하여야 한다.

② 제 1 항의 경우 그 차의 운전자등은 경찰공무원이 현장에 있을 때에는 그 경찰공무원에게, 경찰공무원이 현장에 없을 때에는 가장 가까운 국가경찰관서(지구대, 파출소 및 출장소를 포함한다. 이하 같다)에 다음 각 호의 사항을 지체 없이 신고하여야 한다. 다만, 운행 중인 차만 손괴된 것이 분명하고 도로에서의 위험방지와 원활한 소통을 위하여 필요한 조치를 한 경우에는 그러하지 아니하다.

1. 사고가 일어난 곳

2. 사상자 수 및 부상 정도

3. 손괴한 물건 및 손괴 정도

4. 그 밖의 조치사항 등

③ 제 2 항에 따라 신고를 받은 국가경찰관서의 경찰공무원은 부상자의 구호와 그 밖의 교통위험 방지를 위하여 필요하다고 인정하면 경찰공무원(자치경찰공무원은 제외한다)이 현장에 도착할 때까지 신고한 운전자등에게 현장에서 대기할 것을 명할 수 있다.

④ 경찰공무원은 교통사고를 낸 차의 운전자등에 대하여 그 현장에서 부상자의 구호와 교통안전을 위하여 필요한 지시를 명할 수 있다.

⑤ 긴급자동차, 부상자를 운반 중인 차 및 우편물자동차 등의 운전자는 긴급한 경우에는 동승자로 하여금 제 1 항에 따른 조치나 제 2 항에 따른 신고를 하게 하고 운전을 계속할 수 있다.

⑥ 경찰공무원(자치경찰공무원은 제외한다)은 교통사고가 발생한 경우에는 대통령령으로 정하는 바에 따라 필요한 조사를 하여야 한다.
[전문개정 2011. 6. 8.]

제43조(무면허운전 등의 금지) 누구든지 제80조에 따라 지방경찰청장으로부터 운전면허를 받지 아니하거나 운전면허의 효력이 정지된 경우에는 자동차등을 운전하여서는 아니 된다.
[전문개정 2011. 6. 8.]

제44조(술에 취한 상태에서의 운전 금지) ① 누구든지 술에 취한 상태에서 자동차등(「건설기계관리법」 제26조 제 1 항 단서에 따른 건설기계 외의 건설기계를 포함한다. 이하 이 조, 제45조, 제47조, 제93조 제 1 항 제 1 호부터 제 4 호까지 및 제148조의2에서 같다)을 운전하여서는 아니 된다.
② 경찰공무원(자치경찰공무원은 제외한다. 이하 이 항에서 같다)은 교통의 안전과 위험방지를 위하여 필요하다고 인정하거나 제 1 항을 위반하여 술에 취한 상태에서 자동차등을 운전하였다고 인정할 만한 상당한 이유가 있는 경우에는 운전자가 술에 취하였는지를 호흡조사로 측정할 수 있다. 이 경우 운전자는 경찰공무원의 측정에 응하여야 한다.
③ 제 2 항에 따른 측정 결과에 불복하는 운전자에 대하여는 그 운전자의 동의를 받아 혈액 채취 등의 방법으로 다시 측정할 수 있다.
④ 제 1 항에 따라 운전이 금지되는 술에 취한 상태의 기준은 운전자의 혈중알코올농도가 0.05퍼센트 이상인 경우로 한다.
[전문개정 2011. 6. 8.]

제148조의2(벌칙) ① 다음 각 호의 어느 하나에 해당하는 사람은 1년 이상 3년 이하의 징역이나 500만원 이상 1천만원 이하의 벌금에 처한다.
  1. 제44조 제 1 항을 2회 이상 위반한 사람으로서 다시 같은 조 제 1 항을 위반하여 술에 취한 상태에서 자동차등을 운전한 사람
  2. 술에 취한 상태에 있다고 인정할 만한 상당한 이유가 있는 사람으로서 제44조 제 2 항에 따른 경찰공무원의 측정에 응하지 아니한 사람
② 제44조 제 1 항을 위반하여 술에 취한 상태에서 자동차등을 운전한 사람은 다음 각 호의 구분에 따라 처벌한다.
  1. 혈중알콜농도가 0.2퍼센트 이상인 사람은 1년 이상 3년 이하의 징역이나 500만원 이상 1천만원 이하의 벌금
  2. 혈중알콜농도가 0.1퍼센트 이상 0.2퍼센트 미만인 사람은 6개월 이상 1년 이하의

징역이나 300만원 이상 500만원 이하의 벌금

3. 혈중알콜농도가 0.05퍼센트 이상 0.1퍼센트 미만인 사람은 6개월 이하의 징역이
나 300만원 이하의 벌금

③ 제45조를 위반하여 약물로 인하여 정상적으로 운전하지 못할 우려가 있는 상태에
서 자동차등을 운전한 사람은 3년 이하의 징역이나 1천만원 이하의 벌금에 처한다.
[전문개정 2011. 6. 8.]

제152조(벌칙) 다음 각 호의 어느 하나에 해당하는 사람은 1년 이하의 징역이나 300만
원 이하의 벌금에 처한다.

1. 제43조를 위반하여 제80조에 따른 운전면허(원동기장치자전거면허는 제외한다.
이하 이 조에서 같다)를 받지 아니하거나(운전면허의 효력이 정지된 경우를 포함
한다) 또는 제96조에 따른 국제운전면허증을 받지 아니하고(운전이 금지된 경우
와 유효기간이 지난 경우를 포함한다) 자동차를 운전한 사람

2. 제56조 제 2 항을 위반하여 운전면허를 받지 아니한 사람(운전면허의 효력이 정지
된 사람을 포함한다)에게 자동차를 운전하도록 시킨 고용주등

3. 거짓이나 그 밖의 부정한 수단으로 운전면허를 받거나 운전면허증 또는 운전면
허증을 갈음하는 증명서를 발급받은 사람

4. 제68조 제 2 항을 위반하여 교통에 방해가 될 만한 물건을 함부로 도로에 내버려
둔 사람

5. 제76조 제 4 항을 위반하여 교통안전교육강사가 아닌 사람으로 하여금 교통안전
교육을 하게 한 교통안전교육기관의 장

6. 제117조를 위반하여 유사명칭 등을 사용한 사람

[전문개정 2011. 6. 8.]

II. 쟁점 해설

1. 도로교통법위반(음주운전)

가. 문제의 제기

피고인은 경찰 피의자신문시 음주운전사실을 자백하였으나, 검사의 피의자신
문과 공판기일에서의 검사의 피고인신문(공판기록 435쪽)에서는 사고 전 음주사실
을 부인하고 사고 후 음주를 하였을 뿐이라고 주장하고 있는바,[1] 증거관계를 검토

---

1) 변호인은 피고인의 이익을 위하여 활동하는 보호자의 지위도 가지나 반면에 공익적 지위도

하여 무죄를 변론하여야 한다.

나. 증거관계 검토

(1) 경찰에서의 자백(증거기록 456쪽 사법경찰리 작성의 피의자신문조서)

사법경찰리 작성의 피의자신문조서는 피고인이 증거인부절차에서 내용을 부인하였으므로 증거능력이 없다.

(2) [교통사고보고(2)(실황조사서)]에 기재된 자백(증거기록 452쪽)

실황조사서에 [피의자는 발견 당시 "자신이 술을 먹고 운전하다가 사고를 내고 그냥 갔으며 경찰서에서 조사를 받겠다"라고 하므로 경찰서에 임의 동행함]이라는 기재도 형사소송법 제312조 제 3 항의 적용을 받아 피고인이 내용을 부인하는 이상 증거능력이 없다.[2]

실황조사서는 피고인이 부동의하였지만 작성한 경찰관(박경찰)이 제 2 회 공판기일에서 진정성립을 인정하고 있으므로 경찰관이 실황을 조사한 내용 자체는 증거능력이 있지만, 실황조사서 안에 기재된 진술은 별개로 보아야 한다.

판례는 검증조서에 기재된 현장진술의 경우 조서작성의 주체와 지위에 따라 제312조 각 항에 의하여 증거능력을 인정하여야 한다는 입장이다. 실황조사서도 이에 준한다.

가지고 있다[변호사법 제24조(품위유지의무 등) ① 변호사는 그 품위를 손상하는 행위를 하여서는 아니 된다. ② 변호사는 그 직무를 수행할 때에 진실을 은폐하거나 거짓 진술을 하여서는 아니 된다]. 두 지위가 충돌 시 보호자 지위가 우선하나, 법적 조언이나 소극적 묵비에 그쳐야 한다. 적극적인 은폐나 허위진술교사나 위증교사 등은 금지된다. 따라서 피고인의 유죄를 알게 되더라도 법원에 고지할 의무는 없고 오히려 입증미비 등을 이유로 무죄를 변론할 수 있다고 보아야 한다. 이 사건에서는 피고인 변명의 진위가 불투명하지만 유죄를 인정하기에는 증거법상의 문제가 있으므로 변호인으로서는 이를 최대한 부각하여 변론하는 것이 상당하다.

2) 대법원 1998. 3. 13. 선고 98도159 판결.

'사법경찰관이 작성한 검증조서'에는 이 사건 범행에 부합되는 피의자이었던 피고인의 진술기재 부분이 포함되어 있고 또한 범행을 재연하는 사진이 첨부되어 있으나, 기록에 의하면 피고인이 위 검증조서에 대하여 증거로 함에 동의만 하였을 뿐 공판정에서 검증조서에 기재된 진술내용 및 범행을 재연한 부분에 대하여 그 성립의 진정 및 내용을 인정한 흔적을 찾아볼 수 없고 오히려 이를 부인하고 있으므로 그 증거능력을 인정할 수 없는바, 원심으로서는 위 검증조서 중 이 사건 범행에 부합되는 피고인의 진술을 기재한 부분과 범행을 재연한 부분을 제외한 나머지 부분만을 증거로 채용하여야 함에도 이를 구분하지 아니한 채 그 전부를 유죄의 증거로 인용한 조치는 위법하다.

(3) 감정의뢰회보서(증거기록 461쪽)

⑦ 문제의 제기

체포직후 음주측정기에 의한 측정결과(혈중알코올농도 0.142%)[3]와 피고인이 요청하여 혈액감정을 한 결과가 기재된 감정의뢰회보서(혈중알코올농도 0.152%)는 피고인의 음주운전사실을 인정할 가장 유력한 증거이다.

그런데 이는 위법하게 수집된 증거라고 주장할 만한 근거가 있다. 즉 피고인에 대한 음주측정이나 채혈은 모두 피고인이 체포된 직후에 이루어진 것인데, 피고인의 체포 과정에 적법절차를 위반한 흔적이 보이므로 우선 피고인의 체포가 적법한지 여부를 살펴본다.

⑷ 피고인 체포의 적법성

현행범인체포서(공판기록 425쪽)의 기재에 의하면 "피고인은 2013. 12. 9. 03 : 15경 서울 동작구 동작대로 44-1에 있는 맘모스호텔 앞 이면도로에서 사고를 내고 2013. 12. 9. 04 : 30 서울 동작구 동작대로 44 맘모스호텔 부근 도로에서 발견되어 음주운전사실 시인하여 측정한바 혈중알코올농도 0.142% 확인되어 미란다원칙 고지 후 현행범인으로 체포된 것"으로 되어 있다.

한편, 피고인을 체포한 박경찰은 "2013. 12. 9. 03 : 50 경 사고현장에서 100미터 가량 떨어진 곳에서 피고인을 발견하고 경찰서로 임의 동행하여 왔으며 수갑을 채운 것은 술에 취한 피고인을 보호하기 위한 것이다. 현행범체포는 경찰관서에 온 이후인데 현행범인체포서에 잘못 기재한 것이다"라고 증언한다(공판기록 443쪽).

교통사고보고(2)(실황조사서)에는 "피고인을 임의 동행함"(증거기록 452쪽)이라고 기재되어 있다.

위 증거들을 종합하면 피고인은 현행범인체포서 기재와는 달리 사고시간보다 약 1시간 이상 경과한 시점에 사고장소가 아닌 경찰관서에서 현행범인으로 체포된 것이 분명한바, 이는 현행범체포의 요건 중 시간적·장소적 접착성의 요건을 결한 위법한 체포임이 명백하다.[4]

아울러, 피고인이 2013. 12. 9. 03 : 50경 사고현장에서 100미터 가량 떨어진 곳에서 현행범인으로 체포된 것으로 본다고 하더라도 이 또한 시간적·장소적 접착

---

3) 이는 증거로 제출되어 있지 않으므로 따로 검토하지 아니한다. 혈액을 감정한 감정의뢰회보서와 동일한 논리가 적용될 것이다.

4) 다만, 긴급체포의 요건을 갖추었는지는 별개의 문제이다.

성의 요건을 결한 위법한 체포라고 보아야 한다.

또한 피고인이 당시 수갑이 채워져 연행된 점이나 증인 박경찰은 미란다원칙을 고지하였다고 하는 점5)에 비추어(피고인, 증인 박목격, 증인 박경찰의 증언이 일치) 이를 임의동행에 해당한다고도 보기 어렵다.

그렇다면 어느 모로 보나 피고인에 대한 체포는 적법한 절차를 위배한 불법체포라고 보아야 한다.

⑷ **위법수집증거배제**

도로교통법상의 규정들이 음주측정을 위한 강제처분의 근거가 될 수 없다는 것이 대법원의 견해이다.6)

위법한 체포 상태에서 음주측정이 이루어진 경우, 음주측정을 위한 위법한 체포와 그에 이은 음주측정은 주취운전이라는 범죄행위에 대한 증거 수집을 위하여 연속하여 이루어진 것으로서 그에 기초한 감정서와 주취운전자적발보고서는 형사소송법 제308조의2에서 규정하고 있는 위법수집증거배제 원칙에 의하여 증거능력이 배제되어야 한다.7)

---

5) 임의동행이라면서 굳이 형사소송법 제243조의2에 따른 고지를 하였다고 주장하는 것도 자기모순이다.

6) 대법원 2006. 11. 9. 선고 2004도8404 판결.
   교통안전과 위험방지를 위한 필요가 없음에도 주취운전을 하였다고 인정할 만한 상당한 이유가 있다는 이유만으로 이루어지는 음주측정은 이미 행하여진 주취운전이라는 범죄행위에 대한 증거 수집을 위한 수사절차로서의 의미를 가지는 것인데, 구 도로교통법상의 규정들이 음주측정을 위한 강제처분의 근거가 될 수 없으므로 위와 같은 음주측정을 위하여 당해 운전자를 강제로 연행하기 위해서는 수사상의 강제처분에 관한 형사소송법상의 절차에 따라야 하고, 이러한 절차를 무시한 채 이루어진 강제연행은 위법한 체포에 해당한다. 이와 같은 위법한 체포 상태에서 음주측정요구가 이루어진 경우, 음주측정요구를 위한 위법한 체포와 그에 이은 음주측정요구는 주취운전이라는 범죄행위에 대한 증거 수집을 위하여 연속하여 이루어진 것으로서 개별적으로 그 적법 여부를 평가하는 것은 적절하지 않으므로 그 일련의 과정을 전체적으로 보아 위법한 음주측정요구가 있었던 것으로 볼 수밖에 없다. 그렇다면 운전자가 주취운전을 하였다고 인정할 만한 상당한 이유가 있다 하더라도 그 운전자에게 경찰공무원의 이와 같은 위법한 음주측정요구에 대해서까지 그에 응할 의무가 있다고 보아 이를 강제하는 것은 부당하므로 그에 불응하였다고 하여 음주측정거부에 관한 도로교통법 위반죄로 처벌할 수 없다.

7) 대법원 2009. 4. 23. 선고 2009도526 판결.
   수사기관이 헌법 제12조 제 3 항, 형사소송법 제85조 제 1 항, 제209조에 반하여 사전에 영장을 제시하지 아니한 채 구속영장을 집행한 경우, 그 구속중 수집한 2차적 증거들인 구속 피고인의 진술증거가 유죄 인정의 증거로 사용될 수 있는지 역시 위와 같은 법리에 의하여 판단되어야 하고, 이는 형사소송법 제81조 제 3 항, 제209조에 따라 검사의 지휘에 의하여 교도관리가 구속영장을 집행하는 경우에도 마찬가지이다.

㈃ **위법수집증거배제의 예외에 해당하는지 여부**

대법원은 원칙적으로 위법수집증거의 증거능력을 배제하지만, 수사기관의 절차 위반 행위가 적법절차의 실질적인 내용을 침해하지 아니하고, 오히려 그 증거의 증거능력을 배제하는 것이 헌법과 형사소송법이 형사소송에 관한 절차 조항을 마련하여 적법절차의 원칙과 실체적 진실 규명의 조화를 도모하고, 이를 통하여 형사 사법 정의를 실현하려 한 취지에 반하는 결과를 초래하는 것으로 평가되는 예외적인 경우, 그 증거능력을 인정할 수 있다고 판시한 바 있다.[8]

피고인의 혈액채취는 피고인의 자발적인 요청에 기한 것으로 이른바 '오염순화의 이론'에 의해 위법성이 치유되는지가 문제이다.[9]

불법체포된 상태에서의 음주측정기에 기한 음주측정결과의 증거능력을 배제하는 것이 상당하다면 비록 피고인의 요청으로 혈액채취가 이루어졌다고 하더라도 불법체포하에서 심리적 압박에 기인한 것이므로 불법체포와의 인과관계가 단절된다고 볼 수는 없다(대법원 2013. 3. 14. 선고 2010도2094 판결).

국민의 신체의 자유를 보장하기 위하여 적법절차의 원칙을 천명하고 있는 헌법과 형사소송법의 취지에 반하는 결과를 초래하기 때문이다.

㈄ **결   론**

감정의뢰회보서는 증거능력이 없다고 보아야 한다.

---

8) 대법원 2007. 11. 15. 선고 2007도3061 판결.
9) 대법원 2009. 3. 12. 선고 2008도11437 판결.

   형사소송법 제308조의2는 "적법한 절차에 따르지 아니하고 수집한 증거는 증거로 할 수 없다"고 규정하고 있는바, 수사기관이 헌법과 형사소송법이 정한 절차에 따르지 아니하고 수집한 증거는 물론, 이를 기초로 하여 획득한 2차적 증거 역시 유죄 인정의 증거로 삼을 수 없는 것이 원칙이다. 다만, 수사기관의 절차 위반 행위가 적법절차의 실질적인 내용을 침해하는 경우에 해당하지 아니하고, 오히려 그 증거의 증거능력을 배제하는 것이 헌법과 형사소송법이 형사소송에 관한 절차 조항을 마련하여 적법절차의 원칙과 실체적 진실 규명의 조화를 도모하고 이를 통하여 형사 사법 정의를 실현하려 한 취지에 반하는 결과를 초래하는 것으로 평가되는 예외적인 경우라면, 법원은 그 증거를 유죄 인정의 증거로 사용할 수 있다. 따라서 법원이 2차적 증거의 증거능력 인정 여부를 최종적으로 판단할 때에는 먼저 절차에 따르지 아니한 1차적 증거 수집과 관련된 모든 사정들, 즉 절차 조항의 취지와 그 위반의 내용 및 정도, 구체적인 위반 경위와 회피가능성, 절차 조항이 보호하고자 하는 권리 또는 법익의 성질과 침해 정도 및 피고인과의 관련성, 절차 위반행위와 증거수집 사이의 인과관계 등 관련성의 정도, 수사기관의 인식과 의도 등을 살펴야 한다. 나아가 1차적 증거를 기초로 하여 다시 2차적 증거를 수집하는 과정에서 추가로 발생한 모든 사정들까지 구체적인 사안에 따라 주로 인과관계 희석 또는 단절 여부를 중심으로 전체적·종합적으로 고려하여야 한다.

2. 도로교통법위반(무면허운전)

피고인의 운전면허는 2013. 6. 15. 취소되었다가 그 원인이 된 특정범죄 가중처벌 등에 관한 법률위반(도주차량)죄에 대하여 무죄가 확정됨에 따라 2013. 12. 20. 취소처분이 취소된 사실이 인정된다(공판기록 433쪽 운전면허대장 사본).

판례[10]에 따르면 무면허운전죄가 성립하지 아니한다.

형사소송법 제325조 전단에 의하여 무죄판결이 선고되어야 한다.

음주운전과 무면허운전의 죄수는 상상적 경합으로 본다.[11]

3. 특정범죄가중처벌등에관한법률위반(위험운전치사상)[12]

가. 위험운전치사상죄의 의의와 타죄와의 관계

최근 음주 또는 약물의 영향으로 정상적인 운전이 곤란한 상태에서 자동차(원동기장치자전거를 포함한다)를 운전하여 사람을 사상에 이르게 한 하는 사례가 다수 발생함에 따라 특정범죄 가중처벌 등에 관한 법률에 위험운전치사상죄가 신설되었다.

위험운전치사상죄는 도로교통법 위반(음주운전)죄의 경우와는 달리 형식적으로 혈중알코올농도의 법정 최저기준치를 초과하였는지 여부와는 상관없이 운전자가 음주의 영향으로 실제 정상적인 운전이 곤란한 상태에 있어야만 하고,[13] 그러

---

10) 대법원 2008. 1. 31. 선고 2007도9220 판결.

　　특정범죄 가중처벌 등에 관한 법률 위반(도주차량)으로 운전면허취소처분을 받은 자가 자동차를 운전하였다고 하더라도 그 후 피의사실에 대하여 무혐의 처분을 받고 이를 근거로 행정청이 운전면허 취소처분을 철회하였다면, 운전면허 취소처분은 행정쟁송절차에 의하여 취소된 경우와 마찬가지로 그 처분시에 소급하여 효력을 잃게 되고, 위 운전행위는 무면허운전에 해당하지 않는다.

11) 대법원 1987. 2. 24. 선고 86도2731 판결.

　　형법 제40조에서 말하는 1개의 행위란 법적 평가를 떠나 사회관념상 행위가 사물자연의 상태로서 1개로 평가되는 것을 말하는바, 무면허인데다가 술이 취한 상태에서 오토바이를 운전하였다는 것은 위의 관점에서 분명히 1개의 운전행위라 할 것이고 이 행위에 의하여 도로교통법 제111조 제 2 호, 제40조와 제109조 제 2 호, 제41조 제 1 항의 각 죄에 동시에 해당하는 것이니 두 죄는 형법 제40조의 상상적 경합관계에 있다고 할 것이다.

12) 특정범죄 가중처벌 등에 관한 법률 제 5 조의11(위험운전치사상).

13) 헌법재판소 2009. 5. 28, 2008헌가11 결정.

　　이 사건 법률조항이 가중처벌의 근거로 삼고 있는 "음주의 영향으로 정상적인 운전이 곤란한 상태에서 자동차를 운전하여"란 음주로 인하여 운전자가 현실적으로 전방 주시력, 운동능력이 저하되고 판단력이 흐려짐으로써 도로교통법상 운전에 요구되는 주의의무를 다할 수

한 상태에서 자동차를 운전하다가 사람을 상해 또는 사망에 이르게 한 행위를 처벌 대상으로 하고 있는바, 형식적인 혈중알코올농도만으로 성립 여부를 단정할 수는 없지만 중요한 요소가 되는 것은 물론이다.[14]

법적 성격은 형법 제268조에서 규정하고 있는 업무상과실치사상죄의 특례를 규정한 것이라고 해석된다.[15] 따라서 교통사고처리특례법위반죄도 위험운전치사상죄에 흡수되지만, 판례는 도로교통법상의 음주운전죄와 위험운전치사상죄는 실체적 경합관계로 본다.[16]

위험운전치사상죄와 특정범죄 가중처벌 등에 관한 법률상의 도주차량죄의 관계는 상상적 경합설, 실체적 경합설, 법조경합설로 분분하지만, 이 사건에서는 상상적 경합으로 보고 공소제기된 것이다.

없거나, 자동차의 운전에 필수적인 조향 및 제동장치, 등화장치 등의 기계장치의 조작방법 등을 준수하지 못하게 되는 경우를 의미하는 것이므로 그 개념이 불명확하다고 할 수 없고, 알코올이 사람에 미치는 영향은 사람에 따라 다르므로 "정상적인 운전이 곤란한 상태"에 해당되는지 여부는 구체적인 교통사고에 관하여 운전자의 주취정도뿐만 아니라 알코올 냄새, 말할 때 혀가 꼬부라졌는지 여부, 똑바로 걸을 수 있는지 여부, 교통사고 전후의 행태 등과 같은 운전자의 상태 및 교통사고의 발생 경위, 교통상황에 대한 주의력·반응속도·운동능력이 저하된 정도, 자동차 운전장치의 조작을 제대로 조절했는지 여부 등을 종합하여 판단하여야 하므로 이 사건 법률조항이 주취의 정도를 명확한 수치로 규정하지 않았다고 하여 형사처벌요건이 갖추어야 할 명확성의 요건을 충족시키지 못하였다고 보기도 어렵다.

한편, 대법원은 '특정범죄 가중처벌 등에 관한 법률' 제5조의11 위반죄를 업무상과실치사상죄의 일종(2008도7143)이라고 판시하는바, 이는 정상적인 운전이 곤란한 상태에서 자동차를 운전하였더라도 그러한 위험운전을 하기만 하면 사람을 사상에 이르게 한 교통사고에 대하여 과실이 없는 경우에도 처벌할 수 있는 것이 아니라 사상(死傷)의 결과에 대하여 과실이 있어야 처벌할 수 있다는 취지로 이해되고, 이러한 해석은 이 사건 법률조항의 범죄요건을 체계적·합리적으로 해석한 것이라고 할 것이다. 이러한 해석에 의하면 이 사건 법률조항은 위험운전행위를 한 경우에도 사람의 사상의 결과에 대한 과실을 범죄구성요건으로 하는 취지라고 할 것이므로, '자동차운전 업무상의 과실'을 요건으로 명시하지 아니하였다고 하여 이를 불명확하다고 볼 수도 없다.

14) 위 대법원 2008. 11. 13. 선고 2008도7143 판결의 사안은 혈중 알콜농도 0.112%인 사안이다.
15) 대법원 2008. 11. 13. 선고 2008도7143 판결.
　음주로 인한 특정범죄가중처벌등에관한법률위반(위험운전치사상)죄는 입법 취지와 그 문언에 비추어 볼 때, 주취상태에서의 자동차 운전으로 인한 교통사고가 빈발하고 그로 인한 피해자의 생명·신체에 대한 피해가 중대할 뿐만 아니라 사고발생 전 상태로의 회복이 불가능하거나 쉽지 않은 점 등의 사정을 고려하여, 형법 제268조에서 규정하고 있는 업무상과실치사상죄의 특례를 규정하여 가중처벌함으로써 피해자의 생명·신체의 안전이라는 개인적 법익을 보호하기 위한 것이어서, 그 적용범위가 도로에서의 자동차 운전으로 인한 경우뿐만 아니라 도로 이외 장소에서의 자동차 운전으로 인한 경우도 역시 포함되는 것으로 본다.
16) 대법원 2008. 11. 13. 선고 2008도7143 판결.

나. 사안에의 적용

위에서 본 바와 같이 피고인이 주취한 상태에서 운전하였다고 볼 수 없으므로 같은 이유로 무죄를 주장할 수 있을 것이다.

4. 특정범죄가중처벌등에관한법률위반(도주차량)

피고인이 사고 후 현장을 이탈한 것이 사실이므로 도주의 범의를 부인하기는 어려운 사안이다.

그런데 판례[17])에 따르면 도주운전죄가 성립하려면 피해자에게 사상의 결과가 발생하여야 하고, 생명·신체에 대한 단순한 위험에 그치거나 형법 제257조 제1항에 규정된 "상해"로 평가될 수 없을 정도의 극히 하찮은 상처로서 굳이 치료할 필요가 없는 것이어서 그로 인하여 건강상태를 침해하였다고 보기 어려운 경우에는 위 죄가 성립하지 않는다.

한편, 피해자 오미정의 상해는 약 1주간의 치료를 요하는 경추골 및 요추부 염좌상에 불과하고, 증인 윤명의의 "특별한 외상도 없고, 방사선촬영에도 이상이 없어 더 이상의 정밀진료를 하지는 않았으나, 환자가 통증을 호소하므로 약간의 염좌가 있는 것으로 판단하였다. 진통제와 근육이완제를 주사하였으며, 그런 증상은 특별한 이상이 없으면 약 1주 정도면 없어진다. 증상이 경미하여 입원을 권유하지는 않았으나 환자와 보호자가 입원을 원하여 안정가료차 입원시켜, 물리치료를 받게 했고, 2일 정도 수액을 투여하였으며, 환자가 통증을 호소하여 그때마다 진통제와 소염제를 투여하다가, 1주 후에 퇴원하였다. 입원 기간 동안 집에 가서 스스로 옷을 갈아입고 샤워를 하고 온 적도 있다고 들었다. 객관적으로는 통원치료도 가능하였던 것으로 생각한다. 환자는 전에도 가끔 통원치료를 하던 환자인

---

17) 대법원 2008. 10. 9. 선고 2008도3078 판결.
　　특정범죄가중처벌 등에 관한 법률 제5조의3 제1항이 정하는 "피해자를 구호하는 등 도로교통법 제54조 제1항에 의한 조치를 취하지 아니하고 도주한 때"라고 함은, 사고운전자가 사고로 인하여 피해자가 사상을 당한 사실을 인식하였음에도 불구하고, 피해자를 구호하는 등 도로교통법 제54조 제1항에 규정된 의무를 이행하기 이전에 사고현장을 이탈하여 사고를 낸 자가 누구인지 확정할 수 없는 상태를 초래하는 경우를 말하는 것이다. 그러므로 위 도주운전죄가 성립하려면 피해자에게 사상의 결과가 발생하여야 하고, 생명·신체에 대한 단순한 위험에 그치거나 형법 제257조 제1항에 규정된 "상해"로 평가될 수 없을 정도의 극히 하찮은 상처로서 굳이 치료할 필요가 없는 것이어서 그로 인하여 건강상태를 침해하였다고 보기 어려운 경우에는 위 죄가 성립하지 않는다(대법원 2000. 2. 25. 선고 99도3910 판결 등 참조).

데, 어깨의 통증 및 근육파열의 기왕증이 있었고, 7~8개월 전에 요추 4, 5번 허리 수술을 한 병력이 있다. 환자의 상태가 기왕증에 기한 것일 수도 있고, 새로운 충격에 의하여 발생한 것일 수도 있다"라는 증언을(공판기록 442쪽) 근거로 형법상 '상해'가 아니라고 주장하여 볼 수 있다.

그러므로 피해자가 이 사건 사고로 각 신체의 완전성이 손상되고 생활기능에 장애가 왔다거나 건강상태가 불량하게 변경되어 형법상 '상해'를 입었다고 인정하기에 부족하다는 이유로 무죄를 주장할 수 있는 것으로 보인다.[18]

5. 교통사고에 있어서의 과실

– 신뢰의 원칙[별첨 변론요지서 참조]

Ⅲ. 체포 · 구속적부심사청구서의 작성 시의 유의사항

1. 체포 · 구속적부심사청구서의 일반적 형식[19]

체포·구속적부심사는 체포·구속된 피의자에 대하여 그 적법성과 필요성을 심사하여 석방하는 제도이다.

청구권자는 체포(긴급체포, 현행범체포 등 포함) 또는 구속된 자 및 변호인, 법정대리인, 배우자, 직계친족, 형제자매나 가족, 동거인 또는 고용주이다.[20] 청구의 사유는 체포·구속의 적부(불법)와 부당(사정변경을 포함한다)이다. 청구한 때로부터

---

18) 이 사건에서는 상해가 발생하지 아니하였다는 이유로 특가법위반(도주차량)에 대하여 무죄를 주장하는 것이 타당하다고 생각된다. 다만 사안을 달리 하여 도주의 점(사고 운전자가 피해자를 구호하는 등 도로교통법 제50조 제1항에 의한 조치를 취할 필요가 있었다고 인정되지 아니하는 경우 등)이 인정되지 아니한다는 이유로 변론을 할 경우에는 변론의 방향을 달리하여야 한다.
   도주차량죄에 있어서 도주의 점이 인정되지 아니하더라도 축소사실로 교통사고처리특례법위반의 점이 인정되는 경우에는 법원은 공소장변경 없이 교통사고처리특례법위반으로 처벌할 수 있으므로(대법원 2007. 4. 12. 선고 2007도828 판결), 교통사고처리특례법위반이 인정되는 경우에 대비하여 예비적으로 그 점에 대한 변론도 하는 것이 상당하다. 이 사건은 교통사고처리특례법 제3조 제2항의 규정에 따라 피해자의 명시한 의사에 반하여 공소를 제기할 수 없는 사례이므로(같은 법 제4조에 다른 공제조합에도 가입되어 있으며, 같은 법 제3조 제2항 단서에 따른 처벌할 수 있는 예외에 해당하지 않는다) 교통사고처리특례법위반의 점은 형사소송법 제327조 제2호에 따라 공소기각의 판결을 하여 달라는 취지로 변론하여야 한다.
19) 형사소송규칙 제102조(체포·구속적부심사청구서의 기재사항).
20) 형사소송법 제214조의2.

48시간 이내로 심문기일이 지정되며, 심문 후 24시간 내에 결정하여야 한다.[21] 결정은 기각, 석방, 피의자보석(기소전보석, 보증금납입조건부 피의자석방)[22]이 가능하다. 피의자보석에 대하여만 항고로 불복할 수 있다.

체포 또는 구속적부심사청구서에는 [① 체포 또는 구속된 피의자의 성명, 주민등록번호 등, 주거, ② 체포 또는 구속된 일자, ③ 청구의 취지 및 청구의 이유, ④ 청구인의 성명 및 체포 또는 구속된 피의자와의 관계]를 기재하여야 한다.

체포 또는 구속적부심사청구서의 내용은 ① 체포 또는 구속사유의 존재, ② 체포 또는 구속의 위법성, ③ 체포 또는 구속의 전제가 된 범죄사실에 대한 사실관계 및 법률적 쟁점, ④ 정상관계(특히, 합의 등 사정변경 여부), ⑤ 기소전 보석에 대한 의견(직권 발동의 의미)으로 구성되는 것이 일반적이다. 법률관계나 정상관계는 위에서 살펴본 쟁점 부분을 설득력 있게 기술하는 것이 중요하다. 그런데 체포·구속적부심사절차는 사실 유무죄를 다투기에 앞서 체포 또는 구속의 적법성과 필요성을 심사하는 제도이므로 [① 체포 또는 구속사유의 존재 ② 체포 또는 구속의 위법성] 부분에 대한 기술요령을 숙지하여야 한다.

이 모의기록에서는 편의상 수사기록을 검사의 허가 아래 열람·등사한 것으로 설정하였지만, 실제로 수사절차에서 수사기록을 열람·등사하기는 어려우므로 구속영장, 피의자신문조서 등과 변호인이 자체적으로 입수한 자료[23]에 의하여 서면을 작성하여야 한다.

2. 구속적부심사청구서의 주요 제목(예시)

1. 범죄사실의 요지
2. 구속사유의 불비
   - 주거가 일정하고, 도망의 염려 없다
   - 죄증을 인멸할 염려가 없다
3. 이 사건의 경위(피의자의 주장 등 사실관계)
4. 법률적 문제

---

21) 형사소송규칙 제106조.
22) 보증금 납입을 조건으로 한 구속집행정지로서, 구속된 피의자에 한한다.
23) 형사소송규칙 제104조, 제96조의21 구속영장 재판절차 및 적부심사절차에서 변호인은 "지방법원 판사에게 제출된 구속영장청구서 및 그에 첨부된 고소·고발장, 피의자의 진술을 기재한 서류와 피의자가 제출한 서류를 열람할 수 있다."

- 체포사유의 위법 등
- 기타 법률적 쟁점
5. 정상관계
6. 기소전보석에 대한 의견
7. 결   론

변 론 요 지 서

1. 도로교통법위반(음주운전)의 점은 무죄입니다.

가. 공소사실의 요지

이 사건 공소사실은 "피고인은 2013. 12. 9. 03 : 15경 서울 동작구 동작대로 44-1
에 있는 맘모스호텔 앞 이면도로를 에스케이텔레콤 쪽에서 남양초등학교 쪽으로
혈중알코올농도 0.152%의 술에 취한 상태로 피고인 소유의 서울 60바0000호 소나
타 택시를 운전하였다"라는 것입니다.

나. 피고인의 변명 요지

피고인은 경찰 피의자신문 시에는 음주운전사실을 자백하였으나(증거기록 456
쪽 피의자신문조서의 기재), 검사의 피의자신문(증거기록 467쪽 피의자신문조서의 기
재)과 공판기일에서의 검사의 피고인신문(공판기록 435쪽)에서는 사고 전 음주사실
을 부인하고 사고 후 음주를 하였을 뿐이라고 주장하고 있습니다.

다. 증거관계 검토

공소사실에 부합되는 증거를 차례로 살펴보겠습니다.

(1) 경찰에서의 자백(증거기록 456쪽 사법경찰관 작성의 피의자신문조서)

사법경찰리 작성의 피의자신문조서는 피고인이 증거인부절차에서 내용을 부
인하였으므로 증거능력이 없습니다.

(2) [교통사고보고(2)(실황조사서)]에 기재된 자백(증거기록 452쪽)

실황조사서에 [피의자는 발견당시 "자신이 술을 먹고 운전하다가 사고를 내고
그냥 갔으며 경찰서에서 조사를 받겠다"라고 하므로 경찰서에 임의 동행함]이라는
기재도 형사소송법 제312조 제 3 항의 적용을 받아 피고인이 내용을 부인하는 이상
증거능력이 없습니다(대법원 1998. 3. 13. 선고 98도159 판결).

(3) 감정의뢰회보서(증거기록 461쪽)

㈎ 위법수집증거의 배제

혈액감정을 한 결과가 기재된 감정의뢰회보서(혈중알코올농도 0.152%)는 적법한 절차에 따르지 아니하고 수집된 증거로서 증거능력이 없습니다(형사소송법 제308조의2).

즉, 위법한 체포 상태에서 음주측정이 이루어진 경우, 음주측정을 위한 위법한 체포와 그에 이은 음주측정은 주취운전이라는 범죄행위에 대한 증거 수집을 위하여 연속하여 이루어진 것으로서 그에 기초한 감정서는 형사소송법 제308조의2에서 규정하고 있는 위법수집증거배제 원칙에 의하여 증거능력이 배제되어야 합니다(대법원 2009. 4. 23. 선고 2009도526 판결).

㈏ 피고인 체포의 위법성

현행범인체포서(공판기록 425쪽)의 기재에 의하면 "피고인은 2011. 12. 9. 03 : 15경 서울 동작구 동작대로 44-1에 있는 맘모스호텔 앞 이면도로에서 사고를 내고 2013. 12. 9. 04 : 30 서울 동작구 동작대로 44 맘모스호텔 부근 도로에서 발견되어 음주운전사실 시인하여 측정한바 혈중알코올농도 0.142% 확인되어 미란다원칙 고지 후 현행범인으로 체포된 것"으로 되어 있습니다.

한편, 피고인을 체포한 박경찰은 "2013. 12. 9. 03 : 50경 사고현장에서 100미터 가량 떨어진 곳에서 피고인을 발견하고 경찰서로 임의 동행하여 왔으며 수갑을 채운 것은 술에 취한 피고인을 보호하기 위한 것이다. 현행범체포는 경찰관서에 온 이후인데 현행범인체포서에 잘못 기재한 것이다"라고 증언하고 있습니다(공판기록 443쪽).

교통사고보고(2)(실황조사서)에는 "피의자를 임의 동행함"(증거기록 452쪽)이라고 기재되어 있습니다.

위 증거들을 종합하면 피고인은 현행범인체포서 기재와는 달리 사고시간보다 약 1시간 이상 경과한 시점에 사고 장소가 아닌 경찰관서에서 현행범인으로 체포된 것이 분명한바, 이는 현행범체포의 요건 중 시간적·장소적 접착성의 요건을 결한 위법한 체포임이 명백합니다.

아울러, 피고인이 2013. 12. 9. 03 : 50경 사고현장에서 100미터 가량 떨어진 곳에서 현행범인으로 체포된 것으로 본다고 하더라도 이 또한 시간적·장소적 접착성의 요건을 결한 위법한 체포라고 보아야 합니다.

또한 피고인이 당시 수갑이 채워져 연행된 점이나, 증인 박경찰이 형사소송법 제200조의5에 따른 고지(이른바 미란다 고지)를 하였다고 하는 점에 비추어(피고인, 증인 박목격, 증인 박경찰의 증언이 일치합니다) 이를 임의동행에 해당한다고도 보기 어렵습니다.

그렇다면 어느 모로 보나 피고인에 대한 체포는 적법한 절차를 위배한 위법한 체포라고 보아야 합니다.

㈐ **위법수집증거로서 증거능력 없음**

도로교통법상의 규정들이 음주측정을 위한 강제처분의 근거가 될 수 없다는 것은 대법원의 확고한 견해입니다(대법원 2006. 11. 9. 선고 2004도8404 판결).

위법한 체포 상태에서 음주측정이 이루어진 경우, 음주측정을 위한 위법한 체포와 그에 이은 음주측정은 주취운전이라는 범죄행위에 대한 증거 수집을 위하여 연속하여 이루어진 것으로서 그에 기초한 감정서와 주취운전자적발보고서는 형사소송법 제308조의2에서 규정하고 있는 위법수집증거배제 원칙에 의하여 증거능력이 배제되어야 합니다.

㈑ **위법수집증거배제의 예외에 해당하는지 여부**

대법원은 원칙적으로 위법수집증거의 증거능력을 배제하지만, 수사기관의 절차 위반 행위가 적법절차의 실질적인 내용을 침해하지 아니하고, 오히려 그 증거의 증거능력을 배제하는 것이 헌법과 형사소송법이 형사소송에 관한 절차 조항을 마련하여 적법절차의 원칙과 실체적 진실 규명의 조화를 도모하고, 이를 통하여 형사 사법 정의를 실현하려 한 취지에 반하는 결과를 초래하는 것으로 평가되는 예외적인 경우, 그 증거능력을 인정할 수 있다고 판시한 바 있습니다.

검사는 피고인의 혈액채취는 비록 피고인의 자발적인 요청에 기한 것으로 이른바 '오염순화의 이론'에 의해 위법성이 치유된다고 주장할 수 있습니다.

그러나 불법체포된 상태에서의 음주측정기에 기한 음주측정결과의 증거능력을 배제하는 것이 상당하다면 비록 피고인의 요청으로 혈액채취가 이루어졌다고 하더라도 불법체포하에서 심리적 압박에 기인한 것이므로 불법체포와의 인과관계가 단절된다고 볼 수는 없습니다.

이러한 경우, 예외를 인정한다면 국민의 신체의 자유를 보장하기 위하여 적법절차의 원칙을 천명하고 있는 헌법과 형사소송법의 취지에 반하는 결과를 초래하기 때문입니다.

⑷ **결   론**

결국 위 감정의뢰회보서는 증거능력이 없다고 보아야 합니다.

라. 결   론

그렇다면, 이 사건에서 피고인의 변명을 뒤집고 그 범행을 인정할 만한 증거가 없으므로 이 부분 공소사실은 형사소송법 제325조 후단의 "범죄사실의 증명이 없는 때"에 해당하여 무죄를 선고하여 주시기 바랍니다.

2. 도로교통법위반(무면허운전)의 점도 무죄입니다.

가. 이 사건 공소사실은 "피고인은 2013. 12. 9. 03 : 15경 자동차운전면허 없이 서울 60바0000호 소나타 택시를 운전하였다"라는 것입니다.

나. 그런데 피고인의 운전면허는 2013. 6. 15. 취소되었다가 그 원인이 된 특정범죄가중처벌등에관한법률위반(도주차량)죄에 대하여 무죄가 확정됨에 따라 2013. 12. 20. 취소처분이 취소된 사실이 인정됩니다(공판기록 433쪽 운전면허대장 사본).

다. 그런데 판례는 "운전면허취소처분을 받은 자가 자동차를 운전하였다고 하더라도 그 후 피의사실에 대하여 무혐의 처분을 받고 이를 근거로 행정청이 운전면허 취소처분을 철회하였다면, 운전면허 취소처분은 행정쟁송절차에 의하여 취소된 경우와 마찬가지로 그 처분시에 소급하여 효력을 잃게 되고, 위 운전행위는 무면허운전에 해당하지 않는다(대법원 2008. 1. 31. 선고 2007도9220 판결)"고 판시하고 있습니다.

라. 결국 이 부분 공소사실은 형사소송법 제325조 전단의 "범죄로 되지 아니하는 때"에 해당하므로 무죄를 선고하여 주시기 바랍니다.

3. 특정범죄가중처벌등에관한법률위반(위험운전치사상)의 점도 무죄입니다.

위에서 본 바와 같이 피고인이 주취한 상태에서 운전하였다고 볼 수 없으므로 같은 이유로 무죄를 선고하여 주시기 바랍니다.

4. 특정범죄가중처벌등에관한법률위반(도주차량)의 점도 무죄입니다.

가. 피해자는 형법상 '상해'를 입었다고 인정할 수 없습니다.

판례에 따르면 도주운전죄가 성립하려면 피해자에게 사상의 결과가 발생하여야 하고, 생명·신체에 대한 단순한 위험에 그치거나 형법 제257조 제1항에 규정된 "상해"로 평가될 수 없을 정도의 극히 하찮은 상처로서 굳이 치료할 필요가 없는 것이어서 그로 인하여 건강상태를 침해하였다고 보기 어려운 경우에는 위 죄가 성립하지 않는다고 합니다(대법원 2008. 10. 9. 선고 2008도3078 판결).

그런데 피해자 오미정의 상해는 약 1주간의 치료를 요하는 경추골 및 요추부 염좌상으로 경미합니다.

증인 윤명의는 "특별한 외상도 없고, 방사선촬영에도 이상이 없어 더 이상의 정밀진료를 하지는 않았으나, 환자가 통증을 호소하므로 약간의 염좌가 있는 것으로 판단하였다. 진통제와 근육이완제를 주사하였으며, 그런 증상은 특별한 이상이 없으면 약 1주 정도면 없어진다. 증상이 경미하여 입원을 권유하지는 않았으나 환자와 보호자가 입원을 원하여 안정가료차 입원시켜, 물리치료를 받게 했고, 2일 정도 수액을 투여하였으며, 환자가 통증을 호소하여 그때마다 진통제와 소염제를 투여하다가, 1주 후에 퇴원하였다. 입원 기간 동안 집에 가서 스스로 옷을 갈아입고 샤워를 하고 온 적도 있다고 들었다. 객관적으로는 통원치료도 가능하였던 것으로 생각한다. 환자는 전에도 가끔 통원치료를 하던 환자인데, 어깨의 통증 및 근육파열의 기왕증이 있었고, 7~8개월 전에 요추 4, 5번 허리 수술을 한 병력이 있다. 환자의 상태가 기왕증에 기한 것일 수도 있고, 새로운 충격에 의하여 발생한 것일 수도 있다"라고 증언한 바 있습니다(공판기록 442쪽).

그렇다면, 피해자가 이 사건 사고로 각 신체의 완전성이 손상되고 생활기능에 장애가 왔다거나 건강상태가 불량하게 변경되어 형법상 '상해'를 입었다고 인정하기에 부족합니다.

나. 도주의 범의나 교통사고에 있어 과실을 인정하기 어렵습니다.

(1) 피고인의 주장

피고인은 사고 당시 도로를 시속 50~60킬로미터의 과속으로 피해자와 지나치게 근접하여 운행하다가 피해자를 충돌하였다는 공소사실을 인정할 수 없습니다.

당시 피고인은 위 길을 시속 30킬로미터의 저속으로 진행하며 피해자의 동태를 잘 살폈으나, 보도 위를 걸어가지 아니하고 차도를 걸어가던 피해자가 갑자기 반대편으로 무단 횡단하는 바람에 부득이 사고가 발생한 것입니다.

뿐만 아니라 거의 충격이 없었으므로 사고사실을 알지 못하고 그대로 가게 된 것입니다.

(2) 검사가 제출한 증거에 대한 반박

검사가 공소사실에 부합한다고 제출한 증거로 오미정에 대한 검사 작성의 진술조서의 기재내용 등이 있으나(증거기록 471쪽), 이는 피고인의 잘못으로 사고가 발생하였다고 인정되어야만 보상을 받게 되는 피해자의 진술로서 그대로 믿기는 어렵습니다.

더욱이 뒤에서 오는 택시에 갑자기 충돌되었다고 하면서도 피고인의 택시가 과속을 하였다는 주장은 모순된 진술로 공소사실을 인정할 증거가 되기 어렵습니다.

다음, 목격자인 증인 박목격은 이 법정에서 증언하면서(이는 검사 작성의 동인에 대한 진술조서의 기재도 동일합니다) 피고인의 택시가 상당히 빠른 속도로 진행하였고, 피해자들이 무단횡단을 한 것은 아니라고 진술하고 있으나(증거기록 438쪽), 당시 박목격은 다소 어두운 새벽에 오토바이를 탄 상태로 피고인을 따라오는 중이었으므로 정확한 사고 당시의 상황을 목격할 수 있는 상태가 아닙니다. 그럼에도 불구하고, 정확한 상황을 목격한 것처럼 단정적으로 진술하는 것은 불합리하여 신빙성이 떨어집니다.

아울러 위 오미정이나 박목격의 진술 중 피고인의 택시 속력에 대한 진술은 모두 추측에 기한 진술로서 피고인의 택시가 시속 50~60킬로미터의 과속이었다는 점에 대한 증거가 되지 못합니다.

그 밖에 공소사실을 인정할 만한 증거는 검사가 제출하지 못했습니다.

(3) 피고인의 과실 여부

위에서 본 바와 같이 피고인이 과속으로 피해자에게 근접하여 진행하다가 사고를 내었다는 점은 이를 인정할 만한 증거가 없습니다.

오히려, 공소사실에 기재되어 있는 바와 같이 피해자는 보도가 아닌 차도를 보행하다가 사고가 났습니다.

그뿐만 아니라, 피해자는 갑자기 차도를 횡단하여 피고인의 택시 앞으로 뛰어드는 바람에 이 건 사고가 발생한 것으로 피고인은 모든 주의의무를 다했음에도 불구하고, 불가항력적으로 발생하였습니다.

따라서 이 사건에 있어 피고인의 과실은 인정될 수 없습니다.

더욱이 최근에 대법원은 도로교통과 관련하여 이른바 신뢰의 원칙을 확대 적용하는 추세입니다.

특히, 차량과 사람 사이의 사고에 있어서도 신뢰의 원칙을 적용합니다.

몇 가지 주요 판례를 예시하면, "차량의 운전자로서는 횡단보도의 신호가 적색인 상태에서 반대차선 상에 정지하여 있는 차량의 뒤로 보행자가 건너오지 않을 것이라고 신뢰하는 것이 당연하고 그렇지 아니할 사태까지 예상하여 그에 대한 주의의무를 다하여야 한다고는 할 수 없다"(대법원 1993. 2. 23. 선고 92도2077 판결), "각종 차량의 내왕이 번잡하고 보행자의 횡단이 금지되어 있는 육교 밑 차도를 주행하는 자동차운전자가 전방 보도 위에 서 있는 피해자를 발견했다 하더라도 육교를 눈앞에 둔 동인이 특히 차도로 뛰어들 거동이나 기색을 보이지 않는 한 일반적으로 동인이 차도로 뛰어들어오리라고 예견하기 어려운 것이므로 이러한 경우 운전자로서는 일반보행자들이 교통관계법규를 지켜 차도를 횡단하지 아니하고 육교를 이용하여 횡단할 것을 신뢰하여 운행하면 족하다 할 것이고 불의에 뛰어드는 보행자를 예상하여 이를 사전에 방지해야 할 조치를 취할 업무상 주의의무는 없다"(대법원 1985. 9. 10. 선고 84도1572 판결)는 판결 등을 들 수 있습니다.

위와 같은 판례에 비추어 보면 이건 사고에 있어서도 '보도를 두고 차도를 보행하다가 갑자기 차도를 횡단하는 피해자'를 피고인이 미리 예상할 의무가 있다고 보기 어렵습니다.

(4) 결국, 이건 사고에 있어 피고인이 도주하였다거나 사고를 발생시킨 데 대한 과실은 없습니다.

다. 그러므로 이 부분 공소사실 또한 형사소송법 제325조 후단에 따라 무죄를 선고하여 주시기 바랍니다.

5. 정상관계 등

가. 운전 경력 15년 동안 피고인은 교통사고를 낸 사실이 전혀 없는 모범적인 운전자입니다(별첨 자동차운전면허대장 참조). 그뿐만 아니라 아무런 범죄 경력이 없는 착실한 사회인입니다.

나. 피고인은 처와 대학생, 고등학생인 자녀들을 부양하는 가장입니다. 대부분의 학비와 생활비는 피고인의 수입에 의존하여 왔습니다. 갑작스러운 사고로 피고인은 현재 수감중에 있어 가정 형편이 날로 어려워지고 있습니다. 자녀들은 휴학을 할지도 모르는 상황에 이르렀습니다. 따라서 피고인이 빨리 직업을 가지고 생활전선에 나서야 가정이 온전히 보전될 수 있습니다.

다. 무엇보다도 피고인은 피해자에 대한 책임을 통감하고 어려운 여건 속에서도 피해자와의 합의를 하여, 피해자도 피고인의 처벌을 원하지 않습니다.

6. 결   론

위와 같은 이유로 피고인에 대하여 **무죄의 판결**을 선고하여 주시기 바랍니다. 가사 유죄가 인정된다 하더라도 위 정상을 참작하시어 피고인에게 최대한의 관대한 처분을 바랍니다.

구 속 적 부 심 사 청 구 서

사　　건　　특정범죄가중처벌등에관한법률위반(도주차량) 등
피 의 자　　고주태 (******-*******)
　　　　　　서울 용산구 신흥로 177
　　　　　　현재 서울구치소 수감중
청 구 인　　변호인 변호사 홍변호
　　　　　　서울 서초구 역삼로 112

　　위 피의자는 특정범죄가중처벌등에관한법률위반(도주차량) 등 피의사건으로 귀원이 발부한 구속영장에 의하여 2013. 12. 11. 구속되어 현재 위 구치소에 수감중인바, 피의자의 변호인은 아래와 같이 구속적부심사를 청구하오니 청구취지와 같이 결정하여 주시기 바랍니다.

청 구 취 지

피의자의 석방을 명한다.
라는 결정을 구합니다.

청 구 이 유

1. 범죄사실의 요지

가. 도로교통법위반(음주운전), 도로교통법위반(무면허운전)

　　피의자는 대학운수(주) 소속 서울 60바0000호 소나타 택시를 운전하는 사람으로 2013. 12. 9. 03 : 15경 서울 동작구 동작대로 44-1에 있는 맘모스 호텔 앞 이면도로를 에스케이텔레콤 쪽에서 남양초등학교 쪽으로 자동차운전면허를 받지 아니

하고, 혈중알코올농도 0.152%의 술에 취한 상태로 피고인 소유의 서울 60바0000호 소나타 택시를 운전하였다.

나. 특정범죄가중처벌등에관한법률위반(위험운전치사상), 특정범죄가중처벌 등에관한법률위반(도주차량)

　피의자는 위와 같이 음주로 정상적인 운전이 곤란한 상태로 위 택시를 시속 약 50~60킬로미터로 운행하다가 보행자가 있는지 여부와 그 동태를 확인하며 운전할 업무상의 주의의무를 위반한 과실로 위 택시 오른쪽에서 반대편으로 도로를 횡단하려는 피해자 오미정(여, 51세)을 들이 받아 피해자에게 약 1주간의 치료를 요하는 경추골 및 요추부 염좌상을 입게 하고 사고운전자로서 피해자를 구호하는 등의 필요한 조치를 취하지 아니한 채 도주하였다.

2. 구속사유의 불비

가. 피의자는 주거가 일정하고, 도망할 염려가 없습니다.

피의자는 구치소에 수감되기 전까지 서울 용산구 신흥로 177에 거주하고 있었으며, 그곳에는 피의자의 처와 대학생, 고등학생인 자녀들과 함께 살고 있어 주거가 일정합니다.

피해자 오미정과도 합의가 완료된 상황인데다, 아래에서 보는 바와 같이 이 사건에 대해 법률적으로 다툴 부분이 많이 있으며 이런 점이 받아들여질 경우 무죄나 가벼운 처벌을 받는 데 그칠 가능성이 충분하므로, 아직 공판이 개시되지도 않은 현재 시점에서 도망할 이유가 전혀 없습니다.

나. 피의자는 증거를 인멸할 염려도 없습니다.

피의자는 교통사고를 낸 사실관계를 시인하고 있고, 모든 증거가 수사기관에 확보되어 있어 증거를 인멸할 염려가 없다고 할 것입니다.

다. 따라서 피의자는 구속사유가 없음에도 부적법하게 구금된 경우에 해당 하여 석방되어야 할 것입니다.

3. 체포와 구속의 위법성

가. 피의자에 대한 체포는 그 요건이 흠결되고 적법 절차가 준수되지 아니한 위법한 체포입니다.

현행범인체포서의 기재에 의하면 "피의자는 2013. 12. 9. 03 : 15경 서울 동작구 동작대로 44-1에 있는 맘모스호텔 앞 이면도로에서 사고를 내고 2013. 12. 9. 04 : 30 서울 동작구 동작대로 44 맘모스호텔 부근 도로에서 발견되어 음주운전사실 시인하여 측정한바 혈중알코올농도 0.142% 확인되어 미란다원칙 고지 후 현행범인으로 체포된 것"으로 되어 있습니다.

그런데, 교통사고보고(2)(실황조사서)에는 "피의자를 임의 동행함"(수사기록 452쪽)이라고 기재되어 있습니다.

결국 피의자는 현행범인체포서 기재와는 달리 사고시간 보다 약 1시간 이상 경과한 시점에 사고 장소가 아닌 경찰관서에서 현행범인으로 체포된 것이 분명한 바, 이는 현행범체포의 요건 중 시간적·장소적 접착성의 요건을 결한 위법한 체포임이 명백합니다.

또한, 피의자가 2013. 12. 9. 03 : 50경 사고현장에서 100미터 가량 떨어진 곳에서 현행범인으로 체포된 것으로 본다고 하더라도 이 또한 시간적·장소적 접착성의 요건을 결한 위법한 체포라고 보아야 합니다.

뿐만 아니라 피의자가 당시 수갑이 채워져 연행된 점 등에 비추어 이를 임의동행에 해당한다고도 보기 어렵습니다.

그렇다면 어느 모로 보나 피의자에 대한 체포는 적법한 절차를 위배한 위법한 체포라고 보아야 합니다.

나. 따라서 불법한 체포에 기한 이 사건 구속 역시 위법함을 면할 수 없으며 피의자를 석방하여야 합니다.

4. 피의사실에 대한 문제점

가. 도로교통법위반(음주운전)의 점은 무죄입니다.

(1) 피의자의 변명의 요지

피의자는 경찰 피의자 신문시에는 음주운전사실을 자백하였으나, 검사의 피의자신문에서는 사고 전 음주사실을 부인하고 사고 후 음주를 하였을 뿐이라고 주장하고 있습니다.

(2) 증거관계 검토

피의사실에 부합되는 증거를 차례로 살펴보겠습니다.

(가) 경찰에서의 자백

사법경찰리 작성의 피의자신문조서는 피의자가 현재 그 내용을 부인하고 있으므로 증거능력을 인정받기 어렵습니다.

(나) [교통사고보고(2)(실황조사서)]에 기재된 자백

실황조사서에 [피의자는 발견 당시 "자신이 술을 먹고 운전하다가 사고를 내고 그냥 갔으며 경찰서에서 조사를 받겠다"라고 하므로 경찰서에 임의 동행함]이라는 기재도 피의자가 내용을 부인하는 이상 증거능력이 없습니다(대법원 1998. 3. 13. 선고 98도159 판결).

(다) 감정의뢰회보서

혈액감정을 한 결과가 기재된 감정의뢰회보서(혈중알코올농도 0.152%)는 적법한 절차에 따르지 아니하고 수집된 증거로서 증거능력이 없습니다(형사소송법 제308조의2).

즉, 위에서 본 바와 같이 위법한 체포 상태에서 음주측정이 이루어진 경우, 음주측정을 위한 위법한 체포와 그에 이은 음주측정은 주취운전이라는 범죄행위에 대한 증거 수집을 위하여 연속하여 이루어진 것으로서 그에 기초한 감정서는 형사소송법 제308조의2에서 규정하고 있는 위법수집증거배제 원칙에 의하여 증거능력이 배제되어야 합니다(대법원 2009. 4. 23. 선고 2009도526 판결).

(3) 그렇다면, 이 사건에서 피의자의 변명을 뒤집고 그 범행을 인정할 만한 증거가 없으므로 이 부분 피의사실은 무죄입니다.

나. 도로교통법위반(무면허운전)의 점도 무죄입니다.

이 사건 피의사실은 "피의자는 2013. 12. 3. 03 : 15경 자동차운전면허 없이 서울 60바0000호 소나타 택시를 운전하였다"라는 것입니다.

그런데, 피의자의 운전면허는 2013. 6. 15. 취소되었다가 그 원인이 된 특정범죄가중처벌등에관한법률위반(도주차량)죄에 대하여 무죄가 확정됨에 따라 2013. 12. 20. 취소처분이 취소된 사실이 인정됩니다(별첨 운전면허대장 사본).

그런데, 판례는 "운전면허취소처분을 받은 자가 자동차를 운전하였다고 하더라도 그 후 피의사실에 대하여 무혐의 처분을 받고 이를 근거로 행정청이 운전면허 취소처분을 철회하였다면, 운전면허 취소처분은 행정쟁송절차에 의하여 취소된 경우와 마찬가지로 그 처분시에 소급하여 효력을 잃게 되고, 위 운전행위는 무면허운전에 해당하지 않는다"고 판시하고 있습니다(대법원 2008. 1. 31. 선고 2007도9220 판결).

결국 이 부분 피의사실도 무죄입니다.

다. 특정범죄가중처벌등에관한법률위반(위험운전치사상)의 점도 무죄입니다.

위에서 본 바와 같이 피의자가 주취한 상태에서 운전하였다고 볼 수 없으므로 같은 이유로 무죄입니다.

라. 특정범죄가중처벌등에관한법률위반(도주차량)의 점도 무죄입니다.

(1) 피해자는 형법상 '상해'를 입었다고 인정하기에 부족합니다.

판례에 따르면 도주운전죄가 성립하려면 피해자에게 사상의 결과가 발생하여야 하고, 생명·신체에 대한 단순한 위험에 그치거나 형법 제257조 제 1 항에 규정된 "상해"로 평가될 수 없을 정도의 극히 하찮은 상처로서 굳이 치료할 필요가 없는 것이어서 그로 인하여 건강상태를 침해하였다고 보기 어려운 경우에는 위 죄가 성립하지 않는다고 합니다(대법원 2008. 10. 9. 선고 2008도3078 판결).

그런데, 피해자 오미정의 상해는 약 1주간의 치료를 요하는 경추골 및 요추부 염좌상으로 경미합니다.

의사 윤명의가 작성한 진단서의 기재에 따르면 "방사선촬영결과는 특이소견 없으므로 정밀검사는 불요한다"라는 점이 인정되고, "환자는 어깨통증 및 근육파열증의 기왕증 있음. 7개월 전 요추 4~5번 허리수술을 받은 사실"도 인정되어 피해자가 이 사건 사고로 각 신체의 완전성이 손상되고 생활기능에 장애가 왔다거나 건강상태가 불량하게 변경되어 형법상 '상해'를 입었다고 인정하기에 부족합니다.

(2) 도주의 범의나 교통사고에 있어 과실을 인정하기 어렵습니다.

㈎ 피의자의 주장

피의자는 위 길을 시속 50~60킬로미터의 과속으로 피해자와 지나치게 근접하여 운행하다가 피해자를 충돌하였다는 피의사실을 인정할 수 없습니다.

당시 피의자는 위 길을 시속 30킬로미터의 저속으로 진행하며 피해자들의 동태를 잘 살폈으나, 보도 위를 걸어가지 아니하고 차도를 걸어가던 피해자들이 갑자기 반대편으로 무단 횡단하는 바람에 부득이 사고가 발생한 것입니다.

뿐만 아니라 거의 충격이 없었으므로 사고사실을 알지 못하고 그대로 가게 된 것입니다.

㈏ 증거 판단

오미정에 대한 검사 작성의 진술조서의 기재는 피의자의 잘못으로 사고가 발생하였다고 인정되어야만 보상을 받게 되는 피해자의 진술로서 그대로 믿기는 어렵습니다.

더욱이 뒤에서 오는 택시에 갑자기 충돌되었다고 하면서도 피의자의 택시가 과속을 하였다는 주장은 모순된 진술로 피의사실을 인정할 증거가 되기 어렵습니다.

다음, 목격자인 증인 박목격은 피의자의 택시가 상당히 빠른 속도로 진행하였고, 피해자가 무단횡단을 한 것은 아니라고 진술하고 있으나 당시 박목격은 다소 어두운 새벽에 오토바이를 탄 상태로 피의자를 따라오는 중이었으므로 정확한 사고 당시의 상황을 목격할 수 있는 상태가 아닙니다. 그럼에도 불구하고, 정확한 상황을 목격한 것처럼 단정적으로 진술하는 것은 불합리하여 신빙성이 떨어집니다.

아울러 위 오미정이나 박목격의 진술 중 피의자의 택시 속력에 대한 진술은 모두 추측에 기한 진술로서 피의자의 택시가 시속 50~60킬로미터의 과속이었다는 점에 대한 증거가 되지 못합니다.

(3) 결국 이 부분 피의사실도 무죄입니다.

5. 정상관계 등

운전 경력 15년 동안 피의자는 교통사고를 낸 사실이 전혀 없는 모범적인 운전자입니다(별첨 자동차운전면허대장 참조). 뿐만 아니라 아무런 범죄 경력이 없는 착실한 사회인입니다.

피의자는 처와 대학생, 고등학생인 자녀들을 부양하는 가장입니다. 대부분의 학비와 생활비는 피의자의 수입에 의존하여 왔습니다. 갑작스러운 사고로 피의자는 현재 수감중으로 가정 형편이 날로 어려워지고 있습니다. 자녀들은 휴학을 할지도 모르는 상황에 이르렀습니다. 따라서 피의자가 빨리 직업을 가지고 생활전선에 나서야 가정이 온전히 보전될 수 있습니다.

무엇보다도 피의자는 피해자에 대한 책임을 통감하고 어려운 여건 속에서도 피해자와의 합의를 하여, 피해자도 피의자의 처벌을 원하지 않습니다.

6. 기소전 보석에 대한 의견

나아가 제 2 항에서 기술한 바와 같이 피의자에게는 증거인멸이나 도망의 염려가 없고, 피해자, 참고인 또는 그 친족의 생명, 신체, 재산에 해를 끼칠 염려가 전혀 없습니다.

따라서 비록 피의자에게 구속의 사유가 있어 구속적부심사에 따른 석방을 하기 어렵다 하더라도 위와 같은 사정을 감안하시어 보증금의 납입을 조건으로 하는 피의자의 석방을 명하여 주시되, 위 보증금은 피의자의 처 김순희(******-*******, 주소 서울 용산구 신흥로 177)가 제출하는 보석보험증권이 첨부된 보증서로 갈음할 수 있도록 하는 결정을 내려 주시기를 바랍니다.

7. 결   어

위와 같은 여러 정상을 참작하시어 이번에 한하여 피의자가 불구속 상태에서 수사와 재판을 받을 수 있도록, 청구취지와 같은 결정을 내려 주시기 바랍니다.

첨 부 서 류

1. 변호인 선임신고서   1부
2. 주민등록등본   1부
3. 재산관계진술서   1부
4. 운전면허대장사본   1부

2013. 12. 13.

피의자의 변호인

변호사   홍 변 호 (인)

서울중앙지방법원 귀중

제 3 편

모의시험기록

1

모의시험

□ 사건 설명

1. 피고인 강도남은 2014. 6. 10. 체포된 후, 구속영장에 의하여 2014. 6. 12. 구속되었고, 공소장 기재 공소사실로 2014. 6. 24. 구속 구공판되었다.

2. 귀하는 구속전 피의자심문절차에서 법원으로부터 피고인 강도남의 국선변호인으로 선정된 변호사 김국선이다.

3. 귀하는 수감 중인 피고인을 접견하고 공판기록과 같이 소송절차에서 변호인으로서의 역할을 하였다. 그 과정에서 변론의 준비를 위하여 증거기록과 공판기록을 열람, 등사하였다.

□ 문 제

피고인 강도남의 변호인으로서 법원에 제출할 최종 변론요지서를 작성하시오. 죄명별로 변론의 요지만을 작성하되, 공소사실의 요지나 피고인의 변소요지, 순수한 정상관계는 생략하여도 됩니다.(참고로 방조군에 대한 변론요지서도 연습)

* 배점 유의 [성폭력범죄의처벌등에관한특례법위반(강간등상해) 35점, 특정범죄가중처벌등에관한법률위반(절도) 35점, 강도예비 15점, 모욕 10점, 문장·문서의 체계 등 총평 5점]

□ 유의사항

1. 기록상 나타나지 않은 피의자의 신병과 관련된 체포, 구금, 권리고지, 통지 절차와 각종 서류의 접수·송달·결재 절차는 적법하게 이루어진 것으로 본다.

2. 조서에 서명이 있는 경우에는 필요한 날인 또는 무인, 간인, 정정인이 있는 것으로 보고, '수사 과정 확인서'는 편의상 생략하기로 한다.

3. 법률적 쟁점에 대해서는 판례를 따르고 다툼 있는 사실관계에 대해서는 경험칙과 논리칙에 입각하여 주장하되, 판례와 반대되는 주장을 하려면 판례의 입장을 먼저 기재해야 한다.

공 판 기 록

		구속만료	2014. 8. 23.	미결구금
서울중앙지방법원		최종만료	2014. 12.23	
구공판 **형사제1심소송기록**		대행갱신 만 료		

기 일	사건번호	2014고합1100	담임	제11형사부	주심	다
1회기일						
7/11 A10						
7/25 P2	**사 건 명**	가. 성폭력범죄의처벌등에관한특례법위반(강간등상해) 나. 특정범죄가중처벌등에관한법률위반(절도) 다. 강도예비 라. 장물취득 마. 모욕				
	검 사	정의파		2014년 형제110000호		
	피 고 인	구속 1. 가. 나. 다. 마. 구속 2. 가. 라.		강도남 방조군		
	변 호 인	국선 변호사 김국선 (피고인 강도남) 국선 변호사 홍변호 (피고인 방조군)				

확 정			담 임	과 장	국 장	주심 판사	재판장	원 장
보존종기		완결 공람						
종결구분								
보 존								

접 수 공 람	과 장	국 장	원 장
	㊞	㊞	㊞

공 판 준 비 절 차

회부 수명법관 지정 일자	수명법관 이름	재 판 장	비 고

법 정 외 에 서 지 정 하 는 기 일

기일의 종류	일 시				재 판 장	비 고
1회 공판기일	2014.	7.	11.	10:00	㊞	

서울중앙지방법원

목 록		
문 서 명 칭	장 수	비 고
증거목록(증거서류 등)	517	검사
증거목록(증인 등)	518	검사
공소장	519	
국선변호인선정결정	생략	피고인 강도남
국선변호인선정결정	생략	피고인 방조군
영수증(공소장부본 등)	생략	
영수증(공판기일통지서)	생략	변호사 홍변호
영수증(공판기일통지서)	생략	변호사 김국선
의견서	생략	피고인 강도남
의견서	생략	피고인 방조군
공판조서(제1회)	522	
공판조서(제2회)	524	
증인신문조서	527	김미자

서울중앙지방법원

목 록 (구속관계)		
문 서 명 칭	장 수	비 고
긴급체포서	생략	피고인 강도남
구속영장	생략	피고인 강도남
긴급체포서	생략	피고인 방조군
구속영장	생략	피고인 방조군
피의자수용증명	생략	피고인 강도남
피의자수용증명	생략	피고인 방조군

증 거 목 록(증거서류 등)

2014고합1100

① 강도남
② 방조군
신청인 : 검사

2014형제110000

순번	증거방법				참조사항 등	신청기일	증거의견		증거결정		증거조사기일	비고
	작성	쪽수(수)	쪽수(증)	증거명칭	성명			기일	내용	기일	내용		
1	검사		557	피의자신문조서	강도남		1	1	①○ ②×				
2			562	피의자신문조서	방조군		1	1	②○ ①×				
3			565	현장확인보고	최경찰		1	1	①○				
4			566	수사보고(전과)	박검찰		1	1	①○				
5			567	판결문등본			1	1	①○				
6			568	고소취소장	김미자		1	1	①○				
7	사경		534	진술서	임민숙		1	1	①○				
8			535	진술서	강기수		1	1	①○				
9			536	진술서	윤동민		1	1	①○				
10		기재생략	537	고소장	김미자	기재생략	1	1	①②×	기재생략			
11			539	진술조서	김미자		1	1	①②×				
12			542	진술서	목격녀		1	1	①○				
13			543	압수조서 및 압수목록(잭나이프)			1	1	①○				
14			545	피의자신문조서	강도남		1	1	①○○×× ②×				
15			550	피의자신문조서	방조군		1	1	②○○×× ①×				
16			553	범죄경력자료조회	강도남		1	1	①○				
17			555	범죄경력자료조회	방조군		1	1	②○				

※ 증거의견 표시 – 피의자신문조서 : 인정 ○, 부인 ×(여러 개의 부호가 있는 경우, 적법성/실질성립/임의성/내용의 순서임)
　　　　　　　 – 기타 증거서류 : 동의 ○, 부동의 ×
　　　　　　　 – 진술이 특히 신빙할 수 있는 상태하에서 행하여졌다는 점 부인: "특신성 부인"(비고란 기재)
※ 증거결정 표시 : 채 ○, 부 ×
※ 증거조사 내용은 제시, 낭독(내용고지, 열람)

증 거 목 록(증인 등)

2014고합1100

2014형제110000호   신청인 : 검사

증거방법	쪽수 (공)	입증취지 등	신청 기일	증거결정 기일	증거결정 내용	증거조사기일	비 고
잭나이프 (증 제1호)		공소사실2의다	1	1	○	2014. 7. 25. 14 : 00 (실시)	
증인 김미자	527	공소사실1	1	1	○	2014. 7. 25. 14 : 00 (실시)	

※ 증거결정 표시 : 채 ○, 부 ×

서울중앙지방검찰청

2014. 6. 24.

사 건 번 호   2014년 형제110000호
수 신 자   서울중앙지방법원
제   목   공소장

검사 정의파는 아래와 같이 공소를 제기합니다.

I. 피고인 관련사항

  1. 피 고 인   강도남 (******-*******), 32세

               직업   무직

               주거   서울 관악구 신림로 1578

               등록기준지   경기 안양시 동안구 갈산로 888

      죄   명   성폭력범죄의처벌등에관한특례법위반(강간등상해), 특정범죄가중처
                      벌등에관한법률위반(절도), 강도예비, 모욕

      적용법조   성폭력범죄의 처벌 등에 관한 특례법 제 8 조 제 1 항, 제 4 조 제 1 항,
                      형법 제297조, 제30조, 특정범죄 가중처벌 등에 관한 법률 제 5 조의4
                      제 1 항, 형법 제329조, 제343조, 제311조, 제35조, 제37조, 제38조

      구속여부   2014. 6. 12. 구속 (2014. 6. 10. 체포)

      변 호 인   변호사 김국선(국선)

  2. 피 고 인   방조군 (******-*******), 32세

               직업   무직

               주거   서울 금천구 가산로 222

               등록기준지   경기 안양시 동안구 갈산로 8

      죄   명   성폭력범죄의처벌등에관한특례법위반(강간등상해), 장물취득

      적용법조   성폭력범죄의 처벌 등에 관한 특례법 제 8 조 제 1 항, 제 4 조 제 1 항,
                      형법 제297조, 제30조, 제362조 제 1 항, 제37조, 제38조

      구속여부   2014. 6. 15. 구속 (2014. 6. 13. 체포)

      변 호 인   변호사 홍변호(국선)

접수
No. 16775
2014. 6. 24.
서울중앙지방법원
형사접수실

Ⅱ. 공소사실

범죄경력

피고인 강도남은 2003. 2. 24. 수원지방검찰청에서 특수절도죄로 기소유예처분을 받은 사실이 있고, 2007. 5. 1 수원지방법원에서 강도죄로 징역 1년6월에 집행유예 3년을 선고받은 사실이 있고, 2012. 2. 10. 서울중앙지방법원에서 특정범죄가중처벌등에관한법률위반(절도)으로 징역 1년6월을 선고받고 청주교도소에서 복역하다가 2013. 1. 15. 가석방으로 출소한 사실이 있다.

범죄사실

1. 피고인들의 성폭력범죄의처벌등에관한특례법위반(강간등상해)

피고인 강도남은 2013. 9. 20. 23 : 00경 서울 서초구 서초대로 서초공원에서, 피고인 방조군과 같이 술을 마시던 중 그곳을 지나가는 아동·청소년인 피해자 김미자(여, 18세)를 보고, 피고인 강도남이 피고인 방조군에게 피해자를 강간하려고 하니 주위에서 망을 봐달라고 부탁하고 피고인 방조군은 이를 승낙하였다. 이에 피고인 방조군은 주위를 살피면서 망을 보는 사이에 피고인 강도남은 피해자의 앞을 가로 막고, "연애나 한번 하자"고 말을 걸었다. 피해자가 "싫어요"하고 도망가려 하자 오른손으로 피해자의 입을 막고, 바로 옆 수풀 속으로 끌고 갔다. 그 다음 피해자의 목을 조르며 반항하면 죽인다고 협박하여 피해자를 항거불능케 한 후 피해자의 하의를 벗기고 입으로 피해자의 목을 빨며 1회 간음하였다. 이로써 피고인들은 합동하여 피해자를 강간하여 약 1주간의 치료를 요하는 전경부 피하출혈상을 가하였다.

2. 피고인 강도남

가. 특정범죄가중처벌등에관한법률위반(절도)

피고인은 상습적으로 아래와 같이 4회에 걸쳐 피해자들의 물건을 절취하였다.

1) 2012. 3. 10. 16 : 00경 서울 서초구 서초대로 22 김미식당 앞길에서, 그곳에 세워진 피해자 임민숙 소유의 시가 100,000원 상당의 자전거 1대를 끌고 갔다.

2) 2013. 4. 27. 10 : 00경 서울 서초구 서초대로 33 피해자 강기수의 집 앞길에서, 그곳에 세워진 피해자 소유의 시가 100,000원 상당의 자전거 1대를 끌고 갔다.

3) 2013. 5. 1. 14 : 00경 서울 서초구 방배로 55 주원빌딩 앞길에서, 그곳에 세워진 피해자 성명불상 소유의 시가 100,000원 상당의 자전거 1대를 끌고 갔다.

4) 2013. 6. 1. 14:00경 서울 서초구 방배로 11 주식회사 고산 앞길에서, 그곳에 세워진 피해자 윤동민 소유의 시가 100,000원 상당의 자전거 1대를 끌고 갔다.

나. 모 욕

피고인은 공소외 모태길과 공모하여 2014. 5. 25. 14 : 00경 서울 서초구 역삼로에 있는 강남영어학원 300호실에서, 피해자 김미자가 피고인을 모르는 척한다는 이유로 공소외 목격녀 등 성명불상 학원생 10여명이 있는 자리에서, 피해자를 가리키며 "나쁜 년"이라고 소리치는 등 함으로써 공연히 피해자를 모욕하였다.

다. 강도예비

피고인은 위와 같은 범행으로 경찰의 추적을 받게 되자 도피자금을 마련하기 위하여 금품을 강취할 것을 마음먹었다. 2014. 6. 10. 12:00경 서울 서초구 서래로 112 반포아파트 단지 내에서 금품을 강취할 목적으로 길이 약 15센티미터 가량의 잭나이프 1자루를 점퍼 주머니에 숨긴 채 범행대상을 찾던 중 체포되었다.

3. 피고인 방조군의 장물취득

피고인은 2013. 7. 1. 14 : 00경 서울 서초구 역삼로 엘지타워 앞에서, 강도남이 위 2.의 가. 3)항과 같이 절취하여 온 자전거 1대가 장물인 정을 알면서도 이를 대금 10,000원에 매수하여 장물을 취득하였다.

Ⅲ. 첨부서류(생략)

1. 긴급체포서 2통
2. 구속영장 2통
3. 피의자수용증명 2통
4. 국선변호인선정결정 2통

검사 **정 의 파** ㉑

서울중앙지방법원

공 판 조 서

제 1 회

사 건	2014고합1100	성폭력범죄의처벌등에관한특례법위반(강간등상해) 등	

재판장 판사	신판사	기 일	2014. 7. 11. 10 : 00	
판사	김판사	장 소	제1100호 법정	
판사	양판사	공개여부	공개	
법원사무관	김법원	고 지 된		
		다음기일	2014. 7. 25. 14 : 00	

피 고 인	1. 강도남 2. 방조군	각 출석
검 사	정의파	출석
변 호 인	변호사 김국선 (피고인 1을 위하여, 국선)	출석
	변호사 홍변호 (피고인 2를 위하여, 국선)	출석

재판장

피고인들은 진술을 하지 아니하거나 각개의 물음에 대하여 진술을 거부할 수 있고 이익되는 사실을 진술할 수 있음을 고지

재판장의 인정신문

성   명 : 1. 강도남   2. 방조군

주민등록번호 : 각 공소장 기재와 같음

직   업 :   〃

주   거 :   〃

등 록 기 준 지 :   〃

재판장

피고인들에게

주소의 변동이 있을 때에는 이를 법원에 보고할 것을 명하고, 소재가 확인되지 않을 때에는 그 진술 없이 재판할 경우가 있음을 경고

검사

공소장에 의하여 공소사실, 죄명, 적용법조 낭독

피고인 강도남

공소사실의 사실관계를 대체로 모두 인정합니다만, 성폭력범죄의처벌등에관한특례법위반(강간등상해)과 관련하여 방조군과 같이 범행을 한 것이 아니고, 강도예비와 관련하여서는 처음부터 강도를 하려고 잭나이프를 소지한 것은 아니며, 그 밖에도 ~ [생략] ~ 한 법률적 문제점이 있습니다.

피고인 방조군

저는 공소사실을 모두 부인합니다.

재판장

피고인 방조군과 그 변호인 변호사 홍변호에게

공소사실에 관하여 부인하는 내용은 구체적으로 어떤 내용인가요.

피고인 방조군과 그 변호인 변호사 홍변호

성폭력범죄의처벌등에관한특례법위반(강간등상해)의 점과 관련하여 강도남이 피해자 김미자를 강간할 때, 망을 봐 준 사실이 없고, 현장에도 없었으며, 장물취득의 점과 관련하여 강도남으로부터 자전거를 산 사실이 없습니다.

재판장

증거조사를 하겠다고 고지

증거관계 별지와 같음(검사)

각 증거조사결과에 대한 의견을 묻고 권리를 보호함에 필요한 증거조사를 신청할 수 있음을 고지

소송관계인

별 의견 없다고 진술

재판장

변론속행(증인을 신문하기 위하여)

2014. 7. 11.

법원사무관 김법원 ㊞

재판장 판사 신판사 ㊞

서울중앙지방법원

공 판 조 서

제 2 회

사 건	2014고합1100 성폭력범죄의처벌등에관한특례법위반(강간등상해) 등

재판장 판사	신판사	기 일	2014. 7. 25. 14 : 00
판사	김판사	장 소	제1100호 법정
판사	양판사	공개여부	공개
법원사무관	김법원	고 지 된	
		다음기일	2014. 8. 1. 10 : 00

피 고 인	1. 강도남 2. 방조군	각 출석
검 사	정의파	출석
변 호 인	변호사 김국선 (피고인 1을 위하여, 국선)	출석
	변호사 홍변호 (피고인 2를 위하여, 국선)	출석

재판장

　　　전회 공판심리에 관한 주요사항의 요지를 공판조서에 의하여 고지

소송관계인

　　　변경할 점이나 이의할 점이 없다고 진술

재판장

　　　출석한 증인 별지조서와 같이 각 신문

증거관계 별지와 같음(검사, 피고인 및 변호인)

　　　각 증거조사결과에 대한 의견을 묻고 권리를 보호함에 필요한 증거조사를 신청할
　　　수 있음을 고지

소송관계인

　　　별 의견 없으며, 달리 신청할 증거도 없다고 진술

재판장

　　　증거조사를 마치고, 피고인신문을 실시하겠다고 고지

검사

　　　피고인 강도남에게

문 청소년인 김미자를 강간한 사실은 인정하지요.

답 예, 그렇습니다. 술을 너무 많이 마셔서 그랬습니다.

문 술을 얼마나 마셨나요.

답 보통 제가 소주 한 병을 마시면 취하는데 그 날은 두병을 거의 다 마신 상태에서 김미자가 지나가는 바람에 자제력을 잃은 것입니다.

문 기억이 안나는 정도인가요.

답 그렇지는 않습니다. 제가 범행한 것 인정합니다.

문 김미자를 강간하려고 할 때 방조군이 같이 있었던 것도 사실이지요.

답 아닙니다. 방조군은 원래부터 현장에 없었고, 당시 제가 30대 가량의 공원에서 만난 노숙자와 술을 마시던 중 김미자를 보고 강간을 하려고 그 노숙자에게 망을 보아 달라고 했으나 그는 싫다고 하였는데, 그 사람은 바로 그 자리를 떠난 것으로 압니다.

문 피고인이 경찰에서 검거되었을 때 방조군과 합동하여 김미자를 강간하였다고 진술하여 방조군도 검거된 것인데 진술을 번복하는 이유가 무엇인가요.

답 경찰에서 김미자가 방조군을 찍었다고 방조군을 공범으로 밀어붙이고 당시 방조군에게 빌린 돈이 있었는데 방조군이 그 일로 저에게 심하게 대하여 순간 앙심으로 거짓말을 하였습니다.

문 그렇다면, 이제 와서는 방조군이 빌려준 돈을 받지 않겠다고 하여 방조군을 빼 주는 것은 아닌가요.

답 그렇지 않습니다.

문 2013. 5. 1. 14 : 00경 서울 서초구 방배로 55 주원빌딩 앞길에서, 그곳에 세워진 자전거 1대를 절취한 후 2013. 7. 1. 14 : 00경 서울 서초구 방배로 11 앞길에서 방조군에게 대금 10,000원에 매도한 사실이 있지요.

답 아닙니다. 실은 방조군에게 판 것이 아니라 그 일대에 노숙하는 일명 깜둥이에게 만원에 판 것을 방조군에게 팔았다고 거짓말을 한 것입니다.

문 깜둥이는 어떻게 아는 사이인가요.

답 그냥 그 주변에서 저도 노숙을 가끔 하다 보니 알게 된 사이로 정확한 인적 사항은 모릅니다.

문 피고인이 압수된 잭나이프를 가지고 다닌 것을 보면 피고인은 강도를 하려고 한 것이 아닌가요.

답 절대 그런 것은 아닙니다. 빈 집을 상대로 절도 정도만 하려고 한 것입니다. 절도 중간에 들키면 일단 위협을 하고 도주하려는 생각은 있었습니다.

검사

　　피고인 방조군에게

문　　피고인은 경찰에서는 강도남이 강간할 때 망을 봐 주었다고 자백하지 않았나요.

답　　그것은 경찰의 엄문과 회유에 의한 거짓진술입니다. 억울합니다.

문　　2013. 7. 1. 14 : 00경 서울 서초구 역삼로 엘지타워 앞에서, 강도남이 타고 다니던 자
　　　전거 1대를 만원에 산 사실도 없다는 말인가요.

답　　저는 강도남으로부터 자전거를 산 적이 없습니다.

피고인 방조군의 변호인 변호사 홍변호

피고인 방조군에게

문　　피고인은 공소사실과 같은 범행을 한 적이 없으며, 경찰에서의 진술은 모두 허위
　　　이지요.

답　　예, 그렇습니다.

재판장

　　피고인신문을 마쳤음을 고지

검사　이 사건의 공소사실은 증거가 있으므로 공소장기재 법조를 적용하여 피고인 강도
　　　남을 징역 10년에, 피고인 방조군을 징역 7년[기타 부수처분 구형 생략]에 처함이
　　　상당하다는 의견 진술

판사

　　피고인, 변호인에게 최종 의견 진술 기회 부여

변호인들

　　각 피고인들을 위하여 별지 변론요지서 기재와 같이 변론하다.

피고인 강도남

　　관대한 처분을 바랍니다.

피고인 방조군

　　억울한 점이 없도록 하여 주시기 바랍니다.

재판장

　　변론종결

2014. 7. 25.

법원사무관　　김법원 ㉑

재판장 판사　　신판사 ㉑

서울중앙지방법원

증인신문조서(제 2 회 공판조서의 일부)

사　　건　　2014고합1100　성폭력범죄의처벌등에관한특례법위반(강간등상해) 등
증　　인　　이　름　　김미자
　　　　　　생년월일　1994. 11. 21.
　　　　　　주　거　　서울 용산구 신흥로 3

판사

　　증인에게 형사소송법 제148조 또는 동법 제149조에 해당하는가의 여부를 물어 이
　　에 해당하지 아니함을 인정하고 위증의 벌을 경고한 후 별지 선서서와 같이 선서
　　하게 하였다.

검사

　　증인에게

문　증인은 피고인들을 알겠는가요.

답　예, 저를 강간한 범인들입니다.

문　진술인은 피고인들을 어떻게 알게 되었는가요.

답　피고인 강도남은 2013. 7.경 지나가는 저를 보고 사귀자는 등 집적거려 왔지만 제
　　가 거절한 적이 있는데 그 이후에 서초공원에서 성폭력을 당한 사실이 있습니다.
　　피고인 방조군은 제가 강도남에게 성폭력을 당하던 때 강도남을 도와 망을 봐주었
　　으며 그때 처음 보았습니다.

문　다음 고소장, 진술조서 등이 진실대로이고 또한 증인이 진술한 대로 기재되어 있
　　는 것을 확인하고 서명날인한 사실이 있지요.

이때 검사는 증인이 경찰에 제출한 고소장과 사법경찰관이 작성한 증인에 대한 진술조서
를 증인에게 읽어 보게 한바

답　예, 고소장은 제가 작성하여 제출한 바 있고, 진술조서 또한 제가 진술한 대로 기
　　재되어 있으며 제가 확인하고 서명 날인하였습니다.

문　강간을 당한 사실에 관하여 진술하여 주세요.

답　2013. 9. 20. 23 : 00경 제가 학원에서 공부하다가 귀가하기 위하여 서울 서초구 서
　　초대로 서초공원을 지나가고 있었는데, 그 공원 안 벤치에서 방조군과 술을 마시
　　고 있던 강도남과 마주치게 되었습니다. 마침 그곳은 가로등도 멀리 떨어져 있고

근처에 아무도 없어 제가 불안한 생각이 들어 급히 그곳을 **빠져** 나오려는데 강도
남이 갑자기 제 앞을 가로 막고, "연애나 한번 하자"고 말을 걸었습니다. 제가 깜
짝 놀라 "싫어요"하고 도망가려 하자 강도남은 손으로 저의 입을 막고, 제 몸을 잡
아 끌며 바로 옆에 있는 수풀 속으로 끌고 갔습니다. 그 다음 저의 목을 조르며 반
항하면 죽인다고 협박하여 제가 더 이상 반항하면 죽을 수도 있다는 생각이 들어
두려움에 가만히 있었더니 제 바지와 속옷을 벗기고 1회 간음하였습니다.

문   당시 강도남의 폭행으로 상처를 입었나요.

답   다른 상처를 입지는 않았는데, 강도남이 저를 강간하면서 키스를 한다고 제 목을
강하게 빨아 제 목에 500원짜리 동전 크기의 멍이 생겼습니다. 검붉은 멍이 약 1
주간 없어지지 않았습니다.

문   방조군은 어떻게 하던가요.

답   강도남이 제 앞을 가로막기 전에 방조군에게 뭐라고 말을 하였고, 방조군은 제가
끌려 갈 때 강도남과 눈짓을 하면서 주위를 살피는 것으로 보아 강도남과 짜고 수
풀 밖에서 망을 본 것으로 생각됩니다.

문   피고인들의 처벌을 원하는가요.

답   예, 모두 엄한 처벌을 바랍니다.

피고인 방조군의 변호인 변호사 홍변호

　　증인에게

문   방조군은 현장에 없었다고 하는데 그렇지 않나요.

답   방조군도 현장에 있었습니다. 제가 분명히 보았으며 경찰에서 사진을 보여줄 때
방조군이 강도남과 같이 있던 남자라는 것을 바로 알 수 있었습니다.

문   당시 현장이 상당히 어두웠던 것으로 보이는데 어떻게 방조군의 얼굴을 확인할 수
있었는가요.

답   장발이었고 키나 체격이 비슷한 것 같습니다.

문   당시 범인의 옷차림새도 기억하나요.

답   검은색 계통의 티셔츠를 입었던 것 같습니다.

문   증인이 강도남의 범행 후 방조군을 다시 본 사실이 있는가요.

답   강도남이 강간을 끝낼 무렵 멀리서 인기척이 들렸는데 그래서인지 강도남이 급히
도망갔고 그때 방조군도 같이 도망갔는지 제가 옷을 추스르고 수풀 밖으로 나가니
아무도 없었습니다.

피고인 강도남의 변호인 변호사 김국선

　　증인에게

문   상처를 입었다고 하는데, 병원에 가서 치료는 받지 않았나요.

답 예, 그냥 약간 아프고 쓰라렸지만 병원에는 가지 않고 있다보니 약 1주 후에 멍이
　　없어지기는 하였습니다.

문 피고인 강도남이 술에 많이 취하여 있지 않았나요.

답 술 냄새가 많이 난 것은 사실입니다. 그런데 행동이 멀쩡했고, 힘도 세 제가 제대
　　로 반항을 못할 정도였습니다.

문 피고인의 강간사실에 대하여는 고소를 제기하지는 않았지요.

답 예, 저는 그 문제는 조용히 덮고 싶었습니다.

2014. 7. 25.

　　　　　　　　　　법원사무관　　　김법원 ㊞

　　　　　　　　　　재판장 판사　　　신판사 ㊞

[증인선서서 생략]

증거서류 등 (검사)

	제	1	책
	제	1	권

서울중앙지방법원

증거서류 등(검사)

사 건 번 호	2014고합1100	담임	제11형사부		
	20 노		부	주심	
	20 도		부		

사 건 명	가. 성폭력범죄의처벌등에관한특례법위반(강간등상해) 나. 특정범죄가중처벌등에관한법률위반(절도) 다. 강도예비 라. 장물취득 마. 모욕

검 사	정의파	2014년 형제110000호

피 고 인	1. 가. 나. 다. 마. 2. 가. 라.	강도남 방조군

공소제기일	2014. 6. 24.	

1심 선고	20 . . .	항 소	20 . . .
2심 선고	20 . . .	상 고	20 . . .
확 정	20 . . .	보 존	

제	1	책
제	1	권

구공판

서울중앙지방검찰청
증 거 기 록

검 찰	사건번호	2014년 형제110000호	법원	사건번호	2014년 고합1100호
	검 사	정 의 파		판 사	

피 고 인	구속 1. 가. 나. 다. 마. 강도남 구속 2. 가. 라. 방조군

죄 명	가. 성폭력범죄의처벌등에관한특례법위반(강간등상해) 나. 특정범죄가중처벌등에관한법률위반(절도) 다. 강도예비 라. 장물취득 마. 모욕

공소제기일	2014. 6. 24.

구 속	1. 2014. 6. 12. 구속(2014. 6. 10. 체포) 2. 2014. 6. 15. 구속(2014. 6. 13. 체포)	석 방	

변 호 인	1. 변호사 김국선(국선) 2. 변호사 홍변호(국선)

증 거 물	있 음

비 고	

증 거 목 록(증거서류 등)

2014고합1100

① 강도남
② 방조군

2014형제110000 신청인 : 검 사 정의파 ㊞

순번	증거방법					참조사항 등	신청기일	증거의견		증거결정		증거조사기일	비고
	작성	쪽수(수)	쪽수(증)	증거명칭	성명			기일	내용	기일	내용		
1	검사	기재생략	557	피의자신문조서	강도남	기재생략		기재생략					
2			562	피의자신문조서	방조군								
3			565	현장확인보고	최경찰								
4			566	수사보고(전과)	박검찰								
5			567	판결문등본									
6			568	고소취소장	김미자								
7	사경		534	진술서	임민숙								
8			535	진술서	강기수								
9			536	진술서	윤동민								
10			537	고소장	김미자								
11			539	진술조서	김미자								
12			542	진술서	목격녀								
13			543	압수조서 및 압수목록(잭나이프)									
14			545	피의자신문조서	강도남								
15			550	피의자신문조서	방조군								
16			553	범죄경력자료 조회	강도남								
17			555	범죄경력자료 조회	방조군								

※ 증거의견 표시 – 피의자신문조서 : 인정 ○, 부인 ×(여러 개의 부호가 있는 경우, 적법성/실질성립/임의성/내용의 순서임)

– 기타 증거서류 : 동의 ○, 부동의 ×

– 진술이 특히 신빙할 수 있는 상태하에서 행하여졌다는 점 부인: "특신성 부인"(비고란 기재)

※ 증거결정 표시 : 채 ○, 부 ×

※ 증거조사 내용은 제시, 낭독(내용고지, 열람)

진 술 서

성 명	임 민 숙			성 별	여
연 령	45세		주민등록번호		******-*******
등록기준지	서울 서초구 서초대로 22				
주 거	서울 서초구 서초대로 22				
	(통 반)	자택전화	***-****-****	직장전화	
직 업	상업		직장		

   위의 사람은 **절도** 사건의 **피해자**로서 다음과 같이 임의로 자필진술서를 작성 제출함

1. 저는 서울 서초구 서초대로 22 앞에서 김미식당을 하고 있습니다.

2. 그런데 2012. 3. 10. 16 : 00경 식당 앞길에 세워 둔 제 소유의 국산 자전거 1대 시가 100,000원 상당을 도난당한 사실이 있습니다.

3. 범인을 잡아 처벌하여 주시기를 바라며 신고합니다.

2012. 3. 11. 임 민 숙 (인)

진 술 서

성 명	강기수			성 별	남
연 령	65세		주민등록번호	******-*******	
등록기준지	서울 서초구 서초대로 33				
주 거	서울 서초구 서초대로 33				
	(통 반)	자택전화	***-****-****	직장전화	
직 업	회사원		직장		

  위의 사람은 **절도** 사건의 **피해자**로서 다음과 같이 임의로 자필진술서를 작성 제출 함

1. 저는 서울 서초구 서초대로 33 에 거주하고 있습니다.

2. 그런데 2013. 4. 27. 10 : 00경 제 집 앞 길에 세워 둔 제 소유의 국산 자전거 1대 시가 100,000원 상당을 도난당한 사실이 있습니다.

3. 이웃사람 말을 들어 보니 제 친조카인 강도남이 와 몰래 타고 가 버렸다고 합니다.

4. 강도남은 평소에도 손버릇이 나빠 집안에서 내놓은 자식인데 조카라 신고는 하지 않았으나 오늘 형사님이 방문하여 요즘 절도단속기간이라고 하면서 주위에서 도난사실을 듣고 찾아 왔다 고 도난사실만 진술하여 달라고 하여 진술서를 작성합니다.

                    2013. 5. 28. 강기수 (인)

진 술 서

성 명	윤 동 민					성 별	남
연 령	35세			주민등록번호		******-*******	
등록기준지	서울 서초구 방배로 55						
주 거	서울 서초구 방배로 77						
	(통 반)	자택전화	***-****-****		직장전화		
직 업	회사원		직장				

위의 사람은 **절도** 사건의 **피해자**로서 다음과 같이 임의로 자필진술서를 작성 제출함

1. 저는 서울 서초구 방배로 11 주식회사 고산에서 근무하고 있습니다.

2. 그런데 2013. 6. 1. 14 : 00경 회사 정문 앞길에 세워 둔 제 소유의 국산 자전거 1대 시가 100,000원 상당을 도난당한 사실이 있습니다.

3. 범인을 잡아 처벌하여 주시기를 바라며 신고합니다.

2013. 6. 11. 윤 동 민 (인)

고 소 장

고 소 인   김 미 자
          서울 용산구 신흥로 3   전화 010-****-****

피고소인1   강 도 남
          서울 관악구 신림로 1578

피고소인2   모 태 길
          서울 서초구 서래로 222

고 소 사 실

1. 고소인은 피고소인 강도남, 모태길을 모욕죄로 고소하는 바입니다.

2. 피고소인 강도남을 알게 된 경위

피고소인 강도남은 고소인이 재수하며 다니는 서초대로 서강학원 근처에서 배회하는 불량배로서 2013. 7월경부터 지나가는 저를 우연히 보고 사귀자는 등 집적거려 왔지만 제가 거절하고 상대를 해주지 않고 있던 사이입니다. 그런데, 2013. 9. 20. 23 : 00경 제가 학원에서 공부하다가 귀가하기 위하여 서울 서초구 서초대로 서초공원을 지나가고 있었는데, 그 공원 안 벤치에서 어떤 성명불상 30대 가량의 남자와 술을 마시고 있던 강도남과 마주치게 되었는데, 강도남은 고소인을 따라오더니 갑자기 앞을 가로 막고, "연애나 한번 하자"고 말을 걸었습니다. 고소인이 깜짝 놀라 "싫어요" 하고 도망가려 하자 강도남은 손으로 고소인의 입을 막고, 잡아 끌어 바로 옆에 있는 수풀 속으로 끌고 갔습니다. 그 다음 고소인의 목을 조르며 반항하면 죽인다고 협박하여 제가 더 이상 반항하면 죽을 수도 있다는 생각이 들어 두려움에 가만 있었더니 제 바지와 속옷을 벗기고 1회 간음하였습니다. 당시 강도남이 저를 강간하면서 제 목을 강하게 빨아 제 목에 500원짜리 동전 크기의 멍이 생기는 등 상처를 남겼습니다. 그리고 강도남과 같이 있었던 성명불상 남자는 제가 끌려갈 때 강도남과 눈짓을 하면서 주위를 살피는 것으로 보아 강도남과 짜고 수풀 밖에서 망을 본 것으로 생각됩니다.

3. 피고소인 강도남과 피고소인 모태길의 모욕 고소사실

   고소인은 강도남에게 욕을 당한 후 부끄러워 고소는 하지 아니하고 강도남을 피하여
다녀 그를 만난 적이 없었는바, 2014. 5. 25. 14 : 00경 서울 서초구 역삼로에 있는 강남영
어학원 300호실에서, 제가 토익을 수강하던 중 우연히 강도남을 만나게 되었는데, 당시
강도남이 아는 척을 하길래 제가 짐짓 모르는 척 하였더니 같이 수강하는 목격녀 등 성
명불상 학원생 10여명이 있는 자리에서, 저를 가리키며 "나쁜 년"이라고 하였고 강도남과
같이 있던 피고소인 모태길 또한 강도남과 같이 이유없이 "나쁜 년"이라고 소리치는 등
함으로써 저를 모욕하였으니 모두 처벌하여 주시기 바랍니다.

   4. 위와 같은 사실로 고소하오니, 조사하여 엄중 처벌하여 주시기 바랍니다.

                              2014년   5월   26일

                           고소인   김 미 자 (인)

서초경찰서 귀중

진술조서

성   명 : 김미자

주민등록번호 : 941121-******* 19세

직   업 : 대학생

주   거 : 서울 용산구 신흥로 3

등 록 기 준 지 : 서울 동대문구 회기로 222

직 장 주 소 :

연   락   처 : 자택전화 **-***-****   휴대전화   ***-****-****

　　　　　　　 직장전화   전자우편   ****@*******.**.**

위의 사람은 피의자 강도남, 피의자 모태길에 대한 모욕 피의사건에 관하여 2014. 5.
27. 서초경찰서 강력팀 사무실에 임의 출석하여 다음과 같이 진술하다.

---

1. 피의자와의 관계
저는 피의자 강도남, 피의자 모태길 등과 아무런 친인척관계가 없습니다.

1. 피의사실과의 관계
저는 피의사실에 관하여 피해자 자격으로 출석하였습니다.

이때 진술의 취지를 더욱 명백히 하기 위하여 다음과 같이 임의로 문답하다.

문   진술인은 피의자들을 어떻게 알게 되었는가요.

답   피의자 강도남은 제가 재수하며 다니던 서초대로 서강학원 근처에서 배회하는 불
량배로서 2013. 7.경부터 지나가는 저를 우연히 보고 사귀자는 등 집적거려 왔지만
제가 거절하고 상대를 해주지 않고 있던 사이로 그에게 강간을 당한 사실이 있습
니다. 피의자 모태길은 잘 모르는 사람이나 이번 모욕사건으로 알게 되었습니다.

문   우선 피의자 강도남에게 강간을 당한 사실에 관하여 진술하여 보세요.

답   예, 피의자 강도남은 저를 우연히 보고 제 학원 근처에서 사귀자는 등 집적거려
왔지만 제가 거절하고 상대를 해주지 않고 있던 중 2013. 9. 20. 23:00경 제가 학

원에서 공부하다가 귀가하기 위하여 서울 서초구 서초대로 서초공원을 지나가고 있었는데, 그 공원 안 벤치에서 어떤 성명불상 30대 가량의 남자와 술을 마시고 있던 강도남과 마주치게 되었습니다. 마침 그곳은 가로등도 멀리 떨어져 있고 근처에 아무도 없어 제가 불안한 생각이 들어 급히 그곳을 빠져 나오려는데 강도남이 갑자기 제 앞을 가로 막고, "연애나 한번 하자"고 말을 걸었습니다. 제가 깜짝 놀라 "싫어요" 하고 도망가려 하자 강도남은 손으로 저의 입을 막고, 제 몸을 잡아 끌며 바로 옆에 있는 수풀 속으로 끌고 갔습니다. 그 다음 저의 목을 조르며 반항하면 죽인다고 협박하여 제가 더 이상 반항하면 죽을 수도 있다는 생각이 들어 두려움에 가만히 있었더니 제 바지와 속옷을 벗기고 1회 간음하였습니다.

문 당시 강도남의 폭행으로 상처를 입었나요.

답 다른 상처를 입지는 않았는데, 강도남이 저를 강간하면서 키스를 한다고 제 목을 강하게 빨아 제 목에 500원짜리 동전 크기의 멍이 생겼습니다. 검붉은 멍이 약 1주간 없어지지 않았습니다.

문 병원에 가서 치료는 받지 않았나요.

답 예, 그냥 약간 아프고 쓰라렸지만 병원에는 가지 않고 있으니 약 1주 후에 멍이 없어지기는 하였습니다.

문 강도남이 진술인을 강간할 때 다른 남자 한 사람이 범행에 가담을 하였다고 고소하였는데 그 경위도 진술하여 주세요.

답 당시 강도남과 벤치에서 술을 함께 마시던 사람이 한 사람 있었는데 강도남이 제 앞을 가로막기 전에 그 남자에게 뭐라고 말을 하였고, 그 남자는 제가 끌려갈 때 강도남과 눈짓을 하면서 주위를 살피는 것으로 보아 강도남과 짜고 수풀 밖에서 망을 본 것으로 생각됩니다.

문 그 남자의 인상착의는 어떠한가요.

답 당시 주위가 어두웠고 저도 경황이 없어 분명하지는 않으나 30세 가량, 키는 175센티 가량으로 체격이 좋은 편이고 장발이었고, 안경을 쓰고 있었으며 붉은 색 계통의 티셔츠를 입고 있었던 것 같습니다.

문 혹시 이 사진들 중에 강도남이나 그 성명불상 남자가 있는가요.

이때 사법경찰리는 관내 우범자들의 사진 중 강도남의 사진과 강도남과 어울리고 다닌다는 첩보가 있는 방조군의 사진(장발을 하고 있는)을 제시하여 진술인에게 보여준바, 진술인은 강도남의 사진을 강도남이라고 지목하면서

답 예, 이 사진이 강도남이 맞으며 다른 사진 하나는 장발인 점을 보아 강도남과 같이 있던 사람이 맞는 것 같습니다.

문 피의자 강도남과 모태길로부터 모욕을 당한 경위를 진술하여 주세요.

답 제가 강도남에게 욕을 당한 후 부끄러워 고소는 하지 아니하고 강도남을 피하여 다녀 그를 만난 적이 없는데, 우연히 2014. 5. 25. 14 : 00경 서울 서초구 역삼로에 있는 강남영어학원 300호실에서, 제가 토익을 수강하던 중 강도남을 만나게 되었는데, 당시 강도남이 아는 척을 하길래 제가 모르는 척하였더니 같이 수강하는 목격녀 등 성명불상 학원생 10여 명이 있는 자리에서, 저를 가리키며 "나쁜 년"이라고 하였고 강도남과 같이 있던 피고소인 모태길 또한 강도남과 같이 이유없이 "나쁜 년"이라고 소리치는 등 함으로써 저를 모욕하였으니 모두 처벌하여 주시기 바랍니다.

문 강간사실에 대하여는 고소를 하지 않는다는 것인가요.

답 예, 그 사실은 집에서도 모르는 일이고 저도 부끄러워 사건화 되는 것을 원하지 않습니다. 모욕죄로 고소한 것도 계속 저를 괴롭힐까봐 경고하는 의미예요.

문 이 사건과 관련하여 더 할 말이 있나요.

답 없습니다. 참고인으로 제 친구인 목격녀와 함께 왔으니 조사하여 주시기 바랍니다.

위의 조서를 진술자에게 열람하게 하였던바, 진술한 대로 오기나 증감·변경할 것이 전혀 없다고 말하므로 간인한 후 서명 날인하게 하다.

진술자 김 미 자 ㉑

2014. 5. 27.

서 초 경 찰 서

사법경찰리 경장 강 경 자 ㉑

진   술   서

성 명	목 격 녀				성 별	여
연 령	20세		주민등록번호		******-*******	
등록기준지	강원 속초시 중앙로 123					
주 거	서울 강남구 역삼로 122					
	(통 반)	자택전화	***-****-****	직장전화		
직 업	대학생		직장			

   위의 사람은 **피의자 강도남에 대한 모욕** 사건의 **참고인**으로서 다음과 같이 임의로 자필진술서를 작성 제출함

1. 2014. 5. 25. 14 : 00 경 서울 서초구 역삼로에 있는 강남영어학원 300호실에서, 제가 토익을 수강하던 중 제 친구인 김미자에게 강도남과 모태길이라는 사람이 함께 "**나쁜 년**"이라고 여러 번 소리치는 것을 목격한 사실이 있습니다.

2. 그 이유는 잘 모르겠으나 당시 강도남이 김미자를 아는 척하였으나 김미자가 모르는 사람인 양 행동하니까 강도남이 같이 있던 모태길에게 뭐라고 수군거리더니 두 사람이 같이 김미자를 가리키며 "**나쁜 년**"이라고 욕을 하였습니다.

3. 당시 저와 같이 수강하는 학원생 10여 명이 있었으며 모두 그 욕하는 광경을 보고 들었습니다.

2014. 5. 27. 목 격 녀 (인)

압 수 조 서

피의자 강도남에 대한 성폭력범죄의처벌등에관한특례법위반(강간등상해) 피의사건
에 관하여 2014. 6. 10. 서초구 서래로 112 반포아파트 단지 내에서 사법경찰리 경장
문경찰은 사법경찰리 순경 홍경찰을 참여하게 하고 별지 목록의 물건을 다음과 같
이 압수하다.

압 수 경 위

피의자 강도남을 성폭력범죄의처벌등에관한특례법위반(강간등상해)으로 긴급체포
하면서 형사소송법 제216조 제1항 제2호에 따라 피의자의 신체 및 의류를 수색한
바 범행에 사용된 것으로 추정되는 흉기인 잭나이프 한 자루를 발견하고 증거물로
사용하기 위하여 영장 없이 압수함.

참여인	성 명	주민등록번호	주 소	서명 또는 날인
		[기재생략]		

2014. 6. 10.

서 초 경 찰 서

사법경찰리 경장 **문경찰** ㊞

사법경찰리 순경 **홍경찰** ㊞

압 수 목 록

번호	품 명	수 량	피압수자 주거 성명				소유자 주거·성명	비 고
			1	2	③	4		
			유류자	보관자	소지자	소유자		
1	잭나이프 (길이15센티미터)	1장	서울 관악구 신림로 1578 강도남 (******-*******)				좌동	

피의자신문조서

피의자 : 강도남

위의 사람에 대한 성폭력범죄의처벌등에관한특례법위반(강간등상해) 등 피의사건에 관하여 2014. 6. 11. 서초경찰서 형사과 사무실에서 사법경찰관 경위 황경찰은 사법경찰리 순경 김경찰을 참여하게 하고, 아래와 같이 피의자임에 틀림없음을 확인하다.

문   피의자의 성명, 주민등록번호, 직업, 주거, 등록기준지 등을 말하시오.

답   성명은   강도남

       주민등록번호는   ******-*******   32세

       직업은   무직

       주거는   서울 관악구 신림로 1578

       등록기준지는   경기 안양시 동안구 갈산로 888

       직장 주소는   없음

       연락처는

            자택 전화 : 02-***-****   휴대 전화 : ***-***-****

            직장 전화 : 없음   전자우편(e-mail) : ***@*******.**.**

       입니다.

사법경찰관은 피의사실의 요지를 설명하고 사법경찰관의 신문에 대하여 「형사소송법」 제244조의3에 따라 진술을 거부할 수 있는 권리 및 변호인의 참여 등 조력을 받을 권리가 있음을 피의자에게 알려주고 이를 행사할 것인지 그 의사를 확인하다.

[진술거부권 및 변호인 조력권 고지 등 확인] (첨부 생략)

이에 사법경찰관은 피의사실에 관하여 다음과 같이 피의자를 신문하다.

문   범죄전력은 있나요.

[범죄전력, 병역, 학력, 사회경력, 가족, 재산관계 등 문답 생략]

문   피의자는 고소인 김미자를 아는가요.

답   예, 제가 욕을 하였다고 저를 고소한 여자입니다.

문   미성년자인 김미자를 강간한 사실은 인정하는가요.

답   예, 인정합니다.

문   그 경위를 자세히 진술하시오.

답   2013. 7.경 제가 지나가는 김미자를 보고 사귀어 보자고 하였는데도 그녀가 거절을 하여 제가 앙심을 먹고 있던 중 우연히 그녀를 만나 강간하게 된 것인데, 2013. 9. 20. 23 : 00경 저와 제 친구인 방조군이 서울 서초구 서초대로 서초공원 벤치에서 소주를 먹고 있었는데 마침 김미자가 그곳을 지나가길래 제가 그녀 앞을 가로 막고, "연애나 한번 하자"고 말을 걸었습니다. 그녀가 깜짝 놀라 "싫어요" 하고 도망가려 하였지만 제가 오른손으로 그녀의 입을 막고, 잡아 끌어 바로 옆에 있는 수풀 속으로 끌고 갔습니다. 그 다음 그녀의 목을 조르며 반항하면 죽인다고 협박하였더니 겁을 먹고 가만히 있어 제가 그녀의 바지와 속옷을 벗기고 1회 간음하였습니다.

문   당시 방조군도 피의자의 범행에 가담하였나요.

답   예, 제가 방조군과 소주를 약 두 병씩 먹어 취한 상태에서 저쪽에서 걸어오는 김미자를 보고 방조군에게 저 여자애를 오늘 같이 해치우자 하니까 방조군이 우선 자기가 망을 볼 테니까 먼저 해 봐라 하여 제가 먼저 김미자를 끌고가 강간을 할 때 방조군은 수풀 밖에서 주위를 살펴 주다가 제가 김미자를 강간하고 나오는데 주위에 인기척이 느껴져 방조군은 강간을 못하고 저와 함께 도망한 사실이 있습니다.

문   김미자가 피의자가 강간 범행 당시 키스를 한다고 김미자 목을 강하게 빨아 목에 500원짜리 동전 크기의 멍이 생기게 하는 상처를 입었다고 하는데 맞나요.

답   제가 흥분하여 그녀의 목을 강하게 빤 사실은 있는 것 같은데 상처가 났는지는 모르겠습니다.

문   피의자는 모태길과 함께 김미자에게 욕을 한 사실이 있는가요.

답   예, 그 후 김미자를 또 만나려고 하였으나 김미자가 피하여 다녀 보지를 못하였는데, 우연히 2014. 5. 25. 14 : 00경 먼발치에서 김미자를 보게 되어 그녀를 따라 서울 서초구 역삼로에 있는 강남영어학원 300호실에 들어가게 되었는데, 제가 김미자에게 오랜만이야 하면서 아는 척을 하는데도 김미자가 누구세요 하면서 무시를 하길래 망신을 주려고 "나쁜 년"이라고 하였고 마침 저와 같이 갔던 제 친구 모태길도 같이 "나쁜 년"이라고 소리친 사실이 있기는 합니다.

문　당시 피의자와 모태길이 하는 욕을 당시 그 교실에 있던 10여 명의 학생들이 들었다고 하는데 맞는가요.

답　누군지는 모르나 약 10여 명의 학생들이 있었고 저와 모태길의 목소리가 컸으므로 아마 들었을 것입니다.

문　피의자는 서초대로, 방배로 일대에서 자전거를 절취한 사실이 있지요.

답　예, 그러한 사실이 있습니다. 이 기회에 모두 사실대로 말씀드리면 제 큰아버지인 강기수의 자전거를 절취하는 등 4대의 자전거를 절취한 사실이 있습니다.

문　그 경위를 진술하세요.

답　1) 2012. 3. 10. 16 : 00경 서울 서초구 서초대로 22 김미식당 앞길에서, 그곳에 세워진 김미식당 여주인 소유의 자전거 1대를 끌고 가 제가 타고 다니다가 고물상에 만원을 받고 처분하여 버렸습니다. 실은 당시 상습절도죄로 구속되어있는 상태이었는데 어머니 상을 당하여 1주간 구속집행정지로 나와 있었습니다.

2) 2013. 4. 27. 10 : 00경 서울 서초구 서초대로 33에 있는 제 큰아버지인 피해자 강기수의 집 앞길에서, 그곳에 세워진 강기수 소유의 자전거 1대를 끌고 가 타고 다니다가 버렸고,

3) 2013. 5. 1. 14 : 00경 서울 서초구 방배로 55 주원빌딩 앞길에서, 그곳에 세워진 피해자 성명불상 소유의 자전거 1대를 끌고 가 제가 타고 다니다가 2013. 7. 1. 14 : 00경 서울 서초구 역삼로 엘지타워 앞길에서, 그 자전거를 방조군에게 만원에 팔았습니다.

4) 2013. 6. 1. 14 : 00경 서울 서초구 방배로 11 주식회사 고산 앞길에서, 그곳에 세워진 윤동민 소유의 국산 자전거 1대를 끌고 가 타다가 그냥 버렸습니다.

문　방조군에게 자전거를 팔 때 방조군도 그 자전거를 피의자가 절취하여 온 사실을 알았는가요.

답　예, 제가 원래 그러고 다니니까 훔쳐 온 자전거라 생각하였을 것입니다.

문　위 자전거의 소유자들과 친척관계가 있나요.

답　강기수는 저의 아버지와 친형제지간이며, 나머지 사람은 모릅니다.

문　피의자는 2014. 6. 10. 12 : 00경 서울 서초구 서래로 112 반포아파트 단지 내에서 금품을 강취할 목적으로 길이 약 15센티미터가량의 잭나이프 1자루를 점퍼 주머니에 숨긴 채 범행대상을 찾던 중 불심검문에 의하여 체포된 사실이 있는가요.

답　예, 그러한 사실이 있습니다.

문 그 내용을 구체적으로 진술하여 보세요.

답 2014. 5.말경 아는 형사로부터 청소년 성폭력으로 수배되었는데 자기한테 자수하
라고 문자가 왔길래 제가 지방으로 도피하려고 하니 도피 자금이 전혀 없었습니
다. 그래서 아파트 빈 집을 털어 볼까 생각하고 서울 서초구 서래로 112 반포아파
트 단지내에서 범행할 집을 찾다가 수상한 사람이라고 신고가 되었는지 정복 경찰
관들이 경비와 함께 다가와서 불심검문 중이라고 하면서 신분증 제시를 요구하여
신분증을 주었더니 조회를 하더니 성폭력죄로 긴급수배 중인 사람이라고 하며 체
포를 하였습니다.

문 순순히 체포에 응하였나요.

답 순간 체념하고 순순히 체포에 응하였습니다.

문 잭나이프는 어떻게 압수되었나요.

답 경찰관이 저를 체포하면서 제 몸을 뒤져 잭나이프가 나오자 경찰관이 압수한 것입
니다.

문 잭나이프 같은 흉기가 나온 것을 보면 피의자는 강도를 하려고 한 것이 아닌가요.

답 빈 집을 상대로 절도를 하다가 사람이 있으면 강도라도 할 생각이었습니다.

문 피의자가 가지고 있다가 압수당한 잭나이프가 이것 맞는가요.

이때 압수된 잭나이프(증 제1호)를 보여준바

답 예, 맞습니다.

문 어떻게 가지게 된 것인가요.

답 우리 집에 전부터 있었던 것인데 어떻게 집에 있게 된 것인 줄은 모릅니다.

문 피의자가 구입하거나 한 것은 아닌가요.

답 아닙니다.

문 이 사건으로 구속이 된다면 누구에게 통지하기를 원하는가요.

답 아버지에게 통지해 주십시오.

문 더 할 말이 있나요.

답 죄송합니다. 한 번만 선처해 주십시오.

문 이상의 진술내용에 대하여 특별한 의견이나 이의가 있는가요.

답 **없습니다.**

위의 조서를 진술자에게 열람하게 하였던바, 진술한 대로 오기나 증감·변경할 것이 전혀 없다고 말하므로 간인한 후 서명 무인하게 하다.

진술자 　강 도 남 　(무인)

2014.　6.　11.

서 초 경 찰 서

사법경찰관　경위　황경찰 ㊞
사법경찰리　순경　김경찰 ㊞

피의자신문조서

피의자 : 방조군

위의 사람에 대한 성폭력범죄의처벌등에관한특례법위반(강간등상해) 등 피의사건에 관하여 2014. 6. 13. 서초경찰서 형사과 사무실에서 사법경찰관 경위 황경찰은 사법경찰리 순경 김경찰을 참여하게 하고, 아래와 같이 피의자임에 틀림없음을 확인하다.

문   피의자의 성명, 주민등록번호, 직업, 주거, 등록기준지 등을 말하시오.

답   성명은   방조군
     주민등록번호는   ******-*******   32세
     직업은   무직
     주거는   서울 금천구 가산로 222
     등록기준지는   경기 안양시 동안구 갈산로 8
     직장 주소는   없음
     연락처는
          자택 전화 : 02-***-****   휴대 전화 : ***-***-****
          직장 전화 : 없음   전자우편(e-mail) : ***@*******.**.**

     입니다.

사법경찰관은 피의사실의 요지를 설명하고 사법경찰관의 신문에 대하여 「형사소송법」 제244조의3에 따라 진술을 거부할 수 있는 권리 및 변호인의 참여 등 조력을 받을 권리가 있음을 피의자에게 알려주고 이를 행사할 것인지 그 의사를 확인하다.

[진술거부권 및 변호인 조력권 고지 등 확인] (첨부 생략)

이에 사법경찰관은 피의사실에 관하여 다음과 같이 피의자를 신문하다.

문   범죄전력은 있나요.

[범죄전력, 병역, 학력, 사회경력, 가족, 재산관계 등 문답 생략]

문   피의자는 김미자를 아는가요.

답   예, 제 친구인 강도남이 김미자를 강간할 때 제가 망을 봐 준 적이 있습니다.

문   그 사실을 인정하는가요.

답   예, 인정합니다.

문   그 경위를 자세히 진술하시오.

답   2013. 9. 20. 23 : 00경 저와 제 친구인 강도남이 서울 서초구 서초대로 서초공원 벤치에서 소주를 먹고 있었는데 마침 김미자가 그 곳을 지나가는 것을 강도남이 보고 저에게 저 여자애를 오늘 같이 해치우자 하길래 제가 우선 망을 볼 테니까 먼저 해 봐라 했고 강도남이 먼저 김미자를 끌고 가 강간을 할 때 저는 수풀 밖에서 주위를 살펴 주다가 강도남이 김미자를 강간하고 나오는데 주위에 인기척이 느껴져 저는 강간을 못하고 도망한 사실이 있습니다. 당시 강도남이 김미자 앞을 가로막고, "연애나 한번 하자"고 말을 걸었고, 그녀가 깜짝 놀라 "싫어요"하고 도망가려 하였지만 강도남이 끌고 바로 옆에 있는 수풀 속으로 갔습니다. 약간 다투는 소리가 났지만 곧 조용하여졌고 약 10분 뒤 강도남이 바지를 올리며 수풀 속에서 급히 나오길래 저와 함께 도망갔습니다.

문   피의자는 김미자를 간음한 사실이 없나요.

답   예, 저는 결과적으로 약 5~6미터 떨어진 곳에서 망만 봐 주었습니다.

문   김미자가 당시 목에 500원짜리 동전 크기의 멍이 생기게 하는 상처를 입었다고 하는데 맞나요.

답   그건 제가 잘 모르겠습니다.

문   강도남으로부터 장물인 자전거 1대를 산 사실이 있지요.

답   예, 2013. 7. 1. 14 : 00경 서울 서초구 역삼로 엘지타워 앞길에서, 강도남이 타고 다니던 자전거 1대를 만원에 사서 타고 다니다가 저도 도난당한 사실이 있습니다.

문   자전거를 살 때 그 자전거를 강도군이 절취하여 온 사실을 알았는가요.

답   예, 강도군이 원래 그러고 다니니까 훔쳐 온 자전거라 생각하였습니다.

문   위 자전거의 소유자나 강도남과 친척관계가 있나요.

답   자전거는 누가 주인인지 모르며 강도남과는 친구일 뿐입니다.

문   이 사건으로 구속이 된다면 누구에게 통지하기를 원하는가요.

답   아버지에게 통지해 주십시오.

문   더 할 말이 있나요.

답   죄송합니다. 한 번만 선처해 주십시오.

문   이상의 진술내용에 대하여 특별한 의견이나 이의가 있는가요.

답   **없습니다.**

  위의 조서를 진술자에게 열람하게 하였던바, 진술한 대로 오기나 증감·변경할 것이 전혀 없다고 말하므로 간인한 후 서명 무인하게 하다.

진술자   **방 조 군** (무인)

2014. 6. 13.

서 초 경 찰 서

사법경찰관 경위   **황 경 찰** ㉑

사법경찰리 순경   **김 경 찰** ㉑

조 회 회 보 서

제 2014-12569 호   2014. 6. 10.

□ 조회대상자

성 명	강도남	주민등록번호	******-*******	성별	남
지 문 번 호		주민지문번호	76867-75859	일련번호	
주 소	서울 관악구 신림로 1578				
등록기준지	경기 안양시 동안구 갈산로 888				

□ 주민정보

성 명	강도남	생년월일	19**. **. *. 생	성별	남자
주민등록번호	******-*******		주민지문번호	76867-75859	
전 등 록					
등 록 기 준 지	경기 안양시 동안구 갈산로 888				
주 소	서울 관악구 신림로 1578				
세 대 주	강도남				
전 입 일	2006. 7. 1.		통반변경	유	
참 고 사 항					

□ 범죄경력자료

연번	입건	입건관서	작성번호	송치번호	형제번호
	처분일	죄 명		처분관서	처분결과
1	2007. 1. 14.	수원경찰서	0115104	2007-006567	2007-210-85690
	2007. 5. 1.	강도		수원지방법원	징역1년6월 집행유예3년
2	2011. 10. 2.	서울 서초경찰서	0115666	2012-006567	2012-210-85690
	2012. 2. 10.	특정범죄가중등처벌등에관한법률위반(절도)		서울중앙지방법원	징역1년6월

□ 수사경력자료

연번	입건일	입건관서	작성번호	송치번호	형제번호
	처분일	죄 명		처분관서	처분결과

□ 지명수배내역

연번	상 세 내 용					
	수배관서		수배종결		담당자	
	수배번호		사건번호		영장구분	
	수배일자		범죄일자		공소시효만료	
	참고사항				영장유효일자	
	죄 명					
	영장번호		공범1		공범2	
	발견일자		발견관서		발견자	
	주 소					
	범행장소		피해자		피해정도	

위와 같이 조회 결과를 통보합니다.

조 회 용 도 : 접수번호 2014-026914 수사

조회의뢰자 : 수사과   경장 이은경

작 성 자 : 수사과   경장 이은경

서 울 서 초 경 찰 서 장   (서울서초경찰서장인)

조 회 회 보 서

제 2014-12571 호   2014. 6. 13.

□ 조회대상자

성 명	방조군	주민등록번호	******-*******	성별	남
지 문 번 호		주민지문번호	76867-74859	일련번호	
주 소	서울 금천구 가산로 222				
등록기준지	경기 안양시 동안구 갈산로 8				

□ 주민정보

성 명	방조군	생년월일	19**. **.*. 생	성별	남자
주민등록번호	******-*******		주민지문번호	76867-74859	
전 등 록					
등 록 기 준 지	경기 안양시 동안구 갈산로 8				
주 소	서울 금천구 가산로 222				
세 대 주	방조군				
전 입 일	2010. 7. 3.		통반변경	유	
참 고 사 항					

□ 범죄경력자료

연번	입건	입건관서	작성번호	송치번호	형제번호
	처분일	죄 명		처분관서	처분결과
1	2002. 5. 5.	수원경찰서	0115104	2002-006567	2002-210-85690
	2002. 9. 15.	사기		수원지방법원	징역 1년
2					

□ 수사경력자료

연번	입건일	입건관서	작성번호	송치번호	형제번호
	처분일	죄 명		처분관서	처분결과

□ 지명수배내역

연번	상 세 내 용						
	수배관서		수배종결		담당자		
	수배번호		사건번호			영장구분	
	수배일자		범죄일자			공소시효만료	
	참고사항					영장유효일자	
	죄 명						
	영장번호		공범1			공범2	
	발견일자		발견관서			발견자	
	주 소						
	범행장소		피해자			피해정도	

위와 같이 조회 결과를 통보합니다.

조 회 용 도 : 접수번호 2014-026914 수사

조회의뢰자 : 수사과   경장 이은경

작 성 자 : 수사과   경장 **이은경**

서 울 서 초 경 찰 서 장 [서울서초경찰서장인]

피의자신문조서

성   명 : 강도남
주민등록번호 : ******-*******

위의 사람에 대한 성폭력범죄의처벌등에관한특례법위반(강간등상해) 등 피의사건에 관하여 2014. 6. 17. 서울중앙지방검찰청 제1100호 검사실에서 검사 정의파는 검찰주사 임검찰를 참여하게 한 후, 아래와 같이 피의자임에 틀림없음을 확인하다.

문   피의자의 성명, 주민등록번호, 직업, 주거, 등록기준지 등을 말하시오.

답   성명은   강 도 남
          주민등록번호는   ******-*******   (32세)
          직업은   무직
          주거는   서울 관악구 신림로 1578
          등록기준지는   경기 안양시 동안구 갈산로 888
          직장 주소는   없음
          연락처는

              자택 전화 : **-***-****   휴대 전화 : ***-***-****
              직장 전화 : 없음   전자우편(e-mail) : ***@*******.**.**

          입니다.

검사는 피의사실의 요지를 설명하고 검사의 신문에 대하여 「형사소송법」 제244조의3에 따라 진술을 거부할 수 있는 권리 및 변호인의 참여 등 조력을 받을 권리가 있음을 피의자에게 알려주고 이를 행사할 것인지 그 의사를 확인하다.

(진술거부권 및 변호인 조력권 고지 등 확인) (첨부 생략)

이에 검사는 피의사실에 관하여 다음과 같이 피의자를 신문하다.

문   범죄전력은 있나요.

답   2003. 2. 24. 수원지방검찰청에서 특수절도죄로 기소유예처분을 받은 사실이 있고, 2007. 5. 1. 수원지방법원에서 강도죄로 징역 1년 6월에 집행유예 3년을 선고받은 사실이 있고, 2012. 2. 10. 서울중앙지방법원에서 특정범죄가중처벌등에관한법률위반(절도)으로 징역 1년 6월을 선고받고 청주교도소에서 복역하다가 2013. 1. 15. 가석방으로 출소한 사실이 있습니다.

문   피의자의 학력, 경력, 가족관계, 재산정도, 건강상태 등은 경찰에서 사실대로 진술하였나요.

이때 검사는 사법경찰관 작성의 피의자신문조서 중 해당부분을 읽어준바,

답   예. 그렇습니다.

문   피의자는 청소년인 김미자를 강간하여 상해를 가한 사실이 있지요.

답   예, 인정합니다.

문   그 경위를 진술하시오.

답   2013. 7. 경부터 제가 김미자를 보고 호감을 지니고 있었으나 김미자의 거절로 앙심을 먹고 있던 중 우연히 2013. 9. 20. 23 : 00경 제가 그녀를 강간하게 된 것인데, 당시 벤치에서 공원에서 우연히 만난 노숙자(30세 가량)와 같이 소주를 먹고 있었는데 마침 김미자가 그 곳을 지나가길래 제가 그녀 앞을 가로 막고, "연애나 한번 하자"고 말을 걸었습니다. 그녀가 깜짝 놀라 "싫어요"하고 도망가려 하였지만 제가 오른손으로 그녀의 입을 막고, 잡아 끌어 바로 옆에 있는 수풀 속으로 끌고 갔습니다. 그 다음 그녀의 목을 조르며 반항하면 죽인다고 협박하였더니 겁을 먹고 가만히 있어 제가 그녀의 바지와 속옷을 벗기고 1회 간음하였습니다.

문   당시 방조군이 피의자와 함께 술을 마시다가 피의자의 범행에 가담한 것이 아닌가요.

답   아닙니다. 그 것은 경찰에서 공범이 방조군 맞지 하고 밀어붙이기에 검찰에서 사실대로 말하면 된다는 생각으로 거짓말을 한 것입니다.

문   그렇다면 위 성명불상 노숙자와 함께 김미자를 강간한 것인가요.

답   아닙니다. 제가 위 성명불상자와 소주를 약 두 병씩 먹어 취한 상태에서 저쪽에서 걸어오는 김미자를 보고 성명불상자에게 저 여자애를 오늘 해치울테니 망 좀 봐라 하였더니 그가 싫다고 하길래 제가 혼자 김미자를 끌고 가 강간을 하고 나와 보니 이미 그 사람은 사라졌더군요.

문   경찰에서는 방조군도 같이 강간하려고 망을 봐 주다가 인기척에 놀라 간음은 못하였다고 하지 않았나요.

답 지금 말하는 것이 진실입니다.

문 김미자가 피의자가 강간 범행 당시 키스를 한다고 김미자 목을 강하게 빨아 목에 500원짜리 동전 크기의 멍이 생기게 하는 상처를 입었다고 하는데 맞나요.

답 제가 흥분하여 그녀의 목을 강하게 빤 사실은 인정합니다. 상처가 났는지는 모르 겠습니다.

문 피의자는 모태길과 함께 김미자에게 공연히 욕을 한 사실이 있는가요.

답 2014. 5. 25. 14 : 00경 우연히 먼발치에서 김미자를 보게 되어 그녀를 따라 서울 서초구 역삼로에 있는 강남영어학원 300호실에 들어가게 되었는데, 제가 김미자 에게 오랜만이야 하면서 아는 척을 하는데도 김미자가 누구세요 하면서 무시를 하 길래 망신을 주려고 "나쁜 년"이라고 하였고 마침 저와 같이 갔던 제 친구 모태길 도 같이 "나쁜 년"이라고 소리친 사실이 있기는 합니다.

문 당시 피의자와 모태길이 하는 욕을 당시 그 교실에 있던 10여 명의 학생들이 들었 다고 하는데 맞는가요.

답 누군지는 모르나 약 10여 명의 학생들이 있었고 저와 모태길의 목소리가 컸으므로 아마 들었을 것입니다.

문 피의자는 서초대로, 방배로 일대에서 자전거를 절취한 사실이 있지요.

답 예, 그러한 사실이 있습니다. 제 큰아버지인 강기수의 자전거를 절취하는 등 4대 의 자전거를 절취한 사실이 있습니다.

문 그 경위를 진술하시오.

답 1) 2012. 3. 10. 16 : 00경 서울 서초구 서초대로 22 김미식당 앞길에서, 그곳에 세워 진 김미식당 여주인 소유의 자전거 1대를 끌고 가 제가 타고 다니다가 고물상에 만원을 받고 처분하여 버렸고,(당시 구속집행정지기간 중이었습니다)

2) 2013. 4. 27. 10 : 00경 서울 서초구 서초대로 33 제 큰아버지인 피해자 강기수의 집 앞길에서, 그곳에 세워진 강기수 소유의 자전거 1대를 끌고 가 타고 다니다가 버렸고,

3) 2013. 5. 1. 14 : 00경 서울 서초구 방배로 55 주원빌딩 앞길에서, 그곳에 세워진 피해자 성명불상 소유의 자전거 1대를 끌고 다니다가 7. 1.경 방조군에게 만원에 팔았습니다.

4) 2013. 6. 1. 14 : 00경 서울 서초구 방배로 11 주식회사 고산 앞길에서, 그곳에 세 워진 피해자 윤동민 소유의 국산 자전거 1대를 끌고 가 타다가 그냥 버렸습니다.

문 방조군에게 위 자전거를 팔 때 방조군도 그 자전거를 피의자가 절취하여 온 사실 을 알았는가요.

답 예, 제가 원래 그러고 다니까 훔쳐 온 자전거라 생각하였을 것입니다.

문	위 자전거의 소유자들과 친척관계가 있나요.
답	강기수는 저의 아버지와 친형제지간이며, 나머지 사람은 모릅니다.
문	피의자는 2014. 6. 10. 12 : 00경 서울 서초구 서래로 112 반포아파트 단지 내에서 금품을 강취할 목적으로 길이 약 15센티미터가량의 잭나이프 1자루를 점퍼 주머니에 숨긴 채 범행대상을 찾던 중 불심검문에 의하여 체포된 사실이 있는가요.
답	강도를 하려고 한 것은 아니나 잭나이프를 소지한 것은 사실입니다.
문	그 내용을 구체적으로 진술하여 보세요.
답	제가 수배당한 사실을 알고 지방으로 도피하려고 하니 도피 자금이 전혀 없었습니다. 그래서 아파트 빈 집을 털어 볼까 생각하고 서울 서초구 서래로 112 반포아파트 단지내에서 범행할 집을 찾다가 정복 경찰관들이 경비와 함께 다가와서 불심검문 중이라고 하면서 신분증 제시를 요구하여 조회를 하더니 성폭력죄로 긴급수배 중인 사람이라고 하며 체포를 하였습니다.
문	순순히 체포에 응하였나요.
답	순간 체념하고 순순히 체포에 응하였습니다.
문	잭나이프는 어떻게 압수되었나요.
답	경찰관이 저를 체포하면서 제 몸을 뒤져 잭나이프가 나오자 경찰관이 압수한 것입니다.
문	잭나이프 같은 흉기가 나온 것을 보면 피의자는 강도를 하려고 한 것이 아닌가요.
답	절대 그런 것은 아닙니다. 빈 집을 상대로 절도 정도만 하려고 한 것입니다.
문	그렇다면 왜 칼을 가지고 있었나요.
답	절도를 하려니 겁이 나서 가지고 있었던 것입니다.
문	처음에는 절도를 하려고 하였는지 모르나 절도 중간에 사람에게 들키면 강도라도 할 생각이었지요.
답	중간에 들키면 일단 위협을 하고 도주하려는 생각은 있었습니다.
문	피의자가 가지고 있다가 압수당한 잭나이프가 이것 맞는가요.

이때 압수된 잭나이프(증 제1호)를 보여준바

답	예, 맞습니다.
문	더 할 말이 있나요.
답	죄송합니다. 한 번만 선처해 주십시오.
문	조서에 진술한대로 기재되지 아니하였거나 사실과 다른 부분이 있는가요.
답	**없습니다. (무인)**

위의 조서를 진술자에게 열람하게 하였던바, 진술한 대로 오기나 증감·변경할 것 이 전혀 없다고 말하므로 간인한 후 서명 무인하게 하다.

진술자 강 도 남 (무인)

2014. 6. 17.

서울중앙지방검찰청

검 사 정 의 파 [인]

검찰주사 임 검 찰 [인]

피의자신문조서

성   명 : 방 조 군

주민등록번호 : ******-*******

위의 사람에 대한 성폭력범죄의처벌등에관한특례법위반(강간등상해) 등 피의사건에 관하여 2014. 6. 17. 서울중앙지방검찰청 제1100호 검사실에서 검사 정의파는 검찰주사 임검찰을 참여하게 한 후, 아래와 같이 피의자임에 틀림없음을 확인하다.

문   피의자의 성명, 주민등록번호, 직업, 주거, 등록기준지 등을 말하시오.

답   성명은   방조군

　　　　주민등록번호는   ******-*******   (32세)

　　　　직업은   무직

　　　　주거는   서울 금천구 가산로 222

　　　　등록기준지는   경기도 안양시 동안구 갈산로 8

　　　　직장 주소는   없음

　　　　연락처는

　　　　　　자택 전화 : **-****-****   휴대 전화 : ***-***-****

　　　　　　직장 전화 : 없음   전자우편(e-mail) : 없음

　　　　입니다.

검사는 피의사실의 요지를 설명하고 검사의 신문에 대하여 「형사소송법」 제244조의3에 따라 진술을 거부할 수 있는 권리 및 변호인의 참여 등 조력을 받을 권리가 있음을 피의자에게 알려주고 이를 행사할 것인지 그 의사를 확인하다.

(진술거부권 및 변호인 조력권 고지 등 확인) (첨부 생략)

이에 검사는 피의사실에 관하여 다음과 같이 피의자를 신문하다.

문 피의자는 형벌을 받은 사실이 있는가요.

답 없습니다.

문 피의자의 학력, 경력, 가족관계, 재산정도, 건강상태 등은 경찰에서 사실대로 진술
   하였나요.

이때 검사는 사법경찰관 작성의 피의자신문조서 중 해당부분을 읽어준바,

답 예. 그렇습니다.

문 피의자는 김미자를 아는가요.

답 예, 제 친구인 강도남이 강간을 할 때 제가 망을 봐 주었다고 주장하는 여자입니
   다. 모르는 여자입니다.

문 강간에 가담한 사실을 인정하는가요.

답 아닙니다. 저는 억울합니다.

문 경찰에서는 강도남이 강간할 때 망을 봐 주었다고 자백하지 않았나요.

답 그것은 경찰에서 그 정도 시인하면 다른 추가건은 없이 불구속으로 해 주고 나중
   에 기소유예 감이라고 회유하여 거짓 진술한 것일 뿐 저는 그때 범행 현장에도 없
   었습니다.

문 그럼 어디에 있었나요.

답 오래 전 일이라 잘 기억이 안 납니다.

문 강도남으로부터 장물인 자전거 1대를 산 사실이 있지요.

답 그러한 사실이 있습니다. 2013. 7. 1. 14 : 00경 서울 서초구 역삼로 엘지타워 앞에
   서, 강도남이 타고 다니던 자전거 1대를 만원에 산 사실이 있습니다.

문 절취하여 온 자전거라는 사실을 알았나요.

답 예, 짐작을 하였습니다.

문 위 자전거의 소유자나 강도남과 친척관계가 있나요.

답 자전거는 누가 주인인지 모르며 강도남과는 친구일 뿐입니다.

문 더 할 말이 있나요.

답 잘못하였습니다.

문 조서에 진술한대로 기재되지 아니하였거나 사실과 다른 부분이 있는가요.

답 **없습니다. (무인)**

위의 조서를 진술자에게 열람하게 하였던바, 진술한 대로 오기나 증감·변경할 것이 전혀 없다고 말하므로 간인한 후 서명 무인하게 하다.

진술자 방 조 군 (무인)

2014. 6. 17.

서울중앙지방검찰청

검 사 정 의 파 [인]

검찰주사 임 검 찰 [인]

서 울 서 초 경 찰 서

2014. 6. 19.

제 2014-1500 호

수　신 : 서울중앙지방검찰청 검사장
참　조 : 검사실
제　목 : 현장확인보고

　피의자 강도남에 대한 특정범죄가중처벌등에관한법률위반(절도) 피의사건과 관련하여 피해 자전거의 소유주나 목격자를 확인하기 위하여 범행 현장에 임하여 탐문하여 보고하라는 검사의 수사지휘에 따라 다음과 같이 수사하였기에 보고합니다.

1. 일시, 장소 및 대상

　2014. 6. 18. 09 : 00 ~ 12 : 30
　서울 서초구 방배로 55 주원빌딩 일대

2. 확인내용

　일대에서 2013년 5월경 자전거를 도난당한 피해자나 목격자를 탐문하였으나 발견하지 못하였고, 장물인 자전거도 발견 못함

형사과 강력팀

경사　최 경 찰 ⑪

서 울 중 앙 지 방 검 찰 청

수 신   검사 정의파
제 목   출소일자 등 범죄전력 확인보고

1. 피의자 강도남에 대한 범죄전력을 확인한바 피의자는
   ① 2003. 2. 24. 수원지방검찰청에서 특수절도죄로 기소유예처분을 받은 사실이 있고,
   ② 2007. 5. 1. 수원지방법원에서 강도죄로 징역 1년 6월에 집행유예 3년을 선고받은
   사실이 있고, ③ 2012. 2. 10. 서울중앙지방법원에서 특정범죄가중처벌등에관한법률위
   반(절도)으로 징역 1년 6월을 선고받고 청주교도소에서 복역하다가 2013. 1. 15. 가석
   방으로 출소한 사실이 있음.

2. 위 ① 전과의 내용은 2003. 12. 12. 17 : 00경 수원시 소재 금은방에 들어갔다가 혼잡한
   틈을 이용하여 공범과 함께 금목걸이 1개 시가 50만 원 상당을 훔치다가 현장에서 검
   거되어 불구속 입건되었다가 검찰에서 기소유예처분을 받은 것임을 확인하고, ② 전
   과의 내용은 2007. 3. 13. 16 : 00경 수원시에서 지나가던 여중생을 위협하여 금2만원을
   강취하여 구속되었다가 집행유예형을 받은 것임을 확인하고, ③ 전과에 대한 판결문
   은 등본하여 첨부하였음.

3. 피의자의 위 ③전과의 형집행 종료일 등을 확인한바, 동 판결은 피고인만이 항소하였
   다가 항소이유서 미제출로 서울중앙지방법원 항소부에서 2012. 4. 10. 항소기각결정을
   받았고, 피고인이 즉시항고를 하지 않아 확정되어 피고인은 청주교도소에서 복역하다
   가 2013. 1. 15. 가석방으로 출소하였고, 형기만료일은 2013. 7. 10.임이 확인되었기에 보
   고합니다.

첨부: 판결문 1통

2014.   6.   20.

검찰주사 박검찰 (인)

서 울 중 앙 지 방 법 원
판 결

확정일 2012. 4. 19.
서울중앙지방검찰청
검찰주사 김기운 ㊞

사 건	2011고단7060 특정범죄가중처벌등에관한법률위반(절도)
피 고 인	강도남(******-*******), 무직
	주거 서울 관악구 신림로 1578
	등록기준지 경기 안양시 동안구 갈산로 888
검 사	김강수
변 호 인	변호사 변호길(국선)
판결선고	2012. 2. 10.

주 문

피고인을 징역 1년 6월에 처한다.

이 유

범죄사실

피고인은 상습적으로 아래와 같이 3회에 걸쳐 피해자들의 물건을 절취하였다.

1) 2011. 9. 10. 16 : 00경 서울 서초구 방배로 22 방배시장에서, 혼잡한 틈을 이용하여 피해자 김민숙이 들고 있는 핸드백을 뒤에서 몰래 열고 돈 25,000원을 꺼냈다.
2) 2011. 9. 15. 16 : 00경 서울 서초구 방배로 22 방배시장에서, 혼잡한 틈을 이용하여 피해자 여기순이 들고 있는 핸드백을 뒤에서 몰래 열고 돈 30,000원을 꺼냈다.
3) 2011. 9. 18. 16 : 00경 서울 서초구 방배로 22 방배시장에서, 혼잡한 틈을 이용하여 피해자 신민자가 들고 있는 핸드백을 뒤에서 몰래 열고 돈 10,000원을 꺼냈다.

증거의 요지

[생략]

위 등본임
검찰주사 김동길 ㊞

법령의 적용

[생략]

판사 강병국 강병국 ㊞

고 소 취 소 장

고 소 인   김 미 자   전화 010-****-****

피고소인   모태길
          서울 서초구 서래로 222   전화 010-****-****

    고소인은 피고소인을 모욕죄로 고소하였는바, 피고소인에 대한 고소를 취소
하며 동인에 대한 처벌을 원하지 않습니다.
    (피고소인 강도남에 대한 고소는 취소하지 않습니다.)

첨부: 고소인의 인감증명서 1부[생략]

                    2014년   6월   21일

                        고소인   김 미 자 (인)

서울중앙지방검찰청 귀중

해 설

Ⅰ. 사건의 개요

1. 피고인

- 강도남(변호인 김국선)
- 방조군(변호인 홍변호)
  * 피고인 강도남의 국선변호인으로서 변론요지서 작성

2. 공소사실의 요지(죄명)

- 성폭력범죄의처벌등에관한특례법위반(강간등상해)
- 특정범죄가중처벌등에관한법률위반(절도)
- 강도예비
- 모욕
  * 방조군에 대하여는 성폭력범죄의처벌등에관한특례법위반(강간등상해), 장물취득

[적용법조]

성폭력범죄의 처벌 등에 관한 특례법 제8조 제1항, 제4조 제1항, 형법 제297조, 제30조, 특정범죄 가중처벌 등에 관한 법률 제5조의4 제1항, 형법 제329조, 제343조, 제311조, 제35조, 제37조, 제38조

3. 사건의 경과

가. 수사절차

- 강도남: 긴급체포(2014. 6. 10.)/구속(6. 12.)
- 방조군: 긴급체포(2014. 6. 13.)/구속(6. 15.)

나. 공판절차

- 공소의 제기(2014. 6. 24.)
- 제 1 회 공판기일(2014. 7. 11.)
  - 공소사실 일부 부인
    - 성폭력 단독범행 주장
    - 강도예비 부인
  - 증거신청 및 증거인부
- 제 2 회 공판기일(2014. 7. 25.)
  - 증인신문
    - * 피해자 김미자(강간피해사실, 피고인들을 범인으로 지목)
  - 구형 및 변론
- 선고(2014. 8. 2.)

Ⅱ. 쟁점 해설[1]

1. 성폭력범죄의처벌등에관한특례법위반(강간등상해)
⇨ 형법상의 강간죄만 인정, 정상참작 변론

가. 아동·청소년이 아니다.   (5점)

- 피해자가 아동·청소년의 성보호에 관한 법률상의 아동·청소년에 해당하는 경우 단순강간죄라도 아동·청소년의 성보호에 관한 법률 제 7 조 제 1 항에 따라 무기징역 또는 5년 이상의 유기징역에 처하도록 되어 있다.[2]

---

1) 채점기준을 명확히 하기 위하여 설명식이 아닌 개조식으로 정리하였다.
2) 공소사실 기재에 따르면 검사는 김미자를 아동·청소년으로 보고 공소제기하였다. 따라서 합

⦿ 피해자 김미자는 아동·청소년이 아님을 주장한다.

→ 피해자 김미자는 2013. 9. 20. 범행 당시 만 18세이나 그 해 19세가 되므로 이미 아동·청소년이 아니다(아동·청소년의 성보호에 관한 법률 제 2 조 제 1 호 참조)

⦿ 아동·청소년의 성보호에 관한 법률은 적용할 수 없다는 취지를 변론하여야 한다.

나. 상해가 아니다. (5점)

⦿ 형법상의 상해의 개념 설시한다.

⦿ 관련 판례[3]를 인용한다.

⦿ 결국, 강간상해죄는 성립할 수 없음을 주장한다.

다. 합동강간이 아니다.(성폭력범죄의 처벌 등에 관한 특례법 제 4 조 제 1 항을 적용할 수 없다) (20점)

[피고인의 단독 범행임을 주장하여야 한다]

[증거관계]

① 사법경찰관 작성의 피의자신문조서

⦿ 피고인에 대한 피의자신문조서(합동강간사실 자인)

→ 피고인이 내용부인하였으므로 증거능력이 없다.

⦿ 방조군에 대한 피의자신문조서(합동강간사실 자인)

→ 피고인 강도남과 공범관계인 자에 대한 경찰 작성의 피의자신문조서이므로 판례에 따라 당해 피고인 강도남이 부동의(내용부인)하였으므로 증거능력이 부정된다.

동강간죄나 강간상해죄에 해당하지 않아 강간죄만 인정되더라도 피해자가 아동·청소년이라면 피고인은 아동·청소년의 성보호에 관한 법률에 의하여 가중처벌될 수 있다.

3) 대법원 1994. 11. 4. 선고 94도1311 판결【강간치상】

피해자를 강간하려다가 미수에 그치고 그 과정에서 피해자에게 경부 및 전흉부 피하출혈, 통증으로 약 7일 간의 가료를 요하는 상처가 발생하였으나 그 상처가 굳이 치료를 받지 않더라도 일상생활을 하는 데 아무런 지장이 없고 시일이 경과함에 따라 자연적으로 치유될 수 있는 정도라면 그로 인하여 신체의 완전성이 손상되고 생활기능에 장애가 왔다거나 건강상태가 불량하게 변경되었다고 보기는 어려워 강간치상죄의 상해에 해당하지 않는다고 한 사례.

② 피고인들에 대한 각 검사작성의 피의자신문조서 및 각 법정진술

◉ 피고인(단독강간사실 인정, 방조군은 현장에 없었다는 등 합동사실 부인)

◉ 방조군(현장에 없었다, 합동사실 부인)

→ 모두 공소사실에는 부합하지 않는 증거이다.[4]

③ 김미자의 진술

◉ 고소장, 사법경찰관 작성의 진술조서

→ 피고인이 부동의하였으나 증인 김미자의 법정 진술에 의하여 증거능력은 인정된다.[5]

→ 그러나 범행장소가 어두운 곳이으로 정확한 식별이 어렵다는 점, 옷차림새에 대한 법정진술 등과의 불합치되는 모순점, 기타 범인식별절차의 위반 등을 지적하며 신빙성이 부족하다고 주장한다.

◉ 증인으로서의 법정 진술

→ 수사상의 진술 등과 모순된다는 점, 범인식별절차 위반에 기초한 기억에 의존한 진술이라는 점 등을 지적하며 신빙성이 부족하다고 변론한다.

[소 결 론]

– 피고인의 단독 범행(합동강간의 점 인정 증거부족)으로 형법상의 강간죄만 성립한다.

라. 심신미약 주장 및 정상변론(기타, 친고죄 여부 관련)   (5점)

→ 형법 제297조의 강간죄(비친고죄)는 피고인이 인정하고 있고, 달리 무죄를 주장하기는 어렵다.

→ 피고인이 술에 만취하여 있었으므로[6] 심신상실은 아니더라도 심신미약

---

[4] 그 자체로 공소사실을 증명할 수 없는 반대증거이므로 굳이 변론요지서에서 증거판단을 하지 않아도 무방하다.

[5] 변론요지서에 증거능력을 부정하는 이유는 기재하지만 굳이 증거능력이 인정되는 경위를 기재할 필요는 없다. 다만 시험 기록에서는 채점 기준이 될 수도 있으므로 간략히 기재하는 경우가 유리한 점도 있음을 유의한다.

[6] 형법 제10조(심신장애자) ① 심신장애로 인하여 사물을 변별할 능력이 없거나 의사를 결정할 능력이 없는 자의 행위는 벌하지 아니한다.
② 심신장애로 인하여 전항의 능력이 미약한 자의 행위는 형을 감경한다.
③ 위험의 발생을 예견하고 자의로 심신장애를 야기한 자의 행위에는 전 2항의 규정을 적용하지 아니한다.

으로 인한 형의 감경 주장을 하여야 한다.[7]

→ 술에 취하여 우발적인 범행, 범행 자백, 고소가 없는 점 등을 들어 정상참작 변론을 한다,

* 2013. 6. 19. 이후 발생한 강간죄 등 성폭력범죄에 관하여는 형법[시행 2013. 6. 19][법률 제11574호, 2012. 12. 18, 일부개정] 및 성폭력범죄의 처벌 등에 관한 특례법[시행 2013. 6. 19] [법률 제11556호, 2012. 12. 18, 전부개정]의 개정으로 친고죄 규정이 삭제되어 비친고죄가 되었음을 유의하여야 한다. 아울러 2013. 6. 18.까지 발생한 형법 제297조의 강간죄는 친고죄임을 기억하여야 한다. (제2편 연습기록 2 해설 등 참조)

2. 특정범죄가중처벌등에관한법률위반(절도)

가. 2012. 3. 10. 피해자 임민숙 소유의 자전거 절도   (5점)

→ 2012. 2. 10. 서울중앙지방법원 특정범죄가중처벌등에관한법률위반(절도)의 확정판결(2012. 4. 10. 항소기각결정으로 확정되어 기판력의 시적 범위)의 기판력의 범위 내에 있으므로 면소판결(법 제326조 제1호)을 구할 수 있다.

나. 2013. 4. 27. 피해자 강기수의 자전거 절도   (5점)

→ 친족상도례(강기수가 피고인의 큰 아버지)에 따라 상대적 친고죄인데, 고소가 없다.
공소기각판결(법 제327조 제2호)을 구할 수 있다.

다. 2013. 5. 1. 피해자 성명불상 소유의 자전거 절도   (15점)

① 피고인이 자백한다.
② 보강증거가 없음을 주장할 수 있다.

---

7) 형사소송법 제323조(유죄판결에 명시될 이유) ① 형의 선고를 하는 때에는 판결이유에 범죄될 사실, 증거의 요지와 법령의 적용을 명시하여야 한다.
② 법률상 범죄의 성립을 조각하는 이유 또는 형의 가중, 감면의 이유되는 사실의 진술이 있은 때에는 이에 대한 판단을 명시하여야 한다.

◉ 방조군에 대한 사법경찰관 작성의 피의자신문조서, 검사 작성의 피의자신문
조서

　(피고인 강도남으로부터 장물인 자전거를 샀다는 내용의 진술기재)

　　→ 공범 아닌 공동피고인의 조서로서 모두 법 제312조 제 4 항 적용의 적
　　　용을 받는다.

　　　＊절도와 장물취득죄는 공범관계가 아니다.(판례) 따라서 경찰 작성
　　　　피의자신문조서에도 법 제312조 제 3 항이 적용되지 아니한다.

　　→ 피고인이 부동의하였으므로 방조군의 <u>법정 증언</u>에 의하여 진정이 성
　　　립 인정되어야 한다.

　　→ 방조군의 법정 증언에 의하여 진정 성립 인정된 바 없고, 기타 객관적
　　　증명도 없다.

　　　＊방조군의 피고인으로서 한 증거의견란의 진정성립 인정으로는 증거
　　　　능력이 부여되지 않는다.

　　　　<u>(① 공범인 공동피고인의 증인적격과 ② 공범이 아닌 공동피고인의 증인
　　　　적격 문제 구별 주의)</u>

　　→ 모두 증거능력 없음.

[당해 피고인(갑)의 공소사실에 대한 증거의 증거능력 인정 문제]

○ **공범(을)에 대한 사법경찰관 작성의 피의자신문조서**

　＊공동피고인인 경우와 공동피고인이 아닌 경우 모두 포함

　→ 법 제312조 제 3 항 적용

　→ 당해 피고인(갑)이 내용인정하여야

　→ 증거목록을 보아야 한다! (피고인 갑의 증거의견 부분)

○ **공범인 공동피고인(을)에 대한 검사작성의 조서**

　＊공동정범, 교사범, 종범, 필요적 공범 등

　→ 법 제312조 제 4 항 적용

　→ 공범(을)이 피고인으로서 진정성립 인정하여야

　→ 증거목록을 보아야 한다! (공범 을의 증거의견)

○ **공범이 아닌 공동피고인(을)에 대한 검사 또는 사법경찰관 작성의 조서**

　＊절도와 장물취득/본범과 범인도피 등의 경우는 공범관계 아님

> → 법 제312조 제 4 항 적용
>
> → 공범(을)이 증인으로서 진정성립 인정하여야
>
> **→ 증거목록 보고 공범이 증인으로 신청되었는지 확인, 증인신문조서 참조하여야!**

● 방조군의 법정진술(자전거를 안 샀다)

　　→ 보강증거가 되지 못한다.

● 기타 보강증거 없음

　　→ 증거물의 현존이나 피해자의 진술도 없다(현장확인보고서 참조)

③ 무죄 주장

　　– 형사소송법 제310조에 따라 자백은 유일한 증거로 유죄판결 할 수 없다.

　　– 형사소송법 제325조 후단에 따라 무죄 변론

라. 2013. 6. 1. 피해자 윤동민 소유의 자전거 1대 절도　　(10점)

① 인정(자백 및 피해자 진술서)

② 법률관계 및 양형관계 주장

● 상습성을 부정한다.

　　– 기소유예전과는 10년 전의 범행

　　– 강도전과는 절도의 상습성 인정 자료가 되지 못한다.[8]

　　– 상습절도 전과가 최근 있으나 그 내용이 소매치기로 이번 사건과 범죄
　　　의 유형과 죄질 상이하므로 상습성 인정 증거 부족으로 주장한다.

　　– 단순절도로 처벌되어야 한다고 변론할 수 있다.[9]

● 누범이 아니다.(누범가중 할 수 없다)

　　– 가석방기간 중의 범죄이다.(수사보고서 중 형기종료일 참조)

---

8) 대법원 1990. 4. 10. 선고 90감도8 판결.
　　상습범은 같은 유형의 범행을 반복누행하는 습벽을 말하는 것인바, 절도와 강도는 유형을
　　달리하는 범행이므로 각 별로 상습성의 유무를 가려야 하며, 사회보호법 제6조 제 2 항 제 2
　　호에서 절도와 강도를 형법 각칙의 같은 장에 규정된 죄로서 동종 또는 유사한 죄로 규정하
　　고 있다고 하여 상습성 인정의 기초가 되는 같은 유형의 범죄라고 말할 수 없다.

9) 견해가 다를 수 있으나 변호인의 입장에서 최대한 유리하게 주장한다.

3. 모욕   (10점)

① 모욕죄는 친고죄이다.

② 공범인 모태길에 대한 고소가 취소되었다.(2014. 6. 21. 고소취소장)

  * 고소의 주관적 불가분의 원칙

③ 피고인에 대하여 공소기각판결을 구할 수 있다.(법 제327조 제 2 호)

4. 피고인 강도남의 강도예비   (15점)

① 강도목적의 잭나이프 소지 증거

◉ 사법경찰관 작성의 피의자신문조서(강도목적 자인)

  → 피고인이 내용부인

  → 증거능력 부정된다.

◉ 압수된 잭나이프(증 제1호)

  → 법 제216조 제 1 항 제 2 호에 따라 압수된 증거물이다.

  → 법 제217조 제 2 항에 따른 사후 압수·수색영장의 청구가 없다.

  → 위법수집증거배제에 따라 증거능력이 없다.

◉ 기타 증거 없음

  – 검찰 이후 강도 목적을 부인하고 있다.(준강도 목적만 자인)

② 피고인 주장대로 준강도목적의 잭나이프 소지는 강도예비죄가 성립하지 않는다.[10]

---

10) 대법원 2006. 9. 14. 선고 2004도6432 판결.

  강도예비·음모죄에 관한 형법 제343조는 "강도할 목적으로 예비 또는 음모한 자는 7년 이하의 징역에 처한다."고 규정하고 있는바, 그 법정형이 단순 절도죄의 법정형을 초과하는 등 상당히 무겁게 정해져 있고, 원래 예비·음모는 법률에 특별한 규정이 있는 경우에 한하여 예외적으로 처벌의 대상이 된다는 점(형법 제28조)을 고려하면, 강도예비·음모죄로 인정되는 경우는 위 법정형에 상당한 정도의 위법성이 나타나는 유형의 행위로 한정함이 바람직하다 할 것이다.

  그런데 준강도죄에 관한 형법 제335조는 "절도가 재물의 탈환을 항거하거나 체포를 면탈하거나 죄적을 인멸할 목적으로 폭행 또는 협박을 가한 때에는 전 2조의 예에 의한다."라고 규정하고 있을 뿐 준강도를 항상 강도와 같이 취급할 것을 명시하고 있는 것은 아니고, 절도범이 준강도를 할 목적을 가진다고 하더라도 이는 절도범으로서는 결코 원하지 않는 극단적인 상황인 절도 범행의 발각을 전제로 한 것이라는 점에서 본질적으로 극히 예외적이고 제한적이라는 한계를 가질 수밖에 없으며, 형법은 흉기를 휴대한 절도를 특수절도라는 가중적 구성

③ 무죄판결(법 제325조 후단)을 구한다.

5. 문장, 문서의 체계 등 총평　　(5점)

요건(형법 제331조 제 2 항)으로 처벌하면서도 그 예비행위에 대한 처벌조항은 마련하지 않고 있는데, 만약 준강도를 할 목적을 가진 경우까지 강도예비로 처벌할 수 있다고 본다면 흉기를 휴대한 특수절도를 준비하는 행위는 거의 모두가 강도예비로 처벌받을 수밖에 없게 되어 형법이 흉기를 휴대한 특수절도의 예비행위에 대한 처벌조항을 두지 않은 것과 배치되는 결과를 초래하게 된다는 점 및 정당한 이유 없이 흉기 기타 위험한 물건을 휴대하는 행위 자체를 처벌하는 조항을 폭력행위 등 처벌에 관한 법률 제 7 조에 따로 마련하고 있다는 점 등을 고려하면, 강도예비·음모죄가 성립하기 위해서는 예비·음모 행위자에게 미필적으로라도 '강도'를 할 목적이 있음이 인정되어야 하고 그에 이르지 않고 단순히 '준강도'할 목적이 있음에 그치는 경우에는 강도예비·음모죄로 처벌할 수 없다고 봄이 상당하다.

변 론 요 지 서

Ⅰ. 성폭력범죄의처벌등에관한특례법위반(강간등상해)의 점에 대하여

1. 피해자 김미자는 아동·청소년이 아닙니다.

피해자 김미자는 2013. 9. 20. 범행 당시 만 18세이나 그해 19세가 되므로 이미 아동·청소년이 아닙니다(아동·청소년의 성보호에 관한 법률 제2조 제1호 참조).

따라서 아동·청소년의 성보호에 관한 법률은 적용할 수는 없습니다.

2. 피해자가 입었다는 상처는 형법상의 상해에 해당하지 않습니다.

이 사건에서 피해자의 상처는 피고인이 강간 범행 당시 목을 강하게 빨아 500 원짜리 동전 크기의 멍이 생겨 약 1주일간 없어지지 않았다는 것인바, 과연 이러한 정도의 상해가 강간 등 상해·치상죄에 있어서의 '상해'에 해당하는지 의문입니다.

상해죄에 있어서의 상해는 생리적 기능을 훼손하는 것으로서 일반적으로 건강침해, 즉 육체적·정신적인 병적 상태의 야기와 증가를 말합니다. 판례는 그 상처가 굳이 치료를 받지 않더라도 일상생활을 하는 데 아무런 지장이 없고 시일이 경과함에 따라 자연적으로 치유될 수 있는 정도라면 그로 인하여 신체의 완전성이 손상되고 생활기능에 장애가 왔다거나 건강상태가 불량하게 변경되었다고 보기는 어려워 강간치상죄의 상해에 해당하지 않는다고 보며, 경부와 전흉부에 동전크기의 멍이 들어있는 정도인 경우(대법원 1994. 11. 4. 선고 94도1311 판결), 강간하려다 미수에 그친 과정에서 피해자의 손바닥에 생긴 2cm 정도의 가볍게 긁힌 상처(대법원 1987. 10. 26. 선고 87도1880 판결)의 경우에는 상해로 보지 아니하였습니다.

그렇다면, 이 사건에서 피해자의 목 부위의 멍은 약간 아프고 쓰라렸지만 병원에는 가지 않고 약 1주 후에 멍이 없어졌다고 하므로(공판기록 528쪽, 증인 김미자의 증언) 별다른 치료를 받지 않았어도 자연치유가 된 점에 비추어 피해자의 경미한 멍은 형법상의 상해에 해당하지 않습니다. 따라서 피고인의 행위는 강간상해죄나 강간치상죄가 성립할 수 없습니다.

3. **이 사건 범행은 피고인의 단독범행일 뿐, 합동강간이 아니므로 성폭력범죄의 처벌 등에 관한 특례법 제4조 제1항을 적용할 수 없습니다.**

가. 피고인의 변명

피고인은 김미자를 자신이 단독으로 강간한 것은 사실이나, 방조군과 합동하여 강간한 것은 아니라고 변명하므로 그 증거관계를 살펴보겠습니다.

나. 증거관계

(1) 다음 증거는 증거능력이 없습니다.

① 사법경찰관 작성의 피고인에 대한 피의자신문조서의 기재

이는 피고인이 증거의견 진술시 그 내용을 부인하고 있으므로 증거능력이 없습니다.

② 사법경찰관 작성의 방조군에 대한 피의자신문조서의 기재

이 또한 피고인이 증거의견 진술시 부동의하여 그 내용을 부인하고 있으므로 판례에 따라 증거능력이 없습니다.

(2) 김미자의 이 법정에서의 증언이나 김미자가 작성한 고소장의 기재, 사법경찰관작성의 김미자에 대한 진술조서의 기재는 다음과 같은 이유로 신빙성이 없습니다.

고소장, 사법경찰관 작성의 진술조서는 피고인이 부동의하였으나 증인 김미자의 법정 진술에 의하여 증거능력이 인정된다고 볼 수도 있습니다. 그러나 그 진술은 신빙성이 없습니다.

첫째, 피해자는 피고인이 범인이라고 진술하고 있습니다만, 피해자가 방조군을 공범으로 지목하게 된 경위를 살펴보면, 피해자는 범행일인 2013. 9. 20.로부터 8개월이 지난 2014. 5. 27. 경찰에서 제시한 방조군의 사진만을 보고 범인인 것 같다고 지목하였습니다. 그러나 이는 용의자의 인상착의 등에 의한 범인식별 절차에서 범인 여부를 확인하는 목격자 진술의 신빙성을 높이기 위한 절차적 요건을 갖추지 못하였습니다.

판례는 "용의자의 인상착의 등에 의한 범인식별 절차에서 용의자 한 사람을

단독으로 목격자와 대질시키거나 용의자의 사진 한 장만을 목격자에게 제시하여 범인 여부를 확인하게 하는 것은 사람의 기억력의 한계 및 부정확성과 구체적인 상황하에서 용의자나 그 사진상의 인물이 범인으로 의심받고 있다는 무의식적 암시를 목격자에게 줄 수 있는 가능성으로 인하여, 그러한 방식에 의한 범인식별 절차에서의 목격자의 진술은, 그 용의자가 종전에 피해자와 안면이 있는 사람이라든가 피해자의 진술 외에도 그 용의자를 범인으로 의심할 만한 다른 정황이 존재한다든가 하는 등의 부가적인 사정이 없는 한 그 신빙성이 낮다고 보아야 하므로, 범인식별 절차에 있어 목격자의 진술의 신빙성을 높게 평가할 수 있게 하려면, 범인의 인상착의 등에 관한 목격자의 진술 내지 묘사를 사전에 상세히 기록화한 다음, 용의자를 포함하여 그와 인상착의가 비슷한 여러 사람을 동시에 목격자와 대면시켜 범인을 지목하도록 하여야 하고, 용의자와 목격자 및 비교대상자들이 상호 사전에 접촉하지 못하도록 하여야 하며, 사후에 증거가치를 평가할 수 있도록 대질 과정과 결과를 문자와 사진 등으로 서면화하는 등의 조치를 취하여야 하고, 사진제시에 의한 범인식별 절차에 있어서도 기본적으로 이러한 원칙에 따라야 한다."라고 판시하여(대법원 2008. 1. 17. 선고 2007도5201 판결) 범인 식별절차에서 목격자의 신빙성을 높이기 위한 엄격한 절차적 요건을 제시하고 있습니다.

  그렇다면 이 사건에서 피해자가 방조군을 피고인의 공범으로 지목한 절차는 위 절차적 요건을 갖추지 못하였을 뿐 아니라 장시간이 경과한 시점에서의 기억에 의존한 것으로 피해자의 진술은 신빙성이 낮다고 하겠습니다.

  둘째, 피해자의 진술은 일관되지 않습니다.

  피해자는 2014. 5. 27. 경찰에서 "붉은 색 계통의 티셔츠를 입고 있었던 것 같다."라고 하였으나 이 법정에서는 "검은색 계통의 티셔츠를 입었던 것 같다"라고 진술하는 등 옷차림새 등에 대한 진술이 일관되지 아니하여 더욱 신빙성이 없습니다.

  그 밖에도 피해자의 법정 진술과도 같이 범행 장소는 어두운 편이었고, 경황도 없었던 점에 비추어 피해자는 그 부근에 있던 성명불상자를 피고인과의 공범으로 착각하고 있었고, 아울러 위에서 본 바와 같이 적법절차에 위배된 범인 식별절차에서 잘못된 기억이 피해자에게 심어져 법정에서도 방조군을 범인으로 지목하게 된 것이 아닌가 하는 강한 의심이 들게 합니다.

  따라서 위와 같이 신빙성이 낮은 피해자의 진술만으로 피고인이 방조군과 합동하여 피해자를 강간하였다고 단정할 수 없고, 그 밖에 달리 이를 인정할 증거가 없을 뿐 아니라, 오히려 피고인과 방조군의 이 법정에서의 각 진술 등에 비추어 이 사건은 피고인의 단독 범행이라고 판단하는 것이 합리적입니다.

다. 따라서 피고인에게는 형법상의 강간죄의 죄책만을 물을 수 있습니다.

4. 심신미약으로 인한 형의 감경 및 정상

피고인은 범행 당시 주량인 소주 한 병을 초과하여 소주 두 병 가까이 마신 상태였습니다(증인 김미자도 이 법정에서 피고인에게서 심한 술 냄새가 났다고 진술한 바 있습니다). 결국 이는 심신장애로 인하여 사물을 변별할 능력이나 의사를 결정할 능력이 미약한 자의 행위이므로 피고인에 대한 형을 감경하여야 합니다. 아울러 술에 만취된 상태에서 지나가는 피해자를 보고 우발적으로 저지른 범행일 뿐 아니라 피고인이 그 범행을 뉘우치고 범행을 자백하고 있고, 또한 굳이 피해자도 고소를 하지 않은 점 등 정상을 참작하여 주시기 바랍니다.

II. 특정범죄가중처벌등에관한법률위반(절도)의 점에 대하여

1. 2012. 3. 10. 피해자 임민숙 소유의 자전거 절도

검찰주사 작성의 수사보고 및 판결문 등본(증거기록 566, 567쪽)의 각 기재에 의하면 "피고인은 2012. 2. 10. 서울중앙지방법원에서 상습으로 3회에 걸쳐 절도범행을 한 범죄사실[특정범죄가중처벌등에관한법률위반(절도)]로 징역 1년 6월의 판결을 선고받아 이 판결은 2012. 4. 10. 항소기각결정으로 확정된 사실"이 인정됩니다.

그렇다면, 항소기각결정 이전인 2012. 3. 10. 절도죄를 범하였다는 이 사건 공소사실은 위 확정판결의 상습절도죄와 포괄일죄의 관계에 있어 그 기판력의 범위 내에 있다고 하겠습니다.

결국 위 공소사실은 형사소송법 제326조 제1호의 확정판결이 있은 때에 해당하므로 면소판결을 선고하여 주시기 바랍니다.

2. 2013. 4. 27. 피해자 강기수의 자전거 절도

이 사건의 피해자인 강기수는 피고인의 큰아버지로서 형법 제344조, 제328조

제 2 항의 친족간에 해당하므로 고소가 있어야 공소를 제기할 수 있습니다. 그런데 피해자로부터 고소가 없이 공소가 제기되었습니다.

따라서 위 공소사실은 공소제기의 절차가 법률의 규정에 위반하여 무효인 때에 해당하므로 형사소송법 제327조 제2호에 따라 공소기각의 판결을 하여 주시기 바랍니다.

3. 2013. 5. 1. 피해자 성명불상 소유의 자전거 절도

피고인은 위 공소사실을 자백하고 있으나 이를 보강할 아무런 증거가 없습니다.

검사 및 사법경찰관이 작성한 방조군에 대한 각 피의자신문조서에 "방조군이 피고인으로부터 자전거를 산 사실이 있다"고 기재되어 있기는 하나, 이는 피고인이 증거로 함에 부동의하였습니다. 비록 방조군이 피고인으로서 그 진정성립을 인정한 적은 있으나, 위 조서들은 공범관계가 아닌 공동피고인의 진술이 기재된 조서로서 방조군이 증인으로서 진정성립을 인정한 적이 없고, 그 밖의 객관적인 방법에 의하여 진정성립이 증명된 바도 없으므로 증거능력이 없습니다(오히려 방조군은 이 법정에서는 피고인으로부터 자전거를 산 사실이 없다고 진술하고 있습니다).

그 밖에 증거물의 현존이나 피해자의 진술 등과 같은 아무런 보강 증거가 없어(증거기록 565쪽, 사법경찰관 작성의 현장확인보고) 형사소송법 제310조에 따라 위 피고인의 자백은 그 피고인에게 불이익한 유일의 증거인 때에 해당하므로 이를 유죄의 증거로 하지 못합니다.

결국, 위 공소사실은 범죄사실의 증명이 없는 때에 해당하므로 형사소송법 제325조 후단에 따라 판결로써 무죄를 선고하여 주시기 바랍니다.

4. 2013. 6. 1. 피해자 윤동민 소유의 자전거 절도

가. 절도사실의 인정

피고인은 위 공소사실과 같이 자전거를 절취한 사실을 인정합니다.

나. 상습성의 부정

그런데, 상습범은 같은 유형의 범행을 반복누행하는 습벽을 말하는 것인바,

그 상습성을 인정할 수 없습니다. 먼저 피고인에 대한 상습성 인정의 자료가 될 수 있는 피고인의 범죄전력에 관하여 살펴보겠습니다.

첫째, 강도전과는 절도와 강도는 유형을 달리하는 범행이므로 각 별로 상습성의 유무를 가려야 하며, 상습성 인정의 기초가 되는 같은 유형의 범죄라고 말할 수 없습니다(대법원 1990. 4. 10. 선고 90감도8 판결).

둘째, 특수절도죄의 기소유예전과는 11년 전인 2002. 12. 금은방에 들어갔다가 혼잡한 틈을 이용하여 공범과 함께 금목걸이 1개를 절취한 사안으로 오래 전의 전과일뿐 아니라 범행의 수법도 상이하여 상습성 인정의 자료가 되지 못합니다.

셋째, 특정범죄가중처벌등에관한법률위반(절도)의 내용도 소매치기 절도로 이번 사건과 범죄의 유형과 죄질 상이하므로 단 한 번 자전거1대를 절취한 이 사건 공소사실에 있어 절도의 습벽을 인정하기는 어렵습니다.

따라서, 피고인은 상습절도죄로 처벌할 수는 없습니다.

다. 누범 불인정

이 사건 범죄일시는 2013. 6. 1.인바, 출소일자 등 범죄전력 확인보고(증거기록 566쪽)의 기재에 의하면 "피고인은 2012. 2. 10. 서울중앙지방법원에서 특정범죄가중처벌등에관한법률위반(절도)으로 징역 1년 6월을 선고받고 청주교도소에서 복역하다가 2013. 1. 15. 가석방으로 출소하였고, 형집행 종료일은 2013. 7. 10.인 사실"이 인정됩니다.

따라서 가석방기간중의 범죄는 형법 제35조의 누범에는 해당하지 않습니다.

Ⅲ. 강도예비의 점에 대하여

가. 이 사건 공소사실은 금품을 강취할 목적으로 길이 약 15센티미터 가량의 잭나이프 1자루를 점퍼 주머니에 숨긴 채 범행대상을 찾는 등 피고인은 강도를 예비하였다라고 함에 있습니다.

나. 증거관계 및 법리판단

(1) 피고인의 변명 요지와 신빙성

피고인은 경찰 이래 법정에 이르기까지 강도를 하기 위하여 위 잭나이프를 소지한 것이 아니라 절도를 하려는데 혹시 발각되면 상대방을 위협하고 도주하려는 목적으로만 소지하였던 것이라고 변명합니다(증거기록 560쪽 검사가 작성한 피의자신문조서의 기재, 공판기록 525쪽 피고인의 이 법정에서의 진술 등).

피고인이 강도와 관련한 별다른 전과가 없는 점 등에 비추어 피고인의 변명은 신빙성이 높습니다.

(2) 증거관계

① 사법경찰관 작성의 피고인에 대한 피의자신문조서의 진술기재(강도목적 자인)

피고인이 그 내용을 부인하므로 증거능력이 없습니다.

② 압수된 잭나이프(증 제1호)

이는 경찰관이 피고인을 긴급체포하면서 형사소송법 제216조 제 1 항 제 2 호에 따라 압수한 것입니다(증거기록 543쪽 압수조서의 기재). 그런데 형사소송법 제217조 제 2 항에 의하면 "검사 또는 사법경찰관은 제 1 항 또는 제216조 제 1 항 제 2 호에 따라 압수한 물건을 계속 압수할 필요가 있는 경우에는 지체 없이 압수수색영장을 청구하여야 한다. 이 경우 압수수색영장의 청구는 체포한 때부터 48시간 이내에 하여야 한다"라고 규정하고 있습니다. 그런데 기록상 위 잭나이프에 대하여는 사후 압수수색영장이 청구된 사실이 없습니다.

결국, 위 잭나이프는 영장주의에 위반되어 수집된 위법수집증거이고 압수조서 또한 이로 부터 파생된 2차적 증거로서 모두 증거능력을 인정받을 수 없으므로 피고인의 범행을 인정할 자료로 쓰일 수 없습니다.

(3) 강도예비죄의 법리

그러므로 이 사건에서 피고인이 강도할 목적으로 잭나이프를 소지하였다고 인정할 수는 없고, 기껏해야 준강도를 할 목적으로 잭나이프를 소지하였다고 볼 수 있을 것입니다.

한편, 판례는 "강도예비·음모죄가 성립하기 위해서는 예비·음모 행위자에게 미필적으로라도 '강도'를 할 목적이 있음이 인정되어야 하고 그에 이르지 않고 단순히 '준강도'할 목적이 있음에 그치는 경우에는 강도예비·음모죄로 처벌할 수 없다고 봄이 상당하다"고 판시한 바 있으므로(대법원 2006. 9. 14. 선고 2004도6432 판결) 피고인에게는 강도예비죄의 죄책을 물을 수 없습니다.

다. 그렇다면 결국 피고인의 강도예비의 점은 범죄사실의 증명이 없는 때
　에 해당되어 형사소송법 제325조 후단에 따라 무죄가 선고되어야 합
　니다.

Ⅳ. 모욕의 점에 대하여

　모욕죄는 친고죄인바, 공범인 모태길에 대한 고소가 공소제기 전에 취소된 바
가 있습니다(증거기록 568쪽, 2014. 6. 21.자 고소취소장).

　따라서 형사소송법 제233조의 고소불가분의 원칙에 따라 모태길에 대한 고소
의 취소는 피고인에게도 그 효력이 있습니다.

　결국 위 공소사실은 공소제기의 절차가 법률의 규정에 위반하여 무효인 때에
해당하므로 형사소송법 제327조 제2호에 따라 공소기각의 판결을 하여 주시기 바
랍니다.

2

모의시험

- 특정경제범죄가중처벌등에관한법률위반(횡령)
- 특정경제범죄가중처벌등에관한법률위반(횡령)방조
- 상 해
- 마약류관리에관한법률위반(대마)
- 부정수표단속법위반

☐ 사건 설명

1. 피고인들은 2013. 10. 5. 공소장 기재 공소사실로 구공판되었다.
2. 귀하는 피고인들로부터 각자 선임된 변호인들로서 공판기록과 같이 소송절차에
   서 변호인으로서의 역할을 하였다. 그 과정에서 변론의 준비를 위하여 증거기
   록과 공판기록을 열람, 등사하였다.

☐ 문제

   피고인 황영군의 변호인 홍변호과 피고인 방조남의 변호인 김국선의 변론요지
서를 작성하되, 다음 쪽 변론요지서 양식 중 **본문 I, II 부분**만 작성하시오.
* 배점 유의(변론요지서 양식 참조)

☐ 유의사항

1. 시험의 편의상 두 변호인의 변론을 하나의 변론요지서에 작성한다(피고인들 사
   이에 이해가 상충되는 경우 피고인들 각각의 입장에 충실하게 변론할 것).
2. 기록상 나타나지 않은 피의자의 신병과 관련된 체포, 구금, 권리고지, 통지 절
   차와 각종 서류의 접수·송달·결재 절차는 적법하게 이루어진 것으로 본다.
3. 조서에 서명이 있는 경우에는 필요한 날인 또는 무인, 간인, 정정인이 있는 것
   으로 보고, '수사 과정 확인서'는 편의상 생략하기로 한다.
4. 법률적 쟁점에 대해서는 판례를 따르고 다툼 있는 사실관계에 대해서는 경험칙
   과 논리칙에 입각하여 주장하되, 판례와 반대되는 주장을 하려면 판례의 입장
   을 먼저 기재해야 한다.

【변론요지서양식】

변론요지서

사 건   2013고합1200 특정경제범죄가중처벌등에관한법률위반(횡령) 등
피고인   1. 황영군
          2. 방조남

 위 사건에 관하여 피고인 황영군의 변호인 변호사 홍변호, 피고인 방조남의 변호인
변호사 김국선은 다음과 같이 변론합니다.

다   음

Ⅰ. 피고인 황영군에 대하여 (70점)
   1. 특정경제범죄가중처벌등에관한법률위반(횡령) 15
   2. 부정수표단속법위반 15
   3. 마약류관리에관한법률위반(대마) 20
   4. 상해 20

Ⅱ. 피고인 방조남에 대하여 (30점)
   1. 특정경제범죄가중처벌등에관한법률위반(횡령)방조

※ 평가제외사항 - 공소사실의 요지, 순수한 정상관계 부분
              (답안지에 기재하지 말 것)

2013. 10. 31.

피고인 황영군의 변호인 변호사 홍변호 ㊞
피고인 방조남의 변호인 변호사 김국선 ㊞

서울중앙지방법원 제12형사부 귀중

공 판 기 록

			미결구금
구속만료			
최종만료			
대행갱신 만 료			

서울중앙지방법원

구공판   형사제1심소송기록

기 일	사건번호	2013고합1200	담임	제12형사부	주심	나
1회기일						

기 일	사 건 명	가. 특정경제범죄가중처벌등에관한법률위반(횡령) 나. 특정경제범죄가중처벌등에관한법률위반(횡령)방조 다. 상해 라. 마약류관리에관한법률위반(대마) 마. 부정수표단속법위반
2013. 10. 17. 10 : 00		
10. 31. 14 : 00		

검 사	정의파	2013년 형제120000호

피 고 인	구속 1. 가. 다. 라. 마 2. 나.	황영군 방조남

공소제기일	2013. 10. 5.

변 호 인	사선 변호사 홍변호 (피고인 황영군) 사선 변호사 김국선 (피고인 방조남)

확 정	
보존종기	
종결구분	
보 존	

완결 공람	담 임	과 장	국 장	재판장	원 장

접 수 공 람	과 장	국 장	원 장
	[인]	[인]	[인]

공판준비절차

회부 수명법관 지정 일자	수명법관 이름	재 판 장	비 고

법정외에서지정하는기일

기일의 종류	일 시				재 판 장	비 고
1회 공판기일	2013.	10.	17.	10:00	[인]	

서울중앙지방법원

목 록		
문 서 명 칭	장 수	비 고
증거목록(증거서류 등)	596	검사
증거목록(증인 등)	597	검사
공소장	598	
변호인선임신고서	생략	피고인 황영군
변호인선임신고서	생략	피고인 방조남
영수증(공소장부본 등)	생략	피고인 황영군
영수증(공소장부본 등)	생략	피고인 방조남
영수증(공판기일통지서)	생략	변호사 홍변호
영수증(공판기일통지서)	생략	변호사 김국선
의견서	생략	피고인 황영군
의견서	생략	피고인 방조남
공판조서(제 1 회)	601	
공판조서(제 2 회)	603	
증인신문조서	606	정인숙
증인신문조서	608	박검찰
증인신문조서	610	윤명의

서울중앙지방법원

목 록(구속관계)		
문 서 명 칭	장 수	비 고
체포영장	생략	피고인 황영군
구속영장	생략	피고인 황영군
피의자수용증명	생략	피고인 황영군

증 거 목 록(증거서류 등)

2013고합1200

① 황영군
② 방조남
신청인 : 검 사

2013형제120000

순번	증거방법 작성	증거방법 쪽수(수)	증거방법 쪽수(증)	증거방법 증거명칭	증거방법 성명	참조사항 등	신청기일	증거의견 기일	증거의견 내용	증거결정 기일	증거결정 내용	증거조사기일	비고
1	검사		생략	피의자신문조서 (제 1 회)	황영군	횡령, 부정수표, 상해 등	1	1	①○ ②×	기	재	생	략
2			생략	피의자신문조서	방조남	횡령방조 등	1	1	②○ ①×				
3			634	피의자신문조서 (제 2 회)	황영군	대마	1	1	①×				
4	사경		615	고발장	황망해	부정수표	1	1	①○				
5			618	피의자신문조서	황망해	부정수표 등	1	1	①②○				
6			622	압수조서	황영군	대마	1	1	①○				
7			624	피의자신문조서 (제 1 회)	황영군	횡령, 대마, 부정수표 등	1	1	①× ②×				
8			628	피의자신문조서	방조남	횡령방조 등	1	1	②○ ①×				
9			631	상해진단서	윤명의	상해	1	1	①×				
10			632	피의자신문조서 (제 2 회)	황영군	상해	1	1	①×				
11			생략	감정의뢰회보	황영군	대마	1	1	①○				
12			생략	범죄경력자료 조회	황영군	전과관계	1	1	①○				
13			생략	범죄경력자료 조회	방조남	전과관계	1	1	②○				
14													

※ 증거의견 표시 - 피의자신문조서 : 인정 ○, 부인 ×(여러 개의 부호가 있는 경우, 적법성/실질성립/임의성/
　　　　　　　　　내용의 순서임)
　　　　　　　- 기타 증거서류 : 동의 ○, 부동의 ×
　　　　　　　- 진술이 특히 신빙할 수 있는 상태하에서 행하여졌다는 점 부인: "특신성 부인"(비고란 기재)
※ 증거결정 표시 : 채 ○, 부 ×
※ 증거조사 내용은 제시, 낭독(내용고지, 열람)

증 거 목 록(증인 등)

2013고합1200

① 황영군
② 방조남

2013형제120000호

신청인 : 검사

증거방법	쪽수 (공)	입증취지 등	신청 기일	증거결정		증거조사기일	비 고
				기일	내용		
대마(증 제1호)		대마소지사실	1	1	○	2013. 10. 31. 14 : 00 (실시)	
증인 정인숙	606	횡령방조, 상해사실	1	1	○	2013. 10. 31. 14 : 00 (실시)	
증인 박검찰	608	대마소지사실	1	1	○	2013. 10. 31. 14 : 00 (실시)	
증인 윤명의	610	상해사실	1	1	○	2013. 10. 31. 14 : 00 (실시)	

※ 증거결정 표시 : 채 ○, 부 ×

서울중앙지방검찰청

2013. 10. 5.

사건번호　　2013년 형제120000호

수 신 자　　서울중앙지방법원

제　목　　공소장

검사 정의파는 아래와 같이 공소를 제기합니다.

I. 피고인 관련사항

1. 피 고 인　　황영군(78****-*******), 35세

직업　무직, 핸드폰 ***-***-****

주거　서울 관악구 신림로 1578, **-***-****

등록기준지　경기 안양시 동안구 갈산로 547

죄　명　　특정경제범죄가중처벌등에관한법률위반(횡령), 상해, 마약류관리에관한법률위반(대마), 부정수표단속법위반

적용법조　　특정경제범죄 가중처벌 등에 관한 법률 제 3 조 제 1 항 제 2 호, 형법 제355조 제 1 항, 제257조 제 1 항, 마약류 관리에 관한 법률 제61조 제 1 항 제 4 호 나목, 제 3 조 제10호 나목, 제67조, 부정수표 단속법 제 2 조 제 2 항, 제 1 항, 형법 제37조, 제38조

구속여부　　2013. 9. 29. 구속 (2013. 9. 27. 체포)

변 호 인　　변호사 홍변호

2. 피 고 인　　방조남 (78****-*******), 35세

직업　무직, 핸드폰 ***-***-****

주거　서울 금천구 가산로 372, **-***-****

등록기준지　경기 안양시 동안구 갈산로 8

죄　명　　특정경제범죄가중처벌등에관한법률위반(횡령)방조

적용법조　　특정경제범죄 가중처벌 등에 관한 법률 제 3 조 제 1 항 제 2 호, 형법 제355조 제 1 항, 제32조

구속여부　　불구속

변 호 인　　변호사 김국선

接受

No. 36775

2013. 10. 5.

서울중앙지방법원

형사접수실

Ⅱ. 공소사실

1. 피고인 황영군

가. 특정경제범죄가중처벌등에관한법률위반(횡령)

피고인은 2012. 8. 14. 피해자 황망해와의 명의신탁 약정에 따라 피해자 소유의 서울 서초구 서초대로 12 대지 100㎡에 관하여 같은 해 8. 26. 피고인 명의로 소유권이전등기를 경료하여 피해자를 위하여 보관하던 중, 2013. 2. 7. 피해자로부터 승낙을 받지 아니하고 임의로 위 부동산에 관하여 '채권최고액 220,000,000원', '근저당권자 평화은행'으로 하는 근저당권설정등기를 경료하였다.

피고인이 위와 같이 위 부동산에 관하여 위 근저당권설정등기를 경료할 당시 공시지가에 따른 위 부동산의 가액은 750,000,000원이었다. 한편 위 부동산에 관하여 2011. 2. 13. 채권최고액 310,000,000원, 근저당권자 자유은행으로 하는 근저당권설정등기가 경료되었고 이에 대하여 피해자는 위 2013. 2. 7. 180,000,000원의 피담보채무를 부담하고 있었다.

이로써 피고인은 피해자로부터 위 부동산에 대하여 명의신탁을 받아 피해자를 위하여 보관 중, 위 시가 상당액에서 180,000,000원을 공제한 가액 570,000,000원 상당인 위 부동산을 횡령하였다.

나. 부정수표단속법위반

피고인은 2013. 7. 1. 부터 신한은행 서초지점과 위 황망해 명의로 수표계약을 체결하고 가계수표 거래를 하여 왔다.

피고인은 2013. 7. 31. 서울 강남구 역삼로 456에 있는 김수남의 집에서 수표번호 '아가 05101001', 액면금 '300만원'으로 된 가계수표 1장을 발행하여 그 수표의 소지인이 지급제시기간 내인 2013. 7. 31. 지급제시하였으나 예금부족으로 지급되지 아니하게 하였다.

다. 마약류관리에관한법률위반(대마)

피고인은 2013. 9. 13. 경 서울 관악구 신림로 1578에 있는 피고인의 집에서, 흡연 또는 섭취할 목적으로 대마 약 10그램을 소지하였다.

라. 상   해

피고인은 2013. 9. 23. 15 : 00 경 위 피고인의 집에서 피해자 방조남이 왜 자기를 횡령사건에 끌고 들어가느냐고 따진다는 이유로 피해자의 멱살을 잡아 흔들어 피해자에게 약 2주간의 치료를 요하는 후두부 찰과상, 안면부 좌상을 가하였다.

2. 피고인 방조남의 특정경제범죄가중처벌등에관한법률위반(횡령)방조

피고인은 2013. 2. 5.경 위 황영군이 위 제1의 가항의 부동산을 피해자 황망해로부터 명의신탁받은 사실을 알면서도 위 황영군으로부터 사채 변제가 급하여 위 부동산을 담보로 돈을 좀 빌리려는데 도와 달라는 부탁을 받고, 2013. 2. 7. 평화은행에 위와 같이 위 부동산에 근저당권을 설정하도록 소개하고 관련 서류 작성 등을 하여 주었다.

이로써 피고인은 위 황영군이 위 제 1 의 가항과 같이 피해자 황망해를 위하여 보관 중인 위 부동산을 횡령하는 범행을 용이하게 함으로서 방조하였다.

Ⅲ. 첨부서류(생략)

1. 체포영장 1통
2. 구속영장 1통
3. 피의자수용증명 1통
4. 변호인선임신고서 2통

검사 정 의 파 [인]

서울중앙지방법원

공 판 조 서

제 1 회

사 건	2013고합1200	특정경제범죄가중처벌등에관한법률위반(횡령) 등

재판장 판사	신판사		기 일	2013. 10. 17. 10 : 00
판사	김판사		장 소	제1205호 법정
판사	임판사		공개여부	공개
법원사무관	김법원		고 지 된 다음기일	2013. 10. 31. 14 : 00

피 고 인	1. 황영군 2. 방조남	각 출석
검 사	공판길	출석
변 호 인	변호사 홍변호 (피고인 1을 위하여)	출석
	변호사 김국선 (피고인 2를 위하여)	출석

재판장

　　피고인들은 진술을 하지 아니하거나 각개의 물음에 대하여 진술을 거부할 수 있고 이익 되는 사실을 진술할 수 있음을 고지

재판장의 인정신문

　　성   명 : 1. 황영군   2. 방조남

　　주민등록번호 : 각 공소장 기재와 같음

　　직   업 : 　　　　〃

　　주   거 : 　　　　〃

　　등 록 기 준 지 : 　　　　〃

재판장

　　피고인들에게

　　주소의 변동이 있을 때에는 이를 법원에 보고할 것을 명하고, 소재가 확인되지 않을 때에는 그 진술 없이 재판할 경우가 있음을 경고

검사

　　공소장에 의하여 공소사실, 죄명, 적용법조 낭독

피고인 황영군

　　특정경제범죄가중처벌등에관한법률위반(횡령), 부정수표단속법위반 공소사실의 사

실관계는 인정합니다만, 법률적인 문제에 대하여는 모르겠습니다. 대마는 제가 소지한 것이 아니며, 상해도 제가 방조남의 멱살을 잡은 것은 맞으나, 때리거나 넘어뜨려 상처를 입힌 적은 없습니다.

피고인 방조남

저는 억울합니다.

재판장

피고인들과 그 변호인들에게

공소사실에 관하여 부인하는 내용은 구체적으로 어떤 내용인가요.

피고인 황영군과 그 변호인 변호사 홍변호

황망해로부터 명의신탁받은 토지를 임의로 저당잡힌 사실, 황망해 명의로 가계수표를 발행하여 부도나게 한 사실관계는 인정하나 법률적인 문제점이 있는바, 구체적으로 말씀드리면 (~생략~) 등의 점입니다. 또한 대마는 피고인이 소지한 바가 없고, 대마가 발견되기 3일 전 쯤 친구 김갑동이 놀러와 자고 간 적이 있는데, 그 친구가 놓고 간 것을 모르고 있다가 압수된 것입니다. 상해의 점에 관하여도 피고인이 방조남의 멱살을 잡은 것은 맞으나, 때리거나 넘어뜨려 상처를 입힌 적은 없습니다.

피고인 방조남과 그 변호인 변호사 김국선

피고인은 황영군이 명의수탁받은 토지인 줄 모르고 담보대출을 도와준 것뿐입니다.

재판장

증거조사를 하겠다고 고지

증거관계 별지와 같음(검사, 변호인)

각 증거조사결과에 대한 의견을 묻고 권리를 보호함에 필요한 증거조사를 신청할 수 있음을 고지

소송관계인

별 의견 없다고 진술

재판장

변론속행

2013. 10. 17.

법원 사무관 김법원 ㊞

재판장 판사 신판사 ㊞

서울중앙지방법원

공 판 조 서

제 2 회

사　　　건	2013고합1200		특정경제범죄가중처벌등에관한법률위반(횡령) 등	
재판장 판사	신판사		기　　　일	2013. 10. 31. 14 : 00
판사	김판사		장　　　소	제1205호　법정
판사	임판사		공개여부	공개
법원사무관	김법원		고 지 된 다음기일	2013. 11. 7. 10 : 00

피 고 인	1. 황영군　2. 방조남	각 출석
검　　　사	공판길	출석
변 호 인	변호사　홍변호 (피고인 1을 위하여)	출석
	변호사　김국선 (피고인 2를 위하여)	출석

재판장

전회 공판심리에 관한 주요사항의 요지를 공판조서에 의하여 고지

소송관계인

변경할 점이나 이의할 점이 없다고 진술

재판장

출석한 증인 별지조서와 같이 각 신문

증거관계 별지와 같음(검사, 피고인 및 변호인)

재판장

각 증거조사결과에 대한 의견을 묻고 권리를 보호함에 필요한 증거조사를 신청할

수 있음을 고지

소송관계인

별 의견 없으며, 달리 신청할 증거도 없다고 진술

재판장

증거조사를 마치고, 피고인신문을 실시하겠다고 고지

검사

피고인 황영군에게

문   피고인이 방조남의 소개로 서초대로 토지를 담보로 은행 대출을 받을 당시 사전
      에 방조남도 위 토지가 실제 피고인의 소유가 아니고 황망해로부터 명의를 신탁
      받은 사실을 알고 있었나요.

답   예, 그렇습니다.

피고인 방조남의 변호인 변호사 김국선

      피고인 황영군에게

문   피고인이 사전에 방조남에게 서초대로 토지가 실제로는 황망해 소유라는 사실을
      말하여 주었나요.

답   예, 그렇습니다.

문   언제 어떻게 말하여 주었나요.

답   글쎄 그게 잘 기억이 나지는 않습니다.

문   방조남은 사전에 그런 말을 들은 적이 없다고 하는데요.

답   제가 딱 그런 식으로 명백히 말한 사실이 있는지는 기억이 잘 나지 않으나 제가
      사업이 망하여 재산이 없는 줄 알았을 테니까 알고 있었으리라고 생각합니다. 그
      리고 은행대출금 중에서 방조남이 1,000만원이나 가지고 갔으니 그 돈은 방조남
      이 황망해에게 갚아야지요.

문   그 돈은 피고인이 방조남에게 약 1년 전에 빌렸던 빚을 갚은 것 아닌가요.

답   그것은 맞지만.

검사

      피고인 방조남에게

문   황영군으로부터 맞아 상처를 입은 사실이 있나요.

답   예, 그런 사실이 있습니다. 2013. 9. 23. 15 : 00 경 황영군의 집에서 황영군이 제 멱
      살을 잡아 흔들고 주먹으로 얼굴을 때려 바닥에 넘어진 사실이 있습니다. 그래서
      제가 약 2주간의 치료를 요하는 후두부 찰과상, 안면부 좌상을 입어 병원 치료를
      받고 진단서도 발부받은 것입니다.

피고인 황영군의 변호인 변호사 홍변호

      피고인 방조남에게

문   황영군은 멱살을 잡아 흔든 사실은 있으나 피고인의 얼굴을 때린 적도 없고 넘어
      뜨린 사실도 없다는데요.

답   아닙니다. 황영군이 제 멱살을 잡고 얼굴을 때려 넘어지며 상처를 입은 것 맞습
      니다.

문   황영군의 처벌을 원하나요.

답   황영군이 구속까지 된 것을 보니 마음이 아파 처벌을 원하지는 않습니다.

재판장

　　　피고인 황영군에게

문　　　피고인은 검사 제2회 피의자신문 시 대마 소지 피의사실을 자백하지 않았나요.

답　　　자백한 사실이 없습니다, 당시 제가 부인을 하였으나 부인을 계속하면 정상에 참
　　　작이 없다는 등 억압적인 분위기에서 조사를 받았고, 조서가 작성된 다음에도 제
　　　대로 읽어 보지도 못한채 서명 무인하였습니다.

재판장

　　　피고인신문을 마쳤음을 고지

검사　　　이 사건의 공소사실은 증거가 있으므로 공소장 기재 법조를 적용하여 [～**구형의**
　　　견 생략～] 함이 상당하다는 의견 진술

재판장

　　　피고인, 변호인에게 최종 의견 진술 기회 부여

변호인들

　　　각 피고인들을 위하여 별지 변론요지서 기재와 같이 변론하다.

피고인 황영군

　　　관대한 처분을 바랍니다.

피고인 방조남

　　　억울한 점이 없도록 하여 주시기 바랍니다.

재판장

　　　변론종결

　　　　　　　　　　　　2013. 10. 31.

　　　　　　　　　　　　　법원 사무관　　　김법원　㊞

　　　　　　　　　　　　　재판장 판사　　　신판사　㊞

서울중앙지방법원

증인신문조서(제2회 공판조서의 일부)

사　　건　　2013고합1200　특정경제범죄가중처벌등에관한법률위반(횡령) 등
증　　인　　이　름　　정인숙
　　　　　　생년월일　　19**.**.**.
　　　　　　주　거　　서울 동대문구 이문로 978

판사

　　증인에게 형사소송법 제148조 또는 동법 제149조에 해당하는가의 여부를 물어 이에 해당하지 아니함을 인정하고 위증의 벌을 경고한 후 별지 선서서와 같이 선서하게 하였다. 다음에 신문할 증인은 재정하지 아니하였다.

검사

　　증인에게

문　　증인은 피고인들을 아는가요.

답　　피고인 황영군은 저와 사귀는 사이이고, 피고인 방조남은 황영군의 친구로 저와도 알고 지내는 사이입니다.

문　　증인은 피고인 황영군 명의로 등기되어 있던 서울 서초구 서초대로 12 대지 100㎡에 관하여 알고 있는가요.

답　　예, 황영군이 삼촌 황망해의 부탁으로 명의만 옮겨 놓은 부동산으로 알고 있습니다. 이번 사건도 황영군이 그 토지를 황망해 승낙 없이 은행에 저당잡히고 돈을 빌려 문제된 것인 줄 알고 있습니다.

문　　그 사실을 어떻게 알았나요.

답　　최근에 황영군이 경찰에 조사를 받게 되면서 황영군으로 부터 그 내막을 들은 적이 있습니다.

문　　황영군이 뭐라고 말하던가요.

답　　황영군이 "삼촌 황망해 소유의 서초대로 토지를 명의신탁받았었는데 돈이 급하여 방조남의 소개로 황망해 승낙 없이 은행에 저당잡히고 돈을 빌려 썼다"고 하였습니다. "방조남도 그 토지의 실소유주가 황망해인줄 알면서도 돈을 받을 목적으로 은행에 담보로 잡히자고 황영군을 유혹하였으면서도 이제 와서 자신은 몰랐다고 발뺌한다"라고 방조남을 원망하였습니다.

문　방조남으로부터 들은 말은 없나요.

답　그 문제에 대하여 방조남으로부터 들은 적은 없습니다.

문　2013. 9. 23. 피고인 황영군의 집에서 황영군이 방조남을 때리는 것을 본 사실이 있
　　는가요.

답　그날 제가 황영군을 만나러 그 집에 막 들어서는데, 황영군이 방조군의 멱살을 잡
　　고 흔드는 것이 보였으며 방조군이 멱살을 잡은 손을 뿌리치고 집 밖으로 도망가
　　버리는 것을 목격하였습니다.

문　황영군이 방조남의 얼굴을 주먹으로 때려 넘어뜨리지 않았나요.

답　멱살을 잡았으나 주먹으로 얼굴을 때리는 것은 보지 못하였고, 방조남이 넘어진
　　사실은 없습니다.

피고인 방조남의 변호인 김국선

　　증인에게

문　방조남은 서초대로 토지가 황망해 소유인 줄은 모르고 은행에 소개하였다고 하는
　　데 그렇지 않나요.

답　저는 황영군으로부터 "방조남에게 미리 서초대로 토지는 황망해 소유라고 말해주
　　었다"고 들었을 뿐입니다.

2013.　10.　31.

법원사무관　　　김법원 ㉑

재판장 판사　　　신판사 ㉑

[증인선서서 생략]

서울중앙지방법원
증인신문조서(제2회 공판조서의 일부)

사　　건　　2013고합1200 특정경제범죄가중처벌등에관한법률위반(횡령) 등
증　　인　　이　름　　박검찰
　　　　　　생년월일　　19**.**.**.
　　　　　　주　거　　서울 종로구 새문안로 343

판사

　　증인에게 형사소송법 제148조 또는 동법 제149조에 해당하는가의 여부를 물어 이에 해당하지 아니함을 인정하고 위증의 벌을 경고한 후 별지 선서서와 같이 선서하게 하였다. 다음에 신문할 증인은 재정하지 아니하였다.

검사

　　증인에게

문　　증인은 피고인 황영군을 아는가요.

답　　예, 저는 서울중앙지방검찰청 소속 검찰주사로서 정의파검사가 서초경찰서에서 송치된 황영군을 신문할 때 형사소송법 제243조에 따라 참여한 사실이 있습니다.

증인에게 증거기록 중 검사가 작성한 황영군에 대한 제2회 피의자신문조서를 보여 주고 열람하게 한 후,

문　　검사가 피의자 황영군을 신문하고, 피의자가 진술한 내용과 동일하게 기재되어 있는가요.

답　　예, 피의자가 검사의 신문에 따라 진술한 내용과 동일하게 기재되어 있고, 조서가 작성된 후 피의자가 그 조서를 읽어보고 서명, 무인한 사실이 있습니다.

문　　검사가 피의자 황영군을 신문 할 당시 황영군이 특별한 이견을 제시하거나 억압적인 분위기이었나요.

답　　당시 진술거부권을 고지하는 등 법에 따른 적법절차를 따랐고, 황영군도 자유로운 분위기에서 진술한 것입니다. 황영군도 신문에 대한 어떤 이의나 불만도 제기한 바 없습니다.

문　　황영군은 대마를 소지한 사실을 인정하는 진술을 분명히 하였나요.

답　　예, 황영군은 분명히 "호기심에 대마를 피워 보기 위하여 압수 며칠 전에 한강 뚝섬 부근에서 야생대마를 채취하여 보관하던 것이다"라고 진술하였습니다.

피고인 황영군의 변호인 변호사 홍변호

　　증인에게

문　피고인 황영군은 피의자 신문당시 대마소지를 부인하였다는데요.

답　그렇지 않습니다. 시인한 것이 맞습니다. 나중에 조서를 직접 읽어보고 서명 무인하였습니다.

문　황영군은 증인이 짧은 시간 조서를 보여 주기는 하였으나 제대로 읽어 보지 못하고 서명 무인하였다고 하는데요.

답　황영군은 조서를 읽어보더니 되었다고 하며 서명 무인하였고 특별한 이의도 제기한 바 없습니다.

　　　　　　　　　2013.　10.　31.

　　　　　　　　　　　법원사무관　　　김법원　㊞

　　　　　　　　　　　재판장 판사　　　신판사　㊞

　　　　　　　　[증인선서서 생략]

서울중앙지방법원

증인신문조서(제 2 회 공판조서의 일부)

사   건   2013고합1200 특정경제범죄가중처벌등에관한법률위반(횡령) 등
증   인   이 름   윤명의
           생년월일   19**.**.**.
           주 거   서울 송파구 새말로 346

판사

　　　증인에게 형사소송법 제148조 또는 동법 제149조에 해당하는가의 여부를 물어 이
　　에 해당하지 아니함을 인정하고 위증의 벌을 경고한 후 별지 선서서와 같이 선서
　　하게 하였다.

검사

증인에게

문   증인은 피고인들을 아는가요.

답   피고인 황영군은 처음 보며, 피고인 방조남은 약 1개월 전에 제가 운영하는 윤명
　　의 외과의원에 와서 치료받고 상해 진단서를 발부하여 준 사실이 있어 기억이 납
　　니다.

문   진단경위를 진술하여 주세요.

답   예. 2013. 9. 25. 10 : 00경 방조남이 병원에 왔는데 환자는 머리 뒷부분에 찰과상이
　　있었고, 얼굴에는 좌상을 입은 상태였으며, 타인으로부터 얼굴을 얻어맞고 넘어지
　　면서 뒷머리를 방바닥에 부딪쳤다고 하였습니다. 따라서 그에 따른 치료를 하고
　　상해진단서를 발부하였습니다.

문   어떤 치료를 하였고 완치기간은 어느 정도인가요.

답   상처 부위를 소독하고 연고를 바른 다음, 염증이 의심되어 항생제와 소염제를 주
　　사하였으며, 복용약도 우선 1주일분을 처방하였습니다. 다른 감염만 없으면 완치
　　할 때까지 약 2주간 정도 걸릴 것이라고 판단하였습니다

증인에게 증거기록 중 윤명의 명의로 발급된 상해진단서를 제시하고 열람하게 한 후

문   이 진단서가 증인이 발급한 진단서가 틀림없는가요.

답   예, 제가 방조남을 진료하고 발급한 진단서가 맞습니다.

피고인 황영군의 변호인 변호사 홍변호

증인에게

문 얼굴의 멍이나 후두부 찰과상이 맞아서 생긴 것이 틀림없나요.

답 맞아서 생길 수도 있고 그냥 딱딱한 물체에 부딪쳐 생길 수도 있습니다. 원인은 제가 알 수 없으나 저로서는 방조남이 맞았다고 하니까 그렇게 진단한 것입니다.

문 멱살을 잡혀서도 날 수 있는 상처인가요.

답 멱살 부위에는 상처가 없었고, 멱살을 잡혀서는 그러한 상처가 날 수는 없습니다.

문 상처를 입은 시기를 정확히 알 수는 없나요.

답 상처 부위를 보아서는 오래된 상처 같지는 않았고, 제 관찰로는 24시간 안에 난 상처로 보이는데 방조남은 이틀 전에 맞았다고 하였습니다. 그 정도 기간은 객관적으로 정확하게 판단하기 어렵습니다.

2013. 10. 31.

법원사무관 김법원 ㊞

재판장 판사 신판사 ㊞

[증인선서서 생략]

증거서류 등 (검사)

※ 증거분리제출제도의 시행으로 수사기록 중 일부가 증거기록으로 제출된 것임.

	제 1 책
	제 1 권

서울중앙지방법원

증거서류등(검사)

사 건 번 호	2013고합1200	담임	단독 제12형사부	주심	
	200 노		부		
	200 도		부		

사 건 명	가. 특정경제범죄가중처벌등에관한법률위반(횡령) 나. 특정경제범죄가중처벌등에관한법률위반(횡령)방조 다. 상해 라. 마약류관리에관한법률위반(대마) 마. 부정수표단속법위반

검 사	정의파	2013년 형제120000호

피 고 인	1. 가. 다. 라. 마. 2. 나.	황영군 방조남

공소제기일	2013. 10. 5.	

1심 선고	200 . . .	항 소	200 . . .
2심 선고	200 . . .	상 고	200 . . .
확 정	200 . . .	보 존	

	제	1	책
	제	1	권

구공판

서울중앙지방검찰청

증 거 기 록

검　　찰	사건번호	2013년 형제120000호	법원	사건번호	2013년 고합1200호
	검　　사	정 의 파		판　　사	

피 고 인	구속 1. 가. 다. 라. 마.　　　　　황영군 　　　2. 나.　　　　　　　　　　방조남

죄　　명	가. 특정경제범죄가중처벌등에관한법률위반(횡령) 나. 특정경제범죄가중처벌등에관한법률위반(횡령)방조 다. 상해 라. 마약류관리에관한법률위반(대마) 마. 부정수표단속법위반

공소제기일	2013. 10. 5.

구　　속	1. 2013. 9. 29. 구속(2013. 9. 27. 체포) 2. 불구속	석방	

변 호 인	1. 변호사 홍변호　　2. 변호사 김국선

증 거 물	있 음

비　　고	

고 발 장

접수일자	2013. 8. 2.
접수번호	제3933호
접수관서	서초경찰서

2013. 8. 2.

주소 : 서울 서초구 서초대로 2

주식회사 신한은행 서초지점

지점장 서종수 (인)

서초   경찰서장   귀하

부정수표단속법 제7조에 의하여 아래와 같이 고발합니다.

1. 피고발인

   1) 주소 : 서울 서초구 서래로 222

   2) 직업 또는 상호 : 부동산 중개업   • 직장 전화번호 :

   3) 성명 : 황망해   • 자택 전화번호 : 02) 899-8989

   4) 주민등록번호 : ******-*******

2. 고발(부도)사유

   • 예금부족 (O)   • 인감서명상이 (   )   • 위·변조 (   )

   • 무거래 : 법 제2조①1호 (   ), 법 제2조①2호 (   ), 법 제2조② (   )

   ※ 법 제2조①1호 : 가설인 명의로 발행한 수표

      법 제2조①2호 : 계약 없이 발행한 수표 및 거래정지처분 후 발행한 수표

      법 제2조② : 수표발행 후 당좌계약 해지

3. 수표의 표시

   1) 수표번호 : 아가05101001

   2) 금   액 : 삼백만 원정(₩3,000,000)

   3) 발행일자 :

   4) 발 행 인 : 황망해

   5) 지 급 지 : 서울특별시

   6) 지급은행 : (주) 신한은행 서초지점

4. 수표의 제시

 1) 수표번호 : 아가05101001

 2) 제시일자 : 2013. 7. 31.

 3) 지급지참인 또는 지급요청인

   주소 : 서울 강남구 역삼로 212

   직업 :   • 직장 전화번호 :

   성명 : 김기수   • 자택 전화번호 : 02) 966-0606

   연령 :

 4) 제시방법

   • 창구제시 (O)

   • 어음교환소 경유 (은행   지점)

5. 예금잔액 : 없음

6. 수표취급자   직위 대리 성명 강진구 (인)

  저희은행과 가계수표계약을 2013. 7. 1. 체결하고 거래 중이던 피고발인이 2013.
7. 31. 예금부족의 부도사유로 수표소지인(성명 : 김기수)에게 수표금을 지급하지 않
아 부도처리되었음을 진술합니다.

7. 기 타

1) 당좌개설 계약일 :   2013년   7월   1일

2) 1차부도 연월일 :   년   월   일

3) 거래정지 또는 계약해지일

4) 은행 문의 연락처

8. 첨부 : 수표사본 1부.   끝

9. 비 고

가 계 수 표

지 급 지   서울특별시

아가05101001

<u>주식회사   신한은행</u>   앞   삼백만 원 이하

<u>금   삼백만   원</u>   ₩ 3,000,000원

위 수표금액을   <u>김기수</u>   에게 지급하여 주십시오.

2013 **년   월   일**

위 수표는 **예금부족** (으)로 지급에 응할 수 없음

2013. 7. 31.

(주)신한은행 서초지점장 서종수 (인)

발 행 지   서울특별시

주민등록번호 ******-*******   <u>발 행 인   황 망 해</u> (인)

피의자신문조서

피의자 : 황망해

　위의 사람에 대한 부정수표단속법위반 피의사건에 관하여 2013. 8. 31. 서울 서초경찰서 경제수사팀 사무실에서 사법경찰관 경위 황경찰은 사법경찰리 순경 김경찰을 참여하게 하고, 아래와 같이 피의자임에 틀림없음을 확인하다.

문　　피의자의 성명, 주민등록번호, 직업, 주거, 등록기준지 등을 말하시오.

답　　성명은　　　　　　황망해
　　　주민등록번호는　　******-*******　　62세
　　　직업은　　　　　　상업
　　　주거는　　　　　　서울 서초구 서래로 222
　　　등록기준지는　　　경기 안양시 동안구 갈산로 888
　　　직장 주소는　　　　서울 서초구 서초대로 123
　　　연락처는
　　　　　자택 전화 : 02-***-****　　휴대 전화 : ***-***-****
　　　　　직장 전화 : 02-***-****　　전자우편(e-mail) : ***@*******.**.**

　　　입니다.

　　사법경찰관은 피의사실의 요지를 설명하고 사법경찰관의 신문에 대하여 「형사소송법」 제244조의3에 따라 진술을 거부할 수 있는 권리 및 변호인의 참여 등 조력을 받을 권리가 있음을 피의자에게 알려주고 이를 행사할 것인지 그 의사를 확인하다.

[진술거부권 및 변호인 조력권 고지 등 확인] (첨부 생략)

이에 사법경찰관은 피의사실에 관하여 다음과 같이 피의자를 신문하다.
문   범죄전력은 있나요.
[범죄전력, 병역, 학력, 사회경력, 가족, 재산관계 등 문답 생략]

문   피의자는 피의자 명의로 가계수표를 발행하였다가 부도나게 한 사실이 있나요.
답   예, 제 명의로 수표가 발행되고 예금부족으로 지급되지 아니하게 한 사실이 있습
      니다만 실은 저는 명의만 빌려 주었을 따름입니다.
문   신한은행 서초지점의 고발에 의하면 피의자는 2013. 7. 1. 부터 신한은행 서초지점
      과 피의자 명의로 수표계약을 체결하고 가계수표 거래를 하여 오던 중 수표번호
      '아가05101001', 액면금 300만원'으로 된 가계수표 1장을 발행하여 그 수표의 소지
      인이 2013. 7. 31. 지급제시하였으나 예금부족으로 지급되지 아니 하게 하였는데 그
      렇지 않다는 말인가요.
답   그렇게 된 사실은 시인합니다. 다만 그 수표는 제 친 형님의 아들인 황영군이 발
      행하여 사용한 것입니다.
문   그 경위를 자세히 진술하시오.
답   실은 제 부동산을 황영군에게 명의신탁하여 놓았는데 황영군이 그 부동산을 저 몰
      래 저당 잡히고 돈을 빌려 사용하여 버렸습니다. 그래서 그 이자를 급히 갚지 못
      하면 부동산이 경매에 넘어갈 지경에 처하였는데 황영군이 "자신이 현재 돈이 없
      으니 우선 삼촌 명의로 가계수표를 발행하여 급전을 빌려 이자를 막고 자신이 수
      표가 제시되기 전에 회수하겠다"고 사정을 하길래 황영군과 같이 신한은행에 가서
      제 명의로 수표계약을 체결하고 수표용지를 받아 발행인란에 서명날인하여 황영
      군에게 준 것인데, 그 후 황영군이 수표 금액을 기재하여 급전을 빌리면서 수표를
      발행하여 놓고 나중에 돈을 구하지 못하여 그 수표를 막지 못한 것입니다.
문   그렇다면 피의자는 그 수표가 부도날 줄 몰랐다는 말인가요.
답   그렇지는 않습니다. 제가 부동산을 명의신탁할 때는 몰랐는데 나중에 알고 보니
      황영군은 장사를 하다가 잘 안되자 사채를 많이 쓰면서 신용불량자가 되어 있었습
      니다. 그래서 저도 급한 마음에 제 명의로 수표계약을 체결하여 주었지만 결국 부
      도날 것이라는 생각은 하였습니다. 저도 당시는 돈이 없어 수표 부도를 막지 못했
      지만 이번에 돈을 구하여 부도수표는 제가 회수하여 소지하고 있으니 선처하여주
      시기 바랍니다.

이때 사법경찰관은 피의자가 회수하여 온 부도수표를 확인하고, 이를 사본하여 본 조서 말미에 편철하다. [수표사본 생략]

문 수표소지인으로서 실제 수표 발행자인 황영군의 처벌을 원하는가요.

답 예, 비록 조카지만 저에게 너무 피해를 입혔으니 처벌하여 주시기 바랍니다.
그뿐 아니라 황영군이 제 부동산을 임의로 저당 잡힌 것도 형사상 죄가 된다고 하니 그 점에 대하여도 조사하여 엄히 처벌하여 주시기를 바랍니다.

문 그렇다면, 지금부터 피해자로서 그 경위에 대하여 자세히 진술하세요.

답 예, 제가 2001. 8.경 서울 서초구 서초대로 12 대지 100㎡를 전 소유자로부터 매수하여 소유권이전등기를 제 명의로 하여 놓았었는데, 제가 다른 사람과의 채권채무 관계가 생기면서 2012. 8. 14.경 황영군에게 위 부동산 명의를 잠시만 맡아 달라고 부탁하여 같은 해 8. 26. 황영군 명의로 소유권이전등기를 경료하여 주었습니다. 그런데 2013. 2. 7. 황영군이 저에게는 말도 없이 방조남의 소개로 평화은행으로부터 1억 2,000만원을 빌리면서 위 부동산에 관하여 '채권최고액 2억 2,000만원', '근저당권자 평화은행'으로 하는 근저당권설정등기를 경료하여 주었습니다.

문 그 부동산의 시가는 어느 정도인가요. 다른 저당이나 담보로 제공된 적은 없는가요.

답 금년도 공시지가가 7억 5,000만원이고 시가도 그 정도 나갑니다. 그 부동산을 제가 매수한 후에 제가 돈이 필요하여 자유은행으로부터 1억 8,000만원을 빌리면서 2011. 2. 13. 채권최고액 310,000,000원, 근저당권자 자유은행으로 하는 근저당권설정을 하여준 적이 있고, 그 이자는 제가 최근까지도 갚아 오고 있습니다. 그 밖에는 없습니다. 제가 토지 등기부등본도 가져 왔으니 제출하겠습니다.

이때 사법경찰관은 피의자가 제출하는 서울 서초구 서초대로 12 대지 100㎡에 대한 등기부등본을 열람하여 본바, 서울 서초구 서초대로 12 대지 100㎡는 2001. 8. 25. 전 소유자 김기동으로부터 매매를 원인으로 황망해에게 소유권 이전등기되고, 다시 2012. 8. 26. 황영군에게 매매를 원인으로 소유권 이전등기되었으며, 을구에는 2011. 2. 13.자로 채권최고액 310,000,000원, '근저당권자 자유은행', '채무자 황망해'로 하는 근저당권설정등기가 경료되어 있고, 다시 2013. 2. 7. 자로 '채권최고액 2억 2,000만원', '근저당권자 평화은행', 채무자 '황영군'으로 하는 근저당권설정등기가 경료되어 있는 것을 확인하고, 제출된 등기부등본은 본 조서 말미에 편철하다. [등기부등본 생략]

문 언제 황영군이 임의로 평화은행에 근저당권을 설정한 줄 알았는가요.

답 금년 설 연휴인 2. 10.경 황영군이 제 집에 세배를 와서 죽을 죄를 지었다고 하면서 그 이야기를 하여 알게 되었는데, 저도 화는 났지만 황영군이 잠시 사업자금이 막혀 그랬으니 곧 해결하겠다고 하여 참고 있었는데 제가 수표부도로 고발까지 된 마당에 더는 견딜 수 없어 이 기회에 횡령의 점에 대하여 처벌하여 달라고 말씀드리는 것이니 명백히 조사하여 엄벌하여 주십시오.

문　이상의 진술내용에 대하여 특별한 의견이나 이의가 있는가요.

답　**없습니다**.

위의 조서를 진술자에게 열람하게 하였던바, 진술한 대로 오기나 증감·변경할 것이 전혀 없다고 말하므로 간인한 후 서명 무인하게 하다.

진술자　**황　망　해**　(무인)

2013.　8.　31.

서 초 경 찰 서

사법경찰관　경위　**황 경 찰** ㉑
사법경찰리　순경　**김 경 찰** ㉑

압 수 조 서

피의자 황영군에 대한 마약류관리에관한법률위반(대마)피의사건에 관하여 2013. 9. 13. 서울 관악구 신림로 1578에서 사법경찰관 경위 황경찰은 사법경찰리 순경 김경찰을 참여하게 하고 별지 목록의 물건을 다음과 같이 압수하다.

압 수 경 위

2013. 9. 13. 11 : 00경 피의자 황영군에 대한 특정경제범죄가중처벌등에관한법률위반(횡령)혐의를 이유로 발부받은 압수 · 수색영장{압수 · 수색할 장소, 신체 또는 물건 : 서울 관악구 신림로 1578 소재 황영남의 주거지, 압수할 물건 : 특정경제범죄가중처벌등에관한법률위반(횡령) 범죄행위에 제공되었거나 범죄행위에 관련된 등기관련서류, 예금통장, 장부, 서류, 수첩, 메모지}에 기하여 피의자의 주거지를 수색하는 과정에서, 피의자의 방 책상 서랍에서 대마가 발견되어 이를 증거물로 사용하기 위하여 압수함.(압수수색의 참여인인 황영군의 어머니 김일순에게 대마의 출처 등을 확인한 바, 아들 방이라 자신은 모르겠다고 하면서 경찰서에 제출하겠다고 함)

	성 명	주민등록번호	주 소	서명 또는 날인
참여인	김일순	[기재생략]	서울 관악구 신림로 1578	김일순

2013. 9. 13.

서 초 경 찰 서

사법경찰관 경위 황경찰 ㊞

사법경찰리 순경 김경찰 ㊞

압 수 목 록

번 호	품 명	수 량	피압수자 주거 성명				소유자 주거 · 성명	비 고
			1	2	③	4		
			유류자	보관자	소지자	소유자		
1	대마	10그램	서울 관악구 신림로 1578 황영군(78****-*******)				좌동	

피의자신문조서

피의자 : 황영군

위의 사람에 대한 특정경제범죄가중처벌등에관한법률위반(횡령) 등 피의사건에 관하여 2013. 9. 20. 서울 서초경찰서 경제수사팀 사무실에서 사법경찰관 경위 황경찰은 사법경찰리 순경 김경찰을 참여하게 하고, 아래와 같이 피의자임에 틀림없음을 확인하다.

문   피의자의 성명, 주민등록번호, 직업, 주거, 등록기준지 등을 말하시오.

답   성명은   황영군

            주민등록번호는   78****-*******   35세

            직업은   무직

            주거는   서울 관악구 신림로 1578

            등록기준지는   경기 안양시 동안구 갈산로 547

            직장 주소는

            연락처는

                  자택 전화 : 02-***-****   휴대 전화 : ***-***-****

                  직장 전화 :   전자우편(e-mail) : ***@*******.**.**

            입니다.

사법경찰관은 피의사실의 요지를 설명하고 사법경찰관의 신문에 대하여 「형사소송법」 제244조의3에 따라 진술을 거부할 수 있는 권리 및 변호인의 참여 등 조력을 받을 권리가 있음을 피의자에게 알려주고 이를 행사할 것인지 그 의사를 확인하다.

[진술거부권 및 변호인 조력권 고지 등 확인] (첨부 생략)

이에 사법경찰관은 피의사실에 관하여 다음과 같이 피의자를 신문하다.

문   범죄전력은 있나요.

[범죄전력, 병역, 학력, 사회경력, 가족, 재산관계 등 문답 생략]

문   피의자는 삼촌인 황망해 명의로 가계수표를 발행하였다가 부도나게 한 사실이 있
     나요.

답   예, 그런 사실이 있습니다. 제가 삼촌에게 부탁하여 2013. 7. 1.부터 신한은행 서초
     지점과 삼촌 명의로 수표계약을 체결하였고, 제가 수표책을 받아 7. 1. 서울 강남구
     역삼로 456에 있는 사채업자 김수남의 사무실에 찾아가 수표번호 '아가05101001',
     액면금 300만원'으로 된 가계수표 1장을 발행하여 주고 선이자를 공제한 돈 200만
     원을 융통하였는데, 당시 7. 30.까지 300만원을 갚지 않으면 수표를 돌리기로 약속
     하였습니다. 그러나 제때 돈을 갚지 못하자 김수남이 수표를 돌린 것 같고 그 수
     표 소지인이 2013. 7. 31. 은행에 지급제시하였으나 예금부족으로 지급되지 아니한
     것입니다.

문   수표대금을 은행에 입금할 계획은 있었는가요.

답   수표를 발행할 당시 황망해에게는 제가 책임지고 수표를 막겠다고 하였으나 당시 상
     황이 제가 돈을 마련할 길은 거의 없었고, 황망해도 그러한 사정은 알고 있었습니다.

문   왜 삼촌 명의로 수표계약을 체결하였나요.

답   제가 하던 오퍼상 사업이 망하면서 제가 신용불량자가 되어 제 이름으로는 수표계
     약을 체결할 수 없었습니다.

문   수표를 현재 황망해가 소지하고 있는데 피의자가 수표를 회수할 가능성은 있는가요.

답   현재로서는 제가 돈도 없고 삼촌이 화가 많이 나 있어 제가 회수할 가능성이 별로
     없습니다.

문   삼촌의 부동산을 명의신탁받아 가지고 있다가 돈을 빌려 쓰면서 저당잡힌 사실이
     있는가요.

답   예, 원래 삼촌 소유인 서울 서초구 서초대로 12 대지 100㎡가 있었는데, 2012. 8.
     경 삼촌이 다른 사람과의 채권채무 때문에 압류가 들어올지 모르겠으니 저에게 위
     부동산 명의를 잠시만 이전하여 놓겠다고 하여 제가 그렇게 하겠다고 승낙한 후,
     같은 해 8. 26. 제 명의로 소유권이전등기를 경료하여 주었습니다. 그런데 제가 사
     업이 망하면서 사채를 많이 썼는데 사채업자들이 제 명의로 부동산이 있는 것을
     알고 돈을 갚지 않으면 가족들을 가만 두지 않겠다고 위협을 하는 바람에 삼촌에

게는 말도 하지 않고, 2013. 2. 7. 평화은행으로부터 1억 2,000만원을 빌리면서 위 부동산에 관하여 '채권최고액 2억 2,000만원', '근저당권자 평화은행'으로 하는 근저당권설정등기를 경료하여 주었습니다.

문 어떤 경위로 평화은행에서 돈을 빌리고 근저당권을 설정하여 주었는가요.

답 예, 제가 사채가 급하여 돈 좀 빌릴 때가 없느냐고 2013. 2. 5.경 친구인 방조남에게 부탁하였더니 담보도 없이 어떻게 돈을 빌리느냐고 하길래 제가 "실은 내가 삼촌 부탁으로 명의만 가지고 있는 토지가 있는데 어떻게 안되겠느냐고 소개비도 주겠다"고 하였더니 방조남은 "마침 자기 친구가 평화은행에 있으니 소개하여 보겠다"고 하면서 "우선 급한 대로 그 토지라도 저당을 잡히고 돈을 빌려 보자"고 하여 방조남의 소개로 2013. 2. 7. 평화은행에 가서 방조남이 서류를 작성하여 주었고, 제가 마지막으로 서명을 한 다음 근저당을 설정하고 돈을 빌렸습니다.

문 그렇다면 방조남도 그 토지가 실제로는 황망해 소유라는 것을 알고 있었다는 말이네요.

답 방조남에게 제가 사전에 그 부동산은 삼촌 것이라고 말하여 주었는데, 방조남도 소개비를 받으려는 욕심 때문인지 저에게 일단 저당을 잡히자고 하였습니다. 당시 방조남이 적극적으로 은행 소개만 하지 않았더라도 제가 그렇게 까지는 하지 않았을 것입니다. 참작하여 주세요.

문 은행으로부터 빌린 돈은 어떻게 하였나요.

답 방조남에게 소개비를 1,000만원 주고 모두 제 빚 갚는데 사용하였습니다.

문 황망해에게 그 사실을 언제 알렸나요.

답 제가 급한 마음에 일을 저질렀지만 양심이 찔려 며칠 후인 2. 10. 설날 삼촌 집에 갔다가 삼촌에게 말씀드리고 곧 갚겠다고 약속은 하였는데 갚을 방도는 없습니다.

문 현재 피의자의 재산이 없나요.

답 예, 모두 처분하여 빚잔치를 하였고, 현재는 어머니 집에서 거주하고 있습니다. 실은 어머니가 자신의 집이라도 처분하여 삼촌에게 주겠다고 하여 삼촌이 참고 계셨는데 최근 부동산 경기 침체로 어머니 집도 팔리지를 않습니다.

문 위 서초대로 대지는 공시지가가 7억 5,000만원 이고, 피의자가 명의신탁 받기 전인 2011. 2. 13. 채권최고액 3억 1,000만원, 근저당권자 자유은행으로 하는 근저당권설정이 설정되어 있었는데 알고 있는가요.

답 예, 제가 평화은행에서 돈을 빌릴 때 확인한 바 있습니다.

문 피의자는 대마를 소지한 사실이 있지요.

답 예, 그러한 사실이 있습니다. 서울 관악구 신림로 1578에 있는 제 방 책상 서랍에 대마 약 10그램을 보관하고 있다가 2013. 9. 13. 발각된 사실을 인정합니다.

문   다음 대마가 피의자가 소지하고 있던 대마인가요.

이때 사법경찰관은 압수된 대마(증 제 1 호)를 피의자에게 제시한 바,

답   예, 그렇습니다.

문   피의자가 대마를 압수당한 경위를 진술하여 보세요.

답   예, 2013. 9. 13. 11 : 00 경 경찰들이 저의 부재중에 집에 찾아와 저의 어머니에게 횡령 혐의에 관하여 주거지를 수색한다는 압수수색영장을 제시하고 저의 방을 수색하던 중에 책상 서랍 속에서 위 대마를 발견하고 압수한 것입니다.

문   압수된 경위에 이의는 없나요.

답   별다른 불만은 없습니다.

문   위 대마를 소지하게 된 경위를 진술하세요.

답   예, 제가 호기심에 대마를 피워 보기 위하여 며칠 전에 한강 변에서 야생대마를 채취하여 보관하던 것입니다.

문   피의자는 대마나 다른 마약류를 사용하여 본 적은 없나요.

답   아직까지 대마 등 마약류를 투약해 본 적은 없고, 소지한 것도 처음입니다.

문   피의자는 위 대마를 다른 사람으로부터 입수한 것은 아닌가요.

답   아닙니다.

문   피의자는 마약류 감정을 위하여 소변검사나 모발감정에 응할 수 있나요.

답   예, 필요하다면 그렇게 하겠습니다.

문   이상의 진술내용에 대하여 특별한 의견이나 이의가 있는가요.

답   **없습니다**.

    위의 조서를 진술자에게 열람하게 하였던바, 진술한 대로 오기나 증감·변경할 것이 전혀 없다고 말하므로 간인한 후 서명 무인하게 하다.

진술자   **황 영 군** (무인)

2013. 9. 20.

서 초 경 찰 서

사법경찰관 경위 **황경찰** ㊞

사법경찰리 순경 **김경찰** ㊞

피의자신문조서

피의자 : 방조남

위의 사람에 대한 특정경제범죄가중처벌등에관한법률위반(횡령)방조 피의사건에 관하여 2013. 9. 25. 서울 서초경찰서 경제수사팀 사무실에서 사법경찰관 경위 황경찰은 사법경찰리 순경 김경찰을 참여하게 하고, 아래와 같이 피의자임에 틀림없음을 확인한다.

문   피의자의 성명, 주민등록번호, 직업, 주거, 등록기준지 등을 말하시오.

답   성명은   방조남

       주민등록번호는   78****-*******   35세

       직업은   회사원

       주거는   서울 금천구 가산로 372

       등록기준지는   경기 안양시 동안구 갈산로 8

       직장 주소는   서울 강남구 역삼로 545

       연락처는

            자택 전화 : 02-***-****   휴대 전화 : ***-****-****

            직장 전화 : 02-****-****   전자우편(e-mail) : ***@*******.**.**

       입니다.

사법경찰관은 피의사실의 요지를 설명하고 사법경찰관의 신문에 대하여 「형사소송법」 제244조의3에 따라 진술을 거부할 수 있는 권리 및 변호인의 참여 등 조력을 받을 권리가 있음을 피의자에게 알려주고 이를 행사할 것인지 그 의사를 확인하다.

[진술거부권 및 변호인 조력권 고지 등 확인] (첨부 생략)

이에 사법경찰관은 피의사실에 관하여 다음과 같이 피의자를 신문하다.

문   범죄전력은 있나요.

[범죄전력, 병역, 학력, 사회경력, 가족, 재산관계 등 문답 생략]

문   피의자는 황영군을 아는가요.

답   예, 고등학교 동창으로 친구 사이입니다.

문   황영군이 2013. 2. 7. 평화은행으로부터 1억 2,000만원을 빌리면서 황영군의 소유 명의로 등기되어 있는 서울 서초구 서초대로 12 대지 100㎡에 관하여 '채권최고액 2억 2,000만원', '근저당권자 평화은행'으로 하는 근저당권설정등기를 경료하여 준 사실을 알고 있나요.

답   예, 제가 소개를 하여 황영군이 그 부동산을 담보로 평화은행으로부터 돈을 빌렸 습니다.

문   그 경위를 자세히 진술하세요.

답   황영군이 전에 오퍼상을 하면서, 저에게 1,000만원을 빌려 쓴 사실이 있는데, 갚지 를 않아 제가 독촉을 하였더니 자기 토지가 하나 남았는데, 은행담보대출을 소개 하여 주면 돈을 갚을 수 있다고 하여, 마침 평화은행 역삼지점 차장으로 있는 박 은수라는 제 친구가 있어 부탁을 하였더니 가능하다고 하면서 관련서류를 이야기 하여 주길래 제가 황영군과 같이 관련서류를 준비하여 2013. 2. 7. 서울 강남구 역 삼로 254에 있는 평화은행 역삼지점에 가서 박은수 차장과 함께 근저당권 설정 서 류 등을 작성하고, 황영군이 서명날인을 한 다음, 황영군이 평화은행으로부터 1억 2,000만원을 빌리면서 위 부동산에 관하여 '채권최고액 2억 2,000원', '근저당권자 평화은행'으로 하는 근저당권설정등기를 경료하여 주었습니다.

문   위 부동산의 실소유주는 황영군의 삼촌 황망해로 황영군은 명의수탁자인 사실을 알았나요.

답   저는 몰랐습니다. 알았다면 그런 소개를 할 리가 없지요.

문   황영군은 피의자에게 그 부동산은 삼촌 것이라고 하면서 저당잡히는 것은 곤란하 다고 하였는데 피의자가 위험부담이 있으니 소개료로 1,000만원을 달라고 하면서 일단 저당을 잡히자고 하였다는데 그렇지 않은가요.

답   그렇지 않습니다. 제가 받은 돈은 제가 빌려 주었던 돈일 뿐 소개료도 아닙니다. 그렇지 않아도 황영군이 저를 공범으로 경찰에 진술하는 바람에 경찰로부터 출석 요구를 받고 황영군을 찾아 가 따지다가 멱살을 잡히고 주먹으로 얼굴을 맞아 뒤로 넘어지면서 상처를 입은 사실이 있어 진단서를 끊어 왔으니 황영군을 처벌하여 주세요.

이때 사법경찰관은 피의자가 제출하는 진단서를 본 조서 말미에 편철하다.

문 상해를 입은 경위를 진술하세요.

답 2013. 9. 23. 15 : 00 경 제가 황영군의 집에 찾아 가 황영군에게 "나한테 언제 그 땅이 삼촌소유라고 미리 말한 적이 있느냐"고 화를 내었더니 황영군이 술에 좀 취한 채 "네가 네 돈 받으려고 은행을 소개하여 그렇게 된 것이니 너도 같이 책임져야지"라고 하면서 제 멱살을 잡고 주먹으로 얼굴을 한 대 때리는 바람에 제가 넘어지면서 뒷머리를 방바닥에 부딪쳐 상처를 입었습니다.

문 병원에는 바로 갔었나요.

답 처음에는 그냥 집에서 약만 발랐는데, 그 후에도 황영군이 사과 한마디가 없어 오늘 경찰서에 나오는 길에 병원에 들러 진단서를 발부받아 가져 왔습니다.

문 폭행 당시 황영군이 술에 많이 취하였나요.

답 제가 황영군 집에 소주를 세 병 사 가지고 가서 같이 한 병 정도씩 나누어 마시고 다시 한 병을 따 한잔씩을 더 들이키고 사건이 났습니다. 황영군이 정신이 없는 것 같지는 않으나 평소 황영군의 주량이 소주 한 병 정도니까 주량 이상 마신 것 같기는 합니다.

문 이상의 진술내용에 대하여 특별한 의견이나 이의가 있는가요.

답 없습니다.

위의 조서를 진술자에게 열람하게 하였던바, 진술한 대로 오기나 증감·변경할 것이 전혀 없다고 말하므로 간인한 후 서명 무인하게 하다.

진술자 방 조 남 (무인)

2013. 9. 25.

서 초 경 찰 서

사법경찰관 경위 황 경 찰 [인]

사법경찰리 순경 김 경 찰 [인]

㊞

상해진단서

병록번호 0470403

연번호 325　　　주민등록번호 78****-*******　　　동반자

환자의 성명		방조남	성별	(남).여	생년월일	78년 *월*일	연령	35세
환자의 주소		서울 금천구 가산로 372						
병 명	☑임 상 적 □최종진단명	후두부찰과상, 안면부좌상				국제질병분류번호		
상해년월일		2013년 9월 23일			초진년월일	2013년 9월 25일		
상해의 원인		폭행을 당하여 넘어졌다고 함 (환자진술)						
증 상	상 해 부 위	후두부, 안면부						
	상 해 정 도	경증						
상해에 대 한 의 견	진료경과의견							
	외과적수술여부	불필요						
	입 원 여 부	불필요						
	통상활동가능여부	통상활동은 가능함.						
	식사가능여부	가능						
향 후 치료에 대 한 의 견	치료를 요하는 기간	2013년 9월 23일(수상일)부터 약 2주간						
	향후치료기간							
	병발증발생가능여부							
기 타		정밀검사는 불요함						

위와 같이 진단함.

발 행 일	2013년 9월 25일
병·의원주소	서울 서초구 서초대로 1589
병·의 원 명	윤명의 외과의원
면 허 번 호	13480 의사 성명 **윤 명 의** ㊞

피의자신문조서(제 2 회)

피의자 : 황영군

 위의 사람에 대한 상해 등 피의사건에 관하여 2013. 9. 27. 서울 서초경찰서 경제수사팀 사무실에서 사법경찰관 경위 황경찰은 사법경찰리 순경 김경찰을 참여하게 한 후, 피의자에 대하여 다시 아래의 권리들이 있음을 알려주고 이를 행사할 것인지 그 의사를 확인하다.

(진술거부권 및 변호인 조력권 고지 등 확인) (첨부 생략)

이에 사법경찰관은 피의사실에 관하여 다음과 같이 피의자를 신문하다.

문 피의자는 전회 진술한 황영군인가요.

답 예, 그렇습니다.

문 피의자는 방조남을 때려 상처를 가한 사실이 있는가요.

답 때린 것은 아니고, 그냥 멱살을 잡았을 뿐인데요.

문 그 경위를 진술하세요.

답 2013. 9. 23. 15 : 00 경인데, 방조남이 삼촌 토지 문제로 저의 집을 방문하였습니다. 방조남이 가지고 온 소주 두병 정도를 나누어 마시고, 좀 취한 상태인데, 방조남이 나쁜 놈이라고 욕을 하길래 화가 나서 방조남의 멱살을 잡아 흔든 적은 있습니다만, 주먹으로 때린 적은 없습니다.

문 방조남은 피의자가 멱살을 잡고 주먹으로 얼굴을 한 대 때리는 바람에 넘어지면서 뒷머리를 방바닥에 부딪쳐 상처를 입었다고 하는데요.

답 주먹으로 때린 적도 없고 방조남이 그 당시 넘어진 적도 없습니다.

문 당시 술에 많이 취하였나요.

답 제 주량이 원래 약하여 소주 한 병을 마시면 많이 취합니다. 그 날도 술에 취하지 않았다면 제가 방조남의 멱살을 잡는 일도 없었을 것입니다.

문 이상의 진술은 사실인가요.

답 예, 모두 사실입니다.

문 이상의 진술내용에 대하여 이의나 의견이 있는가요.

답   **없습니다. (무인)**

　위의 조서를 진술자에게 열람하게 하였던 바 진술한 대로 오기나 증감·변경할 것이 전혀 없다고 말하므로 간인한 후 서명 날인, 무인케 하다.

　　　　　　　　　　　진술자　　**황 영 군** (무인)

　　　　　2013.　9.　　27.

　　　　　　　　　　　서 초 경 찰 서

　　　　　　　　　　　사법경찰관　경 위　　**황 경 찰** (인)

　　　　　　　　　　　사법경찰리　순 경　　**김 경 찰** (인)

피의자신문조서(제2회)

성   명 : 황영군
주민등록번호 : 78****-*******

위의 사람에 대한 마약류관리에관한법률위반(대마) 피의사건에 관하여 2013. 10. 4. 서울중앙지방검찰청 901호 검사실에서 검사 정의파는 검찰주사 박검찰을 참여하게 한 후, 피의자에 대하여 다시 아래의 권리들이 있음을 알려주고 이를 행사할 것인지 그 의사를 확인하다.

(진술거부권 및 변호인 조력권 고지 등 확인) (첨부 생략)

이에 검사는 피의사실에 관하여 다음과 같이 피의자를 신문하다.

문   피의자가 전회 진술한 황영군인가요.

답   예. 그렇습니다.

문   피의자가 전회 진술한 내용은 모두 사실대로인가요.

이때 검사는 피의자에 대한 제1회 피의자신문조서를 열람하게 하였던 바,

답   예, 사실대로 진술하였고, 진술한 대로 조서에 기재되어 있습니다.

문   피의자는 전회 진술시 대마소지 부분에 대하여는 부인하면서 다음에 진술하겠다고 하였는데, 대마를 소지한 사실이 없는가요.

답   압수된 대마는 제가 소지한 바가 없고, 대마가 발견되기 3일 전 쯤 친구 김갑동이 놀러 와 자고 간 적이 있는데, 그 친구가 놓고 간 것을 모르고 있다가 압수된 것입니다.

문   경찰에서는 피의자가 며칠 전 한강 뚝섬 변에서 대마를 채취하여 흡연할 목적으로 소지하고 있었다고 자백하지 않았나요.

답   그렇게 진술한 사실은 있으나 당시는 친구인 김갑동을 숨겨 주기 위하여 거짓진술을 한 것입니다.

문   그렇다면, 김갑동은 누구이며 어디에 사는가요.

답   제가 사업이 망한 다음 금년 5~6월 사이 잠시 노숙자 생활을 한 사실이 있는데, 당시 서울역에서 만난 40세 쯤 된 노숙자 친구로 우연히 길에서 만나 우리 집에서

하루 잤을 뿐 어디에 사는 줄 모릅니다. 사실 이름도 가명 같습니다.

문 피의자는 자신의 범행을 감추기 위하여 허무인인 김갑동을 내 세우는 것이 아닌가
   요. 그렇게 거짓 진술을 하면 정상 참작도 어렵다는 사실도 모르는가요.

이때 피의자는 잠시 침묵을 지키다가.

답 예, 제가 잘못하였습니다. 실은 제가 2013. 9. 13. 경 서울 관악구 신림로 1578에 있
   는 저의 집 책상 서랍에 흡연할 목적으로 대마 약 10그램을 소지한 것이 사실이
   며, 며칠 전 제가 한강 뚝섬 변에서 채취하여 온 것입니다. 호기심에 대마를 피워
   보기 위하여 그랬습니다.

문 조서에 진술한 대로 기재되지 아니하였거나 사실과 다른 부분이 있는가요?

답 없습니다. 잘못하였습니다.

   위의 조서를 진술자에게 열람하게 하였던 바 진술한 대로 오기나 증감·변경할 것이
전혀 없다고 말하므로 간인한 후 서명·무인케 하다.

                        진술자   **황 영 군** (무인)

            2013. 10. 4.

                        서 울 중 앙 지 방 검 찰 청

                        검   사   **정 의 파** (인)

                        검찰주사   **박 검 찰** (인)

기타 법원에 제출되어 있는 증거들

※ 편의상 다음 증거서류의 내용을 생략하였으나, 법원에 증거로 적법하게 제출되어 있음을 유의하여 변론할 것.

○ **검사 작성의 피고인 황영군에 대한 제1회 피의자신문조서**(2013. 10. 2. 자)
 – 대마소지 피의사실을 제외한 나머지 부분에 대한 검사의 신문에 대하여 피고인이 경찰에서 한 1, 2회 진술과 동일하게 진술.

○ **검사 작성의 피고인 방조남에 대한 피의자신문조서**(2013. 10. 2. 자)
 – 피고인이 경찰에서 한 진술과 동일.

○ **국립과학수사연구원의 감정의뢰회보**(2013. 9. 29. 자)
 – 황영군에 대한 모발 및 채뇨 검사에서 마약성분이 검출되지 아니하였다(음성 판정). 압수된 증 제1호는 마약류 관리에 관한 법률에 규정된 대마가 맞는다는 취지

○ **피고인들에 대한 각 조회회보서**(2013. 9. 29. 자)
 – 피고인들에 대한 전과 조회로서 각각 특별한 전과 없음.

I. 사건의 개요

1. 피고인

- 황영군(변호인 홍변호): 가. 다. 라. 마.
- 방조남(변호인 김국선): 나.

2. 공소사실의 요지

가. 특정경제범죄가중처벌등에관한법률위반(횡령)

나. 특정경제범죄가중처벌등에관한법률위반(횡령)방조

다. 상해

라. 마약류관리에관한법률위반(대마)

마. 부정수표단속법위반

[적용법조]

⦿ 황영군: 특정경제범죄 가중처벌 등에 관한 법률 제 3 조 제 1 항 제 2 호, 형법 제355
조 제 1 항, 제257조 제 1 항, 마약류 관리에 관한 법률 제61조 제 1 항 제 4 호 나목,
제 3 조 제10호 나목, 제67조, 부정수표 단속법 제 2 조 제 2 항, 제 1 항, 형법 제37
조, 제38조

⦿ 방조남: 특정경제범죄 가중처벌 등에 관한 법률 제 3 조 제 1 항 제 2 호, 형법 제355조
제 1 항, 제32조

3. 사건의 경과

가. 수사절차

 - 황영군: 체포영장(2013. 9. 27.)/구속(9. 29.)
 - 방조남: 불구속

나. 공판절차

- 공소 제기(2013. 10. 5.)
- 제 1 회 공판기일(2013. 10. 17.)
  - 각 공소사실 일부 부인
  - 증거신청 및 증거인부
- 제 2 회 공판기일(2013. 10. 31.)
  - 증인신문(증인 정인숙, 박검찰, 윤명의)
  - 구형 및 변론
- 선고(2013. 11. 7.)

4. 주요 형사특별법

특정경제범죄 가중처벌 등에 관한 법률

제 3 조(특정재산범죄의 가중처벌) ① 「형법」 제347조(사기), 제350조(공갈), 제351조(제 347조 및 제350조의 상습범만 해당한다), 제355조(횡령·배임) 또는 제356조(업무상 의 횡령과 배임)의 죄를 범한 사람은 그 범죄행위로 인하여 취득하거나 제 3 자로 하 여금 취득하게 한 재물 또는 재산상 이익의 가액(이하 이 조에서 "이득액"이라 한다) 이 5억원 이상일 때에는 다음 각 호의 구분에 따라 가중처벌한다.

1. 이득액이 50억원 이상일 때: 무기 또는 5년 이상의 징역

2. 이득액이 5억원 이상 50억원 미만일 때: 3년 이상의 유기징역

② 제 1 항의 경우 이득액 이하에 상당하는 벌금을 병과(倂科)할 수 있다.

[전문개정 2012. 2. 10.]

마약류 관리에 관한 법률

제61조(벌칙) ① 다음 각 호의 어느 하나에 해당하는 자는 5년 이하의 징역 또는 5천만 원 이하의 벌금에 처한다.

4. 제 3 조 제10호를 위반하여 다음 각 목의 어느 하나에 해당하는 행위를 한 자

가. 대마 또는 대마초 종자의 껍질을 흡연하거나 섭취한 자

나. 가목의 행위를 할 목적으로 대마, 대마초 종자 또는 대마초 종자의 껍질을 소지하고 있는 자

다. 가목 또는 나목의 행위를 하려 한다는 정을 알면서 대마초 종자나 대마초 종자의 껍질을 매매하거나 매매를 알선한 자

제3조(일반 행위의 금지) 누구든지 다음 각 호의 어느 하나에 해당하는 행위를 하여서는 아니 된다. 〈개정 2013. 3. 23.〉

10. 다음 각 목의 어느 하나에 해당하는 행위

가. 대마 또는 대마초 종자의 껍질을 흡연 또는 섭취하는 행위

나. 가목의 행위를 할 목적으로 대마, 대마초 종자 또는 대마초 종자의 껍질을 소지하는 행위

다. 가목 또는 나목의 행위를 하려 한다는 정(情)을 알면서 대마초 종자나 대마초 종자의 껍질을 매매하거나 매매를 알선하는 행위

제67조(몰수) 이 법에 규정된 죄에 제공한 마약류·임시마약류 및 시설·장비·자금 또는 운반 수단과 그로 인한 수익금은 몰수한다. 다만, 이를 몰수할 수 없는 경우에는 그 가액(價額)을 추징한다.

부정수표 단속법

제 2 조(부정수표 발행인의 형사책임) ① 다음 각 호의 어느 하나에 해당하는 부정수표를 발행하거나 작성한 자는 5년 이하의 징역 또는 수표금액의 10배 이하의 벌금에 처한다.

1. 가공인물의 명의로 발행한 수표

2. 금융기관(우체국을 포함한다. 이하 같다)과의 수표계약 없이 발행하거나 금융기관으로부터 거래정지처분을 받은 후에 발행한 수표

3. 금융기관에 등록된 것과 다른 서명 또는 기명날인으로 발행한 수표

② 수표를 발행하거나 작성한 자가 수표를 발행한 후에 예금부족, 거래정지처분이나 수표계약의 해제 또는 해지로 인하여 제시기일에 지급되지 아니하게 한 경우에도 제 1 항과 같다.

③ 과실로 제 1 항과 제 2 항의 죄를 범한 자는 3년 이하의 금고 또는 수표금액의 5배 이하의 벌금에 처한다.

④ 제 2 항과 제 3 항의 죄는 수표를 발행하거나 작성한 자가 그 수표를 회수한 경우 또는 회수하지 못하였더라도 수표 소지인의 명시적 의사에 반하는 경우 공소를 제기할 수 없다.

Ⅱ. 쟁점 해설

1. 황영군

가. 특정경제범죄가중처벌등에관한법률위반(횡령)   (15점)

① 공소기각판결   (8점)
  – 특정경제범죄가중처벌등에관한법률위반에도 친족 상도례 적용[1]
  – 피해자 황망해는 피고인 황영군의 삼촌(황망해, 황영군 진술)
  – 2013. 8. 31. 고소(피신조서 작성시 피해자로서 구두 고소. 조서에 기재)[2]
    * 고소가 없었다는 이유는 감점
  – 친고죄의 고소기간 6개월 도과
    * 2013. 2. 10. 알았다(황망해, 황영군 진술).
  – 제327조 제 2 호 공소기각판결 주장
    * 다음 ②와 순서를 바꾸어 단순 횡령죄이므로 친족상도례 대상이라고
      설시하는 경우 감점

---

1) ① 대법원 2010. 2. 11. 선고 2009도12627 판결.
    형법 제354조, 제328조의 규정에 의하면, 직계혈족, 배우자, 동거친족, 동거가족 또는 그 배우자 간의 사기죄는 그 형을 면제하여야 하고 그 외의 친족 간에는 고소가 있어야 공소를 제기할 수 있는바, 형법상 사기죄의 성질은 특정경제범죄 가중처벌 등에 관한 법률 제 3 조 제 1 항에 의해 가중처벌되는 경우에도 그대로 유지되고 같은 법률에 친족상도례의 적용을 배제한다는 명시적인 규정이 없으므로, 형법 제354조는 같은 법률 제 3 조 제 1 항 위반죄에도 그대로 적용된다.
    ② 대법원 2011. 5. 13. 선고 2011도1765 판결.
    형법 제354조에 의하여 준용되는 제328조 제 1 항에서 "직계혈족, 배우자, 동거친족, 동거가족 또는 그 배우자 간의 제323조의 죄는 그 형을 면제한다"고 규정하고 있는바, 여기서 '그 배우자'는 동거가족의 배우자만을 의미하는 것이 아니라, 직계혈족, 동거친족, 동거가족 모두의 배우자를 의미하는 것으로 볼 것이다. 기록에 의하면, 피고인이 피해자 조성만의 직계혈족의 배우자임을 이유로 형법 제354조, 제328조 제 1 항에 따라 피해자 조성만에 대한 상습사기의 점에 관한 공소사실에 대하여 형을 면제한 것은 정당하고, 거기에 상고이유의 주장과 같이 친족상도례에 관한 법리를 오해한 위법이 없다.
2) 대법원 2011. 6. 24. 선고 2011도4451 판결.
    친고죄에서 고소는, 고소권 있는 자가 수사기관에 대하여 범죄사실을 신고하고 범인의 처벌을 구하는 의사표시로서 서면뿐만 아니라 구술로도 할 수 있고, 다만 구술에 의한 고소를 받은 검사 또는 사법경찰관은 조서를 작성하여야 하지만 그 조서가 독립된 조서일 필요는 없으며, 수사기관이 고소권자를 증인 또는 피해자로서 신문한 경우에 그 진술에 범인의 처벌을 요구하는 의사표시가 포함되어 있고 그 의사표시가 조서에 기재되면 고소는 적법하다.

② 공소기각사유가 없다 하더라도 특경법 적용대상이 아니므로 기껏해야 형
법상의 횡령죄에 불과　（7점）

　　－ 단순 횡령 주장(피고인이 부동산을 횡령하여 취득한 이득액은 부동산을 담보
로 제공한 피담보채무액 또는 채권최고액이다)

　　＊ 대법원 2013. 5. 9. 선고 2013도2857 판결[3]

　　＊ 토지시가에서 기존 근저당권 채권최고액 또는 피담보채무액을 공제하
여 횡령금액 산정시 감점(판례 취지에 반함)

나. 부정수표단속법위반　（15점）

① 공소기각판결 주장　（8점）

　　－ 공범인 황망해의 수표회수: 피고인에 대한 처벌원하여도 회수로 본다.[4]

---

3) 대법원 2013. 5. 9. 선고 2013도2857 판결.

　[1] 형법 제355조 제1항의 횡령죄는 타인의 재물을 보관하는 자가 재물을 횡령하거나 반환을
거부함으로써 성립하고 재물의 가액이 얼마인지는 문제되지 아니하는 데 비하여, 횡령으
로 인한 특정경제범죄 가중처벌 등에 관한 법률 위반죄에 있어서는 횡령한 재물의 가액
이 5억 원 이상 또는 50억 원 이상이라는 것이 범죄구성요건의 일부로 되어 있고 그 가액
에 따라 그 죄에 대한 형벌도 가중되어 있으므로, 이를 적용함에 있어서는 횡령한 재물의
가액을 엄격하고 신중하게 산정함으로써 범죄와 형벌 사이에 적정한 균형이 이루어져야
한다는 죄형균형 원칙 및 형벌은 책임에 기초하고 그 책임에 비례하여야 한다는 책임주
의 원칙이 훼손되지 않도록 유의하여야 한다.

　[2] 피고인이 피해자 갑으로부터 명의신탁을 받아 보관 중인 토지 9필지와 건물 1채에 갑의
승낙 없이 임의로 채권최고액 266,000,000원의 근저당권을 설정하였는데, 당시 위 각 부동
산 중 토지 7필지의 시가는 합계 724,379,000원, 나머지 2필지와 건물 1채의 시가는 미상
인 반면 위 각 부동산에는 그 이전에 채권최고액 434,000,000원의 근저당권설정등기가 마
쳐져 있고, 이에 대하여 갑은 220,000,000원의 피담보채무를 부담하고 있는 사안에서, 피
고인이 근저당권설정등기를 마치는 방법으로 위 각 부동산을 횡령하여 취득한 구체적인
이득액은 위 각 부동산의 시가 상당액에서 위 범행 전에 설정된 피담보채무액을 공제한
잔액이 아니라 위 각 부동산을 담보로 제공한 피담보채무액 내지 그 채권최고액이라고
보아야 하고, 이 경우 피고인의 이득액은 5억 원 미만이므로 구 특정경제범죄 가중처벌
등에 관한 법률(2012. 2. 10. 법률 제11304호로 개정되기 전의 것, 이하 '특경가법'이라 한
다) 제3조 제1항을 적용할 수 없는데도, 이와 달리 특경가법 위반(횡령)죄를 인정한 원
심판결에 법리오해의 잘못이 있다고 한 사례.

4) 대법원 1999. 5. 14. 선고 99도900 판결.

　부정수표단속법 제2조 제4항은 수표를 발행하거나 작성한 자가 그 수표를 회수한 경우
수표소지인이 처벌을 희망하지 아니하는 의사표시를 한 것과 마찬가지로 보아 같은 조 제2
항 및 제3항의 죄를 이른바 반의사불벌죄로 규정한 취지라고 해석함이 상당하고, 친고죄에
있어서 고소 및 고소취소 불가분의 원칙을 규정한 형사소송법 제233조의 규정이 반의사불벌
죄에 준용되지 아니하나, 부정수표단속법 제2조 제4항의 입법 취지는 수표거래질서의 확보
를 위한 본래의 법기능을 그대로 유지하면서 부정수표를 회수한 경우 등에는 공소를 제기할
수 없도록 함으로써 부도를 낸 기업인의 기업회생을 도모하려는 데에 있는 것인바, 부정수표
의 회수는 수표소지인이 수표를 여전히 소지하면서 단순히 처벌을 희망하지 아니하는 의사

　　　- 제327조 제 2 호 공소기각 판결

② 회수로 보지 않더라도 무죄 주장　　(7점)

　　- 발행일 미기재[5]

만을 표시하는 경우와는 달리 그 회수사실 자체가 소극적 소추조건이 되고, 그 소지인의 의사가 구체적·개별적으로 외부에 표출되지도 아니하며, 부정수표가 회수되면 그 회수 당시의 소지인은 더 이상 수표상의 권리를 행사할 수 없게 되는 점, 부정수표단속법 제 2 조 제 4 항의 규정 내용에 비추어, 부정수표를 돌려주거나 처벌을 희망하지 아니하는 의사를 표시할 수 있는 수표소지인이라 함은 그 수표의 발행자나 작성자 및 그 공범 이외의 자를 말하는 것으로 봄이 상당하므로, 부정수표가 그 발행자나 작성자 및 그 공범에 의하여 이미 회수된 경우에는 그 수표에 관한 한 처벌을 희망하지 아니하는 의사를 표시할 수 있는 수표소지인은 더 이상 존재하지 아니하게 되는 점 및 부정수표단속법 제 2 조 제 4 항의 규정 형식상 '수표소지인의 명시한 의사'는 수표를 회수하지 못하였을 경우에 소추조건이 되도록 규정되어 있는 점 등에 비추어 보면, 부정수표가 공범에 의하여 회수된 경우에 그 소추조건으로서의 효력은 회수 당시 소지인의 의사와 관계없이 다른 공범자에게도 당연히 미치는 것으로 보아야 할 것이고, 부정수표를 실제로 회수한 공범이 다른 공범자의 처벌을 원한다고 하여 달리 볼 것이 아니다. [같은 취지의 대법원 2009. 12. 10. 선고 2009도9939 판결]

5) 대법원 1983. 5. 10. 선고 83도340 전원합의체 판결.
　1. 부정수표단속법위반의 점에 관한 변호인의 상고이유를 본다.
　(1) 원심판결 이유에 의하면, 원심은 피고인이 중소기업은행 화양동지점 및 한국상업은행 성동지점과 피고인 명의로 각 당좌계정을 개설하고 원심판결 첨부 목록기재와 같은 위 각 은행 거래수표 15매 액면합계 150,200,000원을 발행하여 각 제시기일에 예금부족으로 지급되지 아니하게 한 사실을 인정하고 피고인의 위 행위를 부정수표단속법 제 2 조 제 2 항 소정의 부정수표발행에 해당하는 것으로 판단하였는바, 기록에 의하면 위 수표중 소론 수표번호 1486711 및 1486712 액면 각 10,000,000원의 수표 2매는 각 발행일란을 "1982년 월 4일"로 기재하고 또 발행지란을 백지로 하여 발행된 것으로서 그후 위 각 백지부분이 보충됨이 없이 지급제시되어 각 예금부족을 이유로 지급거절이 된 사실을 인정할 수 있다.
　　그러므로 우선 위와 같이 <u>발행일의 기재가 흠결된 수표를 부정수표단속법 제 2 조 제 2 항의 적용대상인 부정수표로 볼 수 있는지</u>에 관하여 보건대, 부정수표단속법 제 2 조 제 2 항에 의하면 수표를 발행하거나 작성한 자가 수표를 발행한 후에 예금부족, 거래정지처분이나 수표계약의 해제 또는 해지로 인하여 제시기일에 지급되지 아니하게 한 때에는 부정수표발행에 해당하는 것으로 규정하고 있는바, 한편 같은법시행령 제 2 조 제 3 항에 의하면 위 법 제 2 조 제 2 항에서 "제시기일"이라 함은 수표법 제28조 제 2 항의 규정에 의하여 수표를 제시한 날 및 동법 제29조의 규정에 의한 지급제시 기간내에 금융기관에 지급을 받기 위하여 수표를 제시한 날을 말한다고 규정하고 있으므로, 위 법 제 2 조 제 2 항 소정의 부정수표는 수표법 소정의 지급제시 기간내에 제시된 것임을 요하는 것으로서 위와 같은 제시기간의 준수여부를 확정하기 위하여 발행일의 기재는 필수적인 것임을 알 수 있다.
　　그런데 소론 수표 2매는 발행일란의 발행 연월일 중 월의 기재가 없어 결국 발행일의 기재가 없는 수표로 볼 수 밖에 없고 이와 같이 발행일의 기재가 없이는 그 수표가 수표법 소정의 지급제시 기간내에 제시되었는지의 여부를 확정할 길이 없으니 위 수표 2매는 부정수표단속법 제 2 조 제 2 항 소정의 구성요건을 충족하지 못하는 것이라고 볼 수밖에 없다.
　　그럼에도 불구하고 원심이 이 점을 간과하여 위 수표에 관한 부분까지 유죄로 단정하였음은 위 법조의 법리를 오해하였거나 증거의 판단을 그릇쳐 적법한 증거없이 사실을 인정한 위법을 저지른 것이라고 하겠으니 이점에 관한 논지는 이유있다고 할 것이다.

‒ 제325조 전단 무죄

다. 마약류관리에관한법률위반(대마)　(20점)

① 무죄 주장

● 경찰 및 검찰(2회)에서는 자백, 법정에서 부인, 증명이 없다.　(2점)

---

(2) 이상과 같이 소론 수표 2매는 발행일 기재가 흠결된 점에서 벌써 부정수표단속법 제2조 제2항 소정의 부정수표에 해당하지 않는 것이나 논지는 발행지 기재가 흠결된 점에서도 위 규정의 그 적용대상이 아니라고 주장하고 있으므로 이 점에 관한 당원의 견해를 밝혀 두고자 한다.

부정수표단속법의 입법목적은 국민의 경제생활의 안정과 유통증권인 수표의 기능을 보장하고자 함에 있으므로(제1조), 같은법 제2조 제2항의 적용대상인 수표도 실제거래에서 유통증권으로서의 기능을 발휘할 수 있는 수표를 의미하며 그와 같은 기능을 발휘할 수 없는 수표까지 규제대상으로 한 것은 아님이 분명한 것인바, 일반적으로 수표법 제1조 소정의 수표요건을 갖춘 수표가 위와 같은 유통증권으로서의 기능을 가진 수표에 해당함에는 이론의 여지가 없다.

그런데 수표법 제1조에 규정된 수표요건 중 발행지는 국내수표의 경우에 실제적 의의가 없는 요건으로서 그 기재의 유무는 수표의 유통증권으로서의 실제적 기능에 아무런 영향이 없고, 다만 국내수표가 아닌 경우 즉 발행지와 지급지가 국토를 달리하거나 세력을 달리하는 수표 기타 국제수표에 있어서 지급제시기간산정(수표법 제29조), 발행일환산(동법 제30조), 복본발행의 조건(동법 제48조) 및 계산 수표의 효력(동법 제65조)등을 정하는 기준이 되거나 섭외사법상 준거법의 결정에 있어서 발행지를 추정하는 자료가 될 뿐이다. 뿐만 아니라 기록에 의하면 실제거래에 있어서도 국내수표인 이 사건 수표 2매는 발행지기재의 요건이 흠결되었음에도 불구하고 이를 이유로 지급거절이 되지 아니하고 수표요건을 갖춘 유효한 수표와 다름없이 예금부족을 이유로 지급거절이 되었음을 알 수가 있다.

그렇다면, 국내수표의 경우에 발행지 기재의 요건이 흠결되었다고 하여도(발행지를 백지로 발행하였다가 보충함이 없이 지급제시된 경우를 포함한다) 발행지기재가 위와 같이 유통증권으로서의 기능에 아무런 영향이 없는 무의미한 것이어서 유통증권으로서의 기능발휘에 장애가 되지 아니하고 실제로도 발행지의 기재의 흠결을 이유로 지급거절이 됨이 없이 유통되고 있는 이상, 수표법상 유효한 수표는 아니나 부정수표단속법이 보호하고자 하는 유통적 기능을 가진 수표라고 보아 같은법 제2조 제2항의 적용대상에 포함된다고 보는 것이 그 법률의 목적에 비추어 타당하다고 할 것이다.

원래 부정수표단속법은 부정수표가 남발됨으로써 유통증권으로서의 수표기능과 그 피지급성에 대한 신뢰가 깨어지고 유통질서의 혼란이 야기되어 국민경제의 안정을 해치는 사회현실을 앞에 놓고 이러한 부정수표의 발행을 제재하여 수표의 유통기능을 확보함으로써 경제질서의 안정을 도모하고자 하는 현실적 필요에서 제정된 것이며 단지 수표법에 규정된 형식적 요건의 준수를 독려하기 위한 수표법의 벌칙적 규정으로서 마련된 것은 아니다. 위에서 본 바와 같이 발행지기재가 흠결된 수표라도 유효한 수표와 다름없이 유통기능을 발휘할 수 있고 또 실제로 그와 같이 유통되고 있는 이상 이러한 수표의 부정발행으로 인한 폐단은 발행지 기재의 요건을 갖춘 수표의 경우와 다를 바 없음에도 불구하고, 오직 발행지기재라는 실제상 무의미한 수표요건이 결여되었다는 형식적 이유만으로 부정수표단속법의 규제대상에서 제외한다면 이는 위와 같은 부정수표단속법 제정의 현실적 필요성과 그 제정목적을 외면한 것이라고 보지 않을 수 없는 것이다.

결국 국내수표의 경우에 발행지기재가 없는 것만으로는 부정수표단속법 제2조 제2항의 적용대상에서 제외될 수 없으니 이 점에 관한 논지는 이유없다.

[증거능력 없는 증거들]

- **경찰 피신조서** (2점)
  - 내용부인, 증거능력 없다.

- **검찰 피신조서(2회)** (5점)
  - 피고인이 진정성립 등 부인
  - 증인 박검찰의 법정진술(진정성립부분)은 조사자의 증언으로서 제312조 제2항의 객관적인 증명으로 보기 어렵다.[6]
    * 학설상 다툼이 있으나 변호인으로서 주장할 만하다.
  - 제312조 제2항의 요건인 적법절차와 방식, 특신상태나 자백의 임의성을 부정(억압적인 분위기, 부인하다가 갑자기 자백한 것으로 조서에 기재되어 있으나 지나치게 간단한 자백일뿐 범행에 대한 상세한 내용도 없다는 등)

- **증인 박검찰의 법정 진술(황영군이 검찰신문에서 대마소지사실을 자백하는 것을 들었다)** (3점)
  - 제316조 제1항 적용, 원진술의 특신상태 여부에 따라 증거능력이 좌우되므로, 특신상태를 부인하거나 임의성 없음을 주장하여 증거능력 없음을 주장

- **압수된 대마 및 압수조서, 감정의뢰회보 등** (4점)
  - 특경법위반 사건에 대한 압수수색영장으로 주거지 수색 중 발견하여 압수, 별건 증거이므로 영장에 기한 압수로는 부적법[7]

---

6) 부산지방법원 2008. 4. 15. 선고 2008노131 판결.

[1] 형사소송법 제312조 제4항은 수사기관이 작성한 피고인 아닌 자에 대한 진술조서의 증거능력을 인정하기 위한 요건으로 '원진술자의 공판준비 또는 공판기일에서의 진술이나 영상녹화물 또는 그 밖의 객관적인 방법'에 의해 위 조서의 진정성립이 증명될 것을 요구하고 있으며, '영상녹화물 또는 그 밖의 객관적인 방법'이라고 규정한 형사소송법 조문의 형식 및 형사소송법이 피의자에 대한 영상녹화의 경우 조사의 개시부터 종료까지의 전 과정 및 객관적 정황을 영상녹화하여야 하고, 영상녹화가 완료된 때에는 피의자 또는 변호인 앞에서 지체없이 그 원본을 봉인하고 피의자로 하여금 기명날인 또는 서명하게 하여야 하며, 피의자 또는 변호인의 요구가 있는 때에는 영상녹화물을 재생하여 시청하게 하여야 하는 등 진술의 정확성을 담보하고 왜곡을 방지하기 위한 엄격한 절차를 규정하고 있는 점 등에 비추어 보면, '그 밖의 객관적인 방법'에 해당하려면 형사소송법상 영상녹화물에 준하는 정도의 엄격한 객관성을 갖추어야 하고, 그와 같은 장치가 마련되어 있지 않은 조사자의 조사 및 그에 따른 증언은 '그 밖의 객관적인 방법'에 해당한다고 볼 수 없다.

[2] 피해자에 대한 경찰진술조서에 대하여 피고인의 증거동의가 없고, 피해자 또한 자신의 진술과 다르게 기재되어 있다고 증언하였는데, 조사자가 위 조서는 피해자가 경찰에서 진술한 대로 기재되어 있고 위 조서 중의 서명·날인 또한 피해자의 것이 맞다고 증언한 사안에서, 조사자의 증언만으로는 위 경찰진술조서의 진정성립을 인정할 수 없다고 하여 그 증거능력을 부정한 사례.

7) 대법원 2014. 1. 16. 선고 2013도7101 판결[공직선거법위반·정치자금법위반]

(1) 이 사건 녹음파일의 증거능력에 관하여

(가) 원심은 부산지방검찰청 검사가 2012. 8. 3. 부산지방법원으로부터 압수·수색영장(이하 '이 사건 영장'이라 한다)을 발부받았는데, 이 사건 영장에 피의자는 '피고인 2', 압수할 물건은 '피고인 1 등이 소지하고 있는 휴대전화(휴대전화, 스마트폰) 등', 압수·수색할 장소는 '피고인 1의 주거지 등', 영장 범죄사실은 '피의자는 공천과 관련하여, 2012. 3. 15. 및 3. 28. 공소외 1에게 지시하여 ○○○당 공천심사위원인 공소외 13 등에게 거액이 든 돈 봉투를 각 제공하였다 등'으로 각 기재되어 있는 사실, 이에 따라 부산지방검찰청 수사관이 피고인 1의 주거지에서 그의 휴대전화를 압수하고 이를 부산지방검찰청으로 가져온 후 그 휴대전화에서 추출한 전자정보를 분석하던 중 피고인 1과 피고인 7 사이의 대화가 녹음된 이 사건 녹음파일을 통하여 위 피고인들에 대한 공직선거법 위반의 혐의점을 발견하고 수사를 개시하였으나, 위 피고인들로부터 이 사건 녹음파일을 임의로 제출받거나 새로운 압수수색영장을 발부받지 아니하였던 사실 등을 각 인정한 다음, 이를 전제로 ① 이 사건 영장은 '피고인 2'를 피의자로 하여 '피고인 2가 공소외 1에게 지시하여 피고인 1을 통해 공천과 관련하여 ○○○당 공천심사위원인 공소외 13 등에게 거액이 든 돈 봉투를 각 제공하였다'는 혐의사실을 범죄사실로 하여 발부된 것으로서 피고인 2의 정당 후보자 관련 금품제공 혐의사건과 관련된 자료를 압수하라는 취지가 명백하므로, 이 사건 영장에 기재된 범죄사실과 전혀 다른 '피고인 7과 피고인 1 사이의 정당후보자 추천 및 선거운동 관련한 대가 제공 요구 및 약속에 관한' 혐의사실에는 그 효력이 미치지 아니하며, ② 이 사건 녹음파일이 피고인 2에 대한 공소사실을 입증하는 간접증거로 사용될 수 있다는 것과 이 사건 녹음파일을 이 사건 영장 범죄사실과 무관한 피고인 7·1 사이의 범죄사실을 입증하기 위한 증거로 사용하는 것은 별개의 문제이므로 피고인 2에 대한 관계에서 이 사건 녹음파일에 대한 압수가 적법하다고 하여 피고인 7, 1에 대한 관계에서도 적법한 것은 아니라는 이유 등을 들어, 검사가 별도의 압수·수색영장을 발부받지 아니한 채 이 사건 녹음파일을 수집한 행위에는 적법하게 발부된 영장에 의하지 아니하고 증거를 수집한 절차적 위법이 있으므로, 이에 따라 수집된 증거인 이 사건 녹음파일은 위법수집증거로서 그 증거능력이 없다고 판단하였다.

(나) 기록에 의하면, 이 사건 녹음파일에 의하여 그 범행이 의심되었던 혐의사실은 공직선거법상 정당후보자 추천 관련 내지 선거운동 관련 금품 요구·약속의 범행에 관한 것으로서, 일응 범행의 객관적 내용만 볼 때에는 이 사건 영장에 기재된 범죄사실과 동종·유사의 범행에 해당한다고 볼 여지가 있다. 그러나 이 사건 영장에서 당해 혐의사실을 범하였다고 의심된 '피의자'는 피고인 2에 한정되어 있는데, 수사기관이 압수한 이 사건 녹음파일은 피고인 1과 피고인 7 사이의 범행에 관한 것으로서 피고인 2가 그 범행에 가담 내지 관련되어 있다고 볼 만한 아무런 자료가 없다.

　　결국 이 사건 영장에 기재된 '피의자'인 피고인 2가 이 사건 녹음파일에 의하여 의심되는 혐의사실과 무관한 이상, 수사기관이 별도의 압수·수색영장을 발부받지 아니한 채 압수된 이 사건 녹음파일은 형사소송법 제219조에 의하여 수사기관의 압수에 준용되는 형사소송법(2011. 7. 18. 법률 제10864호로 개정되어 2012. 1. 1.부터 시행된 것) 제106조 제1항이 규정하는 '피고사건' 내지 같은 법 제215조 제1항이 규정하는 '해당 사건'과 '관계가 있다고 인정할 수 있는 것'에 해당한다고 할 수 없으며, 이와 같은 압수에는 헌법 제12조 제1항 후문, 제3항 본문이 규정하는 헌법상 영장주의에 위반한 절차적 위법이 있다고 할 것이다. 따라서 이 사건 녹음파일은 형사소송법 제308조의2에서 정한 '적법한 절차에 따르지 아니하고 수집한 증거'로서 이를 증거로 쓸 수 없다고 할 것이고, 그와 같은 절차적 위법은 헌법상 규정된 영장주의 내지 적법절차의 실질적 내용을 침해하는 중대한 위법에 해당하는 이상 예외적으로 그 증거능력을 인정할 수 있는 경우로 볼 수도 없다.

(다) 그렇다면 수사기관의 이 사건 녹음파일 압수·수색 과정에서 피압수·수색 당사자인 피고인 1에게 참여권이 보장되었는지, 복사대상 전자정보의 목록이 교부되었는지 여부 등

- 어머니 김일순으로부터 임의제출받았다 하더라도, 김일순은 소유자, 소지자, 보관자가 아니므로 역시 부적법

  * 기타 긴급압수수색 요건도 불해당(그렇다 하더라도 사후영장도 안 받음)

- 동의여부와 상관없이 위법수집증거 및 그 2차적 증거로 증거능력 없음

② 가사, 검찰피신조서가 증거능력이 있다고 보거나(조사자의 증언을 제312조 제2항의 객관적인 증명이라고 보는 경우) 증인 박검찰의 법정진술(황영군의 자백을 들었다) 이 증거능력이 인정된다 하더라도 모두 황영군의 자백이 있음에 불과, 보강증거가 없다.　　(2점)

은 별론으로 하더라도, 원심이 위와 같은 전제에서 이 사건 녹음파일이 이 사건 영장에 의하여 압수할 수 있는 물건 내지 전자정보로 볼 수 없다고 하여 그 증거능력을 부정한 조치는 결론에 있어 정당한 것으로 수긍할 수 있으며, 거기에 검사의 상고이유 주장과 같이 범죄혐의 관련성의 범위나 위법수집증거배제법칙의 예외 등에 관한 법리를 오해한 위법이 없다.

(2) 이른바 '2차적 증거'의 증거능력에 관하여

법원이 2차적 증거의 증거능력 인정 여부를 최종적으로 판단할 때에는 먼저 절차에 따르지 아니한 1차적 증거 수집과 관련된 모든 사정들, 즉 절차 조항의 취지와 그 위반의 내용 및 정도, 구체적인 위반 경위와 회피가능성, 절차 조항이 보호하고자 하는 권리 또는 법익의 성질과 침해 정도 및 피고인과의 관련성, 절차 위반행위와 증거수집 사이의 인과관계 등 관련성의 정도, 수사기관의 인식과 의도 등을 살피는 것은 물론, 나아가 1차적 증거를 기초로 하여 다시 2차적 증거를 수집하는 과정에서 추가로 발생한 모든 사정들까지 구체적인 사안에 따라 주로 인과관계 희석 또는 단절 여부를 중심으로 전체적·종합적으로 고려하여야 한다(대법원 2009. 3. 12. 선고 2008도11437 판결, 대법원 2013. 3. 28. 선고 2012도13607 판결 등 참조).

원심은 앞서 본 바와 같이 이 사건 녹음파일의 증거능력이 부정되는 이상, 이에 터잡아 수집한 2차적 증거인 피고인들의 검찰 진술 또한 그 증거능력이 배제되어야 하는 것으로서 증거로 쓸 수 없다고 판단하는 한편, 피고인들의 법정진술과 참고인 공소외 14 등의 수사기관 및 법정 진술에 대해서는, 공개된 법정에서 진술거부권을 고지받고 변호인의 충분한 조력을 받은 상태에서 자발적으로 이루어진 것이고 수사기관이 의도적으로 그 영장주의의 취지를 회피하려고 시도한 것은 아니라는 사정 등을 종합하여 그 증거능력이 인정된다고 판단하였다.

기록에 의하면, 위 피고인들의 제1심 법정진술의 경우에는 그 증거능력이 부정되어야 할 이 사건 녹음파일을 제시받거나 그 대화 내용을 전제로 한 신문에 답변한 내용이 일부 포함되어 있으므로, 그와 같은 진술과 이 사건 녹음파일 수집 과정에서의 절차적 위법과의 사이에는 여전히 직접적 인과관계가 있다고 볼 여지가 있어, 원심이 이 부분 진술까지 그 증거능력이 있다고 단정한 데에는 부적절한 점이 없지 아니하다. 그러나 이를 제외한 나머지 증거들의 증거능력에 대한 원심의 위와 같은 판단은 정당한 것으로 수긍할 수 있고 거기에 피고인 1의 상고이유 주장과 같은 법리오해의 위법이 없으며, 뒤에서 보는 바와 같이 위 피고인들의 제1심 법정진술을 제외하더라도 피고인 1에 대한 이 부분 공소사실에 대한 원심의 결론은 정당하므로, 결국 원심의 위와 같은 잘못은 판결 결과에 영향을 미치지 아니하였다고 할 것이다.

◉ 제325조 후단 무죄　　`(2점)`

라. 상　해　`(20점)`

① 공소기각판결 주장　`(17점)`

ⓐ 피고인이 상해를 가하였다는 점에 대하여는 증명이 없다.

◉ 피고인은 경찰에서부터 멱살을 잡은 사실만 인정, 상해의 점에 대하여는
부인　`(2점)`

　■ 증인 정인숙의 법정 진술도 이에 부합　`(2점)`

[증거능력 없는 증거들]

　■ 방조남의 경찰 조서, 검찰 조서, 법정진술(황영군이 멱살을 잡고 얼굴을 때려 넘
　어져 상처를 입었다)　`(5점)`

　– 피신조서에 기재되어 있으나 이 부분은 피해자로서의 진술이므로 진술조서
　로서의 성격을 가진다(제312조 제4항 적용/공범관계가 아니므로 증인적격 있다).

　– 황영군이 위 조서에 부동의하였고, 방조남이 증인으로서 선서하고, 조서
　의 진정성립을 인정한 바 없다.

　– 방조남의 법정 진술도 선서하고 증언한 것이 아니므로 증거능력 없다.

　　＊황영군에 대한 경찰 2회 피신조서는 내용부인하여 증거능력 없으나
　　어차피 멱살잡은 사실만 인정하고 있으므로 큰 의미는 없다(앞부분 피
　　고인의 주장에서 함께 설시하면 족하다).

[상해의 점에 대한 증명력이 없거나 부족한 증거들]

　■ 증인 윤명의의 법정 진술　`(2점)`

　– 9. 25. 내원하여 23일 맞았다고 하길래 상처를 확인하고 진단서 발부, 멱
　살을 잡아서만은 날 수 없고, 상해일시도 정확히 알 수 없으나 24시간
　안에 난 상처 같다.

　■ 상해진단서(후두부 종창, 안면부 좌상)　`(2점)`

　– 멱살부위는 상처 없음

　– 황영군의 폭행(멱살 잡음)으로 인한 상처인지는 증명력 부족

　　＊오히려 이 증거들은 황영군의 진술에 부합된다고 보여진다.

ⓑ 인정되는 폭행죄(황영군 자백)는 반의사불벌죄인데, 제 1 회 공판기일에서
피해자 방조남 처벌불원   (2점)
  * 처벌불원의사는 소송법적 사실로 자유로운 증명의 대상이므로 방조남이
반드시 증언으로 하지 않아도 인정
ⓒ 폭행의 점에 대하여 제327조 제 6 호의 공소기각 판결 주장   (2점)
② 유죄라 하더라도, 형법 제10조 제 2 항에 따른 심신미약 감경 주장   (3점)
  – 주량 이상의 술 취한 채 범행(황영군, 방조남 진술 등)

2. 방조남

가. 특정경제범죄가중처벌등에관한법률위반(횡령)방조   (30점)

① 무죄 주장   (25점)

◉ 경찰 이래 명의신탁된 사실을 몰랐다고 범의 부인   (2점)

[증거능력 없는 증거들]
  ■ 황영군에 대한 경찰피신조서(방조남에게 명의신탁을 말하고 도와 달라고 부탁)
     (2점)
    – 공범관계인 방조남이 내용부인취지로 부동의 증거능력 없다
  ■ 증인 정인숙의 법정 진술(황영군이 말하길 "방조남이 알고 도와 주었다")
     (4점)
    – 제316조 제 2 항 해당 전문진술이나 요건 불비(원진술자인 황영군이 소재
    불명 아니다)

[증명력이 없는 증거들]   (15점) (종합하여 채점)
  ■ 황영군에 대한 제 1 회 검찰피신조서(방조남에게 명의신탁을 말하고 도와 달
    라고 부탁)
    – 방조남이 부동의하였지만, 공범관계인 황영군이 자신의 증거인부절차에
    서 진정성립 인정하여 증거능력은 있다고 보여진다.[8] 그러나 다음 증거

---

8) 실무상 위와 같이 공소사실에 부합하는 증거의 증거능력이 있다는 이유를 굳이 변론요지서
에 기재하는 경우는 없고, 시험 답안으로서도 그 과정을 상세히 기재할 필요는 없이 증거능
력이 있음을 전제로 증명력을 탄핵하면 되리라고 생각한다. 다만 출제자에 따라서는 증거능

들에 비추어 신빙성 없다.

- 황영군의 법정진술[말하여 준 기억은 없으나 알았을 것이라고 진술] 등 진술의 일관성 없다.

- 1000만원을 소개비로 받아 간 것이라고 거짓진술(법정에서는 채무 변제로 정정)

- 평화은행에서 빌려 간 돈 중 일부를 받아 갔으니 책임도 같이 져야 한다는 책임 전가

■ **황영군의 법정진술:** 공범관계이므로 증거능력은 있다. 다만 증명력 부족

- 말하여 준 것은 아니나 돈이 없는 내가 삼촌으로부터 부동산을 등기 받았으니 알았을 것이다 라는 추측 진술에 불과

- 진술변경 등 신빙성 부족

■ **경찰작성의 황망해에 대한 피신조서**

- 피고인 방조남이 동의하여 증거능력은 있음

- 특별히, 방조남이 사전에 명의신탁을 알았다는 점에 대한 진술이 없음

◉ 제325조 후단 무죄 주장　　　(2점)

② 유죄라 하더라도 단순 횡령방조에 불과, 정상참작　　　(5점)

Ⅲ. 기타 채점 고려 사항

◉ 구체적인 개별점수는 그 부분(또는 증거)을 언급하였다 하더라도 설시방법의 정확성, 순서, 체계 등을 고려하여 가점, 감점(경우에 따라 무득점)

　◉ 주장순서도 중요 채점기준으로 합계점수에 반영

　◉ 체계, 문장, 변론요지서로서의 품격 등도 아울러 고려

력 판단의 과정을 기재하는 것을 내심 요구할 수도 있고, 가점을 줄 수도 있을 것이다. 시간이 허용한다면 기재하여도 좋겠지만 시험 시간이 남는 수험생은 별로 없을 것이므로 상황에 따라 적절히 임기응변하라고 조언하고 싶다.

변 론 요 지 서

I. 피고인 황영군에 대하여

1. 특정경제범죄가중처벌등에관한법률위반(횡령)의 점

가. 공소기각의 판결이 선고되어야 합니다.

(1) 이 사건 공소사실은 피고인이 피해자 황망해의 부동산을 횡령하였다는 것인바, 황망해는 피고인의 삼촌임이 인정됩니다(피고인과 황망해의 진술). 그런데 형법 제361조, 제328조의 규정에 의하면, 직계혈족, 배우자, 동거친족, 동거가족 또는 그 배우자 간의 횡령죄는 그 형을 면제하여야 하고 그 외의 친족 간에는 고소가 있어야 공소를 제기할 수 있는바, 형법상 횡령죄의 성질은 특정경제범죄 가중처벌 등에 관한 법률 제3조 제1항에 의해 가중처벌되는 경우에도 그대로 유지되고 같은 법률에 친족상도례의 적용을 배제한다는 명시적인 규정이 없으므로, 형법 제361조는 같은 법률 제3조 제1항 위반죄에도 그대로 적용된다는 것이 판례의 입장입니다(대법원 2010. 2. 11. 선고 2009도12627 판결).

(2) 그런데, 황망해는 2013. 2. 10. 피고인의 횡령범행을 이미 알고 있었습니다(증거기록 620쪽, 사법경찰관 작성의 황망해에 대한 피의자신문조서의 진술기재). 그럼에도 불구하고 황망해는 범인을 알게 된 날로부터 6월이 도과한 것이 명백한 2013. 8. 31.에야 구두로 고소를 한 바 있으므로(증거기록 620쪽), 이는 형사소송법 제230조에 따른 적법한 고소가 없이 공소가 제기되어 공소제기의 절차가 법률의 규정에 위반하여 무효인 때에 해당되어 형사소송법 제327조 제2호에 의하여 공소기각의 판결이 선고되어야 합니다.

나. 만약 공소기각 판결의 사유에 해당되지 않는다 하더라도 특정경제범죄가중처벌등에관한법률위반(횡령)죄는 성립하지 않으므로 형사소송법 제325조 전단에 따른 무죄가 선고되어야 합니다.

(1) 사실관계

공소사실 기재와 같이 "피고인이 2012. 8. 14. 피해자 황망해와의 명의신탁 약정에 따라 황망해 소유의 서울 서초구 서초대로 123 대지 100㎡에 관하여 같은 해 8. 26. 피고인 명의로 소유권이전등기를 경료한 사실, 2013. 2. 7. 위 부동산에 관하여 '채권최고액 220,000,000원', '근저당권자 평화은행'으로 하는 근저당권설정등기를 경료한 사실, 피고인이 위 부동산에 관하여 위 근저당권설정등기를 경료할 당시 공시지가에 따른 위 부동산의 가액은 750,000,000원인 사실 및 위 부동산에 관하여 2011. 2. 13. 채권최고액 310,000,000원, 근저당권자 자유은행으로 하는 근저당권설정등기가 경료되었고 이에 대하여 황망해는 2013. 2. 7. 180,000,000원의 피담보채무를 부담하고 있었던 사실"은 모두 인정합니다.

(2) 특정경제범죄가중처벌등에관한법률위반(횡령)죄의 적용범위

특정경제범죄 가중처벌 등에 관한 법률 제 3 조 제 1 항 제 2 호는 형법상 횡령죄를 범하여 그 이득액이 5억원 이상일 경우에만 적용됩니다. 그런데 대법원은 유사한 사례에서 부동산을 횡령하여 취득한 구체적인 이득액은 위 각 부동산의 시가 상당액에서 위 범행 전에 설정된 피담보채무액을 공제한 잔액이 아니라 위 각 부동산을 담보로 제공한 피담보채무액 내지 그 채권최고액이라고 보아야 한다고 판시한 바 있습니다(대법원 2013. 5. 9. 선고 2013도2857 판결).

(3) 이 사건에서의 죄책

따라서 이 사건에서도 피고인이 취득한 구체적 이득액은 채권최고액 220,000,000원을 초과할 수 없습니다. 결국 피고인에게는 형법상의 횡령죄가 성립할 수 있음은 별론으로 하고, 특정경제범죄가중처벌등에관한법률위반(횡령)죄는 성립할 수 없으므로 이 부분 공소사실은 무죄에 해당합니다.

2. 부정수표단속위반의 점

가. 공소기각의 판결이 선고되어야 합니다.

피고인과 황망해의 진술(증거기록 619쪽, 사법경찰관 작성의 황망해에 대한 피의자신문조서의 진술기재)에 고발장(증거기록 615쪽)의 기재 내용을 모아보면 피고인은 황망해의 명의로 신한은행 서초지점과 가계수표계약을 체결하고 가계수표를 발행하여 부도나게 한 사실이 인정되므로 피고인과 황망해는 공범관계에 있음이 명백합니다. 아울러 황망해의 진술(증거기록 620쪽, 위 피의자신문조서의 진술기재)에 의하면 부도난 수표는 황망해가 회수하여 소지하고 있으면서 피고인에 대한 처벌을 원하고 있음을 알 수 있습니다.

그런데 부정수표단속법 제2조 제4항은 수표를 발행하거나 작성한 자가 그 수표를 회수한 경우, 수표소지인이 처벌을 희망하지 아니하는 의사표시를 한 것과 마찬가지로 보아 같은 조 제2항 및 제3항의 죄를 이른바 반의사불벌죄로 규정한 취지라고 해석함이 상당하고, 부정수표가 공범에 의하여 회수된 경우에 그 소추조건으로서의 효력은 회수 당시 소지인의 의사와 관계없이 다른 공범자에게도 당연히 미치는 것으로 보아야 할 것이고, 부정수표를 실제로 회수한 공범이 다른 공범자의 처벌을 원한다고 하여 달리 볼 것이 아니라는 것이 판례의 입장입니다(대법원 1999. 5. 14. 선고 99도900 판결).

따라서 피고인에 대한 부정수표단속법위반의 점은 같은 법 제2조 제4항에 따라 그 수표가 회수되어 공소를 제기할 수 없음에도 불구하고 공소가 제기되었으므로 공소제기의 절차가 법률의 규정에 위반하여 무효인 때에 해당되어 형사소송법 제327조 제2호에 의하여 공소기각의 판결이 선고되어야 합니다.

나. 만약 그렇지 않다 하더라도 무죄가 선고되어야 합니다.

위 고발장에 첨부된 수표사본(증거기록 617쪽)의 기재에 의하면 위 수표는 발행일이 기재되지 아니한 채로 지급제시된 사실이 인정됩니다. 그런데 발행일의 기재가 없이는 그 수표가 수표법 소정의 지급제시 기간내에 제시되었는지의 여부를 확정할 길이 없으니 위 수표 2매는 부정수표단속법 제2조 제2항 소정의 구성요건을 충족하지 못하는 것이라고 볼 수밖에 없습니다(대법원 1983. 5. 10. 선고 83도340 전원합의체 판결).

따라서 부정수표단속법위반죄가 성립하지도 않으므로 형사소송법 제325조 전단에 따른 무죄가 선고되어야 합니다.

3. 마약류관리에관한법률위반(대마)의 점

가. 피고인의 변명 요지

피고인은 이 법정에서 대마를 소지한 사실이 없다고 공소사실을 부인하고 있는바, 증거관계를 살펴보겠습니다.

나. 증거관계(증거능력이 없는 증거들)

(1) 사법경찰관 작성의 피고인에 대한 피의자신문조서의 진술기재

피고인이 그 내용을 부인하고 있으므로 증거능력이 없습니다(형사소송법 제312조 제3항).

(2) 검사 작성의 피고인에 대한 제2회 피의자신문조서의 진술기재

피고인은 이 법정에서 "검사의 피의자신문 당시 대마 소지사실을 부인하였고 억압적인 분위기에서 조서를 읽어 보지도 못한 채 서명 무인하였으며 조서에 자백한 것처럼 기재된 것은 잘못되었다"라고 주장하며 조서의 진정 성립을 부인하고 있는바, 증인 박검찰은 이 법정에서 "위 피의자신문조서는 피고인이 진술한 대로 기재되어 있다"라고 진술하고 있으나 박검찰은 피고인을 수사한 검사의 신문에 직접 참여한 검찰 직원으로서 형사소송법 제312조 제2항에 따른 조서의 실질적 진정성립에 대한 객관적인 증명 방법이라고 볼 수 없고, 그 밖에 그 조서에 기재된 진술이 피고인이 진술한 내용과 동일하게 기재되어 있음이 영상녹화물이나 그 밖의 객관적인 방법에 의하여 증명되지 아니하였으므로 증거능력이 없습니다.

뿐만 아니라 피고인이 억압적인 분위기 아래에서 신문을 받았고, 위 조서에 기재된 자백 내용 또한 구체적이지 못하고 지나치게 형식적으로 구성요건에 해당하는 사실만을 진술한 것처럼 기재되어 있는 점인 점 등에 비추어 조서 작성의 적법한 절차와 방식에도 위반되었다고 보여지며, 그 조서에 기재된 진술이 특히 신빙할 수 있는 상태하에서 행하여졌음이 증명된 때에 해당한다고 보기도 어려워 형사소송법 제312조 제2항에 따른 요건을 갖추지 못하였습니다.

아울러 자백 진술을 하였다 하더라도 임의로 진술한 것이 아니라고 의심할 만한 이유가 있으므로 위 조서의 진술기재 내용은 어느 모로 보아도 그 증거능력을 인정할 수 없습니다.

(3) 증인 박검찰의 "피고인이 검사신문에서 대마소지사실을 자백하는 것을 들었다"라는 이 법정에서의 진술

이 진술은 형사소송법 제316조 제1항의 "피고인이 아닌 자(공소제기 전에 피고인을 피의자로 조사하였거나 그 조사에 참여하였던 자를 포함한다. 이하 이 조에서 같다)의 공판준비 또는 공판기일에서의 진술이 피고인의 진술을 그 내용으로 하는 것인 때"에 해당하는바, "그 진술이 특히 신빙할 수 있는 상태하에서 행하여졌음이 증명된 때에 한하여 이를 증거로 할 수 있"습니다. 그런데 위에서 본 바와 같이 특히 신빙할 수 있는 상태하에서 행하여졌음이 증명되지 않으므로 역시 유죄의 증거로 할 수 없습니다.

(4) 압수된 대마 및 압수조서, 감정의뢰회보 등

압수된 대마(증 제1호)는 특정경제범죄가중처벌등에관한법률위반(횡령) 사건에 대한 압수수색영장에 기하여 피고인의 주거지를 수색하던 중 발견되어 압수된 것으로서 특정경제범죄가중처벌등에관한법률위반(횡령) 사건과는 관계가 없는 이른바 별건 증거입니다.

따라서 특정경제범죄가중처벌등에관한법률위반(횡령)혐의사실과 무관한 이상, 수사기관이 별도의 압수·수색영장을 발부받지 아니한 채 압수된 대마는 형사소송법 제219조에 의하여 수사기관의 압수에 준용되는 형사소송법 제106조 제1항이 규정하는 '피고사건' 내지 같은 법 제215조 제1항이 규정하는 '해당 사건'과 '관계가 있다고 인정할 수 있는 것'에 해당한다고 할 수 없으며, 이와 같은 압수에는 헌법 제12조 제1항 후문, 제3항 본문이 규정하는 헌법상 영장주의에 위반한 절차적 위법이 있다고 하겠습니다(대법원 2014. 1. 16. 선고 2013도7101 판결).

만약 압수수색의 참여인인 피고인의 어머니 김일순으로부터 임의제출받았다 하더라도, 김일순은 형사소송법 제218조에 따른 소유자, 소지자, 보관자가 아니므로 역시 압수절차가 적법하지 않으며 그 밖에 형사소송법 제216조 내지 제217조에 따른 긴급 압수수색의 요건과 절차도 갖추지 못하였습니다.

결국 이 사건 대마 및 압수조서(증거기록 622쪽), 감정의뢰회보(압수된 증 제1호가 대마가 맞는다는 기재) 등은 형사소송법 제308조의2에서 정한 '적법한 절차에 따르지 아니하고 수집한 증거' 및 이로부터 파생된 2차적 증거로서 동의여부와 상관없이 이를 증거로 쓸 수 없다고 할 것이고, 그와 같은 절차적 위법은 헌법상 규정된 영장주의 내지 적법절차의 실질적 내용을 침해하는 중대한 위법에 해당하는 이상 예외적으로 그 증거능력을 인정할 수 있는 경우로 볼 수도 없습니다.

(5) 그 밖에 공소사실을 인정할 만한 다른 증거도 없으며, 오히려 감정의뢰회보 중 피고인에 대한 모발이나 채뇨검사 결과 마약성분이 검출되지 않았다는 기재 내용은 피고인의 변명을 뒷받침하고 있습니다.

다. 검사작성의 피의자신문조서나 증인 박검찰의 이 법정에서의 진술의 증거능력이 인정된다 가정하더라도 이는 피고인의 자백진술이 증거가 되는 경우로서, 이 사건에서는 다른 보강증거가 없으므로 형사소송법 제310조에 따라 이를 유죄의 증거로 할 수 없습니다.

라. 소 결

따라서 이 부분 공소사실은 형사소송법 제325조 후단의 범죄사실의 증명이 없는 때에 해당하므로 무죄를 선고하여 주시기 바랍니다.

4. 상해의 점

가. 공소기각의 판결을 할 사안입니다.

(1) 피고인의 변명 요지

피고인은 경찰 이래 이 법정에 이르기까지 "방조남의 멱살을 잡은 사실은 있지만 얼굴을 때려 넘어뜨리거나 상처를 입힐만한 행위를 한 사실은 없다"라는 취지로 변명하고 있습니다.

(2) 상해를 가하였다는 점에 대한 증거관계 및 무죄 주장

㈎ 방조남의 "피고인이 멱살을 잡고 얼굴을 때려 넘겨져 상처를 입었다"는 진술(검사 및 사법경경찰관 작성의 방조남에 대한 각 피의자신문조서의 기재, 방조남의 이 법정에서의 진술)

이 사건에서 방조남은 피고인과 같은 공동피고인이기는 하나 피고인의 상해죄에 관한한 공범관계가 아닌 피해자의 관계에 있으므로 방조남의 진술이 증거로 쓰이기 위해서는 방조남이 이 법정에서 증인으로서 선서하고 진술하여야만 합니다. 그런데 방조남은 이 법정에서 증인으로서가 아닌 피고인의 지위에서 진술하였을 뿐이고, 위 조서들에 대한 진정성립도 증언으로서 인정한 바가 없으므로 이는 모두 증거능력을 인정할 수 없습니다.

 ⑷ **증인 윤명의의 이 법정에서의 진술 및 상해진단서의 기재**

  윤명의가 발행한 상해진단서(증거기록 631쪽)에는 "방조남이 약 2주간의 치료를 요하는 후두부 찰과상, 안면부 좌상을 입었고 상해의 원인은 방조남이 폭행을 당하여 넘어졌다는 진술에 기초하여 상해진단서가 발부되었다"는 취지로 기재되어 있고, 윤명의는 이 법정에서 "방조남이 2013. 9. 25. 내원하여 23일 맞았다고 하길래 상처를 확인하고 진단서 발부하였으며, 이는 멱살을 잡아서만은 날 수 없고, 상해일시도 정확히 알 수 없으나 24시간 안에 난 상처 같다."고 진술하고 있는 점(공판기록 611쪽), 오히려 목격자인 증인 정인숙은 방조남의 진술과는 달리 이 법정에서 "방조남은 멱살을 잡은 피고인의 손을 뿌리치고 집 밖으로 도망갔고, 얼굴을 맞거나 바닥에 넘어진 사실은 없다"라고 진술하는 있는 점과 방조남이 멱살을 잡혔다고 하는데도 멱살 부위에는 아무런 상처가 없는 점 등에 비추어 보면 위 증거들은 피고인의 폭행으로 방조남이 상처를 입었다고 볼 증거가 되기 어렵고 오히려 피고인의 변명이 신빙성이 있습니다.

 ⑸ **그 밖에 달리 피고인의 상해 공소사실을 인정할 만한 증거가 없으므로 상해의 점에 대하여는 형사소송법 제325조 후단에 따라 무죄가 선고될 사안입니다.**

 (3) **폭행의 점에 대한 공소기각 판결 주장**

  기껏해야 피고인이 방조남의 멱살을 잡은 행위는 형법 제260조 제1항의 폭행죄에 해당할 수 있을 터인데, 폭행죄는 형법 제260조 제3항에 따라 피해자의 명시한 의사에 반하여 공소를 제기할 수 없는바, 제1회 공판기일에서 방조남이 피고인의 처벌을 희망하는 의사표시를 철회하였으므로(공판기록 605쪽) 폭행의 점에 대하여는 형사소송법 제327조 제6호의 공소기각의 판결이 선고되어야 합니다.

 나. **심신미약으로 인한 형의 감경 주장**

  만약 피고인의 유죄가 인정된다 하더라도, 피고인은 주량이 소주 1병 정도에 불과한데 방조남과의 다툼 직전에 소주 1병 이상을 마시고 심신장애로 인하여 사물을 변별할 능력이 없거나 의사를 결정할 능력이 미약한 상태에서 범행에 이르게 되었으므로(증거기록 630쪽, 사법경찰관 작성의 방조남에 대한 피의자신문조서의 진술 기재) 형법 제10조 제 2 항에 따라 필요적으로 형을 감경하여야 할 것입니다.

II. 피고인 방조남에 대하여

1. 특정경제범죄가중처벌등에관한법률위반(횡령)방조의 점

가. 피고인의 변명 요지

피고인은 경찰 이래 이 법정에 이르기까지 일관되게 공소사실 기재 부동산이 황망해의 소유로서 황영군에게 명의신탁된 사실을 몰랐다고 변명하고 있으므로 증거관계를 살펴보도록 하겠습니다.

나. 증거관계

(1) 증거능력이 없는 증거

⦿ 사법경찰관 작성의 황영군에 대한 피의자신문조서(증거기록 626쪽, 황영군이 피고인에게 위 부동산이 명의신탁된 사실을 알려 주고 도와 달라고 부탁하였다는 진술기재)는 공범관계인 피고인이 내용을 부인하는 취지로 부동의한 바 있으므로 형사소송법 제312조 제 3 항에 따라 증거능력이 없습니다.

⦿ 증인 정인숙은 이 법정에서 "황영군으로부터 '방조남이 부동산의 명의신탁 사실을 알고 있었다'라는 말을 들었다"라고 진술하고 있으나, 이는 형사소송법 제316조 제 2 항의 '피고인 아닌 자의 공판기일에서의 진술이 피고인 아닌 타인의 진술을 그 내용으로 하는 것인 때'에 해당하여 원진술자가 사망, 질병, 외국거주, 소재불명 그 밖에 이에 준하는 사유로 인하여 진술할 수 없고, 그 진술이 특히 신빙할 수 있는 상태하에서 행하여졌음이 증명된 때에 한하여 이를 증거로 할 수 있은 바, 현재 원진술자인 황영군이 이 법정에 나와 있어 위 요건을 갖추지 못함이 명백하므로 역시 증거능력이 없습니다.

(2) 증명력이 부족한 증거들

⦿ 검사 작성의 황영군에 대한 제 1 회 피의자신문조서의 진술기재(방조남에게

명의신탁을 말하고 도와 달라고 부탁하였으며 피고인이 대출 소개비로 1,000만원을 받아 갔다는 내용/피의자신문조서는 피고인이 부동의하였지만, 공범관계인 공동피고인 황영군이 자신의 증거인부절차에서 진정성립을 인정하였고, 피고인으로서의 법정 진술은 공범인 공동피고인의 범죄혐의에 대한 진술로서 모두 증거능력은 있다고 보여집니다.)와 황영군의 이 법정에서의 "명의신탁 관계를 말하여 주었는지 여부는 기억이 없으나 피고인이 알았을 것이라고 생각한다. 1,000만원은 피고인에게 빌린 돈을 갚은 것은 맞다"라는 진술(공판기록 604쪽/증인으로 진술한 것은 아니나 공범인 공동피고인 관계이므로 피고인으로서의 진술이지만 증거능력은 인정할 수 있으리라고 보여집니다)은 각 진술이 상치되며 일관성이 없고 추측에 불과할 뿐 아니라, 대출 받은 돈 중 일부를 피고인이 받아 갔으니 책임도 같이 져야 한다는 취지의 진술에 불과하여 모두 그 신빙성이 없습니다.

⊙ 그 밖에 사법경찰관 작성의 황망해에 대한 피의자신문조서(피고인이 증거로 함에 동의하여 증거능력은 있다고 보여 집니다)에도 특별히 피고인이 사전에 명의신탁을 알았다는 점을 증명할 진술기재가 없는 등 이 사건에서는 피고인의 횡령방조 범죄사실의 증명이 없습니다.

다. 소　결

따라서 이 부분 공소사실은 형사소송법 제325조 후단에 따른 무죄를 선고하여 주시기 바랍니다.

만약 유죄가 인정된다 하더라도 황영군에 대한 변론의 요지(Ⅰ의 1. 나.)에서 살펴본 바와 같은 이유로 횡령방조죄가 성립할 수 있음은 별론으로 하고, 특정경제범죄가중처벌등에관한법률위반(횡령)방조죄는 성립할 수 없음을 고려하여 그 정상을 참작하여 주시기 바랍니다.

제 4 편

변호사시험문제 해설

* 2012년도 제 1 회, 2013년도 제 2 회, 2014년도 제 3 회 변호사시험 형사법 기록형 문제에 대한 해설입니다.
  문제는 법무부 변호사시험 홈페이지(http://www.moj.go.kr/HP/lawyer)의 기출문제, 박영사 홈페이지 자료실에서
  다운로드할 수 있습니다.

제1회 변호사시험
해설[변론요지서]

- 특수강도교사
- 특수강도
- 성폭력범죄의처벌등에관한특례법위반(주거침입강간등)
- 사 기
- 횡 령
- 교통사고처리특례법위반

Ⅰ. 사건의 개요

1. 피고인

가. 김토건(변호인 김힘찬)

- 50세, 무직
- 불구속

나. 이달수(변호인 이사랑)

- 40세
- 2011. 11. 4. 구속(2011. 11. 2. 체포)

2. 공소사실의 요지(죄명)

가. 김토건

- 특수강도교사

나. 이달수

- 특수강도
- 성폭력범죄의처벌등에관한특례법위반(주거침입강간등)

　　－ 사　　기
　　－ 횡　　령
　　－ 교통사고처리특례법위반

3. 사건의 경과

가. 수사절차

　　－ 2010. 10. 1.　　횡령(이달수)
　　－ 2011. 6. 1.　　성폭력범죄의처벌등에관한특례법위반(주거침입강간등)(이달수)
　　－ 2011. 9. 1.　　교통사고처리특례법위반(이달수)
　　－ 2011. 10. 10.　　사기(이달수)
　　－ 2011. 10. 31.　　특수강도교사(김토건)
　　－ 2011. 11. 1.　　특수강도(이달수)
　　－ 2011. 11. 2.　　긴급체포(이달수)
　　－ 2011. 11. 4.　　구속(이달수)
　　－ 2011. 11. 9.　　송치

나. 공판절차

　　－ 2011. 11. 16.　　공소제기
　　－ 2011. 12. 14.　　1회 공판기일
　　　• 피고인 김토건 교사사실 부인
　　　• 피고인 이달수 강간사실 부인
　　－ 2011. 12. 28.　　2회 공판기일
　　　• 교통사고피해자 조범생 합의서
　　　• 2011. 11. 20. 발령된 이달수에 대한 상습사기 약식명령(확정)
　　　• 박대우 증언(피고인 이달수가 점퍼 안주머니에서 칼을 꺼내어 저의 목에 들이대는 순간 접힌 칼날이 '척' 소리를 내며 펼쳐졌습니다.)
　　　• 이칠수 증언(피고인 이달수가 저의 집으로 찾아 와서 "김토건 선배의 채권을 받아다 주고 그 돈을 빌렸다. 김토건 선배가 칼을 주면서 꼭 받아오라고 하길래 한 번 사고를 쳤다"라고 말해서 알았습니다.)

• 정미희 증언(사법경찰리 작성 진술조서 진정성립 인정/피고인이 범인 맞다)
- 2012. 1. 4. 선고

4. 주요 형사특별법[1])

성폭력범죄의 처벌 등에 관한 특례법 제 3 조(특수강도강간 등) ①「형법」제319조 제 1
항(주거침입), 제330조(야간주거침입절도), 제331조(특수절도) 또는 제342조(미수범.
다만, 제330조 및 제331조의 미수범으로 한정한다)의 죄를 범한 사람이 같은 법 제
297조(강간)부터 제299조(준강간, 준강제추행)까지의 죄를 범한 경우에는 무기징역
또는 5년 이상의 징역에 처한다.
②「형법」제334조(특수강도) 또는 제342조(미수범. 다만, 제334조의 미수범으로 한
정한다)의 죄를 범한 사람이 같은 법 제297조(강간)부터 제299조(준강간, 준강제추
행)까지의 죄를 범한 경우에는 사형, 무기징역 또는 10년 이상의 징역에 처한다.
제14조(미수범) 제 3 조부터 제 9 조까지 및 제13조의 미수범은 처벌한다.

교통사고처리 특례법 제 3 조(처벌의 특례) ① 차의 운전자가 교통사고로 인하여「형법」
제268조의 죄를 범한 때에는 5년 이하의 금고 또는 2천만원 이하의 벌금에 처한다.
② 차의 교통으로 제 1 항의 죄중 업무상과실치상죄 또는 중과실치상죄와「도로교통
법」제151조의 죄를 범한 운전자에 대하여는 피해자의 명시한 의사에 반하여 공소
를 제기할 수 없다. 다만, 차의 운전자가 제 1 항의 죄 중 업무상과실치상죄 또는 중
과실치상죄를 범하고 피해자를 구호하는 등「도로교통법」제54조 제 1 항의 규정에
의한 조치를 하지 아니하고 도주하거나 피해자를 사고장소로부터 옮겨 유기하고 도
주한 때, 같은 죄를 범하고「도로교통법」제44조 제 2 항을 위반하여 음주측정요구에
불응(운전자가 채혈측정을 요청하거나 동의한 때에는 제외한다)한 때와 다음 각호
의 1에 해당하는 행위로 인하여 동죄를 범한 때에는 그러하지 아니하다.
6.「도로교통법」제27조 제 1 항의 규정에 의한 횡단보도에서의 보행자보호의무를 위
반하여 운전한 경우

제 4 조(보험등에 가입된 경우의 특례) ① 교통사고를 일으킨 차가「보험업법」제 4 조
및 제126조부터 제128조까지,「여객자동차 운수사업법」제60조·제61조 또는「화물
자동차 운수사업법」제51조에 따라 보험 또는 공제에 가입된 경우에는 제 3 조 제 2
항 본문에 규정된 죄를 범한 당해 차의 운전자에 대하여 공소를 제기할 수 없다. 다
만, 다음 각 호의 어느 하나에 해당하는 경우에는 그러하지 아니하다.

---

1) 변호사시험 기출문제는 당시의 법률이 적용되므로, 해설편의를 위하여 적용 법률을 기재하
나, 현재는 법률이 개정되었음을 유의하여야 한다.

1. 제3조 제2항 단서에 해당하는 경우

2. 피해자가 신체의 상해로 인하여 생명에 대한 위험이 발생하거나 불구 또는 불치나 난치의 질병에 이르게 된 경우

3. 보험계약 또는 공제계약이 무효 또는 해지되거나 계약상의 면책규정 등으로 인하여 보험회사, 공제조합 또는 공제사업자의 보험금 또는 공제금 지급의무가 없게 된 경우

② 제1항에서 "보험 또는 공제"라 함은 교통사고의 경우 「보험업법」에 따른 보험회사나 「여객자동차 운수사업법」 또는 「화물자동차 운수사업법」에 따른 공제조합 또는 공제사업자가 인가된 보험약관 또는 승인된 공제약관에 의하여 피보험자 또는 공제조합원과 피해자간의 손해배상에 관한 합의 여부에 불구하고 피보험자 또는 공제조합원에 갈음하여 피해자의 치료비에 관하여는 통상비용의 전액을, 기타의 손해에 관하여는 보험약관 또는 공제약관에서 정한 지급기준금액을 대통령령이 정하는 바에 의하여 우선 지급하되, 종국적으로는 확정판결 기타 이에 준하는 채무명의상 피보험자 또는 공제조합원의 교통사고로 인한 손해배상금 전액을 보상하는 보험 또는 공제를 말한다.

③ 제1항의 보험 또는 공제에 가입된 사실은 보험회사, 공제조합 또는 공제사업자가 제2항의 취지를 기재한 서면에 의하여 증명되어야 한다.

II. 쟁점 해설[2]

1. 피고인 김토건의 특수강도교사의 점

가. 변론의 방향

일러두기에서 말한 제1유형의 문제인데, 기록을 세밀히 파악하여 증거의 증거능력 유무를 판단하고, 나아가 증거능력있는 증거의 증명력을 판단하여야 하므로 생각보다 쉽지 않다. 특히 증거의 증명력 판단은 합리성과 경험칙을 바탕으로 설득력이 있어야 하므로 실무에서도 매우 어려운 부분이다. 변론에서 증거의 신빙성을 배척하는 방법은 반대신문으로 하는 경우, 탄핵증거를 사용하는 경우(즉 동일인이 진술을 수시로 변경하는 등 자기모순의 증거가 있는지 여부), 반증을 사용하는 경우 등 여러 방법이 있지만, 그 증거 자체가 경험칙에 반한다는 점을 들어 법원의 심증을 흔드는 방법도 매우 중요하다.

---

2) 쟁점해설은 필자의 독자적인 풀이임을 밝혀둔다. 따라서 법무부의 채점기준과는 다를 수 있음을 유의하여야 한다.

세밀한 기록 파악 능력이나 합리적인 판단 능력, 창의성, 설득력을 종합 평가할 수 있는 유형의 문제로 중요도도 높다(이 기록에서의 배점도 45점에 이른다).

이 사건에서 피고인 김토건은 이달수에게 돈을 받아다 달라고 부탁한 것은 사실이나, 강도를 교사하거나 칼을 준 사실이 없다고 변명하므로 무죄 변론을 하여야 한다.

증거능력 없는 증거를 우선 배제하고, 증거능력이 있는 증거들에 대하여는 신빙성을 배척하여야 한다.

나. 증거능력의 배제

(1) 사법경찰관이 작성한 이달수에 대한 피의자신문조서

이달수와 공범관계인 피고인 김토건이 그 내용을 부인하고 있으므로 증거능력이 없다(판례).[3]

(2) 증인 이칠수의 법정에서의 진술

증인 이칠수는 "피고인 이달수가 저의 집으로 찾아 와서 '김토건 선배의 채권을 받아다 주고 그 돈을 빌렸다. 김토건 선배가 칼을 주면서 꼭 받아오라고 하길래 한 번 사고를 쳤다.'라고 말하였다"라고 증언하였다.

이는 이른바 전문진술이다. 즉 증인 이칠수의 진술은 '피고인이 아닌 타인'(이달수)[4]의 진술을 그 내용으로 하고 있어 형사소송법 제316조 제2항이 적용된다.[5] 그런

---

[3] 판례에 따르면 공범관계이므로 조서상의 진술자인 이달수가 진정성립을 인정하여도 형사소송법 제312조 제3항에 따라 피고인 김토건이 내용을 인정하여야 증거능력이 있는데, 김토건은 내용을 부인하고 있다(증거목록 참조). 공범관계이기만 하면 공동피고인이 아니라도 마찬가지이다.

　대법원 2011. 1. 28. 선고 2009도10139 판결.

　형사소송법 제312조 제3항은 검사 이외의 수사기관이 작성한 당해 피고인에 대한 피의자신문조서를 유죄의 증거로 하는 경우뿐만 아니라, 검사 이외의 수사기관이 작성한 당해 피고인과 공범관계에 있는 다른 피고인이나 피의자에 대한 피의자신문조서를 당해 피고인에 대한 유죄의 증거로 채택할 경우에도 적용된다. 따라서 당해 피고인과 공범관계에 있는 공동피고인에 대하여 검사 이외의 수사기관이 작성한 피의자신문조서는 그 공동피고인의 법정진술에 의하여 성립의 진정이 인정되더라도 당해 피고인이 공판기일에서 그 조서의 내용을 부인하면 증거능력이 부정된다.

[4] 피고인 김토건에 대한 증거이므로 공동피고인인 이달수도 '피고인 아닌 자'이다.

[5] 제316조(전문의 진술) ① 피고인이 아닌 자(공소제기 전에 피고인을 피의자로 조사하였거나 그 조사에 참여하였던 자를 포함한다. 이하 이 조에서 같다)의 공판준비 또는 공판기일에서의 진술이 피고인의 진술을 그 내용으로 하는 것인 때에는 그 진술이 특히 신빙할 수 있는 상태하에서 행하여졌음이 증명된 때에 한하여 이를 증거로 할 수 있다.

데 원진술자 이달수는 법정에 현존하므로 필요성의 요건이 미비되어 증거능력이 없다.

다. 증명력의 배척

◆ **이달수의 진술(검사가 작성한 피의자신문조서의 진술기재.[6] 법정에서의 진술[7])**

◉ 김토건이 이달수에게 칼을 주었느냐의 점 등과 관련

– 칼의 모양에 대하여 이달수는 주방용 식칼이라고 진술하나, 피해자 박대우는 접히는 칼이라고 증언하는 점

– 해외 출장에서 돌아오는 길인 김토건이 칼까지 준비하여 이달수에게 줄 수 있었겠는가 하는 점

◉ 그 밖에도 범행 동기와 관련하여 재력이 있는 김토건이 굳이 강도교사를 할 이유가 없고 오히려 이달수가 자신의 채무변제가 급하여지자 무리한 범행을 하였을 가능성이 높은 점. 이달수로서는 자신의 죄책을 가볍게 하기 위하여 피고인을 주범으로 끌어들일 가능성도 높은 점, 이달수는 범행전력이나 전에도 김토건의 돈을 횡령하는 등 진실성이 부족한 사람인 점[8] 등을 들어

◉ 이달수의 진술이 신빙성이 없다고 주장하여야 한다.

라. 강도교사죄의 성립 문제

피고인이 "순순히 말해서는 주지 않을 것이니 확실히 받아오라"고 말한 사실은 자인하고 있으므로 칼을 주지는 않았다고 하더라도 강도교사죄가 성립한다는 검사의 주장이 가능하다.[9]

---

② 피고인 아닌 자의 공판준비 또는 공판기일에서의 진술이 피고인 아닌 타인의 진술을 그 내용으로 하는 것인 때에는 원진술자가 사망, 질병, 외국거주, 소재불명 그 밖에 이에 준하는 사유로 인하여 진술할 수 없고, 그 진술이 특히 신빙할 수 있는 상태하에서 행하여졌음이 증명된 때에 한하여 이를 증거로 할 수 있다.

6) 검사가 작성한 이달수에 대한 피의자신문조서는 사법경찰관이 작성한 피의자신문조서와는 달리 형사소송법 제312조 제4항에 따른다. 따라서 원진술자인 이달수가 증거인부절차와 피고인신문절차에서 진정성립을 인정하였고, 피고인 김토건의 변호인 김힘찬이 이달수에 대하여 반대신문도 하고 있으므로 증거능력이 있다고 보아야 한다.

7) 피고인 이달수의 법정에서의 진술(피고인으로서의 진술)은 공범관계인 피고인 김토건에 대하여 증거능력이 있다. 양인이 공범관계가 아니라면 증인으로서 선서하고 증언하여야 증거능력이 있다는 점을 유의하여야 한다.

8) 이런 점들은 이달수의 진술이 경험칙에 비추어 합리성을 결여하였다는 이유로 신빙성을 감쇄시킬 수 있는 중요한 자료들이지만 기록을 잘 읽으면서 깊이 생각하지 않으면 쉽게 주장하기 어렵다. 예상보다 배점이 높은 부분임을 유의하여야 한다.

9) 축소사실이므로 공소장변경이 없더라도 법원은 강도교사죄만을 인정할 수 있다.

그러나 교사는 정범에게 특정한 범죄의 결의를 가지게 만드는 행위이므로 이 말을 교사로 볼 수 없다.

이는 채무변제를 심하게 독촉하라는 의미 정도로 해석하여야 한다.

마. 소 결 론

그 밖에 달리 특수강도교사 공소사실을 인정할만한 증거가 없어 결국 증명이 되지 않았으므로 형사소송법 제325조 후단에 따라 무죄를 선고할 사안이다.

2. 피고인 이달수의 횡령(제 3 유형)

피고인 이달수가 받은 돈은 부정한 청탁을 위하여 대가로 제공한 금품이므로 불법원인급여물이다.

불법원인급여물에 대한 횡령죄 성부에 대하여, 견해대립이 있으나 유사한 사례에서 판례는 횡령죄가 성립하지 않는다고 한다.10)

---

10) ① 대법원 1999. 6. 11. 선고 99도275 판결.

민법 제746조에 불법의 원인으로 인하여 재산을 급여하거나 노무를 제공한 때에는 그 이익의 반환을 청구하지 못한다고 규정한 뜻은 급여를 한 사람은 그 원인행위가 법률상 무효임을 내세워 상대방에게 부당이득반환청구를 할 수 없고, 또 급여한 물건의 소유권이 자기에게 있다고 하여 소유권에 기한 반환청구도 할 수 없어서 결국 급여한 물건의 소유권은 급여를 받은 상대방에게 귀속되는 것이므로, 갑이 을로부터 제3자에 대한 뇌물공여 또는 배임증재의 목적으로 전달하여 달라고 교부받은 금전은 불법원인급여물에 해당하여 그 소유권은 갑에게 귀속되는 것으로서 갑이 위 금전을 제 3 자에게 전달하지 않고 임의로 소비하였다고 하더라도 횡령죄가 성립하지 않는다.

② 대법원 1999. 9. 17. 선고 98도2036 판결.

민법 제746조에 의하면, 불법의 원인으로 인한 급여가 있고, 그 불법원인이 급여자에게 있는 경우에는 수익자에게 불법원인이 있는지 여부, 수익자의 불법원인의 정도, 그 불법성이 급여자의 그것보다 큰지 여부를 막론하고 급여자는 불법원인급여의 반환을 구할 수 없는 것이 원칙이나, 수익자의 불법성이 급여자의 그것보다 현저히 큰 데 반하여 급여자의 불법성은 미약한 경우에도 급여자의 반환청구가 허용되지 않는다면 공평에 반하고 신의성실의 원칙에도 어긋나므로, 이러한 경우에는 민법 제746조 본문의 적용이 배제되어 급여자의 반환청구는 허용된다.

포주가 윤락녀와 사이에 윤락녀가 받은 화대를 포주가 보관하였다가 절반씩 분배하기로 약정하고도 보관중인 화대를 임의로 소비한 경우, 포주와 윤락녀의 사회적 지위, 약정에 이르게 된 경위와 약정의 구체적 내용, 급여의 성격 등을 종합해 볼 때 포주의 불법성이 윤락녀의 불법성보다 현저히 크므로 화대의 소유권이 여전히 윤락녀에게 속한다는 이유로 횡령죄를 구성한다.

③ 대법원 2008. 10. 9. 선고 2007도2511 판결.

병원에서 의약품 선정·구매 업무를 담당하는 약국장이 병원을 대신하여 제약회사로부터 의약품 제공의 대가로 기부금 명목의 돈을 받아 보관중 임의소비한 사안에서, 위 돈은 병원이 약국장에게 불법원인급여를 한 것에 해당하지 않아 여전히 반환청구권을 가지므로, 업무

공소사실이 범죄를 구성하지 않는 경우에 해당하므로 형사소송법 제325조 전단에 따라 무죄를 주장할 수 있다.

3. 피고인 이달수의 성폭력범죄의처벌등에관한특례법위반(주거침입강 간등)

가. 제1유형의 문제이다

나. 증거능력의 배제

(1) 압수된 신발

이달수는 특수강도사건으로 긴급체포된 것이므로 신발은 긴급체포의 원인이 된 사건과 관련성이 없다.

따라서 형사소송법 제217조 제1항에 따라 압수할 수 없다. 또한 같은 조 제2항에 따른 사후압수수색영장도 청구한 사실이 없으므로 어느 모로 보나 증거능력을 인정받을 수 없다.

(2) 신발을 압수하였다는 압수조서의 기재, 족적감정서의 기재

모두 위법수집증거인 신발에서 파생된 2차적 증거이므로 역시 증거능력이 없다.

특히, 족적 감정서는 "창문 턱에 있는 신발자국과 피의자 이달수의 나이키 신발의 바닥 무늬와 크기가 일치함"이라는 정도로 동일신발이라는 것은 아니며, 같은 종류의 신발을 많은 사람이 신을 수 있다는 점에 비추어 증명력도 부족하다.

다. 증명력의 배제

◆ 피해자 정미희의 진술(사법경찰관이 작성한 정미희에 대한 1, 2회 진술조서의 기재, 증인 정미희의 법정에서의 진술)

피해자진술의 신빙성을 탄핵하여야 한다.

먼저 피해자가 이달수가 범인이라고 지목한 절차, 즉 범인식별절차는 적법한 절차를 위배하였다.[11]

상 횡령죄가 성립한다.

11) 대법원 2004. 2. 27. 선고 2003도7033 판결.
　　용의자의 인상착의 등에 의한 범인식별 절차에 있어 용의자 한 사람을 단독으로 목격자와 대질시키거나(쇼우업: 필자 주) 용의자의 사진 한 장만을 목격자에게 제시하여 범인 여부를 따라서 피해자의 목격진술은 범인식별절차를 준수하지 않아(show-up방식) 신빙성이 없다.[12] 그 밖에도 침대 위의 스탠드 보조조명으로 어두운 상태에서 범인을 본 점, 피해 후 5개월이 지난 후에 이달수를 범인으로 바로 지목하기에는 기억력의 한계가 있다는 점 등이 피해자 진술의 신빙성을 감쇄시키는 근거자료가 될 수 있다.

라. 소 결 론

그 밖에 다른 증거도 없으므로 결국 이 부분 공소사실은 합리적 의심이 없는 정도의 증명이 되지 않았다. 형사소송법 제325조 후단에 따라 무죄를 주장하여야 한다.

확인하게 하는 것(쇼우업에 상당하는 유사인물 사진제시: 필자 주)은 사람의 기억력의 한계 및 부정확성과 구체적인 상황하에서 용의자나 그 사진상의 인물이 범인으로 의심받고 있다는 무의식적 암시를 목격자에게 줄 수 있는 가능성으로 인하여, 그러한 방식에 의한 범인식별 절차에서의 목격자의 진술은, 그 용의자가 종전에 피해자와 안면이 있는 사람이라든가 피해자의 진술 외에도 그 용의자를 범인으로 의심할 만한 다른 정황이 존재한다든가 하는 등의 부가적인 사정이 없는 한 그 신빙성이 낮다(대법원 2001. 2. 9. 선고 2000도4946 판결 참조). 이와 같은 점에서 볼 때, ㉮ 범인식별 절차에 있어 목격자 진술의 신빙성을 높게 평가할 수 있게 하려면, ⓐ 범인의 인상착의 등에 관한 목격자의 진술 내지 묘사를 사전에 상세히 기록화한 다음, ⓑ 용의자를 포함하여 그와 인상착의가 비슷한 여러 사람을 동시에 목격자와 대면시켜 범인을 지목하도록 하여야 하고, ⓒ 용의자와 목격자 및 비교대상자들이 상호 사전에 접촉하지 못하도록 하여야 하며, ⓓ 사후에 증거가치를 평가할 수 있도록 대질 과정과 결과를 문자와 사진 등으로 서면화 하는 등의 조치를 취하여야 할 것이고, ㉯ 사진제시에 의한 범인식별 절차에 있어서도 기본적으로 이러한 원칙에 따라야 할 것이다.

기타 참조 판례

"범인식별절차에 있어서 신빙성을 높이기 위하여 준수하여야 할 절차를 충족하지 못하였을 뿐 아니라, 피고인의 유전자검사 결과가 범인의 것과 상이하다는 국립과학수사연구소의 감정 결과가 제출되었음에도 불구하고 피고인을 유죄로 인정한 원심판결을 파기"[대법원 2007. 5. 10. 선고 2007도1950 판결(공2007, 934); 인천지법 2005. 2. 18. 선고 2004고단5297 판결: 항소(각공2005, 705)]; "피해자들이 수사기관에서 제시한 5명의 사진 중 피고인을 범인으로 지목한 과정 등에 비추어 피해자들의 범인식별 진술의 신빙성을 배척한 원심의 판단을 수긍"[대법원 2005. 5. 27. 선고 2004도7363 판결(미간행)]; "범인식별에 관한 일부 피해자들의 진술이 그 절차상의 하자 때문에 신빙성을 쉽게 인정하기 곤란한데도, 위 피해자들이 피고인을 범인으로 지목한 경위, 위 피해자들이 기억하고 있는 범인의 인상착의와 피고인의 동일 여부 등에 대한 추가 심리 없이 위 피해자들의 진술만으로 해당 공소사실을 유죄로 인정한 원심판결을 파기"[대법원 2005. 6. 10. 선고 2005도1461 판결(미간행)]; "인터폰 모니터를 통하여 본 초인종을 누른 범인이 피고인이라는 취지의 피해자의 진술만으로는 피고인을 범인으로 인정하기 어렵다고 한 원심의 판단을 수긍"[대법원 2005. 6. 24. 선고 2005도734 판결(미간행)]; "피해자의 범인식별 진술이 그 절차상의 하자에도 불구하고 높은 정도의 신빙성이 있다고 인정"[대법원 2006. 9. 28. 선고 2006도4587 판결(미간행)]; "강간 피해자가 수사기관의 범인식별 절차에서 피고인을 범인으로 지목한 사안에서, 목격자 진술의 신빙성을 높이기 위하여 준수하여야 할 절차를 지키지 못하였다고 보아 피해자 진술의 신빙성을 배척"[대법원 2008. 1. 17. 선고 2007도5201 판결(공2008상, 264)].

12) 증명력의 문제이다. 증거능력이 없는 것은 아니다.

4. 피고인 이달수의 교통사고처리특례법위반(제2유형의 문제)

가. 법률의 규정

교통사고처리특례법은 "차의 운전자가 교통사고로 인하여 「형법」 제268조의 죄를 범한 때"에 피해자가 처벌을 원하지 아니하거나 법률에 규정된 종합보험이나 공제조합에 가입된 경우13) 소정의 예외사유14)가 없으면 처벌하지 않는다. 그 예외 중의 하나가 보행자보호의무위반의 경우이다.15)

그런데, 도로교통법 제27조 제1항은 "모든 차의 운전자는 보행자(제13조의2 제6항에 따라 자전거에서 내려서 자전거를 끌고 통행하는 자전거운전자를 포함한다)가 횡단보도를 통행하고 있는 때에는 그 횡단보도 앞(정지선이 설치되어 있는 곳에서는 그 정지선을 말한다)에서 일시정지하여 보행자의 횡단을 방해하거나 위험을 주어서는 아니 된다"고 규정하고 있다.

나. 사안에의 적용

따라서 횡단보도를 자전거를 타고 진행하는 사람은 보행자가 아니므로 이 사건 교통사고는 횡단보도보행자보호의무를 위반한 것이 아니다.

피해자가 처벌을 원하지 아니하므로(합의서 제출) 형사소송법 제327조 제6호에 의하여 공소기각의 판결을 구하여야 한다.

5. 피고인 이달수의 사기(제2유형의 문제)

2011. 11. 20. 발령된 이달수에 대한 상습사기 약식명령(확정)이 제출되어 있다.

피고인에 대한 공소사실과 확정판결된 범죄사실은 상습범으로서 포괄일죄이므로 기판력의 객관적 범위 안에 들어간다.

약식명령 발령일16) 이전의 범행이므로 형사소송법 제326조 제1호의 "확정판결이 있는 때"에 해당하여 면소판결을 구할 수 있다.

---

13) 서면에 의하여 증명되어야 한다(법 제4조 제3항).

14) 교통사고처리특례법 제3조 참조.

15) 교통사고처리특례법 제3조 제2항 제6호 「도로교통법」 제27조 제1항의 규정에 의한 횡단보도에서의 보행자보호의무를 위반하여 운전한 경우.

16) 약식명령의 기판력의 시적 범위는 발령일이다.

변 론 요 지 서

I. 피고인 김토건의 특수강도교사의 점은 무죄를 선고하여 주시기 바랍니다.

1. 공소사실의 요지(생략)

2. 피고인 변명의 요지

피고인은 경찰에서부터 법정에 이르기까지 "이달수에게 돈을 받아다 달라고 부탁한 것은 사실이나, 강도를 교사하거나 칼을 준 사실이 없다"라고 변명하고 있습니다.

3. 증거관계

가. 공소사실에 들어맞는 증거 중 다음 증거들은 증거능력이 없습니다.

(1) 사법경찰관이 작성한 이달수에 대한 피의자신문조서의 진술기재

피고인 김토건이 이달수에게 특수강도를 교사하였다는 이달수의 진술이 기재되어 있으나, 이달수와 공범관계인 피고인 김토건이 그 내용을 부인하고 있으므로 증거능력이 없습니다(판례).

(2) 증인 이칠수의 이 법정에서의 진술

증인 이칠수는 이 법정에서 "피고인 이달수가 저의 집으로 찾아와서 '김토건 선배의 채권을 받아다 주고 그 돈을 빌렸다. 김토건 선배가 칼을 주면서 꼭 받아오라고 하길래 한 번 사고를 쳤다'라고 말하였다"라고 진술한 바 있습니다.

그러나 이는 이른바 전문진술로서 '피고인이 아닌 타인(이달수)'의 진술을 그 내용으로 하고 있어 형사소송법 제316조 제2항에 따라 원진술자가 사망, 질병, 외국거주, 소재불명 그 밖에 이에 준하는 사유로 인하여 진술할 수 없고, 그 진술이 특히 신빙할 수 있는 상태하에서 행하여졌음이 증명된 때에 한하여 이를 증거로할 수 있음에도 원진술자 이달수는 법정에 현존하므로 요건이 미비하여 증거능력이 없습니다.

나. 그 밖의 이달수의 진술은 신빙성이 없습니다.

◆ **검사가 작성한 이달수에 대한 피의자신문조서의 진술기재 및 이달수의 이 법정에서의 진술**

이달수는 피고인 김토건이 자신에게 식칼을 주며 특수강도를 교사하였다는 취지로 진술하고 있으나, ① 칼의 모양에 대하여 이달수는 주방용 식칼이라고 진술하지만, 피해자 박대우는 접히는 칼이라고 이 법정에서 증언하는 점, ② 해외 출장에서 돌아오는 길인 김토건이 칼까지 준비하여 이달수에게 줄 수 있었겠는가 하는 점, ③ 범행 동기와 관련하여 재력이 있는 김토건이 굳이 강도교사를 할 이유가 없고 오히려 이달수가 자신의 채무변제가 급하여지자 무리한 범행을 하였을 가능성이 높은 점, ④ 이달수로서는 자신의 죄책을 가볍게 하기 위하여 피고인을 주범으로 끌어들일 가능성도 높은 점, ⑤ 이달수는 범행전력이나 전에도 김토건의 돈을 횡령하는 등 진실성이 부족한 사람인 점 등에 비추어 보면 이달수의 진술은 신빙성이 없다고 보아야 합니다.

다. 강도교사죄의 성립 문제

다만 피고인이 "순순히 말해서는 주지 않을 것이니 확실히 받아오라"고 말한 사실은 자인하고 있으므로 칼을 주지는 않았다고 하더라도 강도교사죄가 성립한다는 주장이 있을 수 있습니다.

그러나 교사는 정범에게 특정한 범죄의 결의를 가지게 만드는 행위이므로 이 말을 교사로 볼 수 없으며 이는 채무변제를 심하게 독촉하라는 의미 정도로 해석하여야 합니다.

4. 소 결 론

위에서 살펴본 바와 같이 피고인의 특수강도교사 공소사실을 인정할 만한 증거가 없어 이 부분은 결국 합리적 의심 없는 정도의 증명이 되지 않았으므로 형사소송법 제325조 후단에 따라 무죄를 선고하여 주시기 바랍니다.

Ⅱ. 피고인 이달수

1. 횡령의 점은 무죄가 선고되어야 합니다.

공소사실 기재와 같이 돈 4,000만 원은 김토건이 피고인 이달수에게 건설업체 공사계약 담당이사인 최현대에게 전달하라고 준 돈인데, 이는 부정한 청탁을 위하여 대가로 제공한 금품이므로 불법원인급여물입니다.

불법원인급여물에 대한 횡령죄 성부에 대하여, 학설상의 견해대립은 있으나 유사한 사례에서 판례는 횡령죄가 성립하지 않는다고 판시합니다.

그러므로 이 부분은 공소사실이 범죄를 구성하지 않는 경우에 해당하므로 형사소송법 제325조 전단에 따라 무죄를 선고하여 주시기 바랍니다.

2. 성폭력범죄의처벌등에관한특례법위반(주거침입강간)의 점도 무죄입니다.

가. 피고인 변명의 요지

피고인은 경찰 이래 이 법정에 이르기까지 자신은 범인이 아니라고 변명하고 있으므로 증거관계를 살펴보도록 하겠습니다.

나. 다음의 증거들은 증거능력이 없습니다.

(1) 압수된 신발

피고인은 특수강도죄로 긴급체포된 것이므로 압수된 신발은 긴급체포의 원인이 된 사건과 관련성이 없습니다. 따라서 형사소송법 제217조 제 1 항에 따라 압수할 수 없습니다.

또한 같은 조 제 2 항에 따른 사후압수수색영장도 청구한 사실이 없으므로 어느 모로 보나 압수된 신발은 증거능력을 인정받을 수 없습니다.

(2) 신발을 압수하였다는 압수조서의 기재, 족적 감정서의 기재

모두 위법수집증거인 신발에서 파생된 2차적 증거이므로 역시 증거능력이 없습니다.

특히, 족적 감정서는 "창문 턱에 있는 신발 자국과 피의자 이달수의 나이키 신발의 바닥 무늬와 크기가 일치함"이라는 정도로 동일 신발이라는 사실을 증명할 수는 없고, 같은 종류의 신발을 많은 사람이 신을 수 있다는 점에 비추어 보아도 증명력도 부족합니다.

다. 다음의 증거들로는 공소사실을 증명할 수 없습니다.

◆ **사법경찰관이 작성한 피해자 정미희에 대한 1, 2회 진술조서의 진술기재, 증인 정미희의 법정에서의 진술**

위 진술조서의 기재 내용은 사법경찰관이 피해자에게 피고인 1인만을 보게 한 다음 '범인이 맞다'는 진술을 들은 것입니다.

용의자의 인상착의 등에 의한 범인식별 절차에 있어 용의자 한 사람을 단독으로 목격자와 대질시키거나(이른바 쇼우업) 용의자의 사진 한 장만을 목격자에게 제시하여 범인 여부를 확인하게 하는 것은 사람의 기억력의 한계 및 부정확성과 구체적인 상황 하에서 용의자나 그 사진상의 인물이 범인으로 의심받고 있다는 무의식적 암시를 목격자에게 줄 수 있는 가능성으로 인하여, 그러한 방식에 의한 범인식별 절차에서의 목격자의 진술은, 그 용의자가 종전에 피해자와 안면이 있는 사람이라든가 피해자의 진술 외에도 그 용의자를 범인으로 의심할 만한 다른 정황이 존재한다든가 하는 등의 부가적인 사정이 없는 한 그 신빙성이 낮다는 것이 판례의 태도입니다(대법원 2001. 2. 9. 선고 2000도4946 판결 참조).

따라서 위 피해자의 목격진술은 범인식별절차를 준수하지 않아 신빙성이 없고 또한 그 기억에 의존하는 법정에서의 진술도 신빙성을 인정받을 수 없습니다.

그뿐만 아니라 피해자는 침대 위의 스탠드 보조조명으로 어두운 상태에서 범인을 본 점, 피해 후 5개월이 지난 후에 이달수를 범인으로 바로 지목하기에는 기억력의 한계가 있다는 점 등은 피해자 진술의 신빙성을 더욱 희박하게 합니다.

라. 소 결 론

그 밖에 다른 증거도 없으므로 결국 이 부분 공소사실은 범죄의 증명이 없는 때에 해당하여 형사소송법 제325조 후단에 따라 무죄를 선고하여 주시기 바랍니다.

3. 교통사고처리특례법위반의 점은 공소기각의 판결을 선고하여 주시기 바랍니다.

가. 법률의 규정

도로교통법 제27조 제 1 항은 "모든 차의 운전자는 보행자(제13조의2 제 6 항에 따라 자전거에서 내려서 자전거를 끌고 통행하는 자전거운전자를 포함한다)가 횡단보도를 통행하고 있는 때에는 그 횡단보도 앞(정지선이 설치되어 있는 곳에서는 그 정지선을 말한다)에서 일시정지하여 보행자의 횡단을 방해하거나 위험을 주어서는 아니된다"고 규정하고 있습니다.

따라서 공소사실 기재와 같이 자전거를 타고 횡단보도를 건너던 피해자 조범생에게 상해를 입힌 것은 횡단보도 보행자 보호의무를 위반한 것이 아닙니다.

한편, 교통사고처리특례법은 "차의 운전자가 교통사고로 인하여 「형법」 제268조의 죄를 범한 때"에 피해자가 처벌을 원하지 아니하거나 법률에 규정된 종합보험이나 공제조합에 가입된 경우 소정의 예외사유가 없으면 처벌하지 않습니다.

나. 소 결 론

따라서 이 부분 공소사실은 피해자가 처벌을 원하지 아니하므로(합의서 제출) 형사소송법 제327조 제 6 호에 의하여 공소기각의 판결을 선고하여 주시기 바랍니다.

4. 사기의 점은 면소판결을 선고하여 주시기 바랍니다.

2011. 11. 20. 발령된 피고인에 대한 상습사기 약식명령(확정)에 의하면 "피고인에 대한 공소사실과 확정된 약식명령상의 범죄사실은 같은 종류의 여러 범죄를 같은 상습성의 발현으로 범한 것이므로 피고인의 범행은 모두 포괄일죄에 해당합니다.

이 부분 공소사실은 약식명령 발령일 이전의 범행이므로 형사소송법 제326조 제 1 호의 "확정판결이 있는 때"에 해당하여 면소판결을 선고하여 주시기 바랍니다.

제2회 변호사시험
해설[변론요지서]

- 특정경제범죄가중처벌등에관한법률위반(사기)
- 특정범죄가중처벌등에관한법률위반(도주차량)
- 공 갈
- 사문서위조
- 위조사문서행사
- 도로교통위반(음주운전)

해 설

Ⅰ. 사건의 개요

1. 피 고 인

가. 김갑인(변호인 김힘찬)

- 60세
- 불구속

나. 이을해(변호인 이사랑)

- 60세
- 불구속

2. 공소사실의 요지(죄명)

가. 김갑인

- 사문서위조
- 위조사문서행사
- 특정범죄가중처벌등에관한법률위반(도주차량)
- 도로교통법위반(음주운전)
- *피고인에 대한 특정경제범죄가중처벌등에관한법률위반(사기)의 점은 평가제외

나. 이을해

- 특정경제범죄가중처벌등에관한법률위반(사기)
- 공갈

3. 사건의 경과

가. 수사절차

- 2012. 9. 11. 고소인 박병진 사경 진술조서(사기 피해자로서 고소 / 김갑인은 "이을해의 지시에 따라 매매가격을 부풀렸다, 매매대금 차액 2억 원을 모두 이을해에게 현금으로 보내주었다"고 시인 / 양신구는 "2012. 5. 30.경 2억 원을 가방에 넣어 승용차에 싣고 이을해의 집으로 가서 이을해에게 직접 전달해주었다"고 말함)
  · 토지사항 전부증명서
  · 무통장 입금증
  · 매매계약서(위조)
- 2012. 9. 12. 최정오 사경 진술조서(부동산매도인으로서 3억원에 매도 / 5억원 매매계약서는 이중으로 위조)
- 2012. 10. 2. 김갑인 사경 피의자신문조서(이을해와 공모사실 시인 / 이을해의 지시에 따라 매매가격을 부풀렸다, 매매대금 차액 2억 원을 모두 이을해에게 현금으로 보내주었다 / 차액 2억원은 5만원권 현금으로 소액씩 인출, 양신구를 통하여 이을해에게 전달 / 이중계약서 위조사실 시인)
- 2012. 10. 2. 이을해 사경 피의자신문조서(김갑인의 제의로 공모, 박병진으로부터 5억원 편취 시인)
- 2012. 9. 18. 김갑인 사경 피의자신문조서(소주3잔 정도 마신 채 음주운전 중 추돌사고 피해자 경추염좌 2주 상해, 당시 합의관계로 40분 정도 옥신각신 하던 중 그냥 가버린 사실은 시인. 경찰 자진출석시 음주측정 0.045%)
- 2012. 9. 18. 고경자 사경 진술조서(추돌사고 피해자, 당시 합의관계로 40분 정도 옥신각신 하던 중 김갑인이 그냥 가버린 사실 진술)
  · 진단서(경추부염좌상 2주)
- 주취운전자 적발보고서(2012. 9. 18. 22 : 30 측정 0.045% / 최종음주일시 2012. 9.

18. 21 : 20)

– 수사보고(교통사고 발생 시점 2012. 9. 18. 21 : 30경의 피의자의 혈중알콜농도를 계산하기 위하여 위드마크 공식에 따라 위 측정치에 피의자에게 가장 유리한 시간당 감소치인 0.008%를 합산하여 피의자의 혈중알콜농도를 0.053%로 추산)

– 종합보험가입증명서

– 2012. 9. 28.자 강기술 진술서(이을해가 음식 값 5만원 상당을 계산하지 않고 몰래 식당 밖으로 걸어 나가는 것을 발견하고 뒤따라가 음식 값을 달라고 요구하자, 갑자기 저의 목을 잡고 손으로 뺨을 4~5회 때리고 도주 / 변제하여 처벌불원)

– 2012. 10. 5. 이을해 사경 피의자신문조서(공갈 사실 관계는 시인)

– 2012. 10. 16. 이을해 검사 피의자신문조서(공갈 사실 관계는 시인 / 사기 공모 사실 부인 / 사기 경찰에서 시인한 것은 긴급체포후 회유에 의하여 거짓 자백)

– 교통사고실황조사서, 검사 작성 김갑인에 대한 피의자신문조서(사경 조사시 진술과 동일), 양신구 사망진단서, 전과조회 회보서

나. 공판절차

– 2012. 10. 19. 공소제기

– 2012. 12. 7. 제 1 회 공판기일

· 피고인 김갑인 도주차량의 점 범의 부인, 나머지 공소사실 인정

· 피고인 이을해 사기의 점 공모관계 부인, 공갈 무죄 주장

– 2012. 12. 20. 피고인 김갑인 증거서류 제출

· 약식명령등본(사문서위조 등 관련 / 공판기록 18쪽)

· 서적사본(음주운전 관련)

– 2012. 12. 21. 제 2 회 공판기일

· 증인 박병진(사경 작성 진술조서 진정성립 인정 / 사망한 양신구로부터 "김갑인의 지시로 이을해에게 2억 원을 전달한 적이 있다"는 말을 들었다 / 2012. 6. 1. 피고인 이을해가 증인에게 2012. 6. 1. 빌린 돈을 갚아야 하는데 돈이 없다고 하면서 500만 원을 빌려달라고 하여 빌려 주고 그 돈도 아직까지 받지 못하고 있다 / 김갑인은 2억 원을 일주일 동안 소액 현금으로 분산하여 인출하였는데 증인은 김갑인과 양신구가 서로 나누어 가졌다는 의심은 해보지 않았다.)

· 증인 안경위(조사 경찰 / 피고인 이을해는 경찰 조사 당시 "2012. 4.경 박병진으

로부터 주유소 부지를 알아봐달라는 부탁을 받자, 매매대금을 부풀려 차액을 편취하기로 김갑인과 공모하고, 실제로는 최정오가 매매대금으로 3억 원을 제시하였음에도 박병진에게 토지소유자가 5억 원을 달라고 한다고 거짓말하여, 같은 해 5.경 박병진으로부터 5억 원을 송금받았다"고 임의 자백하였다.)

· 피고인 김갑인(이을해와 공모하여 피해자 박병진의 돈 2억원 편취사실 인정 / 양신구를 통하여 이을해에게 2억원 교부하였다고 진술)

· 피고인 이을해(사기사실 공모관계 부인)

4. 주요 형사특별법

특정경제범죄 가중처벌 등에 관한 법률 제3조(특정재산범죄의 가중처벌) ① 「형법」 제347조(사기), 제350조(공갈), 제351조(제347조 및 제350조의 상습범만 해당한다), 제355조(횡령·배임) 또는 제356조(업무상의 횡령과 배임)의 죄를 범한 사람은 그 범죄행위로 인하여 취득하거나 제3자로 하여금 취득하게 한 재물 또는 재산상 이익의 가액(이하 이 조에서 "이득액"이라 한다)이 5억원 이상일 때에는 다음 각 호의 구분에 따라 가중처벌한다.

1. 이득액이 50억원 이상일 때: 무기 또는 5년 이상의 징역
2. 이득액이 5억원 이상 50억원 미만일 때: 3년 이상의 유기징역

② 제1항의 경우 이득액 이하에 상당하는 벌금을 병과(倂科)할 수 있다.

특정범죄 가중처벌 등에 관한 법률 제5조의3(도주차량 운전자의 가중처벌) ① 「도로교통법」 제2조에 규정된 자동차·원동기장치자전거의 교통으로 인하여 「형법」 제268조의 죄를 범한 해당 차량의 운전자(이하 "사고운전자"라 한다)가 피해자를 구호(救護)하는 등 「도로교통법」 제54조 제1항에 따른 조치를 하지 아니하고 도주한 경우에는 다음 각 호의 구분에 따라 가중처벌한다.

1. 피해자를 사망에 이르게 하고 도주하거나, 도주 후에 피해자가 사망한 경우에는 무기 또는 5년 이상의 징역에 처한다.
2. 피해자를 상해에 이르게 한 경우에는 1년 이상의 유기징역 또는 500만원 이상 3천만원 이하의 벌금에 처한다.

도로교통법
제44조(술에 취한 상태에서의 운전 금지) ① 누구든지 술에 취한 상태에서 자동차등(「건설기계관리법」 제26조 제1항 단서에 따른 건설기계 외의 건설기계를 포함한다. 이하 이 조, 제45조, 제47조, 제93조 제1항 제1호부터 제4호까지 및 제148조

의2에서 같다)을 운전하여서는 아니 된다.

② 경찰공무원(자치경찰공무원은 제외한다. 이하 이 항에서 같다)은 교통의 안전과 위험방지를 위하여 필요하다고 인정하거나 제 1 항을 위반하여 술에 취한 상태에서 자동차등을 운전하였다고 인정할 만한 상당한 이유가 있는 경우에는 운전자가 술에 취하였는지를 호흡조사로 측정할 수 있다. 이 경우 운전자는 경찰공무원의 측정에 응하여야 한다.

③ 제 2 항에 따른 측정 결과에 불복하는 운전자에 대하여는 그 운전자의 동의를 받아 혈액 채취 등의 방법으로 다시 측정할 수 있다.

④ 제 1 항에 따라 운전이 금지되는 술에 취한 상태의 기준은 운전자의 혈중알코올 농도가 0.05퍼센트 이상인 경우로 한다.

제148조의2(벌칙) ① 다음 각 호의 어느 하나에 해당하는 사람은 1년 이상 3년 이하의 징역이나 500만원 이상 1천만원 이하의 벌금에 처한다.

1. 제44조 제 1 항을 2회 이상 위반한 사람으로서 다시 같은 조 제 1 항을 위반하여 술에 취한 상태에서 자동차등을 운전한 사람

2. 술에 취한 상태에 있다고 인정할 만한 상당한 이유가 있는 사람으로서 제44조 제 2 항에 따른 경찰공무원의 측정에 응하지 아니한 사람

② 제44조 제 1 항을 위반하여 술에 취한 상태에서 자동차등을 운전한 사람은 다음 각 호의 구분에 따라 처벌한다.

1. 혈중알콜농도가 0.2퍼센트 이상인 사람은 1년 이상 3년 이하의 징역이나 500만원 이상 1천만원 이하의 벌금

2. 혈중알콜농도가 0.1퍼센트 이상 0.2퍼센트 미만인 사람은 6개월 이상 1년 이하의 징역이나 300만원 이상 500만원 이하의 벌금

3. 혈중알콜농도가 0.05퍼센트 이상 0.1퍼센트 미만인 사람은 6개월 이하의 징역이나 300만원 이하의 벌금

③ 제45조를 위반하여 약물로 인하여 정상적으로 운전하지 못할 우려가 있는 상태에서 자동차등을 운전한 사람은 3년 이하의 징역이나 1천만원 이하의 벌금에 처한다.

교통사고처리 특례법

제 3 조(처벌의 특례) ① 차의 운전자가 교통사고로 인하여 「형법」 제268조의 죄를 범한 때에는 5년 이하의 금고 또는 2천만원 이하의 벌금에 처한다.

② 차의 교통으로 제 1 항의 죄중 업무상과실치상죄 또는 중과실치상죄와 「도로교통법」 제151조의 죄를 범한 운전자에 대하여는 피해자의 명시한 의사에 반하여 공소를 제기할 수 없다. 다만, 차의 운전자가 제 1 항의 죄 중 업무상과실치상죄 또는 중과실치상죄를 범하고 피해자를 구호하는 등 「도로교통법」 제54조 제 1 항의 규정에

의한 조치를 하지 아니하고 도주하거나 피해자를 사고장소로부터 옮겨 유기하고 도
주한 때, 같은 죄를 범하고 「도로교통법」 제44조 제 2 항을 위반하여 음주측정요구에
불응(운전자가 채혈측정을 요청하거나 동의한 때에는 제외한다)한 때와 다음 각호
의 1에 해당하는 행위로 인하여 동죄를 범한 때에는 그러하지 아니하다.

8. 「도로교통법」 제44조 제 1 항을 위반하여 술에 취한 상태에서 운전을 하거나 같은
   법 제45조를 위반하여 약물의 영향으로 정상적으로 운전하지 못할 우려가 있는
   상태에서 운전한 경우

제 4 조(보험등에 가입된 경우의 특례) ① 교통사고를 일으킨 차가 「보험업법」 제 4 조
및 제126조부터 제128조까지, 「여객자동차 운수사업법」 제60조 · 제61조 또는 「화물
자동차 운수사업법」 제51조에 따라 보험 또는 공제에 가입된 경우에는 제 3 조 제 2
항 본문에 규정된 죄를 범한 당해 차의 운전자에 대하여 공소를 제기할 수 없다. 다
만, 다음 각 호의 어느 하나에 해당하는 경우에는 그러하지 아니하다.

1. 제 3 조 제 2 항 단서에 해당하는 경우

2. 피해자가 신체의 상해로 인하여 생명에 대한 위험이 발생하거나 불구 또는 불치
   나 난치의 질병에 이르게 된 경우

3. 보험계약 또는 공제계약이 무효 또는 해지되거나 계약상의 면책규정 등으로 인
   하여 보험회사, 공제조합 또는 공제사업자의 보험금 또는 공제금 지급의무가 없
   게 된 경우

② 제 1 항에서 "보험 또는 공제"라 함은 교통사고의 경우 「보험업법」에 따른 보험회
사나 「여객자동차 운수사업법」 또는 「화물자동차 운수사업법」에 따른 공제조합 또
는 공제사업자가 인가된 보험약관 또는 승인된 공제약관에 의하여 피보험자 또는
공제조합원과 피해자간의 손해배상에 관한 합의 여부에 불구하고 피보험자 또는 공
제조합원에 갈음하여 피해자의 치료비에 관하여는 통상비용의 전액을, 기타의 손해
에 관하여는 보험약관 또는 공제약관에서 정한 지급기준금액을 대통령령이 정하는
바에 의하여 우선 지급하되, 종국적으로는 확정판결 기타 이에 준하는 채무명의상
피보험자 또는 공제조합원의 교통사고로 인한 손해배상금 전액을 보상하는 보험 또
는 공제를 말한다.

③ 제 1 항의 보험 또는 공제에 가입된 사실은 보험회사, 공제조합 또는 공제사업자
가 제 2 항의 취지를 기재한 서면에 의하여 증명되어야 한다.

Ⅱ. 쟁점 해설1)

1. 피고인 김갑인의 사문서위조, 위조사문서행사의 점

공소사실은 매수인인 박병진 명의의 부동산매매계약서(증거기록 30쪽)를 위조하였다는 것이다. 그런데 약식명령이 확정된 피고인에 대한 사문서위조, 위조사문서행사죄의 범죄사실은 매도인인 최정오 명의의 부동산매매계약서에 대한 것으로 하나의 계약서에 박병진과 최정오 두 사람 명의가 위조된 사안이다.

따라서 최정오 명의의 문서위조죄와 박병진 명의의 문서위조죄는 형법 제40조 소정의 상상적 경합 관계에 있게 되며,2) 그 중 1죄에 대하여 이미 확정된 약식명령의 기판력은 다른 죄인 이 사건 공소사실에 대하여도 미친다.

결국, 위 공소사실은 확정판결이 있는 때에 해당하므로 형사소송법 제326조 제1호에 따라 면소판결을 선고되어야 한다고 변론하면 된다.

* 단순히 확정판결이 있으므로 면소판결을 구한다고 주장하기 보다는 위 판례를 제시하며 두 죄가 상상적 경합관계에 있다는 논리를 아울러 설시하여야 할 것이다.

* 본건 공소사실인 매수인 박병진 명의의 매매계약서 위조와 관련하여, 피고인이 박병진에게 5억원에 토지를 매수한다고 하고, 그 내용으로 위임을 받아 매매계약서를 작성하였으므로 박병진명의에 대한 사문서위조죄가 성립하지 아니한다는 주장이 있을 수 있으나, 위 계약서는 박병진에게 보여 주기 위하여 실제 계약과는 달리 나중에 이중으로 작성된 문서로서 박병진의 위임이 있다고 보기 어려워 사문서위조죄가 성립한다고 보아야 하겠다. 뿐만 아니라 가사 죄가 성립하지 않는 경우라도 형식재판 우선에 따라 무죄에 앞서 면소판결을 구하여야 할 것이다.

---

1) 쟁점해설은 필자의 독자적인 풀이임을 밝혀둔다. 따라서 법무부의 채점기준과는 다를 수 있음을 유의하여야 한다.
2) 대법원 1987. 7. 21. 선고 87도564 판결.
　　문서에 2인 이상의 작성명의인이 있을 때에는 각 명의자마다 1개의 문서가 성립되므로(당원 1977. 7. 12. 선고 77도1736 판결; 1956. 3. 2. 선고 4288형상343 판결 참조) 2인 이상의 연명으로 된 문서를 위조한 때에는 작성명의인의 수대로 수개의 문서위조죄가 성립하고 그 연명문서를 위조하는 행위는 자연적 관찰이나 사회통념상 하나의 행위라 할 것이므로 위 수개의 문서위조죄는 형법 제40조가 규정하는 상상적경합범에 해당한다고 볼 것이다.

2. 피고인 김갑인의 특정범죄가중처벌등에관한법률위반(도주차량)의 점

피고인이 교통사고로 피해자에게 상해를 입힌 사실은 자백하나 도주의 점은 부인하고 있다.3)

경미한 사고인데다 사고 후 40분간 합의금 문제로 피고인과 피해자가 옥신각신하다가 피고인이 가 버린 점을 고려하여야 한다.4)

---

3) 상해의 점도 2주간의 치료를 요하는 경추부염좌상으로 형법상의 상해인지 여부에 대하여도 다툼의 여지가 있으나 피고인이 이를 다투지 않겠다고 하는 점(제2회 공판조서)에 비추어 변론의 대상에서 제외.

4) ① 대법원 2007. 4. 12. 선고 2007도828 판결.
　특정범죄 가중처벌 등에 관한 법률 제5조의3 제1항의 도주차량 운전자의 가중처벌에 관한 규정은 교통의 안전이라는 공공의 이익을 보호함과 아울러 교통사고로 사상을 당한 피해자의 생명·신체의 안전이라는 개인적 법익을 보호하기 위하여 제정된 것이므로, 그 입법 취지와 보호법익에 비추어 볼 때, 사고의 경위와 내용, 피해자의 상해의 부위와 정도, 사고 운전자의 과실 정도, 사고 운전자와 피해자의 나이와 성별, 사고 후의 정황 등을 종합적으로 고려하여 사고 운전자가 실제로 피해자를 구호하는 등 도로교통법 제50조 제1항에 의한 조치를 취할 필요가 있었다고 인정되지 아니하는 경우에는 사고 운전자가 피해자를 구호하는 등 도로교통법 제50조 제1항에 규정된 의무를 이행하기 이전에 사고현장을 이탈하였더라도 특정범죄 가중처벌 등에 관한 법률 제5조의3 제1항 위반죄로는 처벌할 수 없다(대법원 2002. 6. 28. 선고 2002도2001 판결 참조).
　원심은, 그 채용증거를 종합하여 그 판시 사실을 인정한 다음, 이 사건 사고로 인한 피해자의 상해 부위와 정도, 특히 이 사건 사고 당시 피해자에게는 외관상 확인할 수 있는 출혈, 멍, 부종 등의 외상이 없었고 이 사건 사고로 인한 피해자의 상해는 특별한 치료를 받지 않았음에도 불구하고, 별다른 후유증 없이 완쾌된 점과 이 사건 사고 후 피해자의 태도 등에 비추어 보면, 피해자가 이 사건 사고로 인하여 피고인 등으로부터 구호를 받아야 할 필요성이 있었다고 보기 어렵고, 그 밖에 달리 이를 인정할 만한 아무런 증거가 없다는 이유로, 피고인을 특정범죄 가중처벌 등에 관한 법률 위반(도주차량)죄로 처벌할 수 없다고 판단하였다.
　앞서 본 법리와 기록에 비추어 살펴보면, 원심의 위와 같은 인정 및 판단은 정당하고, 거기에 상고이유로 주장하는 바와 같은 사실오인 또는 도주차량에 관한 법리오해의 위법이 없다.
② 대법원 2002. 1. 11. 선고 2001도2869 판결.
　특정범죄가중처벌등에관한법률 제5조의3 제1항 소정의 '피해자를 구호하는 등 도로교통법 제50조 제1항의 규정에 의한 조치를 취하지 아니하고 도주한 때'라 함은 사고운전자가 사고로 인하여 피해자가 사상을 당한 사실을 인식하였음에도 불구하고 피해자를 구호하는 등 도로교통법 제50조 제1항에 규정된 의무를 이행하기 이전에 사고현장을 이탈하여 사고를 낸 자가 누구인지 확정될 수 없는 상태를 초래하는 경우를 말하는 것이나(대법원 2001. 1. 5. 선고 2000도2563 판결 등 참조), 특정범죄가중처벌등에관한법률 제5조의3 제1항의 규정은 자동차와 교통사고의 격증에 상응하는 건전하고 합리적인 교통질서가 확립되지 못한 현실에서 자신의 과실로 교통사고를 야기한 운전자가 그 사고로 사상을 당한 피해자를 구호하는 등의 조치를 취하지 아니하고 도주하는 행위에는 강한 윤리적 비난가능성이 있음을 감안하여 이를 가중처벌함으로써 교통의 안전이라는 공공의 이익을 보호함과 아울러 교통사고로 사상을 당한 피해자의 생명·신체의 안전이라는 개인적 법익을 보호하기 위하여 제정된 것이라는 입법 취지와 보호법익에 비추어 볼 때, 사고의 경위와 내용, 피해자의 상해의 부위와 정도, 사고운전자의 과실 정도, 사고운전자와 피해자의 나이와 성별, 사고 후의 정황 등을 종

사고의 경위와 내용, 피해자의 상해의 부위와 정도, 사고 운전자의 과실 정도, 사고 운전자와 피해자의 나이와 성별, 사고 후의 정황 등을 종합적으로 고려하여[5] 사고 운전자가 실제로 피해자를 구호하는 등 도로교통법 제50조 제 1 항에 의한 조치를 취할 필요가 있었다고 인정되지 아니하는 경우라고 판단되므로 관련 판례의 요지를 적시하며 도주의 점에 대하여 무죄를 주장할 수 있는 사안이다.

3. 피고인 김갑인의 도로교통법위반(음주운전)의 점

공소사실에 기재된 운전 당시의 혈중알콜농도는 0.053%이나 이는 위드마크공식에 의한 추정치에 불과하고, 사고발생 1시간 후인 측정당시의 혈중알콜농도는 0.045%이므로 위드마크공식이 적정하게 적용되었는지, 오차의 범위를 벗어나지는 않는지 여부 등을 확인하여야 한다.

관련 판례들은 위드마크 공식을 사용하여 운전 당시의 혈중 알코올농도를 추정할 수는 있으나, 그 법칙 적용의 전제가 되는 개별적이고 구체적인 사실에 대하여는 엄격한 증명을 요하며 위드마크 공식에 의하여 산출한 혈중 알코올농도가 법이 허용하는 혈중 알코올농도를 근소하게 초과하는 정도에 불과한 경우라면 위 공식에 의하여 산출된 수치에 따라 범죄의 구성요건 사실을 인정함에 있어서 더욱 신중하게 판단하여야 할 것이라는 취지로 판시하고 있다.[6]

합적으로 고려하여 사고운전자가 실제로 피해자를 구호하는 등 도로교통법 제50조 제 1 항에 의한 조치를 취할 필요가 있었다고 인정되지 아니하는 경우에는 사고운전자가 피해자를 구호하는 등 도로교통법 제50조 제 1 항에 규정된 의무를 이행하기 이전에 사고현장을 이탈하였더라도 특정범죄가중처벌등에관한법률 제 5 조의3 제 1 항 위반죄로는 처벌할 수 없다 할 것이다.

그런데 원심이 인용한 제 1 심의 채용 증거들에 의하면, 피고인은 제 1 심 판시와 같은 교통사고를 낸 후 자신이 운전하던 차량을 도로변에 정차시키고 차에서 내려 피해자가 목을 주무르고 있는 것을 보고도 별다른 조치 없이 운전하던 차량을 사고현장에 놓아둔 채 다른 사람에게 사고처리를 부탁하기 위하여 사고현장을 이탈하였으나, 위 사고로 피해자가 입은 상해는 목이 뻐근한 정도로서 그 다음날 병원에서 엑스레이를 촬영한 결과 이상이 없고 임상적 추정에 의하여 약 2주간의 치료를 요하는 급성경추염좌의 진단을 받았을 뿐인 사실을 알 수 있는바, 이와 같은 피해자의 상해의 부위와 정도 및 그 밖에 기록에 나타난 이 사건 사고의 경위와 사고 후의 정황 등에 비추어 보아도 이 사건 사고에서 피고인이 실제로 피해자를 구호하는 등의 조치를 취하여야 할 필요가 있었다고 보기는 어려우므로, 피고인이 그 조치를 취하지 아니한 채 사고현장을 이탈하였다고 하여 피고인을 특정범죄가중처벌등에관한법률 제 5 조의3 제 1 항 제 2 호 위반죄로 처벌할 수는 없다 할 것이다.

5) 피해자의 진술(증거기록 40쪽 진술서)도 피고인의 진술과 같다는 취지를 기재하여 사실관계는 별다른 다툼이 없다는 점을 밝히는 것이 좋다.

6) ① 대법원 2001. 7. 13. 선고 2001도1929 판결.

피고인에게 가장 유리한 감소치를 적용하여 위드마크(Widmark) 공식에 따라 사후 측정수치에 혈중알코올농도의 감소치를 가산하는 방법으로 산출한 혈중알코올농도가 처벌기준치를 근소하게 초과하는 것에 그치고 있을 뿐만 아니라, 음주운전 시점이 혈중알코올농도의 상승시점인지 하강시점인지 확정할 수 없는 상황에서 사후 측정수치에 혈중알코올농도 감소치를 가산하는 방법으로 산출한 혈중알코올농도가 처벌기준치를 약간 넘는다고 하여 음주운전시점의 혈중알코올농도가 처벌기준치를 초과한 것이라고 단정할 수 없다(대법원 2003. 4. 25. 선고 2002도6762 판결 등).

② 대법원 2005. 7. 14. 선고 2005도3298 판결.

음주운전에 있어서 운전 직후에 운전자의 혈액이나 호흡 등 표본을 검사하여 혈중 알코올농도를 측정할 수 있는 경우가 아니라면 소위 위드마크 공식을 사용하여 수학적 방법에 따른 계산 결과로 운전 당시의 혈중 알코올농도를 추정할 수 있으나, 범죄구성요건 사실의 존부를 알아내기 위해 과학공식 등의 경험칙을 이용하는 경우에는 그 법칙 적용의 전제가 되는 개별적이고 구체적인 사실에 대하여는 엄격한 증명을 요한다고 할 것이고, 한편 위드마크 공식에 의한 역추산 방식을 이용하여 특정 운전시점으로부터 일정한 시간이 지난 후에 측정한 혈중 알코올농도를 기초로 하고 여기에 시간당 혈중 알코올의 분해소멸에 따른 감소치에 따라 계산된 운전시점 이후의 혈중 알코올 분해량을 가산하여 운전시점의 혈중 알코올농도를 추정함에 있어서는 피검사자의 평소 음주정도, 체질, 음주속도, 음주 후 신체활동의 정도 등의 다양한 요소들이 시간당 혈중 알코올의 감소치에 영향을 미칠 수 있는바, 형사재판에 있어서 유죄의 인정은 법관으로 하여금 합리적인 의심을 할 여지가 없을 정도로 공소사실이 진실한 것이라는 확신을 가지게 할 수 있는 증명이 필요하므로, 위 영향요소들을 적용함에 있어 피고인이 평균인이라고 쉽게 단정하여 평균적인 감소치를 적용하여서는 아니되고, 필요하다면 전문적인 학식이나 경험이 있는 자의 도움을 받아 객관적이고 합리적으로 혈중 알코올농도에 영향을 줄 수 있는 요소들을 확정하여야 할 것이며(대법원 2000. 10. 24. 선고 2000도3307 판결, 2000. 11. 10. 선고 99도5541 판결 등 참조), 그리고 위드마크 공식에 의하여 산출한 혈중 알코올농도가 법이 허용하는 혈중 알코올농도를 상당히 초과하는 것이 아니고 근소하게 초과하는 정도에 불과한 경우라면 위 공식에 의하여 산출된 수치에 따라 범죄의 구성요건 사실을 인정함에 있어서 더욱 신중하게 판단하여야 할 것이다(대법원 2001. 7. 13. 선고 2001도1929 판결, 2003. 4. 25. 선고 2002도6762 판결, 2004. 9. 24. 선고 2004도4408 판결 등 참조).

기록에 비추어 살펴보면, 피고인은 2004. 4. 6. 19 : 55경 음주를 종료하고 이 사건 차량을 운전하여 25분 후인 같은 날 20 : 20경 이 사건 교통사고를 야기하였으며, 그로부터 1시간 41분이 경과한 같은 날 22:01경 음주측정기에 의한 음주측정을 하여 혈중 알코올농도가 0.047%로 측정된 사실, 혈중 알코올농도는 피검사자의 체질, 음주한 술의 종류, 음주속도, 음주시 위장에 있는 음식의 정도 등에 따라 개인마다의 차이가 있으며, 음주 후 30분~90분 사이에 혈중 알코올농도가 최고치에 이른 후 시간당 약 0.008%~0.03%(평균 약 0.015%)씩 감소하는 사실을 인정할 수 있다.

한편, 피고인이 평균인이라고 확정할 만한 객관적 자료가 없으므로, 피고인에게 가장 유리한 전제사실, 즉 음주 후 90분 후에 혈중 알코올농도가 최고치에 이르며, 최고치에 이른 후 시간당 약 0.008%씩 감소하는 것을 기초로 하여 이 사건 혈중 알코올농도가 최고치에 이른 21 : 25경 피고인의 혈중 알코올농도를 계산하면 0.0518%[=0.047 + (0.008 × 36/60), 36은 음주수치가 최고농도에 이른 21:25경부터 음주측정시간인 22:01경까지의 시간임]가 되어 도로교통법상 처벌기준인 0.05%를 넘는 결과가 되나, 이와 같은 방식으로 산출한 혈중 알코올농도가 처벌기준치인 0.05%를 근소하게 초과하는 것에 그치고 있을 뿐만 아니라, 이 사건 교통사고 발생시는 혈중 알코올농도가 최고수치에 이른 때로부터 65분 정도 이전이고, 음주 종료 후 혈중 알코올농도가 최고수치에 이를 때까지는 음주수치가 증가하는 점, 그 증가치에 관한 아무런 자료가 없으나 시간당 0.002% 정도만 증가한다고 보더라도 이 사건 사고 당시 혈중 알코올농도는 0.05% 미만으로 계산되는 점 등에 비추어 본다면, 이 사건 사고 당시 피고인의 혈

　　판례의 취지에 따르면 이 사건에서도 산출한 혈중알코올농도가 처벌기준치를 근소하게 초과하는 것에 그치고 있을 뿐만 아니라, 음주운전 시점이 혈중알코올농도의 상승시점인지 하강시점인지 확정할 수 없는 상황에서7) 사후 측정수치에 혈중알코올농도 감소치를 가산하는 방법으로 산출한 혈중알코올농도가 처벌기준치를 약간 넘는다고 하여 음주운전시점의 혈중알코올농도가 처벌기준치를 초과한 것이라고 단정할 수 없다.

　　결국, 공소사실은 범죄의 증명이 없는 경우에 해당하므로 형사소송법 제327조 후단의 무죄라고 변론할 수 있다. 이때 변론의 근거로서 판례와 함께, 변호인이 증거로 제출한 서적사본(공판기록 19쪽)의 내용을 적시하면 된다.

4. 피고인 김갑인의 교통사고처리특례법위반의 점(축소사실)에 대한 공소기각판결의 주장

　　도주차량의 점과 음주운전의 점이 무죄인 경우라도, 특정범죄가중처벌등에관한법률위반(도주차량) 공소사실에는 교통사고처리특례법 제 3 조 제 1 항 위반의 죄가 포함되어8) 법원은 공소장변경이 없더라도 직권으로 유·무죄의 실체판단을 할 수 있다고 보아야 한다.9)

　　중 알코올농도가 처벌기준치인 0.05% 이상이었다고 단정할 수는 없다고 할 것이다.
7) 검사도 공판정에서 음주운전 시점이 혈중알코올농도의 상승시점인지 하강시점인지 확정할 수 없는 상황이라고 진술하고 있다.(공판기록 21쪽)
8) 대법원 2007. 4. 12. 선고 2007도828 판결.
　　법원은 공소사실의 동일성이 인정되는 범위 내에서 공소가 제기된 범죄사실에 포함된 보다 가벼운 범죄사실이 인정되는 경우에 심리의 경과에 비추어 피고인의 방어권 행사에 실질적 불이익을 초래할 염려가 없다고 인정되는 때에는 공소장이 변경되지 않았더라도 직권으로 공소장에 기재된 공소사실과 다른 공소사실을 인정할 수 있는 것이다(대법원 1999. 11. 9. 선고 99도2530 판결 참조).
　　원심이 피고인을 유죄라고 인정한 교통사고처리특례법 위반죄는 이 사건 공소사실과 동일성이 인정되고 공소제기된 범죄사실에 포함되어 있으며, 기록에 의하면, 제 1 심에서 원심에 이르기까지 심리과정에서 피고인의 교통사고처리특례법 위반의 점에 관하여 충분한 심리가 이루어졌음을 알 수 있으므로, 피고인을 그 죄로 처벌하더라도 피고인에게 방어권의 행사에 실질적 불이익을 초래할 염려가 있다고 볼 수는 없다. 따라서 원심판결에 피고인의 방어권을 현저히 침해한 위법 등이 있다는 상고이유의 주장은 받아들일 수 없다.
9) 왜냐하면, 공소사실의 동일성이 인정될 뿐만 아니라 축소사실이기 때문이다. 축소사실 등 법원이 공소장변경이 없이도 직권으로 인정할 수 있는 부분에 대하여는 반드시 변론을 하여야 할 것이다.
　　그런데 가끔 공소사실에 비추어 공소제기된 죄와는 다른 죄가 성립될 가능성이 높은 경우, 공소장 변경없이 법원이 인정할 수 있는 부분인가에 대하여 논란도 발생하고, 공소사실의 동일성은 있으나 공소장변경을 하여야 하는 사안 등에서 그 부분에 대하여까지 예비적 변론을 따라서 변호인은 피고인이 자동차종합보험에 가입된 자료(증거기록 43쪽)을 들어 교통사고처리특례법 제4조에 의하여 공소를 제기할 수 없는 경우임을 설시하여 교통사고처리특례법위반죄가 성립한다 하더라도 형사소송법 제327조 제2호에 따라 공소제기의 절차가 법률의 규정에 위반하여 무효인 경우에 해당하므로 판결로써 공소를 기각해 달라는 예비적 변론을 하는 것이 옳다.

5. 피고인 이을해의 특정경제범죄가중처벌등에관한법률위반(사기)의 점

가. 증거부족으로 인한 무죄의 주장

(1) 변론의 방향

증거판단에 따라 무죄를 주장하여야 하는 전형적인 사안이다.

따라서, 피고인이 범행을 부인하고 있음을 전제로 공소사실에 관련하여 검사가 제출한 증거를 빠짐없이 정리한 다음, 증거능력이 없는 증거는 그 이유와 함께 먼저 배제하고, 증거능력이 있는 증거는 증명력이 없다는 취지를 설시하여야 한다

증명력과 관련하여 협의의 증명력은 있으나 신용력(신빙성)이 없는 증거들을 위주로 판단하여야 한다. 특히 신빙성이 없는 이유를 구체적으로 설시하여야 높은 평가를 받을 수 있다.[10)

마지막으로 기타 증거, 즉 협의의 증명력이 부족한 증거[11)들은 대부분 "그 자체만으로는 공소사실을 증명하기 부족하고, 그 밖에 달리 이를 인정할만한 증거가 없다"는 이유로 배척하면 된다.

피고인에게 유리한 증거가 있는 경우, "오히려, ~ 자료에 의하면 ~ 한 사실이 인정된다"는 등으로 적극적으로 사실관계를 이끌어 나가는 것이 좋은 경우가 있겠

하여야 하는가 하는 의문이 제기된다. 실무에 있어서는 결심하였다 하더라도 변론이 재개되어 석명이 이루어지거나 공소장이 변경되어 그 후에 적절한 변론을 하게 되는 경우가 많겠으나 시험기록의 경우 일단 최종 변론을 하여야 하므로 공소사실에 비추어 공소제기된 죄와는 다른 죄가 성립될 가능성이 높은 경우에는 일단 예비적으로 변론하는 것이 바람직하다(다만 다른 죄가 성립될 가능성이 높지 않은 모든 경우를 상정하여 변론하는 것은 주된 주장의 요지를 흐릴 염려가 높으므로 지양하여야 할 것이다).

10) 신빙성을 감쇄시킬 수 있는 사유로 진술증거인 경우는 여러 차례의 진술들의 변경, 진술 자체의 모순, 다른 사람의 진술과의 불일치·모순, 피고인·피해자 등 관계인들과의 관계, 증인의 태도에서 공정성 등 다양한 사유가 있을 수 있다.

11) '부족증거'라고 칭하는 경우도 있으나 '신용력'과 '협의의 증명력'의 정도는 증거마다 판단되어야 하고 실제로 어느 부분이 약하여 증명의 자료가 되기 어려운지도 구분하기 곤란하므로 '부족증거'라고 칭하기보다는 위와 같이 신빙성이 없는 증거들을 우선 배척한 다음 '기타 나머지 증거들'로 칭하여 배척하는 것이 옳다.

지만, 형사소송절차에서는 공소사실에 대하여 합리적 의심을 배제할 수 없으면 무죄판결이 선고되는 것이므로 지나치게 무리한 주장을 하는 것은 지양한다.

(2) 구체적 증거판단

㈎ 증거능력 없는 증거들

① 사법경찰관 작성의 피고인 이을해에 대한 피의자신문조서

- 자백하고 있으나, 피고인이 증거의견 진술시 내용부인, 증거능력 없음

② 사법경찰관 작성의 김갑인에 대한 피의자신문조서

- 판례에 따라 당해 피고인 이을해가 내용부인의 취지로 부동의하였으므로 증거능력이 없음

③ 안경위의 증언

- 이을해가 경찰조사시 범행을 자백하는 것을 들었다는 취지의 증언

- 형사소송법 제316조 제1항에 따라서 증거능력이 인정된다는 주장이 있을 수 있다. 그러나 조사 당시의 상황에 비추어 특신상태가 있었다고 보기는 어려워 증거능력이 부정된다고 변론함이 옳다.

- 더욱이 증거가 되는 이을해의 자백 진술에 관하여 보면, 이을해가 경찰관의 임의동행을 요구를 거절하였음에도 강제 연행된 상태에서 긴급체포되었으므로 이을해에 대한 체포는 위법하고,[12] 결국 불법체포 상태 아래에서 자백한 것이므로 위법수집증거배제법칙 또는 자백배제법칙에 따라 증거능력이 없다고 보아야 한다.

㈏ 신빙성이 없는 증거들

① 김갑인의 진술

- 공소사실에 들어맞는 김갑인의 법정 진술,[13] 검사 작성의 피의자신문조서의 진술기재[14]는 증거능력이 있으므로[15] 신빙성을 감쇄시켜야 한다.

---

12) 검사작성의 피의자신문조서의 기재 내용 참조.

13) 이을해와 공모하여 5억원 편취, 양신구를 통하여 이을해에게 현금 2억원 교부하였다는 진술.

14) 이을해의 지시에 따라 공모하여 편취, 양신구를 통하여 이을해에게 2억원 교부하였다는 진술기재.

15) 검사 작성의 피고인 김갑인에 대한 피의자신문조서는 피고인 이을해가 부동의하였음에도 불구하고 법정에서 원진술자인 피고인 김갑인이 진정성립을 인정하고 있으므로 증거능력이 인정된다. 신빙성을 다투어야 한다.

[김갑인(내지 양신구)의 진술이 신빙성이 없는 이유]

- 피고인 이을해가 범행직후인 2012. 6. 1. 박병진에게 500만원을 빌려 간 사실이 박병진의 진술에 의하여 인정되는바, 피고인 김갑인의 진술대로 이을해도 공모하여 사기를 하고 또 현금 2억원이 이을해에게 넘어갔다면 굳이 이을해가 박병진으로부터 돈 500만원을 빌릴 이유가 없다.

- 김갑인은 직접 최정오와의 계약을 처리하고 5억원을 송금받았으며 계약서도 위조하는 등 실질적인 범행을 주도한 사람인데, 굳이 차액 2억원 전액을 추적이 어려운 현금으로 인출하여 이을해에게 교부하였다는 점은 상식에 반하는 행동이다.

- 김갑인은 자신이 이을해로부터 300만원의 수고비만 받았다고 진술하고 있는데 최정오의 진술에 의하면, 김갑인 자신이 받은 돈보다 많은 1,000만원을 지급하겠다고 하면서 최정오에게 고소를 하지 말아 줄 것을 부탁한 점도 수상하다.

- 피고인 이을해가 지하 건물에서 거주하고 있고, 식대조차도 내지 못하고 도망할 정도로 궁핍하게 지내고 있는 점에 비추어 이을해가 2억원이라는 돈을 받았다고 보기 어렵다.

② **박병진의 진술**

공판정 진술,[16] 사법경찰관 작성의 진술조서의 기재[17]도 증거능력이 있으므로 증명력이 없다는 점을 밝혀야 한다.

양신구의 "피고인 이을해에게 돈 2억원을 전달하였다"라는 말을 들었다는 부분은 양신구가 사망하여 형사소송법 일단 제316조 제 2 항의 일단의 요건은 갖추어졌다고 판단된다.

따라서, 법 제316조 제 2 항의 또 다른 요건인 특신상태가 없다고 주장하거나,[18] 위에서 본 바와 같은 이유로 신빙성이 없다고 주장하여야 한다.

㈐ **기타 증거**

그 밖에, 매도인 최정오의 진술, 부동산매매계약서, 무통장 입금증 등은 모두 진실하다고 하더라도 단순히 매매경위 등에 관한 진술로써 위 공소사실을 증명할 만한 증명력이 없고(협의의 증명력), 그 밖에 공소사실을 인정할 만한 다른 증거도 없다.

---

16) 2012. 6. 10.경 죽은 양신구로부터 "피고인 이을해에게 돈 2억원을 전달하였다"라는 말을 들었다는 진술.

17) 사법경찰관 작성의 진술조서도 피고인 이을해가 부동의하였으나 박병진이 증언으로 진정성립을 인정하였으므로 증거능력이 있다.

18) 이 경우는 증거능력이 부정될 것이다.

(3) 결　론

따라서 이 부분 공소사실은 범죄의 증명이 없는 때에 해당하여 형사소송법 제325조 후단에 따라 무죄가 선고되어야 한다는 변론을 한다.

나. 특정경제범죄가중처벌등에관한법률위반(사기)의 점 불성립 주장

이 사건의 실체는 3억원에 불과한 부동산을 5억원에 매수하도록 하고, 3억원 상당의 토지를 이전하여 줌과 동시에 5억원을 받아 종국적으로는 돈 2억원을 사실상 부당 취득한 사안으로서, 변호인으로서는 편취액은 2억원으로 의율함이 상당하다는 주장을 제기할 수도 있을 것으로 보인다.

이러한 주장이 받아들여진다면 특정경제범죄가중처벌등에관한법률위반(사기)이 아니라 형법 제347조 제1항의 사기죄에 해당하므로 법정형이 크게 낮아진다.

특히, 형법상의 사기죄와는 달리 판례는 특정경제범죄가중처벌등에관한법률위반죄의 경우, 이익의 산정을 엄격하게 하고 있으므로[19] 이러한 판례를 적시하며 변론을 개진하면 설득력이 있다.

　＊다만, 이 점에 대해서 법리상의 다툼은 있을 것으로 생각된다.

---

19) 대법원 2007. 4. 19. 선고 2005도7288 전원합의체 판결.

(가) 형법 제347조의 사기죄는 사람을 기망하여 재물의 교부를 받거나 재산상의 이익을 취득하거나 제3자로 하여금 재물의 교부를 받게 하거나 재산상의 이익을 취득하게 함으로써 성립하고, 그 교부받은 재물이나 재산상 이익의 가액이 얼마인지는 문제되지 아니하는 데 비하여, 사기로 인한 특정경제범죄 가중처벌 등에 관한 법률 위반죄에 있어서는 편취한 재물이나 재산상 이익의 가액이 5억 원 이상 또는 50억 원 이상이라는 것이 범죄구성요건의 일부로 되어 있고 그 가액에 따라 그 죄에 대한 형벌도 가중되어 있으므로, 이를 적용함에 있어서는 편취한 재물이나 재산상 이익의 가액을 엄격하고 신중하게 산정함으로써, 범죄와 형벌 사이에 적정한 균형이 이루어져야 한다는 죄형균형 원칙이나 형벌은 책임에 기초하고 그 책임에 비례하여야 한다는 책임주의 원칙이 훼손되지 않도록 유의하여야 한다.

(나) 따라서 사람을 기망하여 부동산의 소유권을 이전받거나 제3자로 하여금 이전받게 함으로써 이를 편취한 경우에 특정경제범죄 가중처벌 등에 관한 법률 제3조의 적용을 전제로 하여 그 부동산의 가액을 산정함에 있어서는, 그 부동산에 아무런 부담이 없는 때에는 그 부동산의 시가 상당액이 곧 그 가액이라고 볼 것이지만, 그 부동산에 근저당권설정등기가 경료되어 있거나 압류 또는 가압류 등이 이루어져 있는 때에는 특별한 사정이 없는 한 아무런 부담이 없는 상태에서의 그 부동산의 시가 상당액에서 근저당권의 채권최고액 범위 내에서의 피담보채권액, 압류에 걸린 집행채권액, 가압류에 걸린 청구금액 범위 내에서의 피보전채권액 등을 뺀 실제의 교환가치를 그 부동산의 가액으로 보아야 한다.

＊대법원 2011.6.30. 선고 2011도1651 판결 등.

6. 피고인 이을해의 공갈의 점

가. 공갈의 점에 대한 무죄 변론

공소사실은 피고인이 음식 값 5만원을 내지 않고 도망가려다가 따라 온 주인에게 폭행을 가하는 등 겁을 먹게 하여 음식 값의 청구를 단념하게 함으로써 재산상의 이익을 취득하였다는 것이다.

그런데, 재산상 이익의 취득으로 인한 공갈죄가 성립하려면 폭행 또는 협박과 같은 공갈행위로 인하여 피공갈자가 재산상 이익을 공여하는 처분행위가 있어야 한다. 단순히 행위자가 법적으로 의무 있는 재산상 이익의 공여를 면하기 위하여 상대방을 폭행하고 현장에서 도주함으로써 상대방이 행위자로부터 원래라면 얻을 수 있었던 재산상 이익의 실현에 장애가 발생한 것에 불과하다면, 그 행위자에게 공갈죄의 죄책을 물을 수 없다는 판례가 있다.[20]

따라서, 이 판례를 적시하며 공소사실은 형사소송법 제325조 전단에 따라 범죄로 되지 아니하는 때로서 무죄가 선고되어야 한다고 변론한다.

---

20) 대법원 2012. 1. 27. 선고 2011도16044 판결.

　[1] 재산상 이익의 취득으로 인한 공갈죄가 성립하려면 폭행 또는 협박과 같은 공갈행위로 인하여 피공갈자가 재산상 이익을 공여하는 처분행위가 있어야 한다. 물론 그러한 처분행위는 반드시 작위에 한하지 아니하고 부작위로도 족하여서, 피공갈자가 외포심을 일으켜 묵인하고 있는 동안에 공갈자가 직접 재산상의 이익을 탈취한 경우에도 공갈죄가 성립할 수 있다. 그러나 폭행의 상대방이 위와 같은 의미에서의 처분행위를 한 바 없고, 단지 행위자가 법적으로 의무 있는 재산상 이익의 공여를 면하기 위하여 상대방을 폭행하고 현장에서 도주함으로써 상대방이 행위자로부터 원래라면 얻을 수 있었던 재산상 이익의 실현에 장애가 발생한 것에 불과하다면, 그 행위자에게 공갈죄의 죄책을 물을 수 없다.

　[2] 피고인이 피해자가 운전하는 택시를 타고 간 후 최초의 장소에 이르러 택시요금의 지급을 면할 목적으로 다른 장소에 가자고 하였다면서 택시에서 내린 다음 택시요금 지급을 요구하는 피해자를 때리고 달아나자, 피해자가 피고인이 말한 다른 장소까지 쫓아가 기다리다 그곳에서 피고인을 발견하고 택시요금 지급을 요구하였는데 피고인이 다시 피해자의 얼굴 등을 주먹으로 때리고 달아난 사안에서, 피해자가 피고인에게 계속해서 택시요금의 지급을 요구하였으나 피고인이 이를 면하고자 피해자를 폭행하고 달아났을 뿐, 피해자가 폭행을 당하여 외포심을 일으켜 수동적·소극적으로라도 피고인이 택시요금 지급을 면하는 것을 용인하여 이익을 공여하는 처분행위를 하였다고 할 수 없는데도, 이와 달리 보아 공갈죄를 인정한 원심판결에 법리오해 등 위법이 있다.

나. 기타, 예비적 변론

(1) 폭행에 대한 공소기각 주장

공갈죄는 성립하지 아니하더라도 단순 폭행사실이 인정되고, 피고인도 폭행사실은 시인하고 있어 피고인의 방어권 보장에도 실질적 불이익이 없다고 보여지므로 이는 법원이 공소장변경이 없더라도 직권으로 유죄 판단을 할 수 있는 사안이다.

물론 피해자가 공소제기 전인 2012. 9. 28. 피고인의 처벌을 원하지 아니하고 있으므로 반의사불벌죄인 폭행의 점에 대해서 법원이 유죄 판단을 하지는 않겠지만 법원의 주의를 촉구하는 의미에서 폭행죄가 성립한다 하더라도 형사소송법 제327조 제 2 호에 따라 공소기각판결이 선고되어야 할 사안임을 변론하는 것이 옳다.[21]

(2) 사기의 점 불성립 주장 여부

처음부터 돈이 없는 것을 알고도 무전취식한 것이라면 사기죄가 성립할 수도 있는 사안이다. 하지만 이 사건 공소사실에 이미 음식을 먹은 다음 돈이 없는 것을 알았다고 적시하고 있으므로 사기죄는 성립할 여지가 없고, 또 기소된 공소사실과 동일성은 인정되지만 공소장변경 없이 법원이 직권으로 유죄 판단할 수 있는 사안도 아니므로 굳이 예비적 변론이 필요한 경우는 아니라고 판단된다.

---

21) 특히, 시험문제에서는 출제자가 이를 채점기준에 반영할 소지가 크므로 반드시 주장하는 습관을 가지도록 한다.

변 론 요 지 서

Ⅰ. 피고인 김갑인에 대하여

1. 사문서위조, 위조사문서행사의 점

이 사건 공소사실은 피고인이 매수인인 박병진 명의의 부동산매매계약서를 위조, 행사하였다는 것입니다.

그런데, 부동산매매계약서(증거기록 30쪽)의 기재에 의하면 하나의 매매계약서에 위 박병진과 매도인 최정오 두 사람 연명의 명의가 함께 위조된 사실이 인정되고, 아울러 약식명령등본(공판기록 18쪽)의 기재에 의하면 피고인은 이미 위 최정오 명의의 부동산매매계약서를 위조, 행사하였다는 범죄사실로 2012. 10. 24. 약식명령을 발령받아 2012. 11. 29. 확정된 사실이 인정됩니다.

문서에 2인 이상의 작성명의인이 있을 때에는 각 명의자마다 1개의 문서가 성립되며 2인 이상의 연명으로 된 문서를 위조한 때에는 작성명의인의 수대로 수개의 문서위조죄가 성립하고 그 연명문서를 위조하는 행위는 자연적 관찰이나 사회통념상 하나의 행위라 할 것이므로 위 수개의 문서위조죄는 형법 제40조가 규정하는 상상적 경합범에 해당한다고 볼 것입니다(대법원 1987. 7. 21. 선고 87도564 판결).

결국 위 최정오 명의의 문서위조죄와 위 박병진 명의의 문서위조죄는 형법 제40조 소정의 상상적 경합 관계에 있게 되므로 그 중 1죄에 대하여 이미 확정된 약식명령의 기판력은 다른 죄인 이 사건 공소사실에 대하여도 미치게 됩니다.

따라서, 위 공소사실은 확정판결이 있는 때에 해당하므로 형사소송법 제326조 제1호에 따라 면소판결을 선고하여 주시기 바랍니다.

2. 특정범죄가중처벌등에관한법률위반(도주차량)의 점

피고인이 교통사고를 낸 다음 차에서 내려 피해자에게 보험처리를 약속하였는데도 과도한 합의금을 요구하는 바람에 약 40분간이나 옥신각신하다가 피해자가 경찰에 신고하려하자 겁이 나서 그냥 가버린 사실이 있으나 도주한 것은 아닙니다.

　판례는 사고의 경위와 내용, 피해자의 상해의 부위와 정도, 사고 운전자의 과실 정도, 사고 운전자와 피해자의 나이와 성별, 사고 후의 정황 등을 종합적으로 고려하여 사고 운전자가 실제로 피해자를 구호하는 등 도로교통법 제50조 제 1 항에 의한 조치를 취할 필요가 있었다고 인정되지 아니하는 경우에는 사고 운전자가 피해자를 구호하는 등 도로교통법 제50조 제 1 항에 규정된 의무를 이행하기 이전에 사고현장을 이탈하였더라도 특정범죄 가중처벌 등에 관한 법률 제 5 조의3 제 1 항 위반죄로는 처벌할 수 없다고 판시하고 있습니다(대법원 2007. 4. 12. 선고 2007도828 판결, 대법원 2002. 1. 11. 선고 2001도2869 판결 등).

　피해자 고경자도 사고 후의 경위에 대하여 "가해운전자와 함께 일단 차량을 다른 장소로 이동한 후, 교통사고 합의금 문제로 약 40분간을 옥신각신하였는데 가해자가 음주운전을 하다가 사고를 낸 것이 틀림없음에도 자기는 합의금을 못 주겠다고 하여 제가 경찰을 부르려고 전화하자 허겁지겁 차량을 타고 가버렸다"고 진술하고, 상해의 점에 대하여도 "사고 직후에는 몰랐는데 다음날 목과 허리가 안 좋아 병원에 간 것이다"라고 진술하고 있습니다(증거기록 40쪽 진술서).

　아울러, 피해자의 상해도 요치2주의 경추염좌상으로서 경미한 점 등을 종합적으로 고려하면 이 사건에서 피고인이 실제로 피해자를 구호하는 등 도로교통법 제50조 제 1 항에 의한 조치를 취할 필요가 있었다고 볼 수 없습니다.

　결국 이 사건 공소사실은 범죄로 되지 아니하는 때에 해당하므로 형사소송법 제325조 전단에 따라 무죄를 선고하여 주시기 바랍니다.

3. 도로교통법위반(음주운전)의 점

　피고인이 술을 마시고 운전한 사실은 있으나, 도로교통법 제44조 제 4 항에 따라 운전이 금지되는 술에 취한 상태의 기준은 혈중알코올농도 0.05% 이상인 경우인데, 이 사건에서는 운전 당시의 피고인의 혈중알코올농도가 그 기준 이상이었다는 점에 대한 증명이 없습니다.

　이 사건에서 피고인은 혈중알코올농도 0.053%의 술에 취한 상태에서 운전하였다고 공소가 제기되었으나 이는 위드마크공식에 의한 추정치에 불과하고, 사고

발생 1시간 후인 측정당시의 혈중알코올농도는 0.045%에 불과할 뿐입니다.

　　판례는 위드마크 공식을 사용하여 운전 당시의 혈중 알코올농도를 추정할 수 는 있으나, 그 법칙 적용의 전제가 되는 개별적이고 구체적인 사실에 대하여는 엄 격한 증명을 요하며 위드마크 공식에 의하여 산출한 혈중 알코올농도가 법이 허용 하는 혈중 알코올농도를 근소하게 초과하는 정도에 불과한 경우라면 위 공식에 의 하여 산출된 수치에 따라 범죄의 구성요건 사실을 인정함에 있어서 더욱 신중하게 판단하여야 한다라고 판시하고 있습니다(대법원 2001. 7. 13. 선고 2001도1929 판결, 대 법원 2005. 7. 14. 선고 2005도3298 판결 등 참조).

　　아울러, 혈중알코올 분해량은 피검사자의 체질, 음주한 술의 종류, 음주속도, 음주 시 위장에 있는 음식의 정도 등에 따라 개인마다 차이가 있는데 시간당 약 0.008% ~ 0.03%(평균 약 0.015%)씩 감소하는 것으로 알려져 있고, 섭취한 알코올이 체내에 흡수 분배되어 최고 혈중알코올농도에 이르기까지는 피검사자의 체질, 음 주한 술의 종류, 음주속도, 음주 시 위장에 있는 음식의 정도 등에 따라 개인마다 차이가 있습니다. 실험 결과, 혈중알코올농도는 최종 음주시각부터 상승하기 시작 하여 30분부터 90분 사이에 최고도에 달하는 것으로 알려져 있으므로 최종 음주시 각부터 90분 내에 혈중알코올농도가 측정된 경우에는 피검사자의 혈중알코올농도 가 최고도에 이르기까지 상승하고 있는 상태인지, 최고도에 이른 후 하강하고 있 는 상태인지 여부를 확정하기 어렵다고 합니다(서적사본, 공판기록 19쪽).

　　이 사건에서도 산출한 혈중알콜농도가 처벌기준치를 근소하게 초과하는 것 에 그치고 있을 뿐만 아니라, 음주운전 시점이 혈중알코올농도의 상승시점인지 하강시점인지 확정할 수 없습니다(검사는 공판정에서 음주운전 시점이 혈중알코올농 도의 상승시점인지 하강시점인지 확정할 수 없는 상황이라고 진술하고 있습니다. 공판기 록 21쪽).

　　이러한 상황에서 사후 측정수치에 혈중알코올농도 감소치를 가산하는 방법으 로 산출한 혈중알코올농도가 처벌기준치를 약간 넘는다고 하여 음주운전시점의 혈중알코올농도가 처벌기준치를 초과한 것이라고 단정할 수 없고, 그 밖에 이를 증명할 다른 증거도 없습니다.

　　결국, 공소사실은 범죄의 증명이 없는 때에 해당하므로 형사소송법 제325조 후단에 따라 무죄를 선고하여 주시기 바랍니다.

4. 교통사고처리특례법위반의 점(축소사실)에 대한 공소기각판결의 주장

도주차량의 점과 음주운전의 점이 무죄라 하더라도, 피고인에게는 교통사고처리특례법 제 3 조 제 1 항 위반의 죄가 성립할 수는 있습니다.

가사, 그렇다 하더라도 피고인의 자동차는 자동차종합보험에 가입되어 있으므로(증거기록 43쪽) 교통사고처리특례법 제 4 조에 의하여 공소를 제기할 수 없어 형사소송법 제327조 제 2 호에 따라 공소제기의 절차가 법률의 규정에 위반하여 무효인 경우에 해당하므로 공소기각의 판결이 선고되어야 합니다.

Ⅱ. 피고인 이을해에 대하여

1. 특정경제범죄가중처벌등에관한법률위반(사기)의 점

가. 피고인 변명의 요지

피고인은 검찰에서 이 법정에 이르기까지 그 범행을 부인하면서, 김갑인과 공모하여 피해자 박병진으로부터 부동산매매대금 명목으로 돈 5억 원을 편취한 사실이 없고, 김갑인이 부동산 매도인 최정오가 5억 원을 매매대금으로 부른다고 하여 김갑인의 말을 믿고 박병진에게 김갑인의 말을 전달해 주었으며 김갑인으로부터 양신구를 통해 실제 매매대금 3억 원과의 차액인 현금 2억 원을 전달받은 사실도 없다고 변명하고 있으므로 그 증거관계를 자세히 살펴보도록 하겠습니다.

나. 증거관계

(1) 공소사실에 들어맞는 증거 중 다음 증거들은 증거능력이 없습니다.

① 사법경찰관 작성의 피고인 이을해에 대한 피의자신문조서

피고인이 증거의견 진술시 내용을 부인하였으므로 증거능력이 없습니다.

② 사법경찰관 작성의 김갑인에 대한 피의자신문조서

피고인 이을해가 부동의하며 그 내용을 부인하고 있으므로 판례에 따라 그 증거능력을 인정할 수 없습니다.

③ 증인 안경위의 이 법정에서의 "피고인 이을해를 경찰서에서 조사시 범행을 자백하였다"는 증언

이는 형사소송법 제316조 제1항에 따라 증거능력이 인정된다는 주장도 있을 수 있으나, 당시의 조사 상황에 비추어 특신상태가 있었다고 보기는 어려우므로 증거능력은 인정되지 않습니다.

더욱이, 증거가 되는 것은 증인 안경위가 들었다는 이을해의 자백 진술인바, 그 자백이 이루어진 경위를 살펴보면 "이을해가 경찰관의 임의동행 요구를 거절하였음에도 이미 강제 연행된 상태에서 긴급체포되었으므로 위법한 체포이고(증거기록 49쪽, 검사작성의 피의자신문조서의 기재 내용 참조) 불법체포 상태 아래에서 자백한 사실"이 인정되므로 위 자백진술은 위법수집증거배제법칙 또는 자백배제법칙에 따라 증거능력이 없다고 보아야 합니다.

(2) 다음 증거들은 신빙성이 없습니다.

① 김갑인의 진술

■ 법정에서의 진술, 검사 작성의 피의자신문조서의 진술기재

김갑인은 이을해의 지시에 따라 공모하여 5억원을 편취하고, 양신구를 통하여 이을해에게 현금 2억원을 교부하였다고 진술하고 있으나, 이 진술은 다음과 같은 이유로 믿기 어렵습니다.

첫째, 피고인 이을해가 범행직후인 2012. 6. 1. 박병진에게 500만원을 빌려 간 사실이 박병진의 진술에 의하여 인정되는바, 피고인 김갑인의 진술대로 이을해도 공모하여 사기를 하고 또 현금 2억원이 이을해에게 넘어갔다면 굳이 이을해가 박병진으로부터 돈 500만원을 빌릴 이유가 없습니다.

둘째, 김갑인은 직접 최정오와의 계약을 처리하고 5억원을 송금받았으며 계약서도 위조하는 등 실질적인 범행을 주도한 사람인데, 굳이 차액 2억원 전액을 추적이 어려운 현금으로 인출하여 이을해에게 교부하였다는 점은 상식에 반합니다.

셋째, 김갑인은 자신이 이을해로부터 300만원의 수고비만 받았다고 진술하고 있는데 최정오의 진술에 의하면, 김갑인 자신이 받은 돈 보다 많은 1,000만원을 지급하겠다고 하면서 최정오에게 고소를 하지 말아줄 것을 부탁한 점도 김갑인 진술의 신빙성을 의심스럽게 합니다.

넷째, 피고인 이을해가 지하 건물에서 거주하고 있고, 식대조차도 내지 못하

고 도망할 정도로 궁핍하게 지내고 있는 점에 비추어 이을해가 2억원이라는 돈을 받았다고 보기는 어렵습니다.

② **박병진의 진술**

■ 이 법정에서의 진술, 사법경찰관 작성의 진술조서의 기재

박병진은 "2012. 6. 10.경 죽은 양신구로부터 '피고인 이을해에게 돈 2억원을 전달하였다'라는 말을 들었다"고 진술합니다.

증거가 되는 양신구의 "피고인 이을해에게 돈 2억원을 전달하였다"라는 말을 들었다는 부분은 양신구가 사망하여 형사소송법 제316조 제2항의 일단의 요건은 갖추어졌다고 볼 수도 있습니다.

그러나, 위에서 본 바와 같은 이유로 양신구의 진술은 신빙성이 없습니다.

(3) 기타 증거

그 밖에, 매도인인 최정오의 진술, 부동산매매계약서, 무통장 입금증의 기재 등은 모두 진실하다고 하더라도 단순히 매매경위 등에 관한 진술로서 위 공소사실을 증명할 만한 증명력이 없고, 그 밖에 공소사실을 인정할 만한 다른 증거도 없습니다.

다. 결   론

따라서 이 부분 공소사실은 범죄의 증명이 없는 때에 해당하여 형사소송법 제325조 후단에 따라 무죄가 선고되어야 합니다.

라. 특정경제범죄가중처벌등에관한법률위반(사기)의 점 불성립 주장

가사 피고인의 범행이 인정된다 하더라도 이 사건의 실체는 3억원에 불과한 부동산을 5억원에 매수하도록 하고, 3억원 상당의 토지를 이전하여 줌과 동시에 5억원을 받아 종국적으로는 돈 2억원을 사실상 부당 취득한 사안으로서, 편취액은 2억원으로 의율함이 상당하다고 생각됩니다.

판례도 특정경제범죄가중처벌등에관한법률위반죄의 경우, 이익의 산정을 엄격하게 하고 있으므로(대법원 2007. 4. 19. 선고 2005도7288 전원합의체 판결) 판례의 취지에 따른다면 피고인에게는 단순 사기죄만 인정될 뿐임을 고려하여 주시기 바랍니다.

2. 공갈의 점

가. 공갈죄의 불성립

이 사건 공소사실은 피고인이 음식 값 5만원을 내지 않고 도망가려다가 따라온 주인에게 폭행을 가하는 등 겁을 먹게 하여 음식 값의 청구를 단념하게 함으로써 재산상의 이익을 취득하였다는 것입니다.

그런데, 재산상 이익의 취득으로 인한 공갈죄가 성립하려면 폭행 또는 협박과 같은 공갈행위로 인하여 피공갈자가 재산상 이익을 공여하는 처분행위가 있어야 합니다. 단순히 행위자가 법적으로 의무 있는 재산상 이익의 공여를 면하기 위하여 상대방을 폭행하고 현장에서 도주함으로써 상대방이 행위자로부터 원래라면 얻을 수 있었던 재산상 이익의 실현에 장애가 발생한 것에 불과하다면, 그 행위자에게 공갈죄의 죄책을 물을 수 없다 취지의 판례도 있습니다(대법원 2012. 1. 27. 선고 2011도16044 판결).

따라서, 공소사실은 형사소송법 제325조 전단에 따라 범죄로 되지 아니하는 때로서 무죄를 선고하여 주시기 바랍니다.

나. 폭행죄에 관하여는 피해자처벌불원

가사 피고인에게 폭행죄가 인정된다 하더라도 피해자 강기술이 공소제기 전인 2012. 9. 28. 피고인의 처벌을 원하지 아니하고 있으므로(증거기록 44쪽) 반의사불벌죄인 폭행의 점은 형사소송법 제327조 제 2 호에 따라 공소기각의 판결이 선고되어야 할 사안입니다.

제3회 변호사시험
해설[변론요지서]

- 특정경제범죄가중처벌등에관한법률위반(횡령)
- 배 임
- 강 도
- 절 도
- 여신전문금융업법위반
- 점유이탈물횡령

해 설

Ⅰ. 사건의 개요

1. 피 고 인

가. 김갑동(변호인 김힘찬)

- 60세
- 불구속

나. 이을남(변호인 이사랑)

- 50세
- 불구속(2013. 7. 5. 체포후 석방)

2. 공소사실의 요지(죄명)

가. 김갑동

- 특정경제범죄가중처벌등에관한법률위반(횡령)
- 배임

나. 이을남

- 특정경제범죄가중처벌등에관한법률위반(횡령)

- 강도
- 절도
- 여신전문금융업법위반
- 점유이탈물횡령

3. 사건의 경과

가. 수사절차

- 2013. 5. 6. 고소인 박고소 고소장 제출(피고인들을 배임, 횡령죄로 고소)
  - 매매계약서(생략)
  - 영수증(생략)
  - 각 등기사항전부증명서(증거기록 25, 26쪽)[1]
- 2013. 5. 13. 박고소에 대한 사법경찰리 작성 진술조서(김갑동이 "개봉동 토지 처분한 돈을 이을남과 같이 썼다"고 말하므로 공범으로 고소)
- 2013. 6. 3. 김갑동에 대한 사법경찰리 작성 피의자신문조서(회사소유로 김갑동에게 명의신탁된 관철동 토지, 회사 소유 개봉동 토지 처분사실 시인 / 회사는 이른바 1인 회사 / 개봉동 토지 매매대금 중 2억원을 이을남에게 교부하였으나 공모관계는 부인 / 이을남의 신용카드 갈취사실 / 이을남이 갈취한 신용카드로 100만원 예금 인출 / 이을남의 카메라 점유이탈물횡령 사실 등 진술)
- 2013. 6. 3. 김갑동 고소장제출(이을남을 신용카드 갈취, 100만원 예금 인출 및 카메라 점유이탈물횡령으로 고소)
- 2013. 7. 5. 이을남 체포(체포영장에 의한) 및 증 제1~3호 압수(압수조서 33쪽)
  * 증 제3호 (금목걸이) 별건 증거로 압수
- 2013. 7. 5. 이을남에 대한 사법경찰리 작성 피의자신문조서(신용카드 갈취 및 100만원 예금 인출사실 시인 / 카메라 점유이탈물횡령 사실 시인 / 금목걸이 절취 시인)
  - 가족관계증명서들(김갑동과 이을남은 사촌)
- 2013. 8. 5. 김갑동에 대한 검사 작성 피의자신문조서(관철동 토지, 개봉동 토지 처분관계 시인 / 관철동 토지 대출금 1억 5,000만원은 회사어음 부도막는 데 사용, 개봉

---

1) 이하 증거기록과 공판기록 구별 없이 쪽수만 기재한다. 원래 형사기록은 공판기록과 증거기록이 구별되어 별도의 쪽수가 기재되므로 증거기록 또는 공판기록으로 구분하여 쪽수를 인용하는 것이 맞지만 시험기록은 편의상 일련하여 쪽수를 매기므로 쪽수만 기재되어도 특정이 가능하다.

동 토지에는 이미 2013. 3. 15. 채권최고액 2억원으로 하는 근저당권 설정되었고, 현재 피
담보채무는 1억 5,000만원/ 회사는 이른바 1인 회사 / 이을남과 공모하여 개봉동 토지 이
중양도하여 매매대금 중 2억원을 이을남에게 교부 / 이을남의 신용카드 갈취사실 / 100만
원 예금 인출 사실 등)

- 세금계산서(관철동 토지에 대한 대출금 1억 5,000만원 회사 어음금 지급 사용 증빙)
- 2012. 6. 5 자 전총무 명의의 증명서(김갑동이 2012. 5. 10.경 이을남에게 현금 2억
  원 주는 것을 보았다는 내용)
- 사망진단서사본(전총무는 2012. 7. 1. 사망)
- 2013. 8. 5. 이을남에 대한 검사 작성피의자신문조서(갈취사실 시인/100만원 예
  금 인출 시인 / 개봉동 토지 공모사실 및 2억원 받은 사실 부인 / 관철동 토지에 대한 대
  출금 1억 5,000만원 회사 어음금 지급 사용 확인)
- 2013. 10. 7. 이을남에 대한 검사 제 2 회 피의자신문조서(카메라 점유이탈물횡
  령 사실 시인 / 금목걸이 절취 사실 시인)

나. 공판절차

- 2013. 10. 18. 공소제기
- 2013. 12. 5. 제 1 회 공판기일
  - 김갑동(1인회사이므로 관철동 토지 배임죄는 억울, 개봉동 토지 처분관계는
    시인)
  - 이을남(개봉동 토지 이중매매 공모사실 부인, 나머지 공소사실 시인)
- 2013. 12. 19. 제 2 회 공판기일
  - 김갑동(관철동 토지 근저당권 설정 1억 5,000만원 대출 시인, 이을남과 공모하
    여 개봉동 토지 처분 시인)
  - 이을남(개봉동 토지 이중매매 공모관계 부인, 나머지 공소사실 시인하나 강도
    로 처벌받는 것은 억울)
  - 증인 박고소(고소장, 사법경찰리 진술조서 진정성립 인정 / 김갑동이 "개봉동
    토지 처분한 돈을 이을남과 같이 썼다"고 말하여 양인의 계획적 범행이라 보고
    고소)
  - 증인 나부인(전총무 명의의 증명서 내용을 남편 전총무가 불러주는 대로 기재.
    서명도 대신 기재 / 김갑동으로부터 경제적 지원 받은 사실 있다)

4. 주요 형사특별법

특정경제범죄 가중처벌 등에 관한 법률 제 3 조(특정재산범죄의 가중처벌) ① 「형법」 제347조(사기), 제350조(공갈), 제351조(제347조 및 제350조의 상습범만 해당한다), 제355조(횡령·배임) 또는 제356조(업무상의 횡령과 배임)의 죄를 범한 사람은 그 범죄행위로 인하여 취득하거나 제 3 자로 하여금 취득하게 한 재물 또는 재산상 이익의 가액(이하 이 조에서 "이득액"이라 한다)이 5억원 이상일 때에는 다음 각 호의 구분에 따라 가중처벌한다.

1. 이득액이 50억원 이상일 때: 무기 또는 5년 이상의 징역
2. 이득액이 5억원 이상 50억원 미만일 때: 3년 이상의 유기징역
② 제 1 항의 경우 이득액 이하에 상당하는 벌금을 병과(倂科)할 수 있다.

여신전문금융업법 제70조(벌칙) ① 다음 각 호의 어느 하나에 해당하는 자는 7년 이하의 징역 또는 5천만원 이하의 벌금에 처한다.

1. 신용카드등을 위조하거나 변조한 자
2. 위조되거나 변조된 신용카드등을 판매하거나 사용한 자
3. 분실하거나 도난당한 신용카드나 직불카드를 판매하거나 사용한 자
4. <u>강취(強取)·횡령하거나, 사람을 기망(欺罔)하거나 공갈(恐喝)하여 취득한 신용카드나 직불카드를 판매하거나 사용한 자</u>
5. 행사할 목적으로 위조되거나 변조된 신용카드등을 취득한 자
6. 거짓이나 그 밖의 부정한 방법으로 알아낸 타인의 신용카드 정보를 보유하거나 이를 이용하여 신용카드로 거래한 자
7. 제 3 조 제 1 항에 따른 허가를 받지 아니하거나 등록을 하지 아니하고 신용카드업을 한 자
8. 거짓이나 그 밖의 부정한 방법으로 제 3 조 제 1 항에 따른 허가를 받거나 등록을 한 자
9. 제50조 제 1 항을 위반하여 대주주에게 신용공여를 한 여신전문금융회사와 그로부터 신용공여를 받은 대주주 또는 대주주의 특수관계인
10. 제50조의2 제 5 항을 위반하여 같은 항 각 호의 어느 하나에 해당하는 행위를 한 대주주 또는 대주주의 특수관계인

II. 쟁점 해설[2]

1. 피고인 김갑동에 대한 배임의 점[3]

가. 공소사실의 요지와 피고인의 주장 요지

공소사실의 요지는 '피고인이 자신의 명의로 되어 있지만 피해자 갑동주식회사 소유의 서울 종로구 관철동 50-1 대 300㎡(이하 '관철동 토지'라 함)에 관하여 임의로 박고소에게 채권최고액 2억 원으로 하는 근저당권을 설정하여 주고 1억 5,000만원을 대출받아 배임죄를 범하였다'는 것으로 김갑동은 사실관계는 시인하면서도 위 회사는 1인회사이며 대출금을 모두 회사의 용도로 지출하였으니 억울하다고 변명하고 있다.

나. 부동산의 명의수탁자가 그 부동산에 임의로 담보권을 설정한 경우의 죄책

실제소유자인 갑동주식회사로부터 피고인이 2009. 6. 4. 명의신탁 받은 부동산이므로 2자간 명의신탁의 경우이다(25쪽, 등기사항전부증명서의 기재).

부동산 실권리자명의 등기에 관한 법률에 따라 명의신탁약정과 소유권이전등기가 무효이므로 부동산의 소유권은 신탁자에게 있고, 명의수탁자는 부동산을 보관하는 자에 해당하므로 수탁자가 부동산을 처분하는 경우 횡령죄가 성립한다.[4][5]

---

[2] 쟁점해설은 필자의 독자적인 풀이임을 밝혀둔다. 따라서 법무부의 채점기준과는 다룰 수 있음을 유의하여야 한다.

[3] 김갑동에 대한 검토의견서는 이 부분 쟁점해설과 같으므로 모범답안은 생략한다.

[4] 대법원 2000. 2. 22. 선고 99도5227 판결.
부동산을 소유자로부터 명의수탁받은 자가 이를 임의로 처분하였다면 명의신탁자에 대한 횡령죄가 성립하며, 그 명의신탁이 부동산실권리자명의등기에관한법률 시행 전에 이루어졌고 같은 법이 정한 유예기간 이내에 실명등기를 하지 아니함으로써 그 명의신탁약정 및 이에 따라 행하여진 등기에 의한 물권변동이 무효로 된 후에 처분행위가 이루어졌다고 하여 달리 볼 것이 아니다.

[5] 판례는 3자간 명의신탁에 있어서도 횡령죄가 성립하나(대법원 2008. 2. 29. 선고 2007도11029 판결), 계약명의신탁에 있어서는 수탁자가 신탁자와의 관계에 있어서도 소유권을 완전히 취득하므로 신탁자의 부동산에 대한 처분행위는 죄가 성립하지 아니한다고 본다(대법원 2007. 3. 29. 선고 2007도766판결, 대법원 2012. 11. 29. 선고 2011도7361 판결): 명의신탁 부동산 임의처분에 대한 죄책에 대한 보다 자세한 내용은 이 책 연습기록2 쟁점 해설 부분 참조.

대표이사의 지위에 기하여 명의수탁을 받아 보관하는 것이므로 업무상횡령죄에 해당한다고 보이나, 부동산 명의수탁이 회사의 업무인지 여부에 대하여는 반대견해가 있을 수 있다.

다. 1인회사에 있어서의 1인주주의 횡령죄 성립 여부 검토

갑동주식회사는 이른바 1인회사이다. 1인회사에 있어서도 주주가 회사의 재산을 임의로 처분하면 죄가 된다는 것이 판례의 입장이다.6)

라. 재산죄에 있어서의 불법영득의사 유무 검토

재산죄의 성립에 있어서는 불법영득의사가 있어야 한다.7)

---

6) 대법원 1983. 12. 13. 선고 83도2330 전원합의체 판결.

　　배임죄의 주체는 타인을 위하여 사무를 처리하는 자이며, 그의 임무위반 행위로써 그 타인인 본인에게 재산상의 손해를 발생케 하였을 때 이 죄가 성립되는 것인 즉, 소위 1인회사에 있어서도 행위의 주체와 그 본인은 분명히 별개의 인격이며, 그 본인인 주식회사에 재산상 손해가 발생하였을 때 배임죄는 기수가 되는 것이므로 궁극적으로 그 손해가 주주의 손해가 된다 하더라도 이미 성립한 죄에는 아무 소장이 없다[같은 취지의 대법원 1989. 5. 23. 선고 89도570 판결, 대법원 2006. 6. 16. 선고 2004도7585 판결 등 참조].

7) ① 대법원 2009. 4. 23. 선고 2009도495 판결.

　　불법영득의사를 실현하는 행위로서의 횡령행위가 있다는 점은 검사가 증명하여야 하고, 그 증명은 법관으로 하여금 합리적인 의심을 할 여지가 없을 정도의 확신을 생기게 하는 증명력을 가진 엄격한 증거에 의하여야 하며, 이와 같은 증거가 없다면 설령 피고인에게 유죄의 의심이 간다 하더라도 피고인의 이익으로 판단할 수밖에 없다. 한편, 피고인이 그가 위탁받아 보관 중이던 돈이 모두 없어졌는데도 그 행방이나 사용처를 설명하지 못하거나 또는 피고인이 주장하는 사용처에 사용된 자금이 다른 자금으로 충당된 것으로 드러나는 등 피고인이 주장하는 사용처에 사용되었다는 점을 인정할 수 있는 자료가 부족하고 오히려 개인적인 용도에 사용하였다는 점에 대한 신빙성 있는 자료가 많은 경우에는 피고인이 위 돈을 불법영득의 의사로 횡령한 것으로 추단할 수 있겠지만, 그렇지 아니하고 불법영득의사의 존재를 인정하기 어려운 사유를 들어 그 돈의 행방이나 사용처에 대한 설명을 하고 있고 이에 부합하는 자료도 있다면 달리 피고인이 그 위탁받은 돈을 일단 타용도로 소비한 다음 그만한 돈을 별도로 입금 또는 반환한 것이라는 등의 사정이 인정되지 아니하는 한 함부로 그 위탁받은 돈을 불법영득의사로 인출하여 횡령하였다고 인정할 수는 없다(대법원 1994. 9. 9. 선고 94도998 판결, 대법원 1996. 3. 8. 선고 95도3081 판결, 대법원 2000. 3. 14. 선고 99도457 판결, 대법원 2002. 9. 4. 선고 2000도637 판결, 대법원 2006. 8. 24. 선고 2006도3272 판결 등 참조). 또한, 횡령죄에 있어서의 불법영득의 의사는 타인의 재물을 보관하는 자가 그 위탁 취지에 반하여 권한 없이 스스로 소유권자의 처분행위(반환 거부를 포함한다)를 하려는 의사를 의미하므로, 보관자가 자기 또는 제3자의 이익을 위한 것이 아니라, 그 소유자의 이익을 위하여 이를 처분한 경우에는 특단의 사정이 없는 한 위와 같은 불법영득의 의사를 인정할 수 없다(대법원 1982. 3. 9. 선고 81도3009 판결 참조).

② 대법원 2011. 5. 26. 선고 2011도1904 판결.

　　횡령죄에서 불법영득의사는 타인의 재물을 보관하는 자가 위탁 취지에 반하여 권한 없이 스스로 소유권자의 처분행위(반환 거부를 포함한다)를 하려는 의사를 의미하므로, 보관자가 피고인은 회사를 위하여 관철동 토지에 박고소에게 근저당권을 설정하여 주면서 대출받은 1억 5,000만 원을 회사가 발행한 어음의 부도를 막으려고 사용한 사실이 인정되므로(39쪽, 검사 작성의 피고인에 대한 피의자신문조서의 진술기재 / 43쪽, 검사 작성의 이을남에 대한 피의자신문조서의 진술기재 / 갑동주식회사 납품업체들이 발행한 각 세금계산서의 기재 등) 피고인에게 불법영득의사가 인정되지 않는다. 결국 피고인에게는 횡령죄나 배임죄가 성립하지 아니한다.

마. 횡령죄에 해당함에도 배임죄로 공소제기된 경우, 법원이 공소장변경 없이 유죄판결을 할 수 있는지 여부에 대한 검토

원칙적으로 공소장변경절차를 밟아야 횡령죄로 유죄판결을 할 수 있다고 보아야 한다.

그런데 판례[8]는 횡령죄와 배임죄 간에는 공소장변경 없이도 처벌이 가능하다는 입장이다. 그러나 위 판례에 따르더라도 단순 배임죄로 기소된 이상, 공소장변경 없이 법정형이 무거운 업무상횡령죄로 처벌할 수는 없고 단순 횡령죄로만 인정이 가능하며[9] 반드시 횡령죄로 인정하여 처벌할 의무가 있다고 보지는

자기 또는 제3자의 이익을 위한 것이 아니라 소유자의 이익을 위하여 이를 처분한 경우에는 특별한 사정이 없는 한 위와 같은 불법영득의사를 인정할 수 없다. 다만 타인으로부터 용도가 엄격히 제한된 자금을 위탁받아 집행하면서 제한된 용도 이외의 목적으로 자금을 사용하는 것은 결과적으로 자금을 위탁한 본인을 위하는 면이 있더라도 사용행위 자체로서 불법영득의사를 실현하는 것이 되어 횡령죄가 성립하겠지만, 이러한 경우에 해당하지 아니할 때에는 피고인이 불법영득의사의 존재를 인정하기 어려운 사유를 들어 돈의 행방이나 사용처에 대한 설명을 하고 있고 이에 부합하는 자료도 있다면 달리 특별한 사정이 인정되지 아니하는 한 함부로 위탁받은 돈을 불법영득의사로 횡령하였다고 인정할 수는 없다.

8) ① 대법원 1999. 11. 26. 선고 99도2651 판결[배임](인정된 죄명: 횡령).
   횡령죄와 배임죄는 다같이 신임관계를 기본으로 하고 있는 같은 죄질의 재산범죄로서 그 형벌에 있어서도 경중의 차이가 없고 동일한 범죄사실에 대하여 단지 법률적용만을 달리하는 경우에 해당하므로 법원은 배임죄로 기소된 공소사실에 대하여 공소장변경 없이도 횡령죄를 적용하여 처벌할 수 있다고 할 것이다.
   ② 대법원 2006. 5. 26. 선고 2003도8095 판결[업무상횡령].
   원심이 피고인의 위 행위를 업무상배임죄가 아닌 업무상횡령죄로 의율하여 처단한 것은 잘못이라고 할 것이나, 업무상배임죄와 업무상횡령죄는 다 같이 신임관계를 기본으로 하고 있는 재산범죄로서 죄질이 동일하고, 그 형벌에 있어서도 같은 조문에 규정되어 있어 경중의 차이가 없으므로, 원심의 위와 같은 잘못은 판결 결과에 영향이 없는 것이다(대법원 1975. 4. 22. 선고 75도123 판결, 1990. 6. 8. 선고 89도1417 판결, 1990. 11. 27. 선고 90도1335 판결 등 참조).
9) 대법원 2008. 3. 14. 선고 2007도10601 판결.
   일반법과 특별법이 동일한 구성요건을 가지고 있고 어느 범죄사실이 그 구성요건에 해당하는데 검사가 그 중 형이 보다 가벼운 일반법의 법조를 적용하여 그 죄명으로 기소하였으

않는다.[10)]

따라서 예비적으로 배임죄에 대한 무죄판결을 구하는 변론도 바람직하다.

바. 소　결

피고인의 불법영득의사가 인정되지 않는다는 이유로 형사소송법 제325조 후단에 따른 무죄를 주장하고 아울러 횡령죄는 별론으로 배임죄는 성립하지 않는다고 변론한다.

2. 피고인 김갑동에 대한 특정경제범죄가중처벌등에관한법률(횡령)의 점

가. 공소사실의 요지와 쟁점

공소사실의 요지는 "피해자 갑동주식회사 소유의 시가 6억원 상당의 서울 구로구 개봉동 353-4 대 500㎡(이하 '개봉동 토지'라고 함)에 관하여 임의로 박고소와 매매계약을 체결하고 계약금 및 중도금 3억 원을 수령하고, 피해자 박고소에게 매도한 위 토지를 다시 최등기에게 대금 4억 원에 매도하고 최등기 명의로 소유권이전등기를 마쳐 각 피해자들에 대한 각각 재물을 횡령하였다"라는 것이다. 피고인은 위 사실관계는 시인하고 있으나, 위 행위들에 대한 죄책과 특정경제범죄 가중처벌 등에 관한 법률(이하 '특경가법'으로 약칭함)의 적용대상인지 여부가 주요 쟁점이다.

공소장 기재에 비추어 보면 공소의 취지는 개봉동 토지의 시가를 6억원으로 보고, 각 피해자들을 위하여 보관 중인 부동산을 각 횡령하였으므로 두 개의 특경가법위반(횡령)죄의 실체적 경합범[11)]으로 기소한 것으로 해석된다.[12)]

며, 그 일반법을 적용한 때의 형의 범위가 '징역 5년 이하'이고, 특별법을 적용한 때의 형의 범위가 '무기 또는 10년 이상의 징역'으로서 차이가 나는 경우에는, 비록 그 공소사실에 변경이 없고 또한, 그 적용 법조의 구성요건이 완전히 동일하다 하더라도, 그러한 적용 법조의 변경이 피고인의 방어권 행사에 실질적인 불이익을 초래한다고 보아야 하며, 따라서 법원은 공소장 변경 없이는 형이 더 무거운 특별법의 법조를 적용하여 특별법 위반의 죄로 처단할 수는 없다.

10) 대법원 2000. 9. 8. 선고 2000도258 판결[횡령].
　　법원이 횡령죄로 공소제기된 사건을 공소장변경 없이 직권으로 배임죄로 인정하여 처벌하지 않은 것에 심리미진의 위법이 없다.
11) 적용법조 중 상상적 경합범에 해당하는 형법 제40조의 기재가 없다.
12) 그런데 다음에서 보는 바와 같이 피해액을 개봉동 토지에 설정되어 있는 기존 근저당권 채무액 1억 5,000만원을 공제하고 4억 5,000만원으로 보게 되면 특경가법을 적용할 수 없게 된다. 사실 공소장이나 공판기록상 공소의 취지가 명백하지 않다. 피해자들에 대하여 각 횡령죄가

나. 법률의 규정

특경가법 제 3 조 제 1 항 제 2 호는 '이득액이 5억원 이상 50억원 미만일 때'에만 적용할 수 있다. 특히 대법원은 특경가법을 적용함에 있어서 이득액을 제한적으로 해석하는 태도를 보여주고 있음을 유의하여야 한다.[13] 아울러 이득액은 단순1죄의 이득액이나 혹은 포괄1죄가 성립되는 경우의 이득액의 합산액을 의미하는 것이다.[14] 따라서 공소사실을 1죄로 볼 수 있는지에 대한 검토가 필요하다.

성립하여 두 죄는 실체적 경합 관계이나 특경법은 실체적 경합관계인 두 횡령죄의 이득액을 합하여 5억원 이상이 되면 적용할 수 있다는 취지로 기소한 것으로 해석될 수도 있어 수험생들이 혼란을 겪을 수 있으리라 생각된다. 실무상이라면 변호인이 이에 대하여 법원에 석명권을 행사하여 줄 것을 요청하여 법원이 검사로 하여금 기소 취지를 명백하게 하였어야 할 것이다.

13) 대법원 2013. 5. 9. 선고 2013도2857 판결.

형법 제355조 제 1 항의 횡령죄는 타인의 재물을 보관하는 자가 재물을 횡령하거나 반환을 거부함으로써 성립하고 재물의 가액이 얼마인지는 문제되지 아니하는 데 비하여, 횡령으로 인한 특정경제범죄 가중처벌 등에 관한 법률 위반죄에 있어서는 횡령한 재물의 가액이 5억 원 이상 또는 50억 원 이상이라는 것이 범죄구성요건의 일부로 되어 있고 그 가액에 따라 그 죄에 대한 형벌도 가중되어 있으므로, 이를 적용함에 있어서는 횡령한 재물의 가액을 엄격하고 신중하게 산정함으로써 범죄와 형벌 사이에 적정한 균형이 이루어져야 한다는 죄형균형 원칙 및 형벌은 책임에 기초하고 그 책임에 비례하여야 한다는 책임주의 원칙이 훼손되지 않도록 유의하여야 한다. 피고인이 피해자 갑으로부터 명의신탁을 받아 보관 중인 부동산에 임의로 근저당권을 설정하였는데, 위 부동산에는 이전에 별도의 근저당권설정등기가 마쳐져 있던 사안에서, 피고인이 부동산을 횡령하여 취득한 이득액은 부동산을 담보로 제공한 피담보채무액 또는 채권최고액이라고 보아야 하는데, 이와 달리 부동산의 시가 상당액을 기초로 이득액을 산정한 원심판결에 법리오해의 잘못이 있다.

14) 대법원 1989.6.13. 선고 89도582 판결.

특정경제범죄가중처벌등에관한법률(이하 특경법이라고 한다) 제 3 조 제 1 항은 형법상의 사기, 공갈, 상습사기, 상습공갈, 횡령, 배임, 업무상횡령, 업무상배임의 각 죄를 범한 자를 그 범죄행위로 인하여 취득한 이득액이 1억원 이상인 때 그 이득액에 따라 가중처벌하도록 규정하고 있는 바, 여기서 말하는 이득액은 단순1죄의 이득액이나 혹은 포괄1죄가 성립되는 경우의 이득액의 합산액을 의미하는 것이라 할 것이고 경합범으로 처벌될 수죄에 있어서 그 이득액을 합한 금액을 말한다고 볼 수는 없는 것이다.

한편 단일한 범의의 발동에 의하여 상대방을 기망하고 그 결과 착오에 빠져있는 동일인으로부터 어떤 기간동안 동일한 방법에 의하여 금원을 편취한 경우에 있어서는 이를 포괄적으로 관찰하여 1죄로 처단하는 것이 상당하다 할 것이나, 수인의 피해자에 대하여 각별로 기망행위를 하여 각각 재물을 편취한 경우에는 비록 범의가 단일하고 범행방법이 동일하다 하더라도 각 피해자의 피해법익은 독립한 것이므로 이를 포괄1죄로 파악할 수는 없고 피해자별로 독립한 수개의 사기죄가 성립된다고 보아야 할 것이다.

다. 피고인의 행위에 대한 죄책 검토

(1) 회사 소유의 개봉동 토지에 관하여 매매계약을 체결하고 계약금 및 중도금 3억 원을 수령한 행위(제1행위)

제1행위는 피해자를 회사로 하는 업무상배임죄에 해당한다. 대표이사인 피고인이 부동산 자체를 보관하고 있다고는 평가할 수 없으므로 횡령죄에 해당하지는 않는다. 관철동 토지와는 달리 불법영득의사도 인정된다.[15]

(2) 개봉동 토지를 다시 위 토지를 최등기에게 대금 4억 원에 매도하고 최등기 명의의 소유권이전등기를 경료하여 준 행위(제2행위)

부동산 이중양도에 해당하므로 피해자를 박고소로 하는 배임죄에 해당한다. 제2행위를 제1행위의 불가벌적 사후행위로 보기는 어려울 것이다.[16]

---

15) 관철동 토지와는 달리 회사를 위하여 토지를 매도하거나 대금을 사용하였다고 볼 만한 자료가 없다. 기록상 피고인들이 이를 주장한 사실도 없고, 증거도 없다. 불법영득의사가 없어 재산죄가 성립하지 않는다는 주장은 할 수 없다.

16) 대법원 2013. 2. 21. 선고 2010도10500 전원합의체 판결.

　(가) 횡령죄는 다른 사람의 재물에 관한 소유권 등 본권을 보호법익으로 하고 법익침해의 위험이 있으면 침해의 결과가 발생되지 아니하더라도 성립하는 위험범이다. 그리고 일단 특정한 처분행위(이를 '선행 처분행위'라 한다)로 인하여 법익침해의 위험이 발생함으로써 횡령죄가 기수에 이른 후 종국적인 법익침해의 결과가 발생하기 전에 새로운 처분행위(이를 '후행 처분행위'라 한다)가 이루어졌을 때, 후행 처분행위가 선행 처분행위에 의하여 발생한 위험을 현실적인 법익침해로 완성하는 수단에 불과하거나 그 과정에서 당연히 예상될 수 있는 것으로서 새로운 위험을 추가하는 것이 아니라면 후행 처분행위에 의해 발생한 위험은 선행 처분행위에 의하여 이미 성립된 횡령죄에 의해 평가된 위험에 포함되는 것이므로 후행 처분행위는 이른바 불가벌적 사후행위에 해당한다. 그러나 후행 처분행위가 이를 넘어서서, 선행 처분행위로 예상할 수 없는 새로운 위험을 추가함으로써 법익침해에 대한 위험을 증가시키거나 선행 처분행위와는 무관한 방법으로 법익침해의 결과를 발생시키는 경우라면, 이는 선행 처분행위에 의하여 이미 성립된 횡령죄에 의해 평가된 위험의 범위를 벗어나는 것이므로 특별한 사정이 없는 한 별도로 횡령죄를 구성한다고 보아야 한다.

　(나) 따라서 타인의 부동산을 보관 중인 자가 불법영득의사를 가지고 그 부동산에 근저당권설정등기를 경료함으로써 일단 횡령행위가 기수에 이르렀다 하더라도 그 후 같은 부동산에 별개의 근저당권을 설정하여 새로운 법익침해의 위험을 추가함으로써 법익침해의 위험을 증가시키거나 해당 부동산을 매각함으로써 기존의 근저당권과 관계없이 법익침해의 결과를 발생시켰다면, 이는 당초의 근저당권 실행을 위한 임의경매에 의한 매각 등 그 근저당권으로 인해 당연히 예상될 수 있는 범위를 넘어 새로운 법익침해의 위험을 추가시키거나 법익침해의 결과를 발생시킨 것이므로 특별한 사정이 없는 한 불가벌적 사후행위로 볼 수 없고, 별도로 횡령죄를 구성한다.

(3) 특경가법 적용 여부

1, 2행위는 피해자, 피해법익, 범죄의 태양 모두가 상이하므로 1죄라고 할 수 없고 두 개의 죄가 성립되고, 두 죄는 일련한 하나의 행위로 두 죄가 성립하는 경우이므로 상상적 경합관계라고 보아야 할 것이다.[17]

한편 김갑동의 진술이나 등기사항전부증명서(26쪽)의 기재에 의하면, 개봉동 토지에는 이미 2010. 3. 15. 신한은행을 근저당권자로 하여 채권최고액 2억 원으로 한 근저당권이 설정되어 있고 제 2 행위 당시 채무액은 1억 5,000만원임을 인정할 수 있다.

따라서 각 죄에 있어서의 이득액은 부동산의 시가 6억원에서 기존 근저당권 설정 피담보 채무액 1억 5,000만원을 공제한 4억 5,000만원을 넘는다고 할 수는 없다.[18] 결국 공소사실은 특경가법을 적용할 수 없다.

라. 소 결

위와 같은 이유로 특경가법위반(횡령)으로 의율할 수 없으므로 특경가법위반 (횡령)에 대하여는 형사소송법 제325조에 따라 무죄를 선고하여 달라고 변론하되, 배임죄와 업무상배임죄가 인정되는 경우에 대비한 정상변론을 하여야 한다.

3. 피고인 이을남에 대한 특정경제범죄가중처벌등에관한법률위반(횡령)의 점

가. 쟁 점

피고인은 김갑동과의 공모관계를 부인하므로 증거관계를 따져 공범이라는 점

---

17) 실체적 경합이라는 견해가 있을 수 있다.

18) 대법원 2011. 6. 30. 선고 2011도1651 판결.
   배임행위로 얻은 재산상 이익의 일정한 액수 그 자체를 가중적 구성요건으로 규정하고 있는 특경가법 제 3 조 제 1 항 제 1 호의 적용을 전제로 하여 이중매매의 대상이 된 부동산의 가액을 산정함에 있어서는, 그 부동산에 아무런 부담이 없는 때에는 그 부동산의 시가 상당액이 곧 그 가액이라고 볼 것이지만, 그 부동산에 근저당권설정등기가 경료되어 있거나 압류 또는 가압류 등이 이루어져 있는 때에는 특별한 사정이 없는 한 아무런 부담이 없는 상태에서의 그 부동산의 시가 상당액에서 근저당권의 채권최고액 범위 내에서의 피담보채권액, 압류에 걸린 집행 채권액, 가압류에 걸린 청구금액 범위 내에서의 피보전채권액 등을 뺀 실제의 교환가치를 그 부동산의 가액으로 보아야 할 것이다(대법원 2007. 4. 19. 선고 2005도7288 전원합의체 판결, 대법원 2007. 5. 31. 선고 2005도3102 판결 참조).

에 대한 증명이 없음을 변론하여야 한다. 아울러 공모관계가 인정된다 하더라도 위 2.에서 살펴본 바와 같이 특경가법 적용대상이 아니라는 점을 아울러 주장한다.

나. 공모관계

(1) 증거능력이 없는 증거들

① 사법경찰리 작성의 김갑동에 대한 피의자신문조서(30쪽, "개봉동 토지 매도 금 중 2억원을 피고인에게 주었다"는 진술기재 등)[19]는 김갑동과 공범관계로 기소된 피고인이 내용부인의 취지로 부동의하여 증거능력이 없다. 특경가법위반(횡령) 공소사실에 대하여 피고인과 김갑동은 공범관계이므로 피고인에 대한 증거로서 위 조서의 해당 부분은 판례[20]에 따라 이을남이 내용을 인정하여야 한다.

② 증인 박고소의 법정 진술(20쪽, 김갑동이 "피고인과 돈을 함께 썼다"고 말하는 것을 들었다는 진술)은 형사소송법 제316조 제2항의 피고인 아닌 자가 피고인 아닌 타인의 진술을 내용으로 하는 전문진술로서[21] 피고인이 동의한 바 없고, 원진술자인 김갑동이 이 법정에서 함께 재판을 받고 있어 "원진술자가 사망, 질병, 외국거주, 소재불명 그 밖에 이에 준하는 사유로 인하여 공판기일에 진술할 수 없는 때"에 해당하지 않으므로 증거로 할 수 없다.

③ 사법경찰리작성의 박고소에 대한 진술조서(28쪽, 김갑동이 "피고인과 돈을 같

---

19) 경찰에서는 "이을남이 급전이 필요하다고 하여 2억원을 빌려 준 것으로 부동산 처분을 짜고 한 것은 아니다"라는 취지로 진술하여 이을남에게 유리한 부분도 있으나, 2억원을 주었다는 사실만 증명되어도 이을남의 공범관계가 인정될 소지가 있는 점을 고려하여야 한다.

20) 대법원 2004. 7. 15. 선고 2003도7185 전원합의체 판결.
　　형사소송법 제312조 제2항은 검사 이외의 수사기관이 작성한 당해 피고인에 대한 피의자신문조서를 유죄의 증거로 하는 경우뿐만 아니라 검사 이외의 수사기관이 작성한 당해 피고인과 공범관계에 있는 다른 피고인이나 피의자에 대한 피의자신문조서를 당해 피고인에 대한 유죄의 증거로 채택할 경우에도 적용되는바, 당해 피고인과 공범관계가 있는 다른 피의자에 대한 검사 이외의 수사기관 작성의 피의자신문조서는 그 피의자의 법정진술에 의하여 그 성립의 진정이 인정되더라도 당해 피고인이 공판기일에서 그 조서의 내용을 부인하면 증거능력이 부정되므로 그 당연한 결과로 그 피의자신문조서에 대하여는 사망 등 사유로 인하여 법정에서 진술할 수 없는 때에 예외적으로 증거능력을 인정하는 규정인 형사소송법 제314조가 적용되지 아니한다.

21) 대법원 2011. 11. 24. 선고 2011도7173 판결.
　　형사소송법 제316조 제2항에 의하면 피고인 아닌 자의 공판준비 또는 공판기일에서의 진술이 피고인 아닌 타인의 진술을 그 내용으로 하는 것인 때에는 원진술자가 사망, 질병 기타 사유로 인하여 진술할 수 없고 그 진술이 특히 신빙할 수 있는 상태 하에서 행하여진 때에 한하여 이를 증거로 할 수 있다고 규정하고 있는데, 여기서 말하는 피고인 아닌 자라고 함은 제3자는 말할 것도 없고 공동피고인이나 공범자를 모두 포함한다고 해석된다(대법원 1984. 11. 27. 선고 84도2279 판결, 2000. 12. 27. 선고 99도5679 판결 등 참조).

이 썼다"고 말하는 것을 들었다는 진술기재)는 재전문증거이나, 전문진술이 기재된 조서로서 이을남이 증거로 함에 부동의하였으나 판례[22])에 따라 예외적 요건을 갖추면 증거능력이 있다.

　그런데 위 조서는 형사소송법 제312조 제 4 항의 규정에 따라 증인 박고소가 법정에서 진정성립을 인정하였으나, 전문진술 부분에 대하여는 형사소송법 제316조 제 2 항의 "원진술자가 사망, 질병, 외국거주, 소재불명 그 밖에 이에 준하는 사유로 인하여 진술할 수 없는 때"에 해당하지 않으므로 증거로 할 수 없다.

　④ 전총무 작성 명의의 증명서(46쪽, '김갑동이 피고인에게 돈 2억 원을 주는 것을 보았다'는 기재)는 피고인이 부동의하였으므로 형사소송법 제313조 제 1 항의 예외 요건을 충족하여야 증거능력이 있다. 원진술자인 전총무의 자필로 작성되지도 아니하였고,[23]) 서명 또는 날인도 없으므로 증거능력이 없다. 따라서 형사소송법 제314조도 적용될 수 없다.

　⑤ 증인 나부인의 법정진술 중 증명서 기재내용을 전총무로부터 들었다는 진술부분(21쪽)은 증언 취지가 명백하지 아니하나 전문진술로 볼 수도 있다.[24]) 피고인이 동의한 바 없으나 원진술자인 전총무가 사망하였으므로 형사소송법 제316조 제 2항에 따라 "원진술자가 공판기일에 진술할 수 없는 때"에 해당할 여지는 있다. 가사 그렇다 하더라도 나부인이 전총무의 진술을 들은 경위에 관하여 법정에

---

22) 대법원 2000. 3. 10. 선고 2000도159 판결.
　　전문진술이나 재전문진술을 기재한 조서는 형사소송법 제310조의2의 규정에 의하여 원칙적으로 증거능력이 없는 것인데, 다만 전문진술은 형사소송법 제316조 제 2 항의 규정에 따라 원진술자가 사망, 질병, 외국거주 기타 사유로 인하여 진술할 수 없고 그 진술이 특히 신빙할 수 있는 상태하에서 행하여진 때에 한하여 예외적으로 증거능력이 있다고 할 것이고, 전문진술이 기재된 조서는 형사소송법 제312조 또는 제314조의 규정에 의하여 각 그 증거능력이 인정될 수 있는 경우에 해당하여야 함을 물론 나아가 형사소송법 제316조 제 2 항의 규정에 따른 위와 같은 요건을 갖추어야 예외적으로 증거능력이 있다고 할 것인바, 여기서 '그 진술이 특히 신빙할 수 있는 상태하에서 행하여진 때'라 함은 그 진술을 하였다는 것에 허위개입의 여지가 거의 없고, 그 진술내용의 신빙성이나 임의성을 담보할 구체적이고 외부적인 정황이 있는 경우를 가리킨다.
　　형사소송법은 전문진술에 대하여 제316조에서 실질상 단순한 전문의 형태를 취하는 경우에 한하여 예외적으로 그 증거능력을 인정하는 규정을 두고 있을 뿐, 재전문진술이나 재전문진술을 기재한 조서에 대하여는 달리 그 증거능력을 인정하는 규정을 두고 있지 아니하고 있으므로, 피고인이 증거로 하는 데 동의하지 아니하는 한 형사소송법 제310조의2의 규정에 의하여 이를 증거로 할 수 없다.
23) 증인 나부인이 법정에서 "자신이 전총무가 불러주는 대로 기재하고 서명도 하였다"고 진술하고 있다.
24) 사견으로는 단순히 증명서의 작성경위, 즉 진정성립에 대한 진술로만 해석되어야 할 것으로 생각한다.

서 "남편 전총무가 교통사고로 다친 후 김갑동으로부터 많은 경제적 도움을 받았는데, 김갑동이 입원 중인 전총무를 갑자기 찾아 와 이야기를 하다가 남편 말을 받아 적어달라고 하여 불러 주는 대로 증명서를 작성한 것이다"라고 진술하는 점 등에 비추어 "그 진술이 특히 신빙할 수 있는 상태하에서 행하여진 때"에 해당한다고 볼 수 없어 역시 증거능력이 없다.

(2) 증명력이 없거나 부족한 증거들

① 김갑동의 법정 진술(18쪽 "피고인과 공모하였다"라고 자백)25) 및 검사 작성의 김갑동에 대한 피의자신문조서(40쪽, "피고인과 짜고 개봉동 토지를 처분하였고, 그 대가로 2억원도 주었다"라는 취지의 진술기재)26)는 다음과 같은 이유로 신빙성이 없다고 증명력을 배척하여야 한다.27)

ⅰ) 경찰 및 검찰 신문 첫 부분에서는 공범은 아니라고 진술하다가 이후 공범이라고 진술하는 등 진술의 일관성 부족

ⅱ) 2억원을 받았으면서 굳이 100만원을 인출하고자 신용카드를 갈취할 필요가 없다는 점

ⅲ) 2억원을 주었다고 하나, 현금으로 주었는지 등 구체적 진술이 없고,28) 2억원이나 되는 돈이라면 출처, 지급근거(수표추적, 계좌이체 등)가 있을 터인데 이에 대한 자료도 없음

---

25) 공범인 공동피고인 관계이므로 증인적격이 없다고 보는 것이 판례의 입장이다. 따라서 김갑동의 피고인으로서의 법정진술은 이을남에 대한 유죄증거가 될 수 있다.
  ① 대법원 2008. 6. 26. 선고 2008도3300 판결.
  공범인 공동피고인은 당해 소송절차에서는 피고인의 지위에 있으므로 다른 공동피고인에 대한 공소사실에 관하여 증인이 될 수 없으나, 소송절차가 분리되어 피고인의 지위에서 벗어나게 되면 다른 공동피고인에 대한 공소사실에 관하여 증인이 될 수 있다.
  ② 대법원 2006. 1. 12. 선고 2005도7601 판결.
  공동피고인인 절도범과 그 장물범은 서로 다른 공동피고인의 범죄사실에 관하여는 증인의 지위에 있다 할 것이므로, 피고인이 증거로 함에 동의한 바 없는 공동피고인에 대한 피의자신문조서는 공동피고인의 증언에 의하여 그 성립의 진정이 인정되지 아니하는 한 피고인의 공소 범죄사실을 인정하는 증거로 할 수 없다.
26) 특경가법위반죄(공소사실 2항)에 관하여 공범관계인 공동피고인이므로 검사작성의 피의자신문조서는 김갑동이 증거인부절차에서 진정성립을 인정하면 증거능력은 있다. 증명력을 감쇄하여야 한다.
27) 증명력을 배척하는 방법은 반증을 제시하는 방법, 진술의 모순점(특히 번복 등 변경), 기타 합리적 경험칙에 반하는지 여부 등을 다각적으로 살펴 보아야 한다. 시험 답안에 있어서도 증명력 부분은 배점이 높으니 이 점을 유의하고, 간략히 결론만 주장하는 것은 옳지 않다.
28) 전총무의 증명서에는 5만원짜리 다발로 2억원을 주었다고 되어 있다.

ⅳ) 신용카드 갈취의 피해자이므로 피고인에 대하여 나쁜 감정을 가질 수 있고, 횡령사건에 대한 책임전가 등 이유로 이을남을 공범으로 끌어들일 가능성 등

② 그 밖에 박고소의 진술(고소장, 경찰 및 법정)은 추측 진술에 불과하며, 부동산매매계약서, 등기사항전부증명서는 피고인의 공범관계를 증명할 증거가 되지 못하고 그 밖에 다른 증거는 없다.

다. 소   결

공범관계에 대한 증명이 없다는 이유와 아울러 법리적으로도 특경가법위반(횡령)으로 의율할 수 없으므로 형사소송법 제325조에 따라 무죄를 선고하여 달라고 변론한다. 다만 배임죄와 업무상배임죄가 인정되는 경우에 대비한 정상변론도 함께 하는 것이 유리하다.

4. 강도의 점

가. 강도죄가 성립하기 어렵고 공갈의 점만 인정됨

강도죄에 있어서 폭행과 협박의 정도는 사회통념상 객관적으로 상대방의 반항을 억압하거나 항거불능케 할 정도의 것이라야 한다.[29] 그런데 이 사건에서 피고인의 진술, 김갑동의 진술 및 범행 정황에 비추어 항거불능에 이르게 할 정도의 협박이 있었다고는 보기 어렵다. 기껏해야 공갈죄의 죄책을 질 수 있는 것으로 보인다.[30] 강도죄로 공소가 제기된 경우, 공소장변경 절차 없이 법원이 직권으로 공갈죄로 처벌할 수 있는지 여부에 대하여 논의가 있을 수 있으나, 범행의 사실관계를 시인하고 있고, 법정형도 낮은 점 등 피고인의 방어권 행사에 실질적인 불이익을 초래할 염려가 없는 경우에 해당하여 법원이 직권으로 공갈죄를 인정할 수 있다고 보여진다.

---

29) 대법원 2001. 3. 23. 선고 2001도359 판결 등.

30) 대법원 2007. 12. 27. 선고 2007도4749 판결.
   피고인의 방어권 행사에 실질적인 불이익을 초래할 염려가 없는 경우에는 법원이 공소장 변경절차를 거치지 아니하고 일부 다른 사실을 인정하거나 적용법조를 달리한다고 할지라도 불고불리의 원칙에 위배되지 아니하지만, 방어권행사에 있어서 실질적인 불이익 여부는 그 공소사실의 기본적 동일성이라는 요소 외에도 법정형의 경중 및 그러한 경중의 차이에 따라 피고인이 자신의 방어에 들일 노력·시간·비용에 관한 판단을 달리할 가능성이 뚜렷한지 여부 등의 여러 요소를 종합하여 판단하여야 한다.

나. 공갈죄가 인정되는 경우, 친고죄로서 고소가 있어야 함

공갈죄는 형법 제354조, 제328조[31])에 따라 친족상도례가 적용된다. 각 가족관계증명서, 피고인과 김갑동의 진술에 따르면 피고인들은 동거하지 않는 사촌관계인 사실이 인정되므로, 이 사건 공갈죄는 형법 제328조 제 2 항에 따른 친고죄에 해당한다. 그런데 형사소송법 제230조 제 1 항에 따라 친고죄에 대하여는 범인을 알게 된 날로부터 6월을 경과하면 고소하지 못한다.

이 사건의 공갈 범행은 2012. 5. 20.인데, 고소는 2013. 6. 3. 제기되었다(고소장). 따라서 고소는 적법하지 못하여 효력이 없다.

다. 공소기각판결 주장

공소제기의 절차가 법률의 규정에 위반하여 무효인 때에 해당하므로, 형사소송법 제327조 제 2 호에 따라 공소기각의 판결을 구하여야 한다.

5. 절도의 점(현금 100만원 인출)

가. 공갈죄와 별도로 절도죄는 불성립

위와 같이 공갈죄가 성립하는 경우, 갈취한 신용카드를 사용하는 행위(카드상의 현금카드 기능을 이용)는 모두 피해자의 예금을 갈취하고자 하는 피고인의 단일하고 계속된 범의 아래에서 이루어진 일련의 행위로서 포괄하여 하나의 공갈죄를 구성하므로, 현금자동지급기에서 피해자의 예금을 인출한 행위를 현금카드 갈취행위와 분리하여 따로 절도죄로 처단할 수는 없다.[32])

---

31) 제328조(친족간의 범행과 고소) ① 직계혈족, 배우자, 동거친족, 동거가족 또는 그 배우자간의 제323조의 죄는 그 형을 면제한다.
　② 제 1 항이외의 친족간에 제323조의 죄를 범한 때에는 고소가 있어야 공소를 제기할 수 있다.
　③ 전2항의 신분관계가 없는 공범에 대하여는 전2항을 적용하지 아니한다.
32) ①대법원 2007. 5. 10. 선고 2007도1375 판결.
　[1] 예금주인 현금카드 소유자를 협박하여 그 카드를 갈취한 다음 피해자의 승낙에 의하여 현금카드를 사용할 권한을 부여받아 이를 이용하여 현금자동지급기에서 현금을 인출한 행위는 모두 피해자의 예금을 갈취하고자 하는 피고인의 단일하고 계속된 범의 아래에서 이루어진 일련의 행위로서 포괄하여 하나의 공갈죄를 구성하므로, 현금자동지급기에서 피해자의 예금을 인출한 행위를 현금카드 갈취행위와 분리하여 따로 절도죄로 처단할 수는 없다. 왜냐하면 위 예금 인출 행위는 하자 있는 의사표시이기는 하지만 피해자의 승낙에 기한 것이고, 피해자가 그 승낙의 의사표시를 취소하기까지는 현금카드를 적법, 유효하게 사용할 수 있으므로, 은행으로서도 피해자의 지급정지 신청이 없는 한 그의 의사에 따라

나. 절도죄에 대한 무죄판결 주장

형사소송법 제325조 전단에 따라 무죄를 주장한다.[33]

그의 계산으로 적법하게 예금을 지급할 수밖에 없기 때문이다.

[2] 강도죄는 공갈죄와는 달리 피해자의 반항을 억압할 정도로 강력한 정도의 폭행·협박을 수단으로 재물을 탈취하여야 성립하므로, 피해자로부터 현금카드를 강취하였다고 인정되는 경우에는 피해자로부터 현금카드의 사용에 관한 승낙의 의사표시가 있었다고 볼 여지가 없다. 따라서 강취한 현금카드를 사용하여 현금자동지급기에서 예금을 인출한 행위는 피해자의 승낙에 기한 것이라고 할 수 없으므로, 현금자동지급기 관리자의 의사에 반하여 그의 지배를 배제하고 그 현금을 자기의 지배하에 옮겨 놓는 것이 되어서 강도죄와는 별도로 절도죄를 구성한다.

② 대법원 2005. 9. 30. 선고 2005도5869 판결[절도(예비적 죄명: 횡령)].

예금주인 현금카드 소유자로부터 그 카드를 편취하여, 비록 하자 있는 의사표시이기는 하지만 현금카드 소유자의 승낙에 의하여 사용권한을 부여받은 이상, 그 소유자가 승낙의 의사표시를 취소하기까지는 현금카드를 적법, 유효하게 사용할 수 있으며, 은행 등 금융기관은 현금카드 소유자의 지급정지 신청이 없는 한 카드 소유자의 의사에 따라 그의 계산으로 적법하게 예금을 지급할 수밖에 없는 것이므로, 피고인이 현금카드의 소유자로부터 현금카드를 사용한 예금인출의 승낙을 받고 현금카드를 교부받은 행위와 이를 사용하여 현금자동지급기에서 예금을 여러 번 인출한 행위들은 모두 현금카드 소유자의 예금을 편취하고자 하는 피고인의 단일하고 계속된 범의 아래에서 이루어진 일련의 행위로서 포괄하여 하나의 사기죄를 구성한다고 볼 것이지, 현금자동지급기에서 카드 소유자의 예금을 인출, 취득한 행위를 현금자동지급기 관리자의 의사에 반하여 그가 점유하고 있는 현금을 절취한 것이라 하여 이를 현금카드 편취행위와 분리하여 따로 절도죄로 처단할 수는 없다.

＊ **카드를 강취한 경우는 유의.**

[33] 단일죄 또는 단순일죄(포괄일죄, 법조경합), 처단상 일죄(상상적 경합)를 이루는 공소사실의 일부가 유죄이고, 나머지 일부가 무죄나 공소기각 등에 해당하는 경우 법원 실무에서는 판결 주문에서는 유죄 부분에 대한 형을 선고하고, 나머지 무죄 등 부분은 이유에서만 설시하기도 한다[이른바 법원기준설. "신용카드업법 제25조 제1항은 신용카드를 위조·변조하거나 도난·분실 또는 위조·변조된 신용카드를 사용한 자는 7년 이하의 징역 또는 5천만원 이하의 벌금에 처한다고 규정하고 있는바, 위 부정사용죄의 구성요건적 행위인 신용카드의 사용이라 함은 신용카드의 소지인이 신용카드의 본래 용도인 대금결제를 위하여 가맹점에 신용카드를 제시하고 매출표에 서명하여 이를 교부하는 일련의 행위를 가리키고 단순히 신용카드를 제시하는 행위만을 가리키는 것은 아니라고 할 것이므로, 위 매출표의 서명 및 교부가 별도로 사문서위조 및 동행사의 죄의 구성요건을 충족한다고 하여도 이 사문서위조 및 동행사의 죄는 위 신용카드부정사용죄에 흡수되어 신용카드부정사용죄의 1죄만이 성립하고 별도로 사문서위조 및 동행사의 죄는 성립하지 않는다고 보는 것이 타당하다. 원심이 사문서위조 및 동행사의 죄와 신용카드부정사용죄가 실체적 경합관계에 있는 것으로 보고 사문서위조 및 동행사의 죄에 대하여 따로히 무죄를 선고하였음은 법조경합관계에 있는 위 양죄의 죄수에 관한 법리를 오해한 위법을 저지른 것이 분명하나, 피고인을 사문서위조 및 그 행사의 죄로 의율처단하지 않은 조치는 결과적으로 정당하다"(대법원 1992. 6. 9. 선고 92도77 판결)].

마찬가지로 강도죄와 절도죄로 기소되었으나 법원에서 공갈의 포괄일죄로 판단하는 이상 주문에서 인정되는 공갈죄에 대하여만 공소기각의 판결을 하고, 주문에 이르는 법리를 이유에서 설시하면 족하고 따로 강도죄나 절도죄에 대하여 무죄선고를 할 필요가 없다는 견해도 있을 수 있다[그렇다면 변론에서도 그 이유를 설시하면서 인정되는 공갈의 점에 대하여 공소기각의 판결을 구하면 족할 것이다].

6. 여신전문금융업법위반의 점

가. 여신전문금융업법위반 불성립

위와 같이 현금카드기능을 이용한 경우, 여신전문금융업법 제70조 제 1 항의 신용카드부정사용죄는 성립하지 아니한다.[34)]

나. 형사소송법 제325조 전단에 따른 무죄를 주장한다.

7. 점유이탈물횡령의 점

가. 공소시효

점유이탈물횡령죄(형법 제360조)는 형사소송법 제259조 제 4 호에 따라 공소시효가 5년이다. 공소사실 기재 범죄일시는 2008. 9. 말경인바, 피고인에 대한 공소제기는 2013. 10. 18.이므로 공소시효 5년이 완성된 다음 공소가 제기되었음이 명백하다.[35)]

그러나 검사가 실체적 경합범으로 기소한 사건에서는 검사의 기소재량을 인정하는 한편 외부적으로 법원의 판단을 보다 명백히 한다는 의미에서 유죄부분에 대한 선고 외에 나머지 무죄 등 부분에 대하여 따로 무죄 등을 선고하는 것이 옳다고 생각된다[부산고등법원 2007. 1. 25. 선고 2006노736 판결은 현금카드를 강취하고 예금을 인출한 행위가 강도죄와 절도죄의 실체적 경합범으로 기소된 사안에서 강도죄의 포괄일죄가 인정된다고 하면서 절도죄에 대하여 주문에서 무죄를 선고하였다. 물론 대법원의 입장은 공갈죄와는 달리 강도죄를 범한 경우에는 별도로 절도죄가 성립한다고 보고 있으므로 유의].

견해를 달리 할 수 있는 여지가 있지만 위 사안에서도 절도죄에 대하여는 따로 무죄를 선고하는 것이 타당하고, 변론에서도 따로 무죄를 구하는 것이 옳다고 생각된다. 실무상 논란의 여지가 있는 사안이므로 채점기준 상으로도 법리의 설시만 타당하다면 어느 방향으로 변론요지를 개진하더라도 정답으로 인정하는 것이 옳다고 본다.

34) 대법원 2003. 11. 14. 선고 2003도3977 판결[여신전문금융업법위반].
여신전문금융업법 제70조 제 1 항 소정의 부정사용이라 함은 위조·변조 또는 도난·분실된 신용카드나 직불카드를 진정한 카드로서 신용카드나 직불카드의 본래의 용법에 따라 사용하는 경우를 말하는 것이므로, 절취한 직불카드를 온라인 현금자동지급기에 넣고 비밀번호 등을 입력하여 피해자의 예금을 인출한 행위는 여신전문금융업법 제70조 제 1 항 소정의 부정사용의 개념에 포함될 수 없다.

35) 엄밀히 9월 말경이라 함은 9. 21.~9. 30.으로 보아야 하므로 피고인에게 유리하게 2013. 9. 21. 이후 공소가 제기된 경우에는 면소 대상으로 보아야 한다. 다만 검찰실무상 불기소장에는 이런 경우 공소시효를 2013. 9. 29.로 기재하나 이는 나중에 수사를 재기할 수 있는 일시를 기재하는 취지로 이해하여야 한다.

나. 면소판결 주장

형사소송법 제326조 제 3 호에 따라 면소판결을 구하여야 한다.

8. 금목걸이 절도의 점

가. 증거관계

- 피고인의 자백 진술(경찰, 검찰, 법정)
- 압수된 금목걸이(증 제 3 호)와 압수조서
- 기타 다른 증거 없음(금은방 주인도 찾지 못함)

나. 위법수집증거배제

압수된 금목걸이는 2013. 7. 5. 강도 등 혐의로 발부된 체포영장에 의거하여 피의자 이을남을 체포하면서 형사소송법 제216조 제 1 항 제 2 호(체포현장에서 압수·수색·검증)에 따라 압수된 것이다(33쪽, 압수조서의 기재).

그런데, 체포현장에서의 압수·수색은 체포의 원인이 된 범죄사실에 관한 증거에 국한되며, 당해 사건과 관련이 없는 별건에 대한 증거[36]를 압수·수색하는 것은 허용되지 않는다. 더구나 형사소송법 세217조 제 2 항에 따른 사후영장도 발부받은 바가 없으므로 증 제 3 호는 어느모로 보나 형사소송법 제308조의2에 위배되어 증거능력이 없다.

아울러 압수조서 또한 제 2 차적 증거로서 증거능력이 없으며, 증 제 3 호에 기초로 하여 획득된 경찰 및 검찰에서의 자백(각 피의자신문조서의 기재) 또한 증거능력이 없다고 보아야 한다.[37]

다. 자백 보강법칙[38]

다만, 피고인의 법정에서의 자백 진술은 위법수집증거의 예외에 해당하여 증

---

36) 체포영장(14쪽)에는 빔죄사실로 금목걸이 절취에 대한 기재가 없다. 압수조서(33쪽)에 따르더라도 경찰관이 별도의 범죄행위에 대한 증거물로 판단하여 압수하였다는 취지의 기재가 있다.

37) 경찰 및 검찰에서의 자백에 대한 증거능력을 인정한다 하더라도 이는 모두 자백에 불과하여 자백보강법칙의 적용을 받는다.

38) 제310조(불이익한 자백의 증거능력) 피고인의 자백이 그 피고인에게 불이익한 유일의 증거인 때에는 이를 유죄의 증거로 하지 못한다.

거능력이 있다고 볼 수도 있다.[39] 그러나 이 사건에서 피고인의 자백 외에는 다른 증거가 없으므로 '피고인의 자백이 그 피고인에게 불이익한 유일의 증거인 때'에 해당하여 이를 유죄의 증거로 하지 못한다.

　　형사소송법 제325조 후단에 따른 무죄를 주장하여야 한다.

---

39) 대법원 2009. 3. 12. 선고 2008도11437 판결.

　　[1] 형사소송법 제308조의2는 "적법한 절차에 따르지 아니하고 수집한 증거는 증거로 할 수 없다"고 규정하고 있는바, 수사기관이 헌법과 형사소송법이 정한 절차에 따르지 아니하고 수집한 증거는 물론, 이를 기초로 하여 획득한 2차적 증거 역시 유죄 인정의 증거로 삼을 수 없는 것이 원칙이다. 다만, 수사기관의 절차 위반 행위가 적법절차의 실질적인 내용을 침해하는 경우에 해당하지 아니하고, 오히려 그 증거의 증거능력을 배제하는 것이 헌법과 형사소송법이 형사소송에 관한 절차 조항을 마련하여 적법절차의 원칙과 실체적 진실 규명의 조화를 도모하고 이를 통하여 형사 사법 정의를 실현하려 한 취지에 반하는 결과를 초래하는 것으로 평가되는 예외적인 경우라면, 법원은 그 증거를 유죄 인정의 증거로 사용할 수 있다. 따라서 법원이 2차적 증거의 증거능력 인정 여부를 최종적으로 판단할 때에는 먼저 절차에 따르지 아니한 1차적 증거 수집과 관련된 모든 사정들, 즉 절차 조항의 취지와 그 위반의 내용 및 정도, 구체적인 위반 경위와 회피가능성, 절차 조항이 보호하고자 하는 권리 또는 법익의 성질과 침해 정도 및 피고인과의 관련성, 절차 위반행위와 증거수집 사이의 인과관계 등 관련성의 정도, 수사기관의 인식과 의도 등을 살펴야 한다. 나아가 1차적 증거를 기초로 하여 다시 2차적 증거를 수집하는 과정에서 추가로 발생한 모든 사정들까지 구체적인 사안에 따라 주로 인과관계 희석 또는 단절 여부를 중심으로 전체적·종합적으로 고려하여야 한다.

　　[2] 구체적인 사안에서 2차적 증거들의 증거능력 인정 여부는 제반 사정을 전체적·종합적으로 고려하여 판단하여야 한다. 예컨대 진술거부권을 고지하지 않은 것이 단지 수사기관의 실수일 뿐 피의자의 자백을 이끌어내기 위한 의도적이고 기술적인 증거확보의 방법으로 이용되지 않았고, 그 이후 이루어진 신문에서는 진술거부권을 고지하여 잘못이 시정되는 등 수사 절차가 적법하게 진행되었다는 사정, 최초 자백 이후 구금되었던 피고인이 석방되었다거나 변호인으로부터 충분한 조력을 받은 가운데 상당한 시간이 경과하였음에도 다시 자발적으로 계속하여 동일한 내용의 자백을 하였다는 사정, 최초 자백 외에도 다른 독립된 제3자의 행위나 자료 등도 물적 증거나 증인의 증언 등 2차적 증거 수집의 기초가 되었다는 사정, 증인이 그의 독립적인 판단에 의해 형사소송법이 정한 절차에 따라 소환을 받고 임의로 출석하여 증언하였다는 사정 등은 통상 2차적 증거의 증거능력을 인정할만한 정황에 속한다.

　　[3] 강도 현행범으로 체포된 피고인에게 진술거부권을 고지하지 아니한 채 강도범행에 대한 자백을 받고, 이를 기초로 여죄에 대한 진술과 증거물을 확보한 후 진술거부권을 고지하여 피고인의 임의자백 및 피해자의 피해사실에 대한 진술을 수집한 사안에서, 제1심 법정에서의 피고인의 자백은 진술거부권을 고지받지 않은 상태에서 이루어진 최초 자백 이후 40여 일이 지난 후에 변호인의 충분한 조력을 받으면서 공개된 법정에서 임의로 이루어진 것이고, 피해자의 진술은 법원의 적법한 소환에 따라 자발적으로 출석하여 위증의 벌을 경고받고 선서한 후 공개된 법정에서 임의로 이루어진 것이어서, 예외적으로 유죄 인정의 증거로 사용할 수 있는 2차적 증거에 해당한다.

변론요지서

Ⅱ. 피고인 이을남에 대하여

1. 특정경제범죄가중처벌등에관한법률위반(횡령)의 점은 무죄입니다.

가. 공소사실 및 피고인의 주장 요지

공소사실의 요지는 피고인이 김갑동과 피해자 갑동주식회사 소유의 시가 6억 원 상당의 서울 구로구 개봉동 353-4 대 500㎡를 임의로 처분하기로 공모하여 2012. 4. 15. 위 토지에 관하여 박고소와 매매계약을 체결하고 계약금 및 중도금 3억 원을 수령하고, 피해자 박고소에게 매도한 위 토지를 다시 2012. 5. 10. 최등기에게 대금 4억 원에 매도하고 최등기 명의로 소유권이전등기를 마쳐 피해자들에 대한 각각 재물을 횡령하였다라고 함에 있습니다.

이에 대하여 피고인은 이 법정에 이르기까지 일관되게 그 범행을 부인하면서 "김갑동과 공모하여 위 토지를 임의로 처분한 사실이 없고, 김갑동이 위 토지 매매대금 중 자신에게 주었다는 금 2억 원을 받은 사실이 없다"라고 변명하고 있으므로 우선 피고인의 공범관계가 인정될 수 있는지에 관한 증거관계를 살펴보고, 다음 공소사실에 특정경제범죄 가중처벌 등에 관한 법률(이하 '특경가법'이라 약칭합니다)을 적용할 수 있는지에 관한 법리를 차례로 살펴보겠습니다.

나. 증거관계에 따른 무죄 주장

(1) 공소사실을 뒷받침할 만한 증거 중 다음 증거들은 증거능력이 없습니다.

① 사법경찰리 작성의 김갑동에 대한 피의자신문조서(30쪽, "위 토지 대금 중 2억 원을 피고인에게 주었다"라는 진술기재 등)

김갑동과 공범관계인 피고인이 내용을 부인하는 취지로 증거로 함에 부동의하고 있으므로 증거능력이 없습니다(대법원 2004. 7. 15. 선고 2003도7185 전원합의체 판결).

② 증인 박고소의 법정에서의 진술(20쪽, 김갑동이 "피고인과 돈을 함께 썼다"고 말하는 것을 들었다는 진술)

이는 피고인 아닌 자가 피고인 아닌 타인의 진술을 내용으로 하는 전문진술로서 피고인이 이를 증거로 함에 동의한 바 없을 뿐 아니라 원진술자인 김갑동이 이 법정에서 함께 재판을 받고 있어 형사소송법 제316조 제2항의 "원진술자가 사망, 질병, 외국거주, 소재불명 그 밖에 이에 준하는 사유로 인하여 공판기일에 진술할 수 없는 때"에 해당하지 아니하므로 증거로 할 수 없습니다.

③ 사법경찰리작성의 박고소에 대한 진술조서(28쪽, 김갑동이 "피고인과 돈을 같이 썼다"고 말하는 것을 들었다는 진술기재)

이는 전문진술이 기재된 조서로서 피고인이 증거로 함에 부동의하였으나 판례에 따라 예외적 요건을 갖추면 증거능력이 있다고는 하겠습니다.

그러나 위 조서는 형사소송법 제312조 제4항의 규정에 따라 증인 박고소가 법정에서 진정성립을 인정하기는 하였으나, 전문진술 부분에 대하여는 형사소송법 제316조 제2항의 "원진술자인 김갑동이 사망, 질병, 외국거주, 소재불명 그 밖에 이에 준하는 사유로 인하여 공판기일에 진술할 수 없는 때"에 해당하지 않으므로 역시 증거로 할 수 없습니다.

④ 전총무 작성 명의의 증명서(46쪽, '김갑동이 피고인에게 돈 2억 원을 주는 것을 보았다'는 기재)

피고인이 증거로 함에 부동의하였으므로 형사소송법 제313조 제1항의 예외요건을 충족하여야 증거능력이 있다 할 것인데, 증인 나부인이 법정에서 "자신이 전총무가 불러주는 대로 기재하고 서명도 하였다"고 진술하고 있는 바(21쪽), 원진술자인 전총무의 자필로 작성되지도 아니하였고, 그 서명 또는 날인도 없으므로 증거능력이 없습니다. 따라서 형사소송법 제314조를 적용하여 증거능력을 인정할 수도 없습니다.

⑤ 증인 나부인의 법정진술 중 위 증명서 기재내용을 전총무로부터 들었다는 진술부분(21쪽)

이는 피고인 아닌 자가 피고인 아닌 타인의 진술을 내용으로 하는 전문진술로서 피고인이 이를 증거로 함에 동의한 바 없습니다. 다만 원진술자인 전총무가 사망하였으므로 형사소송법 제316조 제2항에 따라 "원진술자가 공판기일에 진술할 수 없는 때"에 해당할 여지는 있으나 그렇다 하더라도 나부인이 전총무의 진술

을 들은 경위에 관하여 나부인이 법정에서 "남편 전총무가 교통사고로 다친 후 김
갑동으로부터 많은 경제적 도움을 받았는데, 김갑동이 입원 중인 전총무를 갑자기
찾아 와 이야기를 하다가 남편 말을 받아 적어달라고 하여 불러 주는 대로 증명서
를 작성한 것이다"라고 진술하는 점 등에 비추어 "그 진술이 특히 신빙할 수 있는
상태하에서 행하여 진 때"에 해당한다고 볼 수 없어 역시 증거능력이 없다고 보아
야 합니다.

(2) 다음 증거들은 믿기 어렵거나 증명력이 부족합니다.

① 김갑동의 법정 진술(18쪽, "피고인과 공모하였다."라고 진술) 및 검사 작성의
김갑동에 대한 피의자신문조서(40쪽, "피고인과 짜고 개봉동 토지를 처분하였고, 그
대가로 2억원도 주었다."라는 취지의 진술기재)는 다음과 같은 이유로 신빙성이 없습
니다.

ⅰ) 경찰 및 검찰 신문 첫 부분에서는 공범이 아니라고 진술하다가 이후 검찰
신문 중 갑자기 공범이라고 진술하는 등 진술의 일관성이 매우 부족합니다.

ⅱ) 2억원을 받았으면서 굳이 100만원 정도를 인출하고자 신용카드까지 갈취
하였다는 사실은 경험칙상 믿기지 않습니다.

ⅲ) 2억원을 주었다고 하나, 현금으로 주었는지 등에 관한 김갑동의 구체적
진술이 없고(위에서 살펴 본 바와 같이 증거능력이 없는 전총무의 증명서에만 5만원짜
리 다발로 2억원을 주는 것을 보았다는 기재가 있습니다), 2억원이나 되는 돈이라면
수표추적이나 계좌이체 등 출처 및 지급근거가 분명하여야 할 터인데, 이에 대한
자료도 전혀 없습니다.

ⅳ) 김갑동은 피고인에게 신용카드를 갈취 당한 피해자의 위치에 있으므로 피
고인에게 나쁜 감정을 가질 수 있고, 이 사건 이중매매에 대한 자신의 책임을 경
감하기 위하여 피고인을 공범으로 끌어 들였을 가능성도 매우 높습니다.

② 그 밖에 피고인도 공범이라는 박고소의 진술(고소장, 경찰 및 법정)은 추측
진술에 불과하며, 부동산매매계약서, 등기사항전부증명서 등 또한 피고인이 김갑
동의 범행에 가담하였다는 점을 증명할 증거가 되지 못하고 그 밖에 다른 증거도
없습니다.

(3) 소   결

따라서 이 사건 공소사실은 형사소송법 제325조 후단에 따른 무죄가 선고되

어야 합니다.

다. 특경가법 불성립 주장

피고인에게 적용된 특경가법 제3조 제1항 제2호는 '이득액이 5억원 이상 50억원 미만일 때'에만 적용할 수 있습니다. 판례는 위 이득액은 단순1죄의 이득액이나 혹은 포괄1죄가 성립되는 경우의 이득액의 합산액을 의미한다고 판시하고 있습니다(대법원 1989. 6. 13. 선고 89도582 판결).

그런데, 회사 소유의 개봉동 토지에 관하여 임의로 매매계약을 체결하고 계약금 및 중도금 3억 원을 수령한 행위와 다시 위 토지를 최등기에게 대금 4억 원에 매도하고 최등기 명의의 소유권이전등기를 경료하여 준 행위는 피해자, 피해법익, 범죄의 태양 모두가 상이하므로 단순1죄 내지는 포괄일죄라고 할 수 없고 피해자를 회사로 하는 업무상배임죄와 피해자를 박고소로 하는 배임죄가 각 성립할 뿐입니다.

아울러 김갑동의 진술이나 등기사항전부증명서(증거기록 26쪽)의 기재에 의하면, 개봉동 토지에는 이미 2010. 3. 15. 신한은행을 근저당권자로 하여 채권최고액 2억 원으로 한 근저당권이 설정되어 있고 채무액은 1억 5,000만원임을 인정할 수 있으므로 특경가법을 적용함에 있어 각 죄에 있어서의 이득액은 최대한 높게 잡더라도 부동산의 시가 6억원에서 기존 근당권권 설정 피담보 채무액 1억 5,000만원을 공제한 4억 5,000만원이라고 보아야 할 것입니다(대법원 2011. 6. 30. 선고 2011도1651 판결).

결국 이 사건 공소사실에 대하여는 피고인의 공모관계가 인정된다 하더라도 업무상배임죄와 배임죄가 성립할 수 있음은 별론으로 특경가법위반(횡령)죄는 성립하지 아니하는 때에 해당합니다.

다만, 업무상배임죄와 배임죄가 인정된다고 판단되는 경우라도, 피고인이 주범 김갑동의 범행에 수동적으로 가담한 점 등 정상을 참작하여 주시기 바랍니다.

2. 강도죄는 성립하지 아니하고 인정되는 공갈죄는 공소기각의 판결이 선고되어야 합니다.

가. 강도죄가 성립하기 어렵고 공갈죄가 인정될 수 있습니다.

강도죄에 있어서 폭행과 협박의 정도는 사회통념상 객관적으로 상대방의 반항을 억압하거나 항거불능케 할 정도의 것이라야 합니다(대법원 2001. 3. 23. 선고 2001도359 판결 등). 그런데 이 사건에서 피고인과 김갑동의 진술 및 범행 경위 등에 비추어 피해자 김갑동이 항거불능에 이르게 할 정도의 협박이 있었다고는 보기 어려우며, 기껏해야 피고인에게는 공갈죄가 성립할 수 있는 것으로 판단됩니다.

나. 공갈죄가 인정되는 경우, 이 사건은 상대적 친고죄인바 적법한 고소가 없습니다.

공갈죄는 형법 제354조, 제328조에 따라 친족상도례가 적용됩니다. 그런데 각 가족관계증명서, 피고인과 김갑동의 진술에 따르면 피고인과 김갑동은 동거하지 않는 사촌관계인 사실이 인정되므로, 이 사건 공갈죄는 형법 제328조 제 2 항에 따른 친고죄에 해당합니다.

김갑동은 피고인에 대한 고소를 2013. 6. 3. 제기한 바 있으나(고소장) 형사소송법 제230조 제 1 항에 따라 친고죄에 대하여는 범인을 알게 된 날로부터 6월을 경과하면 고소하지 못하는바, 김갑동은 이 사건의 공갈행위가 있던 2012. 5. 20. 범인을 알게 되었다고 보아야 하므로 고소기간 6월이 도과한 것이 기록상 명백한 위 고소는 적법하지 못하여 효력이 없습니다.

다. 공소기각판결 주장

결국 이 사건은 공소제기의 절차가 법률의 규정에 위반하여 무효인 때에 해당하므로, 형사소송법 제327조 제 2 호에 따라 공소기각의 판결이 선고되어야 할 것입니다.

3. 절도의 점(현금 100만원 인출)은 무죄를 선고하여 주시기 바랍니다.

위 2.에서 본 바와 같이 공갈죄가 성립하는 경우, 갈취한 신용카드를 사용하는 행위(카드상의 현금카드 기능을 이용)는 모두 피해자의 예금을 갈취하고자 하는 피고인의 단일하고 계속된 범의 아래에서 이루어진 일련의 행위로서 포괄하여 하나의 공갈죄를 구성하므로, 현금자동지급기에서 피해자의 예금을 인출한 행위를 현금카드 갈취행위와 분리하여 따로 절도죄로 처단할 수는 없습니다(대법원 2007. 5. 10. 선고 2007도1375 판결).

따라서 이 사건 공소사실은 범죄가 성립하지 아니하는 때에 해당하므로 형사 소송법 제325조 전단에 따라 무죄를 선고하여 주시기 바랍니다.

4. 여신전문금융업법위반의 점도 무죄판결을 선고하여 주시기 바랍니다.

피고인 및 김갑동의 진술에 신한카드 사용 내역의 기재를 모아 보면 피고인 은 갈취한 신용카드의 현금카드기능을 이용하여 김갑동의 예금 100만원을 인출한 사실이 인정됩니다.

그런데 여신전문금융업법 제70조 제1항 소정의 부정사용이라 함은 위조·변 조 또는 도난·분실된 신용카드나 직불카드를 진정한 카드로서 신용카드나 직불 카드의 본래의 용법에 따라 사용하는 경우를 말하는 것이므로, 절취한 직불카드를 온라인 현금자동지급기에 넣고 비밀번호 등을 입력하여 피해자의 예금을 인출한 행위는 여신전문금융업법 제70조 제1항 소정의 부정사용의 개념에 포함될 수 없 다는 것이 판례의 태도입니다(대법원 2003. 11. 14. 선고 2003도3977 판결).

따라서 이 사건 공소사실은 범죄가 성립하지 아니하는 때에 해당하므로 형사 소송법 제325조 전단에 따라 무죄를 선고하여 주시기 바랍니다.

5. 점유이탈물횡령의 점은 면소판결을 선고하여 주시기 바랍니다.

형법 제360조에 의하면 점유이탈물횡령죄는 법정형이 1년 이하의 징역이나 300만원 이하의 벌금 또는 과료로 되어 있어 형사소송법 제249조 제4호에 의하여 공소시효가 5년입니다. 그런데 이 사건 공소는 범죄일인 2008. 9.말로부터 5년이 경과한 후인 2013. 10. 18. 제기되었음이 기록상 명백하여 공소시효가 완성되었을 때에 해당하므로 형사소송법 제326조 제3호에 따라 면소판결을 선고하여 주시기 바랍니다.

6. 금목걸이 절도의 점은 무죄가 선고되어야 합니다.

가. 증거관계

(1) 공소사실을 뒷받침하는 증거로는 피고인의 자백 진술(경찰 및 검찰 각 피 의자신문조서의 진술기재, 법정에서의 진술), 압수된 금목걸이(증 제3호)와 압수조서가 있을 뿐 다른 증거가 없습니다.

(2) 위법수집증거의 배제

압수된 금목걸이는 2013. 7. 5. 강도 등 혐의로 발부된 체포영장에 의거하여 사법경찰리가 피고인을 체포하면서 형사소송법 제216조 제 1 항 제 2 호(체포현장에서 압수·수색·검증)에 따라 압수된 것입니다(33쪽, 압수조서의 기재).

그런데, 체포현장에서의 압수·수색은 체포의 원인이 된 범죄사실에 관한 증거에 국한되며, 당해 사건과 관련이 없는 별건에 대한 증거(체포영장에는 범죄사실로 금목걸이 절취에 대한 기재가 없으며, 압수조서에도 경찰관이 별도의 범죄행위에 대한 증거물로 판단하여 압수하였다는 취지의 기재가 있습니다)를 압수·수색하는 것은 허용되지 않습니다. 더구나 형사소송법 제217조 제 2 항에 따른 사후영장도 발부받은 바가 없으므로 증 제 3 호는 어느 모로 보나 형사소송법 제308조의2에 위배되어 증거능력이 없습니다(대법원 2009. 3. 12. 선고 2008도11437 판결).

아울러 압수조서 또한 제 2 차적 증거로서 증거능력이 없으며, 증 제 3 호에 기초로 하여 획득된 경찰 및 검찰에서의 자백(각 피의자신문조서의 기재), 법정에서의 자백 또한 증거능력이 없다고 보아야 합니다. 다만 피고인의 법정에서의 자백 진술은 경찰에서의 자백 이후 약 4개월이 지난 후 변호인의 조력을 받으면서 공개된 법정에서 임의로 진술한 점을 고려할 때 위법수집증거의 예외에 해당하여 증거능력이 있다고 볼 여지도 있을 것입니다.

나. 가사 그렇다 하더라도 자백의 보강 증거가 없습니다.

이 사건에서 피고인의 자백 외에는 다른 증거가 없으므로 형사소송법 제310조에 따라 '피고인의 자백이 그 피고인에게 불이익한 유일의 증거인 때'에 해당하여 이를 유죄의 증거로 하지 못합니다.

다. 결국 이 사건은 범죄의 증명이 없는 때에 해당하므로 형사소송법 제325조 후단에 따라 무죄를 선고하여 주시기 바랍니다.

찾아보기

[저자 약력]

양동철(梁東哲)

제19회 사법시험 합격(1977)
서울대학교 법과대학 졸업(1978)
Cornell Law School 법학석사(LL.M.)(1992)
검사·부장검사(1981~2001)
변호사(2001~2005)
숭실대학교 법과대학 교수(2005~2007)
사법시험·변호사시험 위원
현재 경희대학교 법학전문대학원 교수
      대한변호사협회 전문변호사(형사법) 등록심사위원
      전국법학전문대학원 실무가교수협의회 부회장
      서울고등검찰청 항고심사회 위원
      법무연수원 국외훈련검사 논문심사위원
      방송통신심의위원회 통신특별위원장

주요저서

쟁점강의 형사소송법, 공저, 삼영사(2009)
신형사소송법판례, 공저, 홍문사(2009)
검찰실무, 공저, 법무연수원(2010)
형사소송법 판례150선, 공저, 홍문사(2013)

제3판
(형사법기록형) 형사소송실무

초판발행   2012년 7월 15일
제2판발행   2013년 7월 30일
제3판인쇄   2014년 8월 1일
제3판발행   2014년 8월 10일

지은이   양동철
펴낸이   안종만

편 집   김선민·문선미
기획/마케팅   조성호·정병조
표지디자인   홍실비아
제 작   우인도·고철민

펴낸곳   (주) 박영사
             서울특별시 종로구 새문안로3길 36, 1601
             등록 1959. 3. 11. 제300-1959-1호(倫)
전 화   02)733-6771
f a x   02)736-4818
e-mail   pys@pybook.co.kr
homepage   www.pybook.co.kr
ISBN   979-11-303-2646-7   93360

정 가   43,000원